The Software Engineer's Guidebook

소프트웨어 엔지니어 가이드북

소프트웨어 엔지니어 가이드북
주니어부터 리더까지, 소프트웨어 엔지니어라면 꼭 알아야 할 커리어 관리의 비법

초판 1쇄 발행 2024년 10월 30일
초판 2쇄 발행 2024년 11월 15일

지은이 게르겔리 오로스 / **옮긴이** 이민석 / **펴낸이** 전태호
펴낸곳 한빛미디어(주) / **주소** 서울시 서대문구 연희로2길 62 한빛미디어(주) IT출판2부
전화 02-325-5544 / **팩스** 02-336-7124
등록 1999년 6월 24일 제25100-2017-000058호 / **ISBN** 979-11-6921-307-3 93000

총괄 송경석 / **책임편집** 박지영 / **기획 · 편집** 이민혁
디자인 표지 최연희 · 내지 이아란 / **일러스트** 차은혜 / **전산편집** nu:n
영업 김형진, 장경환, 조유미 / **마케팅** 박상용, 한종진, 이행은, 김선아, 고광일, 성화정, 김한솔 / **제작** 박성우, 김정우

이 책에 대한 의견이나 오탈자 및 잘못된 내용은 출판사 홈페이지나 아래 이메일로 알려주십시오.
파본은 구매처에서 교환하실 수 있습니다. 책값은 뒤표지에 표시되어 있습니다.

한빛미디어 홈페이지 www.hanbit.co.kr / 이메일 ask@hanbit.co.kr

© 2024 HANBIT MEDIA INC.

Authorized Korean translation of the English edition of The Software Engineer's Guidebook
ISBN 978-9083381824 © 2023 Gergely Orosz

This translation is published and sold by permission of the Author, who owns or controls all rights to publish and sell the same.

The Software Engineer's Guidebook

소프트웨어 엔지니어 가이드북

게르겔리 오로스 지음
이민석 옮김

**주니어부터 리더까지,
소프트웨어 엔지니어라면 꼭 알아야 할
커리어 관리의 비법**

🅱 한빛미디어
Hanbit Media, Inc.

지은이 · 옮긴이 소개

지은이 게르겔리 오로스 Gergely Orosz

소프트웨어 엔지니어이자 작가로, 75만 명 이상의 구독자를 보유한 테크 뉴스레터 '프래그매틱 엔지니어The Pragmatic Engineer'를 발행하고 있다. 우버에서 엔지니어링 매니저이자 엔지니어로 재직했으며, 마이크로소프트, JP모건, 스카이프, 스카이스캐너에서 엔지니어로 재직했다.

옮긴이 이민석

우리나라에 PC가 처음 들어올 때부터 여러 회사와 소프트웨어 및 하드웨어를 개발해왔다. 1995년 서울대학교에서 컴퓨터공학 박사 학위를 받았다. 1990년대 후반에는 선후배들과 리눅스로 스마트폰을 만드는 회사를 세우고 열심히 일했으며, 그 회사를 거쳐간 수많은 개발자가 리눅스 및 오픈 소스 개발자로 훌륭하게 성장할 수 있도록 도운 것을 자랑스럽게 생각하고 있다. 한성대학교와 NHN NEXT에서 교수와 학장으로 개발자들을 양성했다. 지금은 국민대학교 소프트웨어융합대학에서 전공자 및 비전공자를 위한 소프트웨어 교육에 힘쓰고 있다.

뉴스레터

이 책을 쓰는 데 4년이란 시간이 걸렸다. 모든 페이지에 시간이 지나도 변하지 않을 관찰과 조언을 담았다. 즉, 고용 시장이나 스타트업 투자, 신기술 같은 기술 업계의 변화무쌍한 주제는 이 책에 담지 않았다. 시의성 높은 정보가 궁금하다면 저자가 매주 발행하는 '프래그매틱 엔지니어 뉴스레터(실용주의 엔지니어 뉴스레터)'를 추천한다.

프래그매틱 엔지니어 뉴스레터는 많은 구독자를 가진 기술 관련 온라인 간행물로 서브스택^{Substack}[1] 의 기술 부문 1위를 차지했다. 이 뉴스레터에는 소프트웨어 엔지니어를 비롯해 엔지니어링 매니저 등 기술 분야에서 일하는 모든 사람이 알면 좋을 기술 시장의 흐름과 빅테크와 스타트업 시장의 내부 정보를 담고 있다.

블룸버그^{Bloomberg}는 프래그매틱 엔지니어 뉴스레터를 이렇게 설명한다.[2]

> 게르겔리 오로스는 업계의 내부 정보와 신뢰도 높은 정보를 바탕으로 업계 소식을 전한다. 빅테크 기업의 현황과 업계에 부는 정리해고 같은 포괄적인 내용부터 직원들이 성과평가를 어떻게 준비해야 하는지에 이르기까지 다양한 내용을 소개한다.

뉴스레터 구독 링크

The Pragmatic Engineer
https://pragmaticurl.com/newsletter

---

1 옮긴이_ 서브스택은 구독형 뉴스레터의 게시, 결제, 분석 및 디자인 인프라를 제공하는 온라인 플랫폼이다. https://substack.com

2 https://pragmaticurl.com/bloomberg

옮긴이의 말

이 책의 원서가 출간되자마자 바로 주문하면서 꼭 한국어로 번역되어 우리나라의 개발자도 편하게 읽을 수 있다면 좋겠다고 생각했습니다. 저자인 게르겔리 오로스의 블로그는 제게 큰 영감을 주었고, 그의 풍부한 경험에서 우러나온 조언들이 이 책에 고스란히 담겨 있을 것이기 때문입니다.

책이 배송되기 전에 요약본을 읽다가 번역을 하겠다고 출판사에 문의했습니다. 워낙 책을 빨리 읽는 성격이지만 조금 더 책임감을 가지고 책을 읽고, 우리말로 옮기며 제가 느낀 감동과 통찰을 여러분과 나누고 싶었습니다.

저는 1980년대 초 학부를 다닐 때부터 여러 회사와 소프트웨어 개발을 해왔습니다. 주로 임베디드 시스템 분야였지만 그렇게 거의 30년 가까이 교수이자 개발자로서 어떤 프로젝트에서는 혼자, 어떤 프로젝트에서는 회사의 팀을 이끌며 여러 경력 수준의 개발자들과 협업을 해왔습니다. 지금은 좋은 소프트웨어 개발 조직과 관행을 유지해 잘 따르기만 해도 잘 성장할 회사가 적지 않지만, 당시 소프트웨어 개발자의 성장은 온전히 개발자 자신의 몫이었고, 도움을 받을 곳이 없다는 점이 저의 큰 고민거리였습니다. 그래서 소프트웨어 개발자 교육에 발을 들였고, 대학이라는 제도권의 개발자 교육과 장단기 부트캠프, 커뮤니티, 개발자 교육 운영에 관심을 많이 가지고 나름대로 노력을 기울이게 됐습니다.

이 책은 소프트웨어 개발자의 성장 과정을 상세히 다룹니다. 주니어에서 스태프 엔지니어까지 단계별로 요구되는 역할, 책임, 역량을 기술적 깊이와 폭을 유지하며 구체적인 지침으로 제시합니다. 또 개발자의 사고방식 변화, 의사결정 과정, 그리고 조직 기여 방법에 대해 실용적인 통찰을 제공해 어떤 경력 단계의 개발자라도 자신의 현재 위치를 파악하고 미래의 성장 방향을 설정할 수 있도록 돕고 있습니다. 특히 다양한 직급의 개발자들 간의 협업 방식을 다룹니다. 이를 통해 독자는 자신의 직급에 국한되지 않고 팀 전체의 효율을 높이는 방법을 배울 수 있습니다. 저자의 글 스타일에 기인하기도 하지만, 이 부분은 많은 개발자들이 경험으로 느껴오던 내용을 실행할 수 있는 수준의 가이드 형태로 정리한 것들이어서 큰 도움이 됩니다.

저자는 주로 서구의 IT 기업들을 중심으로 설명하다 보니, 우리나라 기업 상황과는 다소 차이가 있는 부분도 있습니다. 직급 체계나 조직 문화 등에서 차이가 있습니다. 하지만 그런 차이에도 불구하고, 이 책이 제시하는 개발자의 역할과 성장 방향, 그리고 회사가 지향해야 할 개발 문화에 대한 통찰은 보편적인 가치가 충분하며, 소프트웨어 개발자라면 자신이 속한 회사나 직급, 역할과 상관없이 배울 점이 많이 있습니다. 또 이 땅의 많은 고수 시니어 개발자는 이 책을 읽으면서 이전에 자신이 걸어왔던 길을 되돌아보고, 이전에 내렸던 하지만 확신이 없었던 자신의 결정이 그리 틀리지 않았다는 것, 상황이 다를 뿐 훌륭한 개발자의 마음가짐은 어디나 비슷하다는 것을 느끼게 되는 기회가 될 것이라고 봅니다. 모든 개발자는 위대하니까요.

주니어 개발자에게는 기술적 전문성을 쌓는 방법과 코드 품질을 높이는 실천 방안을 제시합니다. 언어와 프레임워크에 대한 깊이 있는 이해를 발전시키고, 클린 코드 작성과 효과적인 테스트 방법 등을 학습하라는 데 중점을 둡니다. 또한 팀 내에서의 협업 스킬과 지식 공유의 중요성을 강조해 성장의 기반을 다지도록 안내합니다.

시니어 개발자로 성장하면 시스템 설계와 아키텍처에 대한 이해가 중요해집니다. 이 책은 복잡한 시스템을 설계하고 구현하는 방법, 그리고 확장성, 성능, 보안 등을 고려한 아키텍처 결정을 내릴 때 필요한 다양한 관점을 상세히 설명합니다. 또한 프로젝트 관리 기술과 멘토링 역할의 중요성을 강조해 기술적 리더십으로의 전환을 준비하도록 돕습니다.

옮긴이의 말

스태프 엔지니어 단계에서는 기술 전략 수립과 크로스 팀 협업 능력이 핵심이 됩니다. 비즈니스 목표에 부합하는 기술 로드맵을 수립하고, 다양한 이해관계자들과 효과적으로 소통하는 방법을 제시합니다. 또한 기술 부채 관리와 시스템 안정성 확보 등 조직 전체의 기술적 건강성을 책임지는 역할에 대해 상세히 다룹니다.

마지막으로, 빠르게 변화하는 기술 환경에서 지속적인 학습의 중요성을 강조합니다. 새로운 기술 트렌드를 따라가고, 콘퍼런스 참여나 기술 블로그 작성 등을 통해 자신의 지식을 공유하고 발전시키는 방법을 제안합니다. 이를 통해 독자들이 평생 학습자로서의 마인드셋을 갖추도록 독려합니다.

특히 이 책에서 매우 비중 있게 다루는 영역은 코딩 너머의 역량입니다. 주니어에서 시니어, 그리고 그 이상의 단계로 성장해 가는 과정에서 필요한 기술적, 비기술적 역량에 대한 귀중한 조언들이 담겨 있습니다. 코딩을 넘어 아키텍처를 이해하는 법, 비즈니스에 기여하는 법, 동료들과 효과적으로 협업하는 법, 조직 내에서 긍정적인 변화를 이끌어내는 방법 등 폭넓은 주제를 다룹니다.

또, 개인의 성장뿐 아니라, 회사 전체의 개발 문화를 어떻게 발전시켜 나갈 것인가에 대해서도 많은 통찰을 제공합니다. 코드 리뷰, 온콜, 장애 대응 등 실무적인 주제부터 엔지니어링 조직의 구조와 리더십까지 폭넓게 다룹니다.

결론적으로, 이 책은 제목이 그러하듯이 개발자의 전체 경력 단계를 아우르는 포괄적인 가이드를 제공합니다. 기술적 전문성부터 리더십, 비즈니스 이해까지 소프트웨어 엔지니어가 갖춰야 할 다양한 역량을 체계적으로 설명해, 독자들의 장기적인 경력 성장에 귀중한 안내서가 될 것입니다.

2023년 11월 초에 이 책을 만나 2024년 초부터 번역 작업을 시작해 드디어 번역서가 나오게 되었습니다. 계약부터 번역까지 이면에서 벌어지는 모든 일을 담당해 주신 한빛미디어 출판사, 특히 이 책을 우리 독자들이 쉽게 읽을 수 있게 꼼꼼히 다듬어 준 이민혁 에디터에게 감사의 인사를 드립니다. 이 책의 번역이 틀렸거나 어설픈 부분이 있다면, 교수가 아니라 현업 개발자로서 실제 프로덕션을 위한 개발을 한 지 이미 10년도 더 지난 저의 무지 탓임을 밝힙니다.

이 책을 번역하면서 저 역시 많이 배웠고, 성장했습니다. 여러분에게도 많은 도움이 되기를 진심으로 바랍니다. 커리어를 바라보는 데 필요한 새로운 관점과 아이디어를 제공하고, 더 나은 개발자로 성장하는 길잡이가 되길 희망합니다.

마지막으로, 저자의 노고에 깊은 감사를 표합니다. 그의 통찰과 경험을 우리나라 독자들에게도 전하게 되어 기쁩니다. 부디 이 책을 통해 우리 개발자 커뮤니티가 한 단계 더 발전할 수 있기를 기대합니다.

이제 여러분의 여정이 시작됩니다. 이 책과 함께 더 나은 개발자로, 더 나은 팀원으로 성장해 나가시기를 기대합니다.

이민석

지은이의 말

나는 약 10년 동안 소프트웨어 엔지니어로 일했고, 5년 동안 매니저로 일했다. 개발자로서 처음 몇 년 동안은 전문적인 조언을 거의 받지 못했다. 그저 열심히 노력하면 결국 성장할 것이라 믿고 버텨냈다. 하지만 몇 년이 지난 후, 시니어 엔지니어로 진급할 기회를 놓치자 상황이 바뀌었다. 당연히 진급할 거라 생각한 나는 조언이 필요했다. 매니저에게 어떻게 해야 승진할 수 있겠냐 물어봤을 때, 구체적인 피드백을 받지 못했다. 그날 나는 결심했다. 내가 매니저가 된다면 팀원들에게 성장에 필요한 조언을 주리라.

나는 우버^{Uber}에서 엔지니어링 매니저가 되었다. 당시 나는 숙련된 엔지니어가 되었지만, 그때까지도 스스로 한 약속을 잊지 않았다. 그래서 나는 팀원들이 전문적으로 발전하고, 준비가 됐을 때 승진할 수 있도록 최선을 다해 지원하고, 동료가 아직 다음 단계로 나아갈 준비가 되지 않았다고 생각될 때는 명확하고 실행하기 편한 피드백을 제공했다.

팀이 성장하자 팀원들을 심층적으로 멘토링할 시간은 점점 줄었다. 대신 내가 제공하는 피드백에 패턴이 보이기 시작했다. 나는 그 내용을 바탕으로 글을 잘 쓰고 코드 리뷰를 잘하는 방법에 대한 블로그 게시물을 올리기 시작했다. 이 게시물은 뜨거운 반응을 얻었고 예상보다 훨씬 더 많은 사람이 읽고 동료들과 공유했다. 그때부터 이 책을 쓰기 시작했다.

집필 2년 차가 됐을 때, 드디어 책으로 낼 만한 초고를 완성했고, 프래그매틱 엔지니어 뉴스레터를 시작했다. 뉴스레터는 오늘날 기술 시장의 흐름을 파악하고, 글로벌 기업의 운영 방식, 소프트웨어 엔지니어링 트렌드에 대한 심층 분석, 기술 전문가와의 인터뷰를 담았다. 뉴스레터를 작성하면서 내가 작성한 초고에 얼마나 많은 '빈틈'이 있는지 깨달았다. 그리고 2년 동안 한 장 한 장 내용을 다시 쓰고 다듬는 데 시간을 보냈다.

4년간의 집필 끝에 나는 『소프트웨어 엔지니어 가이드북』과 '프래그매틱 엔지니어 뉴스레터'가 상호 보완적인 관계라고 확신하게 됐다. 수명이 긴 책이라는 매체에서 다루기에는 시기적으로 적절하지 않은 소프트웨어 엔지니어링 주제는 뉴스레터에 담았다. 또한 이 책에서 소개하는 AI 코딩 도구, 클라우드 개발 환경, 개발자 포털 등 10년 이상 지속될 것 같은 흥미로운 트렌드와 새로운 도구에 대한 자세한 내용은 책보다는 뉴스레터에 훨씬 더 자세하게 언급된다.

영어는 커리어에 중요한 역할을 했다. 소프트웨어 엔지니어 경력에도 마찬가지다. 나는 헝가리에서 나고 자랐고 첫 직장 역시 헝가리 기술 기업이었다. 하지만 디버깅할 때는 영어로 적힌 글을 참고해야 했다. 프로그래밍 언어 역시 영어를 사용했다. 영어는 소프트웨어 엔지니어링과 업계의 공용어다. 주요 기술 기업은 모두 영어로 소통한다. 나는 영어 덕분에 네덜란드로 이주해 우버에서 일할 수 있었다. 우버에서는 수많은 국가에서 온 많은 개발자가 영어만으로 업무를 봤다.

이 책의 번역을 결정하는 데는 많은 고민이 필요했다. 소프트웨어와 관련한 커리어를 쌓는 사람에게 영어는 필수나 다름없다. 하지만 그 때문인지, 좋은 소프트웨어 엔지니어링이란 무엇인지, 개발자에게 좋은 커리어란 무엇인지 설명하는 양질의 서적은 대부분 영어로 쓰였고, 그 외에 언어로 쓰인 경우는 거의 없는 편이다. 한국어판을 출간함으로써 여러분은 이 책에 실린 정보를 쉽게 이해하고 소화할 수 있을 것이다. 하지만 소프트웨어 엔지니어로 성장하고, (해외에 나가지 않더라도) 국제 기업에서 일할 기회를 잡고 싶다면 영어는 필수다.

부디 이 책에서 여러분의 앞날을 대비할 유용한 아이디어를 찾길 바란다.

게르겔리 오로스

이 책에 대하여

내가 더 높은 연봉을 좇아 빅테크 기업에 입사했을 때 엔지니어링 문화가 매우 다르다는 사실을 깨달았지만, 새로운 환경을 탐색하는 데 지침이 될 정보는 놀라울 정도로 전무했다. 이 책에는 소프트웨어 개발자로서 경력을 쌓기 시작한 내가 알고 싶었던 내용을 담았다.

이 책은 신입 소프트웨어 개발자를 위한 내용부터 롤모델이 되는 시니어^{senior}/리드^{lead} 급을 거쳐 스태프^{staff}/수석^{principle}/저명^{distinguished}[1] 직급에 필요한 내용까지 소프트웨어 엔지니어의 '전형적인' 커리어패스 구조를 따라 내용을 정리했다. 개발자로서 내가 배운 교훈과 다양한 경력 단계에 있는 엔지니어를 코칭하는 방법을 요약했다.

또 이 책에서는 연차가 높아질수록 점점 더 중요해지는 '소프트' 스킬과 전문적으로 성장하는 데 도움이 되는 소프트웨어 엔지니어링 개념 및 접근 방식과 같은 업무의 '하드' 스킬도 다룬다.

직급의 이름과 기대 역량은 회사마다 다를 수 있고 실제로도! 다르다. 큰 기업일수록 다른 기업에 비해 엔지니어에게 더 많은 역량을 기대하는 경향이 있다. '시니어 엔지니어'라는 직급을 예로 들겠다. 구글^{Google}(L5 직급)과 메타^{Meta}(E5 직급)는 작은 기업에 비해 악명 높을 정도로 과한 역량을 요구한다. 그러니 규모가 큰 기업에서 근무한다면 원하는 직급에 관한 내용 말고도 그 상위 직급에 대한 내용도 함께 읽기를 권한다.

명칭과 직급은 다양하지만 개인, 팀, 조직 차원에서 영향력을 발휘하는 훌륭한 엔지니어를 만드는 원칙은 놀라울 정도로 똑같다. 커리어의 어느 단계에 있든 이 책

---

[1] 옮긴이_ 나라마다, 회사마다, 업종마다 직급의 호칭에 차이가 크다. 원서는 senior/lead/staff/principle/distinguished 순으로 엔지니어링 직군의 직급 단계를 나누었다. 한국어판에서는 시니어/리드/스태프/수석/저명 엔지니어(개발자)라고 번역한다. 국내외의 회사에서 직급 또는 수준을 나누는 방법은 부록에서 다룬다.

이 엔지니어로서 성장하는 방법에 대한 새로운 관점과 새로운 아이디어를 제공할 수 있기를 바란다.

이 책을 읽는 방법

이 책은 총 6부, 26장으로 구성했다.

- 1부: 개발자 커리어의 기본 사항
- 2부: 유능한 소프트웨어 개발자
- 3부: 다재다능한 시니어 엔지니어
- 4부: 실용주의 테크리드
- 5부: 롤모델로서의 스태프 및 수석 엔지니어
- 6부: 결론

1부와 6부의 내용은 초급 소프트웨어 개발자부터 수석급 이상 엔지니어에 이르기까지 모든 엔지니어링 레벨에 적용된다. 2부, 3부, 4부, 5부에서는 '소프트웨어 엔지니어링', '협업', '업무 완수하기' 같은 주제를 그룹화해 설명한다.

이 책은 경력이 쌓일수록 다시 참고할 수 있는 참고서다. 어려움을 겪는 주제나 목표하는 커리어 수준에 초점을 맞추어 읽기를 권한다.

이 책에서는 빅테크와 큰 폭으로 성장 중인 회사가 기대하는 바에 맞춰 주제와 직급을 정리했다. 그러나 이 책의 뒷부분에는 경력이 적은 사람에게도 유용한 주제를 자세히 다룬다. 예를 들어, 24장 '신뢰성 높은 소프트웨어 시스템'에서는 로깅, 모니터링 및 온콜oncall에 대해 심도 있게 다룬다. 스태프 엔지니어 이하의 직급에서도 이런 실무에 대한 지식은 알아두면 유용하고 필요한 순간이 온다. 그러므로 읽을 장을 정할 때는 주제와 직급을 모두 고려하길 권한다.

감사의 말

이 책을 쓰면서 직접적으로, 또 간접적으로 많은 분들의 도움을 받았다.

나는 운이 좋아 경력을 쌓는 동안 함께 일한 전직 개발자 동료, 매니저, 멘토에게 큰 빚을 졌다. 소프트웨어 엔지니어링은 혼자 할 수 있는 일이지만 팀과 함께하면 더 흥미롭고 신나는 일이다. 다른 사람과 어깨를 나란히 하고 어려운 프로젝트를 해결하며 많은 것을 배웠다. 이 자리를 빌려 모두에게 감사의 말을 전한다. 여러분과 나눈 대화 내용이 이 책 어딘가에 담겨 있을지도 모른다!

센스넷Sense/Net, 스캇 로직Scott Logic, JP 모건JP Morgan의 텍사스 팀, 스카이프 런던Skype London(듀랑고Durango/엑스박스 원XBox One, 아웃룩닷컴Outlook.com, 웹용 스카이프), 스카이스캐너SkyScanner(트립건TripGun, 트래블프로TravelPro), 우버Uber(PPP, 헬릭스Helix, RP, 결제팀)에서 오랜 시간 함께 일한 모든 분에게 감사한다.

이 책의 초기 리뷰를 맡은 안톤 자이데스Anton Zaides, 바싯 파카르Basit Parkar, 브루노 올리베이라Bruno Oliveira, 세실리아 스제네스Cecilia Szenes, 크리스 시튼Chris Seaton, 지오반니 조타Giovanni Zotta, 하르샤 바르단Harsha Vardhan, 재스민 테Jasmine Teh, 존 갤러거John Gallagher, 카티아 로츠Katja Lotz, 루카 칸두치Luca Canducci, 루도빅 갈리베르Ludovic Galibert, 마르테인 반 데르 빈Martijn van der Veen, 마이클 베일리Michael Bailey, 모데스타스 사울리스Modestas Saulys, 니엘렛 드멜로Nielet Dmello, 우사마 하퍼사스Oussama Hafferssas, 라디카 모라비아Radhika Morabia, 로드리고 피멘텔Rodrigo Pimentel, 시몬 톱차안Simon Topchyan, 스탠 암셀렘Stan Amsellem, 유제 리Yujie Li에게 감사의 말을 전한다.

이 책을 더욱 재미있게 구성하기 위해 쉼 없이 노력한 편집자 도미닉 그로버Dominic Grover에게 특별히 감사한다.

마지막으로 이 책을 집필하는 동안 많은 시간과 주말을 양보한 가족에게 감사의 말을 전하고 싶다. 또, 지속적인 지원과 조언을 아끼지 않으시고, 집필에만 너무 많은 시간을 쏟지 말라고 주의를 주셨던 부모님께도 감사드린다.

목차

지은이 · 옮긴이 소개 4
뉴스레터 5
옮긴이의 말 6
지은이의 말 10
이 책에 대하여 12
감사의 말 14

1부 개발자 커리어의 기본 사항

1장 커리어패스

1.1 기술 기업의 유형 28
1.2 전형적인 소프트웨어 엔지니어 커리어패스 35
1.3 보상에 따른 기업의 티어 40
1.4 비용 센터, 수익 센터 45
1.5 커리어 발전을 위한 대안적 사고방식 48

2장 커리어 관리

2.1 커리어 주인의식 50
2.2 일을 잘하는 사람 51
2.3 작업 일지 작성 53
2.4 동료와의 피드백 56
2.5 매니저를 아군으로 만드는 법 59
2.6 페이스 조절 62

3장 성과 평가

3.1 빠른 준비: 상황 파악 및 목표 설정 65
3.2 습관의 힘 68
3.3 성과 평가 전에 할 일 72
3.4 성과 평가 75

4장 승진

- 4.1 승진은 어떻게 결정되는가? 79
- 4.2 승진 절차의 유형 80
- 4.3 터미널 레벨 83
- 4.4 빅테크에서의 승진 84
- 4.5 승진을 위한 조언 88
- 4.6 장기적인 경력 92

5장 어디서나 통하는 접근법

- 5.1 제품 팀 및 제품 지향적 엔지니어 95
- 5.2 플랫폼 팀 98
- 5.3 평시 vs 전시 101
- 5.4 기업 유형 107

6장 이직

- 6.1 새로운 기회의 탐색 111
- 6.2 승진 vs 이직 113
- 6.3 기술 면접 준비 116
- 6.4 하위 직급으로 이직 123
- 6.5 상위 직급으로 이직 126
- 6.6 새 직장 적응 127

2부 유능한 소프트웨어 개발자

7장 업무를 완수하는 개발자

- 7.1 가장 중요한 업무에 집중하기 137
- 7.2 막힌 부분 풀기 139
- 7.3 작은 단위로 작업 쪼개기 147
- 7.4 작업 소요 시간 추정 149
- 7.5 멘토 찾기 152
- 7.6 선의 통장 154

목차

7.7 솔선수범하라 157

8장 코딩

8.1 코딩 연습하기 159
8.2 가독성 높은 코드 164
8.3 품질 높은 코드 작성 168

9장 소프트웨어 개발

9.1 프로그래밍 언어에 능숙해지기 173
9.2 디버깅 179
9.3 리팩터링 181
9.4 테스트 186

10장 생산적인 소프트웨어 개발자의 도구

10.1 로컬 개발 환경 188
10.2 자주 사용하는 도구들 192
10.3 빠른 개발 사이클 유지 방법 195

3부 다재다능한 시니어 엔지니어

11장 업무를 완수하는 엔지니어

11.1 인식과 현실 210
11.2 나만의 작업 시간 확보 214
11.3 '제대로' 완수하기 218
11.4 팀 224
11.5 큰 그림의 이해 226

12장 협업 및 팀워크

12.1 코드 리뷰 228
12.2 2인 협업 232

12.3 멘토링 ... 236
12.4 피드백 ... 242
12.5 다른 엔지니어링 팀과의 협업 ... 244
12.6 다른 사람에게 좋은 영향력 전파하기 ... 246

13장 소프트웨어 엔지니어링

13.1 언어, 플랫폼 및 도메인 ... 249
13.2 디버깅 ... 253
13.3 기술 부채 ... 257
13.4 문서 ... 260
13.5 소프트웨어 엔지니어링 방법론 ... 264

14장 테스트

14.1 단위 테스트 ... 267
14.2 통합 테스트 ... 270
14.3 UI 테스트 ... 270
14.4 자동화된 테스트를 위한 멘탈 모델 ... 271
14.5 특정 용도의 테스트 ... 275
14.6 프로덕션 환경에서의 테스트 ... 279
14.7 테스트 자동화의 장단점 ... 281

15장 소프트웨어 아키텍처

15.1 디자인 문서, RFC 및 아키텍처 문서 ... 284
15.2 프로토타이핑 및 PoC ... 287
15.3 도메인 주도 설계 ... 289
15.4 출시를 위한 소프트웨어 아키텍처 ... 291

4부 실용주의 테크리드

16장 프로젝트 관리

16.1 엔지니어가 프로젝트를 주도하는 회사 ... 302

목차

16.2 프로젝트 관리는 왜 하는가?	303
16.3 프로젝트 킥오프 및 마일스톤 설정	305
16.4 소프트웨어 물리학	310
16.5 일상적인 프로젝트 관리	314
16.6 위험 및 종속성	317
16.7 프로젝트 마무리	321

17장 프로덕션 출시

17.1 프로덕션 출시까지의 극단적인 상황	324
17.2 전형적인 출시 프로세스	327
17.3 원칙과 도구	329
17.4 추가 검증 단계	332
17.5 실용적인 위험 감수하기	337
17.6 추가 고려 사항	339
17.7 접근 방식의 선택	340

18장 이해관계자 관리

18.1 이해관계자 관리의 진정한 목표	343
18.2 이해관계자 유형	344
18.3 이해관계자 파악하기	346
18.4 지속적인 관리	348
18.5 비협조적인 이해관계자	350
18.6 이해관계자에게서 배우기	351

19장 팀 구조

19.1 직함과 역할	354
19.2 팀의 프로세스	356
19.3 팀의 집중력 향상	359

20장 팀 내 역학

20.1 건강한 팀	362

20.2 건강하지 않은 팀	364
20.3 성장통을 겪는 팀	369
20.4 팀 역학 관계의 개선	370
20.5 다른 팀과의 관계	373

5부 롤모델로서의 스태프 및 수석 엔지니어

21장 비즈니스의 이해

21.1 북극성, KPI, OKR	382
21.2 팀과 제품	387
21.3 직장	392
21.4 상장 기업	400
21.5 스타트업	401
21.6 산업 분야	402

22장 협업

22.1 사내 정치	403
22.2 다른 사람에게 좋은 영향력 끼치기	407
22.3 매니저와의 협업	413
22.4 스태프+ 동료와 협업하기	414
22.5 인적 네트워크의 확장	416
22.6 다른 사람 돕기	418

23장 소프트웨어 엔지니어링

23.1 스태프+ 엔지니어의 코딩	420
23.2 유용한 엔지니어링 프로세스	424
23.3 빠른 반복을 위한 엔지니어링 사례	429
23.4 엔지니어의 효율을 높이는 도구	434
23.5 규정 준수 및 개인정보 보호	441
23.6 안전한 개발	443

24장   신뢰성 높은 소프트웨어 시스템

24.1 신뢰성에 대한 책임 의식 446
24.2 로깅 447
24.3 모니터링 450
24.4 알림 454
24.5 온콜 457
24.6 사고 관리 463
24.7 복원력 있는 시스템 구축 468

25장   소프트웨어 아키텍처

25.1 가능한 한 단순하게 하기 470
25.2 전문 용어는 알되, 남용하지 않기 472
25.3 아키텍처 부채 473
25.4 단방향 결정 vs 양방향 결정 476
25.5 의사결정의 '영향 반경' 479
25.6 확장 가능한 아키텍처 481
25.7 실무 작업과 충분히 가까운 거리 유지하기 485
25.8 소프트웨어 아키텍트의 특성 486

6부   결론

26장   배움을 멈추지 말자

26.1 호기심 유지 498
26.2 계속 학습하기 501
26.3 계속 도전하기 506
26.4 업계 동향 파악 508
26.5 휴식 시간 509

부록

좋은 개발자를 바라보는 다양한 시선 _김다현(네이버 시니어 엔지니어) 515
개발자의 역할: 기술과 사람의 만남 _김연태(헤렌 CTO) 520
세상은 우리에게 언젠가 리더가 되라 한다 _유진호(크라우드웍스 서비스 개발실 실장) 533
변화에 적응하고 실행하는 개발자의 마인드셋 _정현준(만타 프로덕트 리더) 544
AI 시대, 개발자의 성장과 미래 _홍승환(스캐터랩 ML 리드) 551

찾아보기 560

개발자 커리어의 기본 사항

1부

1장 커리어패스
2장 커리어 관리
3장 성과 평가
4장 승진
5장 어디서나 통하는 접근법
6장 이직

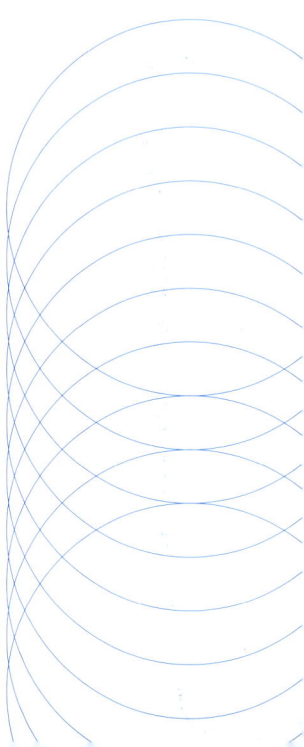

나는 개발자 경력을 시작하고 첫 몇 년 동안은 경력에 크게 신경 쓰지 않았다. 열심히 일하고 좋은 결과물을 내놓으면 보상은 저절로 따를 거라 생각했다. 개발자 에이전시에서는 승진이 많지 않고 경력 개발이 더 제한적이었기에, 처음 일한 몇몇 직장에서 직급과 직책이 바뀌지 않아도 이상하다는 생각조차 하지 않았다.

그러다 JP 모건JP Morgan이나 마이크로소프트Microsoft 같은 대기업을 다니면서, 가장 열심히 일하거나 최고 품질의 결과물을 만들어야만 항상 가장 높은 보너스를 받고 승진 기회를 얻는 것은 아니란 사실을 깨달았다. 우버Uber에서 엔지니어링 매니저를 맡았을 때, 우리 팀의 많은 엔지니어는 정기적인 성과 피드백과 전문 영역에서의 성장(예: 다음 직급으로의 승진)에 필요한 지원이 필요했다.

내가 좀 더 일찍 알았더라면 좋았을 사실은 개발자의 일자리는 잘 알려진 빅테크 기업부터 스타트업, 전통 기업, 컨설팅 기업, 학계까지 다양하다는 점이다. 결정적으로, 다른 분야의 직장으로 이직하기란 점점 더 어려워진다. 한 분야에서 일한 지 10년쯤 지났다면 더욱 어렵다.

내가 놓친 또 한 가지는 나의 커리어를 나의 것으로 만드는 방법이다. 나는 매니저가 되고 나서야 개발자가 자신의 커리어패스에 대한 주인의식을 가지는 것이 얼마나 큰 차이를 만들어내는지 깨달았고, 이 덕에 개발자의 성장을 돕는 역할을 충실히 해낼 수 있었다.

내가 만난 엔지니어는 대부분 경력과 관련한 결정을 매니저에게 맡기고, 좋은 평가와 승진 기회가 하늘에서 뚝 떨어질 거라 생각했다. 일부 소규모 기업이나 스타트업에서는 그럴지 몰라도, 빅테크 기업에서는 경력을 인정받으려면 추가적인 노력이 필요하다. 추가적인 노력이란 표현에 긴장할지 모르겠지만 그리 대단하지 않다. 많은 엔지니어가 뭘 해야 할지 모를 뿐이다.

1부에서 소개할 다양한 기업의 운영 방식과 커리어 조언은 초급 엔지니어부터 스태프 엔지니어 이상에 이르기까지 모든 직급에 유용하다.

1 커리어패스
Career Path

사람마다 커리어패스는 다르다. 근무지, 직책, 총 보수 같은 일부 커리어 요소는 구체적으로 파악하기 쉽다. 하지만 동료와의 협업 과정이나 직업적 성장 기회, 일과 삶의 균형 같은 다른 많은 중요한 요소는 측정이 어렵다.

커리어패스는 다양하며, 사람마다 다르므로 '좋은' 커리어패스가 무엇인지 정의하는 간단한 방법은 없다. 최선의 방법은 자신의 흥미를 따라 달성 가능한 커리어패스를 파악하는 것이다.

소프트웨어 엔지니어가 되는 길 역시 다양하다. 대학에서 컴퓨터공학 관련 학위를 취득하는 것이 일반적이지만, 독학으로 엔지니어가 되거나 직업을 전환하는 경우도 있다. 내가 함께 일한 어떤 동료는 20년 동안 화학 엔지니어로 일하다가 독학으로 코딩을 배워 개발자가 됐다.

1장에서는 커리어와 관련된 주제를 다룬다.

1.1 기술 기업의 유형

기업을 명확하게 분류하는 방법은 없지만 소프트웨어 엔지니어의 관점에서 몇 가지 공통적인 특징을 정리하면 일반적인 기업 유형은 다음과 같다.

빅테크

빅테크big tech란 애플Apple, 구글Google, 마이크로소프트Microsoft, 아마존Amazon과 같은

대형 상장 기술 기업을 말한다. 이들 기업은 수만 명의 소프트웨어 엔지니어를 고용하고, 시가총액이 수십억 달러를 넘어선다.

빅테크의 엔지니어링 직무는 업계 최고 수준의 보상, 스태프 엔지니어 수준을 넘어서는 승진 기회, 수억 명의 고객에게 영향을 미치는 업무를 수행할 수 있는 기회로 인해 가장 인기 있는 직종이다. 또한 업계 최고의 동료들과 함께 일할 수 있는 기회도 있다.

중대형 기술 기업

소프트웨어 엔지니어링을 비즈니스의 핵심으로 삼는 기술 우선 기업을 말한다. 이런 기업은 빅테크 기업보다 규모가 작지만 수백 또는 수천 명의 소프트웨어 엔지니어를 고용하고 있다. 예를 들면 아틀라시안Atlassian, 드롭박스Dropbox, 쇼피파이Shopify, 스냅Snap, 우버Uber 등이 있다.

이런 기업들은 빅테크와 비슷한 수준의 보수를 제공하며, 엔지니어 직급 이상의 커리어패스를 제공하는 편이다. 사용자 기반은 다소 작지만 엔지니어의 작업은 여전히 수천만 명의 고객에게 영향을 미칠 수 있다.

스케일업

스케일업scaleup이란 시장 적합성이 있는 제품이 있고, 후기 단계의 벤처 투자를 받아 성장 가도를 달리는 기업을 말한다. 이런 기업은 시장 점유율 확대에 투자하기 위해 손실을 감수하기도 한다. 예를 들면 에어테이블Airtable, 클라나Klarna, 노션Notion 등이 있다.

스케일업 기업은 기업 가치의 증명, 다음 라운드의 펀딩, 상장 준비를 위해 비즈니스를 성장시켜야 한다는 압박감 아래 빠르게 움직인다.

유니콘unicorn은 기업 가치가 10억 달러 이상인 기업을 의미하는데 스케일업 기업에 속한다. 2010년대에는 유니콘 기업이 상대적으로 적었고, 유니콘 기업이 된다는 것은 다음 단계로 도약할 수 있다는 신호였다. 오늘날에는 유니콘이 기업이 흔해져 크게 차별화 요소로 작용하지는 않는다.

스타트업

스타트업startup은 소규모 벤처 자금을 조달해 시장에 적합한 제품을 만든다는 목표를 가진 기업을 말한다. 이때 제품은 고객 수요를 끌어들여야 한다.

스타트업은 본질적으로 위험하며, 의미 있는 수익이 부족한 경우가 많다. 운영을 위해 새로운 자금 조달에 의존해야 하므로 제품 시장 적합성product-market fit (PMF)이 필요하다.

스케일업으로 성장한 성공적인 스타트업의 예로 에어비앤비Airbnb가 있다. 2008년에 설립된 이 기업은 와이컴비네이터Y Combinator로부터 시드 투자를 유치했다. 2010년에는 에어비앤비 제품이 주목받기 시작하면서 720만 달러의 시리즈 A 투자를 유치했고, 2011년에는 에어비앤비의 잠재력이 인정되면서 1억 1,200만 달러의 시리즈 B 투자를 유치했다.

스타트업 단계를 넘어서지 못한 예로 익명 공유 앱인 시크릿Secret을 들 수 있다. 2013년에 설립된 시크릿은 사용자가 자신의 비밀을 익명으로 공유할 수 있는 앱이다. 이 기업은 2년간 3,500만 달러의 투자를 유치하며 큰 인기를 누렸다. 하지만 2015년에 서비스를 종료하고 투자금 일부를 투자자에게 반환했다.

스타트업은 소프트웨어 엔지니어에게 가장 많은 자유를 제공하는 반면, 안정성은 가장 낮은 경향이 있다. 또한 스타트업은 자금이 바닥나기 전에 시장에 적합한 제품을 만들어야 존립이 가능하므로 일과 삶의 균형 측면에서 까다로울 수 있다. 한편, 창업자는 스타트업의 환경에 큰 영향을 미친다. 어떤 창업자는 '열심히 일하고 열심히 노는' 문화를 정착시키기도 하고, 어떤 창업자는 지속 가능한 근무 문화에 중점을 두기도 한다. 스타트업은 가장 다양한 업무, 노동 강도, 성장 기회를 제공한다.

직원들에게 주식을 제공하는 스타트업은 고위험/고보상 분야다. 사업이 잘되어 결국 기업공개나 인수로 이어지는 경우, 상당한 양의 주식을 보유한 초기 직원들은 재정적으로 매우 큰 보상을 받을 수 있다. 2020년 860억 달러의 시가총액으로 상장한 에어비앤비와 2022년 어도비^{Adobe}가 200억 달러에 인수한 디자인 협업 도구 피그마^{Figma}에서 이런 일이 발생했다.[1]

기술 부서가 있는 비기술 전통 기업

이런 기업은 기술과는 거의 관련이 없는 비즈니스가 핵심인 경우로 기술 부분은 한 부서에 불과하다. 50년 이상 된 기업 중 일부는 소프트웨어 개발 시대 이전에 설립됐다. 또 다른 이 부류의 기업들은 기술이 주요 가치 창출원이 아닌 사업을 하고 있다.

이런 기업의 예로 이케아^{IKEA}(가구), 제이피 모건 체이스 앤 코$^{JP\ Morgan\ Chase\ \&\ Co}$(금융 서비스), 화이자^{Pfizer}(제약), 토요타^{Toyota}(자동차), 월마트^{Walmart}(소매업) 등이 있다.

이 부류의 많은 기업들은 디지털 전환에 착수해 소프트웨어 개발을 비즈니스에 보다 전략적으로 활용하는 것을 목표로 하고 있다. 그러나 현실적으로 이런 곳에서는 기술이 수익 센터라기보다는 비용 센터에 가깝고, 빅테크 및 많은 스케일업에 비해 낮은 보상을 제공하는 경향이 있다.

반면에 전통 기업은 기술 우선 기업보다 고용 안정성이 높고 일과 삶의 균형이 더 나은 편이다. 소프트웨어 엔지니어에게는 빅테크나 스케일업에 비해 커리어 옵션이 적고, 스태프 엔지니어 이상의 커리어패스도 드물다는 단점이 있다.

기술 중심의 전통 기업

하드웨어, 소프트웨어 서비스 또는 두 가지 모두의 형태로 기술이 제품의 중심이 되는 전통 기업도 흥미로운 하위 집합이다. 이런 기업은 초창기에 눈에 띄는 성공을 거둔 경우가 많았고, 지금은 성숙하고 안정적이며 수익성 있는 기업으로 성장했다. 그러나 업력이 늘고 성장이 둔화되며 젊은 기술 기업과는 다른 경직된 조직

---

[1] 옮긴이_ 어도비의 피그마 인수는 2023년 12월 반독점 규제로 최종 무산됐다.

구조를 갖게 됐다.

이런 기업의 예로 브로드컴Broadcom, 시스코Cisco, 인텔Intel, 노키아Nokia, 에릭슨Ericsson, 메르세데스 벤츠Mercedes-Benz, 사브Saab 등이 있다. 자동차가 아니더라도 하드웨어를 많이 사용하는 기업도 대개 이 범주에 속한다.

이들 기업은 빅테크나 스케일업에 비해 일하고 싶지 않은 기업으로 인식된다. 빅테크 기업보다 보상이 낮은 경우가 많고, 젊은 기업만큼 새로운 업무 방식을 빠르게 도입하지 않는 경우가 많다.

동시에 엔지니어로서 매우 만족스럽게 일할 수 있는 복잡한 엔지니어링 과제를 제공하며, 업무의 영향력이 빅테크에 비해 크다. 또한 매우 안정적이기 때문에 빅테크나 스케일업보다 일과 삶의 균형을 챙길 수 있다. 소프트웨어 엔지니어의 근속 기간도 의외로 길어 업력이 짧은 기업과 달리 업무에 큰 변화가 없고 커리어의 흐름을 예측하기 좋다.

벤처 투자를 받지 않은 소규모 기업

완전 초기 기업, 가족 기업, 라이프스타일 중심 기업[2]은 모두 벤처 자금을 받지 않은 소규모 기업에 속한다. 이런 기업엔 두 가지 특징이 있다.

1. 어떤 대가를 치르더라도 성장해야 한다는 투자자의 압박이 없다.
2. 수익성이 없으면 비즈니스가 실패한다.

이런 특성으로 인해 고성장과는 거리가 멀고 고용과 비즈니스 접근 방식이 보수적이다. 하지만 느슨한 업무 속도와 수익성, 그리고 바쁜 직장보다 안정적인 기업에 더 오래 머물기를 원하는 사람들에게는 친근하고 안정적인 직장이 될 수 있다.

공공 부문

정부가 소프트웨어 개발에 투자해야 한다는 요구는 끊임없이 제기되고 있으며,

---

2 성장이나 확장보다 창업자가 생각하는 라이프스타일을 중시하는 기업

실제로 정부가 투자도 하고 있다.

공공 부문 일자리는 안정성이 높고, 명문화된 규정에 의거해 보상을 결정하며, 휴가 및 복리후생 측면에서 좋은 혜택을 제공한다.

느리고 관료적인 접근 방식, 변경하기 어려운 레거시 시스템을 지원해야 한다는 점 등이 단점으로 작용하며, 국가에 따라 민간 부문으로 이직하기 어렵다.

평판이 좋은 정부 기관의 예로 영국의 디지털 서비스 부서가 있다. 영국의 많은 정부 웹사이트를 구축하고 유지 관리하는 부서로, 작업의 대부분을 깃허브^{GitHub} [3]에 게시하는 등 모범적인 업무 방식을 채택했다. 좋은 엔지니어링 문화를 가진 또 다른 공공 부문 조직으로 영국방송공사$^{British\ Broadcasting\ Corporation}$(BBC)가 있다.

비영리 단체

비영리 단체는 공공 또는 사회적 목적을 위해 존재한다. 예를 들면 코드닷오알지$^{Code.org}$, 칸 아카데미$^{Khan\ Academy}$, 위키미디어^{Wikimedia} 재단 등이 있다.

비영리단체는 벤처 투자 기업보다 보수가 적은 대신, 일반 기업과 다르게 투자자를 위한 수익 창출이나 소유주를 위한 이익 창출을 목표로 하지 않는다. 근무 환경은 다양하며, 기술자가 일하기 좋은 곳도 있지만 보통은 기술 부서가 비용 센터인 경우가 많다.

컨설팅, 아웃소싱 기업 및 개발 에이전시

지금까지는 소프트웨어 엔지니어를 고용해 제품과 서비스를 개발하는 기업에 대해 살펴보았다. 하지만 에이전시나 아웃소싱 제공 업체를 통해 소프트웨어 엔지니어링 전문 지식을 '임대'하려는 수요도 상당하다.

아웃소싱 기업은 고객사가 필요로 하는 만큼의 소프트웨어 엔지니어를 제공하며, 고객사는 자사 비즈니스에서 엔지니어링 인력을 배치한다. 한편, 컨설팅 업체는

---

[3] https://github.com/alphagov

고객과 계약을 맺고 복잡한 프로젝트를 엔드투엔드end-to-end 방식으로 구축하며, 이 작업을 수행할 소프트웨어 엔지니어도 직접 조달한다. 컨설팅 업체는 주로 전체 프로젝트의 구축과 출시까지 담당한다.[4]

컨설팅 및 아웃소싱 기업의 예로 액센츄어Accenture, 캡제미니Capgemini, 이팜EPAM, 인포시스Infosys, 쏘트웍스Thoughtworks, 위프로Wipro 등이 있다.

개발 에이전시는 고객을 위해 웹사이트, 앱 구축 및 이와 유사한 소규모 컨설팅 프로젝트를 수행하는 중소규모 기업이다. 또한 서비스 유지 관리도 처리하는 경우가 있다. 컨설턴트 엔지니어는 보통 에이전시의 정규직 직원이지만 고객사에서 일별 또는 시간당 요금을 받는다.

컨설팅 기업, 아웃소싱 기업, 개발 에이전시는 취업이 쉬어, 경력이 적은 소프트웨어 엔지니어도 채용한다는 장점이 있다. 이는 기업이 인력 수요가 높으며, 다른 유형의 기업에 비해 보상이 적기 때문이다.

또한 경험이 적은 엔지니어에게 종종 교육 프로그램 참여를 지원하며, 다양한 프로젝트에 참여할 기회와 다양한 기업을 경험할 수 있다는 장점이 있다.

컨설팅 기업에서 일하면 단점도 있다. 가장 흔한 단점은 다음과 같다.

- 스태프 엔지니어 이상의 직급으로 승진할 커리어패스를 제공하지 않는다.
- 업무 범위가 고객이 설정한 범위로 제한된다. 일반적으로 컨설팅 업체는 고객사의 역량을 벗어나는 프로젝트를 위해 고용된다.
- 좋은 소프트웨어 엔지니어링 방법론을 크게 신경 쓰지 않는다. 고객사는 단기적인 결과만 원할 뿐, 기술 부채를 줄이는 등의 장기적인 작업에는 비용을 지불하지 않는다.
- 나중에 제품 중심 기업으로 이직하기 어렵다. 빅테크, 스타트업, 스케일업과 같은 제품을 만드는 기업은 주도권과 유지 보수를 중요시하는 문화가 있다. 컨설팅 기업에서 너무 오래 일하면 이런 기업으로 이직하기 더 어려워지기도 한다.

---

4 옮긴이_ 우리나라의 SI업체들이 대체로 이 분류에 속한다.

학계 및 연구소

일반적으로 대학의 일부이거나 대학과 긴밀히 협력하며 장기적인 연구 프로젝트를 진행한다. 보통 집중적으로 연구하는 분야는 응용 연구와 기초 연구로 나뉜다.

연구소는 다른 사람이 해보지 않은 새로운 분야에 자신의 기술을 적용할 수 있고, 상업적 압박이 거의 또는 전혀 없는 환경에서 안정적으로 일할 수 있다.

본인의 커리어 목표에 가장 적합한 기업 유형은 무엇일까?

지금까지 살펴본 바와 같이 소프트웨어 엔지니어로서 고려해야 할 기업 및 조직 유형은 다양하다. 그렇다면 자신에게 가장 적합한 기업은 어디일까?

위에 나열된 모든 기업이 동시에 당신을 채용할 가능성은 낮다. 따라서 자신의 상황에 따라 현실적인 선택지로 목록을 좁히는 것이 좋다. 친구나 가족, 알고 지내는 사람 중에 엔지니어가 있다면 그들과 이야기를 나누는 것이 도움이 된다. 현재 직장이 마음에 드는지, 실제 업무는 어떤지 많은 이야기를 들어보자.

같은 분류에 속하는 기업끼리도 큰 차이가 있을 수 있으며, 같은 직장이라도 팀마다 큰 차이가 있다는 사실을 잊지 말자. 전통 기업의 기술 부서에서 훌륭한 팀이 빅테크 기업의 고군분투하는 팀보다 더 나을 수 있다.

1.2 전형적인 소프트웨어 엔지니어 커리어패스

어떤 기업 내에서 소프트웨어 엔지니어의 커리어패스는 매우 단순하다. 가장 일반적인 두 가지 커리어패스는 싱글트랙과 듀얼트랙이다.

싱글트랙 커리어패스

개별 기여자individual contributor(IC)인 엔지니어 직군과 매니저 직군의 싱글트랙 커리어패스는 일반적으로 다음과 같다.

표 1-1 전형적인 싱글트랙 커리어패스. 직급에 따라 보상과 성과 기대치도 높아진다.

레벨	개별 기여자 직군	매니저 직군
1	소프트웨어 엔지니어	
2	시니어 엔지니어	
3	스태프/수석staff/principal 엔지니어	매니저
4		디렉터(이사)director
5		엔지니어링 부문 부사장
6		CTO

기술 중심 기업이 아닌 소규모 기업에서는 소프트웨어 엔지니어의 레벨 3, 즉 스태프/수석 수준에서 사실상 경력 상한선이 존재하며, 그 이상은 매니저 직군으로 전환해야만 승진할 수 있다.

직군 전환이 필요한 싱글트랙 커리어패스의 단점은 엔지니어가 매니저 역할을 적성에 맞지 않는다고 판단해 다른 일자리를 찾아 기업을 그만두는 경우가 많다는 것이다. 즉, 기업은 매니저 또는 관리직이 싫다는 이유로 최고의 엔지니어를 잃게 된다.

듀얼트랙 커리어패스

엔지니어 인력이 30명~50명 이상으로 많거나 보다 미래 지향적인 기업은 듀얼트랙 커리어패스를 배치하는 경우가 많다. 듀얼트랙 커리어패스를 도입해 엔지니어가 매니저와 보상이 비슷한 스태프 엔지니어로 머물지, 매니저 직군으로 전환할지 고민하는 상황을 없앨 수 있다. 일반적인 듀얼트랙 접근 방식은 다음과 같다.

표 1-2 전형적인 듀얼트랙 커리어패스. 다시 말하지만, 직급에 따라 보상과 성과 기대치도 높아진다.

레벨	개발 직군 경력 사다리	매니저 직군 경력 사다리
1	소프트웨어 엔지니어	
2	시니어 엔지니어	
3	스태프 엔지니어	매니저
4	시니어 스태프 엔지니어	디렉터
5	수석 엔지니어	시니어 디렉터
6	저명distinguished 엔지니어	엔지니어링 담당 부사장
7	펠로우fellow	엔지니어링 부문 수석 부사장
8		CTO

듀얼트랙 커리어패스 운영 방식은 기업에 따라 다르다.

1. **개별 기여자(IC) 레벨**: 소프트웨어 엔지니어에서 시니어를 거쳐 점점 더 도전적인 업무를 맡는 IC 레벨로 승진한다.
2. **엔지니어링 매니저**: 시니어 또는 스태프 엔지니어에서 엔지니어링 매니저로 변경한 다음, 매니저 직군 트랙을 따라 승진한다. 운이 좋으면 디렉터 이상 직책에 오를 수 있다.
3. **직군 사이의 유동적인 전환**: 매니저 역할을 수행한 후 다시 엔지니어로 돌아가는 등 직군 전환이 자유롭다. 이런 방식의 듀얼트랙을 운영하는 기업이 생각보다 흔하다.

모든 커리어패스는 각자의 의미가 있다.

실제로 기술 업계에서는 많은 사람이 꽤 자주 직업을 바꾼다. 내가 아는 소프트웨어 엔지니어 대부분은 몇 년마다 직업을 바꾸고, 이로 인해 커리어의 궤적이 바뀐다. 이로 인해 다양한 커리어패스가 만들어지며, 이는 숙련된 전직 소프트웨어 엔지니어들의 링크드인LinkedIn 프로필에서 확인할 수 있다. 다음은 몇 가지 예시다.

『개발자를 넘어 테크리드로 가는 길』(디코딩, 2023)[5]의 저자 타냐 라일리Tanya

---

[5] 옮긴이_ 『The Staff Engineer's Path』(O'Reilly Media, 2022)

Reilly[6]의 20년 경력을 보면, 매우 선형적인 소프트웨어 엔지니어의 길을 걸어왔다.

시스템 관리자(후지쯔Fujitsu, 에어컴Eircom) → 소프트웨어 엔지니어(구글) → 시니어 소프트웨어 엔지니어(구글) → 스태프 시스템 엔지니어(구글) → 수석 소프트웨어 엔지니어(스퀘어스페이스Squarespace) → 시니어 수석 소프트웨어 엔지니어(스퀘어스페이스)

엔지니어링 책임자 닉키 라이트슨Nicky Wrightson[7]의 20년 경력을 보면, 오랫동안 소프트웨어 엔지니어의 길을 걷다가 경영진으로 자리를 옮겼다.

소프트웨어 개발자(컨설팅업체) → 전문 컨설턴트 및 개발자(통신사) → 개발자(파리바은행BNP Paribas, JP모건JP Morgan, 모건 스탠리Morgan Stanley) → 6개월의 안식월 → 수석 엔지니어(파이낸셜 타임즈Financial Times, 리버 아일랜드River Island, 스카이스캐너Skyscanner) → 프랙셔널 CTOfractional CTO[8] (벤처 건설사 블렌하임 찰콧Blenheim Chalcot) → 엔지니어링 헤드(토피topi)

왓츠앱WhatsApp의 엔지니어링 디렉터 마크 치멜존Mark Tsimelzon[9]의 30년 경력을 보면, 소프트웨어 엔지니어로 시작해 창업자, 개발, 리더십 직책을 오갔다.

소프트웨어 엔지니어 → 엔지니어링 매니저 → 스타트업 창업(아카마이Akamai에 인수) → 프로덕트 매니저 PM(아카마이) → 스타트업 창업 (사이베이스Sybase에 인수) → 엔지니어링 디렉터(야후Yahoo) → 입주 기업가(벤처 캐피탈 기업) → 엔지니어링 부사장(스타트업, 야후에 인수) → 엔지니어링 부문 선임 이사(야후) → 엔지니어링 부사장(사이앱스Syapse) → 고 엔지니어링 책임자(바빌론 헬스Babylon Health) → 엔지니어링 디렉터(메타Meta)

---

6 https://www.linkedin.com/in/tanyareilly
7 https://www.linkedin.com/in/nickywrightson
8 옮긴이_ Fractional CTO는 특정 프로젝트에만 CTO 역할을 수행하는 프리랜서를 의미한다.
9 https://www.linkedin.com/in/marktsimelzon

일반적인 커리어패스

소프트웨어 엔지니어링 업계는 역동적이고 끊임없이 변화하기 때문에 소프트웨어 엔지니어가 기회를 잡아 경력을 키우는 경우가 많다. 내가 목격한 '일반적인' 커리어패스는 최소 12가지다.

1. **평생 소프트웨어 엔지니어**: 소프트웨어 엔지니어로 머물면서 더 높은 직급(예: 시니어 엔지니어, 스태프, 수석 엔지니어)이 되어 기업을 옮기는 엔지니어를 말한다. 이들은 종종 기술 스택을 이동하며 새로운 직책을 맡을 때마다 기술 역량을 넓힌다.
2. **특정 도메인의 전문가**: 장기간 네이티브 모바일이나 백엔드 등 한 분야를 전문적으로 다루는 개발자를 말한다.
3. **제너럴리스트/스페셜리스트 전환**: 특정 분야의 전문적인 스페셜리스트가 많은 기술을 살피는 제너럴리스트를 맡는다. 스페셜리스트와 제너럴리스트의 역할을 번갈아 맡는다.
4. **틈새 분야 전문 소프트웨어 엔지니어**: 예를 들어, 소프트웨어 엔지니어가 사이트 신뢰성 엔지니어site reliability engineer(SRE)로 전환하거나 데이터 엔지니어로 전환해 코딩을 일부 수행하지만 업무가 대부분 소프트웨어 엔지니어링과는 다른 경우다.
5. **계약직/프리랜서 소프트웨어 엔지니어**: 시니어 엔지니어 지위에 오른 이들은 계약직 또는 프리랜서가 되어 더 많은 수입을 얻고 사내 정치와 경력 개발에 대한 걱정을 더는 일도 있다.
6. **테크리드**: 팀을 이끄는 것부터 시작하지만 반드시 관리 업무를 수행하지는 않는 개발자다. 직업을 바꾸더라도 결국에는 다시 테크리드 직책으로 돌아간다.
7. **엔지니어링 매니저**: 개발자가 엔지니어링 매니저가 된 후 해당 커리어패스를 계속하는 경우다.
8. **창업자/사업가**: 소프트웨어 엔지니어로 경력을 쌓은 후 사업을 시작하거나 공동 창업을 하는 사람이다.
9. **비엔지니어 직군**: 데브렐developer relations(DevRel), 제품 관리, 기술 프로그램 관리technical program management(TPM), 기술 채용 등 다른 기술 분야로 이직하는 사람이다. 소프트웨어 엔지니어로서의 경험이 직무와 관련성이 높으며, 관심 있는 분야를 탐색할 수 있다.
10. **소프트웨어 엔지니어/매니저 전환**: 소프트웨어 엔지니어가 엔지니어링 매니저가 됐다가 다시 엔지니어로 돌아오는 것으로 이런 전환을 몇 차례 반복하는 경우가 많다. CTO 채리티 메이저스Chariry Majors는 '엔지니어/매니저 왕복'[10]이란 글에서 점점 더 보편화되고 있는 이 경로에 대해 설명한다.

---

10 https://charity.wtf/2017/05/11/the-engineer-manager-pendulum

11. **위 항목의 조합**: 예를 들어 소프트웨어 엔지니어가 엔지니어링 매니저가 되거나, 프로덕트 매니저가 되거나, 창업자가 되거나, 기타 다른 조합이 가능하다.
12. **비선형적 커리어패스**: 예를 들어, 소프트웨어 엔지니어가 엔지니어링 매니저가 됐다가, 가정을 돌보거나 다른 커리어를 쌓기 위해 장기간 경력을 단절하는 경우도 있다. 그러다가 다시 엔지니어링 디렉터가 되어 현장으로 돌아오기도 한다. 비선형적인 커리어패스는 각 개인에게 고유한 방식으로 발전한다.

이 책에서는 초급 엔지니어부터 스태프 엔지니어까지 기업 내 일반적인 커리어패스를 살펴본다. 하지만 이런 커리어패스는 IC레벨을 도입한 기업에서 일반적이지만, 소프트웨어 엔지니어에게 반드시 일반적이지는 않다. 여기서는 소프트웨어 엔지니어가 걸을 수 있는 다양한 커리어패스를 자세히 설명해 '좋은' 커리어패스가 하나만 있지 않다는 점을 설명하고자 한다. 사람마다 기회와 선호도가 다르며, 덜 전통적인 영역으로 모험을 떠날 수 있다는 자신감을 가져야 한다.

1.3 보상에 따른 기업의 티어

직업을 평가하는 데 직업적 도전, 유연성, 일과 삶의 균형 등 여러 요소를 정량화하기는 쉽지 않다.

총 보상은 정량화하기 쉬운 기준이다(물론 비상장 기업이 지급하는 주식은 가치를 정량화하기 어렵다). 내가 채용 매니저로 재직하는 동안 보상 패키지를 기준으로 기업이 3가지 계층(티어)으로 나눠진다는 사실을 관찰했다. 이 책을 출간하기 전에 구축한 웹사이트 TechPays.com에 제출된 수천 개의 데이터 포인트를 분석해 이 분포를 정리할 수 있었다.[11]

---

11 옮긴이_ 이 조사의 제출 형식은 https://techpays.com/addSalary에서 볼 수 있다.

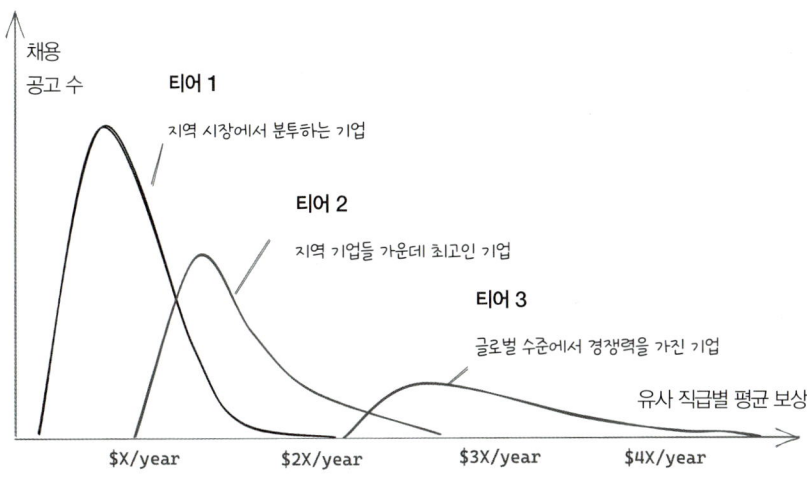

그림 1-1 소프트웨어 엔지니어링 직군 보상의 삼원적 특성: 비슷한 직급에서도 보상이 매우 다르게 책정되는 이유

데이터에 따르면 같은 역할과 직책이라도 기업 유형에 따라 보수가 2~4배까지 차이가 난다. 구글의 시니어 엔지니어는 비기술 기업이나 소규모 가족 경영 기업의 시니어 엔지니어보다 최소 2배, 많게는 4배까지 더 많은 보수를 받을 가능성이 높다. 총 보수는 다음 세 가지 값을 합한 값을 의미한다.

- 기본급
- 현금 보너스
- 주식(상장 기업은 바로 현금화 가능, 비상장 스타트업과 스케일업은 불가능)

기술 시장의 세 가지 계층을 보상을 기준으로 살펴보자.

티어 1: 지역 시장 기업

지역 시장을 벤치마킹하는 기업. 여기에 속하는 기업은 일반적으로 다음과 같다.

- 지역 스타트업
- 벤처 자금을 지원받지 않는 소규모 기업
- 기술 부서가 있는 전통적인 비기술 기업
- 공공 부문
- 비영리 단체
- 컨설팅, 아웃소싱 기업 및 개발자 에이전시
- 학계 및 연구소

티어 2: 지역 시장 상위 기업

뛰어난 지역 인재를 유치하고 유지하기 위해 지역 시장 최고 수준의 보상 지급을 목표로 하는 기업. 이 그룹에 속하는 전형적인 기업은 다음과 같다.

- 일부 중견 기술 기업, 특히 현지 시장에 맞게 보상을 최적화하는 기업들
- 일부 스케일업
- 대부분 자금력이 탄탄하고 지역에 초점을 맞춘 일부 스타트업
- 기술 부서가 있는 일부 전통적인 기업, 특히 기술 투자를 두 배로 늘리는 기업들

티어 3: 권역/글로벌 시장 상위 기업

권역 전체에서 최고 수준의 보상 지급을 목표로 하며, 지역 라이벌이 아닌 동종 같은 계층에 있는 기업과 경쟁하는 기업이다. 이 그룹에 속하는 전형적인 기업은 다음과 같다.

- 빅테크
- 대부분의 중견 기술 기업
- 빅테크 및 중견 기술 기업과 인재를 두고 경쟁하는 자금력이 풍부한 스케일업 기업
- 위 그룹에서 채용하는 강력한 자금력을 갖춘 스타트업

티어 3에 속하는 기업의 보상은 보통 다음 세 가지 요소로 구성된다.

- 기본급
- 주식, 매년 발행
- 매년 지급되는 현금 보너스

상장 기업이 주식을 총 보상 패키지의 일부로 발행하는 경우 일정 기간 후에나 주식을 매각할 수 있다. 이런 방식으로 빅테크 및 이와 유사한 대기업의 스태프급 소프트웨어 엔지니어는 매년 기본급보다 더 많은 주식을 보상으로 받는다.

많은 스타트업과 스케일업에서도 소프트웨어 엔지니어에게 주식을 발행한다. 그러나 비상장 기업의 경우 이런 주식은 유동성이 없어 주식 수가 증가하더라도 기업이 기업공개와 같은 투자금 회수 수단이 있거나 인수될 때까지는 '서류상 이익'에 불과하다. 주식을 많이 보유한 초기 직원은 엑시트를 통해 적지 않은 돈을 벌 수 있다. 우버의 초기 직원이 대표적인 예다. 물론 비상장 기업은 엑시트를 성공하지 못하는 경우가 많아 위험도가 크다. 실제로 포스퀘어Foursquare의 초기 직원들에게 부여된 주식은 기업 설립 14년 만인 2023년에 기간 만료로 사라졌다.[12]

계약직 및 프리랜서

지금까지 정규직의 보상에 대해 알아봤다. 하지만 정규직 직원과 비슷한 업무를 수행하지만 보상은 다르게 지급되는 계약직 및 프리랜서의 보상에 대해서도 살펴볼 필요가 있다.

이들은 일반적으로 시간당 또는 일당으로 합의된 요금을 기업에 청구한다. 인사팀의 관점에서 이들은 직원이 아니며 고객에게 소프트웨어 엔지니어링 서비스를 제공하기 위해 B2Bbusiness-to-business 계약을 맺은 상대다. 미국과 영국은 계약직contractor이라는 용어를 사용하는 반면, 많은 유럽 국가는 프리랜서freelancer라는 용어를 사용한다. 이 책에서는 '프리랜서'라는 용어를 사용한다.[13]

---

[12] https://www.theinformation.com/articles/the-private-tech-company-that-let-employee-stock-grants-evaporate
[13] 옮긴이_ 이 책의 영문 원본에서는 프리랜서 대신 계약직(contractor)이란 표현을 사용한다. 다만, 우리나라의 계약직은 기간제 계약이 있지만 정규직처럼 일한다는 비정규직의 의미로 더 많이 쓰인다.

프리랜서와 정규직의 가장 큰 차이는 보수다. 시니어급 이상의 소프트웨어 엔지니어가 프리랜서로 활동하면 티어 2 기업의 보상 패키지를 상회하는 보수를 받는다. 한편 티어 3 기업에서 지급하는 보상 패키지에 상응하는 보수를 받는 고급 프리랜서도 있다.

일부 국가, 특히 유럽에서는 정규직의 고용 소득에 세금이 많이 부과되는 반면 프리랜서로 인한 소득은 세금이 덜 부과된다.[14]

고용주의 입장에서 프리랜서와 정규직의 가장 큰 차이점은 유연성이다. 프리랜서는 채용이 빠르며 계약 해지도 똑같이 빠르다. 또한 정규직처럼 경력 관리나 교육, 퇴직 조건을 고려할 필요가 없다. 휴가 역시 계약의 범위에서 제외되는 경우가 많으며, 근무일 별 임금 계약의 경우 쉬는 날짜에 대한 비용을 지불하지 않는다.

프리랜서는 성과 관리와 경력 사다리도 다르다. 성과 평가나 승진 기준이 없으므로 정규직처럼 성과 관리를 위해 많은 활동을 하지 않아도 된다. 많은 사람이 기업 내부 직급에 따른 승진을 위한 성과 관리 프로세스나 사내 정치에 신경 쓰지 않고 업무에 더 집중할 수 있는 기회를 원하기 때문에 프리랜서를 선택한다.

프리랜서의 단점은 정규직에 비해 고용 안정성이 낮다는 것이다. 정규직 직원은 대부분의 국가에서 법과 규정으로 일자리를 보호를 받지만 프리랜서는 그렇지 않다. 고용주는 보통 계약을 연장하지 않거나 계약 기간 만료에 따라 해고 통지를 한다. 프리랜서와 같은 비정규직은 고용과 해고가 매우 쉽기 때문에 경기가 어려울 때 가장 먼저 해고되는 경향이 있다.

그러나 프리랜서는 직업 안정성이 낮은 대신 보수가 높다. 이들 중 상당수는 시니어급 이상의 엔지니어로, 기업의 경력 사다리를 오르지 않는다는 점에도 만족한다.

---

14 옮긴이_ 우리나라의 경우에도 프리랜서는 사업소득자로 분류되어 전체소득에서 필요 경비를 제외한 부분을 소득으로 보고 과세를 한다. 자문 형식의 단기 계약은 기타 소득으로 분류되어 세금이 더 적을 수도 있다. 하지만 모든 경우 건강보험료, 국민 연금, 기타 직원에게 제공되는 복지 등을 모두 고려해 통상적인 정규직의 보상과 비교해야 한다.

티어별 트레이드오프

보상 철학에 따른 기업 등급은 어떻게 비교할까? 기업마다 상황이 다르고 근무 환경마다 장단점이 있어 객관적으로 비교하기는 어렵다. 다음은 티어별 기업에 재직하는 정규직 직원 기준의 관찰 결과다. 프리랜서는 목표하는 직급이나 승진이 정해져 있지 않기 때문에 자세히 다루지 않는다. 하지만 훌륭한 프리랜서는 '시니어' 및 '스태프' 엔지니어가 하는 일을 잘한다.

표 1-3 세 계층의 기업 비교

계층	티어 1 (지역)	티어 2 (지역 최상위)	티어 3 (글로벌)
취업 난이도	가장 쉬움	다소 어려움	매우 어려움
성과 기대치	대체로 적당	높은 곳 있음	거의 매우 높음
개발자 커리어패스	시니어 또는 스태프까지	스태프 이상인 경우 있음	거의 대부분 스태프 이상
일과 삶의 균형	중요할 수 있음	보통 중요도 낮음	보통 중요도 낮음

보상이 높은 기업에는 많은 지원자가 몰리는 경향이 있다. 하지만 기업의 보상이 높다면, 곧 엔지니어에게 높은 기준을 요구할 것이라는 의미로 해석할 수 있으며 실제로도 그렇다.

1.4 비용 센터, 수익 센터

많은 기업이 비즈니스에 '수익 센터$^{profit\ center}$'와 '비용 센터$^{cost\ center}$'라는 개념을 적용한다. 일하는 부서가 무엇을 중심으로 삼는지에 따라 커리어에 미치는 영향이 다르다.

수익 센터는 비즈니스의 수익을 직접 창출하는 팀 또는 조직이다. 대표적인 예로 구글 수익의 대부분을 직접 창출하는 구글의 광고 조직이 있다. 예를 들어 검색 팀은 방문자를 사이트로 유도하므로 수익 창출에 큰 기여를 한다. 하지만 광고주가 광고 예산을 집행할 광고 팀이 없었다면 구글의 수익은 훨씬 줄었을 것이다.

비용 센터는 직접적으로 수익을 창출하지는 않지만 기업의 원활한 운영을 위해 필요한 팀이나 조직을 말한다. 좋은 예로 기업이 유럽에서 GDPR[15] 규정 준수를 담당하는 엔지니어링 팀을 들 수 있다. 이 팀의 활동은 필수적이지만 수익을 창출하지 않으므로 비즈니스 관점에서 볼 때 비용 센터로 분류된다.

규모가 큰 기업에서 비용 센터나 수익 센터에서 근무하면 어떤 차이가 있을까? 몇 가지 측면에서 살펴보겠다.

- **승진**: 거의 대부분 수익 센터에서의 승진이 더 쉽다. 수익 창출에 미치는 영향은 승진이 필요한 근거를 설명하기 더 쉽기 때문이다. 예외적으로 빅테크의 스태프 이상 직책의 경우 조직 전체 사업에 영향을 주는 기술적인 과제 해결을 바란다. 이런 요구사항은 경험 많은 엔지니어가 플랫폼 팀에서 경력을 쌓을 동기를 부여한다.
- **성과 평가 및 보너스**: 일반적으로 어떤 유형의 조직에서 일하든 초급 엔지니어부터 시니어 엔지니어 레벨까지 근무하는 데는 차이가 없다. 직급이 높을수록 수익 센터에 근무하는 사람들이 더 좋은 '점수'와 보너스를 받는 경우가 많다. 이는 기업 대부분이 엔지니어의 기여도가 동일할 경우 자연스럽게 돈을 많이 버는 쪽으로 기울기 때문이다.
- **내부 이동**: 일반 직원이 수익 센터에서 일하기 원하는 것은 이해가 된다. 반대로 엔지니어에게 수익 센터는 조직에서 '지루한' 팀으로 비치는 경우가 많아 입사하려는 사람이 적다. 많은 엔지니어는 복잡하고 흥미로운 업무에 매력을 느끼는데, 이는 대부분 수익 센터가 아닌 '큰 기술적 도전이 있는' 프로젝트에 있는 경우가 많다. 메타[Meta]에 입사해 일할 팀을 선택하는 상황을 상상해보자. 광고 인프라를 개선해 광고 수익을 0.005% 늘리는 일이 하고 싶을까? 아니면 친구들과 소통할 수 있는 흥미롭고 혁신적인 방법을 개발하는 새로운 팀을 선택할까?
- **이직**: 비용 센터는 일반적으로 더 많은 직원이 기업을 떠나거나 수익 센터로 이동함에 따라 이직률이 높다. 이는 수익 센터의 팀에서 경력 개발이 더 쉬울 수 있기 때문이다.
- **고용 안정성**: 비용 센터는 기업이 비용을 절감해야 할 때 감원의 주요 대상이 된다.

---

15 옮긴이_ General Data Protection Regulation, EU의 개인정보보호법

그렇다면 팀이나 조직이 수익 센터인지 비용 센터인지 어떻게 판단할까? 이를 확인하는 방법은 다음과 같다.

- 팀이나 조직이 주기적으로 발생한 수익을 보고하는가? 그렇다면 수익 센터에 속해 있을 가능성이 높다.
- 기업은 어떻게 수익을 창출하며, 어떤 조직이 수익을 창출하는가? 은행이라면 영업 팀이 모든 수익을 창출하는가? 아니면 창구에서 창출하는가? 수익 창출에 기술 부서가 기여했는가? 기술 부서 중 어느 팀이 수익을 창출하는가?
- 기업의 조직도를 살펴보자. 조직에서 기술이 차지하는 위상은 어느 정도인가? 엔지니어링 팀과 제품 팀은 어디에 보고하는가? 마케팅, 재무, 운영 및 기타 그룹과 비교해 엔지니어링 부문의 부사장은 몇 명인가?
- 최고 경영자가 전체 임원 회의에서 '전략적'이라고 부르며 매출 증대에 기여한 공로를 인정하는 팀은 어느 팀인가? 내가 속한 팀이나 조직도 거기에 포함되는가?
- 상장한 기업인가? 그렇다면 분기별 보고서를 읽고 기업의 주력 분야, 즉 수익 센터가 되는 분야를 파악하라.

소프트웨어 엔지니어링은 비용 센터도 수익 센터도 될 수 있다.

- 빅테크, 중견 기술 기업, 기술이 비즈니스 활동의 핵심인 스타트업 및 스케일업에서 기술 및 소프트웨어 엔지니어링은 종종 비용 센터로 간주된다.
- 비기술 기업과 공공 부문 고용주는 기술을 '목적을 위한 수단'인 비용 센터로 취급한다.
- 컨설팅 및 개발자 에이전시에서 개발은 기업이 서비스로 제공하는 것이므로 일반적으로 이 활동은 수익 센터가 된다.

비용 센터와 수익 센터에서 모두 근무하면 넓은 관점을 가질 수 있다. 수익 센터에서 일하면 자신이 비용 센터보다 우월하다고 느끼기 쉽다. 하지만 효과적인 기업에는 두 가지 유형의 팀과 조직이 모두 필요하므로 각 조직에서 성공하는 방법을 아는 것은 유용한 기술이다.

1.5 커리어 발전을 위한 대안적 사고방식

직급, 기업의 평판, 보상은 구체적이기에 가장 쉽게 이야기할 수 있고, 보상 수치는 직급을 쉽게 비교할 수 있는 방법을 제공한다. 믿기 어렵겠지만, 직업과 경력에는 직함이나 보수보다 훨씬 더 중요한 것들도 있다. 다음은 직장에 대한 만족도에 영향을 미치는 몇 가지 다른 요소들이다.

- 함께 일하는 사람 및 팀의 역학 관계
- 매니저 및 매니저와의 관계
- 팀 및 기업에서 본인의 위치
- 기업 문화
- 기업의 사명 및 사회에 대한 기여도
- 전문적 성장 기회
- 업무 중 정신적, 신체적 건강
- 유연성(원격 근무 가능 여부)
- 온콜(온콜 업무의 강도)
- 일과 삶의 균형
- 개인적 동기

이를 시각화하면 [그림 1-2]와 같다.

차트의 영역을 참고해 지원하는 자리의 보상 패키지를 비교하길 권한다. 이런 영역 중 하나 이상의 '업그레이드'를 위해 연봉 감소를 감수하는 경우도 드물지 않다. 현재 커리어에서 다음 직장에서 자신에게 맞는 균형을 찾자. 측정하기 쉬운 부분만 최적화하는 사람보다 훨씬 더 만족스러운 커리어를 쌓을 수 있다.

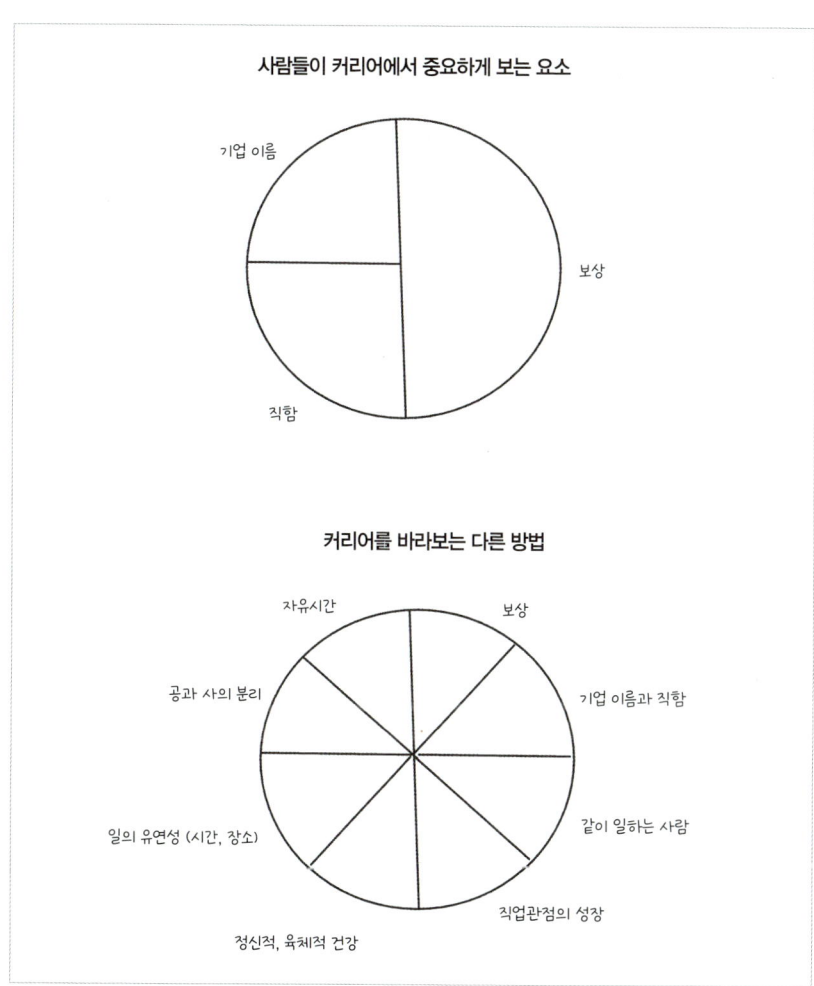

그림 1-2 커리어를 바라보는 또 다른 방법

2 커리어 관리
Owning Your Career

자신의 커리어를 주도하라! 소프트웨어 엔지니어에게 이만한 커리어 조언은 없다. 자기 커리어를 자신만큼 중요하게 생각하는 사람은 아무도 없다. 매니저로 재직하며 사람들이 경력을 기르고, 목표를 달성하고, 야망을 이루는 과정을 도우며 깨달은 이 교훈은 정말 마음에 와 닿았다.

2장에서는 자신의 커리어를 온전히 주도하는 방법을 살펴본다.

2.1 커리어 주인의식

커리어를 쌓는 동안 여러 명의 매니저를 만났는데, 내 포부에 관심을 가져준 매니저도 있었고 그렇지 않은 매니저도 있었다. 몇 달 만에 나를 승진시킨 매니저도 있었고, 1년 넘게 함께 일했는데도 성장에 대한 피드백을 거의 또는 전혀 주지 않은 매니저도 있었다.

처음 매니저가 됐을 때 나는 훌륭한 매니저가 되어 내게 보고하는 모든 직원의 커리어에 관심을 가지겠다고 다짐했다. 나는 직원들과 함께 앉아 그들의 커리어 목표에 대해 논의하고 이를 실현하기 위해 열심히 노력했다. 동시에 몇 가지 사실을 깨달았다.

- 많은 소프트웨어 엔지니어가 매니저와 커리어에 대한 대화를 나눠본 적이 없었다. 그들의 목표, 직장에서의 목표뿐만 아니라 불가피하게 기업을 떠났을 때 어디로 가고 싶은지에 대해 물어본 매니저는 내가 처음이었다.

- 어떤 사람은 다른 사람보다 도움을 주기 쉬웠다. 자신이 원하는 것이 무엇인지 잘 파악하지 못했거나 생각하기 싫어하는 직원보다는 그걸 아는 직원과 대화하기 편했다.
- 모든 사람을 돕고 싶었지만 매니저로서 내 시간은 한정됐다. 모든 직원과 함께 시간을 보낼 수도 있었지만 집중해야 할 다른 일도 많았다.

나는 모든 직원의 커리어 관리를 돕고 싶었지만, 결국 나는 적합한 사람이 아니라는 사실을 인정해야 했다. 자신의 커리어는 스스로 관리해야 한다. 주도적으로 목표를 설정하고, 이를 추적하고, 지속적으로 개선해 더 나아지는 사람의 성과가 더 좋은 법이다. 노력을 거의 하지 않거나 자신이 아닌 매니저가 대신 목표를 설정하고, 자신을 그 목표까지 밀어주기를 기다리는 사람에게는 주변이 어떤 도움을 줘도 효과가 없다.

스스로의 커리어를 주도하는 동료에겐 자신의 커리어 개발에 진심으로 관심을 기울이는 매니저가 있었다. 하지만 많은 사람은 자신의 커리어 성장을 도울 여유나 동기가 없는 매니저를 만나게 된다.

성공하고 싶다면 자신의 커리어패스에 대한 주인의식을 가져라. 매니저가 끼어들기만 기다려서는 안 된다. 운 좋게 훌륭한 매니저를 만났다고 해도, 매니저는 챙길 사람이 많다. 그렇기에 매니저는 당신의 커리어에 당신만큼의 관심을 쏟을 수 없다.

커리어를 자기 것으로 만드는 방법은 다양하다. 매니저와 동료에게 관심 있는 분야를 이야기하고, 다른 방법 없이 알아차리기 어려운 업무 결과를 공유하고, 동료들의 피드백을 받자.

2.2 일을 잘하는 사람

더 나은 커리어를 쌓겠다는 의지를 가진 엔지니어와 이야기를 나누다 보면, 어떻게 하면 더 나은 성과를 만들고, 사내 정치를 잘해 승진 기회를 얻을 수 있는지 물어보는 경우가 많다. 물론 성과 관리와 사내 정치 모두 중요하나, 엔지니어가 '일을 잘하는 사람'으로 보이지 않는다면 아무 소용없다.

일단 업무를 완수하자!

할당된 업무를 적절한 시간 안에 충분히 높은 품질로 완수하자. 가능하다면 지시사항보다 더 많이, 좋은 품질로 출시하자. 엔지니어에게 보통 '출시^{shipping}'란 프로덕션 환경에 작동하는 코드를 배포하고 기능, 서비스 및 구성 요소를 공개하는 것을 의미한다.

영향력이 높은 작업을 많이 수행하자

고객과 동료 개발자에게 실질적인 도움이 되지 않는 큰 의미가 없는 일(예: 작은 리팩터링)과 비즈니스와 팀에 변화를 가져올 영향력 있는 일에는 큰 차이가 있다. 영향력 있는 일을 많이 해내야 한다. 어떤 일부터 시작해야 할까? 팀의 우선순위와 비즈니스의 우선순위에 답이 있다. 지금 바로 확인해보라!

내가 한 일을 사람들에게 알리자

소프트웨어 엔지니어는 자기가 기능을 출시하거나 복잡한 프로젝트를 완료하면 팀원부터 매니저, 제품 관리자, 다른 팀의 동료까지 주변의 모든 사람이 당연하게 알아주리라는 착각을 자주 한다. 현실은 그렇지 않다.

일을 완료하면 매니저와 팀에 알려야 한다. 영향력 있는 일을 해냈다면 비즈니스에 미치는 영향을 측정하고 공유하자. 비정상적으로 복잡하거나 예사롭지 않은 노력이 필요한 업무를 해내면 이 역시 공유하자. 다른 사람은 당신이 직면하고 극복해낸 어려움을 말하지 않으면 알지 못한다!

약속한 작업을 완료하고, 중요한 작업에 집중하고, 작업을 완료하면 다른 사람에게 알리자. 그렇지 않으면 내가 한 일은 눈에 띄지 않게 된다.

2.3 작업 일지 작성

이번 주와 지난주에 어떤 작업을 했는가? 10개월 전은 어땠나? 소프트웨어 엔지니어라면 최근에 수행한 작업은 쉽게 기억한다. 하지만 과거로 거슬러 올라가면 세부 사항이 모호해져서 잘 떠올리지 못한다. 물론 큰 문제는 아니지만 언젠가 발목을 잡는 순간이 온다.

예를 들어, 연말에 성과 평가나 승진 전망에 영향을 미치는 기여도를 요약할 때, 또는 매니저가 성과 평가를 준비하면서 한 해 동안 수행한 업무를 요약해 달라고 요청할 때 등이 있다. 메모가 없으면 중요한 업무를 간과해 놓치거나 이전 프로젝트의 세부 사항을 추적하느라 시간을 낭비할 수 있다.

이런 상황에 대비해 매주 수행한 주요 작업을 기록하자. 중요한 코드 변경, 코드 검토, 디자인 문서, 토론 및 계획, 다른 사람 돕기, 사후 분석, 시간이 걸리고 영향력이 있는 모든 작업 내용을 기록하자. 스트라이프Stripe에서 소프트웨어 엔지니어로 재직한 줄리아 에반스Julia Evans는 자신의 작업 일지를 '과시용 문서brag document'[16]라고 불렀다.

이 문서는 성과 평가의 기초 자료이자, 자신이 지금까지 한 일을 파악하는 지표가 되어 스스로에게도 큰 도움이 된다. 작업 일지의 작성 예시를 살펴보자.

예시 2-1 작업 일지의 작성 예
템플릿: https://pragmaticurl.com/work-log

현재
- 프로젝트 제노[17]
    - 위험에 처한 프로젝트, 범위 축소에 대한 회의 소집

12월 둘째 주(12/6~12/11)
- 프로젝트 제노
    - 코드: T43322, T43321

---

16 https://jvns.ca/blog/brag-documents
17 옮긴이_ 이 책에서는 제노(Zeno)와 타노스(Thanos), 제우스(Zeus)라는 가상 프로젝트를 예시로 사용한다.

- 타노스 업데이트 이메일을 처음 발송
- 채팅 팀 지원
  - 발과 닉을 채팅으로 많이 도와줌
  - 오후 7시 SF와 끝날 때까지 전화
- 설계 제안: 프록시 폐지. 다음 주에 배포 예정
- 긴급 버전업: T23232
- 수: 이번 주에 4번 짝 프로그래밍
- 프로덕트 매니저와 1:1 미팅: 백로그에 기술 부채 제거를 추가할 것을 제안 / J32129 를 추가!

12월 첫째 주(11/30~12/5)

- 프로젝트 제노
  - 디자인 문서 작성 완료
  - 코드: T23444(컨트롤러 리팩터링), T34324, T42321
  - 코드 리뷰: 다수! / 주요 리뷰: T43242(리팩터링 접근 방식에 대한 합의)
- 회고: 제우스 서비스 다운 문제
- 수와의 첫 멘토링 세션!
- 2번의 면접과 1건의 채용!
- 기술 부채 프로젝트 정리 완료

내가 함께 일한 생산성 높은 엔지니어들은 어떤 형태로든 '작업 일지'를 작성했다. 작업 일지는 여러 가지 면에서 도움이 된다.

- **우선순위를 설정하기 편해진다.** 엔지니어의 생산성이 높다고 인식될수록 그 엔지니어에게 많은 요청이 몰린다. 자신이 수행하거나 수행해야 하는 작업을 나열한 엔지니어는 그러한 문서가 없는 동료보다 자신의 최우선순위를 더 쉽게 파악할 수 있다.
- **하루 일과를 마치면 퇴근이 즐겁다.** 규모가 큰 빅테크 기업에서는 풀 리퀘스트[pull request](PR)을 오늘 하면 좋겠다고 생각하며 아침을 시작하지만 다른 업무가 생겨서 저녁 시간까지 완료하지 못하는 경우가 종종 있다. 어떤 일을 했는지 기록해두면 하루를 한눈

에 파악할 수 있다.
- **'아니오'라고 말하기 쉽다.** 할 작업이 너무 많은데 새로운 작업이 들어오면, 이를 거절하거나 다른 작업을 제거해 새 작업 시간을 확보해야 한다. 자기 작업을 모두 파악하는 엔지니어는 새로운 작업을 쉽게 거절하거나 협상을 통해 다른 작업을 중단할 수 있다.
- **성과 평가, 승진, 영향력의 정량화한다.** 성과 평가 시기가 다가오면 자기평가를 작성해 공정한 피드백을 받을 수 있다. 작업 일지가 있다면 시간이 덜 걸리며, 승진에도 마찬가지다.

작업 일지 작성이 어색한가?

나도 작업 일지를 작성하기 시작했을 때는 우스꽝스럽다는 생각이 들었다. 매니저가 되어 직원들에게 작업 일지 작성을 권했을 때도 많은 사람이 꺼렸다.

다들 아는데 이미 끝난 일을 굳이 기록할 필요가 있느냐는 질문과 작업 일지는 과시 목적이 아닌가 하는 오해, 중요하지도 않은 작업 일지를 작성하면 '진짜' 업무에 방해만 될 거라는 의견 등 반응은 다양했다.

내게 있어 업무를 시작할 때 작업 일지를 작성하는 일은 명상이나 다름없다. 명상은 규칙적으로 하면 효과가 있다고 들었다. 명상을 시작하게 된 계기는 친구의 권유였다. "하루에 10분씩 녹음 파일을 듣는다는 게 바보 같다는 생각이 들거야. 나도 그랬거든. 2주만 해봐. 내가 왜 추천했는지 알 수 있을 거야." 그 말을 듣고 시작한지 보름 뒤, 친구의 뜻을 이해하게 됐다.

업무 일지나 과시용 문서나 마찬가지다. 바보같은 일 같고 시간이 걸리겠지만, 2개월만 매주 자신이 한 일을 기록해보자. 몇 주에 한 번씩 이 문서를 매니저와의 일대일 미팅에서 보여주자. 2개월이 지나면 이 문서가 유용한 이유를 이해할 것이다. 나는 아직까지 작업 일지 작성을 후회했다는 이야기를 들어본 적이 없다!

2.4 동료와의 피드백

전문가로서 성장하는 좋은 방법 하나는 동료와 피드백을 주고받는 것이다. 동료들은 내가 무슨 일을 잘하며, 어떤 점을 개선해야 한다고 생각할까?

피드백 요청

소프트웨어 엔지니어가 피드백을 받는 방법이 많으며, 이미 일부는 활용하고 있을 가능성이 높다.

- **코드 리뷰**: 코드 변경 사항을 다른 사람의 눈으로 살펴보고, 문제를 발견하고, 지식을 전파하고, 작업에 대한 피드백을 받을 수 있는 좋은 방법이다.
- **아이디어 및 제안**: 프로젝트에 대한 제안이나 아이디어를 팀원들과 공유하고 의견과 피드백을 요청한다.
- **디자인 문서**: 팀이나 기업에서 디자인 문서를 활용해 프로젝트 구현 제안에 대한 피드백을 받는다.
- **동료 성과 평가**: 기업에서 공식적인 성과 평가 프로세스를 운영할 수도 있다. 이때 직원들에게 동료에 대한 피드백, 즉 동료가 잘하는 점과 개선할 수 있는 점을 공유하도록 요청할 수 있다. 이는 다른 방법으로 얻지 못하는 귀중한 피드백이다.

팀원, 매니저, 프로덕트 매니저 등 함께 일하는 동료에게 적극적으로 피드백을 구할 수도 있다. 개인에 대한 막연한 피드백보다는 다음과 같이 자신이 수행하거나 작업한 특정 사항에 대한 피드백을 요청하는 편이 좋다.

- "제가 요청한 지난 몇 개의 풀 리퀘스트를 바탕으로 제 코딩 방식에 피드백을 주실 수 있나요? 접근 방식에 고쳐야 할 점이나 제가 따르지 않는 암묵적인 코딩 지침이 있나요?"
- "제가 진행했던 아키텍처 기획 회의는 어땠나요? 어떤 점이 좋았고 어떻게 하면 더 생산적으로 진행할 수 있을지 제안해주시겠습니까?"
- "어젯밤에 발생한 서비스 장애를 제가 처리했는데 어땠나요? 서비스 장애를 담당한 건 처음이었는데, 문제를 더 효과적으로 해결하려면 다음에는 어떻게 해야 할까요?"

피드백은 선물과 같다. 환영받지 못할 선물이라면 주지 않는 편이 좋듯 피드백 또한 마찬가지다. 그러기에 건설적인 피드백을 주는 사람이 있다면 일부러 시간을 내 피드백을 했다는 점을 기억하자. 피드백에 방어적으로 대응하려는 마음이 들겠지만 이 점을 명심하자.

사람은 대부분 요청하지 않는 이상 피드백을 주지 않는다. 따라서 특정 상황에 대한 피드백을 구해야 한다. 내 경험에 비추어 볼 때, 무언가를 처음 해보거나 새로운 그룹이나 환경에서 무언가를 알아가고 있을 때 피드백이 특히 유용하다.

업무에 대한 회고는 성장과 학습을 위한 또 다른 좋은 방법이며, 피드백은 명확하게 그 회고에 도움이 된다.

피드백 전달

피드백을 주면 동료의 성장에 기여할 수 있지만, 가만히 있는 것이 더 쉽고 편한 게 사실이다. 이럴 땐 어떻게 해야 할까? 내가 지속적으로 효과를 본 접근 방식은 다음과 같다.

- **잘한 일을 칭찬하자.** 훌륭하게 업무를 처리한 사람을 칭찬하자! 코드 리뷰에 긍정적인 코멘트를 추가할 때는 '방금 리뷰한 리팩터링은 매우 깔끔한 접근 방식이라고 생각합니다'처럼 마음에 드는 점을 간단하게 추가하자. 아니면 직접 만나 최근에 푸시한 기능이 훌륭하다고 말하는 것도 좋다.
- **구체적으로 말하자.** 어떤 점이 마음에 들었는지 사람들에게 말하자. '잘했다'나 '훌륭하다' 같은 피드백은 그다지 도움이 되지 않으므로 어떤 점이 좋았고 왜 좋았는지 명확하게 설명하자.
- **긍정적인 피드백은 진심일 때만 하자.** 진심이 아니라면 상대방에게 좋다거나 잘했다고 말하지 말자. 거짓된 칭찬은 누구에게도 도움이 안 된다.

비판적인 피드백을 제공하기는 더 어렵다. 엔지니어는 누구도 다른 누군가를 공격하는 것처럼 보이게 하고 싶지 않을 것이다. 부정적인 피드백은 그렇게 보일 수도 있다. 오해의 위험을 최소화할 수 있는 몇 가지 방법이 있다.

- **상황과 그 영향에 초점을 맞춰 관찰하자.** 예를 들어, 동료가 좀 더 철저한 테스트를 거치면 피했을 버그를 프로덕션 환경에 푸시한 상황에서 피드백을 제공하고자 한다고 가정하자. 프로덕션 환경에서 확인한 버그와 그 영향에 대해 먼저 설명하고, 동료에게 이 상황에 대한 의견과 이런 상황이 다시 발생할 가능성을 줄일 수 있는 방법을 물어보자.
- **'이렇게 하라'고 말하지 말자.** 담당 매니저가 아닌 이상, 지시를 내리는 것처럼 들리지 않도록 말하자. 대신 스스로 해결책을 찾도록 도와주자. 그 상황에서 나라면 어떻게 다르게 행동했을지 제안하는 것이 방법이다.
- **부정적/건설적인 피드백은 직접 대면해 전달하자.** 이메일이나 채팅을 통한 피드백은 상대방이 의도를 오해하기 쉽다. 회의를 통해 직접 대화하며 상대방의 반응을 보자.
- **처음부터 상대방의 편임을 분명히 하자.** 대부분 사람은 부정적인 피드백에 '투쟁-도피 반응'을 보인다. 상대방에게 당신이 더 나은 전문가가 되기를 바란다는 점을 확실히 밝혀 이런 반응을 예방하자. 아무 말도 하지 않고 가만히 있는 편이 더 쉽겠지만, 우리의 목표는 그들이 더 나아지도록 돕는 것이다. 상대방에게 먼저 내 의견을 들어달라 말하자. 당신이 피드백을 전하는 이유는 상대방이 더 잘되길 바라기 때문이다.
- **피드백은 내 시점의 관찰일 뿐, 무시해도 좋다는 점을 분명히 한다.** 나는 동료에게 조직 내의 역학 관계를 반영한 건설적인 피드백을 주기 좋아한다. 즉, 나는 동료일 뿐 매니저가 아니기에 내 피드백 때문에 상대가 무언가를 바꿀 필요는 없다고 말한다. 어차피, 당신 기준의 피드백일 뿐이며, 듣는 사람이 의미 없다고 생각하면 무시할 수 있다.
- **토론을 긍정적으로 마무리하자.** 피드백을 주는 목적은 상대방과 팀을 돕는 것이다. 피드백 이후 당신과 상대의 관계가 나빠진다면 팀에 도움이 되지 않는다는 사실을 잊지 말자. 따라서 서로가 만족할 수 있는 방식으로 토론을 끝내도록 노력하자. 솔직하고 긍정적인 피드백으로 마무리하거나, 열린 마음으로 내 의견을 경청해 준 것에 대한 감사 인사를 전하는 편이 좋다.

난해한 피드백의 '해석'

건설적인 피드백을 주는 데도 연습이 필요하다. 다시 말하면 엔지니어 대부분은 피드백에 능숙하지 못하다는 말이다. 심지어 더 많은 연습이 필요한 매니저도 있다! 상대방은 분명히 의도를 담아 전달한 피드백이라도 듣는 사람이 이해하지 못하는 경우가 발생하는데, 이때 유용한 피드백을 얻는 방법은 다음과 같다.

- **피드백이 적용되는 대상을 구체적으로 요청한다.** 해석이 어려운 피드백은 내용이 모호한 경우가 많다. 예를 들어, 매니저가 '코드 품질을 개선해야 할 것 같다'고 말하면 '구체적인 예를 들어줄 수 있나요? 어떤 풀 리퀘스트에 대한 피드백인지 알려주실 수 있을까요?' 같은 질문을 하자.
- **영향을 명확히 한다.** 종종 전달받은 피드백이 왜 중요한지 불분명한 경우가 있다. 예를 들어, 팀원이 '그 리팩터링은 안 하는 편이 좋았겠어요'라고 말하면 그 리팩터링이 팀원과 팀에 어떤 영향을 미쳤는지 물어보자.
- **제안을 요청한다.** 더 난해한 피드백은 어떤 행동을 바꾸거나 대신해야 할지는 제안하지 않는다. 팀원이 버그가 발생한 원인을 당신이 충분히 신중하게 배포하지 않았기 때문이라고 피드백했다면, '어떻게 하면 더 신중하게 배포할 수 있을까요? 당신은 어떻게 하나요? 어떤 단계를 거치나요?'라고 물어보자.
- **동의하지 않는 경우에는 그 이유를 설명한다.** 모든 피드백은 도움이 된다. 하지만, 모든 피드백에 동의할 필요는 없다. 동의하지 않는다면 그 이유를 설명하자. 피드백을 제공하는 사람이 맥락을 놓쳤다면, 이에 대한 설명이 누락된 정보를 이해하는 데 도움을 준다.

피드백은 주는 사람과 받는 사람 모두에게 선물이 된다. 제대로 전달되지 않은 피드백도 선물이다. 물론 이를 실행할 유용한 정보로 바꾸려면 약간의 노력이 필요하겠지만 말이다!

2.5 매니저를 아군으로 만드는 법

기업에서 내 커리어에 가장 큰 영향을 미치는 동료는 바로 매니저다. 매니저와의 관계는 직장에서 가장 중요한 관계이기도 하다. 당신을 믿고, 옹호하며, 커리어 목표를 지지하는 매니저는 큰 차이를 만들어 낸다. 특히나 당신의 업무와 커리어 목표를 알지 못하며, 피드백을 제공하지 않는 매니저보다는 훨씬 더 말이다.

매니저와의 관계를 모든 측면에서 통제할 수는 없지만, 관계를 개선하고 최적화할 방법은 많으며, 서로가 서로를 지원하는 아군이 되기를 바란다. 어떻게 하면 좋은 관계를 만들까?

정기적인 1:1 미팅을 갖자

1:1 미팅에서 매니저는 팀원이 그동안 해온 일을 파악하고, 팀원은 도전했던 일과 성공한 일을 정리한 작업 일지를 공유할 수 있다. 자기의 직업적 목표를 이야기하고, 매니저가 해결할 과제와 자신이 매니저와 팀을 도울 방법을 물어보자.

매니저가 알 거라 짐작하지 말고 모두 말하자

많은 소프트웨어 엔지니어는 자신이 하는 일을 매니저가 잘 알고 있을 거라고 생각하지만, 그렇지 않다. 매니저는 할 일이 많기 때문에 당신의 모든 풀 리퀘스트를 리뷰하지 않을 가능성이 크며, 당신이 반나절 동안 동료의 이슈 디버깅을 도왔다는 사실은 더더욱 알지 못한다.

그러니 매니저에게 말하자! 정기적인 1:1 미팅이 필요한 이유다.

매니저의 목표도 이해하자

작은 공감이 큰 변화를 만든다. 매니저가 팀 안에서 무엇을 중요하게 여기는지 파악하고 이해하려 노력하자. 가장 쉬운 방법은 다음 달부터 반년 동안 예정된 가장 큰 과제를 물어보는 것인데, 자신이 도움이 될 수도 있다.

예를 들어 매니저의 가장 큰 문제가 팀에서 여러 차례 발생한 장애라면, 당신이 먼저 나서 시스템의 안정성을 개선해 도움을 줄 수 있다.

합의된 내용을 완수하고, 못했다면 상황을 공유하자

마이그레이션 계획을 수립해 팀에 배포하는 것처럼 일정 내로 작업을 완료하기로 합의하는 경우가 종종 있다. 약속한 날짜까지 이 작업을 완료해 마침표를 찍고 매니저에게 그 결과를 알리자. 늦어질 경우에도 매니저에게 미리 알리는 편이 좋다.

매니저는 각 팀원의 신뢰도를 파악하고 있다. 즉, 일정을 꼼꼼히 챙기지 않아도 될 사람과 챙겨야 할 사람을 안다. 팀에서 '신뢰하는' 그룹에 속하려 노력하자. 이행이 불확실한 일정은 잡지 않는 편이 좋다.

매니저와 상호 신뢰를 구축하자

당신과 매니저가 서로를 신뢰하면 많은 일이 쉬워진다. 하지만 신뢰는 그냥 주어지지 않고, 시간이 지남에 따라 쌓인다.

새로운 매니저와 함께 일을 시작하면 개방적이고 정직하며 투명한 태도로 임하자. 아마 매니저도 같은 태도를 취할 것이다. 이런 분위기에선 평가에 대한 두려움 없이 꾸밈없는 진실을 편안하게 이야기할 수 있다.

업무 성과를 인정받자

엔지니어링 매니저로서 내 목표는 항상 팀원들의 성과를 인정하는 것이었다. 결국 엔지니어도 인정받고 내 팀도 좋은 평가를 받으니 서로에게 이득이 되는 일이었다. 또한 팀원 모두가 잘했을 때 성과 평가나 승진 기회가 크게 향상됐기 때문에 매니저 경력에도 간접적으로 도움이 됐다.

일부 팀원은 내가 자신의 업무에 대해 더 쉽게 알고, 인정하며, 개선 방법에 대한 솔직한 피드백을 줄 수 있도록 도와주었다. 그들은 이렇게 했다.

- 1:1 미팅에 준비된 자세로 나타나 자신이 한 일과 해결한 문제, 도움이나 피드백이 필요한 부분을 내게 인지시켰다.
- 경력 개발에 중요한 작업은 일정을 지켰다. 예를 들어, 2주 후에 달성하기로 일정을 설정한 경우, 직원들은 그 업무에 우선순위를 두었다.
- 성취하고 싶은 목표를 명시해 자신의 직업적 목표를 명확히 했다.
- 팀의 과제와 매니저가 직면한 과제에 관심이 많았고, 자신의 경력 목표에도 도움이 되는 해결책을 고민했다.
- 작업에 대한 구체적인 피드백을 요청했다. 예를 들어, 프로젝트 운영 방식에서 긍정적인 점과 개선할 점을 하나씩 공유해달라고 요청하거나, 디자인 문서를 개선할 방법을 알려달라고 요청하거나, 긴 코드 리뷰에 대한 피드백을 요청하면서 그 접근 방식이 도움이 됐는지, 부담스러웠는지 등 피드백을 구했다.
- 어떤 형태로든 업무에 대한 기록을 남겨 매니저와 공유했다. 이는 성과 검토와 승진 논의를 준비할 때 매우 유용했다.

- 어떤 일이 막혔을 때 도움을 요청했고, 매니저와 매니저의 주변 인맥이 도움을 줄 방법을 이해했다.

매니저는 이런 동료를 쉽게 도울 수 있다!

2.6 페이스 조절

운동선수는 최고의 기량을 발휘하고 경력을 오래 유지하기 위해 페이스를 조절한다. 평균 수명이 운동선수보다 훨씬 긴 40년에 달하는 소프트웨어 엔지니어는 어떨까? 소프트웨어 개발자에게 번아웃은 운동선수에게 경력을 위협하는 부상과 마찬가지로 높은 위험 요소다. 번아웃에 빠지지 않고 좋은 경력을 쌓고 다른 사람과 보조를 맞추기 위해 스포츠에서 배울 교훈은 무엇일까?

나는 소프트웨어 전문가라면 업무를 '스트레칭, 실행, 관성' 세 단계로 나눠 자신의 페이스를 조절하길 권한다. 환경이나 프로젝트, 동기 부여, 외부 환경 등의 요인이 페이스를 결정한다.

스트레칭

세 분류에서 스트레칭이 가장 재미있다. 적어도 초기에는 그렇다. 스트레칭 업무란 새로운 것을 빠르게 배워 빠르게 적용하는 업무를 말한다. 스트레칭을 하면 몸을 더욱 늘리기 위해 새로운 도전도 한다. 나는 매니저로 재직하는 동안 동료들이 안전지대에서 벗어나 학습을 가속화하도록 스트레칭 업무를 적극적으로 권했다.

새로운 기업에 들어가 빠르게 적응하는 것 또한 스트레칭으로 볼 수 있다. 익숙한 언어와 다른 기술을 사용하는 프로젝트는 좋은 도전이 된다. 이전에 주도해본 적이 없는 유형의 프로젝트를 주도하는 것도 도전이며, 마감 기한이 촉박해 신속하고 실용적인 의사결정이 필요한 프로젝트를 진행하는 것도 마찬가지다.

스트레칭 업무는 성장 속도를 높이지만, 너무 오랫동안 스트레칭 업무만 맡으면 속도가 느려지거나 번아웃이라는 역효과가 나타난다. 스트레칭 업무를 하느라 초과 근무를 하게 되면 육체적, 정신적인 피로도 찾아온다. 스트레칭 업무로 전체적인 업무가 뒤처진다면 불안감도 생길 것이다. 긴장을 풀고 정상으로 돌아가지 못하면, 정신적 및 육체적 피로와 스트레스로 번아웃이 찾아오거나 그렇지 않더라도 의욕과 생산성이 떨어질 것이다.

운동 코치는 선수들의 동작, 기록, 기타 결과를 분석해 선수가 스트레칭을 지나치게 많이 하는 건 아닌지 파악한다. 자신이 너무 무리한다는 생각이 든다면 솔직한 피드백을 줄 동료, 친구, 가족 등 주변 사람을 찾아보자.

실행

실행 업무란 기술과 경험을 활용해 처리하는 '일반적인' 업무를 말한다. 우리는 무리하지 않는 선에서 제 몫을 다하고 때로는 '의무'를 넘어서는 일을 한다. 또한 빠르지 않은 적당한 속도로 꾸준히 새로운 것을 배운다.

실행 업무를 가장 잘 처리하는 방법은 자신이 잘하는 언어/프레임워크로 합리적인 일정에서 프로젝트를 코딩하는 것이다. 이 방법이면 초과 근무를 하지 않고도 업무를 완수하고 동료까지 도울 수 있다. 크게 다를 것 없는 익숙한 업무라면 큰 문제없이 완료할 수 있다.

스트레칭 단계 이후에는 실행 업무에 집중하도록 업무량을 줄여 번아웃을 피하자. 나는 동료들이 스트레칭 단계에서 추가적으로 할 일을 너무 많이 만들어 괴로워하는 모습을 많이 보았다. 그들은 결국 업무를 대신할 동료를 찾거나 몇몇 업무에는 '못한다'고 말하기 시작했다. 이런 상황에 처하면 매니저에게 지원을 요청하자. 번아웃에 빠지지 않고 업무를 이어 나갈 수 있게 업무를 중단하거나 넘겨줄 의사가 있음을 알리자.

관성

관성 업무란 자신의 능력보다 더 적은 양과 낮은 품질의 작업을 의미한다. 관성 업무는 힘든 프로젝트를 마친 후 일시적으로 단기간 휴식을 취하거나, 다른 일을 따라잡거나, 정신적인 휴식을 취하는 데 좋다. 하지만 관성 업무가 길어지는 건 좋지 않다.

개인적인 상황으로 업무에 집중하지 못하거나 동기가 저하돼 관성 업무만 하는 상태에 빠지면, 일을 능동적으로 처리하지 않고, 일상적인 업무를 하는 데에 자극이 필요해진다. 며칠 이상 관성 업무만 계속하면 당사자나 프로젝트, 팀 모두에게 비생산적인 결과를 불러온다.

당신이 이런 상태에 빠졌다고 하자. 팀원들은 당신이 '손을 놓았다'는 사실을 눈치채고 더 이상 당신을 믿고 의지할 수 없다고 여기게 된다. 결국 다른 팀원들은 제시간에 프로젝트를 완료하기 위해 자신에게 할당된 몫보다 더 많은 일을 하고, 당신은 직업적 성장을 이룰 기회를 놓쳐 현재의 기술만 가진 채 녹슬게 된다.

의욕 저하가 이유라면, 무엇이 변화해야 하는지 자문하고 적극적으로 변화를 시도하자. 의욕이 없는 이유는 무엇인가? 환경이나 팀, 직장을 옮겨야 하는가? 업무를 완수할 적절한 기술을 보유했는가? 아니라면 역량 향상에 투자할 여유가 있는가? 더 도전적인 목표를 설정하고 더 야심 찬 일을 할 수 있는가? 아무런 변화가 없다면, 의욕은 계속 떨어질 것이다. 결국 매니저는 당신을 불러 팀, 어쩌면 기업 차원에서 당신에 대한 힘든 이야기를 꺼낼 수 있다. 주저앉아 있는 시간이 길어진다면, 자신을 잘 돌아보고 다시 기지개를 켤 방법을 찾아보자.

프로 운동선수가 장기적인 성과와 부상 방지를 위해 운동 강도를 조절하듯, 업무역시 스트레칭과 실행, 관성을 적절히 섞어가 장기적인 성장을 위해 노력하고 번아웃을 방지하자.

3 성과 평가
Performance Reviews

대기업과 일부 스타트업의 많은 전문가에게 성과 평가는 중요하면서도 때로는 스트레스를 주는 일이다. 성과 평가는 보너스와 승진 자격을 결정한다. 또한 정량적인 시스템에 따라 평가받는 드문 기회이기도 하다.

다행인 점은 보통은 더 나은 성과 평가 결과를 얻는 방법이 많다는 것이다! 하지만 마지막 순간에 할 수 있는 일은 거의 없으므로 사전 준비가 중요하다.

3.1 빠른 준비: 상황 파악 및 목표 설정

모든 회사는 각자 놓인 상황이 다르다. 직장에서 중요한 것은 무엇이고 어떤 보상을 받을까? 중요도는 어떻게 측정할까? 이런 종류의 질문에 초기 단계의 스타트업과 대기업은 다른 답을 내놓는다.

중요한 출발점은 성공에 필요한 상황을 파악하는 것이다. 어떤 목표가 본인과 팀, 회사에 도움이 되는지 결정하자.

가장 중요한 요소의 파악과 이해

팀과 회사가 가장 중요하게 생각하는 것은 무엇일까? 성과 평가에서 우수한 성적을 거두고 승진을 하는 사람은 보통 비즈니스의 성공을 돕거나 매우 야심 찬 목표를 달성한다. 어떻게 하면 그런 사람이 될 수 있을까? 그러기 위해서는 무엇이 가치 있는지, 무엇이 중요한지 먼저 파악해야 한다.

- **매니저에게 물어보자.** 가장 먼저 해야 할 일이다. 팀의 목표가 무엇인지, 그 목표가 회사의 목표와 어떻게 연결되는지 물어보자. 매니저의 개인적인 목표와 중요한 것을 물어보자. 여기에 내가 더 도움이 될수록 매니저와 팀에 더 큰 가치를 제공할 수 있다.
- **팀에서 오래 근무한 사람에게 물어보자.** 경험이 많은 팀원과 이야기를 나누고 그들이 생각하는 팀과 회사의 중요한 목표가 무엇인지 물어보자.
- **회사의 리더와 경영진의 말에 귀를 기울이자.** 잘 운영되는 기업일수록 기업 및 조직 차원의 목표가 명확하다. 가장 중요한 우선순위를 파악하는 방법은 전체 회의에 참석하거나, 회의 및 프레젠테이션 녹화본을 다시 보거나, 우선순위를 설명하는 경영진의 이메일을 읽는 정도로 충분하다. 빅테크에서는 조직 수준에서, 그리고 제품 조직, 상위 조직, 기술 조직 등 여러 사람의 의견을 들어야 할 수도 있다.
- **영향력 있는 사람에게 물어보자.** 비즈니스에서 핵심적인 역할을 담당하는 사람들 가운데 만날 수 있는 동료와 직접 이야기하자. 프로덕트 매니저, 상위 매니저, 비즈니스 이해관계자 등이 될 수 있다.
- **성과 평가 시스템 자체를 이해하자.** 성과 평가에 일반적으로 사용하는 일반적인 시스템이 있다. 그러나 이런 시스템이 작동하는 방식은 매우 다양하며, 좋은 기업은 성장을 따라 변화하는 요구사항에 맞춰 시스템을 개선한다.

어떤 성과 평가 시스템이 운영되는가?

매우 일반적인 성과 평가 시스템은 다음과 같다.

- **비구조적/상시 평가**: 매니저는 성과 평가를 실시하지만 실제 구조화된 평가 도구나 주기가 정해져 있지 않다. 매니저가 때에 따라 피드백을 주는 경우가 있는데, 보통 급여 인상이 발표되는 시점이다. 이는 성과 평가의 중요성이 덜한 소규모 기업에서 흔히 볼 수 있는 방식이다. 이런 회사의 장점은 성과 평가에 크게 신경 쓸 필요가 없고 많은 시간을 소모하지 않는다는 점이다. 단점은 여러분의 평가가 대부분 매니저의 개인적 의견에 달려 있다는 것이다.
- **매니저의 입력 및 피드백**: 좀 더 체계적이다. 예를 들어, 맡은 역할에 대한 가벼운 기대치 문서가 있을 수 있다. 평가 자체는 매니저가 피드백을 제공하는 식으로 구성된다. 이 시스템을 사용할 때는 매니저가 당신의 업무에 대해 이해하는 것이 중요하다. 또한 매니저와 좋은 관계를 유지하면 더 좋은 평가를 받을 수 있다.

- **동료 피드백 기반의 성과 평가 프로세스**: 팀원들이 일부 동료에 대해 정기적으로 피드백을 주고 매니저가 이를 검토하는 프로세스다. 동료는 평가 점수와 함께 피드백을 전달한다. 이 시스템은 동료와의 관계가 평가에 영향을 미친다.
- **공식적이고 무거운 프로세스**: 많은 빅테크 기업과 몇몇 후기 단계의 스타트업은 일반적인 편견에 대응하기 위해 보다 강력한 프로세스를 운영한다. 보통은 동료에 대한 피드백을 작성하고, 자기평가를 한 뒤, 입력된 내용을 바탕으로 매니저가 서면 평가서를 작성한다. 이 프로세스의 장점은 일반적으로 구체적인 피드백을 받을 수 있다는 것이다. 시간과 노력이 많이 든다는 단점이 있다.

성과 평가에 대한 중요한 세부 정보를 수집하자.

- **최종 결정권자**: 거의 매니저가 결정하는 경우가 많지만, 명확히 할 필요가 있다.
- **성과 평가 주체**: 시스템 방식에 따라 동료와 이해관계자가 의미 있는 의견을 제시할 수도 있고, 매니저만 의견을 제시할 수도 있다.
- **평가 시점**: 주요 날짜는 언제인가? 체계적인 프로세스를 갖춘 조직은 동료 평가 및 자기평가 마감일, 조정이 이루어지는 기간, 결과가 전달되는 시기가 정해져 있다.
- **공정한 성과 평가를 위한 조언**: 팀 내 또는 외부의 장기근속 동료와 이야기해보자. 공정한 평가에 도움이 되거나 방해가 되는 요소에 대한 조언을 얻을 수 있을 것이다.

매니저와 내 목표를 논의하자

더 넓은 맥락에서 배운 모든 내용을 바탕으로 목표를 설정하자. 목표의 일부는 팀과 회사의 목표에 동기를 맞추어야 하고, 매니저의 목표도 긍정적으로 고려해야 한다. 당연히 매니저의 도움도 필요하다.

매니저와 목표를 공유하고 피드백을 요청하자. 조직에 멘토가 있다면 그 사람에게도 목표를 공유하자. 멘토는 어떻게 생각하는지, 어떤 목표가 가장 마음에 드는지, 부족한 점은 무엇인지, 어떤 제안이 있는지 등을 물어보자.

매니저와 목표를 합의하자

매니저의 지지를 얻는 좋은 방법 하나는 매니저가 당신의 목표를 지지하는 것이다. 따라서 매니저가 지지할 수 있을 때까지 목표를 반복해서 설정하고 목표를 기록하자.

모든 목표를 달성하면 매니저에게 당신의 성과를 어떻게 평가하는지 물어볼 좋은 기회다. 하지만 책임 있는 매니저라도 "당신이 X를 완수했으므로 평균 이상의 평가를 받을 겁니다"라고 단정하지 못한다. 성과 평가는 다른 팀원들의 결과 및 산출물을 비교하는 조정 작업을 거치기 때문이다. 매니저는 다른 팀원이 얼마나 잘할지, 또 조정이 어떻게 진행될지 예측할 수 없다.

매니저에게 지금 목표가 기대치를 충족하는 데 도움이 될지, 아니면 더 많은 것을 열심히 해야 기대치를 넘을 것인지 묻도록 하자. 보장은 없지만 몇 가지 힌트를 얻게 될 것이다.

3.2 습관의 힘

성과 평가는 일반적으로 1년에 한두 번 진행되지만, 일상적인 업무는 일 년 내내 중요하다. 시간과 노력을 거의 들이지 않고도 공정한 성과 평가를 보장받는 쉬운 방법이 있다.

성과 기록하기

대부분의 성과 평가는 최근 성과에 집중하는 경향을 보인다는 문제가 있다. 평가 시기가 다가오면 당신과 매니저는 가장 최근의 성공과 결과를 가장 쉽게 떠올리게 된다. 이러면 몇 달 전의 훌륭한 성과는 간과할 수 있다.

매주 또는 격주로 성과를 기록하자. 완료한 프로젝트를 정리해두고, 이메일이나 채팅에서 업무에 대한 칭찬을 스크린숏으로 찍어두는 등 성과를 입증할 수 있는 증거를 남겨두자.

작업 일지 작성

이 방법은 성과 외에도 자신이 한 의미 있는 일을 추적하는 쉬운 방법이다. 작업 일지를 쓰는 대부분의 사람은 주목할 작업을 기록하고, 관련 페이지로 연결되는 링크를 추가하고, 작업의 영향을 기록하는 '살아 있는' 문서를 유지한다. 2.1절에서 작업 일지의 이점에 대해 다루며 예시도 공유했다.

매니저와 진행 상황 공유

매니저와 몇 주에 한 번씩 정기적으로 1:1 미팅을 열어 진행 중인 업무를 공유하고, 성과와 과제를 논의하고, 스스로 업무를 효과적으로 관리하고 있음을 보여주자.

매니저로 재직하는 동안 동료들이 한 일 가운데 내가 모르는 일이 많다는 사실을 알고 놀라는 일이 종종 있었다. 특히 일을 주도적으로 많이 하는 숙련된 엔지니어는 더욱 그러했다. 그들이 세부 사항을 공유하지 않았다면 몰랐을 것이다. 관심이 없어서가 아니라 단순히 몰랐기 때문이다.

자신이 하는 일을 지나치게 많이 공유하는 것도 좋지 않다고 생각하지만, 내가 하는 일을 매니저가 잘 알 거라 가정하지 않는 편이 좋다. 가끔씩 작업 일지를 매니저에게 공유하며 자신이 하는 일을 모두 설명하는 것이 좋다.

업무 완수하기

시간을 쏟아도 실질적인 가치는 거의 없는 '잡무'를 하거나, 의미 있는 일은 하지 못하면서 정치적인 행보만 보이는 사람에게는 대부분의 조언이 아무 소용없다. 정말 '일을 해내는' 사람이라는 평판을 쌓고, 성과 평가에서 이를 인정받기 위해 훌륭한 결과물을 만들어야 한다.

훌륭한 결과물이란 환경에 따라 다르다. 가능하면 작업의 품질과 속도의 균형을 잘 맞추어야 한다. 스타트업에서는 신속한 제품 출시가, 대기업에서는 잘 테스트되고 깔끔한 코드, 리뷰하기 쉬운 코드, 변경과 유지 보수가 용이한 솔루션 등이 보통은 훌륭한 결과물이다.

엔지니어링 조직에서 훌륭한 일의 의미를 숙지하고 동료와 매니저로부터 정기적으로 피드백을 받아 자신의 업무가 어느 정도 수준인지 파악하자. 훌륭한 일을 하는 사람이라는 평판을 쌓으면 다른 사람도 당신을 신뢰할 것이다.

다른 사람을 돕자

자기 자신만을 바라보고, 자신의 업무에만 집중하며, 성과 평가나 승진에 도움이 되지 않는 한 손가락 하나 까딱하지 않는다면 멀리 나아갈 수 없다. 대부분의 사람은 자기 이익에만 지나치게 몰두하는 동료를 쉽게 알아채며, 이런 동료를 싫어하게 된다. 심지어 그런 모습을 근거로 동료가 팀플레이에 어울리지 못한다고 주장하기도 한다.

상황에 따라 자신에게 도움이 되는 일과 팀과 회사에 도움이 되는 일의 균형을 맞추는 것이 좋다.

코드 리뷰, 짝 프로그래밍 제안, 프로젝트 및 계획 문서에 대한 피드백 제공, 자료 조사의 지원, 전문성을 가진 업무 자원, 다른 사람이나 다른 팀의 어려운 문제 해결 등 사소한 일이라도 기회가 생기면 도움의 손길을 내밀자.

다른 사람을 도우면 흔적을 남기자

다른 사람을 돕는 데 너무 많은 시간을 할애하는 것에도 단점은 있다. 당신의 도움을 받은 동료가 업무에 대한 성과를 인정받을 때, 매니저는 (물론 동료들까지도) 당신이 도왔다는 사실은 모를 수 있다. 다른 사람을 돕는 데 많은 시간을 할애하면 자신의 업무에 집중하지 않는 것으로 오해받을 수 있고, 당신의 기여가 인정받지 못할 수 있다는 점에 유의해야 한다.

수석 소프트웨어 엔지니어인 타냐 라일리 Tanya Reilly는 팀이 성공할 수 있도록 정기적으로 돕는 일을 '접착제 작업'이라고 부른다. 그녀가 쓴 이런 업무의 장단점에 대해 사려 깊게 정리한 '접착제 되기'[18]를 읽어보자.

---

[18] 옮긴이_ 원제는 'Being Glue'. https://noidea.dog/glue

내 조언은 여러분이 하는 의미 있는 업무가 적어도 매니저에게는 눈에 띄도록 하라는 것이다. 작업 일지를 작성하면 좋다. 또한, 대부분의 시간을 돕는 데만 쓰고 자기 '업무 완수'에 시간을 거의 쓰지 않는다면 시간 활용 방법이나 현재 역할과 수준에 대한 매니저의 기대치를 다시 생각해야 한다.

가끔씩 구체적인 피드백을 요청하자

잘못된 성과 평가의 대표적인 사례는 매니저가 몇 달 전에 일어난 일을 두고 부정적인 피드백을 주는 경우다. 엔지니어는 이 안 좋은 소식에 "진작 말하지 그랬어요?"하며 화를 낼 가능성이 높다.

나는 매니저라면 가능한 한 빨리 피드백을 공유할 의무가 있다고 생각한다. 하지만 매니저의 행동 방식을 통제할 수는 없다. 또한, 평가를 더 일찍 알려주지 않았다며 책임을 묻는 건 좋은 선택이 아니다. 여러분은 스스로의 행동을 통제해 이런 일을 방지할 수 있다.

성과 평가에 앞서 매니저와 동료에게 피드백을 요청하자. 가능한 한 빨리 요청해 나중에 평가가 나빠서 놀라는 일을 피하자. 좋은 피드백은 시기적절하고 구체적이며 실행 가능해야 한다. 좋은 피드백을 받으려면 미리 피드백을 요청하고, 구체적인 사항에 집중하며, 이를 바탕으로 어떤 조치를 취할지 파악하자. 상황별로 유용한 피드백을 받는 방법을 정리해보자.

- **회의 진행**: 팀 회의를 준비해 무사히 마쳤다. 경력이 많은 엔지니어에게 회의 진행에 대한 의견과 개선할 사항이 있는지 물어보자.
- **운영 중 장애 해결**: 시스템 장애 문제 해결을 담당했고, 잘 해결했다고 생각한다. 정말 잘 해결한 걸까? 매니저와 주위 엔지니어에게 잘 했는지, 더 나은 방법이 있었는지를 물어보자.
- **큰 청중 앞에서의 프레젠테이션**: 전체 회의에서 팀을 대표해 프레젠테이션을 하고 나면 잘했는지, 잘못했는지 궁금해진다. 참석자 한두 명에게 어땠는지, 더 명확했으면 좋았을 지점을 물어보자. 프레젠테이션을 녹화해 리뷰하며 개선할 부분을 찾아볼 수도 있다.
- **새로운 프로젝트 제안**: 프로덕트 매니저와 엔지니어링 매니저에게 새 프로젝트를 제안

해 승인을 받았다. 멋진 일이다! 하지만 함께 제안을 준비한 동료와 더 나은 제안을 할 방법이 있었는지 생각하는 시간을 갖자.
- **프로젝트 주도**: 프로젝트를 이끄는 동안 팀원들이 좋다고 생각하는 점과 혼란스러운 점에 대한 피드백을 요청하자. 프로젝트가 완료된 후에는 사람들에게 프로젝트 리드로서 어떤 역할을 했는지, 어떻게 개선할 수 있는지에 대한 피드백을 같이 공유하고 회고하는 시간을 갖자.
- **다른 사람의 코드 리뷰**: 동료가 문제가 많은 코드에 리뷰를 요청하고 이를 지적하는 피드백을 전달했다. 하지만 리뷰가 지나치게 가혹하거나 너무 부드럽지 않았나? 경험이 많은 동료에게 리뷰의 어조와 내용 및 스타일에 대해 어떻게 생각하는지 물어보자.

새로운 일을 시작하거나 새로운 사람들과 함께 일할 때는 주저하지 말고 피드백을 구하자. 새로운 상황에서 피드백을 구하는 건 잘못된 행동이 아니며 오히려 권장하는 일이다.

피드백은 진지하게 받아들이되, 지시가 아닌 의견이라는 점을 기억하자. 사람들이 피드백을 준다고 해서 꼭 그에 따라 행동할 필요는 없다. 상대방의 의견을 경청하고 타당한지 파악하자. 피드백이 타당하다면 무엇을 바꿀지 생각하자.

따를 피드백과 불필요한 피드백을 파악하는 건 전혀 다른 문제다. 하지만 모든 것은 피드백에서 시작된다. 피드백은 깊은 고민의 기회를 준다.

3.3 성과 평가 전에 할 일

성과 평가 기간이 가까워지면 공정한 평가를 위해 몇 가지 활동에 시간을 투자하는 것이 좋다. 평가 절차가 체계화되어 있을수록 미리 준비하는 데 더 많은 시간을 할애하는 것이 현명하다.

당신의 대변자로서 매니저에게 얼마나 의지할 수 있나?

성과 피드백 구조가 어떻게 되든 매니저는 성과 평가에서 핵심적인 역할을 한다.

그러므로 다음과 같은 요소를 파악하자.

- 매니저와의 관계는 어떤가. 매니저는 나를 어떻게 바라보는가. 매니저는 내가 기대에 부응한다고 생각하는가. 기대에 미치지 못한다고 생각하는가. 아니면 기대 이상의 성과를 낸다고 생각하는가. 가장 쉽게 알 수 있는 방법은 직접 물어보는 것이다.
- 팀 내에서, 동료들 사이에서 내 위치는 어느 정도인가? 어떤 성과 평가에서는 상대적 위치도 지표로 사용한다. 그렇지 않더라도 매니저는 '최고 성과자', '견실한 성과자', '하위 성과자'를 구분할 것이다. 스스로에게 솔직해지자. 자신이 어느 그룹에 속한다고 생각하는가? 그 어떤 매니저도 직접적으로 답하지 않을 것이다.
- 매니저와의 신뢰 수준은 어느 정도인가. 매니저를 얼마나 신뢰하는가. 매니저는 여러분을 얼마나 신뢰하는가. 함께 성과 평가를 거친 게 몇 번인가. 예상과 결과가 다른 적이 있었는가.
- 조직 내에서 매니저의 위치는 어떤가. 얼마나 오래 근무했고, 얼마나 영향력이 있는가? 영향력이 크고 근속 기간이 긴 매니저가 조정 회의에서 원하는 결과를 성공적으로 얻어낼 수 있다.

새로운 매니저, 영향력이나 재직 기간이 길지 않은 매니저, 신뢰도가 낮은 매니저와 함께 일한다면 성과 평가에 부정적인 영향을 미칠 것으로 예상하고 이에 대비하자. 매니저가 불리한 피드백을 주기 어렵게 과한 노력을 해야 할 수도 있다.

중요한 일정 확인하기

문서 작성 마감일은 언제이고, 평가 등급을 결정하는 조정 회의는 언제이며, 매니저는 언제쯤 준비를 마칠까? 힌트는 그 평가 조정 회의 날짜다.

결정이 내려진 후에 매니저에게 추가 정보를 제공하면 무의미하므로 주요 일정을 미리 파악해두어야 한다. 그 전에 나의 실제 기여도와 매니저가 아는 정보의 갭을 줄여야 한다. 성과 조정 전에 매니저가 사용할 업무 내역 요약본을 전달하자.

동료로부터 피드백 수집

직장에 공식적으로 동료의 피드백을 받는 절차가 이미 있다면, 여러분의 업무를 충분히 이해하고 기꺼이 피드백을 제공할 동료를 선택하자. 시간을 내주면 감사하겠다고 말하자.

이런 프로세스가 있다면 많은 피드백을 받아 업무 성장에 도움이 되고, 매니저가 팀원들을 명확하게 파악하기도 좋다.

만약 프로세스가 없다면 동료들에게 개인적으로 피드백을 구하고, 자신이 잘하는 부분과 성장해야 할 부분에 대해 물어보기를 권한다. 들은 내용을 기록해두자. 매니저를 많이 신뢰한다면 피드백을 매니저과 공유해도 좋다.

자기평가서 작성

매니저에게 미리 자기평가서를 전달해 매니저의 일을 덜 수 있다. 매니저는 성과에 대한 피드백과 함께 업무에 대한 요약을 작성하고, 조정을 거쳐 평가를 정량화하고, 구성원별 평가를 비교해 최종 성과 평가 점수를 정하기도 한다. 따라서 성과 평가를 위한 탄약을 충분히 준비하자.

- **'무엇을(what)'**: 기간별로 이룬 성과를 정리한다. 예전에 수행한 일을 성과에 포함해 매니저가 최근 성과만으로 편견을 갖지 않도록 돕자. 이때 작업 일지가 정말 유용하다.
- **'어떻게(how)'**: 다른 사람을 도운 내용, 멘토링, 수월성의 추구, 실용적인 의사결정 같은 질적 사례를 정리한다.
- **기존 목표와 결과**: 설정한 목표와 달성한 목표를 정리한다.
- **역량 증명**: 조직 내에서 역할별 역량이 정리되어 있다면, 내게 해당하는 역량이 있음을 증명하는 사례를 정리한다.
- **동료의 피드백**: 공식적인 동료 피드백 프로세스가 없다면, 직접 피드백을 수집한다.
- **칭찬과 긍정적인 피드백**: 다른 사람에게서 받은 서면, 구두 피드백을 정리한다. 이런 상호작용의 중요성을 간과하기 쉬운데, 여러분이 기대 이상으로 잘한 점을 평가에 반영할 수 있다.

요약 문서를 정리할 때 자기평가를 작성할 수 있는지와 스스로의 역량을 어느 정도라고 생각하는지가 중요하다. 이 두 가지 사항은 나와 매니저와의 관계에 따라, 스스로를 객관적으로 평가할 수 있는가에 따라 반영 여부가 달라진다. 등급을 매기는 것은 매니저의 몫이며, 어떤 사람은 스스로를 평가하는 데 부담을 느끼기 때문이다.

반면에 솔직한 자기평가 점수는 좋다고 본다. 자신의 성과를 어떻게 생각하는지 진정으로 보여주기 때문이다. 또한, 매니저는 스스로 원하는 평점을 줄 것이다. 어쩌면 자기평가를 통해 두 사람 사이에 단절된 부분이 드러날 수도 있다. 특별한 이유가 없는 한 자신의 성과에 대한 평가서를 직접 작성하기를 추천한다.

3.4 성과 평가

성과 평가를 위한 서류를 제출한 뒤 절차가 진행되는 동안은 기다리는 것 외에는 할 일이 없다. 특히 평균 이상의 성과 평가 결과나 보너스를 받는 데 집중한다면 불안할 수 있다. 결과가 나오기 전까지 알면 좋을 사항을 몇 가지 소개하겠다.

성과 평가는 특징 시점의 스냅숏

피드백은 하나의 데이터 포인트에 불과하다. 물론 피드백은 매우 중요하다고 느껴지지만 실제로는 커리어와 장기적인 연관성이 거의 없다.

나는 좋지 않은 평가를 받고 이직을 해 승승장구하는 사람을 많이 봤다. 또한 계속해서 좋은 평가를 받음에도 직장에 갇혀 있다고 느껴 다른 회사에 가서 처음부터 다시 시작해야 할지 고민하는 사람들도 보았다.

성과 평가의 역학 관계

경험상 성과 평과에서 전체 인원의 약 20%가 평균 이상, 60~70%가 보통, 약 10~15%가 평균 이하로 나뉘는 경향이 있다.

팀과 조직을 둘러보자. 좋은 리뷰를 받으려는 의욕적인 사람이 많을 것이다. 당연히 결과에 실망하는 사람도 있다.

실망하는 일을 피하려면 현실적인 기대치를 설정하자. 개인적으로, 80% 정도의 사람이 평균 이상의 평가를 받는 상황에서 내 업무 수행이 나쁘지 않았다면, 평균 점수를 받을 거라 마음을 다잡았다. 그보다 나은 평가는 보너스로 여겼다.

결과에 지나치게 의존한 계획은 세우지 말 것

특히 성과 평가가 보상과 직결되는 회사는 보너스가 지급되기 전부터 어떻게 사용할지 미리 계획하는 사람들이 있다. 하지만 성과 평가나 보너스의 규모를 완전히 예측할 수는 없다. 그러니 통제할 수 없는 결과를 기준으로 계획을 세우지 않는 것이 좋다.

편견은 실존한다

동료와 매니저 또한 여러분과 마찬가지로 무의식적으로 많은 편견을 가지고 있다. 매니저의 편견이 성과 평가에 영향을 미칠 수 있다. 성과 평가에 영향을 미치는 몇 가지 편향적인 편견은 다음과 같다.[19]

- **최신성 편향**: 최근 작업에 더 많은 관심을 기울임
- **엄격성 편향**: 일부 팀원을 지나치게 까다롭게 평가
- **관용 편향**: 일부 팀원에게 더 관대함
- **뿔 편향**: 한 영역에 대한 부정적인 피드백이 전체 리뷰를 덮어버림
- **후광 편향**: 긍정적인 사건 하나가 전체 리뷰에 영향을 미침. 주요 프로젝트를 한 사람이 '(회사나 팀을) 구해낸' 것처럼 보일 때 흔히 발생
- **유사성 편향**: 매니저가 좋아하는 사람을 더 좋게 리뷰
- **중앙 성향 편향**: 매니저가 공정성을 위해 팀원 모두를 비슷하게 평가

---

19 옮긴이_ 평가의 편견과 편향성에 대해서는 많은 연구가 이루어지고 있다. 문화적 차이가 작용을 하지만, 어떤 평가나 결정을 내릴 때 추가적으로 영향을 미칠 수 있는 요인은 성별, 외모, 인종, 종교, 심지어는 이름, 학벌 등이 있고, 그 외에도 확증 편향, 동조 편향, 현상 유지 편향, 권위 편향 등이 있다.

- **대조 편향**: 매니저가 내 역할에 대한 기대치가 아닌 다른 팀원을 기준으로 평가

모든 매니저가 똑같이 피드백을 제공하지 못한다는 점을 기억하자.

- 피드백을 정말 잘하는 매니저는 거의 없다. 일반적으로 현명한 피드백을 제공하는 데 익숙한 매니저는 피드백을 제공하는 훈련을 받거나, 공정한 피드백을 준비하기 위해 상당한 시간을 투자하는 사람이다.
- 많은 매니저가 피드백을 제공하는 데 서툴다. 의외로 많은 수의 매니저가 효과적인 피드백이 어떤 것인지를 경험한 적이 없다. 많은 매니저가 이에 대한 교육을 받지 않거나 다른 사람에게 피드백을 주기 전에 먼저 자기에 대한 피드백을 구하지 않는다. 피드백의 우선순위를 정하지 않는 경우도 있다.
- 대부분의 매니저는 중간에 위치한다. 효과적인 피드백이 무엇인지 잘 모르지만 개선하려고 노력한다. 시간이 지나면서 이런 사람들 중 일부는 피드백을 잘하게 된다.

성과 평가 기간을 거치고 나면 매니저가 어느 부류에 속하는지 파악할 수 있다. 성과는 여러분의 업무뿐 아니라 매니저가 얼마나 명확하게 피드백을 전달하는지에 따라서도 달라진다는 사실을 잊지 말자.

부정적인 피드백을 무시하지 말고 열린 마음으로 받아들일 것

자신의 성과가 기대보다 덜 인상적이었다는 말을 듣고 좋아할 사람은 아무도 없다. 하지만 구체적이고 실행 가능하다면 부정적인 피드백도 도움이 된다.

구체적인 내용이 없는 모호한 피드백은 피하자. 매니저는 여러분이 반영할 수 있는 구체적인 피드백을 제공해야 한다. 하지만 구체적인 내용을 파악하면 그 메시지를 다시 생각해 조치를 취할 수 있는지, 조치를 취하고 싶은지를 고민하자.

매니저는 같은 편

매니저의 관심사는 높은 성과를 내는 팀을 구성하고 운영하는 것이다. 모든 사람이 더 나은 성과를 낼수록 팀은 더 잘 작동하며 그 결과 모두에게 더 큰 보상이 주

어진다.

별 문제가 없는 회사 환경에서, 매니저는 당신이 성장하기를 바라기 때문에 힘든 피드백을 주고, 당신이 피드백을 있는 그대로 받아들일 것으로 믿는다. 모두가 같은 배를 타고 같은 방향으로 노를 저어 나간다는 사실을 명심하자.

게임은 길다

여러분의 경력은 성과 평가 주기가 아니라 수십 년 후에 측정될 가능성이 높다. 평가 한 번이 기대치를 '충족'하든 '초과'하든 긴 전체 경력에는 큰 영향을 미치지는 않는다. 성과 평가보다는 여러분이 참여한 프로젝트, 강력한 관계를 맺은 사람, 습득한 기술, 해결한 과제 등이 더 큰 영향을 미친다.

큰 그림을 잊지 말자

수십 년에 걸친 커리어의 관점에서 개별적인 성과 평가는 큰 의미를 가지지 않는다. 물론 성과 평가가 중요하긴 하지만 지나치게 집착하지 말고 장기적인 관점을 유지하자.

4 승진

Promotions

소프트웨어 엔지니어가 수십 명 이상인 기술 조직에서는 대개 직급 체계가 꽤 잘 정의되어 있다. 초기 단계의 회사에서는 직급이 덜 중요하지만 시간이 지남에 따라 초급 엔지니어, 시니어 엔지니어, 수석급 등을 두어 기대치를 차별화하는 것이 유용하다.

회사에서 직급 체계가 정해져 있다면, 사다리의 다음 단계로 승진하려면 무엇이 필요한지가 궁금해지는 것은 당연하다. 이번 장에서는 그 내용을 다룬다.

4.1 승진은 어떻게 결정되는가?

언제 승진이 될까? 그 기준은 대부분의 회사에서 이유는 비슷하다.

- **다음 직급 수준의 성과**: 많은 기업은 다음 직급의 기대치에 부합하는 성과를 내는 사람을 승진시킨다. 말할 필요도 없이, 이는 현재 수준에서 기대 이상의 성과를 내는 것을 의미한다.
- **다음 직급 수준의 영향력**: 많은 기업은 직급에 필요한 수준의 영향력을 발휘하는 사람을 승진시킨다.
- **사업 목적상 승진**: 예산 증액이 가능한 경우에만 승진을 승인하는 회사가 있다. 대개는 스태프 이상의 직급에 해당된다. 따라서 기대 이상의 성과를 내더라도 업무상 엔지니어가 필요하고 그에 대한 예산이 확보되지 않으면 승진이 이뤄지지 않는다.
- **승진을 위한 기회와 공간**: 조직에서 스태프 엔지니어에 대한 예산을 책정하고 해당 직

급의 시니어 엔지니어가 근무한다면 승진할 기회가 있다. 더 고위 직급으로 갈수록 승진할 기회를 노릴 공간을 확보해야 한다.
- **다음 단계의 기준 상향**: 드물지만 일부 조직은 '이 사람은 다음 단계에서 성과 기준을 얼마나 높일까?'를 기대하며 승진시킨다.

실제로 승진에는 몇 가지 조건이 더 필요하다.

- **인식**: 다른 사람에게 자신의 영향력을 미치는 게 실제 비즈니스에서의 성과보다 더 중요할 수 있다. 특히 회사가 성장하고 누군가가 비즈니스에 미치는 직접적인 영향력을 파악하기가 더 어렵다면 더욱 그렇다.
- **다른 사람의 지원**: 승진은 의사결정권자의 지지가 있어야만 이루어진다. 5명으로 구성된 스타트업과 수천 명으로 구성된 대기업의 의사결정권자는 다르다.
- **사내 정치**: 정치는 승진 후보자의 조직 내 영향력과 입지를 의미한다. 승진 과정에 의사결정권자가 많을수록, 조직이 복잡할수록, 직급이 높을수록 승진을 위해 더 복잡한 사내 정치가 필요하다.
- **승진 절차**: 승진 절차에 따라, 평가에서 중요하게 보는 성과는 다르다.

4.2 승진 절차의 유형

회사마다 운영하는 승진 절차가 다르다. 가장 일반적인 접근 방식 세 가지와 각 접근 방식의 특성을 정리해보겠다.

비공식적 승진 절차

스타트업이나 소규모 회사에서 흔하다. 대개 정해진 절차 없이 진행되며, CTO와 일부 고위 매니저가 회의를 열어 승진 대상자를 논의하고 그 자리에서 승진을 결정한다.

이 유형의 비구조적 의사결정은 엔지니어가 대개는 50명 이하, 가끔은 그 이상인 회사에서도 이뤄진다. 이런 회사에서는 승진 결정을 내리는 매니저에게 잘 보이면 승진이 훨씬 쉽다. 예를 들어, 같은 프로젝트에서 일했더라도 CTO와 자주 대화하는 사람이 '승진을 결정하는 회의 참가자'와 아무런 교류가 없던 사람보다 우위를 점할 수 있다.

이런 절차는 단순하고 행정적인 업무가 적다는 장점이 있지만 일을 잘해도 그 성과가 잘 알려지지 않은 사람이 배제되는 편향이 발생할 수 있다.

약식 승진 절차

회사가 성장하면 모든 매니저를 한자리에 모으는 것이 어려워지고, 절차가 지닌 편향성이 더 드러난다. 이에 따라 경영진은 확장 가능하고 공정한 절차를 도입한다. 처음 도입하는 절차는 이렇다. 각 직무 등급에 따른 기본적인 기대치를 정리한다. 매니저는 팀 내에 승진이 필요한 엔지니어와 그 이유를 간단한 문서로 작성해 제출한다.

이런 환경에서는 일반적으로 여전히 매니저 그룹이 승진을 결정한다. 몇 가지 규칙을 기반으로 결정을 내리며, 승진에 필요한 기대치가 더 명확해진다.

약식 승진 절차는 대부분의 중견 기업과 일부 대기업에서 흔하다. 빅테크 및 중대형 기술 기업에서는 보통 시니어 엔지니어 수준까지는 약식 승진 절차를 적용하고, 그 이상은 좀 더 엄격한 승진 절차를 적용한다.

이런 환경에서는 경력이 길고, 조직 내 인맥이 두터우며, 정치적 영향력이 있는 매니저와 일하는 직원이 유리하다. 물론 이런 매니저가 없다고 해서 승진을 못한다는 뜻은 아니다. 하지만 신임 매니저는 경험 많은 매니저만큼 자신의 팀원들에 대한 강한 확신을 가지고 능숙하게 어필하지 못하는 경우가 많다.

엄격한 승진 절차

회사가 성장함에 따라 승진 기준을 표준화하고 절차상 발생할 수 있는 편향을 없애려는 경우가 많다. 그렇게 정식 승진 절차가 생긴다. 정식 절차에는 다음과 같은 서류를 제출한다.

- 승진 후보자의 자기평가
- 후보자에 대한 매니저의 평가
- 후보자와 함께 일했던 동료[20]의 동료 평가

이 절차는 정량화하기 쉬운 영향력 있는 프로젝트를 수행하는 전문가, 문서화된 결과물이 많은 사람, 글로 자신을 효과적으로 표현하는 매니저 및 개인 기여자에게 유리하다.

이런 절차는 결과적으로 매니저에게 가장 적게 의존하지만, 승진 절차가 매우 힘들고 시간이 가장 오래 걸린다. 또한 승진에 도움이 되는 결과물을 만들어내고 정리해 미리 준비를 하는 절차이기도 하다.

하이브리드 모델

하이브리드 방식 승진 절차는 빅테크 및 중대형 기술 기업에서 점점 더 보편화되고 있다. 아마존Amazon과 우버Uber의 경우, 조직 단위의 매니저 위원회에서 시니어 엔지니어 레벨까지의 승진을 결정한다. 스태프 엔지니어 이상의 승진은 일반적으로 조직 또는 회사 차원의 위원회에서 진행한다. 엔지니어링 매니저의 경우도 마찬가지로 시니어 엔지니어링 매니저 이상 레벨에서는 위원회와 같은 방식으로 절차가 진행된다.

---

20 동료에는 엔지니어, 다른 매니저, 제품 담당자, 기술 담당자 등이 포함되며, 승진을 지지하는지 여부가 포함된다. 동료의 연차가 높을수록 동료의 의견에 더 많은 가중치가 부여될 가능성이 높다.

4.3 터미널 레벨

터미널 레벨terminal level[21] (커리어 레벨이라고도 부름)은 여러 기술 기업에서 흔히 사용하는 개념이다. 이는 기업이 소프트웨어 엔지니어가 도달하기를 기대하는 직급으로, 일종의 상한선이다.

예를 들어, 2015년 무렵에는 구글에서는 L5 직급, 메타는 E5 직급, 우버는 L5A 직급이 터미널 레벨이었다. 세 직급은 모두 시니어 엔지니어 직급이었다. 해당 직급까지 성장하지 못한 엔지니어는 퇴사하거나 성과 개선 계획performance improvement plans(PIP) 대상이 되기도 했다. 일종의 '승진하지 못하면 떠나는' 시스템인 셈이다.

최근 몇 년 사이 세 기업 모두 접근 방식을 변경했다. 구글은 소프트웨어 엔지니어의 터미널 레벨을 시니어 엔지니어보다 한 단계 아래인 L4로 변경했다. 메타와 우버는 엔지니어에게 E4/L4 이상의 성장을 압박하지는 않는 식으로 접근 방식을 완화했다.

터미널 레벨 또는 커리어 레벨을 정의하는 이유는 두 가지다.

- 엔지니어가 이 직급에 도달하기 위해 노력한다. 터미널 레벨은 일반적으로 엔지니어가 완전히 자주적이라는 전제하에 설정한다.
- 엔지니어가 터미널 레벨 이상으로 승진한다는 보장이 없음을 명확히 한다. 직급이 높을수록 도달하기 더 어려워지기 때문이다. 터미널 레벨 이상의 직급에는 예산이 배정되어야 하는 경우가 많으며, 모든 팀이 터미널 레벨 이상의 직급을 요구할 예산이 있는 것이 아니다.

터미널 레벨이 있는 회사는 '승진하지 못하면 떠나는' 문화가 있어 엔지니어가 해당 직급에 맞는 능력을 갖추도록 밀어붙인다. 이런 접근 방식은 압박감을 주지만, 일반적으로 매니저와 숙련된 엔지니어의 도움을 받아 직급을 올릴 수 있는 직장이라면 명확한 승진 시스템과 결합되어 있다.

---

21 옮긴이_ 터미널 레벨의 대한 정의는 미국도 기업마다 조금씩 다르다. 한국에서 명시적으로 터미널 레벨을 관리하는 기업은 거의 없다. 이는 군대에서 나이에 따른 진급 정년 개념과 유사하지만, 나이 대신 재직 기간에 따라 결정된다고 볼 수 있다.

터미널 레벨이 없는 회사도 엔지니어가 도달하기를 바라는 직급이 있다. 터미널 레벨은 보통 시니어 엔지니어 직급으로 설정된다. 구글만 예외적으로 시니어 엔지니어 직급보다 한 단계 아래인 L4(소프트웨어 엔지니어 III)에 해당한다. 터미널 레벨에 오른 엔지니어에게 바라는 사항은 다음과 같다.

- 자율적인 업무 처리
- 스스로의 한계를 극복
- 팀의 성공을 위한 노력, 후배 팀원에 대한 지원 및 멘토링

대부분의 회사는 엔지니어가 충분한 시간과 지원을 받으면 이 수준까지 도달하기를 기대한다. 이 책의 3부 시니어 엔지니어에서 그 기대치에 대해 자세히 다룬다.

회사에서 터미널 레벨/커리어 레벨 개념을 사용하는지 파악하자. 만약 터미널 레벨이 있다면 해당 직급으로 승진하는 것이 주된 목표가 되어야 한다.

4.4 빅테크에서의 승진

빅테크의 보상, 승진, 성과, 그리고 이 세 가지의 관계는 다른 기업과 다르다. 많은 '전통' 기업에서 더 많은 수익을 올릴 확실하고 유일한 방법은 승진인 경우가 많다. 연말 보너스는 회사의 성과에 크게 영향을 받으며, 가끔 개인의 성과는 전혀 무관한 경우도 있다.

보상과 승진

빅테크는 기본급, 보너스, 주식 보상에 대한 관점이 다르다.

- **성과에 따른 보상이 일반적이다.** 현금 보너스와 주식 부여는 동료와 비교한 성과에 연동된다. 최고 성과를 낸 직원들은 종종 '평균' 보너스의 5~10배에 달하는 거액의 보너스를 받는다.

- **기업마다 승진 기준이 있다.** 대부분의 회사는 승진 자격을 갖추기 위해 최소 12개월 이상 해당 직책에 재직해야 하며, 일부 회사는 평가 결과 상위 절반에 해당하는 최고 성과자만 승진 후보로 추천하도록 규정하고 있다. 대부분의 회사가 승진 기준을 공개하지만, 일부 조직에서는 기대 근속 기간 등 더 엄격한 기준을 적용할 수 있다.
- **승진을 하면 보상이 다음 구간의 맨 아래로 이동한다.** 급여 구간은 기본급과 총 보상 목표의 범위를 말한다. 승진하면 최소한의 급여 인상(보통 8~10%)을 받고 다음 단계의 급여 구간의 기준점으로 이동한다. 이때도 주식이 부여된다. 승진자에게는 보통 추가 주식이 부여되지만, 주기에 따라 지연될 수 있고 기대보다 적은 금액이 지급되는 경우가 많다.
- **낮은 직급에서 최고 성과를 내는 직원이 다음 직급에서 평균 성과자보다 더 많은 보수를 받기도 한다.** 놀랍게도 최고 성과자로 인정받는 3~5%의 엔지니어가 다음 직급의 평균 성과자보다 더 많은 보상을 받는 경우도 있다. 이는 최고 성과자에게 거액의 현금 보너스와 주식을 지급하기 때문이다.
- **승진만이 유일한 보상은 아니다.** 영향력이 큰 직원에게는 큰 보너스와 잔류 약속 보상금retention grants 같은 보상을 지급하기도 한다. 시니어 엔지니어 수준에서는 현재 직급에서 좋은 성과를 내더라도 금전적 인센티브가 적기에 많은 엔지니어가 승진에 거부감이 덜하다.

승진에 따른 기대치

영향력과 역량에 대한 기대치는 빅테크 기업의 성과와 승진에 관한 이야기에서 중요한 주제다. 모든 엔지니어링 및 엔지니어링 매니저 직급에 대한 기대치는 기업 내에 문서화되어 있다. 승진하려면 후보자는 두 가지 측면에서 다음 직급에 맞는 성과를 입증해야 한다.

- **'무엇을'(업무의 영향력)**: 엔지니어는 다음 직급 수준의 비즈니스 영향력을 입증해야 한다. 예를 들어, 스태프 엔지니어는 조직 차원에서 의미 있는 문제를 해결하기 위해 장기적인 노력을 기울여야 한다. 일반적으로 고객과 가까운 제품 업무는 일부 플랫폼 업무보다 영향력을 정량화하기 더 쉽다. 제품 업무는 매출 증대나 비용 절감과 같은 회사의 핵심 성과 지표key performance indicators(KPI)와 연계되는 경우가 많다. 플랫폼 업무는 시스템 지연 시간 단축, 안정성 향상, 개발자 생산성 향상과 같이 한 단계 아래의 KPI와 연계되는

경우가 많다.

- **'어떻게'(역량에 대한 측정)**: 각 회사는 직급마다 다차원적인 역량 기대치를 정의한다. 예를 들어, 우버는 소프트웨어 엔지니어링, 디자인 및 아키텍처, 실행 및 결과, 협업, 효율 창출, 시민 의식 등을 역량으로 정의한다. 이런 영역에서 다음 직급의 역량을 발휘하는 직원은 이해관계자 및 다른 동료들과 잘 협력한다고 볼 수 있다. 실제로 다른 역량보다 더 큰 비중을 차지하는 역량도 있으며, 이런 비중은 회사나 승진 절차, 때로는 부서에 따라 다르다.

빅테크 기업에서 시니어급 이상 승진에 있어 큰 어려움 중 하나는 영향력 범위가 계속 넓어지고 문제가 복잡해진다는 점이다. 예를 들어, 시니어 엔지니어링 레벨로 승진하려면 일반적으로 팀 수준의 영향력을 보여줘야 한다. 스태프 엔지니어는 조직 또는 회사 전체에 미치는 영향력을 보여줘야 한다.

시니어 엔지니어링 매니저와 이사급도 마찬가지로 높아진 기대치를 만족해야 한다. 회사가 빠르게 성장하는 동안에는 많은 기회가 있다. 초고속 성장 기업에는 조직 전반에 엔지니어와 매니저가 해결할 문제가 산적해 있다. 이런 문제를 성공적으로 해결한 직원에게는 승진이 뒤따른다.

하지만 회사가 성숙해질수록 이런 기회는 줄어들고, 문제도 복잡해지며, 걸리는 시간도 길어진다. 기회는 더 이상 찾기 어려우니, 겨우 잡은 기회를 날려버리지 않도록 반드시 성공해야 한다.

'승진할 만한' 기회가 적으면, 성공의 기준을 조정해 실패한 프로젝트를 성공한 것처럼 보이도록 꾸미기도 한다. 왜 그럴까? 자신의 노력과 일이 실패했다고 인정하면 성과 평가와 승진 결과가 나빠질 수 있기 때문이다. 비판을 하자면 그렇다는 말이다.

승진 지향 개발

빅테크에서 승진 및 성과 평가가 영향력 중심적으로 진행되면 '승진 지향 개발'이라는 불행한 결과가 발생할 수 있다. 기업은 당신의 직급이 올라갈수록 더 큰 그룹에 영향을 미치는 업무를 맡기고, 더 영향력 있는 비즈니스 성과를 이끌어내길 기대한다.

어떻게 하면 대규모 엔지니어 그룹에 영향을 미치고 중요한 비즈니스 성과를 이끌어낼까? 분명한 답은 조직이 안고 있는 엔지니어링 문제를 해결하는 것이다. 하지만 승진을 위해서는 '무엇을'(영향력)을 보이는 정도로는 부족하다. 또한 다음 단계인 '어떻게'(역량)에도 보이는 성과를 내야 한다. 다시 말해/ 그러려면/ 그 과정에서/ … 대규모 그룹을 조율해야 하고 어려운 엔지니어링 과제, 즉 사소하지 않은 일을 해내야 한다.

그렇기 때문에 스태프 엔지니어로 승진하려는 엔지니어는 조직 전체의 문제에 대해 기존의 타사 프레임워크를 사용하는 대신 자체적인 사내 솔루션을 개발하는 경우가 많다. 이를 정당화하기 위해 기존 솔루션으로는 부적절한 극단적인 사례를 찾아, 복잡하면서 영향력을 가진 승진에 적합한 솔루션을 만든다.

기업이 가진 독특한 요구사항 때문에 맞춤형 솔루션을 구축하기도 하지만, 엔지니어 입장에선 시장에 나와 있는 솔루션을 선택할 인센티브가 거의 없다. 기성 솔루션을 사용하면 '별일 아닌 것'처럼 치부되며, 시니어급 이상의 소프트웨어 엔지니어링 및 아키텍처/디자인에서 바라는 복잡성을 충족시키지 못한다.

승진 지향 개발은 모든 빅테크가 개발자 도구와 가시성 도구 같은 간단한 도구부터 실패한 제품의 부활 시도까지 모든 것을 맞춤형 솔루션으로 구현한 이유이기도 하다. 과장이 아니다. 구글은 16년 동안 채팅 제품을 20개나 만들었는데 이중 일부는 동시에 개발하기도 했다.[22] 그림이 그려진다. 수십 명의 엔지니어와 매니저가 이런 채팅 프로젝트를 거쳐 다음 직급으로 승진한다. 그 뒤 다른 엔지니어와 매니저가 기존 제품을 수정하는 대신 더 큰 영향력을 가진 복잡한 프로젝트를 처음부터 만들어야 한다며 뛰어든다. 이렇게 20개의 채팅 제품이 생겨난 것이다.

---

[22] https://arstechnica.com/gadgets/2021/08/a-decade-and-a-half-of-instability-the-history-of-google-messaging-apps

4.5 승진을 위한 조언

다음 평가 때 승진하려면 미리 무엇을 할 수 있을까? 몇 가지를 소개한다.

- **현실적으로 생각하자.** 마지막 성과 평가는 어땠나? 기대 이상의 성과를 거두었는가? 그렇지 않았다면 승진 가능성이 거의 없다. 다음 평가 주기에서는 기대치를 뛰어넘을 수 있도록 노력하자.
- **승진이 어떻게 이루어지는지 이해하자.** 누가 추천하고, 누가 결정하며, 기준은 무엇이고, 회사에서는 어떤 절차를 따르나?
- **승진이 실제로 어떻게 이루어지는지 이해하자.** 실제로 승진 결과를 보면 항상 공식적인 절차를 따르는 건 아니다. 그 과정을 경험한 사람이나 멘토와 이야기를 나눠보자. 문서화되지 않은 일반적인 차이점으로는 실제 출시된 '승진 프로젝트'를 완료해야 한다는 점, 동료 피드백이 훨씬 덜 중요하다는 점, 스태프급 엔지니어나 이사급의 피드백이 훨씬 더 중요하다는 점, 매니저의 영향력이 문서화된 승진 절차에서 제시하는 것보다 크다는 점 등을 들 수 있다.
- **자기평가를 하자.** 역량에 따른 경력 사다리와 같은 명확한 기대치가 있다고 가정하고, 현재 수준과 다음 단계를 비교해 자신의 현재 위치를 가늠해보자. 자기평가 템플릿이 도움이 될 수 있다.
- **동료로부터 피드백을 받자.** 특히 연차가 높은 동료에게 내 업무 수행에 대한 피드백을 요청하자. 승진 시기가 되면 여러분의 성과를 지지할 동료가 필요하다. 동료 피드백을 줄 사람과 선제적으로 상의하자. '내가 어떤 부분에서 개선이 필요하다고 생각하는가, 다음 단계로 나아가고 있는가, 부족한 점은 무엇인가, 여기서 어떻게 성장해야 할지에 대한 조언이 있는가?' 같은 질문이 유효하다.
- **다음 직급의 멘토를 찾자.** 경력 사다리에서 적어도 한 단계 높은 직급에 있는 사람, 이상적으로는 같은 회사에서 해당 직급으로 승진한 사람에게 연락하자. 1:1로 만나서 다음 직급으로 오르기까지 성장한 경험과 조언, 피드백을 요청하자. 물론 이런 자리가 승진을 보장하지는 않지만, 실행할 수 있는 피드백을 줄 동료가 한 명 더 생기는 셈이다.

업무 정리하기

'업무 완수, 정리, 게시'는 프로덕트 리더인 스레야스 도시[Shreyas Doshi]의 설명[23]처럼 자신이 수행하는 일을 떠올리는 좋은 프레임워크다. 업무를 잘 수행하는 정도로는 충분하지 않으며, 다른 사람과 협력하고 많은 사람에게 내가 하는 업무 내용을 알려야 한다.

- **업무 완수**: 코드, 디자인 문서, 회고, 코드 리뷰 같은 결과물을 만들면서 매일 업무를 완수하자.
- **정리**: 업무 수행에 도움이 되는 것들을 정리하자. 여기에는 회의를 소집하고, 누가 주도할지 결정하고, 업무 흐름의 개선이나 버그 처리와 같이 그룹 내에서 더 나은 작업 방식을 도입하는 것이 포함될 수 있다.
- **게시**: 해야 할 업무를 게시하고 1:1 미팅, 조직 또는 회사 전체 회의, 지식 공유 세션, 기타 사내 또는 외부 행사 등에서 프레젠테이션을 통해 알리자.

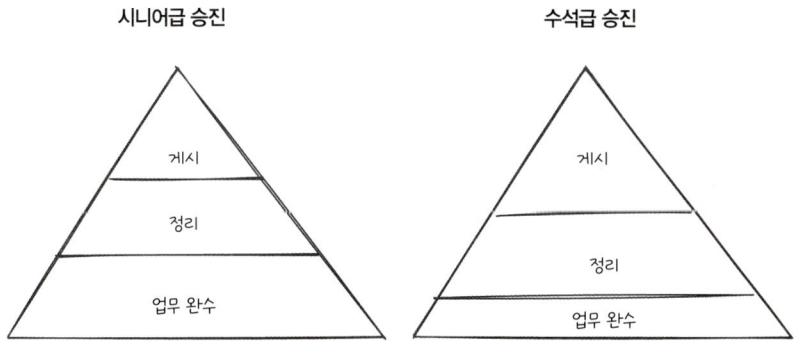

그림 4-1 업무 완수, 정리, 게시 프레임워크. 직급이 높아질수록 정리 및 게시의 비중이 높아짐.

대부분의 조직에서 직급이 높아질수록 업무의 초점은 생산이 아닌 정리와 게시로 옮겨간다. 이는 우연이 아니다. 스태프 엔지니어와 이사급 모두 낮은 직급에 비해 출시보다는 정리와 게시에 더 많은 시간을 할애한다.

---

23 https://twitter.com/shreyas/status/1332889515556364288

항상 성과를 기록하자. 가장 도움이 되는 방법은 매주 자신이 한 일을 기록하는 것이다. 월별, 분기별 주요 성과를 요약하자. 기록을 처음 시작한다면 우선 작년의 주요 성과를 기록하자. 영향력 있는 업무를 지속적으로 수행했음을 보여주는 사례를 제시하는 것이 좋다.

매니저의 중요성

매니저와 이야기할 때 승진 이야기를 꺼내자. 매니저가 여러분의 현재 위치를 어떻게 생각하는지, 그리고 매니저의 지원을 받으려면 무엇을 해야 하는지 물어보자. 직접 작성한 자기평가서를 보여주자. 일반적으로 참여할 프로젝트를 결정하는 최종 권한은 매니저에게 있다. 다음 단계로 나아갈 준비가 되어 있음을 증명할 만한 프로젝트에 참여하지 못하면 중요한 승진 기회를 놓치고 만다.

매니저를 내 편으로 만들자. 매니저의 지지가 없다면, 승진이 불가능하지는 않더라도 어려울 것이다. 그러므로 승진자 결정 시기보다 훨씬 앞서 이 작업을 시작하자. 어떻게 해야 매니저가 내가 준비됐다는 확신을 갖고, 나를 지지할 수 있을까?

스태프급 이상 승진의 경우, 더 상위 직급 매니저의 도움을 받아야 한다. 시니어 엔지니어 이상의 승진에는 일반적으로 매니저 그룹의 의견이 크게 작용한다. 직속 매니저의 지지만으로는 부족할 수 있으니, 더 상위 직급의 매니저의 지지도 필요하다. 이들과의 1:1 미팅에서 자신이 하는 일을 알려, 이들이 그 영향력을 이해하고 당신을 지지하도록 만들자. 가능하면 몇 달에 한 번씩 정기적으로 1:1 미팅을 갖는 편이 좋다.

승진으로 매니저가 바뀌는 경우, 상위 직급 상사의 전폭적인 지원이 더욱 중요하다. 예를 들어, 일부 회사는 엔지니어링 매니저가 스태프 엔지니어를 관리하지 못하는 규정이 있다. 즉, 스태프 엔지니어로 승진한 엔지니어는 현재 매니저에게 보고하지 않게 된다. 가끔씩 이를 자신의 이익에 부합하지 않는다고 생각하는 매니저가 있어 잠재적으로 민감한 문제가 된다. 어려운 승진일수록 경영진과의 돈독한 관계와 명확한 기대치 설정이 더욱 중요하다.

실행할 수 있는 계획을 세우자. 매니저와 함께 다음 직급으로 승진하거나 또는 승진에 가까워질 수 있는 목표를 설정하자. 이를 문서로 작성하고 이행하자. 매니저에게 진행 상황을 지속적으로 알리고 피드백을 받으며 문서로 정리하는 편이 좋다.

매니저가 바뀌면 어떻게 하나? 매니저가 언제든 팀이나 회사를 떠날 수 있으므로, 승진 여부가 매니저의 지지에 지나치게 의존하지 않는지 생각해보자. 그렇다면 1:1 미팅을 통해 더 많은 사람에게 내 작업을 공유해 이를 바꿀 필요가 있다. 이 때는 '업무 완수, 정리, 게시' 프레임워크에서의 게시 활동이 중요하다.

현실을 직시하자

'승진만을 위해 일하는 사람'으로 보이면 매니저와 동료로부터 소외될 위험이 있으므로 승진에 집착하지 말자. 계획을 세우고, 이를 위해 노력하며, 승진만이 유일한 관심사로 보이지 않도록 하자. 이는 단지 겉보기만이 아니라, 실제로 승진을 유일한 목표로 삼지 않도록 하자. 자신이 통제할 수 있는 범위 내에서 만족감을 줄 다른 목표를 찾자.

현실적인 승진율을 고려하자. 목표로 하는 직급이 높으면 승진은 당연히 어렵다. 대부분 빅테크 기업에서 진행되는 고위직 승진 심사의 30~40%는 반려된다. 이 반려 비율은 아래 직급에서는 더 낮고, 그 이상 직급에서는 더 높다.

승진 실패에 대비하자. 어떤 것도 보장되는 것은 없지만, 결과에 상관없이 더 나은 전문성을 갖출 목표를 세우자. 복잡하고 영향력 있는 프로젝트를 성공적으로 완수하고, 회사 안팎에서 눈에 띄게 되고, 새로운 기술을 습득하는 것은 모두 가치 있는 성과이며, 이는 향후 자신의 가치와 고용 가능성, 승진 가능성을 높여준다.

남을 도우면 나에게 돌아온다. 다 주고받는 것이다. 다른 사람을 돕는 그 자체로 좋은 일이며 선의가 쌓이는 일이다. 다음은 다른 사람을 돕는 방법이다.

- 자신보다 한 단계 낮은 직급의 사람들을 멘토링하자. 그들이 지금의 내 위치까지 성장할 수 있도록 도울 수 있는가?

- 회사 외부의 사람을 멘토링하자. 남에게 도움을 줄 뿐 아니라 스스로도 많은 것을 배울 수 있다.
- 다른 사람의 승진을 돕자. 건설적이고 유용한 피드백과 여러 지원을 제공할 수 있는가?
- 동료들이 신경 쓰지 않지만 팀에 도움이 되는 일에 자발적으로 참여하자. 이렇게 하면 최소한 팀에 도움이 되고, 매니저는 자기 업무뿐 아니라 팀 전체의 성공을 돕는 사람을 지지할 가능성이 높다.
- 일부 팀원에게 승진을 위해 노력하고 있다는 사실을 공유하자. 동료들이 당신에게 승진이 중요하다는 사실을 알면 도와줄 가능성이 더 높다.

4.6 장기적인 경력

경력을 쌓는 길이 항상 평탄하지만은 않다. 많은 성공한 사람도 그 과정에서 우여곡절을 겪었다. 몇 달 또는 몇 년이 아닌 더 큰 관점에서 자신의 경력을 들여다보는 것이 좋다. 다음은 장기적으로 성공적인 경력을 쌓는 마음가짐이다.

승진과 직책으로 자신의 가치를 정의하지 말자

자신을 상위 직급에 있는 사람과 비교하는 유혹에 빠지기 쉽다. 예를 들어, 시니어 엔지니어는 스태프 엔지니어를 보면서 스태프급 동료보다 많은 일을 더 잘하는 데도 스태프급이 아니라는 사실에 좌절감을 느낄 수 있다.

부러움을 떨쳐버리자! 승진은 실력만으로 이루어지는 것이 아니다. 충분한 영향력을 입증하고, 균등하게 주어지지 않은 기회를 잡는 이가 승진을 얻는다. 상위 직급에 있는 사람은 그만한 영향력을 보여줄 기회가 더 많았거나, 면접에서 자신의 업적을 더 잘 설명했을 것이다.

스태프 수준부터 직책이 가진 의미는 적고, 비교하기 어려운 경향이 있다. 그렇다면 무엇이 중요할까? 경력과 진로에 집중하면 더 나은 결과를 얻을 수 있다.

다른 사람을 밀어내지 말자

내가 업무상 목표를 달성해 다른 사람과의 업무상 관계가 손상된다면 다른 선택지를 찾아보자. 만일 다른 선택지가 없다면 그만한 가치가 있는지 자문하자. 사람은 자신을 밀어낸 사람을 기억한다. 이 업계는 의외로 규모가 작기 때문에 자신의 승진에만 신경 쓴다는 평판은 나중에 내 발목을 잡을 수 있다.

경력에 대한 투자는 한참 뒤에야 성과를 보인다

다음 두 경우를 생각해보자.

- A의 최우선순위는 즉각적인 진급이다. 소프트웨어 엔지니어에서 시니어 소프트웨어 엔지니어로 승진한 다음, 스태프 엔지니어 승진을 위해 노력해 이를 달성한다. 그 뒤, 직급을 유지한다. 다른 곳에서 기회를 찾으려고 면접을 보지만 시니어 엔지니어 이상의 자리를 얻지 못한다. 하지만 '직급이 낮아지는 것'을 원하지 않으므로 그대로 머문다.
- B의 최우선순위는 호기심 해결이며 직급에 크게 연연하지 않는다. 소프트웨어 엔지니어로 일하다가 사내에서 시니어 엔지니어로 승진한다. 그런 다음 기술 스택을 바꾸어 새로운 일을 하다가 다른 환경의 다른 회사에서 소프트웨어 엔지니어 역할로 한 단계 내려간다. 이런 학습 곡선을 몇 차례 반복한 뒤, 나중에는 전문 지식의 폭과 깊이가 눈에 띄어 흥미로운 회사에서 스태프 이상의 제안을 받기도 한다.

A는 처음에는 '더 빠른' 경력 성장을 이루지만, B는 몇 개의 회사에서 일하며 새로운 기술 스택을 배우고 다양한 경험을 쌓으며 장기적인 투자를 한다.

수평적 이동이나 새로운 기술 스택 같은 직업적 선택은 경력에 즉각적인 보상은 주지 않겠지만, 장기적으로는 좋은 투자다. 이런 투자가 승진의 형태로 나타나지 않더라도, 흥미롭고 새로운 분야에서 일하는 것만으로도 충분히 가치 있고 흥미로운 일이 아닐까?

행복은 직책과 직급순이 아니다

만족스러운 직장 생활에는 직책이나 책임보다 훨씬 더 많은 조건이 있다. 현재 직책의 좋은 점과 그렇지 않은 점을 염두에 두고 자신이 진정으로 중요하게 생각하는 것이 무엇인지 파악하자.

5 어디서나 통하는 접근법
Thriving In Different Environments

기업마다 문화, 가치관, 업무 속도 등이 모두 다르다. 이는 모든 환경에서 성공할 수 있는 한 가지 방법은 없다는 의미다. 하지만 대기업이나 빠르게 성장하는 스타트업 같은 기업에는 업무에 대한 몇 가지 공통된 접근 방식에 유사점이 충분히 존재한다. 이번 장에서는 그 유사점을 다룬다.

5.1 제품 팀 및 제품 지향적 엔지니어

제품 팀은 외부 고객을 위한 제품을 개발하는 엔지니어링 팀을 말한다. 내부 고객을 대상으로 하는 서비스를 개발하는 플랫폼 팀이나 고객을 위한 서비스를 제공하거나 제품에 기여하는 서비스를 만들어도 자체 제품을 개발하지는 않는 팀과는 확연한 차이가 있다.

제품 팀에서 가장 큰 영향력을 발휘하는 엔지니어를 나는 제품 지향적 엔지니어라고 부른다. 제품 지향적 엔지니어는 제품 자체에 관심이 있는 개발자로, 의사결정이 내려진 이유와 사람들이 제품을 사용하는 방식을 이해하고 싶어 하며 제품 결정에 참여하는 것을 좋아한다. 만약 그 사람이 엔지니어링의 즐거움을 포기한다면 훌륭한 프로덕트 매니저product manager(PM)가 될 가능성이 높다. 나는 훌륭한 제품 마인드를 가진 많은 엔지니어와 함께 일해왔고, 스스로도 이런 유형의 개발자라고 생각한다. 세계적인 수준의 제품을 만드는 기업에서 제품 지향적인 엔지니어는 팀의 영향력을 새로운 차원으로 끌어올린다.

제품 지향적 엔지니어는 주로 사용자를 위한 기능을 개발하는 팀에서 영향력을 발휘하며, 프로덕트 매니저와 협업한다. 이들은 종종 핵심 기여자가 되어 프로덕트 매니저가 팀 리더로 승진할 때 가장 먼저 찾는 팀원이 되기도 한다.

제품 지향적 엔지니어

제품 지향적 엔지니어에겐 다음과 같은 특징이 있다.

- **제품 아이디어와 의견을 제시하는 적극성**: 단순히 주어진 사양을 구현하는 데 만족하지 않는다. 대신 대안을 생각하고 프로덕트 매니저에게 제시한다. 더 효과적인 다른 접근 방식을 제안해 기존 사양에 도전하는 경우가 많다.
- **비즈니스, 사용자 행동 및 관련 데이터에 대한 관심**: 시간을 내 비즈니스의 운영 방식, 제품의 적합성, 목표를 이해한다. 사용자가 제품에 대해 어떻게 느끼고 사용하는지 공감한다. 가능하면 직접 데이터에 액세스하거나 프로덕트 매니저 및 데이터 과학자를 통해 비즈니스 및 사용자 데이터에 바로 뛰어든다.
- **호기심과 깊은 관심**: '왜 이 기능은 만들면서 다른 기능은 만들지 않는가?' 같은 질문이나 다른 제품 관련 질문을 던지고 프로덕트 매니저나 다른 동료들과 상의해 답을 찾는다. 이들이 항상 궁금한 점을 물어보지만 다른 사람이 귀찮아하지 않는 이유는 탄탄한 관계를 구축해왔기 때문이다.
- **비엔지니어 그룹과 훌륭한 관계를 맺는 강력한 소통 역량**: 엔지니어가 아닌 다른 분야의 동료들과 이야기를 나누고, 그들이 하는 일과 이유를 알기 좋아한다. 다른 분야가 어떻게 작동하는지 알아보는 데 관심이 많고 잘 소통한다. 엔지니어가 아닌 사람들과 커피나 점심을 먹거나 복도에서 대화를 잘 나눈다.
- **제품과 엔지니어링의 절충**: 제품 관점의 '왜'와 엔지니어링 측면을 잘 이해하고 있는 제품 지향적 엔지니어는 다른 사람은 거의 할 수 없는 제안을 할 수 있고, 실제로 한다!
- **엣지케이스의 실용적인 처리**: 엣지케이스^{edge case}[24]를 신속하게 매핑하고 엔지니어링 작업이 필요 없는 솔루션으로 작업량을 줄일 수 있는 방법을 생각한다. '사랑받을 수 있는 최소한의 제품 컨셉'에 초점을 맞추고 엣지케이스의 영향과 이를 처리하는 데 드는 노력을 평가한다. 이들은 초기 버전을 출시하기 전에도 무엇이 잘못될 수 있는지 매핑하고

---

[24] 옮긴이_ 엣지케이스는 제품에서 고려할지 말지의 경계에 있는 기능을 말한다.

어떤 엣지케이스를 해결해야 하는지 제안함으로써 좋은 중간 지점을 제안한다.

- **빠른 제품 검증 주기**: 제품 지향적 엔지니어는 작업 중인 기능이 프로덕션에 적용되기 전에 창의적인 방법으로 조기 피드백을 받는다. 동료들과 함께 복도에서 테스트하거나, 프로덕트 매니저에게 작업 중인 기능을 보여주거나, 베타 빌드에서 팀 버그 배쉬[bug bash][25]를 조직하는 등 다양한 방법을 동원할 수 있다. 이들은 항상 '사람들이 이 기능을 우리가 생각하는 방식으로 사용할지 어떻게 검증할 수 있을까'라는 질문을 던진다.
- **제품에 대한 주인의식**: 대부분의 숙련된 엔지니어는 사양 확보부터 구현, 출시, 작동 검증까지 제품의 시작과 끝을 모든 영역에 깊게 관여한다. 제품 지향적 엔지니어는 한 걸음 더 나아가 사용자 행동과 비즈니스 지표를 확보한 후에야 자신의 작업이 '완료'됐다고 생각하는 경우가 많다. 출시 후에는 프로덕트 매니저, 데이터 과학자, 고객 지원 팀과 적극적으로 협력해 실제 환경에서 해당 기능이 어떻게 사용되고 있는지 파악한다. 결론을 도출할 만큼 신뢰도 높은 데이터를 확보하는 데는 몇 주가 걸릴 수 있다.
- **반복적인 학습에 따른 강한 제품 본능**: 프로젝트를 수행할 때마다 제품에 대한 이해가 깊어지고 제품 본능이 개선된다. 다음번에는 훨씬 더 관련성 높은 의견을 제시할 수 있다. 시간이 지남에 따라 이들은 프로젝트가 시작되기 훨씬 전에 프로덕트 매니저에게 조언을 구하는 사람이 된다. 팀 외부에서도 좋은 평판을 쌓아 커리어 성장의 문이 더 많이 열린다.

제품 지향적 엔지니어 되는 법

사용자 중심의 제품을 개발할 때 '제품 근육'을 키우는 팁을 소개한다.

- **기업의 성공 방법과 이유를 이해하자**. 비즈니스 모델은 무엇이고, 수익은 어떻게 창출되며, 가장 수익성이 높고 가장 빠르게 확장되는 분야는 어디이며 그 이유는 무엇인가? 우리 팀은 어디에 속해 있나?
- **프로덕트 매니저와 긴밀한 관계를 구축하자**. 대부분의 프로덕트 매니저는 제품 지향적 엔지니어가 스스로 성장하도록 멘토링할 기회에 흔쾌히 응한다. 엔지니어로서 프로덕트 매니저에게 제품 관련 질문을 하고, 시간을 들여 관계를 구축하며, 제품 문제에 관여하고 싶다는 의사를 분명히 밝히자.

---

25 옮긴이_ 제품의 문제를 집중적으로 해결하기 위해 많은 사람이 모여서 버그를 해결하는 행사

- **사용자 조사, 고객 지원 및 관련 활동에 참여하자.** 제품 작동 방식을 배우는 활동에 참여하자. 디자이너, UX 담당자, 데이터 과학자, 운영 팀 동료 등 사용자와 소통하는 다른 사람과 교류하자.
- **실현 가능한 제품 아이디어를 테이블에 올리자.** 비즈니스, 제품, 이해관계자를 잘 이해하고 있다면 주도권을 잡자. 진행 중인 프로젝트에 작은 제안을 하거나, 제품 관련 개발 담당자에게 설명해 팀의 작업 우선순위 조정이 용이하게 하면서 더 큰 노력이 드는 제안도 할 수 있다.
- **프로젝트 관점에서 제품/엔지니어링 절충안을 제안하자.** 진행 중인 프로젝트에서 제품의 기능을 타협해 개발 노력을 줄이거나, 반대로 개발을 더 하더라도 기능을 더 포함시키는 절충안을 제안하고 피드백을 잘 수용하자.
- **프로덕트 매니저에게 정기적으로 피드백을 받자.** 제품 지향적 엔지니어가 된다는 것은 엔지니어링 기술 외에 제품 기술도 잘 갖추고 있어야 한다는 뜻이다. 이에 대한 피드백을 가장 잘 줄 수 있는 사람은 프로덕트 매니저이므로 제안이 실현할 수 있는지, 어떻게 성장할 수 있는지 프로덕트 매니저의 의견을 구하자.

5.2 플랫폼 팀

플랫폼은 제품 팀이 비즈니스용 기능을 출시할 때 사용하는 빌딩 블록이다. 제품이 플랫폼 위에 구축되므로 제품 팀이 더 빠르게 움직인다. 플랫폼 팀은 빠르게 성장하는 엔지니어링 조직을 확장하는 데 핵심적인 역할을 한다. 플랫폼 팀은 이런 특성이 있다.

- **기술적인 미션에 집중**: 핵심 영역 확장, 성능 또는 가용성 목표 달성, 확장 및 유지 관리가 쉬운 아키텍처 구축과 같은 기술적 목표에 집중해 여러 팀과 영역에 서비스를 제공한다.
- **플랫폼 팀의 고객은 보통 내부 고객**: 대개는 다른 제품 팀의 엔지니어가, 드물게는 비즈니스 팀의 동료가 사용할 플랫폼을 만든다.
- **여러 팀에서 사용**: 사내 플랫폼은 일반적으로 여러 고객, 제품 또는 기타 서비스에서 활용된다.

다음은 플랫폼 팀의 몇 가지 예다.

- **스케일업의 인프라 팀**: 이 팀은 사내 플랫폼에서 다른 팀에 컴퓨팅 및 스토리지 리소스를 제공하거나 팀이 클라우드 환경을 사용하고 관리할 수 있도록 지원한다.
- **빅테크 기업의 결제 플랫폼 팀**: 이 팀은 결제 기능을 제품에 통합할 수 있는 내부 SDK^{software development kit}를 제공한다. 이 결제 플랫폼을 결제 제공업체와 연동해 다른 내부 팀에서는 별도의 작업을 수행할 필요가 없다.
- **대부분 기업의 CI/CD 팀**: 이 팀은 지속적 통합과 지속적 배포를 주관하고 관리한다. 이들은 자동화된 테스트, 정적 소프트웨어 분석 및 기타 소프트웨어의 품질을 높이기 위한 개발 방법론을 추진하고 피드백을 제공한다.

플랫폼 팀은 여러 제품 팀이 스토리지나 다른 컴퓨팅 인프라 문제 또는 결제와 같은 비즈니스 기능에 대한 솔루션 구축을 시작할 때 구성되는 것이 보통이다. 대부분의 경우 전담 팀이 문제 해결을 주관하며, 플랫폼 팀을 통해 하나의 솔루션을 제공해 중복을 피하고 다른 모든 사람의 업무를 편하게 만든다.

플랫폼 팀은 개발자가 즐겨 사용하는 확장 가능한 솔루션을 구축하는 엔지니어링 임무를 수행하는 경우가 많아 가장 경험이 많은 엔지니어가 모이는 경향이 있다. 플랫폼 팀의 고객은 다른 팀의 소프트웨어 엔지니어이기에 플랫폼 팀에는 기술과는 거리가 먼 사용자보다 소프트웨어 엔지니어를 상대하려는 엔지니어도 모인다.

플랫폼 팀에서 일할 때의 장점

- **엔지니어링 복잡성**: 플랫폼 팀, 특히 스토리지 또는 컴퓨팅을 제공하는 인프라 플랫폼 팀에는 가장 복잡한 엔지니어링 과제가 쌓여 있다.
- **광범위한 영향력**: 플랫폼 팀의 업무는 하나의 제품에 국한되지 않고 여러 제품에 영향을 미치며 광범위하고 간접적인 영향을 끼친다.
- **큰 엔지니어링 자유도**: 플랫폼 팀은 프로덕트 매니저 없이 엔지니어가 모든 것을 운영하는 경우가 많다. 따라서 기술 부채를 제거하거나 새로운 엔지니어링 아이디어를 도입하는 등의 작업을 자유롭게 수행할 수 있다.

- **일상적인 압박감 감소**: 플랫폼 팀은 고객과 조금 더 멀리 떨어져 있기 때문에 새로운 기능이나 제품을 출시해야 한다는 압박을 덜 받는다. 따라서 보다 장기적인 구현 계획이 가능하고 유지 관리가 어려운 해킹을 사용하지 않아도 된다.
- **숙련도 높은 팀**: 플랫폼 팀은 업무 특성상 시니어급 이상의 엔지니어가 더 많다. 경험이 많은 사람과 함께 일하기를 즐기는 엔지니어는 일반적으로 플랫폼 팀에서 일하는 것을 좋아한다.

플랫폼 팀에서 일할 때의 단점

- **정의하기 어려운 비즈니스 기여도**: 제품 팀은 최신 기능으로 매출이 증가하거나 더 많은 사용자를 유치했다고 쉽게 주장할 수 있다. 하지만 플랫폼 팀은 비즈니스에서 중요한 지표를 쉽게 만들기 어렵다.
- **비용 센터로 인식**: 비즈니스에서 중요하게 여기는 영향력을 입증하는 데 어려움을 겪어 비용 센터로 인식될 가능성이 높다. 즉, 인력을 충원하고 성장시키기가 더 어렵다. 그래서 기업이 규모를 축소할 때, 플랫폼 팀은 수익 센터보다 더 큰 영향을 받는다.
- **사용자와의 거리**: 많은 플랫폼 팀은 제품 사용자와 너무 멀리 떨어져 있어 엔지니어가 자신의 궁극적인 임무가 최종 사용자의 삶을 더 편리하게 만드는 것임을 잊어버리는 경우가 많다. 팀과 제품 사용자 사이의 거리가 멀어지면 제품 지향성이 떨어지고 제품 팀에 대한 불만도 커질 수 있다.

플랫폼 팀에서 성공하기

내가 관찰한 플랫폼 엔지니어의 생산적인 업무 방식은 다음과 같다.

- **고객과의 공감대 형성**: 대부분의 플랫폼 팀은 고객이 제품 팀의 소프트웨어 엔지니어라고 생각한다. 하지만 플랫폼 팀의 또 다른 고객은 제품 팀이 서비스를 제공하는 최종 사용자이기도 하다. 이 점을 잊지 말고 고객과 공감대를 형성하자.
- **플랫폼을 사용하는 엔지니어와의 소통**: 플랫폼을 사용하는 엔지니어는 플랫폼 팀과 쉽게 소통할 수 있어야 한다. 스스로 소개하고 언제든 질문해도 좋다고 말하자. 메일링 리스트와 채팅방 등 엔지니어가 언제든 플랫폼에 대한 질문을 남길 창구를 열어두자. 이런 관계를 구축하지 않으면 상아탑에 갇혀 아무도 원하지 않는 일만 하게 될 위험이 있다.

- **플랫폼의 고객과 협업**: 대부분의 플랫폼 엔지니어는 팀의 일원으로 플랫폼을 구축한다. 그러나 뛰어난 플랫폼 엔지니어는 때때로 '다른 쪽'으로 이동해 제품 팀과 함께 플랫폼을 통합하거나 구현하는 작업을 하기도 한다. 이렇게 하면 팀이 플랫폼을 어떻게 사용하는지 훨씬 더 잘 이해할 수 있고 재미도 있다!
- **제품 팀에 순환 근무**: 마찬가지로, 제품 팀에서 오랫동안 일하지 않았다면 가능하면 몇 주씩 돌아가면서 일하자. 제품 팀은 플랫폼 팀이 구축한 모든 것을 사용하므로 제품 팀과 관계를 맺자.
- **긴급성과 집중력을 목표함**: 플랫폼 팀에서 일하면 출시에 대한 긴박감이 훨씬 덜하고 일반적으로 다른 일정 개입이 적다는 장점이 있다. 또 방해받지 않고 집중해서 일할 수 있다. 반면에 어떤 종류의 압박도 없으므로 중요한 작업을 완수해야 할 때 집중력이 떨어질 수 있다. 일의 우선순위를 명확히 파악하고, 그 일을 진행하면서 집중력을 유지하자.

제품 팀과 플랫폼 팀에서 모두 일하면 더 균형 잡힌 인재가 될 수 있다. 제품 팀과 플랫폼 팀은 누가 더 우월하다고 볼 수 없다. 엔지니어는 두 팀에서 모두 일해보면서 둘 중 하나에 대한 개인적인 선호도를 키울 수 있다.

다재다능한 엔지니어가 되려면 새로운 유형의 팀에서 일하는 것도 고려하자. 제품 팀과 플랫폼 팀에서 일하다 보면 각 팀이 직면한 과제를 더 잘, 더 깊이 이해할 수 있다. 또 자신에게 맞는 팀도 알 수 있다!

5.3 평시 vs 전시

내가 2016년에 입사하기 몇 달 전 당시 우버는 660억 달러의 기업 가치로 50억~60억 달러의 투자를 유치했고 적어도 외부에서 보기에 잘 운영되고 있었다. 하지만 안에서 본 우버는 모든 일이 빠르고 바쁘게 돌아가고 있었고, 많은 프로젝트가 '생사의 기로'에 놓인 것 같았다.

우버의 많은 부분이 오랜 기간 동안 '전시' 모드로 운영됐다. 막연한 느낌이 아니라 용어가 있었기 때문에 팀들은 중요한 프로젝트를 완수하기 위해 종종 '워룸' 회의를 요청했고, 샌프란시스코 본사의 한 대형 회의실은 실제로 '워룸'이라는 이름이 붙었다. 중요한 프로젝트에는 '코드 레드' 또는 '코드 옐로' 라벨이 붙었다. 모든 팀이 빠르게 움직이고 기능을 출시하는 데 집중하다 보니 팀 간의 갈등도 빈번하게 발생했다.

우버가 '평시'로의 전환을 맞이한 것은 시점상 분명했다. 2017년 말, 다라 코스로샤히Dara Khosrowshahi가 CEO로 취임하면서 정신없이 돌아갔던 속도가 빠르게 진정됐다. 그는 2018년 초에 전사적인 우선순위를 발표했고, 기업은 보다 세밀한 계획에 의해 돌아갔다. 이전에는 없던 새로운 안정감이 전반적으로 감돌았다.

그렇다면 기업에서 '전시'와 '평시'란 어느 시기를 말하며, 이 용어는 어떻게 정착했을까? 2010년대 초, 벤처캐피털 기업인 안드레센 호로위츠Andreessen Horowitz의 공동 창업자 벤 호로위츠Ben Horowitz가 '평시 CEO/전시 CEO'라는 글을 발표했을 때였다. 그는 이렇게 썼다.

> 최근 에릭 슈미트Eric Schmidt가 구글의 CEO에서 물러나고 창업자 래리 페이지Larry Page가 그 자리를 물려받았습니다. 대부분의 뉴스 보도는 사교적이고 명료한 슈미트보다 훨씬 수줍음이 많고 내성적인 페이지가 '구글의 얼굴'이 될 수 있을지에 초점을 맞췄습니다. 흥미로운 이슈이긴 하지만 이 분석은 핵심을 놓치고 있습니다. 에릭 슈미트는 구글의 대표 그 이상의 존재로서 구글의 평시 최고 경영자로 10년간 가장 큰 기술 사업 확장을 이끌었습니다. 이와는 대조적으로 래리 페이지는 구글이 전쟁에 돌입했다고 판단하고 전시 CEO가 되겠다는 의지가 분명해 보인다는 것입니다. 이는 구글과 하이테크 산업 전체에 큰 변화가 될 것입니다.

호로위츠가 평시와 전시를 정의한 방식은 다음과 같다.

> 비즈니스에서 평화로운 시기란 기업이 핵심 시장에서 경쟁사 대비 큰 우위를 점하고 있고 시장이 성장하고 있는 시기를 의미합니다. 평화로운 시기에는 시장을 확장하고 기업의 강점을 강화하는 데 집중할 수 있습니다.
>
> 전시에는 기업이 임박한 생존 위협에 맞서 싸워야 합니다. 이런 위협은 경쟁, 급격한

거시경제 변화, 시장 변화, 공급망 변화 등 다양한 원인에서 비롯될 수 있습니다. 위대한 전시 경영자 앤디 그로브$^{Andy\ Grove}$는 그의 저서 『편집광만이 살아남는다』(부키, 2021)[26]에서 기업을 평시에서 전시로 이끌 수 있는 힘을 놀랍게 묘사하고 있습니다.

'전시'와 '평시'라는 용어는 이제 기술 업계에서 널리 사용되고 있다. 기본적으로 기업은 존립이 위태로울 때는 '전시' 모드로, 평온하고 안정된 시기에는 '평시' 모드로 운영된다. 둘 간의 차이점은 다음과 같다.

표 5-1 전시 모드와 평시 모드의 일반적인 차이점

영역	전시	평시
비즈니스 환경	생존해야 한다는 부담감	부담감이 거의 또는 전혀 없음
경쟁에 집중	비즈니스를 경쟁하거나 위협하는 라이벌에 집착	경쟁에 집착할 필요 없음
개발 팀의 최우선순위	빠른 출시	철저한 검증을 거친 기능 제공
마감일	반드시 지켜야 함	마감 엄수는 보너스
회의	회의를 줄이고 업무에 집중 완료 > 완벽	회의를 늘려 모두의 합의를 도출 합의 > 속도
갈등	업무 완수에 도움이 된다면 괜찮음	업무 완수에 도움이 안 되므로 괜찮지 않음
프로세스	업무 완수에 도움이 된다면 프로세스 무시	모든 프로세스에는 존재 이유가 있으니 따름
'있으면 좋은' 기능	무시함	집중함
직장 내 좌절감	스트레스나 좌절감과 같은 감정을 표현해도 별다른 불이익 없음	직업인답지 않은 행동은 불가능하며 잠재적 불이익 존재
일과 삶의 균형 (워라밸$^{work-life\ balance}$)	워라밸? 그게 뭐지?	워라밸 친화적인 정책을 마련하는 데 상당한 초점을 맞춤

---

[26] 옮긴이_ 『Only The Paranoid Survive』(Crown Currency, 1996)

전시 리더십과 평시 리더십은 다음과 같이 다르다.

표 5-2 전형적인 전시와 평시의 리더십 행동 유형

영역	전시 리더십	평시 리더십
의사결정	결정 통보	합의 도출
우선순위 지정	중요한 업무의 우선순위를 가차없이 결정함	좋은 결과를 만드는 작업 흐름 고려해 결정함
갈등	정면 돌파	회피
직원의 압박감	일상적으로 '직원 발등에 불을 붙임'	직원에게 압박을 주지 않음
인기 없는 결정	빈번히 발생 우선순위 높은 일을 처리하는 데 필요	거의 없음 직원들을 기분 나쁘게 만들 필요가 없음
관여	눈에 잘 띄고 세세한 부분까지 확인 및 관여	눈에 잘 띄지 않고 대부분의 세부 사항에 관여하지 않음
스타일	때로는 프로답지 않게 보일 정도로 날것 그대로의 모습	신중하고 전문적

전시 모드의 자세

기업이 전시 모드로 운영되고 있을 때 어떻게 일하는 것이 잘하는 것일까? 다음은 전시 모드 상황에서 효과적인 접근 방식이다.

- **업무 완수**: 완벽한 품질보다 충분히 좋은 품질로 신속하게 작업을 완료한다. 보통은 속도가 품질보다 훨씬 더 중요하다. '완벽함보다는 완료가 더 중요'하다는 원칙을 따르자.
- **갈등 처리**: 더 빨리 일하는 데 도움이 된다면 분쟁을 두려워하지 말자. 분쟁은 대개 개인적인 것이 아니라 전시 상황으로 인해 발생하는 것이므로 개인적으로 받아들이지 말자.
- **동료**: 내 편을 만드는 데 너무 신경 쓰지 말고 작업을 완료하는 데에만 집중하자. 일을 완수하기 위해 다른 팀과 협력해야 한다면 그렇게 하자. 지금은 모두가 정신없이 바쁘기 때문에 굳이 편을 나눌 시간이 없다.
- **사내 정치**: 매니저와 더 상위 직급자와의 관계가 좋다면 모든 것이 좋다.
- **우선순위**: 지금 당장 비즈니스에 필요한 일에만 집중하자.

- **직업 안정성**: 잘해야만 직업을 잃지 않을 것처럼 일하자. 실제로 그럴 수 있다.
- **자기 페이스의 유지**: 계속되는 전력 질주는 좋지 않은 결과를 초래할 수 있으므로 페이스를 잘 조절하자.
- **번아웃**: 큰 위협이니 피하자.

평시 모드의 자세

스트레스가 적은 환경에서는 다른 접근 방식이 더 효과적이다.

- **업무 완수**: 고품질로 작업을 완료하자. 평시에는 느리고 안정적인 것이 빠르고 삐걱거리는 것보다 낫다.
- **갈등 처리**: 더 빠른 업무가 가능하더라도 분쟁은 피하자. 평시에 갈등은 좋지 않으니 분쟁의 원인을 파악하자.
- **동료**: 협업 팀마다 내 편을 만들어두면 업무 수행에 도움이 되고 커리어에 도움이 된다.
- **내부 정치**: 승진에 중요하다. 특히 시니어 승진에는 더욱 중요하다. 상사와 동료, 부하 직원과의 관계를 관리하자.
- **우선순위**: 비즈니스에 도움이 되는 장기적인 계획에 집중하자.
- **직업 안정성**: 고용이 안정적이라 일을 잘할 수 있는 시간과 공간이 보장된다.
- **속도 조절**: 느리고 꾸준한 페이스로는 너무 느려질 수 있으니 가끔씩 기어를 바꾸자.
- **정체**: 평시에 업무에서 지루함을 느끼는 건 위험 신호다.

모드 전환

대부분의 기업은 전시 모드와 평시 모드를 오간다. 벤처 투자를 받은 스타트업이 기업공개(IPO)까지 가서 성공하는 경우 보통 다음과 같은 패턴을 보인다.

- **창업**: 전시 모드. 창업자들은 오랜 시간 동안 프로토타입을 제작하고 초기 고객들의 호응을 얻기 위해 노력한다.
- **투자 유치 단계**: 전시 모드. 투자자들에게 돈을 투자할 만한 가치를 증명하기 위해 밤낮 없이 일한다.

- **투자 유치 후**: 잠시 평온한 시기. 자금이 확보되면 팀을 성장시키고, 핵심 아이디어를 구축하고, 부수적으로 몇 가지 실험을 하는 등 장기적으로 생각할 여유가 생긴다. 스타트업 단계가 빠를수록 이 기간은 짧아진다.
- **투자 유치 라운드 사이**: 투자 유치 직후와 비슷한 리듬으로 진행된다. 모금액이 부족해지거나 경쟁자가 나타나면 다시 전쟁이 시작된다.
- **기업공개 1년 전**: 전시 모드. 사업 지표를 투자자들이 원하는 수준으로 끌어올리기 위한 마지막 노력으로 투자자가 중요하게 여기는 영역에 우선순위를 둔다.
- **기업공개 이후**: 상황에 따라 다르다. IPO가 성공하고 주가가 상승하면 보통 평시로 전환한다. 그러나 IPO가 성공적으로 잘 진행되지 않고 비즈니스도 어려움을 겪는다면 전시 모드의 전술이 사용될 가능성이 높다.
- **상장 기업 단계**: 시간이 지남에 따라 시장에서 좋은 성과를 내는 비즈니스는 평시 모드에서 운영하려는 경향이 강하다. 물론 이는 리더십에 따라 달라진다.

기업은 원해서가 아니라 어쩔 수 없이 전시와 평시를 번갈아 가며 운영한다. 일부 리더는 항상 전시와 같은 고출력 모드로 운영되는 것을 선호하기도 한다. 하지만 여기에는 몇 가지 단점이 있다.

- 훨씬 더 높은 직원들의 에너지 소모
- 스트레스가 적었다면 떠나지 않았을 인재의 번아웃으로 인한 퇴사
- 단기적인 우선순위가 계속되어 장기적인 전략을 실행하기 어려움
- 비즈니스가 번창하면 직원에게 전시 모드를 유지하도록 동기를 부여하기 어려움

전시 모드에 성공적으로 집중한 결과, 기업은 시장에서 앞서 나가고 이를 만회할 충분한 시간과 공간을 확보한다. 그다음 이 사이클이 반복된다.

두 가지 모드에서 모두 효율적으로 일하는 방법을 빨리 알아낼수록 더 나은 결과를 얻을 수 있다. 어느 기업에 있든 변화가 일어나면 그 변화를 눈치챌 수 있다. 현재 팀과 조직이 처한 상황을 파악하고, 그 상황에서 잘할 수 있는 전략을 활용하자. 그리고 조만간 상황이 바뀌며, 이에 재적응이 필요할 것이라 가정하자.

5.4 기업 유형

기술 기업은 어떻게 운영되는가? 기업마다 상황이 다르기 때문에 보편적인 규칙은 없지만 빅테크, 중대형 기술 기업, 고성장 스케일업, 초기 단계 스타트업의 행동 패턴이 있다.

빅테크 및 중대형 기술 기업

다음은 빅테크 및 중대형 기술 기업에서 흔히 볼 수 있는 운영 방식이다.

- **제품 대 플랫폼**: 이런 기업은 플랫폼 팀에 가장 많은 투자를 하는 경향이 있다. 대기업의 경우 엔지니어의 최대 4분의 1이 플랫폼 팀에서 근무할 수도 있다.
- **평시와 전시**: 이런 기업들은 성장의 원동력이 된 성공을 누리며 평시 모드로 운영되는 경향이 있다. 하지만 때때로 전시 상황으로 전환되기도 한다. 정리해고, 더 엄격한 성과 평가, 리더십 변화, 집중의 필요성에 대한 상부의 명확한 커뮤니케이션 등이 이런 변화가 일어나고 있는 신호로 쉽게 알아차릴 수 있다.

다음은 빅테크 및 중대형 기술 기업에서 성공하는 데 도움이 될 조언이다.

내 성과를 관리하자. 이런 기업에서 성과 평가와 승진은 매우 중요한 사안이다. 공정한 성과 평가와 승진을 위해서는 개인의 성과와 업무가 팀과 기업 차원에서 미치는 영향이 무엇인지 정리하는 것이 유용하다.

우리 편을 만들고 네트워크를 구축하자. 대기업의 장점은 많은 사람과 함께 일할 수 있다는 것이다! 직장에서 성공하는 데 있어 인간관계가 중요하지 않은 경우는 거의 없다. 다른 사람을 도와 우리 편으로 만들면 나중에 일을 더 빠르고 효율적으로 처리하는 데 도움이 될 수 있고, 심지어 직업적 성장에도 도움이 될 수 있다. 사람은 대기업을 왔다 갔다 하는 경향이 있기 때문에 한 번 알게 된 사람들이 몇 년 후 다른 직장에서 여러분을 도울 수 있고, 반대로 여러분이 그들을 도울 수도 있다.

중간 또는 후기 단계의 스케일업

스케일업은 초기 단계를 지나 시장 확장에 주력하는 벤처 투자를 받은 스타트업을 말한다. 스케일업은 시리즈 B, C, D 이상의 자금 조달 단계에 있는 기업이지만 아직 주식 시장에 상장되지 않아 주식이 공개적으로 거래되지 않은 기업이다.

- **제품 대 플랫폼**: 이런 기업에서는 압도적으로 제품 팀이 중요하다. 플랫폼 팀은 대개 초기 단계이거나 아예 존재하지 않는 경우도 많다.
- **평시와 전시**: 이런 기업은 전시 모드에서 운영되는 것이 일반적이다. 기업 사람들과 대화를 나눠보고 경영진의 행동 방식에 주의를 기울이면 이를 빠르게 파악할 수 있다.

다음은 고성장 조직에서 성공하는 데 도움이 될 조언이다.

근속 연수는 차별화 요소다. 빠르게 성장하는 기업의 경우 재직 기간이 1년이 안 되는 직원이 50% 이상을 차지하는 경우가 많다. 이런 기업에서는 신입 입사자보다 내부 시스템의 발전 과정을 더 잘 이해하고 있는 장기근속 엔지니어를 선호하는 경향이 있다.

이런 기업에서 몇 년 동안 근무했다면 대부분의 팀이 선호하는 지식과 경험을 갖춰 사내에서 부서 이동의 기회가 많다. 또한 성과 평가에서 좋은 평가를 받기도 더 쉽다.

채용 후 온보딩이 중요하다. 많은 기업이 채용에는 많은 시간을 투자하지만 온보딩에는 상대적으로 적은 노력을 기울인다. 경험이 많은 엔지니어라면 신입 엔지니어의 온보딩 환경을 개선하는 정도로 긍정적인 영향을 미칠 수 있다.

비용 센터에 속해 있는가, 아니면 수익 센터에 속해 있는가? 고성장 기업이라고 해서 항상 매출만 중요하게 생각하지는 않는다. 활성 사용자 수 같은 성장 지표도 중요하게 생각한다. 기업이 주로 집중하는 지점이 무엇인지 파악한 다음 자신의 팀을 경영진이 비용 센터로 보는지, 수익 센터로 보는지 파악하자.

고성장 단계는 언젠가 끝난다. 고성장 기업은 어느 순간 성장을 멈추거나 성장 속도가 낮아지거나, 지나치게 확장했음을 깨닫고 감원을 단행한다. 감원 시에는 저성과자로 인식되는 직원과 함께 비용 센터가 영향을 받을 가능성이 더 높다. 수익 센터에서 일하는 게 중요한 또 다른 이유다.

초기 단계 스타트업

- **제품 대 플랫폼**: 스타트업에 플랫폼 팀이 있는 경우는 거의 없다. 제품 팀이 대부분의 작업을 수행한다.
- **평시와 전시**: 대부분의 스타트업은 전시 모드다. 많은 것이 리더십에 의해 좌우된다. 어떤 창업자는 스트레스가 적고 균형 잡힌 근무 환경을 조성하는 반면, 어떤 창업자는 그렇지 않다.

다음은 초기 단계의 스타트업에서 성공하는 데 도움이 될 조언이다.

기업의 제품 시장 적합성 달성을 도울 방법을 찾자. 스타트업이 제품 시장 적합성을 확보할 때까지는 안심할 수 없다. 제품에 대한 수요가 생길 때까지는 자금 부족으로 사업이 위험에 처할 가능성이 있다.

엔지니어는 기업이 제품 시장 적합성에 도달할 때까지 기업의 성공을 도와야 한다. 창업자, 팀, 고객과 대화해 주어진 프로젝트와 업무 외에 도울 방법을 찾아보자. 스타트업만큼 직원이 주도권을 잡고 기업 전체에 영향을 주기에 좋은 환경은 없다.

스타트업은 위험하다는 것을 잊지 말자. 스타트업은 직원을 해고할 가능성이 가장 높고, 자금 부족으로 파산할 가능성도 가장 높다.

자율성을 최대한 활용하자. 스타트업에서 일하면 직원에게 높은 수준의 자율성이 보장된다. 이 자율성은 스타트업의 위험성에 대한 보상일 수도 있다. 대부분의 스타트업에서는 허락을 받지 않고 일을 처리한 후 나중에 용서를 구하는 경우가 많다. 여러분에게도 자율성이 있다면 이를 적극 활용하자!

창업자에게 나의 업무를 이야기하자. 기업 규모가 작은 만큼 당연히 창업자들도 여러분의 모든 업무를 알 거라고 생각하는가? 내 경험상 항상 그렇지는 않다. 영향이 크거나 도전적이거나 둘 다에 해당하는 일을 할 때는 팀과 창업자에게 그 사실을 알려야 한다. 스타트업의 빠른 업무 속도 속에서 좋은 성과가 쉽게 간과될 수 있다.

스타트업에서는 맡은 일을 완수하는 것이 가장 중요하다! 다른 건 다음 문제다. 스타트업에서는 가치를 창출할 수 있는 일, 즉 제대로 된 일을 신속하게 실행하자!

모든 유형의 기업에서 성공하는 접근 방식

근무하는 기업의 유형과 관계없이 업무적으로 성공하는 데 도움이 되는 전략이 있다.

눈에 띄는 일을 하자. 어떤 기업은 속도보다 품질을 중시하는 반면, 어떤 기업은 그 반대의 경우도 있다. 그러니 '뛰어난' 작업이란 기업마다 의미가 다르다. 기업의 가치를 파악하고 소프트웨어 엔지니어에 대한 기대치를 초과 달성하는 것을 목표로 하자.

주변 사람들을 도와주자. 많은 엔지니어가 소프트웨어 업계는 규모가 작다는 사실을 깨닫지 못한다. 그러다 다른 직장에서 옛 동료와 마주친 뒤에야 깨닫곤 한다. 동료와 돈독한 관계를 맺고 개인적으로 불편하더라도 가능한 한 그들을 돕자. 그들이 훗날 여러분에게 큰 도움을 주고, 커리어에 새로운 기회를 줄 수 있다.

다리를 불태우지 말자. 갈등이 발생하면 해결하려고 노력하고, 다른 사람을 존중하며, 의견 차이가 있어도 상대방을 배려하는 자세로 임하는 법을 배우자. 이유는 위와 같다. 이 바닥은 좁다.

6 이직

Switching Jobs

소프트웨어 엔지니어가 평생 한 기업에서 근무하는 경우는 드물다. 22년 전인 1992년에 소프트웨어 엔지니어로 입사한 후 2014년에 마이크로소프트의 CEO가 된 사티아 나델라Satya Nadella도 마이크로소프트에 입사하기 전에는 썬 마이크로시스템즈Sun Microsystems에서 엔지니어링 직무를 수행했다.

그렇다면, 직장을 옮기는 현명한 방법은 무엇일까? 다른 기회를 잡을 최적의 시점을 파악하는 방법은 무엇일까? 이 장에서는 그 이야기를 해보겠다.

6.1 새로운 기회의 탐색

채용 기회를 찾는 이유는 다양하며, 몇 가지 범주로 분류할 수 있다.

적극적인 구직 활동

다음과 같은 상황에서는 명백하게 새로운 직장이 필요해 적극적인 구직 활동에 뛰어들게 된다.

- 졸업을 앞두고 첫 직장을 구하는 상황
- 직장을 잃고 재취업이 필요한 상황
- 개인적인 사정의 변화로 적합한 일자리가 필요한 상황(새로운 장소로 이사하거나 보다 유연한 근무 방식이 필요한 경우 등)
- 직장 생활이 만족스럽지 않은 상황(매니저, 팀 또는 환경에 문제가 있으며 내부 이동은

선택 사항이 아닌 경우)
- 시장 평균보다 훨씬 낮은 임금을 받고 있다는 사실을 깨닫고 이직으로 평균에 맞는 임금을 받으려는 상황

적극적으로 구직 활동을 할 때는 채용 공고를 검색하고 적어도 구인 메시지에 응답하는 등 프로세스에 적극적으로 임하자. 링크드인^{LinkedIn} 프로필에 구직 중이라는 표시[27]를 하고, 리크루터 및 기업 채용 담당자에게 새로운 일자리를 찾고 있음을 명확히 밝히고, 어떤 일자리를 원하는지 적절한 아이디어를 가지고 있어야 한다.

소극적인 구직 활동

현재 직장이 괜찮은 경우에도, 흥미로운 기회가 찾아올지 모른다는 열린 마음을 유지하자. 적극적으로 채용 공고를 검색하지는 않아도 리크루터가 보낸 구인 메시지에 관심을 가지고, 마음에 들면 지켜봐도 좋다. 호기심을 자극하는 자리가 있다면 기업 채용 담당자와 이야기를 나누고 프로세스에 참여한다.

이런 상황에서는, 현재 직장이 괜찮기에 면접에 꼭 합격해야 한다는 부담이 없다. 그래서 보통은 한 단계 높은 보상과 기회를 기대한다.

하지만 소극적인 면접을 몇 차례 경험하며 자신이 그저 괜찮은 정도로는 부족하다는 사실을 깨닫고, 그 이상을 찾아 떠날 준비가 됐음을 인정하는 경우가 생길 수 있다.

지금 직장에 만족할 때

현재 직장에 만족하더라도 구직 및 면접 절차에 참여하면 얻을 수 있는 이점은 다음과 같다.

- **시장에서 자신의 가치 확인**: 많은 사람이 스스로 '내 가치를 인정받고 있는가?'라는 질문을 던진다. 이 질문에 답하는 가장 좋은 방법은 리크루터에게 연락해 제안된 연봉 범

---

[27] 옮긴이_ 링크드인 프로필 사진에 #opentowork 프레임을 사용하는 것을 의미한다.

위를 파악하는 것이다. 전체 면접 과정을 거칠 필요 없이 리크루터나 기업 채용 담당자에게 어느 정도 범위의 연봉을 기대할 수 있는지 물어보자. 현재 연봉보다 훨씬 높은 수준의 공고가 있다면 지원도 고려할 수 있다.

- **역량 파악**: 기술 면접에 대한 감은 녹슬기 쉽다. 현직에 있을 때 면접을 보는 것은 면접 기술을 날카롭게 유지하는 방법이 될 수 있다.
- **새로운 직장을 통한 레벨업**: 면접에 참여해 현재 연봉보다 더 나은 제안을 받으면, 현재 직장에서 승진해서 임금이 오를 때까지 기다릴 필요가 없다.

새로운 기회를 탐색하는 데 '최선의' 접근 방식은 따로 없다. 언제 어떻게 기회가 찾아올지 스스로 통제하지 못하지만, 찾아온 기회를 받아들이고 얼마나 진지하게 받아들일지는 결정할 수 있다.

개인적으로 직장 생활에 만족하는 사이 신중하게 생각하지 않아 좋은 기회를 놓친 경험이 있다. 2011년에 막 800만 달러의 초기 투자를 유치한 소규모 스타트업에서 온 제안을 무시했다. 'QA 테스팅' 같은 직함을 가진 사람이 윈도우 폰 Windows Phone 앱 개발에 대해 이야기를 나누고 싶어했지만 나는 이 스타트업에 별 관심이 없었다. 몇 년 후, 나는 그 사람이 왓츠앱 WhatsApp이라는 메신저 기업의 CEO인 얀 쿰 Jan Koum이라는 사실을 알게 됐다. 들어봤을지도 모르겠지만, 2014년에 50여 명의 엔지니어가 있던 왓츠앱은 페이스북 Facebook이 193억 달러라는 엄청난 금액에 인수했다. 나는 당시 직장에 만족하고 있었지만, 미래를 예측할 수 있었다면 바로 면접을 봤을 것이다.

물론, 내가 가서 할 일이나 다른 조건이 별로여서 시간만 낭비한 면접도 있었다. 개인적으로는 도전했지만 잡지 못한 기회보다 흥미로운 기회가 될 수 있었지만 잡지 않은 기회에 대한 후회가 훨씬 더 크다.

6.2 승진 vs 이직

상위 직급으로 올라가는 데 필요한 역량을 갖췄다면, 지금 직장에서의 힘든 승진 절차를 몇 달씩 기다리지 않고 바로 취업 시장에 뛰어들고 싶은 유혹이 생긴다. 다른 기업에 지원하는 것은 어떨까? 원하는 직책과 더 많은 연봉을 제안받을 수도 있다. 2021~2022년처럼 취업 시장이 뜨거운 시기에는 이직이 좋은 선택지다. 하지만 입사 지원 전에 고려해야 할 몇 가지 요소가 있다.

승진은 보통 과거 성과로 결정된다

승진을 위해서는 6~12개월 동안 상위 직급만큼의 성과를 내야 하며, 결국 승진했다는 것이 그 성과를 증명하는 것이다. 이는 또한 기업을 옮기면 더 높은 직급에 도달하고 더 많은 수입을 기대할 수 있다는 의미이기도 하다. 실제로 1장 '커리어패스'에서 다룬 티어별 기업의 보상 모델에 따라 더 높은 티어의 기업으로 옮기면 보수가 크게 오를 수 있다.

승진은 과거 성과를 기준으로 결정되므로 커리어 초기 단계에는 승진을 기다리는 것보다 더 높은 직급으로 이직해 더 빨리 성장하는 방법도 있다.

연차가 높을수록 이직은 위험하다

높은 직급에서 일을 잘 수행하려면 정치적 입지가 좋아야 하므로 스태프 및 수석 엔지니어링 직급에서의 이직은 주니어 직급에서의 이직과 차이가 있다. 새로운 조직의 운영 방식과 불문율을 이해하고, 주요 이해관계자들과 신뢰를 쌓고, 더 큰 그룹에 영향을 미치는 결정에 영향력을 행사하는 방법을 알아야 한다.

상호 신뢰가 있는 동료와 네트워크를 구축하고 조직이 어떻게 운영되는지 파악하는 데는 상당한 시간이 걸린다. 새로운 직책으로 옮기면 그 모든 과정을 처음부터 다시 해야 한다. 충분히 빨리 적응하지 못하면 높아진 기대치를 충족하느라 스트레스를 받을 수 있다.

직급이 높을수록 근속 기간이 중요하다. 커리어 초기는 자주 직장을 옮기는 것이 흔한 일이지만, 적어도 2~3년 이상 한곳에 머물지 않는다면 시니어급 이상의 엔지니어 채용에서 위험 신호가 될 수 있다.

스태프 및 수석 엔지니어가 장기적이고 영향력 있는 프로젝트를 실행하기 위해 사내에 관계를 구축하는 데는 시간이 필요하다. 그 영향력을 발휘하려면 기업의 상황과 비즈니스에 대한 이해를 바탕으로 업무의 우선순위를 올바르게 정해야 한다. 이런 방법을 배우는 데는 보통 최소 1년 이상 걸린다.

또한 장기근속은 리더에게 필요한 관점을 제공한다. 같은 팀, 같은 기업에서 수년간 근무하다 보면 예전에 내린 결정이 자신과 다른 사람을 괴롭히는 상황도 맞게 된다. 당시에는 아무도 생각하지 못한 일이 큰 문제로 커지거나 조금 더 일찍 처리한 일 덕분에 나중에 많은 일을 피하는 경험을 하게 된다.

그만두기 전에 무엇을 남기고 떠날지 생각하자. 특히 기업에서 오래 근무하지 않았다면 더욱 그렇다. 대규모로 채택될 플랫폼을 구축하는 데는 보통 수년이 걸린다. 제품을 출시한 후 각 성장 단계를 반복하는 데에도 수년이 걸린다. 기업이 고성장 스타트업에서 수년간 근무한 엔지니어와 매니저를 선호하는 이유 하나는 한 곳에서 여러 성장 단계를 경험하고 그 소중한 경험을 다른 데에서도 활용할 수 있기 때문이다.

이 책을 준비하면서 우버 시절 동료들과 이야기를 나누었다. 그들은 각자 벤처 투자를 받은 스타트업에서 엔지니어, CTO, 엔지니어링 부사장으로 재직하고 있다. 모두 차량 공유 기업에서 오랜 시간 근무하며 다양한 성장 단계를 겪은 덕분에 오늘날의 위치에 오를 수 있었다고 말했다. 그들은 6개월, 12개월, 24개월 후에 어떤 일이 일어날지 알기에 자신감을 가지고 전략적 의사결정을 내리고 있다고 말했다. 이들은 우버에서 의사결정이 기간에 따라 어떻게 진행되는지 충분히 오랫동안 봤기 때문이다.

장기근속 자체가 목표는 아니니 오해하지는 말자. 한 업계에서 8년 이상 근무했지만 한 곳에서 2~3년 이상 근무하지 않았다면, 다음 직장에서는 2~3년 이상 근무하며 장기근속으로 장기근속자만의 시선을 갖는 것도 추천한다.

직급이 높을수록 승진이 어렵다

직급이 높아질수록 다음 직급으로 성장할 기회는 부족해진다. 예를 들어, 당신의 다음 직급인 스태프 엔지니어는 예산이 부족해 추가로 채용할 수 없는 경우가 있다. 특히나 매니저에는 성장의 여지가 없는 경우가 많다. 매니저가 승진을 하려면 더 큰 규모의 팀을 이끌고 더 영향력 있는 성과를 내야 한다.

이 벽에 부딪혔다면, 특히 현 위치에서 배우는 것이 부족하거나, 커리어의 발전이 필요하다는 느낌이 들었다면 외부에서 기회를 찾는 것도 방법이다.

입사 제안을 받았을 때 보상만으로 평가하지 말자. 그 대신 경력 개발, 함께 일할 동료, 도전 과제, 기업의 사명, 유연성 등 다른 중요한 측면을 고려하자.

마지막으로, 승진 시기에 승진을 못 하는 것이 큰 일처럼 느껴질 수 있지만 10년 후에는 기억도 안 날 거라는 점을 잊지 말자. 긴 안목을 가지고 장기적인 전략을 생각하자.

6.3 기술 면접 준비

소프트웨어 엔지니어는 어떻게 면접을 준비해야 할까? 다행히도 면접 준비에 도움이 되는 온라인 자료가 많다. 이 절에서는 시니어급 엔지니어 면접 과정에서 예상되는 일반적인 내용을 간략하게 살펴보겠다.

중대형 기술 기업들도 유사한 면접 프로세스를 사용하는 경향이 있는데, 이는 빅테크 기업인 구글의 면접 방식과 유사해 '구글스럽다'고 불리기도 한다.

표 6-1 시니어급 소프트웨어 엔지니어 선발을 위한 일반적인 면접 과정

	인터뷰 유형	인터뷰어
초기 심사	이력서 심사	리크루터, 인바운드 소싱 담당자, 채용 매니저[28]
	첫 통화	
기술 면접	전화 기술 면접	소프트웨어 엔지니어, 채용 매니저
	코딩 과제 부여	소프트웨어 엔지니어
현장 면접	코딩 면접	소프트웨어 엔지니어
	시스템 설계 면접(아키텍처 면접)	소프트웨어 엔지니어
	채용 매니저 인터뷰(인성 면접)	채용 매니저
	바 레이저 인터뷰[29]	바 레이저 전담 면접관, 채용 매니저

다양한 유형의 인터뷰에 대해 알아보자.

초기 심사

초기 심사screening는 지원자를 평가해 기술 심사 여부를 결정하는 단계다. 초기 심사는 다음과 같은 요소를 평가한다.

- **역할에 대한 기본 자격**: 예를 들어, 백엔드 영역을 포함해 5년 이상의 업계 경력이 있어야 하는 스태프 수준의 직급이라면 자격이 부족한 지원자는 이 단계에서 걸러진다.
- **소프트 스킬**: 리크루터나 채용 매니저와의 초기 대화에서 확인한다.
- **면접에 대한 의지**: 서류는 훌륭한 지원자라도 면접 과정에 대한 의지가 있을까? 그저 호기심으로 지원한 지원자는 면접에 의지가 없는 경우도 있다. 이런 경우 면접을 진행하는 것은 시간 낭비다.

---

[28] 옮긴이_ 리크루터는 후보를 물색해서 데려오는 사람을, 인바운스 소싱 담당자는 외부에서 들어온 지원서를 검토하는 사람을, 채용 매니저는 실제 채용하는 부서의 채용 담당자를 말한다.

[29] 옮긴이_ 바 레이저 인터뷰에서는 지원자가 기업에 얼마나 어울리는 사람인지, 정말 코딩 실력이 뛰어난지 제3자의 입장에서 평가한다. 바 레이저 입장에서는 자기 팀에 당장 필요한 직원을 뽑는 것이 아니기 때문에 급한 것 없이 조금 더 객관적인 시각으로 면접을 진행하는 만큼 더 높은 잣대를 가지고 지원자를 평가한다. 그래서 기준을 높인다는 의미의 bar raiser라고 부른다.

초기 심사는 채용을 담당하는 테크 리크루터나 채용 매니저, 인바운드 소싱 담당자가 수행한다.

인바운드 소싱 담당자는 보통 대기업에 주로 있는 채용 전문 직무다. 큰 기업에는 채용 공고마다 수백, 수천 건의 지원서가 접수된다. 모든 지원서를 직접 검토해야 하므로 기업에서는 접수된 지원서만 검토하는 전담 직무를 두고 있다.

인바운드 소싱 담당자는 일이 흥미롭지 않아 선호도가 낮은 편이다. 하지만 인바운드 소싱 담당자는 이력서를 검토하고 지원자가 적합한지 여부를 결정하는 데 매우 효율적이다. 내가 우버에서 채용 매니저가 됐을 때도 하루에 수많은 이력서를 검토하는 여러 인바운드 소싱 담당자와 함께 일했다.

초기 심사는 이력서 서류 평가와 채용 매니저와의 첫 통화 등 두 단계로 이루어진다.

이력서 서류 평가: 이력서를 검토해 지원자가 해당 직무에 대한 기본 자격을 갖췄는지 판단한다. 이런 이유 때문에 지원자 입장에서는 소프트웨어 엔지니어 이력서를 효과적으로 잘 작성해야 한다. 이에 대해서는 『The Tech Resume Inside Out』(2020)[30]라는 책에서 다룬다.

효율적인 이력서를 작성하는 방법을 소개하겠다.

- 이력서의 목표는 면접 담당자가 지원자와 첫 통화를 하도록 설득하는 것이다. 자신의 경력을 자세히 설명하는 것이 목표가 아니다.
- 리크루터나 채용 매니저가 듣고 싶어 하는, 자신이 지원하는 직책과 관련된 경험을 강조해 작성해야 한다.
- 같은 이력서를 모든 기업에 보내지 말고 지원하는 기업과 직책에 맞는 이력서를 따로 만들자. 대신 '마스터' 버전을 만들어서 매번 수정하는 편이 좋다.
- 한눈에 들어오는 템플릿을 사용하자. 리크루터나 채용 매니저가 이력서를 쉽게 볼 수 있어야 한다. 화려한 형식과 2열 레이아웃은 피하는 것이 좋다. 이런 요건을 충족하는 무료 템플릿은 실용주의 엔지니어 이력서 템플릿[31]에서 찾을 수 있다.

---

30 https://thetechresume.com
31 https://blog.pragmaticengineer.com/the-pragmatic-engineers-resume-template

- 결과, 영향력, 수치로 강조하자. 업무의 영향력을 숫자로 정의하는 것이 이상적이다. 가능한 한 구체적으로 성과를 제시하자.
- 훌륭한 이력서보다 긍정적인 추천이 더 큰 도움이 된다. 나를 추천할 사람을 찾자.

리크루터 또는 채용 매니저와의 첫 통화: 이력서가 통과된 지원자의 다음 단계는 전화 통화다. 리크루터나 채용 매니저는 지원자의 상황과 원하는 바에 대한 자세한 정보를 수집하고 지원자에게 직책에 대한 정보를 제공한다. 때때로 지원자에게 해당 직무가 매력적인 기회인 이유를 설명해 설득하기도 한다.

리크루터는 통화할 때 보통 지원자가 얼마나 명확하게 의사소통을 하는지, 해당 포지션에 얼마나 관심이 있는지 등의 '소프트'한 신호를 수집한다.

채용 매니저와는 통화할 때 보통 한 단계 나아가 더 많은 신호를 수집하고 '더 엄격한' 심사를 한다. 내가 아는 채용 매니저들은 지원자가 수행한 프로젝트에 대해 자세히 알아보고 인성과 관련된 부분도 확인한다. 이들의 목표는 기술 면접에서 좋은 성적을 거둔다면 채용해도 무방한 지원자를 선발하는 것이다.

기술 면접

지원자가 초기 심사를 통과하면 채용하는 측에서는 지원자가 해당 직책에 관심이 있고 서류상으로는 원하는 사격을 갖추고 있나고 확신한다. 다음 난계는 기술 면접으로, 지원자가 이력서에 명시된 기술 전문성을 갖추고 있는지 검증한다.

이 단계의 목표는 지원자에 대한 확신을 얻는 것이다.

- 요구사항에 맞는 충분한 기술력을 갖추고 있는가? 핵심 기술 개념에 대한 최신 정보를 파악하고 있으며, 실무 경험이 충분한가?
- 코딩에 대한 실무 경험이 충분한가? 지원자가 코딩에 얼마나 능숙한지 검증하지 않고는 알기 어렵다. 기술 전형에는 거의 항상 코딩 과제를 진행해 이를 확인한다.
- 최종 면접을 진행할까? 면접에는 관련된 모두가 시간을 투자한다. 이 전형에서 좋은 성적을 거둔 지원자만 최종 라운드에 진출할 가치를 지닌다.

기술 면접은 대부분 소프트웨어 엔지니어가 수행하며, 드물게는 엔지니어링 매니저가 수행하기도 한다. 이 과정에 자주 사용되는 몇 가지 방법은 다음과 같다.

- **대화형 코딩 면접:** 라이브 세션 또는 화상 통화를 통해 소프트웨어 엔지니어인 면접관과 지원자가 대화하면서 즉석에서 코드를 작성해 문제를 해결한다.
- **과제형 코딩 면접:** 비동기식 코딩 과제로, 지원자가 과제를 숙제처럼 제출한다. 코딩 시간에 제한을 두는 경우도 있고(예: 90분 안에 완료), 지원자가 소요 시간을 결정하기도 한다.
- **기타 평가 방식:** 일부 기업은 면접관이 코딩 없이 기술 개념에 대해 질문하고 토론하는 동기식 면접을 선호한다. 어떤 기업은 지원자에게 기술적인 퀴즈를 풀게 하고, 어떤 기업은 지원자와 함께 디버깅 세션을 진행하기도 한다. 공식적인 규칙은 없으며, 많은 기업이 다양하고 새로운 방식을 만들어낸다.

기술 면접을 준비하는 방법은 다음과 같다.

- **면접 과정에 대한 정보를 수집하자.** 가장 쉬운 방법은 리크루터에게 어떤 형식인지 준비 과정에 필요한 조언을 요청하는 것이다. 초기 심사를 통과하면 리크루터는 지원자의 편에 서서 지원자가 잘하고 있는지 관심을 가진다. 일부 기업은 기술 면접을 위한 준비 자료를 보내줘 지원자가 대비할 수 있도록 한다.
- **챌린지가 어떻게 평가되는지 이해하자.** 기능, 코드 품질, 테스트 중 무엇이 더 중요할까? 언어 선택이 중요한가? 평가 전에 이런 내용을 알아보자. 다시 강조하지만, 리크루터가 가장 좋은 정보원이다.
- **대화형 면접이라면 면접관에게 질문을 하자.** 기술 면접에서는 명확한 답을 하기 위해 면접관에게 질문을 하는 편이 좋다. 특히 시니어 이상의 직급에서는 더욱 그렇다. 자신의 사고 과정을 공유하고 때때로 피드백을 구하면 긍정적으로 비칠 수 있다.
- **과제형 코딩 과제는 기한을 설정하자.** 일부 과제형 코딩 과제에는 상당한 시간이 소요되므로 일정을 세워야 한다. 채용 담당자에게 상황을 전달하고 기한에 맞출 수 있는지 확인한다.
- **시간을 투자하기 전에 자세한 피드백이 제공되는지 확인한다.** 수십 시간을 투자해야 하는 과제도 있다. 시간을 투자했는데 아무런 피드백도 없이 불합격 통보만 받으면 의욕만 떨어진다. 따라서 시작하기 전에 리크루터에게 불합격되더라도 서면으로 피드백을 받을

수 있는지 물어보자. 물론 이렇게 한다고 해서 항상 피드백을 받는다는 보장은 없지만, 피드백 받을 가능성은 높아진다.

현장 면접

면접 과정의 마지막 단계는 주로 현장 면접이다. 이는 기업 사무실에서 최종 면접을 진행하기 때문에 붙여진 이름이다. 일반적으로 다음과 같은 범주로 나뉜다.

코딩 면접: 지원자의 코딩 및 디버깅 능력을 검증한다. 알고리즘 면접이나 실제 코딩 과제를 해결하는 방식이다.

이런 면접을 준비하는 방법을 소개하는 많은 자료가 있다. 추천하는 책 몇 권을 소개한다.

- 게일 라크만 맥도웰Gayle Laakmann McDowell의 『코딩인터뷰 완전분석』(인사이트, 2017)[32]
- 엠마 보스티안Emma Bostian의 『De-Coding the Technical Interview Process』(2020)[33]

시스템 설계 면접: '아키텍처 인터뷰'라고도 한다. 이 면접에서는 엔지니어가 비즈니스 요구사항에 맞는 시스템을 처음부터 잘 설계할 수 있는지, 확장 문제에 어떻게 대응할 수 있는지 역량을 확인한다.

이 면접을 준비하는 방법에 대한 책으로 알렉스 쉬Alex Xu의 『가상 면접 사례로 배우는 대규모 시스템 설계 기초』(인사이트, 2021),[34] 『가상 면접 사례로 배우는 대규모 시스템 설계 기초 2』(인사이트, 2024)[35]를 추천한다.

분야별 심층 면접: 지원자가 해당 직무의 핵심 기술에 얼마나 능숙한지 파악하는 면접이다. 예를 들어, 백엔드 엔지니어 면접은 분산 시스템과 Go 언어에 대한 지식을 심층적으로 질문할 수 있다. iOS 엔지니어 면접은 스위프트와 고급 모바일

---

[32] 옮긴이_ 『Cracking the Coding Interview』(CareerCup, 2015)
[33] https://technicalinterviews.dev
[34] 옮긴이_ 『System Design Interview – An insider's guide』(2020)
[35] 옮긴이_ 『System Design Interview – An insider's guide: Volume 2』(Byte Code LLC, 2022)

애플리케이션 개발 주제에 대해 질문할 수 있다. 참고로 코딩 면접과 시스템 설계 면접에서 도메인 개념에 대해 질문하는 경우도 많다.

채용 매니저 인터뷰: 인성 면접이라고도 한다. 거의 항상 엔지니어링 매니저가 진행한다. 지원자가 팀에 적합한지 판단하는 것이 목표로 다음과 같은 내용을 심층적으로 확인한다.

- 의지
- 갈등 처리
- 어려운 상황 대처법
- 기업의 핵심 가치를 알고 '기여할 수' 있는가?

채용 매니저 면접은 기업마다 다르며, 같은 기업이라도 매니저마다 다른 경우가 많다. 채용 매니저 면접 자체와 면접 과정에 대한 조언은 내가 제작한 '어느 빅테크 채용 매니저의 고백: 소프트웨어 엔지니어 면접을 위한 팁들'[36]이라는 동영상을 보면 도움이 될 것이다.

바 레이저 면접: 아마존과 우버와 같은 몇몇 빅테크 기업에서만 실시하는 특별한 면접이다. 장기근속한 엔지니어나 매니저가 주로 진행하며 지원자가 '해당 직급의 기준을 높일지' 여부를 판단한다. 이 면접은 대개 기술, 디자인, 행동, 문화 면접이 혼합된 형태로 진행된다.

기타 면접 유형: 소규모 기업은 지원자가 일할 팀의 팀원을 만나 질문을 받는 세션이 종종 있다. 어떤 곳에서는 엔지니어가 프로덕트 매니저 지원자 또는 기타 비즈니스 이해관계자가 될 사람을 만나 인터뷰를 진행하기도 한다. 이 모든 면접은 미리 준비하기가 어렵다. 충분한 휴식을 취하고 차분한 마음으로 새로운 것을 배우기 위한 연습이라고 생각하는 것이 효과가 좋다.

---

[36] 'Confessions from a Big Tech Hiring Manager: Tips for Software Engineering Interviews'(https://pragmaticurl.com/confessions)

스태프 또는 그 이상 직급에 대한 인터뷰

스태프 이상 직급의 경우, 면접 프로세스는 조금 더 맞춤형으로 진행된다. 맞춤형 면접 프로세스는 주로 채용 매니저가 구축한다. 일부 기업에서는 스태프 이상 엔지니어도 다른 엔지니어와 마찬가지로 코딩 및 시스템 설계 면접을 거치는 경우가 있으며, 코딩 면접의 경우 좀 더 관대하게 진행하기도 한다. 일부 기업은 채용 과정에서 초급 코딩 면접을 생략하기도 한다.

스태프 이상의 면접은 다음과 같이 몇 차례의 추가 과정을 거치는 경우가 많다.

- **도메인 분야 심층 면접**: 결제, 모바일 또는 분산 시스템과 같은 분야의 채용 시에는 지원자의 전문성을 검증하기 위해 거의 항상 면접을 진행한다.
- **프로덕트 매니저 면접**: 지원자가 제품 담당자들과 얼마나 잘 협력할 수 있는지 평가하는 자리다.
- **임원급 면접**: 바 레이저 면접이나 채용 매니저 면접 대신 진행한다.
- **2차 시스템 설계 면접**: 스태프 이상 직급의 엔지니어가 진행한다.

6.4 하위 직급으로 이직

기술 업계에서 이직은 종종 금전적인 이득이나 직책의 상승을 동반하지만 그렇지 않은 경우도 있다. 더 높은 보수를 받기 위해 이직하면 시니어 소프트웨어 엔지니어가 SWE 2로, 엔지니어링 부사장이 시니어 엔지니어링 매니저로 직급이 낮아질 수 있다. 나는 스카이스캐너의 수석 엔지니어에서 우버의 시니어 엔지니어로 옮기며 보수는 인상됐지만 직급은 낮아졌다. 나는 이런 과정을 '직급의 롤러코스터'라고 부른다.

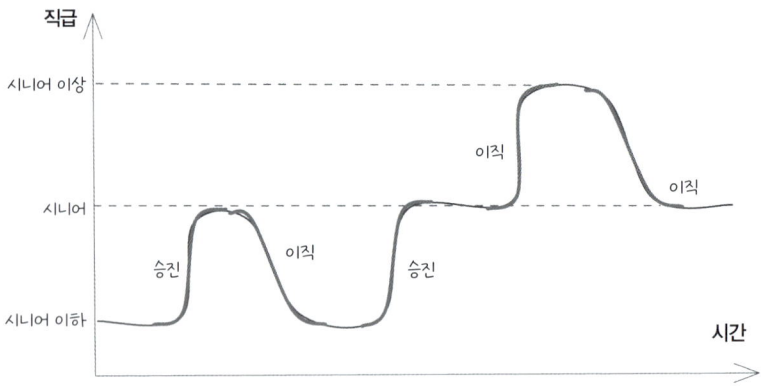

그림 6-1 직급의 롤러코스터

보상은 커져도 직급이 낮아지는 데에는 몇 가지 이유가 있다.

- **티어가 다른 기업으로 이직**: 상위 티어의 기업으로 이동하면 업무 기대치도 높아지고 보상도 더 많아진다. 직급은 낮아져도 보수는 높아진다.
- **기업마다 다른 직급별 기대치와 보상**: 대기업의 고위 직급은 일반적으로 소규모 개발자 에이전시, 기술 중심이 아닌 기업 또는 신생 스타트업에 비해 엔지니어에게 더 많은 것을 요구한다.
- **면접 결과**: 지원자의 면접 결과는 거의 항상 직급 결정에 영향을 미치며, 직급을 하향 조정하는 가장 일반적인 이유다. 면접관이 지원자에 대해 확신을 갖지 못하면 지원한 직급보다 한 단계 낮은 직급을 제안하기도 한다.
- **기업과 기술 스택의 변화**: 특정 기술에 대한 경력을 기준으로 지원자를 평가하는 비기술 기업 및 개발자 에이전시에서는 10년 동안 소프트웨어 엔지니어로 일했음에도 불구하고 자바 경력은 1년인 지원자에게 더 낮은 직급을 제안할 수 있다. 특정 기술에 초점을 맞춰 면접을 진행하는 경우 흔한 사례다.

빅테크 기업에 처음으로 이직하면 하위 직급으로 들어가게 되는 경우가 많은데, 해당 기업은 기대치가 높고, 온보딩 시간이 오래 걸리며, '기준을 높이는' 인재의 채용을 목표로 하기 때문이다.

하위 직급 제안에 대응하는 법

보상이 커도 직급은 현재보다 낮은 제안을 받으면 어떻게 할까?

상위 티어에 속한 기업으로 이직을 하면 직급이 내려가는 것이 일반적이다. 즉, 기업의 티어에 따라 각 직급에 대한 기대치가 다르다고 볼 수 있다. 구글, 메타 및 기타 빅테크 기업은 엔지니어의 작업이 수백만 명의 사용자에게 영향을 끼치기도 한다. 또한 경영진의 기술 역량이 낮거나 기술적 영향력이 상대적으로 약한 기업보다 더 많은 프로세스와 모범 사례를 따라야 한다.

수억 명의 사용자를 가진 앱을 개발하는 기업의 시니어 엔지니어에게 수천 명의 사용자를 가진 앱을 개발하는 기업의 시니어 엔지니어보다 더 높은 기대치를 갖는 건 당연하다.

'하위' 직급의 역할을 알아보자. 해당 직급과 다음 직급에 대한 역할을 조사하고 자신에게 부족한 기술이나 필요한 경험이 있는지 평가하자. 그렇다면 필요한 기술을 습득할 기회가 된다. 엔지니어링 문화가 강한 기업에서는 각 직급에 대한 역량과 기대치가 명확하게 정의되어 있을 것이다.

제안된 직급에 동의하지 않는다면 채용 매니저에게 이야기하자. 내 의견을 말하고, 업무 경험을 보여주어, 다음 단계의 직급을 고려할 것을 요청하자. 존중하는 태도로 임한다면 잃을 것은 없고 얻을 것은 모두 얻을 수 있다.

내가 채용 매니저로 일할 때 여러 지원자가 결정에 이의를 제기했다. 그럴 때마다 면접 과정에서의 평가와 직급에 대한 기대치를 면밀히 살펴봤다. 그 결과 한 단계 높은 직급을 제안한 경우도 있다.

제안된 직급에 동의하지 않는다면 제안을 거절하는 편이 좋다. 직책은 커리어에 중요한 의미를 가지며 조직 내 지위를 나타낸다. 더 많은 정보를 얻은 후에도 평가가 납득되지 않는다면 제안을 거절하는 편이 좋다.

면접은 항상 주관적인 요소가 포함되어 있어 부정적인 평가가 내려질 수 있다. 이로 인해 우수한 지원자를 탈락시키거나 지원자의 역량보다 낮은 직급을 제안하게 되는 경우도 있다.

6.5 상위 직급으로 이직

하위 직급으로의 이직이 더 일반적이지만, 반대의 경우도 있다. 예상한 것보다 높은 직급으로 제안을 받거나 스스로 확신이 생길 수 있다.

나는 마이크로소프트에서 근무할 당시 시니어 엔지니어 바로 직전인 L62 소프트웨어 엔지니어였다. 그런데 스카이스캐너에서 시니어 엔지니어보다 한 단계 높은 수석 엔지니어 직급을 제안받았다.

아마 마이크로소프트에서의 직급이 내 경력을 제대로 반영하지 않아 낮은 직급에서 재직했을 것이다. 하지만 내 경력이 스카이스캐너에 적합했다. 면접 결과도 좋았으며 채용 담당자와도 좋은 관계를 유지했다. 나는 정말 좋은 제안이 아니면 마이크로소프트를 떠날 생각이 거의 없었다. 그러던 중 스카이스캐너가 한 단계 높은 직급을 제안해 이직을 결정했다.

상위 직급 제안을 받으려면 몇 가지 조건을 충족해야 한다.

- **좋은 면접 결과**: 면접관 등 채용 과정에 만나는 사람에게 스스로가 뛰어난 지원자임을 증명하자.
- **더 높은 직급을 요구할 레버리지**: 더 높은 직급의 다른 제안이 있거나, 한 단계 높은 직급이 아닌 제안을 거절할 의향이 있다면 레버리지를 가졌다고 할 수 있다.
- **기업에서 나를 '대변할' 사람**: 상위 직급으로 승진하는 데 성공하려면 보통 한 명 이상의 면접관 또는 지원자를 추천한 사람이 채용 매니저나 채용을 결정하는 위원회에 들어가서 설득해야 한다.

한 가지 주의할 점은, 직급이 높아지면 첫날부터 나에 대한 기대치가 높아진다는 사실이다. 이를 명확히 하고 직급이 올라갈수록 기대에 부응하기 위해 열심히 노력해야 한다.

6.6 새 직장 적응

새 직장에 합격했다면, 축하한다! 우선 이 성과를 축하하는 시간을 갖자. 하지만 긴장을 늦추지 말고 새 직장에 성공적으로 적응해 빠르게 업무를 시작하자.

직장에 입사한 처음 몇 달 동안 생긴 인식은 종종 몇 년 동안 지속되기도 한다. 즉, 빠르게 적응하고 기본 기대치를 뛰어넘는 기여를 보인다면 훌륭한 인재로 인식될 수 있다. 반대로, 새 직장에 적응하는 속도가 느리거나 그 과정이 어려워 보이면 효율이 떨어진다고 인식될 수 있다. 그 인식을 극복하는 데는 더 많은 시간이 걸리기도 한다.

신규 입사자는 멋진 온보딩 프로세스만 기대할 것이 아니라, 주도적으로 새 기업에 적응해야 한다. 그렇게 하면 온보딩이 더 빨라지고 업무에 빠르게 적응하는 사람처럼 보일 수 있다. 이런 이미지가 생기면 앞으로의 직장 생활이 더 수월해질 것이다.

첫날부터 온보딩을 주도하는 방법은 다음과 같다.

모든 기업 및 직급

유용한 접근 방식은 다음과 같다.

- 계약서에 사인한 후 입사할 때까지 기간이 길다면, 미래의 매니저에게 입사 전에 먼저 연락을 취해 뭘 준비해야 하는지 알아보자.
- 마이클 D 왓킨스^{Michael D Watkins}의 『90일 안에 장악하라』(동녘사이언스, 2018)[37]라는 책을 읽어보자. 이 책은 새로운 직장에서 훌륭한 이미지를 만드는 방법에 대한 최고의 조언을 담았다.
- 입사 초기부터 업무 일지/과시용 문서를 작성하자. 이는 온보딩 과정을 회고하는 데 도움이 되고, 매니저와의 1:1 미팅, 성과 검토 및 승진에 훌륭한 자료로 활용된다.
- 매주 일지를 쓰자. 처음 몇 달 동안, 매주 배운 것과 이해하지 못한 것을 세 가지씩 적는다.

---

37 옮긴이_ 『The First 90 Days』(Harvard Business Review Press, 2013)

- 첫 달, 3개월, 6개월 동안의 목표를 명시해 매니저와 공유하자.

소규모 기업에서의 온보딩

스타트업과 소규모 조직에 도움이 되는 몇 가지 활동은 다음과 같다.

- 입사 전에 수행할 업무를 명확히 한다.
- 가장 높은 직급의 사람을 가능한 한 일찍 만나보자. 장기근속자인 경우가 많다.
- 일이 어떻게 돌아가는지 짐작하지 말고 물어보자. 대기업에서 소규모 기업으로 이직할 때 특히 중요하다. 새로운 환경에서 불가능한 일을 제안하면 분위기를 저하할 수 있다.
- 첫 주에 무언가를 완성하는 것을 목표로 삼자. 소규모 기업에선 막을 리 없다.

큰 기업으로 온보딩

대규모 조직은 더 복잡하므로 첫날부터 그 복잡성을 길들여야 한다.

- 지정해주지 않더라도 '온보딩 버디'를 구하자. 온보딩 버디는 궁금한 점이 있으면 언제든지 물어볼 수 있고, 업무에 적응하는 데 도움을 줄 준비가 되어 있는 팀원이어야 한다.
- 새로운 내용을 모두 기록하는 '치트 시트$^{cheat\ sheet}$' 문서를 작성하자. 기업에서 사용하는 약어와 의미, 빌드 명령어, 주요 리소스에 대한 북마크 등을 정리하자. 이렇게 하면 학습 속도가 빨라지고 온보딩 문서를 위한 추가 자료가 될 수 있다.
- 기업의 기술 스택에 익숙해지자. 새로 사용하게 될 언어나 프레임워크를 익히자.
- 특히 소규모 기업에서 입사한 경우 처음에는 많은 것이 이해되지 않을 수 있다. 이는 정상이니 걱정하지 말자!

시니어급 이상의 직급으로 온보딩

경험이 많은 엔지니어라면 온보딩에 구조적 접근이 필요하다.

- 같은 직급의 동료와 소통하자. 그들이 업무를 어떻게 정리하고 측정하는지 이해하자.
- 팀의 코드베이스에서 생산성을 높이고 이를 직접 사용해보는 것을 우선시하자.

- 매니저와 3개월, 6개월, 12개월의 기대치를 명확히 하자.
- 현재 및 미래의 프로젝트와 팀의 우선순위를 이해하자. 팀이 어떤 작업을 하고 있으며, 왜 중요한지, 이 모든 것이 기업의 전략과 우선순위에 어떻게 부합하는지 파악하자.
- 팀 및 팀의 업무 영역에서의 장애 관련 회고 문서를 찾아 훑어봄으로써 문제 영역을 파악하고, 유사한 문제가 발생했을 때 당황하지 않도록 하자.
- 알아두면 도움이 될 엔지니어링 팀 목록을 작성하자. 새로운 팀이 언급되면 그 이름을 이 목록에 추가하자. 그런 다음, 해당 팀의 구성원에게 나를 소개하고 그들이 하는 일과 각 팀이 어떻게 연결되어 있는지 알아보자. 기업에 처음 들어오면 신입이라는 핑계로 자신을 소개할 수 있기 때문에 이런 식으로 연락을 취하는 것이 매우 쉽다! 이렇게 하면 다른 팀에 대해 많은 것을 배울 수 있고, 앞으로 유용하게 활용할 인맥을 쌓을 수 있다.

스태프 이상의 역할로 온보딩

스태프 이상 직급의 역할은 기업마다 다르다. 자신에게 기대되는 바를 파악하고 네트워크를 구축해 까다로운 문제를 해결하고 그 직급 수준에서 기대되는 영향력 있는 결과를 제공할 수 있도록 노력하자.

- 먼저 팀원들을 만나 친근한 인상을 남기자.
- 같은 직급의 동료 엔지니어들도 일찍 만나자. 특히 대기업에서는 일이 어떻게 돌아가는지 이해하는 데 이들에게 크게 의존하게 될 것이다. 새로운 친구를 몇 명 사귀자.
- 기업마다 스태프 이상 직급의 역할이 다르므로 자신의 역할에서 기대되는 것과 그렇지 않은 것을 파악하자.
- 매니저, 이상적으로는 더 상위 직급자와 3개월, 6개월, 12개월의 기대치를 명확히 하자. 팀의 최우선순위와 해결해야 할 가장 큰 문제는 무엇인가?
- 제품 담당자들과 시간을 보내 현재 고민과 계획을 파악한다.

1부 | 핵심요약

기술 업계는 빠르게 변화하고 있으며 대부분의 개발자는 몇 년마다 이직을 하는 경향이 있다. 동시에 기술 업계에서 일하는 사람은 대부분 자신의 경력이 수십 년 동안 지속될 것으로 기대한다. CTO이자 저자인 윌 라슨Will Larson은 '40년 경력'[38] 이란 글을 통해 기술 분야 외의 일반적인 커리어를 되돌아본다.

> 저의 아버지는 성인이 된 뒤 인생의 대부분을 노스캐롤라이나North Carolina 대학교 애쉬빌Asheville 캠퍼스에서 교수로 일하시다가 몇 년 전 은퇴하셨습니다. 그 이후 저는 아버지의 은퇴와 그 이전의 경력을 되돌아보는 데 상당히 많은 시간을 보냈습니다. 특히 커리어란 40년이라는 긴 기간 동안 의도적으로 발전시킬 수도 있는 것이라는 생각이 들었습니다. 네 번의 IPO도 아니고, 2년짜리 14번도 아니고, 40년이라는 긴 시간이란 관점에서 말이죠.
>
> 내가 아는 유일한 커리어 모델이었는데도 불구하고 40년 경력 모델에 대한 관점을 오랫동안 놓치고 살았다는 것을 알게 됐습니다. (...) 장기적인 커리어 컨베이어 벨트에서 다시 시작할 수 있는 행운이 온다면, 넘어지지 않도록 최선을 다하고, 성공과 내 집 마련, 그리고 궁극적으로 은퇴에 이르기까지 그 컨베이어 벨트에 타세요.

개발자 경력이 보통 비슷한 기간 동안 지속된다는 점을 염두에 두고 다양한 유형의 기업에서 어떤 기회를 잡을 수 있는지, 성과 검토, 승진 또는 이직을 어떻게 처리할지 계획하는 것이 도움이 된다. 이 장에서는 위의 모든 사항에 대한 다양한 접근 방식을 제시했다.

1부에서 기억할 조언을 딱 하나만 꼽는다면 다음과 같다.

---

[38] https://lethain.com/forty-year-career

자기 자신만큼 자신의 커리어를 중요하게 생각하는 사람은 없다. 매니저도, 동료도 마찬가지다. 따라서 스스로 커리어 개발에 얼마나 관심이 있는지 깨닫고, 그에 합당한 노력을 기울이자.

추가적인 내용은 1부의 온라인 보너스 챕터를 확인하자.

스타트업에서 일하는 것과 빅테크에서 일하는 것
https://pragmaticurl.com/bonus-1

유능한 소프트웨어 개발자

2부

7장 업무를 완수하는 개발자
8장 코딩
9장 소프트웨어 개발
10장 생산적인 소프트웨어 개발자의 도구

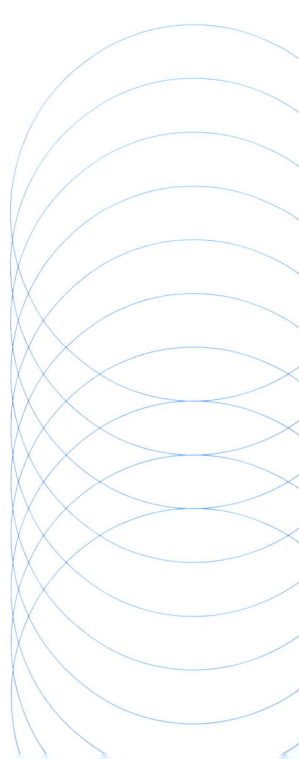

소프트웨어 개발은 숙달되는 데까지 몇 년이 걸린다. 기술 기업의 모든 리더는 이 사실을 잘 알고 있다. 더 좋은 기업일수록 초급 소프트웨어 개발자와 시니어 개발자 또는 엔지니어 이하의 직급에 합리적인 기대치를 설정한다.

소프트웨어 개발자의 직함은 다양하다. 가장 일반적인 형태는 다음과 같다.

- 소프트웨어 엔지니어(SWE, SWE 2): 대부분의 빅테크 및 많은 스타트업/스케일업
- 개발자, 소프트웨어 개발자(SDE, SDE 2): 전통 기업, 일부 스타트업 및 일부 스케일업
- 기술 스태프 멤버^{Member of Technical Staff}(MTS): 1970년대와 1990년대 사이에 설립된 일부 기업은 당시에는 상징적인 조직이었던 벨 연구소^{Bell Labs}의 직함을 따서 고위급 직원에게 이 직함을 부여했다. 오늘날 이 직함을 사용하는 기업은 오라클^{Oracle}과 오픈AI^{OpenAI}가 있다. 오픈AI는 다른 기업에서 '소프트웨어 개발자' 또는 '소프트웨어 엔지니어'를 사용하는 것과 유사하게 모든 직원에게 'MTS'라는 직함을 부여한다.

거의 모든 기업의 소프트웨어 개발자는 시니어 직급으로 승진하기를 기대한다. 2부에서는 대부분의 기술 기업이 유능한 개발자에게 원하는 일반적인 기대치를 다룬다.

대부분의 기술 기업은 초급 및 중급 개발자에게 많은 것을 기대한다. 다음 표는 기업이 일반적으로 갖는 기대치를 정리했다. 모든 기업은 특성이 다르며 직원에게 기대하는 바 또한 다르다.

표 II-1 초급 소프트웨어 개발자에 대한 일반적인 기대치

영역	일반적인 기대치
범위	단위 작업 또는 소규모 프로젝트
지침	몇 가지 지침에 따라 작동
업무 완수하기	막혔을 때 도움 요청
주도권 잡기	항상 예상되는 것은 아니고, 한다면 보너스
소프트웨어 개발	팀 개발 관행을 따름
소프트웨어 아키텍처	팀 관행을 따르고 디자인에 대한 피드백을 구함
엔지니어링 모범 사례	현장의 모범 사례를 따름
협업	팀의 다른 개발자

영역	일반적인 기대치
멘토링	멘토링을 요청
학습	배움에 대한 열망
일반적인 업계 경력	0년 – 5년

7 업무를 완수하는 개발자
Getting Things Done

나는 엔지니어링 매니저로 재직하는 동안 어떤 엔지니어가 '일을 잘해내고' 안정적으로 업무를 수행하는지 알고 있었다. 이런 엔지니어는 작업을 작은 단위로 잘 나누고, 현실적인 일정을 제시하며, 스스로 막힌 부분을 풀어 일을 처리하면서 양질의 작업 결과를 만들어냈다. 나는 중요한 프로젝트가 생기면 이런 엔지니어를 한 명 이상 참여시켰다.

일을 잘 처리한다는 평판은 여러 가지 면에서 도움이 된다.

더 영향력 있고 도전적인 프로젝트가 주어지므로 학습 속도가 빨라진다. 매니저가 신뢰할 수 있고 '알아서 잘하는' 사람으로 여기기 때문에 더 많은 자율성을 얻는 일이 많다. 또한, 영향력을 발휘하고 성과를 달성한 실적이 쌓이면서 커리어가 더욱 빠르게 발전하며, 이는 성과 평가와 승진에 유리하게 작용한다.

하지만 엔지니어링 작업과 프로젝트를 완수하는 것은 결코 쉬운 일이 아니다. 이 장에서는 믿음직한 개발자로 성장하는 방법을 다룬다.

7.1 가장 중요한 업무에 집중하기

스타트업에서 일하든 대기업에서 일하든 많은 일을 처리해야 한다. 완료할 작업, 진행 중인 프로젝트, 코드 리뷰, 이메일 답장, 회의까지 정리하면 끝이 없다. 업무에 압도되어 초과 근무를 해도 진전이 없는 것처럼 느껴지기 쉽다.

그러므로 직장 생활을 단순화하자. 가장 중요한 업무가 무엇인지 자문하라. 지금 가장 중요한 업무는 무엇인가? 이번 주에 단 한 가지 일만 할 수 있다면 뭘 할 건가? 이 질문에 답하자.

답을 정했다면 그 일을 최우선순위로 삼아 정해진 시간 내에 반드시 해내야 한다.

항상 최우선 과제를 완료하는 습관 만들기

다른 작업을 거절하고, 회의를 건너뛰고, 다른 일을 미루더라도 가장 중요한 프로젝트는 항상 완수해야 한다. 매니저와 팀이 기대하는 대로 가장 중요한 작업을 일관되게 해내면 일을 완수하는 인상을 주어 신뢰를 받을 것이다.

반면에 모든 작업을 완료했지만, 가장 중요한 작업을 못 했다면 신뢰를 잃을 수 있다. 이는 가장 중요한 업무가 아닌 덜 중요한 업무에 시간을 할애한 탓이다.

거절하는 법 배우기

때로는 거절도 해야 한다. 많은 기업에서 소프트웨어 개발자는 여러 방향으로, 때로는 한꺼번에 여러 가지 요청을 받는다. 운이 좋다면 매니저가 팀을 보호하고, 비즈니스의 요청을 정리하며, 개발자가 다른 일을 하라는 요청을 직접적으로 받지 않도록 한다.

그럼에도 불구하고 시간이 지남에 따라 고객 문제에 대한 디버그 요청, 프로덕트 매니저가 방금 발견한 버그 수정, 갑자기 병가를 낸 동료를 대신해 면접에 들어가야 하는 등 업무가 쌓이게 된다. 보통은 모든 일의 균형을 맞추는 것이 어렵지 않지만, 너무 많은 일이 쌓여 가장 중요한 일을 처리할 시간이 부족해진다면 결국 문제가 된다.

이러한 이유로 결국에는 들어오는 요청을 거절해야 한다. 경험이 많을수록 더 쉽게 거절할 수 있다. 거절하는 법은 빨리 배울수록 더 큰 도움이 되는 진정한 기술이다.

요청을 거절하는 가장 쉬운 방법은 '네, 저도 도와드리고 싶지만…'으로 시작하는 것이다. 제품 담당자가 버그를 한 번 살펴봐달라고 요청했지만 더 급한 업무가 있다면 이렇게 답장할 수 있다.

'네, 저도 도와드리고 싶지만 당장 제 최우선 과제인 제노^{Zeno}의 기능을 구현해야 해서요. 풀 리퀘스트를 보낸 뒤에 살펴볼게요. 아니면 제노 기능 구현 완료 일정을 미뤄도 될까요? 두 가지를 동시에 할 수는 없어서요.'

마찬가지로, 다른 팀에서 기획 회의에 초대했는데 참석이 어렵다면 다음과 같이 응답하자.

'네, 저도 가고 싶지만 마무리할 일이 너무 많아서요. 회의록을 보내주시면 회의 내용을 확인할게요. 정말 고마워요!'

모든 일을 거절할 필요는 없지만, 급한 일이 생겨 최우선 과제를 완료하지 못할 위험이 있다면 거절하자. 다시 말하지만 '네, 도와드리고 싶지만…'으로 시작하는 것이 좋다.

7.2 막힌 부분 풀기

소프트웨어 개발 과정에서는 복잡하고 이해할 수 없는 오류, 구글 검색만으로는 해결책을 찾아낼 수 없는 오류, 제대로 작동하지 않는 통합 또는 API 등 예기지 못한 장애물이 늘 나타난다. 앞으로 나아가기 전에 반드시 해결해야 할 문제가 수천 가지다.

기업 규모가 크면 기술적이지 않은 문제도 많이 발생한다. 예를 들어, 변경해야 하는 기능을 어느 팀에서 관리하고 있는지 모르거나 변경할 부분에 대한 접근 권한이 없을 수 있다. 아니면, 다른 팀의 코드 리뷰를 기다리는 중이거나 동료의 의견이 필요한 모든 작업이 거의 진행되지 않고 막히는 경우도 있다.

믿음직한 소프트웨어 엔지니어라면 동료보다 더 빨리 막힌 문제를 해결해야 한다. 방법이 뭘까? 진도가 나가지 않는 이유는 매우 다양한데 그 문제를 푸는 능력을 어떻게 기를까?

막힌 상태 인식하기

첫 번째 단계는 막혔다는 사실을 인식하는 것이다. '거의 다 끝났어, 거의 다 끝났어!'라고 생각한 문제가 6시간이 지나도 여전히 그대로인 경우가 있는가? 그렇다면 막혔다는 사실을 인식하지 못하는 것이다.

생산성 높은 엔지니어는 스스로 벽에 부딪혔다는 사실을 깨닫고 인정한다. 말은 쉽지만 이렇게 인정하기까지 과정은 생각보다 어렵다. 새로운 도구, 시스템 또는 프레임워크를 도입해 문제를 해결하려고 해도 원하는 기능을 구축하거나 버그의 근본 원인을 찾는 데는 실질적인 진전이 없을 수도 있다.

경험상, 30분 이상(길어야 1시간)이 지나도 의미 있는 진전이 없다면 스스로 막힌 상태임을 인정해야 한다.

막힌 상태를 뚫는 방법

진도가 전혀 나가지 못하면 상황에서 가장 확실한 해결법은 다른 사람에게 도움을 요청하는 것이다. 하지만 도움을 청할 사람이 없다면 어떻게 할까? 코딩 관련 문제로 헤매고 있을 때 시도하면 좋을 접근 방식 몇 가지를 소개한다.

- **러버덕을 이용한다.** '고무 오리'(물건 또는 자신)에게 문제를 설명하고, 이미 시도해본 접근 방식을 설명한다. 문제를 말로 풀어나가다 보면 때때로 새로운 해결책이 떠오를 수 있다.
- **종이에 문제를 스케치한다.** 시각화하면 다른 방법이 떠오르기도 한다.
- **막힌 기술에 대한 공식 문서와 참고 자료를 읽는다.** 언어 자체의 기능, 프레임워크 또는 라이브러리를 설계되지 않은 방식으로 사용하고 있지는 않는가? 쉽게 문제를 해결하는 기능을 무시하고 있는 것은 아닌가? 문서와 코드 샘플에서 단서를 찾아보자.
- **AI 도구를 사용한다.** 문제를 설명하고 이미 시도한 해결 방법을 입력한 뒤, AI 도구가 제안하는 접근 방식을 확인하자.
- **온라인에서 비슷한 문제를 검색한다.** 사람에 따라 같은 문제에 대해 다른 용어를 사용할 수 있으므로 다양한 방식으로 검색하자.
- **프로그래밍 Q&A 사이트에 질문한다.** 기업 내부에 Q&A 사이트가 있다면 이를 활용하

자. 또한 스택오버플로Stack Overflow와 같은 사이트나 관련 포럼을 찾아보자. 문제를 설명하면 해결 방법에 대한 추가 아이디어를 얻을 수도 있다!

- **머리를 비운다.** 산책을 하거나 관련 없는 다른 작업으로 전환하자. 다시 문제로 돌아왔을 때 새로운 관점에서 문제를 바라보거나 이전에 놓쳤던 부분이 보일 것이다.
- **처음부터 다시 시작하거나 모든 변경 사항을 취소한다.** 많은 수정을 수행한 코드가 장애를 일으킨 경우, 코드가 작동한 마지막 지점으로 돌아가서 한 번에 하나씩 조금씩 수정하며 다시 시작하자. 이렇게 하면 많은 작업을 포기해도, 그 대신 프로세스에 더 많은 주의를 기울여 문제의 원인을 발견할 수도 있다.

지원을 받아 문제 해결하기

일이 막히는 이유는 다양하다. 처음 보는 문제이거나 지식이 부족하거나 문제를 해결할 적절한 사람을 만나지 못해서 발생하기도 한다. 어떤 상황이든 도움을 줄 개발자에게 자신의 문제를 공유하고 도움을 청하자.

막힌 문제를 해결하는 가장 쉬운 방법은 팀에 상황을 알리는 것이다. '제가 이 문제에 막혀 있어요. 제가 해결할 수 있게 도와주실 수 있나요?'라고 요청하자.

다른 사람을 기다리느라 진행하지 못할 때도 있다. 그런 경우는 뭘 해야 할지는 알아도 진도를 나가지 못하는 특별한 경우다. 예를 들어, 코드를 프로덕션에 푸시하고 싶은데 먼저 코드 리뷰로 승인을 받아야 한다거나, API를 변경하기 위해 종속 요소 하나를 수정해야 하지만 API 엔드포인트를 관리하는 팀에서 이메일이나 티켓에 응답하지 않는 경우가 있다. 이럴 땐 아무것도 하지 못한 채 기다릴 수밖에 없다. 답답한 상황이다.

직장의 규모가 클수록 다른 사람을 기다리느라 업무 진행이 막히는 경우가 많다. 서로 다른 시간대에 있는 팀과 작업하면 채팅 메시지와 이메일에 대한 응답, 코드 리뷰, 디자인 문서 피드백을 기다리는 경우도 모두 여기에 해당한다.

원만하게 상대의 상급자에게 보고하는 법

다른 사람이 진행을 막고 있다면 상급자에게 보고할 필요가 있다. 동료가 내 메시지를 무시하는 이유는 도움을 주고 싶지 않아서가 아니라 다른 업무보다 우선순위가 낮다고 생각하기 때문일 가능성이 크다.

상대의 상급자에게 보고하면 매니저나 지휘 체계 상위에 있는 사람이 직책의 권한을 통해 메시지를 전달한다. 여기서 상급자란 요청에 응답하지 않는 사람의 매니저나 그 위의 직급자를 의미한다.

이런 보고는 업무 처리 속도를 높이지만, 부주의하게 사용하면 관계를 해칠 수도 있다. 반대의 상황을 생각해보자. 여러분의 매니저에게서 이런 연락이 온다. "마케팅 엔지니어링 팀 J씨가 이사님한테 메시지를 보냈어요. 당신이 J씨의 요청을 무시해서 새 제품 출시가 막혀 있다네요."

하루 종일 코딩을 하다 보면 이런 일이 일어났는지 전혀 모를 수도 있다. 확인해보니 4시간 전에 J가 채팅 메시지를 보냈다. 이제야 발견해 응답을 하지 않았다. 잠시 J의 반응을 다시 생각해보자. 이사에게 연락을 취한 행동을 어떻게 설명할 수 있을까? J의 입장에서는 그저 업무 진행을 위해 그저 이사에게 보고한 것이라고 말하겠지만, 대부분의 사람은 J의 행동을 과잉 반응으로 받아들일 것이다.

상대의 상급자에게 보고해 문제를 해결할 때는 개인적인 관계를 해치지 말자. 장기적으로는 일을 조금 더 빨리 끝내는 것보다는 좋은 인간관계가 더 중요하다. 공격적이거나 매니저가 자신을 안 좋게 생각할 여지를 만드는 사람과 일하기 좋아할 사람은 없다. 다른 엔지니어에게 훗날 도움을 받으려면 당신을 함께 일하기 좋은 사람으로 보여야 한다.

문제 해결을 위해 다른 팀 엔지니어의 상급자에게 보고하기 전에 먼저 매니저와 팀원들과 상의하자. 일반적인 관행은 무엇인가? 우선순위를 정하는 매니저에게 곧바로 보고하는 편인가? 아니면 개인이 자율적으로 일을 처리하다가 매니저의 개입을 요청하는 편인가?

나는 상급자를 통한 소통이 필요한 상황에 이렇게 접근한다.

1. **설명하기**: 먼저 도움이 필요한 이유를 설명하고 그 중요성을 이해할 정보를 제시한다. 예를 들어 "조, 이 코드 리뷰만 되면 제노 프로젝트가 끝나니까 가능한 한 빨리 리뷰해줄래요? 마감일이 다음 주인데, 내일까지 코드를 병합^{merge}하지 않으면 기한을 놓쳐서요."와 같은 식으로 이야기할 수 있다.
2. **물어보기**: 아무런 변동이 없다면 이유를 확인하자. "조, 코드 리뷰 진행 상황을 알 수 있을까요? 바쁘겠지만 언제쯤 완료될지 알려주세요. 전에도 말씀드렸는데, 제노 프로젝트가 코드 리뷰에서 막혀 있어서 좀 곤란하거든요."
3. **경고하기**: 그래도 아무 일도 일어나지 않으면 상급자에게 보고할 가능성을 언급한다. "조, 아직 연락이 없네요. 제노 프로젝트를 진행해야 해요. 오늘까지 코드 리뷰를 완료할 수 없다면 당신 매니저에게 연락해 코드를 그냥 병합해달라 요청하겠습니다."
4. **상급자에게 보고하기**: 그래도 아무 일도 일어나지 않으면 내 매니저나 상대방의 매니저, 혹은 둘 모두에게 작업 진행을 요청한다.

작업의 우선순위 결정이 매니저의 업무로 명시된 기업에서는 엔지니어에게 이런 상황이 큰 문제가 되지 않는다. 하지만 그렇지 않은 기업에서는 이런 행동이 공격적이고 동료를 나쁘게 보이게 하는 행동으로 비칠 수 있다.

이런 상황에서 서로 원윈할 결과를 만드는 것을 목표로 하자. 상대방이 나에게 피해를 받았다는 느낌을 받지 않도록 해야 한다.

상대방이 요청한 작업을 수행하면 반드시 감사의 뜻을 전하고 관련자들에게 알리는 것이 좋다. 쪽지나 이메일, 매니저에게 보내는 메시지로 감사의 뜻을 전하거나 간단하게 상대가 어떻게 도움을 주었는지 설명해도 좋다. 막힌 일의 해결과 다른 팀 동료와의 관계 유지 사이에 균형을 잘 유지해야 한다.

막혔을 때 실전 대응법

작업이 막히는 일반적인 상황과 이를 처리하는 방법을 소개한다.

계획 단계

- **해야 할 일이 명확하지 않음**: 어떤 정보가 누락됐는지 명확히 하고 누구든 도움을 줄 동료를 찾아 요청한다.

- **누구에게 문의할지 모름**: 리드나 매니저에게 이러한 사람을 파악하는 데 도움을 요청하고 연락할 연락처 목록을 작성한다. 완성된 목록을 팀과 공유하는 것도 고려하자.

구현 단계

- **언어나 프레임워크를 처음 사용함**: 늘 새로운 언어나 프레임워크를 배워야 하는데, 이는 스킬셋을 키울 좋은 기회다. 언어나 프레임워크인 경우, 추천 학습 자료를 요청하자. 내부 프레임워크는 문서, 소스 코드, 해당 프레임워크를 만든 동료를 찾자. 우선 문제를 해결할 정도로 학습한 후, 나중에 더 깊이 들어가자.
- **오류 메시지를 이해할 수 없고, 검색해도 찾을 수 없음**: 직접 해결을 시도한 후 팀원과 같이 문제를 들여다보자. 오류 메시지가 내부 컴포넌트와 관련됐다면 해당 컴포넌트를 만든 팀에 문의하자. 한참 동안 문제가 해결되지 않는다면 팀원에게 도움을 요청하고 새로운 아이디어를 찾자.
- **도구, 프레임워크, 코드 구조 등이 어떻게 작동하는지 이해가 안 됨**: 그림을 그려보고, 소스 코드를 살펴보고, 조사를 해보면서 분해하자. 그래도 진전이 없다면 경험이 많은 동료에게 도움을 요청하고 지금까지 해온 일을 설명하자. 팀에 경험이 많은 사람이 없다면 지인이나 매니저에게 연락할 사람이 있는지 물어보자.
- **빌드^{build} 문제**: 이상한 오류나 비정상적인 속도 저하와 같은 문제로 빌드를 못하는 경우를 말한다. 용기를 내어 빌드 도구에 대해 읽어보고 문제를 해결할 수 있는지 알아보자. 더 안전한 방법은 빌드 스크립트^{build script}를 설정한 사람이나 팀에 연락해 문제 해결에 대한 힌트를 요청하는 것이다. 빌드를 전담하는 사람이나 팀이 있다면, 그들이 작업을 수행해야 할 수도 있으므로 처리를 요청하고 필요한 경우 해당 팀의 상급자를 통해 요청하자. 또는 문제를 같이 조사하고 수정할 것을 제안하자. 이렇게 하면 개발 도구까지 스킬 영역을 확장할 수 있게 되고, 도움을 주는 사람도 여러분의 적극적인 태도에 고마워할 것이다.
- **다른 팀/서비스에 대한 종속성 문제**: API가 제대로 작동하지 않거나 구성요소 또는 시스템이 아직 덜 개발됐을 수 있다. 이때는 해당 팀이나 서비스를 만든 사람에게 문제를 알리고, 연동된 작업을 일시 중지하거나 우회하는 해결 방법을 시도하는 것 외에는 할 수 있는 일이 많지 않다. 이 과정에 우리 매니저, 그리고 상대 팀에 알리는 것이 좋다.
- **접근 권한 문제**: 업무의 일환으로 변경을 해야 하는 시스템이나 데이터에 대한 접근 권한이 없는 경우를 말한다. 이는 로그, 설정 파일에 접근하거나 특정 시스템에서 배포를

수행하는 데 권한이 필요한 대기업에서 흔히 발생한다. 접근 권한은 거의 항상 매니저를 거쳐야 하므로 매니저가 가장 좋은 연락 창구다. 문제와 접근 권한이 필요한 이유를 설명하자. 또한 이전에 같은 문제를 겪었을 가능성이 있는 더 오래 근무한 동료에게 물어보면 누가 접근 권한을 부여할 수 있는지를 알려줄 것이다. 답변을 받지 못하면 매니저에게 처리를 요청하자.

- **문서에 오해의 소지가 있음**: 무언가를 구축할 때 프레임워크나 시스템이 문서에 명시된 대로 동작하지 않는 경우를 말한다. 문제점은 많은 시간을 허비한 뒤에나 발견된다. 해당 문서를 만든 팀에 연락해 수정을 제안하자. 직접 수정이 가능하다면 수정하면서 문서 담당자에게 알리고, 도움이 필요하다면 문서 담당자에게 도움을 요청하자.

- **시스템 장애**: 시스템이 다운되어 작업할 수 없거나 구축한 작업이 제대로 작동하는지 확인할 수 없는 경우를 말한다. 문제를 제일 먼저 발견했을 수 있으므로 해당 사실을 공지하고 매니저에게도 알린다. 일단 문제가 확인되면 기다리면서 다른 작업을 하는 것 외에는 할 일이 많지 않다.

테스팅

- **테스트가 불규칙적으로 실패함**: 까다로운 문제로 무슨 일이 일어나고 있는지, 왜 그런지 파악하려는 디버깅이 필요하다. 다른 팀원과 같이 앉아서 문제 해결을 시도하거나 채팅에서 비슷한 문제를 겪은 사람이 있는지 물어보자.

- **재현할 데이터가 없음**: 문제가 있는 테스트 케이스를 재현할 데이터나 실 사용 환경과 유사한 데이터가 누락된 경우다. 데이터를 어떻게 얻을 수 있는지 생각해보자. 문제를 일으킨 부분의 로그를 찾아 데이터를 재현할 수도 있다. 로그로 해결이 안 된다면 실제 데이터에 대한 액세스 권한을 요청해야 하는 복잡한 일이 될 수도 있으며, 그렇게 되면 권한을 받을 때까지 기다리거나 상위 매니저를 통해 요청할 수도 있다.

- **테스트가 너무 느림**: 장기적으로 자원을 낭비할 수 있지만 일반적으로는 긴급한 문제가 아닐 가능성이 있다. 하지만 테스트 속도를 높일 수 있는 방법을 찾고 속도 저하가 발생하는 위치에 대한 성능 분석을 수행할 좋은 기회다.

코드 리뷰

- **코드 리뷰 대기**: 앞서 설명했듯 리뷰어에게 메시지를 보내 직접 리뷰를 요청하고 적절한 시간 내에 답변을 받지 못하면 상위 매니저에게 알리자. 방법을 모르겠다면 팀원 및

매니저에게 이러한 상황을 처리하는 방법을 물어보자.

- **병합 충돌**^{merge conflict} : 시간이 많이 걸리고 피할 수 없다. 충돌을 해결한 후에는 작업 내용과 이전 변경 내용을 다시 테스트해 문제가 없는지 확인하는 것이 현명하다. 병합 충돌 문제를 줄이고 더 빠르게 반복하려면 풀 리퀘스트를 작은 단위로 진행해야 한다.

배포[1]

- **접근 권한 문제**: 접근 권한을 부여할 동료를 찾고, 필요한 경우 상위 매니저를 통해 해결한다. 규모가 큰 기업에서는 승인을 위한 전담 팀이나 절차가 있다.
- **배포가 너무 느림**: 느린 테스트와 마찬가지로 그냥 지나쳐서는 안 되는 문제다. 배포 도구를 관리하는 팀이 있다면 해당 팀에 연락해 속도를 높이는 데 우선순위를 둘 수 있는지 알아보자. 배포 관련 설정을 조정할 수 있다면 직접 손을 대 배포가 완료되는 시간을 줄이는 방법도 고려하자. 배포 속도를 높이지 못하면, 배포 후 작동 여부를 자동으로 확인하는 상태 확인을 적용하는 건 어떨까?

운영 시스템 및 유지 관리

- **재현할 수 없는 버그**: 고객이 재현이 어려운 버그를 보고하면 많은 정보를 찾아야 한다. 코드에 로그를 더 추가하고 고객에게 버그를 재현하라고 요청하거나 정보를 요청해야 한다. 어느 쪽이든 무작정 응답을 기다리게 될 가능성이 높다.
- **시스템 문제를 디버깅할 로그가 충분하지 않음**: 고객이 제기한 문제를 디버깅하거나 모니터링하거나 경고를 낼 방법이 없는 경우다. 시스템에 필요한 디버깅 정보가 충분하지 않은 것이 문제이므로 로그, 모니터링 또는 경고를 더 추가해 배포한 다음, 실 사용 시 발생하는 문제를 다시 디버깅하자. 문제가 얼마나 복잡한지에 따라 다른 팀원과 같이 살펴보는 것이 합리적일 수 있다.
- **시스템 장애**: 팀이 관리하는 시스템이 다운되거나 사용자 측의 문제로 인해 다운되는

---

[1] 옮긴이_ 개발 프로세스 관련 용어는 모두가 명확하게 합의한 정의가 있는 것은 아니며, 상황에 따라 출시/배포/릴리즈를 섞어 쓰는 경향이 있다. 대개 출시(shipping)는 보통 빌드/테스트/릴리즈/배포까지 해서 프로덕션에 이르는 전체 과정을 포괄하는 개념으로 사용된다. 릴리즈(release)는 패키지화되어 실제 운영을 위한 배포할 준비가 된 제품의 스냅숏을 의미한다. 어떤 릴리즈는 내부 테스트용, 버전 관리용으로만 사용될 수도 있다. 배포(deploy)는 실제 운영 인프라(대개는 클라우드)에 위의 릴리즈를 적용하는 것을 의미한다. 배포 과정에 문제가 생기면 이전 릴리즈로 돌아가는데 이를 롤백(rollback)이라고 한다.

경우. 바로 매니저와 팀에 알리고, 가능하면 문제를 완화하기 위해 뛰어들어야 한다. 문제가 해결된 후에는 근본 원인에 대한 조사와 사후 조사가 이루어질 가능성이 높다.

7.3 작은 단위로 작업 쪼개기

개발자는 일을 진행하면서 점점 더 복잡한 작업을 맡는다. 이러한 작업을 완료하려면 작업을 세분화하고, 일정을 예상하고, 이행하는 방법을 알아야 한다.

스토리, 작업, 하위 작업에 대해 생각하기

작업을 세분화하다 보면 헤매기 쉽다. 프로젝트에서 시작해 가장 큰 부분을 하나 잡아, 작은 컴포넌트들의 작동 방식을 코드 수준에서 정의하게 되기 때문이다. 좀 더 전략적으로 접근해 이러한 함정을 피할 수 있다. 예를 들어 앱에 2단계 인증을 추가한다고 가정하자.

1. 상위 레벨부터 시작하자. 주요 작업은 무엇인가? 규모가 크다면 여러 부분으로 나눈다. 이 부분들을 에픽epic, 스토리story 또는 청크chunk라고 부를 수 있다.[2] 에픽에는 2단계 인증 방법 추가, 2단계 인증으로 로그인하기, 2단계 인증과 관련된 미묘한 사례 및 오류 처리 등이 포함된다.
2. 스토리가 완성되면 이를 다시 간단한 작업으로 세분화하자. 예를 들어, 2단계 인증 방법을 추가하는 에픽 수준 작업은 2단계 인증 화면을 만드는 작업과 앱의 모든 부분에 이 페이지로 연결되는 링크를 추가하는 작업이다.
3. 필요한 경우 스토리 수준의 복잡한 작업을 다시 하위 작업으로 나눈다. 예를 들어, 2단계 인증 페이지에 링크를 추가하는 작업은 3개의 하위 작업으로 구성된다.

    a. 사용자 프로필 페이지에 링크 추가하기

    b. 사용자 등록의 마지막 단계에 링크 추가하기

    c. FAQ 문서에 링크 추가하기

---

2 옮긴이_ 통상 여러 개의 스토리(story)로 구성된 목표를 에픽(epic)이라 하고, 여러 개의 에픽이 모인 큰 목표를 이니셔티브(initiative)라고 한다. 소설에 빗대어 생각해보면 에픽은 서사에 해당하고 스토리는 그 서사를 만드는 이야기로 볼 수 있다.

해야 할 일이 이해하기 쉬울수록 소요 시간을 예측하기 더 쉽다. 작업을 작은 부분으로 세분화한 다음, 더 세분화하는 데 시간을 쓰자! 예를 들어, 2단계 인증 페이지를 추가하는 작업은 다음과 같이 나눈다.

- 스캐폴딩 scaffolding [3]
- 비즈니스 로직 추가
- UI 조정

작업을 다음과 같이 분할할 수도 있다.

- 제품의 가장 중요한 사용자 흐름(골든 패스)에만 작동하는 뼈대 구현
- 각 세부 기능은 별도의 작업으로 분리하기

업무가 충분히 명확해졌다면 세분화가 마무리된 것이다.

출시를 더 빠르게 하는 작업 우선순위 지정

업무를 더 작은 작업으로 세분화한 뒤 작업 우선순위를 어떻게 정할까?

일단 동작하는 기능을 더 빨리 만들도록 작업 순서를 정하는 것이 좋다. 엔드투엔드 테스트를 빨리 진행할수록 올바른 방향으로 가고 있는지 피드백을 더 빨리 얻을 수 있다. 기본 기능이 제대로 작동한다면 다음 우선순위와 이를 달성할 다음 작업을 결정한다.

작업 추가, 제거, 변경을 두려워하지 말자

새로운 작업이 필요하거나 일부 작업이 더 이상 의미가 없다는 사실을 도중에 깨달은 후에도 원래 작업에서 정의한 대로 작업하는 개발자도 있다.

---

[3] 옮긴이_ 스캐폴딩(비계)은 건물을 지을 때 높은 곳에서 공사할 수 있도록 임시로 설치한 가설물, 발판을 의미한다. 소프트웨어를 개발할 때, 처음부터 모든 것을 개발할 수도 있지만, 템플릿이나 누군가 만들어 둔 라이브러리 같은 것을 이용하는 경우가 많은데, 그런 템플릿 만드는 작업을 스캐폴딩이라고 한다.

이래서는 안 된다! 우리는 고객의 문제를 해결하는 소프트웨어를 만들어야 한다. 주어진 작업을 종료하는 데 급급하면 안 된다.

개별 작업은 업무를 완수하는 도구일 뿐이다. 필요에 따라 작업을 변경 및 추가하고, 중복되는 작업은 과감하게 제거하자. 새로운 업무가 발견되거나 새로운 제약 조건에 부딪히거나, 어떤 이유든 진척이 없으면 원래 계획을 수정해 작업을 전면 재검토하자!

모든 작업이나 다른 방식의 업무 처리는 반드시 생산성을 높이는 방향이어야 한다. 코드 작성이 아닌 업무 처리에 더 많은 시간을 투자하는 건 좋지 않다.

7.4 작업 소요 시간 추정

'얼마나 걸릴까요?' 많은 소프트웨어 개발자가 두려워하는 질문이다. 하지만 이 질문은 결코 피할 수 없다. 기업은 계획을 세워야 하고, 개발자는 좋든 싫든 작업 소요 시간을 추정하라는 요청을 받게 된다. 작업 시간 추정을 잘하는 유일한 방법은 해보는 것이다.

어떤 개발자는 정확한 추정은 불가능하다고 말하며, 예상 시간을 추정하지 않는 방식을 옹호하기도 한다. 하지만 내가 아는 믿음직한 엔지니어는 모두 정확한 시간 추정을 하며, '추정을 빗나가게 할 요소'와 지연 사유를 명확하게 설명하는 견실한 추정가였다.

작업 시간 추정 역량은 키울 수 있다. 업무 유형에 따라 그 어려움은 다르다.

이전에 수행한 작업

이런 작업은 가장 쉽게 작업 시간 추정이 가능하다. 이전과 매우 유사한 기능을 새로 추가해야 한다고 가정하자. 예를 들어 웹사이트에 페이지를 하나 더 추가하거나 API에 엔드포인트를 하나 더 추가하는 수준으로, 이전 작업에 소요된 시간을 기준으로 새 작업의 소요 시간을 현실적으로 추정할 수 있다.

이전에 수행해보지 않았던 작업

이런 작업은 기준점으로 삼을 수 있는 경험이 없기 때문에 상황이 더욱 흥미롭다. 작업 유형에 따라 정확한 시간을 추정하는 방법은 많다. 일반적으로 마주하는 작업을 7가지 범주로 나누고 작업 시간을 정확하게 추정하는 방법을 살펴보자.

#1 동료의 작업과 유사한 작업: 여러분은 처음 시도하겠지만 비슷한 작업을 경험한 팀원이 있을 수 있다. 이러면 처음부터 만드는 것이 아니다.

비슷한 작업을 했던 개발자는 시간을 예상할 수 있다. 유일한 차이는 콘텍스트에 대한 이해가 필요해 작업을 완료하는 데 시간이 조금 더 걸린다는 점이다. 이들과 상의해 접근 방식을 세분화해 현실적인 시간을 추정하자. 처음 시도하는 작업인 만큼 시간을 조금 더 길게 잡는 편이 좋다.

#2 리팩터링: 코드의 구조만 변경하고 새로운 기능을 추가하지 않는 경우. 이전에 리팩터링을 수행했다면 현재 리팩터링 유형이 새로워도 그 경험을 기준으로 시간을 예측할 수 있다. 또는 팀원에게 비슷한 리팩터링 작업을 해본 적이 있는지, 얼마나 쉬웠는지, 복잡했는지, 경험을 공유할 수 있는지 물어보자.

타임박스timebox 작업을 적용할 수도 있다. 타임박싱이란 작업에 기간을 할당하고 그 기간 동안만 작업하고 그 이상은 작업하지 않는 것을 의미한다.

#3 잘 아는 기술을 사용하는 작업: 이 경우 기술이 큰 문제가 되지 않으며 언어나 프레임워크의 버그에 갇힐 가능성도 작다. 가장 큰 문제는 비즈니스 요구사항이 불분명할 때인데 업무만 명확하다면 충분히 잘 맞는 예측치를 낼 수 있다.

#4 잘 아는 기술로 잘 모르는 시스템을 통합: 익숙하지 않은 시스템을 기반으로 구축하거나 그 시스템에 통합할 때는 상황을 예측하기가 훨씬 더 어렵다. 다른 팀이나 외부 조직이 만든 엔드포인트와 통합하는 경우가 이에 해당한다.

가장 큰 위험은 내부의 작동 방식을 알 수 없는 시스템과의 연동이다. 큰 어려움이 있을 수 있다. 문서에 나와 있는 것과 다르게 작동하거나, 생각지도 못한 애매

한 케이스가 발생하거나, 문서가 없어 통합에 많은 시간이 소요될 수 있다.

이러한 경우 먼저 프로토타입을 제작하고 다른 시스템이나 API를 테스트하는 간단한 개념 증명$^{proof\ of\ concept}$(PoC)을 한 후에 예상 시간 추정을 하는 것이 좋다. 프로토타이핑이 불가능하면 시스템에 문제가 없다고 가정하는 '이상적인 추정치'를 제공할 수 있다. 또한 시스템이 이상하게 작동해 해결 방법이 필요하다는 가정하에 '최악의 경우'를 감안한 추정치도 제공하자. 최악의 경우를 반영한 예상 시간은 당연히 길어진다.

예상 시간 추정치를 제시하기가 부담스럽다면 최악의 경우를 제시하자. 마음에 안 들어 하는 사람도 있겠지만 프로토타입을 제작할 시간적 여유를 확보하는 데 도움이 되어 보다 정확한 견적을 제시할 수 있다.

개인적으로는 프로토타입을 제작한 뒤에 정확한 예상 시간 추정하는 걸 권한다.

#5 잘 모르는 성숙도 높은 기술로 간단한 결과물을 구축: 경험이 거의 없는 안정적인 기술로 프로젝트를 구축한다고 가정하자. 이 경우 새로운 기술(언어 또는 프레임워크)을 배우는 데 가장 노력이 많이 든다.

현실적인 예상 시간 추정하는 가장 좋은 방법은 해당 기술을 사용해본 엔지니어에게 문의하는 것이다. 엔지니어는 시작할 위치를 알려줄 수 있고, 기술을 익히는 데 걸리는 시간을 예측하는 데 도움을 줄 수 있다. 물론 기술을 익히는 일이 얼마나 어려운지를 그 엔지니어가 과소평가할 수 있다는 점을 고려하자.

그 기술을 잘 아는 개발자와 같이 작업하면 구현에 걸리는 시간이 단축되고 학습 과정도 빨라진다.

개발자와 같이 작업할 수 없다면 언제든 타임박스로 추정치를 작성해 기술을 익힐 수 있다. 이 타임박스를 매우 크게 잡아 튜토리얼 몇 가지를 살펴보고, 코딩을 해보고, 평소보다 얼마나 더 많은 디버깅이 필요한지 알아보자.

#6 잘 모르는 새로운 기술로 간단한 결과물을 구축: 새로운 프레임워크나 언어는 성숙도 높은 기술보다 더 많은 위험을 수반한다. 학습 자료가 적고 질문에 답할 수 있는 사람도 적다. 또 새로운 언어나 프레임워크에는 버그가 있을 가능성도 높다.

프로토타이핑 없이 하나의 새로운 기술을 사용하는 데 얼마나 걸릴지 예상하기는 어렵다. 새로운 기술로 PoC를 수행한 다음, 그 기술을 사용할 수 있다는 확신이 든 뒤에 작업 예상 시간을 추정하길 권한다.

#7 익숙하지 않은 신기술로 복잡한 결과물을 구축하고 잘 모르는 시스템과 통합: 이때 잘 알지 못하는 것이 너무 많아 합리적인 추정치를 제시하기 어렵다. 우선 알지 못하는 것을 세 종류로 나눠보자.

- 통합하려는 시스템
- 기술
- 미지의 요소

정확한 추정을 위해서는 미지의 요소를 줄여야 한다. 방법은 두 가지다.

1. **프로토타이핑**: 프로토타입에서 학습한 내용을 바탕으로 예측치를 만들어 낼 수 있다.
2. **작업의 세분화**: 작업을 모르는 요소가 하나씩만 포함되도록 분리한다.
    - 새로운 기술을 사용하는 작은 작업
    - 새로운 기술을 기반으로 한 기능 구현
    - 새 시스템과 통합
    - 남은 부분을 구현해 마무리

이렇게 작업을 나누면 지나치게 세분화된 것처럼 느껴지지만 이러한 접근 방식을 사용하면 모르는 영역을 효율적으로 정복할 수 있다. 작업 시간 추정치는 여전히 불완전하겠지만, 각 추정치는 여러 가지가 아닌 하나의 미지수에 영향을 받는다.

7.5 멘토 찾기

질문이 생기거나 확신이 없는 부분이 있을 때 안심하고 의지할 숙련된 엔지니어를 멘토로 삼자. 일부 기업에서는 공식적인 멘토링 프로그램이 있지만, 대부분의 경우 직접 멘토를 찾아야 하며 '공식적인' 관계는 아니다.

여기서 멘토란 나에게 가르침을 줄 여러 명의 그룹으로 생각하자. 긴급한 문제를 정기적으로 논의할 수 있는 전담 멘토를 지정할 수 있다면 더할 나위 없이 좋겠지만 온라인 전문가를 포함한 일시적인 멘토링을 통해서도 많은 것을 배울 수 있다.

직장 내에서 의지할 수 있는 멘토를 찾는 것을 목표로 하자. 동시에 개발이 벽에 부딪혔을 때 조언을 구할 도구도 활용하자. 스택오버플로와 같은 Q&A 웹사이트와 챗GPT^{ChatGPT} 및 제미나이^{Gemini} 같은 AI 코딩 도구는 특정 작업에서 막힌 부분을 해소하는 데 도움이 될 수 있다. 다만, AI 도구의 결과를 완전히 신뢰할 수는 없으므로 항상 확인해야 한다는 점을 기억하자!

멘토링에 대한 자세한 내용은 12장 '협업 및 팀워크'에서 다룬다.

멘토로 구성된 기술 부족

니엘레 드멜로^{Nielet D'mello}[4]는 데이터독^{Datadog}의 소프트웨어 보안 엔지니어다. 그녀는 '멘토의 기술 부족^{tech tribe}[5]'이라는 글에서 사람 한 명에게서만 배우기 보다는 다양한 멘토로 구성된 '부족'에게 배우는 것이 훨씬 좋다고 주장한다. 그녀는 자신의 기술 부족을 다음과 같이 분류한다.

> 멘토는 나방년에 걸쳐 많은 경험을 쌓았지만 한 사람이 모든 것을 선문석으로 나둘 수는 없습니다. 게다가 모든 사람의 경험은 서로 다르고 다양합니다. 이를 활용하는 것은 커리어에서 배우고 성장할 수 있는 좋은 방법입니다. 그렇기 때문에 저는 멘토로 구성된 기술 부족의 아이디어를 믿습니다.

1. 전담 멘토

친밀감이 높고 힘들었던 순간과 기뻤던 순간을 편안하게 공유할 수 있는 전담 멘토를 지정하는 것이 저는 좋은 아이디어라고 생각합니다. 전담 멘토와의 주기적인 상호작

---

4 https://dmellonielet.com
5 옮긴이_ 'Tech tribe of mentors'(https://dmellonielet.com/2020/10/20/tech-tribe-of-mentors.html)

용을 통해 명확한 목표를 설정하고 지속적으로 개선할 수 있는 훌륭한 동기부여가 됩니다.

전담 멘토를 찾으려면 이전에 교류한 적이 있는 사람이나 자신이 존경하고 자신의 목표와 일치하는 일을 하는 사람에게 연락하는 것이 가장 좋습니다.

2. 일시적 멘토

때로는 긴밀하게 협력하지는 않지만 업무가 서로 겹치는 사람들과 1:1 미팅을 잡는 것도 좋습니다.

예를 들어, 아키텍트와 1:1 미팅을 잡아서 내 아이디어를 공유하고 피드백을 받음으로써 새로운 서비스를 설계하는 더 좋은 방법을 찾을 수 있습니다. 또 다른 예로는 시니어 리더와 만나 그들의 커리어패스에 대해 배우고 내가 원하는 분야에서 더 잘할 수 있는 인사이트를 얻을 수 있습니다. 이러한 미팅은 반드시 해야 하는 것이 아닌 일시적인 1:1 미팅으로, 더 많은 아이디어를 논의할 수 있다면 추가적인 1:1 미팅으로 이어질 수도 있습니다.

3. 인터넷 멘토

이상하게 들릴지 모르지만 저에게는 인터넷 멘토가 있습니다. 블로그, 책, 팟캐스트 등을 통해 자신의 커리어 여정과 배움을 공유하는 개인/리더를 말합니다.

시간이 지남에 따라 저는 글쓰기 스타일과 아이디어가 저와 잘 맞는 사람들을 찾아냈고, 제시된 조언이나 아이디어는 저도 시도해볼 만한 가치가 있다고 느끼고 있습니다. 그러나 모든 조언이나 아이디어가 여러분의 상황에 맞는 것은 아닙니다.

7.6 선의 통장

수렁에 빠져 아무 얻는 것 없이 헤매고 있다고 느낄 때가 있다. 까다로운 버그, 이전에 사용한 적이 없는 프레임워크/기술, 이해하기 어려운 도구 등 이유는 다양하다. 어느 쪽이든 결국 도움이 필요하다는 사실을 깨닫게 된다.

동료에게 다가가기 전에 나와 다른 사람 사이의 선의에 대한 잠재적 함의를 생각해보자.

모든 사람에게는 선의 통장이 있다

다른 사람을 도우면 선의 통장의 잔고가 늘어난다. 도움을 청하면 그 잔고는 줄어든다. 합당한 이유 없이 다른 사람을 방해해도 선의 통장의 잔고는 감소한다.

팀에서 주니어나 신입일수록 선의 통장 잔고가 더 높다. 사람은 기꺼이 도와주려고 하고, 실제로 도울 기회가 오길 기대한다. 하지만 직접 시간을 들여 문제를 해결하지 않으려 하거나, 사소한 질문을 너무 많이 하거나, 다른 사람의 업무에 자주 끼어들면 잔고는 금방 바닥을 보인다.

선의 통장의 잔고를 너무 빨리 소진하지 말자. 도움을 요청하기 전에 가장 일반적인 디버깅 및 정보 수집을 수행하자. 해결책을 찾을 수 있다면 온라인이나 기업 내부 지식 베이스에서 찾아보자. 프레임워크나 기술에 문제가 있다면 관련 문서를 먼저 꼼꼼히 읽어보자.

팀에서 관리하는 코드로 소스 코드 기록과 최근 커밋을 살펴보자. 버그를 디버깅한다면 코드를 단계별로 살펴보고, 변숫값을 기록하고, 가정을 기록하고, 어디에서 문제가 발생했는지 구조적인 분석을 하자. 이 모든 방법이 효과가 없다면 도움을 줄 수 있는 사람을 찾아서 물어보자.

동료에게 도움을 요청할 때는 사전 준비가 필요하다. 문제를 명확하게 설명하고, 지금까지 시도한 방법과 그 방법이 도움이 되지 않았다면 다음 단계는 무엇인지 요약하자. 동료가 다른 우선순위 높은 일로 바쁠 수 있으므로 그들의 시간을 존중하자. 이 경우 뭘 보면 해결할 수 있는지를 알려 달라고 요청하자.

선의 통장 잔고를 정기적으로 채워 넣자

선의 통장 잔고는 어떻게 늘릴까? 잔고를 감소시키는 활동과 정확히 반대로 하면 된다.

- 다른 사람에게 도울 의지가 있음을 알리자. 함께 앉아 문제 해결을 돕자.

- 전문 지식을 공유해 다른 사람의 업무를 더 쉽게 만들어주자.
- 누군가의 도움으로 문제를 해결했다면, 팀 내에서 공개적으로 감사를 표하자.

도움을 요청하지 않고 너무 자주 헤매는 것과 지나치게 많이 도움을 요청하는 것 사이에는 미세한 경계가 있다. 물론 이 모든 것은 팀에 안착한 이후에 적용된다. 팀 적응 기간 동안에는 선의 통장에 잔고가 많다. 하지만 그 기간이 지난 후에는 이를 당연하게 여기지 말고 다른 사람을 도와 균형을 유지하자.

가능하면 혼자 작업하지 않기

내가 엔지니어링 매니저로 일하는 동안 경험이 적은 개발자나 신입 개발자를 몇 주 또는 몇 달 동안 혼자 뒀을 때 일이 잘 끝나는 경우를 거의 보지 못했다. 작업은 훨씬 더 오래 걸렸고, 동료에게는 생산성이 떨어지고 외로움을 느끼는 것처럼 보였다. 이에 따라 우리는 회고를 통해 이들에게 '프로젝트 버디'를 배정하기로 결정했다. 리더가 이런 결정을 내리지 않으면 개발자는 어떻게 할까?

혼자 일하는 상황을 바꾸자. 예를 들어, 팀 내 엔지니어에게 프로젝트 버디가 되어 달라고 요청해 매일 함께 체크인하고, 계획을 검토하고, 코드 리뷰를 하는 등의 작업을 함께 할 수 있다.

엔지니어가 정중하게 거절하는 경우, 매니저나 리드에게 버디를 지정하면 팀의 생산성 향상에 도움이 된다는 장점을 설명하자. 경험이 많은 개발자라면 약간의 시간만 투자를 하면 된다. 하지만 그 대가로 여러분은 일을 더 빨리 끝낼 수 있고 더 빨리 성장할 수 있다. 곧 당신도 다른 팀원을 도울 수 있을 것이다.

팀 내의 선의 통장 잔고도 높이자. 다른 사람이 여러분에게 호의적일수록 프로젝트 버디가 되어 줄 가능성도 높다.

7.7 솔선수범하라

내가 본 생산적인 엔지니어 중에는 누가 시키지 않아도 크고 작은 일을 꾸준히 해내는 사람이 있었다. 솔선수범하는 것이다.

이러한 엔지니어 중 상당수는 내부 시스템이나 오픈소스 컴포넌트 등 프로젝트에 사용할 새로운 기술을 연구한다. 팀원들과 이야기를 나누고, 다른 프로젝트에 대한 학습에 참여하며, 작은 일에도 도움을 주겠다고 제안한다. 제품을 사용할 때 생기는 버그 조사부터 학부생을 대상으로 한 발표에 이르기까지 기회가 생기면 가장 먼저 자원하는 경우가 많다.

신뢰가 가고 생산적이라고 인식되는 엔지니어는 의무를 뛰어넘어 더 많은 일을 한다. 자율적인 근무 문화가 정착되어 있을수록 이러한 특성은 더욱 중요하다.

빠르게 성장하는 기술 기업에서는 자신의 업무가 아닌 일에 솔선수범하는 것이 경력에 큰 도움이 된다. 나는 우버에서 주니어 엔지니어가 새로운 마이크로서비스 배포 시스템을 조사하고 프로토타입을 제작해 배포를 담당하는 과정을 목격했다. 나머지 팀원들은 너무 바빠서 이 일을 할 수 없었고, 새로운 서비스가 업무를 더 쉽게 만들 거라는 사실을 깨닫지 못했다.

솔선수범하는 법

많은 시간을 소비하지 않고도 팀과 자신을 도울 방법을 소개한다.

- **불분명한 사항을 문서화한다.** 이 문서를 팀에 공유하자. 문서화를 통해 이해도를 높이고, 동료들에게 팀을 돕고 있다는 것을 보여줄 수 있으며, 향후 팀원이나 신규 입사자에게도 도움이 될 수 있다.
- **조사에 자원한다.** 새로운 프레임워크나 기술을 시험하거나, 새로운 서비스나 구성요소를 통합하는 방법을 프로토타이핑하는 등 어떤 것이든 할 수 있다. 경험이 부족하다면 다른 사람과 짝을 이루겠다고 제안하고 다른 사람에게 협업을 요청하자.
- **팀에서 사용할 흥미로운 도구나 프레임워크를 조사한다.** 팀원들과 배운 내용을 공유하자. 업무 중간중간 기업에서 사용할 수 있는 도구나 프레임워크, 또는 다른 팀에서 사용

하는 도구나 프레임워크를 조사하자. 예를 들어, 새로운 프런트엔드 프레임워크, 새로운 문서화 도구, 로깅 프레임워크, 새로운 빌드 또는 배포 시스템 등을 시험해볼 수 있다. 일단 시도하고 그 결과를 팀원들이 사용할 데모로 만들자. 결과가 '이걸 사용하면 안 된다'는 결론이 나와도 팀원들은 당신이 자신의 역할을 넘어 더 많은 것을 배우기 위해 모험을 하고 있다는 것을 알게 될 것이다.

- **매니저와 예정된 프로젝트에 대한 이야기를 나눈다.** 이 과정에서 궁금한 업무에 대한 관심을 표현하자. 매니저에게 예정된 프로젝트에 대해 물어보면 우선순위를 더 잘 파악할 수 있고, 업무적으로도 앞으로 어떤 일이 있는지 알 수 있다. 관심을 가진 프로젝트를 매니저에게 이야기하면 해당 프로젝트에 참여할 가능성이 높아진다. 또한, 미리 조사해야 할 내용을 배울 수도 있다.

여기서 한 가지 경고를 하자면, 뭔가 새로운 일을 맡겠다고 나서기 전에 '내가 처리해야 하는' 업무를 먼저 완료해야 한다는 점이다. 가장 중요하고 할당된 업무를 먼저 끝낸다는 전제하에 새로운 일을 맡아야 다른 사람이 여러분을 생산적인 사람으로 본다. 새로운 일을 할 것인지 아니면 현재 하고 있는 일을 마무리할 것인지 선택해야 한다면, 당연히 필요한 일을 마무리하는 것이 먼저라고 조언하고 싶다.

8 코딩

Coding

코딩은 소프트웨어 엔지니어링의 핵심이다. 소프트웨어 개발자는 업무 시간의 약 50% 정도를 코딩에 할애할 가능성이 높으며, 어쩌면 그 이상일 수도 있다! 이 장에서는 코딩 능력을 기르는 방법을 소개한다.

8.1 코딩 연습하기

유능한 소프트웨어 엔지니어가 되는 첫걸음은 훌륭한 코더가 되는 것이다. 즉 훌륭한 코딩 능력이 이 책에서 다루는 모든 내용의 기초다. 물론 유능한 소프트웨어 엔지니어는 여러 자질을 갖춰야 하지만, 코딩은 반드시 높은 숙련도를 갖춰야 한다. 그 이유는 뭘까? 자신의 생각과 아이디어를 가능한 한 효율적이고 매끄럽게 작동하는 코드로 바꾸는 능력이 중요하기 때문이다.

이 능력을 기르려면 코딩을 자주 하고, 프로그래밍 언어를 깊이 있게 이해하며, 꾸준히 실제 문제를 해결해야 한다.

꾸준히 코딩하기

코딩 기술을 연마하는 것은 스포츠 훈련과 비슷하다. 많은 자료에서 코딩을 잘하는 방법과 당신을 빠르고, 강하고, 뛰어나게 만드는 기술을 소개한다. 하지만 실력 향상에 가장 큰 영향을 미치는 건 연습의 양이다.

코딩도 마찬가지다. 책과 온라인 자료는 지식을 넓히는 데 도움을 주지만 결국은 코드를 많이 작성하며 그 지식을 적용해야 한다.

처음 코딩을 배운 사람이 코딩을 '잘'할 수 있게 되려면 많은 시간과 노력이 필요하므로 매일 코딩하는 습관을 들이는 편이 좋다. 따라서 매일 의미 있는 작업과 문제를 해결하는 데 코딩을 활용하자.

대부분의 기술 기업은 경력 초기에 있는 개발자가 매일 코딩하기를 기대한다. 어떤 이유로든 매일 코딩을 하고 있지 않다면 방법을 찾아보자. 직장에서 추가 프로젝트를 맡거나, 코딩을 많이 하는 팀으로 옮기거나, 프로그래밍 기술을 연마할 수 있는 사이드 프로젝트를 진행하는 등의 방법이 있다.

유능한 소프트웨어 엔지니어로 계속 성장하려면 매일 코딩을 해야 한다. 이를 대체할 방법은 없다.

코드 리뷰 요청하기

문제없이 작동하는 코드를 작성하는 능력은 코딩의 기초다. 다른 사람이 읽고 이해할 수 있는 코드를 작성하고 일반적인 규칙을 따르는 것도 마찬가지로 중요하다. 코드를 작성한 후에는 피드백을 받아 개선해 나가기를 추천한다. 이를 위해 코드 리뷰를 적극 활용하자.

대부분의 기술 조직은 코드 리뷰를 수행한다. 실제로 많은 프로젝트에서 코드 리뷰를 거치지 않은 코드를 프로덕션 환경으로 푸시하지 않는다. 하지만 처음 시작할 때는 프로덕션에 적용되지 않을 코드를 많이 작성할 것이다. 예를 들어 프로토타이핑을 하거나, 유틸리티나 도구를 작성하거나, 실험적인 프로젝트를 수행하거나, 혼자서 작업하는 경우도 있다.

코드 리뷰가 필요하지 않더라도 작성한 모든 코드에 대해 피드백을 받는 것을 목표로 삼자. 주변에 경험이 많은 사람이 있다면 추가 피드백을 요청해 더 빨리 성장하는 데 도움을 받을 수 있다. 대부분 후배를 돕는 데 약간의 추가 시간을 기꺼이 투자할 것이다.

코드 리뷰를 추가로 받는 것이 어렵다면 동료에게 요청해 코드를 함께 살펴보고 개선이 필요한 부분이 있는지 물어볼 수도 있다. 함께 작업할 사람이 없다면 팀 외부에서 해당 기술이나 도메인에 대한 경험이 있고 의미 있는 피드백을 줄 수 있는 사람을 찾아보자.

인공지능(AI)도 피드백을 주는 유용한 도구다. 하지만 AI가 생성한 피드백은 항상 정확하지는 않으며, 동료가 리뷰하듯 추가적인 콘텍스트를 고려하지 않을 가능성이 높다는 점에 유의하자. AI 도구는 없는 것보다는 낫지만, 철저한 동료 검토를 능가하지 못한다.

코드 리뷰를 통해 배우자. 받은 피드백을 메모해두자. 반복되는 코멘트가 보이면 이를 해결하는 것이 좋다. '특정 함수가 너무 많은 작업을 수행한다거나 테스트 코드 추가를 잊어버렸다는 지적을 자주 받는가? 리뷰어의 의견을 수용하고 코딩 방식을 개선해 동일한 피드백을 반복적으로 받는 일을 피하자.

피드백의 이유를 이해할 수 없다면, 리뷰를 남긴 개발자에게 문의하자.

가혹하게 느껴지는 코드 리뷰는 어떻게 처리할까? 공감 능력이 부족한 리뷰나 시니어 엔지니어의 리뷰이지만 제안한 내용에 동의할 수 없는 등 마음 상하는 리뷰도 있을 것이다.

X(전 트위터[Twitter])의 시니어 소프트웨어 엔지니어였고, 지금은 블록[Block]의 데브렐[developer relations](DevRel) 담당 부사장이지 지바 챔피언이기도 한 앤지 존스[Angie Jones]는 '코드 리뷰의 십계명[6]' 이라는 글에서 가장 훌륭한 답을 제시한다. 꼭 읽어보자.

> 수년간 소프트웨어를 개발하면서 코드 리뷰를 진행할 때 따라야 할 10가지 계명을 정리했습니다. 이 십계명은 제가 일한 모든 팀에서 통했으니 여러분에게도 효과가 있기를 바랍니다.
>
> **1. 개인적으로 받아들이지 말지어다 (...)**
> 코딩을 직업으로 삼은 지 15년째, 전오래 전에 코드 리뷰의 피드백을 개인적으로 받

---

[6] https://angiejones.tech/ten-commandments-code-reviews

아들이지 않기로 결심했습니다. 새로운 팀에 합류하면, 무례한 댓글이나 잘난 척하는 댓글을 꽤 많이 받았습니다. 하지만 문제가 무엇이든 코드 리뷰 결과를 살펴보며 댓글의 톤을 다르게 받아들이는 방법을 익혔습니다. 무례한 반응을 일일이 따지기 시작하면 스트레스만 쌓입니다. 그렇기에 모든 리뷰를 긍정적으로 바라보며 그 댓글이 제가 아닌 코드를 향한 것이라고 생각하기로 했습니다.

코드를 작성하는 만큼 코드 읽기

코딩 능력은 코드를 작성하면서 가장 빠르게 성장하지만, 코드를 읽는 것도 마찬가지로 중요하다. 코드 작성에만 집중하다 보면 아무도 사용하지 않는 스타일과 규칙을 만들어낼 수 있다. 그러다가 종국에는 다른 사람의 코드를 이해하기 어려울 수도 있다. 또 코딩 방식에서의 '나쁜 습관'은 한 번 몸에 배면 고치기 어렵다.

코드를 읽는 가장 쉬운 방법은 최대한 빨리 팀 전체 또는 코드베이스의 코드 리뷰에 참여하는 것이다. 해당 언어의 전문가가 아니거나 코드베이스에 익숙하지 않더라도 리뷰에 참여하자. 동료가 변경하는 모든 사항을 살펴보고, 그 기능을 이해하고, 접근 방식에 대해 메모하는 습관을 기르자. 불분명한 부분이 있으면 코드를 작성한 사람과 이야기해 자세한 내용을 알아보자.

다른 팀이나 회사 외부에서 작성된 코드를 읽는 것도 유익하다. 직장에서 다른 프로젝트에 액세스할 수 있다면 코드베이스에 의존하는 팀의 코드 변경 사항과 코드 리뷰를 지켜보자. 팀과 회사는 각자의 환경에 맞는 코딩 규칙을 따르는 경우가 많다.

오픈소스 코드를 읽는 것은 다른 사람의 코드를 보고 회사 밖에서 무슨 일이 일어나고 있는지 파악하는 훌륭한 방법이다. 사용 중인 언어와 유사한 언어로 활발하게 개발 중인 오픈소스 프로젝트를 찾아보자. 깃허브(GitHub)에서 프로젝트를 체크아웃(checkout)하고 동작 방식을 숙지한 다음 변경 사항을 따라가자. 무슨 일이 일어나고 있는지, 어떤 유형의 코드가 작성되고 있는지, 코드 리뷰어가 제공하는 피드백을 이해하려고 노력하자.

어느 한쪽에 치우치지 않고 코드 작성과 읽기 사이의 균형을 찾자.

더 많은 코딩

업무에 따른 프로젝트를 수행하는 외의 방법으로 코딩을 연습할 수 있다.

- **사이드 프로젝트:** 자신, 친구 또는 가족의 사소한 문제를 해결하는 작은 사이드 프로젝트는 코딩 기술을 좀 더 익히고 새로운 기술 스택을 배울 수 있는 좋은 방법이다. 사이드 프로젝트는 원하는 대로 새로운 접근 방식을 시도할 기회를 제공한다. 목표는 동작하는 코드를 작성하는 것이지만, 평소에는 절대 사용하지 않는 언어의 일부를 사용해 일부러 일을 복잡하게 만들 수도 있다.

- **코딩 연습이 포함된 튜토리얼/강의:** 튜토리얼과 강의는 나름대로 구성이 있어 무엇을 해야 할지 고민 없이 따라 하기만 하면 된다. 이러한 강의는 특정 언어나 기술을 심도 있게 학습하는 데 유용하다. 튜토리얼과 강의의 가장 큰 어려움은 완료할 수 있는 시간과 동기를 부여하는 것이다. 회사에서 대면 교육을 지원하거나 제공하는 경우 이를 활용하자. 이 기회는 한 기술을 더 깊이 파고들 수 있는 유용한 방법이다.

- **코딩 챌린지에 도전:** 리트코드^{Leetcode}, 프로젝트 오일러$^{Project\ Euler}$ 또는 이와 유사한 사이트에서 제공하는 코딩 챌린지에 도전하는 것은 자신이 사용하는 언어를 연습할 수 있는 기회일 뿐만 아니라 알고리즘 문제 해결 능력도 키울 수 있다.

- **정기적인 짧은 코딩 연습:** 이를 코드 카타$^{code\ kata}$[7]라고 한다. 이는 언어에 익숙해지고 문제 해결 및 알고리즘 능력을 키우는 데 도움이 된다. 온라인에서 '코드 카타', '코드 카타 챌린지', 'daily code kata challenge' 등을 검색해보자. 코드 카타는 짧은 시간 투자를 가정한다. 카타가 어렵지 않을 때까지 몇 주 동안 정기적으로, 이상적으로는 매일 하는 것을 목표로 하자.

프로그래밍 언어를 심도 있게 배우는 데는 시간이 많이 걸리며, '충분히 능숙해지면' 이 작업을 뒷전으로 미루기 쉽다. 실제 해결해야 할 일에는 어떤 언어의 멋진 기능이 필요하지 않은 경우는 늘 있기 때문에 더 그렇다. 이런 경우 학습 리소스에 대한 비용을 지불하면 집중력을 더 높일 수 있다.

---

[7] 옮긴이_ kata는 태권도의 품새처럼 무술을 연마할 때 실전 전에 연습을 위해 배우는 동작을 의미한다.

학습 과정에서 집중력을 유지하고 중간에 그만두지 않는 데 도움이 되는 비결은 내가 공부하고 싶은 리소스에 대한 비용을 지불해 학습에 투자하는 것이다. 이렇게 하면 돈이 아까워서라도 학습을 끝낼 가능성이 높아진다. 많은 무료 학습 자료는 유료 자료와 비슷한 품질을 가졌지만, 나는 책이나 온라인 강좌, 대면 교육처럼 금전적인 투자가 들어간 자료를 선호한다. 일단 돈을 내면 중도 포기를 하지 않을 동기를 부여한다.

8.2 가독성 높은 코드

가독성은 소스 코드의 중요한 특성 중 하나다. 가독성은 정확하고 예상한 대로 작동하는 코드만큼이나 중요하다.

그러나 코드가 올바르게 동작하는지 확인하는 것보다 코드가 잘 읽히는지 확인하는 것이 더 어렵다. 코드의 정확성은 테스트를 통해 '예', '아니오'라는 이분법적인 답을 확인할 수 있기 때문이다. 읽기 어려운 코드를 집어내는 데는 그런 명확한 접근 방식이 없다.

잘못된 코드는 오래 숨어 있을 수 없지만, 읽기 어려운 코드는 오랫동안 발견되지 않을 수 있다. 개발자가 버그를 수정하거나 새로운 기능을 추가하기 위해 기존 코드의 동작을 이해하려고 할 때까지 코드베이스에 조용히 남아 있다. 개발자는 이 읽기 어려운 코드가 무엇을 하는지, 어디를 수정해야 하는지 파악하느라 많은 고생을 한다.

코드기 읽기 어려우면 나중에 수정 작업을 하는 엔지니어는 간단한 작업에도 많은 시간을 소비한다. 코드를 잘못 이해해 의도하지 않은 방식으로 사용하거나, 수정 사항을 올바르게 적용하기 위해 여러 번의 반복 작업을 할 수도 있다. 또는 코드를 수정하면서 의도치 않게 다른 기능을 손상시킬 수도 있다. 어떤 기능에 대한 자동화된 테스트 코드가 있는 경우에는 큰 문제가 아니겠지만, 그렇지 않다면 더 많은 문제가 발생해 제대로 수정하는 데 더 많은 시간이 소요될 수 있다.

어떤 경우에는 개발자가 코드를 이해하려고 많은 시간을 투자했지만 실패해 원본 코드를 삭제하고 코드를 완전히 다시 작성하기도 한다. 하지만 실제 발생하는 모든 미묘한 경우들이 이 재작성 작업으로 커버되는 것은 아니며, 원래 코드의 수정보다 재작성에 더 많은 시간이 소요될 수 있다.

가독성이 떨어지는 코드의 가장 큰 위험은 가독성 저하의 늪에 빠진다는 점이다. 코드를 변경하는 엔지니어는 코드가 어떻게 작동해야 하는지 파악하는 데 많은 시간을 소비한다. 그 뒤, 코드를 더 읽기 쉽게 만들기보다 최소한의 부분만 수정해 더 가독성이 떨어지는 코드를 만들어낼 가능성이 있다. 그러면 그다음 사람이 코드를 이해하는 데 더 많은 시간을 할애해 시스템을 망가뜨리거나, 포기하고 코드를 삭제한 후 처음부터 다시 짜는 일도 생긴다.

읽기 어려운 코드는 기술 부채의 주요 원인이다. 기술 부채는 자동화된 테스트의 부족, 지속적 통합continuous integration (CI) 또는 지속적 배포continuous delivery or deployment (CD) 같은 프로세스의 누락, 부실한 온보딩 및 문서화 등 다양한 이유로 발생하며, 팀의 작업 속도를 늦추는 주요 원인이다.

그렇기 때문에 코드 가독성과 철저한 테스트는 실용적인 엔지니어에게 중요한 원칙이다. 코드베이스의 코드가 가독성이 높고 테스트가 잘 되면 최대한 쉽게 리팩터링, 확장, 수정할 수 있다. 가독성 높고 잘 테스트된 코드는 엔지니어가 자신 있게 변경할 수 있는 견고한 코드베이스의 토대가 된다.

잘 읽히는 코드란 무엇인가?

'잘 읽히는 코드'는 팀, 회사, 프로그래밍 언어에 따라 약간씩 다르다. 코드의 가독성을 판단하는 두 중요한 사람이 있는데, 바로 자신과 코드를 읽는 다른 모든 사람이다.

잘 읽히는 코드는 우선 작성자가 읽기 쉬워야 한다. 코딩이 끝나면 잠시 휴식을 취해 마음을 비우자. 그다음 코드를 처음 본다는 생각으로 수정 사항이나 수정된 이유를 아무것도 모른다고 상상하며 다시 읽어보자.

코드를 쉽게 따라갈 수 있는가? 변수와 메서드의 이름이 기능을 이해하는 데 도움이 되는가? 코드로 충분히 이해할 수 없는 곳에 주석이 있는가? 코딩 스타일이 수정 사항 전반에 걸쳐 일관성이 있는가?

어떻게 하면 코드를 더 읽기 쉽게 만들 수 있을지 생각하자. 너무 많은 일을 하는 매우 긴 함수가 있을 수 있다. 변수 이름을 바꾸면 그 목적이 더 명확해질 수 있을지도 모른다. 코드가 최대한 표현력이 풍부하고 간결하며 보기 좋게 바뀌었다고 느껴질 때까지 수정해보자.

코드의 가독성은 간단히 판단할 수 있다. 다른 사람이 코드를 쉽게 이해할 수 있으면 된다. 코드 리뷰를 통해 피드백을 받자. 코드가 얼마나 명확한지 물어보고, 이해가 되지 않는 부분이 있으면 질문을 해달라고 요청하자. 코드 리뷰, 특히 철저한 코드 리뷰는 최고의 피드백 소스다.

읽기 쉬운 코드는 이해가 어렵다는 반응을 거의 또는 전혀 이끌어내지 않으며, 리뷰어가 오해하지 않는다. 따라서 누군가 여러분이 작성한 코드를 오해하거나 그 명확한 의미에 관한 질문을 할 때마다 주의를 기울이자. 각각의 질문과 오해는 코드의 가독성을 높일 수 있는 힌트가 된다.

코드의 명확성에 대해 더 많은 피드백을 받는 좋은 방법은 해당 코드베이스의 전문가가 아닌 다른 사람에게 물어보는 것이다. 코드가 얼마나 읽기 쉬운지에 대한 피드백을 구체적으로 요청하자. 그 동료는 해당 코드베이스의 전문가가 아니기 때문에 코드를 얼마나 따라갈 수 있는지를 중점으로 보게 된다. 그 동료의 대부분 의견은 가독성에 관한 것이 될 것이다.

스스로 코드가 명료함에 만족하고 다른 개발자가 잘 읽을 수 있다면 올바른 방향으로 나아가고 있는 것이다. 코드를 더 읽기 쉽고 명확하게 만드는 방법은 여러 가지가 있다. 하지만 너무 깊이 들어가기 전에 자신과 동료가 쉽게 읽을 수 있어야 한다는 본질에 집중하자.

주의 사항

코드를 작성할 때는 항상 다음 두 가지 목표를 만족해야 한다.

1. 코드가 정확해야 한다. 즉, 실행 시 예상되는 결과를 만들어야 한다.
2. 다른 개발자가 쉽게 읽고 이해할 수 있어야 한다.

코딩은 사회적 활동이다. 코드는 외부와 단절된 채, 어떤 기능을 구현하지 않는다. 다른 많은 개발자가 우리가 작성한 코드를 읽어, 동작 방식을 이해하고 수정할 것이다.

코드는 다른 엔지니어가 유지 관리하기 쉽게 작성해야 한다. 이는 코드의 가독성에서 시작된다. 여기서 몇 가지 주의해야 할 사항이 있다.

- **명명**: 설명이 필요 없는 간결한 이름을 사용하자. 코드베이스에서 사용되는 이름과 일치하는 일관된 명명 방식을 고수하자.
- **코드 구조**: 함수, 클래스, 모듈이 논리적인 구조를 잘 갖춘 코드베이스는 탐색이 쉽다. 클래스와 코드베이스 전반에 걸쳐 일관된 서식을 사용하자.
- **단순한 코드(KISS)**: 'Keep it simple, stupid!'의 약자다. 코드가 단순할수록 읽고 이해하기 쉽다. 이를 염두에 두고 너무 크지 않은 작은 함수와 클래스를 목표로 하자. 일을 더 간단하게 처리할 수 있음에도 복잡한 코딩 방법을 도입하지는 말자.
- **단일 책임**: 함수는 한 가지 일만 하고 클래스가 주된 책임을 맡는 것을 목표로 작성한다. 함수의 목표가 하나면 정확성을 테스트하기가 쉬워지고 테스트를 재사용할 수도 있다.
- **DRY 원칙**: 반복하지 말자(Don't repeat yourself). 코드를 복사해 붙여 넣지 말자. 대신, 재사용할 필요가 있다면 단일 책임 원칙을 따르도록 코드를 리팩터링하자.
- **주석**: 어떤 엔지니어는 코드가 항상 문서화되어야 한다고 주장하는 반면, 어떤 엔지니어는 코드로는 전달할 수 없는 맥락을 추가하기 위해 주석을 입력한다. 다른 사람이 내가 작성한 코드를 이해할 수 있게끔 하는 최종 목표를 염두에 두고 주석에 대한 접근 방식을 생각하자. 주석에는 '방법'이 아닌 코드의 '이유'를 설명하자. 여기에는 어떤 미세한 케이스를 처리하는 코드가 추가된 비즈니스 로직 관점의 이유나, 그 코드가 없었다면 정상적이지 않은 코드 경로를 따라가 시스템이 다운되는 이유 같은 정보가 포함될 수 있다.
- **지속적인 리팩터링**: 코드베이스는 커진다. 단순한 클래스가 더 많은 일을 하게 되면 그

크기와 복잡성이 확장된다. 지속적인 리팩터링을 통해 코드베이스의 가독성을 유지할 수 있다. 새롭고 복잡한 클래스는 가독성 유지를 위해 여러 부분으로 나누거나 다른 방식으로 변경할 수 있다.

읽기 쉬운 코드가 무엇인지, 어떻게 하면 코드를 더 명확하게 만들 수 있는지 자세히 설명하는 책과 기타 자료가 많다. 다음 책들을 추천한다.

- 로버트 마틴Robert Martin의 『클린 코드』(인사이트, 2013)[8]
- 더스틴 보스웰Dustin Boswell과 트레버 파우처Trevor Foucher의 『읽기 좋은 코드가 좋은 코드다』(한빛미디어, 2012)[9]

8.3 품질 높은 코드 작성

유능한 소프트웨어 개발자는 적절한 수준의 추상화를 사용하고 잠재적인 오류 발생 사례를 고려해 충분히 안정적으로 작동하는 코드를 작성하고 싶을 것이다. 물론 이는 바로 앞에서 다룬 가독성을 전제로 한다.

적절한 수준의 추상화 사용

코드를 구조화할 때 클래스를 만들어 추상화 한다. 이 클래스는 코드의 다른 부분에서 구현 세부 사항을 추상화한다. 예를 들어, 하나의 파일에 다음과 같은 기능을 구현하는 'PaymentsIntent'라는 클래스가 있다고 하자.

1. 결제를 위한 API 요청을 수행한다.
2. JSON 응답을 가져와서 JSON의 서명을 확인해 유효한지 평가한다. 이를 Payments Response 객체로 변환한다.
3. PaymentsResponse 응답을 반환한다.

---

[8] 옮긴이_ 『Clean Code』(Pearson, 2008)
[9] 옮긴이_ 『The Art of Readable Code』(O'Reilly Media, 2011)

이 클래스는 하는 일이 많지 않지만, JSON을 `PaymentsResponse` 객체로 변환하는 위 두 번째 동작을 자체 클래스로 추상화하는 것이 합리적이라고 판단할 수도 있다. 그러면 `PaymentsLntent`는 다음 작업을 수행한다.

1. 결제를 위한 API 요청을 한다.
2. 결과로 새 `PaymentResponse`를 생성하고 이 객체를 반환한다.

결제 응답 JSON의 구문 분석을 추상화해야 하는 이유는 무엇일까?

- 이제 로직을 복사할 필요 없이 코드의 다른 부분에서 동일한 기능을 사용할 수 있다. 이는 DRY(반복하지 않기) 원칙을 준수한다.
- 클래스가 하는 일이 축소되어 각 클래스가 단일 책임을 맡게 된다.
- 향후에는 구문 분석 기능이 한 곳에 있으므로 결제 API 응답이 변경되는 경우 어떤 코드를 수정해야 하는지 더 쉽게 식별할 수 있다.

『A Philosophy of Software Design』(Yaknyam Press, 2021)이라는 책에서 저자 존 오스터하우트John Ousterhout는 정보 숨기기의 이점을 설명한다.

> 정보 숨기기는 두 가지 방식으로 복잡성을 줄여줍니다. 첫째, 모듈(또는 클래스)에 대한 인터페이스를 단순화합니다. 인터페이스는 모듈의 기능에 단순하고 추상적인 시각을 반영하면서 세부 사항을 숨기므로 그 모듈을 이용하는 개발자의 인지적 부하를 줄여줍니다.
>
> 둘째, 정보를 숨기면 시스템을 더 쉽게 발전시킬 수 있습니다. 정보를 숨기면 해당 정보가 포함된 모듈 외부에 해당 정보에 대한 종속성이 없으므로 해당 정보와 관련된 설계 변경은 하나의 모듈에만 영향을 끼칩니다.

개발 경험이 많을수록 '적절한' 수준의 추상화를 통해 시스템을 구축하는 능력이 좋아진다. 지나치게 많은 수의 작은 클래스는 불필요한 인지적 부하를 가중시키므로 시스템을 너무 작은 조각으로 나누는 것도 좋지 않다.

오류를 깔끔하게 잘 처리하기

내 경험상 많은 서비스 장애는 코드의 일부에서 잘못 처리된 오류로부터 시작된다. 소프트웨어 개발자는 코드를 작성할 때 어떻게 잘못될 수 있는지 생각하고 오류 처리에 충분한 시간과 노력을 투자해야 한다.

일관된 오류 처리 전략을 세우자. 오류일 수 있는 조건을 발견하면 어떻게 하는가? 예외exception 처리를 하는가? 오류를 로깅하는가? 아니면 둘 다 하는가? 그것도 아니면 다른 방법이 있는가?

오류를 처리하는 방법은 설명할 수 있어야 하며, 팀원 모두가 일관된 방식으로 처리하는 것이 가장 이상적이다. 오류를 기록하는 것은 현명한 전략이므로 로깅 전략을 세우는 것을 목표로 삼아야 한다. 23장 '소프트웨어 엔지니어링'에서 그 전략을 다룬다.

의심스럽다면 방어적으로 프로그램을 만들자. 코드의 다른 부분에서 전달될 입력이 신뢰할 수 없고 잠재적으로 악의적일 수 있다고 가정하면 시스템이나 클래스, 함수에 대한 입력에 의문을 제기하고 검증하는 것이 자연스럽다.

다음은 방어적인 프로그래밍을 위한 접근 방식이다.

- **특히 사용자의 입력을 검증한다.** 악의적인 의도 또는 실수로 잘못된 정보를 입력할 것이라고 가정한다. 예를 들어 함수의 문자열 매개변수가 양수여야 한다고 가정한다. 하지만 여전히 양수인지 확인하고 그렇지 않은 경우 오류를 발생시킨다.
- **무효한 응답을 예상한다.** 함수를 호출할 때 항상 '유효한' 값을 반환할 것이라 가정하지 말자. 빈 응답이나 이상한 값을 예상하자. 예를 들어, 주어진 직원의 급여를 정수로 반환하는 GetSalaryForEmployee() 함수를 호출할 때는 반환된 값이 0이나 음수가 아닌지, 심지어 숫자가 아닌 값인지도 확인하는 편이 좋다.
- **악의적인 입력을 예상한다.** 공격자가 의도적으로 시스템을 손상시키는 입력을 보내려고 시도할 수 있다. 예를 들어, 공격자가 SQL 인젝션SQL injection[10] 공격에 사용할 문자열을 전

---

10 https://en.wikipedia.org/wiki/SQL_injection

송하려고 시도하거나 크로스 사이트 스크립팅cross site scripting(XSS) 공격[11]으로 악성 스크립트를 삽입하려고 시도할 수 있다.
- **예외와 오류를 예상한다.** 함수를 호출할 때 예외를 발생시키거나 오류를 반환할 수 있다는 점에 대비하자.

방어적 프로그래밍이 필요 없는 경우도 있다. 예를 들어, 설계상 모든 입력의 유효성이 검사된 클래스로 이용해 작업할 때다. 또한 엄격한 자료형strongly typed을 가진 언어를 사용할 때나, 함수가 어떤 예외exception를 발생시킬지를 선언하는 언어로 작업하면 방어적 프로그래밍을 신경 쓰지 않아도 된다. 언어 자체에 오류 처리에 대한 제약 조건이 많을수록 컴파일러는 잘못된 가정에 대한 경고를 더 많이 할 수 있다.

'unknown' 상태 주의

API 응답을 성공 또는 실패 코드에 매핑할 때 'unknown'이 나타나는 상황은 의외로 흔히 발생한다. 예를 들어, 결제 요청에 대한 결제 API는 'OK', '자금 부족', '일시적으로 API를 사용할 수 없음' 같은 응답을 할 수 있다. 코드에서는 이러한 응답을 '성공' 또는 '실패'로 매핑해야 한다. 결제 API 업체가 나중에 새로운 응답을 추가하거나 제거할 것이 예상되는 상태에서, 향후 API에 '사용자의 조치 필요'라는 새로운 응답 코드가 도입될 경우를 처리할 수 있는 강력한 시스템을 구축하고자 한다. 일반적으로 두 가지 방법을 사용한다.

- **허용 목록**: 이 접근 방식을 사용하면 성공적인 응답 목록(허용 목록)을 만들고 그 외의 모든 응답은 실패로 간주한다. 따라서 허용 목록은 'OK' 응답이 되고 그 외의 모든 응답은 실패로 간주한다. 이 접근 방식은 더 방어적이다. '사용자의 조치 필요' 같이 엄밀히 말해 실패는 아닌 응답이 있을 때 문제가 발생한다.
- **차단 목록**: 이 접근 방식을 사용하면 실패로 간주되는 응답 목록(차단 목록)을 만들고 다른 모든 응답은 성공으로 간주한다. 이 접근 방식은 API가 새로운 오류 코드를 추가한

---

[11] https://owasp.org/www-community/attacks/xss

뒤 그 코드를 응답했는데, 성공으로 매핑할 수 있어 더 위험하다.

'unknown'을 잘못 처리하면 예기치 않은 문제가 발생한다. 안타깝게도 허용 목록이나 차단 목록 모두 모든 경우에 작동하지는 않는다. API 제공 업체가 이전에 본 적이 없는, 즉 알 수 없는 새로운 유형의 응답 코드를 도입하면 문제가 된다. 알 수 없는 응답과 코드를 처리하는 가장 좋은 방법은 '성공'과 '실패'를 제외한 세 번째 상태를 'unknown'으로 설정하고 오류, 경고 등을 발생시켜 엔지니어가 이를 살펴보도록 하는 것이다.

알 수 없는 상태나 반응에 대해 어떤 결정을 내리든 잘못된 가정에 근거한 것일 수 있다는 점을 명심하자. 그냥 내버려두는 것은 이러한 상황을 처리하는 올바른 방법이 아니다.

9 소프트웨어 개발
Software Development

소프트웨어 개발에 대해 '잘 아는' 유능하고 탄탄하며 효율적인 전문가로 인정받는 개발자가 되려면 어떻게 해야 할까? 이 장에서는 그 방법을 살펴보겠다.

9.1 프로그래밍 언어에 능숙해지기

프로그래밍 언어를 정말 잘 배우자. 언어를 완전히 익히면 새로운 차원의 포괄적인 이해력과 역량을 얻게 된다. '완전히 익힌다'는 것은 어떤 의미일까? 구문, 연산 등의 언어 사용법을 알고, 언어 사용의 모범 사례와 그러한 모범 사례를 권장하는 이유를 이해하는 수준을 의미한다. 즉, 메모리 관리와 가비지 컬렉션garbage collection이 어떻게 작동하는지, 코드가 어떻게 컴파일되는지, 성능에 영향을 주는 요소는 무엇인지 등 언어의 내부를 더 깊이 들여다보고 이해해야 한다.

언어의 기초를 배우자

언어를 깊이 있게 배우려면 여러 단계를 거쳐야 한다. 첫 단계로 언어가 제공하는 기능을 숙달한다. 이때 기본 제공하는 데이터 타입data type, 변수 및 데이터 구조data structure, 연산자, 제어문, 클래스 및 객체, 표준 오류 처리 방법을 익힌다. 제네릭generic, 병렬 실행/스레딩threading, 더 복잡한 데이터 타입, 언어가 지원하는 추가 기능 등 언어의 고급 부분을 이해하고 이용해보자.

프로그래밍 언어의 공식 문서를 참조하거나, 좋은 참고 자료를 찾거나, 코드 예시를 보거나, 기초에 관한 책을 읽는 건 언어의 기초를 익히는 좋은 방법이다. 코딩 예시가 포함된 동영상 강좌도 효과적이며, 실제로 사람에 따라 이보다 더 잘 맞는 방법도 있다. 자신에게 맞는 학습 방법을 찾아보자. 바로 찾아볼 자료가 있으면 편리하므로 책에 투자하는 걸 권한다.

한 단계 더 깊이 들어가기

언어 사용법을 알았다면 한 단계 더 깊이 들어가자. 다음과 같은 질문에 답을 할 수 있어야 한다.

- 변수, 함수 또는 클래스를 선언하면 어떤 일이 발생하는가?
- 코드는 어떤 과정을 거쳐 머신 코드로 컴파일되는가? 어떤 최적화가 이루어지는가?
- 프로그램의 메모리 사용량은 얼마인가? 사용된 메모리를 어떻게 관찰할 수 있는가?
- 메모리는 어떻게 확보하나? 가비지 컬렉션을 사용하는 언어는 어떻게 작동하는가?
- 언어가 제네릭을 지원하면 공변성^{covariance}과 반공변성^{contravariance} 모두 지원되는가?
- 제네릭 코드는 어떻게 해석되며, 내부적으로 어떻게 최적화되는가?

언어의 고급 부분에 관한 책, 비디오, 온라인 강좌 및 기타 리소스를 찾아보자. 인공지능 도구는 일부 질문에 대한 지름길을 제시하지만, 잘 쓰인 책이나 온라인 리소스만큼 심도 깊지는 않을 것이다. 위와 같은 질문에 답을 찾으려고 할 때, 이 질문들이 복잡하고 내가 모르거나 혼자서 해결할 수 없는 영역을 다룬다는 점을 잊지 말자.

내가 언어를 깊이 있게 배우는 데 사용하는 방법을 소개하겠다. 언어에 관한 책을 정독하고, 고급 과정을 수강하고, 핵심적인 내용을 다룬 기사를 읽는다. 최근에는 여기에 더해 AI 코딩 보조 도구를 활용해 개념을 요약하고 답안의 정확성을 검증한다. 모든 첨단 기술에는 항상 여러 명의 전문가가 존재하며, 이들은 언어의 심층을 파헤치고 발견한 내용을 공유한다. 심도 있는 리소스를 검색하고 공부에 시간을 투자하자.

도구를 이용해 내부를 들여다보고 작동 방식에 대한 자세한 정보를 얻자. 메모리 및 CPU 프로파일러, 개발자 도구, 진단 도구 등이 도움이 된다. 이러한 도구는 언어의 내부 작동을 더 많이 이해하는 데 도움이 되며 고급 디버깅에도 유용하다.

팀의 Go 언어 전문가가 된 인턴

내가 우버에 있을 때 이야기다. 우리 팀은 백엔드에서 주로 자바를 사용하며, 가끔씩 파이썬과 노드JS를 사용했다. 이렇게 다양한 언어를 사용하게 된 이유는 팀에서 해당 언어로 작성된 서비스로 작업해야 했기 때문이다.

회사 내에 Go 언어에 대한 관심이 높아지면서 Go를 이용한 새로운 서비스가 많이 만들어지고 있었다. 우리 팀은 탐구하기를 좋아해 Go를 배울 좋은 기회라고 생각해 Go로 새로운 서비스를 만들었다.

우리 팀에 Go를 정말 좋아하던 인턴이 합류했다. 그는 인턴으로 일하기 전부터 튜토리얼을 읽고, 흥미로운 내용을 찾아 읽고, 토이 프로젝트를 만들고, 다양한 언어 기능을 실험하는 데 많은 시간을 보냈다. 이 인턴은 곧바로 코드 리뷰에 참여해, 팀원들에게 'Go 방식'으로 코드를 작성하는 방법을 전파하기 시작했다. 팀의 엔지니어들은 이 인턴에게 Go 코드에 대한 리뷰를 요청하고, 서비스를 구축할 때 이 인턴과 짝 프로그래밍을 하는 등 더 많이 참여시키기 시작했다.

인턴은 우리 팀에서 'Go 전문가'가 됐다. 어떻게 그럴 수 있었을까? 그는 그 누구보다 많은 시간과 노력을 투자했고, 언어의 작동 원리에 대해 계속 깊이 있게 연구했다.

경험이 부족하더라도 시간과 노력을 투자하면 언어, 프레임워크 또는 특정 분야의 전문가가 될 수 있다!

언어와 함께 사용하는 '기본' 프레임워크 알아보기

요즘에는 하나의 언어만 사용하는 경우는 드물지만, 프레임워크와 함께 '주' 언어를 사용하는 경우가 대부분이다. 예를 들어, 자바스크립트나 타입스크립트를 프런트엔드 주 언어로 사용하는 경우 리액트, Next.js 또는 다른 그 언어에 맞는 프런트엔드 프레임워크를 사용하는 경우가 많다. 루비 코드를 작성하는 경우에는 레일즈를 사용할 수 있고 PHP라면 라라벨 등을 사용할 수 있다. 어떤 소프트웨어를 구현하는 데 있어 특정 언어와 해당 언어 기반의 프레임워크를 같이 쓰면 더 빠르게 개발을 진행할 수 있고 보통 그런 조합이 많이 사용된다.

프레임워크를 학습할 때는 프로그래밍 언어를 배울 때와 동일한 접근 방식을 권한다. 프레임워크의 기본 사항을 학습한 다음, 프레임워크의 내부를 들여다보고 더 깊이 들어가자.

오픈소스 프레임워크를 처음 보면 규모에 압도되더라도 그 내부를 직접 살펴볼 수 있다. 이는 대부분의 프로그래밍 언어가 갖지 못하는 장점이다.

많은 개발자는 기본 프레임워크가 '충분히 만족스럽기' 때문에 작동 방식과 이유를 이해하기 위해 더 깊이 파고드는 데 많은 시간을 투자하지는 않는다.

한 단계 더 들어가 프레임워크 내부를 더 깊이 파고드는 데 더 많은 시간을 투자해 지식을 쌓으면, 까다로운 버그를 디버깅하거나 아키텍처를 결정하거나 새 버전의 프레임워크로 마이그레이션할 때 큰 도움이 된다.

다른 언어 배우기

첫 번째 언어에 충분히 익숙해졌다면 두 번째 언어를 배울 수 있는 기회를 찾아보자. 예를 들어, 팀원 중 다른 언어로 코딩하는 사람이 있다면 자원해 그 일에 동참해, 새로운 언어를 배우고 싶다는 의사를 분명히 밝히는 것이 좋다.

두 번째 언어를 배우면 생각보다 훨씬 많은 이점이 있다.

- **장단점을 비교하기가 더 쉬워진다.** 다른 언어를 사용하기 시작하면 어떤 부분은 더 어렵고 어떤 부분은 더 쉽다는 사실을 알게 된다. '첫 번째' 언어를 심도 있게 배웠다고 가정하면 새로운 언어가 더 잘 통하는 부분과 그렇지 않은 부분을 즉시 알 수 있다.
- **첫 번째 언어를 더 깊이 이해한다.** 바로 와닿지는 않겠지만, 두 번째 프로그래밍 언어를 배우면 첫 번째 언어에 대한 전문성을 키우는 데 도움이 된다. 두 번째 언어는 기본으

로 지원하는 어떤 기능을, 익숙한 첫 번째 언어에서는 별도로 만들어야 하는 경우가 있다. 같은 기능을 어떻게 만들지 알아내는 과정을 거치며 첫 번째 언어의 한계를 배우거나, 새로운 기능을 발견하거나, 동적 타입$^{dynamic\ type}$, 제네릭 및 기타 고급 언어 기능과 같은 개념을 더 잘 이해하는 경우가 많다.

- **'주' 언어만 사용하는 습관을 버리자.** 한 가지 프로그래밍 언어에만 능숙하다면 항상 그 언어만 사용하게 될 가능성이 높다. 하지만 특정한 프로그래밍 언어 하나가 모든 프로젝트와 상황에 가장 적합한 경우는 드물다. 새로운 프로그래밍 언어를 사용하면 새로운 라이브러리나 더 나은 성능 같은 이점을 얻는 경우가 있다. 새로운 언어를 두려워하지 않는 습관을 기르자.
- **더 많은 언어를 배우기가 쉬워진다.** 첫 번째 프로그래밍 언어는 보통 가장 배우기 어렵다. 두 번째 언어는 여전히 까다롭지만, 그다음부터는 더 쉬워진다. 더 많은 언어를 배울수록 각 언어의 다양한 특징과 기능을 더 잘 이해할 수 있다.

AI 도구는 새로운 언어의 구문을 학습하는 데 큰 도움이 된다. 챗GPT 같은 도구와 기타 AI 코딩 보조 도구는 코드를 다른 프로그래밍 언어로 '번역'할 수 있다. 또한 '[학습 중인 언어]에서 함수를 선언하는 다양한 방법을 보여주세요.' 같은 질문에 답변하기도 한다. 단, 오답을 낼 수도 있으므로 결과물을 반드시 검증해야 한다는 점을 기억하자!

넓게 갈까, 깊게 갈까?

유능한 소프트웨어 개발자는 깊이 있는 지식을 갖추고 있다. 즉, 적어도 한 가지 이상의 언어와 프레임워크를 매우 잘 이해하고 있다. 하지만 이 언어나 프레임워크가 처음 배운 것이 아닐 수도 있다.

나는 경력 초기의 개발자에게 적어도 한 가지 영역을 '깊이 있게' 공부하라고 조언한다. 심도 있는 학습 자료를 공부하는 등 앞서 설명한 접근 방식을 따르자. 또 다른 좋은 접근 방식은 해당 분야의 전문가와 같이 작업하면서 그들로부터 배우고, 자가 학습을 위한 자료를 물어보고, 공부를 하는 것이다.

깊이 있게 공부하는 또 다른 방법은 매일 접하는 '지루하지만 필요한 것'을 공부

하는 것이다. 소프트웨어 엔지니어인 벤 쿤Ben Kuhn[12]은 이를 '블럽 스터디blub study'
라고 부른다. '블럽'이라는 용어는 Y 컴비네이터의 공동 창업자인 폴 그레이엄Paul Graham의 에세이[13]에서 유래한 것으로, 여기서 '블럽'은 가상의 언어 이름이다. 벤은 블럽 스터디를 옹호하는 글[14]에서 프레임워크와 언어의 지루하고 무의미해 보이는 세부 사항으로 들어가는 것이 왜 유용한지에 대해 설명한다.

> 여러분이 선택한 블럽이 리액트React라고 가정합시다. 다른 기술 스택이나 다른 웹 프레임워크로 옮기면 이전에 아주 세부적인 내용까지 공부한 것이 쓸모 없어지는 게 아닐까 걱정할 수 있습니다. 일부는 정말 그럴 수도 있습니다. 하지만 순수 렌더링 함수를 작성하고, 재조정reconciliation을 사용해 빠르게 업데이트한다는 리액트의 핵심 아이디어는 매우 강력하고 일반적입니다. 실제로, 현재 iOS(SwiftUI)와 안드로이드(Jetpack Compose)의 모든 차세대 UI 프레임워크가 이를 모방하고 있습니다. 이는 리액트의 원리를 배우면 다른 프레임워크도 더 쉽게 배울 수 있다는 말입니다. 또한 프레임워크에 사용된 아이디어를 다른 프레임워크에 도입하는 데도 유용합니다.
>
> 블럽 스터디는 놀라울 정도로 광범위하게 적용할 수 있습니다. 그 이유는 어떤 하나의 블럽 시스템의 세부 사항을 배우면 그 시스템의 설계에 블럽과 무관하게 일반적으로 적용될 수 있는 유용한 핵심 요소가 있기 때문입니다.
>
> 블럽 스터디는 두 가지 측면에서 막연히 기대하는 것보다 더 많은 것을 복합적으로 제공합니다. 첫째, 하나의 블럽에 대해 알면 위의 리액트/SwiftUI 예시처럼 같은 용도로 사용되는 대체 블럽에 대해 더 쉽게 배울 수 있습니다. 둘째, 하나의 블럽에 대해 더 많이 알면 기술 스택의 인접한 부분에 있는 다른 블럽을 더 빨리 학습하는 데 도움이 됩니다.

이렇게 폭을 넓히는 동시에 깊이도 더할 수 있다는 것을 알았다. 자신이 사용하는 도구와 프레임워크가 실제로 어떻게 작동하는지 알아보는 블럽 스터디가 좋은 예가 될 수 있다. 나의 안전지대를 벗어나 새로운 것을 배우는 데 시간을 투자한다

---

12 https://www.benkuhn.net
13 https://www.paulgraham.com/avg.html
14 https://www.benkuhn.net/blub

면 지식과 기술의 깊이와 폭이 넓어질 것이다.

9.2 디버깅

문제를 해결하기 위해 코드를 작성하면, 늘 예상대로 작동하지는 않는다. 경험이 적을수록 이런 일은 더 자주 발생한다. 그렇다면 무엇이 잘못됐는지 어떻게 알까? 코드를 검사하고 오류가 발견될 때까지 단계별로 살펴보자. 기본적으로는 그것이 디버깅이다.

빠르고 효율적인 디버깅을 하는 엔지니어가 오류를 더 빨리 수정하고, 그 과정을 더 빠르게 반복한다. 디버깅에 타고난 재능이 있는 사람도 있겠지만, 모든 디버깅 기술은 배울 수 있다. 어떻게 하면 디버깅을 더 잘할 수 있을까?

디버깅 도구 알아보기

비주얼 스튜디오 코드Visual Studio Code(VS 코드) 또는 젯브레인즈JetBrains의 IntelliJ와 같은 대부분의 통합 개발 환경integrated development environment(IDE)에는 강력한 런타임runtime 디버깅 도구가 함께 제공된다. 하지만 경험이 적은 엔지니어는 이러한 도구의 강력함을 모르는 경우가 많다. 코드가 실행되는 동안 코드를 검사하면 코딩 과정에서 어떤 가정이 잘못됐는지, 코드가 실제로 어떻게 작동하는지 확인할 수 있다. 디버깅 도구를 사용하면 '수정 후 실행하면서 잘 작동하기를 기도하는' 접근 방식에 비해 시간을 절약할 수 있다.

먼저 사용 중인 IDE와 함께 제공되는 디버깅 도구를 살펴보자. 브레이크포인트breakpoint[15]를 설정하고 로컬 변수를 검사하고, step 명령으로 함수에 들어가거나step in 나오고step out 넘어가며step over 호출 스택call stack[16]을 검사하자. 고급 디버깅 기

---

[15] 옮긴이_ 디버깅을 위해 코드의 특정 위치에서 실행을 멈추도록 지정할 수 있는데, 그 위치를 의미한다.
[16] 옮긴이_ 프로그램에서 함수가 호출되면 메모리의 스택에 함수가 실행을 마친 뒤 돌아갈 주소와 지역 변수가 저장되는데 특정 함수가 차지하는 스택의 영역을 스택 프레임(stack frame)이라고 하고, 함수 호출이 계속되면서 만들어진 스택 전체를 콜 스택(call stack)이라고 한다.

능을 사용하는 방법에 대한 문서와 튜토리얼을 찾아보자. 일부 디버거는 다음과 같은 유용한 기능을 지원한다.

- 즉시 변숫값 수정
- 디버깅 중 계산식^{expression} 결과보기
- 조건부^{conditional} 브레이크포인트 및 예외^{exception} 브레이크포인트
- 워치포인트^{watchpoint}(변수에 설정된 브레이크포인트로, 변수가 변경될 때 실행이 멈춤)
- 스택 프레임$^{stack\ frame}$ 버리기(호출 스택의 다른 부분에서 디버깅 다시 시작)
- 스레드^{thread} 간 건너뛰기
- 디버거가 실행되는 동안 소스 코드 수정하기
- 환경 변수 수정
- 센서 입력 시뮬레이션(모바일과 같은 하드웨어 기반 환경의 경우)

비쥬얼 스튜디오$^{Visual\ Studio}$, 젯브레인즈 IDE, 크롬^{Chrome} 개발자 도구와 같은 도구는 위의 거의 모든 기능을 지원하며, 개발자의 생산성을 염두에 두고 구축된 최신 개발 환경도 마찬가지다. 아직 사용한 적이 없다면 지금이 좋은 기회다.

숙련된 개발자의 디버깅 방법을 관찰하자

디버깅을 잘하는 개발자가 디버깅을 어떻게 하는지 관찰하면 내 디버깅 실력을 향상시킬 수 있다. 동료 개발자가 까다로운 버그를 언급하면 그 버그를 디버깅하는 과정을 지켜보거나 함께 작업해도 될지 물어보자. 버그의 근본 원인을 찾는 방법을 배우고 싶다고 이야기하자.

팀의 디버깅 세션에서 모든 개발자와 적어도 한 번은 짝을 이뤄보자. 새로운 디버깅 기술을 배우고 새로운 도구를 발견할 수도 있다.

도구 없이 디버깅하는 방법 알아보기

명령줄에서 작업할 때처럼 마땅한 디버깅 도구가 없거나 디버깅 도구를 사용하지

않는 경우도 있다. 도구 없이도 디버깅을 통해 무엇이 잘못됐는지 알아낼 방법이 있다. 이러한 접근 방식은 일반적으로 추가 작업이 필요하지만 더 많은 것을 배울 수 있다. 다음과 같은 방법이 있다.

- **콘솔에 로그 출력**: 가장 간단한 방법이다. 함수가 호출될 때 메시지 덤핑을 시작하고, 변숫값과 기타 도움이 될 수 있는 모든 것을 출력한다. 그런 다음 코드를 다시 실행하고 콘솔 로그를 확인해 무슨 일이 일어나고 있는지 파악한다.
- **종이 디버깅**: 펜과 종이를 준비하거나 화이트보드를 사용하자. 관심 있는 주요 변수를 적고 머릿속에서 코드를 실행하며 매번 변수가 어떻게 변하는지를 기록하자. 좀 더 세분화된 메모가 도움이 되는 경우가 많다. 막히는 부분이 있으면 다른 사람에게 확인을 요청해 머릿속에서 코드가 올바르게 실행되고 있는지 확인하자. 이 방법은 디버거를 사용할 때 특히 유용한데, 먼저 종이 디버깅을 한 다음 실제 디버거를 실행해 머릿속에서 프로그램을 올바르게 실행했는지 확인한다.
- **(단위) 테스트 작성**: 이 접근 방식은 테스트 주도 개발^{test driven development}(TDD)과 유사하며 함수를 디버깅할 때 특히 유용하다. 예상되는 입력과 예상되는 출력을 정해 테스트 코드를 작성한다. 이 테스트 코드를 실행하면서 어떤 테스트는 성공하고 어떤 테스트는 실패하는지 확인한다. 그런 다음 코드를 수정하고 빠르게 테스트를 다시 실행한다. 이 접근 방식은 테스트를 작성하고 나면 수정 사항의 작동 여부에 대한 신속한 피드백을 얻을 수 있기 때문에 유용하다. 그리고 14장 '테스트'에서 다루듯 테스트는 유지 관리가 가능한 코드의 기초이므로 어쨌든 작성해야 할 것이다.

9.3 리팩터링

리팩터링^{refactoring}은 코딩에서 중요하지만 종종 간과되는 부분이다. 리팩터링에 능숙해지는 것은 코딩을 배우는 것과 비슷하다. 어떤 주제에 대해 원하는 만큼 읽을 수는 있지만, 직접 해보지 않고는 그 주제를 진정으로 마스터할 수 없다. 리팩터링을 잘하려면 리팩터링을 많이 해보아야 한다.

가능한 한 자주 리팩터링 연습하기

코드를 작성하면 리팩터링부터 시작하자. 작업을 완료하고 코드가 동작하면 비판적인 시각으로 모든 변경 사항을 읽어보자. 뭔가 더 잘하거나 더 잘 표현할 수 있을까? 어떻게 하면 코드가 더 보기 좋게 읽힐 수 있을까?

개선할 부분은 바로 변경하자. 리팩터링이라고 느껴지지 않는 작은 변화일 수 있지만 좋은 시작이 될 것이다.

코드 리뷰에서 리팩터링에 대한 아이디어를 얻고 실천하자. 다른 사람이 남긴 내 코드에 대한 리뷰나 다른 코드 리뷰를 확인하면 코드베이스 수준에서 개선할 사항을 지적하는 댓글이 보일 것이다. 이런 지적은 수정 사항이 아닌 주변 코드를 지목하는 경우도 있는데 이를 통해 코드의 다른 부분에 리팩터링이 필요하다는 점을 알 수 있다.

코드 수정의 기회가 될 리뷰를 발견하면 이를 받아들여 리팩터링에 자원하자. 리팩터링이 필요하다고 생각한 사람과 함께 리팩터링을 진행하고 나중에 결과를 리뷰받자. 이 리팩터링을 리뷰가 용이하도록 별도의 작업이나 풀 리퀘스트로 수행하자.

코드를 읽자. 코드를 읽으며 불일치하는 부분이나 이해하기 어려운 부분을 메모하자. 코드 리뷰에서 리팩터링이 필요한 코드를 찾기는 쉬울 수도, 어려울 수도 있다. 코드를 읽으며, 어떤 역할을 하는 코드인지 이해하려 노력하면 두 가지 차원에서 도움이 된다.

첫째, 시스템에 대한 지식이 깊어진다. 코드를 읽으면 어떤 작업이 어디에서 수행되는지 이해하기 쉽다. 디버깅을 더 잘하고 코드를 더 잘 추론할 수 있게 된다. 8장의 '코드를 작성하는 만큼 코드 읽기' 섹션을 참조하자.

둘째, 일관성이 부족한 부분을 많이 발견할 수 있다. 명칭이 다르거나 중복된 것처럼 보이는 코드 등 여러 가지가 있을 것이다. 특정 메서드가 무엇을 하는지, 특정 클래스가 왜 존재하는지 이해하기 어려워 머리를 긁게 되는 부분도 있을 것이다. 읽을 수 없는 코드도 보일 수 있다.

이 모든 것을 메모하자. 그냥 비공개 문서에 넣어도 되고, IDE의 확장 프로그램을 사용해 자신만의 주석을 기록하는 방법도 있다. 확장 프로그램으로 작성한 주석은 로컬 파일에 저장되어 다른 사람이 커밋하거나 볼 수 없다.

리팩터링할 항목을 정리하자, 그리고 다른 사람으로부터 피드백을 받자. 발견한 모든 내용을 바로 수정하고 싶은 유혹이 있지만, 이것이 최선의 방법은 아니다. 팀에서 이미 여러분의 관찰 내용을 일부 알고 있을 수도 있다. 드물지만, 성능이나 유지 보수성 같은 다른 이유로 가독성이 떨어지는 코드를 수용하기로 결정했을 수도 있다. 쿠버네티스Kubernetes 소스 코드의 일부가 이에 대한 좋은 예다. 또 팀에서 실제로 합의한 규칙에 따라 리팩터링해야 할 사항을 발견할 수도 있다.

대신, 코드베이스를 충분히 경험한 사람에게 관찰한 내용을 이야기하며 두 번째 의견을 구하자. 그들의 피드백을 받아 합당한 리팩터링을 구분하자. 새로운 리팩터링 목록으로 각 리팩터링에 소요될 시간과 노력을 추정하고 진행 방법에 따라 순서대로 정리하자. 간단한 리팩터링부터 시작하는 것이 좋다.

우선순위가 지정된 목록이 있으면 이를 '리팩터 백로그'로 생각할 수 있다. 자기가 할 일을 기록하는 팀에서 일하는 사람은 티켓을 만들어도 좋다. 기존 업무는 유지하면서 부가적으로 리팩터링 작업을 하나씩 시작해보자. 코드 리뷰를 기다릴 때나 작업 사이에 생기는 빈 시간에 리팩터링을 할 수 있다. 첫 번째 리팩터링을 완료한 다음 리뷰를 받고 병합한 뒤 다른 사람에게 피드백을 구하자. 천천히 그러나 확실하게 목록에 있는 것들을 차례로 리팩터링하자. 그 작업이 거의 끝나면 코드를 개선할 수 있는 새로운 기회를 찾아보자.

좋은 팀이라면 동료들이 이런 작업을 하는 당신을 응원할 것이다. 특히 리팩터링이 좋은 아이디어였다는 피드백을 준 동료는 더 많은 응원을 할 것이다. 리팩터링하면 실력을 기를 뿐만 아니라 코드베이스에 대해 더 많이 이해할 수 있고, 정리 작업에 대한 팀원들에게 선의 통장을 쌓는 등 다양한 이점을 얻을 수 있다. 또한 리팩터링을 시작하기 전에 정기적으로 피드백을 요청하면 동료들이 중요하다고 생각하는 요소와 중요하지 않다고 생각하는 요소, 그리고 그 이유를 알 수 있다.

IDE의 리팩터링 기능을 파악하고 사용하자

많은 IDE가 변수 이름 바꾸기, 함수 시그니처^{function signature}[17] 변경, 로직을 자체 함수로 바꿔주는 등의 간단한 리팩터링 작업을 기본으로 지원한다. 어떤 IDE를 사용하든 시간을 투자해 리팩터링 지원 기능을 학습하자.

간단한 리팩터링 작업도 수작업으로 진행한다면 시간이 오래 걸리고 오류가 발생하기 쉽다. 도구를 사용하면 작업 속도가 빨라지며 리팩터링에 드는 시간이 아깝지 않을까 하는 고민을 없애 준다. 눈 깜짝할 사이에 끝낼 수 있다.

리팩터링은 다방면으로 이루어진다. 간단한 리팩터링부터 시작해 천천히 더 복잡한 리팩터링을 시도하자. 간단한 리팩터링은 함수의 일부분을 리팩터링하는 것으로, 변수의 이름을 바꾸는 것부터 시작해 다른 메서드로 기능을 추출하는 것이다. 다음 단계는 여러 함수를 리팩터링하는 것으로, 예를 들어 중복을 제거하는 것이다. 그다음에는 클래스 수준에서 비슷한 작업을 수행한다. 마지막으로 서비스/라이브러리/프레임워크 수준에서 비슷한 작업을 수행한다.

리팩터링의 범위가 작을수록 리팩터링을 올바르게 수행하고 문제가 없는지 테스트하기가 더 쉽다. 모든 리팩터링은 좋은 경험이 되지만, 소화할 수 있는 한도 이상으로 욕심을 내지는 말자. 리팩터링을 시작했는데 통제할 수 없을 정도로 커져서 모든 변경 사항을 추적하기 어렵다면 범위를 줄이자. 리팩터링을 작은 조각으로 잘라 하나씩 수행할 수 있는가? 일이 지나치게 복잡해지면 코드베이스에 대한 경험이 많은 사람들에게 도움을 요청하자. 같은 문제에 어떻게 접근하는지 이해할 기회다.

테스트 코드에 대한 리팩터링

프로젝트의 단위 테스트도 리팩터링할 수 있다. 잘 알려지지 않았지만 좋은 리팩터링 기회다. 단위 테스트는 대개 중복이 많고 구조가 좋지 않으며 모범 사례를 따르지 않을 때가 많다. 테스트를 추가하는 사람은 대개 기존 스타일을 따르기만

---

17 함수의 프로토타입에 명시되는 매개변수 리스트

하고 개선하지는 않는다.

테스트 코드 리팩터링은 테스트 하나부터 시작한다. 해당 테스트의 가독성을 높인 다음 코드 리뷰를 통해 피드백을 받는다. 그리고 전체 클래스를 정리하는 단계로 넘어간다. 공통 기능을 자체 메서드로 추출하고, 테스트를 단순화하며, 가독성을 높이는 것은 그리 어려운 일이 아니다. 어떤 스타일과 관행을 따를 것인지에 대한 토론을 진행해도 좋다.

팀 수준에서 몇 가지 관행과 규칙에 합의하면 다른 클래스를 리팩터링하자. 테스트 리팩터링은 크게 주목받지 못하지만 중요한 역할을 한다고 생각한다. IDE가 제공하는 리팩터링의 효율을 경험하고 익힐 기회이기도 하다. 이렇게 수정한 테스트 코드는 장기적인 효과를 미친다. 한 번 개선되면 다른 개발자가 여러분이 개선한 규칙을 따라 새로운 테스트 코드를 작성할 것이다.

제대로 테스트하지 않은 프로덕션 코드를 리팩터링할 때는 매우 신중해야 한다. 리팩터링이 빈번해지면 안전망을 갖추는 것이 중요하다. 이 안전망은 코드에 대한 단위 테스트다. 자동화된 테스트 없이 코드를 리팩터링하려고 하면 제대로 작동하는지 확인하는 데 훨씬 더 많은 노력을 기울여야 한다.

테스트하지 않은 코드를 리팩터링하는 편이 실용적일 때도 있다. 보통 사용자 인터페이스(UI) 계층처럼 팀이 의도적으로 테스트 코드를 만들지 않는 코드베이스의 일부로 국한된다. 그러나 리팩터링이 영향을 미치는 모든 유즈 케이스use case를 수동으로 검증한다면 빠른 리팩터링으로 얻을 효율이 사라진다.

리팩터링을 일상적인 습관으로 만들기

리팩터링 근육을 강화하자. 두려움 없이 적은 노력으로 리팩터링하는 능력은 자주 연습하고, 실수하고, 그 실수에서 배우며 길러진다. 몇 가지 작업을 완료할 때마다 중요한 리팩터링 작업을 수행하는 것을 잊지 말자.

9.4 테스트

경쟁력 있는 소프트웨어 개발자가 신뢰할 만한 사람으로 여겨지는 이유는 어느 정도 복잡한 작업에 걸리는 시간을 꽤 근접하게 예측할 수 있기 때문이다. 그리고 그런 개발자의 코드가 정상적으로 작동한다. 이들은 어떻게 자신의 코드를 제대로 작동하도록 만들까?

코드 리뷰를 요청하거나 커밋 전에 테스트한다. 자동화된 테스트만을 말하는 것은 아니다. 믿음직한 개발자는 무엇보다도 작업이 완료되면 코드 리뷰를 요청하거나 프로덕션에 푸시하기 전에 수동으로 코드를 테스트한다.

코드에서 발생할 수 있는 엣지케이스edge case들에 대해 생각하고 간단한 테스트를 실행한다. API 엔드포인트를 구축하는 경우, 로컬에서 엔드포인트를 동작시킨 후 다양한 요청을 보내 기능을 실행한다. 특정 로직을 수행하는 함수를 작성하는 경우에는 경곗값을 인자로 전달해도 예상대로 작동하는지 확인한다.

믿음직한 개발자는 엣지케이스에 깊은 관심을 기울인다. 이들은 잠재적인 엣지케이스를 검토하고 이러한 시나리오에서 어떤 일이 발생해야 하는지 이해관계자와 함께 확인한다. 예를 들어, 사용자 입력 필드를 구축할 때 믿음직한 개발자는 사용자의 입력을 검증해야 하며, 사용자가 다른 것을 입력할 경우 어떤 일이 발생해야 하는지 확인한다. 또는 현금 계좌를 충전하는 앱의 경우 음수 금액이나 숫자가 아닌 값과 같은 엣지케이스를 고려할 것이다.

믿음직한 개발자라면, 테스트 케이스를 개발 시작 전에 수작업으로라도 기록한다. 개발자는 이 목록을 확장하면서 이전에는 고려하지 않았던 새로운 엣지케이스를 찾기도 한다. 코드가 준비되면 모든 경우에 대해 테스트하고 코드가 정상적으로 작동한다고 확신할 때만 코드를 커밋한다.

보통 개발자는 엣지케이스와 테스트 케이스에 대해 고려하지 않고 코드가 작동하리라는 가정하에 체크인해 버그를 발생시키는 경향이 있다. 이렇게 발생하는 버그는 대부분 간과된 엣지케이스일 가능성이 높다. 개발자는 '별거 아니야, 늘 있는 일이야'라고 생각할 수 있다. 그리고 실제로 그런 일이 발생한다. 하지만 신기하게도 엣지케이스에 대해 고민하고 모든 가정을 확인할 때까지 코드를 푸시하지 않는 믿음직한 개발자에게는 그런 일이 거의 일어나지 않는다.

유능한 개발자는 자동화된 테스트를 사용한다. 개발자들은 미리 엣지케이스와 테스트 케이스를 정의해 놓는다. 초급 개발자 시절에는 이러한 모든 케이스를 수동으로 테스트했겠지만 단위 및 통합 테스트 도구에 익숙해지면 느리고 고통스러운 수동 테스트로는 돌아가지 못한다.

일부는 테스트 주도 개발을 시도한다. 이는 단위 테스트를 미리 생성한 다음 이 테스트를 통과하는 코드를 작성하는 방식이다. 하지만 대부분의 개발자는 코드 작성과 의미 있는 자동화된 테스트를 동시에 수행하는 방식을 고수한다. 14장 '테스트'에서 다양한 유형의 자동화된 테스트에 대해 자세히 알아본다.

10 생산적인 소프트웨어 개발자의 도구
Tools Of The Productive Developer

개발자로서 생산성을 높이려면 사용하는 도구를 잘 이해하고 제어해야 한다.

어떤 직업은 '일에 필요한 도구'를 공식적으로 교육한다. 아버지는 화학 분야에서 일하시는데, 화학 실험실에 취직하면 가장 먼저 사용하는 기구와 각 기구의 역할을 배운다고 한다. 초기에는 감독 아래 간단한 기구를 사용하는 조수로 일하고, 숙련도가 입증되면 더 복잡한 도구와 작업을 수행할 수 있게 된다. 몇 년이 지나면 실험실 직원이 혼자서 복잡한 기기를 조작하고 새로운 조수를 교육할 능력이 갖춰진다.

하지만 소프트웨어 분야는 이러한 교육이 드물다. 회사에 따라 도구 사용, 빌드, 배포 및 기타 시스템의 작동 방식에 대한 교육을 다른 곳보다 더 잘하는 곳도 있지만 대부분은 스스로 알아내야 한다.

이 장에서는 많은 직장에서 믿음직한 소프트웨어 엔지니어가 효과적으로 사용하는 도구와 시스템을 간단히 설명하겠다.

10.1 로컬 개발 환경

대화형/통합 개발 환경 interactive/integrated development environment (IDE) 또는 코딩을 위한 텍스트 에디터 등 개발 환경을 마스터하자. 기능을 배우고 익히자!

개발 환경이 특정 파일 내 검색, 현재 파일에서 바꾸기, 메서드 추출, 변수 이름 변경과 같은 기능을 지원하는가? 프로젝트를 빌드하고 클릭 한 번으로 실행할 수 있는가? IDE 사용법을 잘 익히는 것은 매우 중요하다. 최신 IDE는 기본적으로 몇 가지 기능을 제공한다.

- **리팩터링**: 변수/함수/클래스의 이름을 바꾸거나 메서드를 추출하는 등 코드를 더 쉽게 리팩터링할 수 있는가? 사용 중인 환경에 내장된 리팩터링 기능을 찾아보자.
- **컴파일**: 원클릭 프로젝트 빌드/컴파일을 설정한다. 키보드 단축키를 사용할 수 있는가? 파일을 저장할 때마다 컴파일 또는 빌드를 설정할 수 있는가?
- **프로젝트 실행**: 컴파일한 프로젝트를 클릭이나 키보드 단축키로 실행할 수 있나? 웹 앱이나 모바일과 같은 프런트엔드 애플리케이션 개발에 유용하다.
- **핫 리로드**hot reload: 코드가 실행되는 동안 코드를 변경하고 파일을 저장하면 변경 사항이 바로 적용되는가?
- **디버깅**: 브레이크포인트를 설정하고, 함수 안으로 들어가고, 뛰어넘고, 나가는 방법에 익숙해지자. 스택 트레이스stack trace는 어디에서, 어떻게 확인하는가? 로컬 변수는 어떻게 확인하는가?
- **고급 디버깅**: 조건부 브레이크포인트를 설정할 수 있나? 설정한 조건을 N번 무시한 뒤 중단시킬 수 있는가? 브레이크포인트 설정한 코드 지점에서 실행이 중단됐을 때 변숫값을 변경할 수 있는가?
- **테스트 실행**: 단위 테스트, 통합 테스트 같은 자동 테스트는 어떻게 실행하는가? 클릭이나 키보드 단축키를 사용해 실행할 수 있는가?
- **테스트 디버깅**: 브레이크포인트를 설정하고 테스트를 디버깅하는 방법은 무엇인가? 특정 테스트를 단독으로 디버깅할 수 있는가? 그렇다면 어떻게 하는가?
- **풀 리퀘스트 생성**: IDE에서 풀 리퀘스트를 만드는 등 소스를 제어할 수 있는가?

문제를 해결하는 데는 시간이 걸리지만 경험이 많은 엔지니어와 함께하면 더 빠르게 진행할 수 있다. 위의 작업을 어떻게 수행하는지 물어보고 배우자! IDE를 효과적으로 사용하는 방법을 이해하면 코딩 반복 주기를 단축하고 작업 속도를 높일 수 있다.

빠른 '편집 → 컴파일/실행 → 출력' 사이클

편집하고 변경 사항을 확인하는 데 몇 초 이상 걸린다면 콘텍스트 전환에 시간을 낭비하고 있을 가능성이 높다. 최신 도구와 적절한 하드웨어가 있다면 웹 브라우저에서 코드를 새로 고치든, 백엔드에서 단위 테스트를 실행하든, 모바일 시뮬레이터에 변경 사항이 표시되든 변경 사항을 확인하기 위해 1~2초 이상 기다릴 이유가 거의 없다.

편집 후 변경 사항이 환경에 적용되기까지 시간이 길다면 단축하자. 팀원들이 일하는 방법을 물어보고, 컴퓨터 앞에서 집중을 잃지 않는 사람의 방식을 따라 하자. 모든 사람의 코딩 반복 주기가 길다면 온라인에 검색하거나 포럼에 질문하고, 챗GPT 또는 기타 AI 도구를 참조해 프로세스의 속도를 높이는 방법을 찾자.

반복 작업을 빠르게 수행하면 생산성이 향상되고 '집중력'을 유지할 수 있다.

IDE와 작업 흐름 구성

현재 환경과 업무 공간에서 개발에 익숙해졌다면 작업 흐름workflow을 더 편리하게 만드는 것도 좋다. 방법은 다음과 같다.

자주 하는 작업에 대한 바로 가기를 설정하자. 프로젝트 실행, 테스트 실행, 코드베이스 검색 등 IDE 메뉴에서 이리저리 클릭해 작업을 반복하는 경우, 바로 가기를 찾거나 키보드 단축키를 설정하자. 이러한 작은 효율 향상은 '몸이 기억'하게 되어 '흐름'을 유지하는 데 도움이 된다.

색 구성표를 만들자. 누구에게는 사소한 세부 사항이지만 누구에게는 큰 차이를 만든다. 다크 모드나 라이트 모드처럼 간단한 설정부터 단말기에 맞는 전용 색상 같은 복잡한 설정까지, IDE를 더 쉽게 사용할 수 있는 색 구성표를 선택하자. 제노 로카Zeno Rocha의 'Dracula Color Theme' 또는 데일 리스Dayle Rees의 'Colour Schemes'[18]와 같은 색 구성표 팩을 편집기에서 사용할 수 있다.

---

18 옮긴이_ https://github.com/daylerees/colour-schemes

필요하다면, 코드 서식 포매팅 및 린팅linting[19] **기능을 설정한다.** 코드를 입력할 때 if {} 문의 괄호는 같은 줄에 넣는가? 아니면 줄을 바꾸는가? 들여쓰기를 할 때 공백을 몇 개 사용하는가? 혹시 탭만 사용하는가?

팀에 이미 코딩 스타일이나 린팅 규칙이 있다면 로컬 개발 환경에 반영됐는지 확인하자.

규칙이 적용되지 않는 경우 코드 형식과 코드의 린팅 스타일을 선택하길 권한다. 코드 포매터를 활성화하면 작성하는 모든 코드의 일관성을 유지하는 데 도움이 된다. 이러한 도구의 대부분은 파일을 저장할 때 자동으로 동작하거나 또는 키보드 단축키로 동작한다. 팀에서 작업할 때는 모두가 같은 스타일을 사용하는 편이 좋다. 팀원들과 하나의 방식을 정하기 위해 논의하자.

사용 중인 IDE에 플레이그라운드playground가 있다면 이를 활용하자. 일부 개발 환경에서는 IDE에 새로운 것을 빠르게 시도하는 플레이그라운드 컴포넌트가 있다 (예: iOS 개발용 XCode의 스위프트 플레이그라운드). 빠른 프로토타이핑에 유용하므로 직접 써보며 환경에 익숙해지자.

다른 개발 환경과 플레이그라운드를 살펴보자. 개발 환경은 다양하다. 팀에서 한 가지 환경을 정했다면 그 환경을 먼저 익히는 데 우선순위를 둬야 하지만, 특정 사용 사례에서 다른 도구가 더 효과적일 경우를 대비해 대안도 고려하자. 예를 들어, 웹 개발 중 프로토타입을 만들 때 개념을 빠르게 조합하는 데는 JSFiddle과 같은 코딩 플레이그라운드가 좋은 선택지다.

---

19 옮긴이_ 린팅(linting)은 정적 코드 분석 도구를 이용한 코드 분석, 자동 수정을 말한다.

10.2 자주 사용하는 도구들

Git

버전 관리에 Git을 사용할 가능성이 매우 높다. 버전 관리 도구와 아래 주제처럼 Git에서 사용하는 아이디어를 알아보길 권한다.

- 분기branching
- 리베이스rebase
- 충돌conflict 해결 및 병합merge
- 체리픽cherry-pick

가장 사용하기 편한 Git 클라이언트를 찾자. 많은 개발자가 그래픽 사용자 인터페이스(GUI)에 의존하는 대신 커맨드라인에서 Git을 사용하는 방법을 배우겠다고 다짐한다. 이렇게 하면 소스 제어 애플리케이션에 의존하지 않아도 된다. 커맨드라인이 그래픽 인터페이스를 사용하는 것보다 매력적이지 않더라도 걱정 말고 시도해보자. 가장 중요한 것은 풀 리퀘스트를 만들고 가장 일반적인 작업인 충돌을 해결할 수 있다는 것이다.

커맨드라인/터미널

커맨드라인은 텍스트 전용 인터페이스이자 강력한 도구다. 운영체제마다 다른 이름을 가지고 있다.

- 맥Mac: 터미널Terminal 애플리케이션
- 리눅스Linux: 쉘shell 프로그램. 리눅스에서는 sh, zsh, csh, ksh 같은 프로그램이 있다.
- 윈도우Windows: 명령 프롬프트(cmd)와 더 강력한 파워셸PowerShell이 있다.

IDE에서도 커맨드라인을 사용할 수 있다. 예를 들어, VS 코드에서는 'Terminal' 탭 아래에 커맨드라인이 표시된다. 커맨드라인은 원격 컴퓨터에서 작업할 때 유용하다. 보통 SSH를 통해 연결한 다음 커맨드라인 인터페이스를 사용한다.

디렉터리 탐색, 디렉터리 내용 나열, 스크립트(예: 파이썬 혹은 노드 스크립트) 실행, 파일 내용 검색, 환경 변수 설정 같은 일반적인 커맨드라인 명령어에 익숙해지자.

커맨드라인에 익숙해지는 가장 좋은 방법은 실제 작업에 사용하는 것이다. 어떤 작업 'X'를 한다면, 검색창에서 '커맨드라인으로 X를 수행하는 방법'을 검색해 방법을 알아보자. 커맨드라인에 익숙해질수록 작업 흐름의 효율이 높아진다.

정규식

특히 특정 파일을 검색하거나 대량 편집/이름 바꾸기를 할 때 유용하므로 정규식(정규 표현식regular expressions)을 충분히 익혀두자. 작동 원리에 대한 기본 구문을 익혀서 파일을 검색하고 콘텐츠를 바꿀 때 사용하자.

정규식을 테스트하고 검증하는 데 도움이 되는 웹사이트나 AI 코딩 보조 도구를 찾아 필요할 때 사용할 수 있도록 준비하는 것도 좋다.

SQL

SQL은 관계형 데이터베이스에 쿼리하는 언어다. 데이터를 지칭하는 애플리케이션이나 서비스를 구축할 때 데이터 저장소로 관계형 데이터베이스 또는 NoSQL 데이터베이스를 사용한다. 그러나 모든 유형의 데이터를 쿼리할 때 SQL 구문을 사용할 가능성이 높다.

따라서 테이블을 만드는 방법, SELECT 명령과 FROM, WHERE, ORDER BY, GROUP BY, HAVING 절을 사용하는 방법, 테이블 조인join 또는 뷰view 같은 고급 기능 등 SQL의 기본 사항을 배우자. 또한 이러한 쿼리를 할 때의 성능 이슈와 JOIN과 같은 복잡한 쿼리를 실행할 때 테이블 인덱스의 중요성을 이해하는 것도 도움이 된다.

SQL을 어느 정도 이해했다면 데이터 조작에 활용할 수 있다.

AI 코딩 보조 도구

2023년 초부터 AI 코딩 보조 도구의 인기와 효율이 폭발적으로 증가했다. 이러한 도구는 크게 두 가지 범주로 나뉜다.

1. **인라인 코딩 보조 도구**: 인라인 코딩 보조 도구는 기존 코드를 기반으로 작성할 코드를 제안하는 '강력한 코드 자동 완성기'다. 예를 들어 깃허브 코파일럿$^{GitHub\ Copilot}$, 소스그래프 코디$^{Sourcegraph\ Cody}$, 탭나인^{Tabnine} 등이 있다.
2. **생성형 AI 채팅 인터페이스**: 많은 생성형 AI 채팅 애플리케이션은 소스 코드와 프로그래밍 개념을 학습했다. 이러한 도구는 코딩 관련 주제와 질문에 대해 '대화'하는 데 도움이 되며, 코드의 틀을 짜거나 여러 개의 파일로 구성된 큰 코드를 생성하는 데 유용하다. 예를 들면 오픈AI의 챗GPT, 구글 제미나이, Phind.com 등이 있다.

동료에게 어떤 AI 보조 도구를 사용하는지 물어보고 체험한 다음, 자신에게 '딱' 맞는 도구를 선택하자. 유용한 프롬프트를 파악하고 나중에 참조할 수 있도록 파일에 저장하자.

사용법을 잘 파악하고 한계를 이해하면 AI 코딩 보조 도구는 또 하나의 생산성 도구가 된다. 모든 도구에는 단점이 있기 마련인데, AI 도구의 가장 큰 단점은 때때로 사용자의 의도와 다른 코드를 생성한다는 것이다. 또 코드에 버그가 있을 수도 있고, AI 모델이 존재하지도 않는 API를 착각해 코드를 생성할 수도 있다. 이러한 한계를 잘 인식하면 훨씬 더 효율적으로 사용할 것이다.

사내 개발 도구

직장에서 엔지니어들이 일상적으로 사용하는 내부 개발 도구(커스텀 도구일 수도 있음)에는 어떤 것이 있을까? 팀에 합류해 처음 몇 가지 코드를 변경하기 시작하면 여러 가지 도구를 접하게 될 것이다.

예를 들어, 빅테크 기업은 CI/CD 시스템, 코드 리뷰 도구, 모니터링 및 알림 도구, 기능 플래그 및 실험 시스템을 모두 전용 커스텀 도구로 갖추고 있는 경우가 많다. 커스텀 도구가 아니더라도 회사마다 특정 공급업체를 사용하는 경향이 있으므로 이러한 도구에 대해 잘 알아야 한다.

동료 엔지니어에게 어떤 도구를 자주 사용하는지 물어보자. 목록을 작성하고 해당 도구에 접근하는 방법과 작동 방식을 파악하자. 도구를 효율적으로 사용하는 방법에 대한 자신만의 '치트 시트cheat sheet(커닝 페이퍼)'를 만들자.

나만의 '생산성 치트 시트'

우버는 매우 많은 커스텀 도구를 사용했다. 나는 우버에 근무하며 내부 도구와 대시보드에 대한 유용한 링크와 명령어, 프롬프트, 쿼리 목록을 문서로 정리했고 이 문서는 수년 동안 유용하게 사용됐다!

개인용 '생산성 치트 시트'를 만들자. 빈 문서로 시작해 도구의 이름과 기능에 대한 간단한 설명, 링크, 명령어, 기타 메모를 추가하자. 이 작은 문서는 특히 새로운 팀에서 처음 몇 달 동안 많은 도움이 될 것이다.

10.3 빠른 개발 사이클 유지 방법

기존 코드를 읽고 그 기능을 이해하자

코딩이 어렵게 느껴지는 이유는 코드를 어떻게 작성하는지 모르기보다 어떤 코드를 작성할지 모르기 때문일 가능성이 크다. 복잡한 코드베이스에서 작업할 때는 더욱 그렇다. 코드가 어떻게 작동하는지 이해하고 코드베이스를 탐색할 수 있다면 생산성이 훨씬 더 높아진다. 제안하는 몇 가지 방법은 다음과 같다.

구조에 대한 설명을 요청하자. 숙련된 엔지니어에게 코드베이스의 구성, 각 부분의 역할, 주의 사항에 대한 안내를 요청하자.

클래스/모듈의 연결 관계를 그리자. 직접 다이어그램을 만들거나 Excalidraw, LucidCharts 같은 스케치 도구를 사용해 다이어그램을 만들자. 코드베이스의 일부를 그리고, 역할에 대한 해석과 연결되는 부분을 메모하자.

팀원들과 코드 맵을 공유하자. 작성한 맵을 팀원들과 공유하고 피드백을 요청하자. 팀원끼리 소통을 시작할 좋은 소재로 사용하자. 높은 확률로 동료들까지 코드베이스에 대한 새로운 사실을 알게 될 것이다. 코드맵을 본 동료가 코드에서 개선해야 할 사항이나 미처 몰랐던 관계에 대한 힌트를 얻는 등 여러 사항을 짚어낼 것이다.

치트 시트를 만들자. 코드의 주요 부분과 자주 사용하는 모듈 또는 클래스의 위치를 메모하자. 치트 시트는 텍스트 파일이나 기본 문서처럼 간단하게 만들어도 된다. '아하!' 하는 깨달음의 순간이 오면 기록하자.

CI/CD 디버깅 방법 알기

CI는 '지속적 통합continuous integration'을, CD는 '지속적 배포continuous deployment'를 의미한다. 대부분의 기술 기업과 스타트업에서는 일반적으로 CI/CD 시스템을 갖추고 있다.

가끔 CI 서버에서 테스트가 예기치 않게 실패하거나 CD로 배포할 때 문제가 발생하는 일이 있다. 드물게 발생하는 문제지만 정확한 원인을 파악하기 어렵다.

직장과 팀에서 CI/CD를 어떻게 사용하는지 이해하자. 알아 두면 보이지 않는 곳에서 상황에 대한 감각을 키울 수 있다. 어떤 스크립트가 어떤 순서로 실행되는가? 설정을 어떻게 검사하는가? 오래 근무했거나 경험이 많은 엔지니어에게 시스템에 대한 조언을 구하자. CI/CD 시스템을 유지 관리하는 전담 팀이 있다면 해당 팀의 엔지니어에게 문의하자.

CI/CD 로그는 어떻게 액세스하는가? 로그는 일부 빌드가 실패하는 이유를 이해하는 데 핵심적인 역할을 한다. 그 이유가 CI/CD 인프라 문제일까, 아니면 최근 코드 변경으로 인한 회귀 오류 문제일까?

CI/CD 시스템은 23장 '소프트웨어 엔지니어링'에서 자세히 다룬다.

프로덕션 로그 및 대시보드에 접근하는 방법 알기

사용자 관점의 프로덕션 문제 디버깅은 발생 원인에 대한 세부 정보에 접근할 수 없으면 어렵다. 따라서 액세스 옵션을 파악하자.

- 프로덕션 로그, 대시보드 및 수치들
- 특정 사용자에 대한 로그를 필터링하는 방법
- 디버깅을 위해 다양한 관련 데이터 소스를 쿼리하는 방법
- 특정 사용자의 크래시 덤프crash dump, 오류 및 예외에 액세스하는 방법
- 프로덕션 로그를 디버깅하는 프로세스. 예를 들어, 프로덕션 데이터를 디버깅할 때 개인 정보에 액세스하면 지켜야 하는 데이터 보호 프로세스가 있을 수 있다. 매니저나 숙련된 엔지니어에게 물어보자.

생산성 치트 시트가 있다면 세부 정보를 추가해 나중에 빠르게 참조하길 권한다.

작은 단위의 코드 변경

코드를 수정하고 내용을 설명하는 풀 리퀘스트를 제출하는 경우가 많다. 이렇게 하면 불필요한 변경이나 비논리적인 변경을 방지하는 데 도움이 된다. 다음은 사소한 코드 수정을 효과적으로 수행하는 몇 가지 방법이다.

- 풀 리퀘스트 규모를 작게 하자. 코드를 수정할 때는 특정 작업을 수행하는 단위로 작게 나누자.
- '왜(why)'와 '무엇을(what)'을 요약하자. 풀 리퀘스트에는 변경이 필요한 이유를 작성하자. 몇 문장 이내로 변경한 내용에 대한 간략한 개요를 첨부하자. 나중에 다른 사람이 풀 리퀘스트를 읽고 변경한 이유를 알게 되므로, 최소한의 내용만 설명하기보다 필요 이상으로 자세하게 설명하는 게 더 도움이 된다.
- UI를 변경하면 이미지를 첨부한다. 사진 한 장이 천 마디 말보다 낫다. '변경 전' 및 '변경 후' 상태의 이미지를 첨부하자.
- 적용되는 엣지케이스와 적용되지 않는 엣지케이스를 언급한다. 어떤 경우에 해당하는 변경 사항인지 명확하게 설명하자.

- 수정 범위에서 제외되는 사항을 명시한다. 특히 후속 작업이 있을 것 같다면 명시하는 게 중요하다. 위에서 제외되는 사항을 명시한다.
- 풀 리퀘스트 요약에 대한 피드백을 구하자. 경험이 많은 엔지니어에게 최근 몇 개의 풀 리퀘스트를 검토해 달라고 요청하자. 어떤 점이 좋았는지, 어떤 점이 혼란스러웠는지, 더 명확하고 간결한 요약을 작성하는 법에 대한 조언을 구하자.

자동화된 테스트 및 검사 코드의 작성

코딩에 가장 시간이 많이 걸리는 것은 바로 코드 작성이다. 코드 작성에는 접근 방식을 고안하고, 올바른 코드를 작성하고, 제대로 작동하는지 테스트하는 과정이 포함된다. 다음으로 시간이 많이 걸리는 작업은 새로 작성한 코드가 망가뜨린 부분을 수정하는 것이다!

버그가 없고 회귀 오류[20]를 일으키지 않는 코드를 작성하는 가장 좋은 방법은 테스트다. 물론 코드를 수정한 후에는 수동으로 테스트해야 한다. 하지만 코드베이스에 이미 마련해둔 자동화된 테스트를 실행하고, 향후 회귀 오류를 포착할 새로운 자동화된 테스트를 작성하는 편이 더 효율적이다.

테스트가 중요한 이유와 일반적인 접근 방식에 대해서는 14장 '테스트'에서 자세히 설명한다. 지금은 알아두면 좋은 테스트에 대해 간략하게 정리하겠다.

- **단위 테스트**: 대부분의 환경에서 테스트의 기준이 되는 가장 간단한 테스트 유형이다. 아마 팀에서 이미 단위 테스트를 사용할 테니, 테스트 과정에 참여해 좋은 테스트를 작성하는 방법을 배우고 동료로부터 피드백을 받자.
- **통합, 스크린숏 및 엔드투엔드[21] 테스트**: 더 광범위한 기능을 테스트하며 더 복잡하다. 백엔드 개발에서는 통합 테스트가 더 적절한 경우도 있다. 웹 및 모바일 개발의 경우 스크린숏 및 엔드투엔드 테스트가 더 일반적인 경우가 많다. 팀에서 이러한 테스트를 사용하는지 알아보고 테스트 작성 및 유지 관리에 기여하는 방법을 알아보자.

---

20 옮긴이_ 회귀 오류(regression error)는 코드 수정 후 이전에 잘 동작하던 코드에 오류가 발생하는 것을 말한다.
21 옮긴이_ 엔드투엔드 테스트(end-to-end test)는 보통 UI를 포함한 사용자 관점의 테스트를 의미한다.

코드 리뷰를 기다리지 말고 요청하자

코드 리뷰를 너무 오래 기다리면 개발 속도가 느려진다. 코드 리뷰를 요청할 때는 빠른 완료가 작업 진행에 도움을 준다고 알리는 것이 좋다.

코드 리뷰를 요청해야 하는지 여부와 시기를 파악하는 가장 좋은 방법은 팀의 다른 개발자에게 물어보는 것이다. 코드 리뷰를 다른 개발자에게 부탁해도 되는가? 코드 리뷰를 요청하는 팀 채널이 따로 있는가?

경험 많은 개발자는 코드 리뷰를 신속하게 제공하는 것이 개발자의 작업 속도를 높이는 데 큰 도움이 된다는 점을 이해하기에 코드 리뷰를 우선시한다. 하지만 아직 코드 리뷰를 완료하지 않았다면, 일을 진행하는 데 코드 리뷰가 필요하다는 사실을 가장 잘 전달할 방법을 찾아 리뷰를 받아내야 한다.

빈번한 피드백 받기

믿음직한 소프트웨어 엔지니어로 성장하는 가장 빠른 두 가지 방법은 다음과 같다.

- **빌드하기**: 코드를 작성해 문제를 해결하고 해당 코드를 프로덕션에 배포한다.
- **피드백 받기**: 솔루션이 예상대로 작동하는가? 부작용side effects 없이 의도한 대로 작동하는가?

프로덕션에 배포한 뒤 피드백을 받는다. 프로덕션에 배포해 예상대로 작동하는지 확인하면 간단하게 작업에 대한 피드백을 받을 수 있다. 이 접근 방식은 코드에 버그나 문제가 있다면 사용자가 빠르게 피드백한다는 장점이 있다.

물론 프로덕션에서 피드백을 받으면 뭔가 잘못될 수 있다는 단점이 있다. 다행히도 더 안전하게 피드백 받는 방법이 있으니 이를 활용하자.

작업에 대한 피드백을 요청한다. 동료나 매니저에게 특정 작업에 대한 직접적인 피드백을 요청하는 것이 더 효과적일 때도 있다.

작업을 완료하거나 프로젝트를 마무리할 때 피드백을 받기 가장 좋다. 이때 피드백에 가장 구체적이고 유용한 의견이 실린다. 작업을 완료할 때 경험이 많은 엔지니어에게 자신이 무엇을 잘했다고 생각하는지, 어떤 부분을 개선할 수 있는지 물어보자.

매니저와 1:1 미팅을 하면, 특정 업무나 프로젝트에 대한 직접적인 피드백을 요청하자. 매니저가 여러분과 긴밀히 협력하지 않으면 피드백을 바로 보여줄 수 없겠지만, 매니저는 팀원들의 피드백을 수집하고 같이 보며 요약할 수 있는 위치의 사람이다.

많은 엔지니어가 피드백을 잘 주지 못하는데, 이는 좋은 피드백을 주고 싶지 않아서가 아니라 구체적이고 실행 가능한 피드백을 주는 방법을 모르기 때문이다. '더 빨리 할 수 있었을 텐데요', '도움을 많이 요청했네요'와 같은 비판적으로 들리거나 도움이 되지 않는 피드백을 개인적으로 받아들이지 말자. 대신, 이 피드백을 좀 더 실행하기 좋은 계획으로 바꾸자. 예를 들어, 더 빨리 처리할 수 있는 일이라는 피드백은 지연이 발생했을 때 그 상황을 바로 공유하지 않았다는 점을 말할 수 있다. 가장 실행하기 좋은 계획은 미래에 생길 수도 있는 문제들에 대해 더 명확하게 소통하는 것이다.

팀원들의 결과와 내 결과를 비교하자. 업무는 경쟁이 아니지만, 동료와 비교해 결과물 자체와 과제 해결 속도 측면에서 자신이 어느 정도 수준인지 파악하는 것은 도움이 된다. 팀원들이 풀 리퀘스트를 보내고, 코드를 프로덕션에 푸시하고, 작업을 완료하는 빈도를 관찰하자.

이렇게 하면 팀의 일반적인 작업 속도와 비교할 때 자신의 진척도를 파악할 수 있다. 팀에서는 온보딩을 완료한 엔지니어가 각자 레벨에 맞는 합리적인 속도로 업무에 임하길 일반적으로 기대한다. 다른 사람의 명시적인 피드백을 받기 전이라도 자신의 작업 속도를 파악할 자체 데이터 포인트를 보유하길 권한다.

2부 | 핵심요약

믿음직한 소프트웨어 개발자는 자신의 경험 수준 대비 적당한 복잡성을 가진 프로젝트에서 일을 잘 처리한다. 잘 정의된 작업과 기술력, 전문성, 경험을 필요로 하는 소규모 프로젝트를 안정적으로 완료하려면 배워야 할 것이 많다.

성장을 위한 최고의 조언을 던지자면 바로 '연습, 연습, 연습'이다. 소프트웨어를 구축하는 것 외에도 여러분의 직업적 성장을 가속할 방법을 몇 가지 소개하겠다.

- 동료 개발자에게서 배울 수 있는 팀에서 일하기
- 질문할 멘토나 친구를 만나기
- 다른 개발자와 함께 작업하기
- 기술에 대해 깊이 있게 알아볼 수 있는 충분한 시간 확보하기
- 기술에 능숙해질 만큼 프로젝트와 과제를 오래 수행하되, 주기적으로 주제를 바꿔가며 멈추지 않고 배우기

많은 개발자가 경력 사다리의 다음 단계에 도달하기 위해 노력한다. 직급이 주는 무게감, 더 나은 보상에 대한 약속, 뛰어난 커리어 기회를 고려하면 이는 당연한 일이다.

하지만 소프트웨어 개발 실무에 대한 지식과 경험의 탄탄한 토대를 쌓는 것, 즉 막힌 부분을 파악하는 방법, 막힌 부분을 푸는 방법, 지속적인 학습 습관을 익히는 것 등은 모두 시간이 걸리지만 궁극적으로 경력 개발에 도움이 된다. 계속 배우고 성장한다면 주니어 레벨에서 시간을 '낭비'하지 않아도 된다.

자세한 내용은 2부의 온라인 보너스 챕터에서 확인할 수 있다.

개발자의 업무 완수: 따라 하기
https://pragmaticurl.com/bonus-2

다재다능한 시니어 엔지니어

3부

11장 업무를 완수하는 엔지니어
12장 협업 및 팀워크
13장 소프트웨어 엔지니어링
14장 테스트
15장 소프트웨어 아키텍처

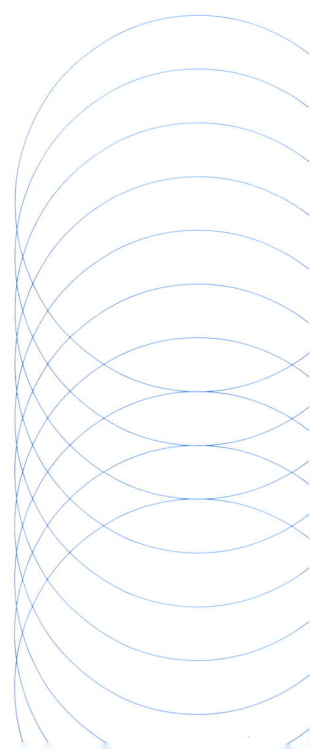

이 장부터는 '소프트웨어 개발'이 아닌 '소프트웨어 엔지니어링'에 대해 설명한다. 이러한 이유로 '소프트웨어 엔지니어'라는 직함을 '소프트웨어 개발자' 대신 사용한다. 소프트웨어 개발과 소프트웨어 엔지니어링은 종종 같은 의미로 사용되지만, 나는 소프트웨어 개발을 소프트웨어 엔지니어링의 하위 집합으로 보기 때문에 의도적으로 바꾸었다. 또 소프트웨어 엔지니어링은 소프트웨어 개발보다 더 긴 기간에 걸쳐 소프트웨어 제품을 생각하는 과정도 포함한다.

소프트웨어 개발과 소프트웨어 엔지니어링

소프트웨어 개발software development은 다음과 같은 소프트웨어를 구축하는 프로세스를 말한다.

- 기본 계획 작성
- 코딩
- 테스팅
- 배포
- 디버깅

소프트웨어 개발자에게는 잘 정의된 업무가 주어지고, 개발자는 업무를 소프트웨어로 구현하는 경우가 보통이다. 전통적인 기술 중심이 아닌 기업에서는 소프트웨어 개발자가 아닌 제품 매니저나 비즈니스 분석가, 프로젝트 매니저, 아키텍트가 업무를 세분화한다.

소프트웨어 엔지니어링software engineering은 개발보다 훨씬 광범위한 프로세스를 처리한다.

- 요구사항의 수집
- 해결 방안 기획 및 접근 방식 간의 장단점 분석
- 소프트웨어 구축
- 프로덕션으로 배포

- 솔루션 유지 관리
- 새로운 유즈케이스로 솔루션 확장
- 다른 솔루션으로의 마이그레이션

소프트웨어 엔지니어는 단기적인 성과뿐만 아니라 자신의 업무가 장기적으로 미치는 영향에도 투자해야 한다. '소프트웨어 엔지니어'라는 용어를 사용하는 또 다른 이유는 시니어급 이상의 소프트웨어 엔지니어는 지속적인 버그 같은 당면한 문제 해결 외에도 장기적인 영향을 고려해야 한다는 점을 강조하기 위함이다. 주로 고려해야 할 장기적 영향은 다음과 같다.

- 버그의 재발을 어떻게 막을까? 한 가지 해결책은 자동화된 테스트다.
- 유사한 문제를 빠르게 감지할 방법이 있나? 모니터링 및 알림도 해결책 중 하나다.
- 향후 유지 보수를 용이하게 만드는 방법은 뭘까? 읽기 쉬운 코드, 문서화, 향후 유즈케이스로 확장 가능한 코딩 방법 선택 등이 선택지가 된다.

이 장부터 우리는 활동과 조언을 논의할 때 장기적인 사고방식을 기준으로 한다. 작성된 코드와 수행된 작업의 즉각적인 영향을 넘어서는 것이 소프트웨어 개발자와 소프트웨어 엔지니어의 중요한 차이점이다.

하이럼 라이트Hyrum Wright, 타이터스 윈터스Titus Winters, 톰 맨쉬렉Tom Manshreck은 저서 『구글 엔지니어는 이렇게 일한다』(한빛미디어, 2022)[1]에서 소프트웨어 엔지니어링은 훨씬 더 긴 기간에 걸친 소프트웨어 개발(또는 프로그래밍)이라고 주장한다.

> 소프트웨어 엔지니어링은 단순히 코드를 작성하는 행위에 더하여, 시간의 흐름에 발맞춰 한 조직이 그 코드를 구축하고 유지 보수하는 데 이용하는 모든 도구와 프로세스를 포괄합니다. 이것이 우리가 제안하는 소프트웨어 엔지니어링의 개념입니다. 예컨대 코드가 지닌 가치를 오래도록 가장 잘 지켜내려면 소프트웨어 조직은 어떤 관례

---

1 옮긴이_ 『Software Engineering at Google』(O'Reilly Media, 2020)

를 도입해야 할까요? 엔지니어는 어떻게 해야 코드베이스의 지속 가능성을 높이고 소프트웨어 엔지니어링 규율 자체를 더 엄격하게 만들 수 있을까요?(중략)

소프트웨어 엔지니어링이란 '흐르는 시간 위에서 순간순간의 프로그래밍을 모두 합산한 것이다programming integrated over time'라는 관점입니다. 개념잡기부터 도입, 유지 보수, 폐기에 이르는 생애주기 동안 코드를 지속 가능하게(필요한 변경 요청에 대응할 수 있게) 하려면 코드에 어떤 관례를 도입해야 할까요?

기업의 티어에 따라 상이한 시니어에 대한 기대치

이 책의 1장 '커리어패스'에서는 보수를 기준으로 기업을 분류했다.

- 티어 1: 지역 시장에서 분투하는 기업
- 티어 2: 지역 회사들 가운데 최고인 기업
- 티어 3: 글로벌 수준에서 경쟁력을 가진 기업

티어 3에 속하는 기업의 시니어 엔지니어의 보수는 티어 1에 속하는 기업보다 몇 배 더 높다. 이러한 보상 차이로 인해 티어 3에 속하는 기업은 시니어 엔지니어에 대한 기대치가 더 높다.

이 장에서는 티어 2와 티어 3에 속하는 기업이 갖는 시니어 엔지니어에 대한 합리적인 기대치를 다룬다.

전형적인 시니어의 직함

소프트웨어 개발자의 직함은 회사마다 다르다.

- 시니어 소프트웨어 엔지니어/시니어 개발자: 대부분의 빅테크 및 많은 스타트업/스케일업 기업
- 소프트웨어 엔지니어: 외부에 레벨 공개를 꺼리는 일부 기업(예: 메타[Meta])

- 시니어 기술 스태프Senior Member of Technical Staff(이베이eBay 및 VM웨어VMWare), 수석 기술 스태프Principal Member of Technical Staff(오라클Oracle)

하위 티어 회사에서는 직급을 부풀리는 경우가 많다. 메타, 구글, 우버 같은 티어 3 기업에서는 시니어 엔지니어 레벨이 되기까지 두 번의 승진이 필요하다. 마이크로소프트Microsoft의 경우, 초급 엔지니어는 L59(소프트웨어 엔지니어 1)부터 시작하고 시니어 엔지니어 레벨은 L63부터 시작해 총 4번의 승진이 필요하다.

하지만 엔트리 레벨 소프트웨어 엔지니어에서 시니어 엔지니어로 바로 승진하는 경우가 많은 회사도 많다. 컨설팅 기업은 2~3년 경력의 개발자를 시니어 엔지니어로, 대기업은 5~10년 경력의 엔지니어를 시니어 바로 아래 단계인 소프트웨어 엔지니어 2급으로 분류하는 경우가 흔하다.

물론 직급 부풀리기가 시니어 엔지니어 레벨에만 해당하는 일은 아니지만, 회사 간의 기대치 차이가 가시화되는 시작점은 시니어 레벨이다. 시니어 이상의 직책에 대한 기대치가 다르면 하위 티어의 기업이 '수석' 급에게 기대하는 수준이 상위 티어의 기업이 시니어 급에게 기대하는 수준과 동일할 수 있다.

시니어 엔지니어에 대한 일반적인 기대치

그렇다면 기술 기업이 시니어 엔지니어에게 무엇을 기대할까? 다음 표에 내용을 정리했다. 회사마다 각자 특성이 있으며 기대하는 바가 같은 회사는 없다는 점을 고려하자.

표 III-1 시니어 소프트웨어 엔지니어에 대한 일반적인 기대치

영역	일반적인 기대치
범위	중간 규모 이상의 복잡한 프로젝트
지침	대부분의 경우 독립적으로 활동
업무 완수하기	스스로 막힌 부분을 해결
주도권 잡기	자신의 업무 범위 내에서 주도적으로 업무를 수행할 것으로 기대됨
소프트웨어 엔지니어링	팀 관행을 따르고 때로는 이를 개선 다른 사람이 자신의 가치를 이해하도록 도움

영역	일반적인 기대치
소프트웨어 아키텍처	자신이 이끄는 프로젝트의 아키텍처를 설계하고 피드백을 구함
엔지니어링 모범 사례	팀에 도움이 되는 관행을 따르고 소개
협업	팀의 다른 엔지니어 및 이해관계자와 협업
멘토링	경험이 적은 엔지니어에게 멘토링 및 좋은 멘토가 되는 것을 추구
학습	배움에 대한 열망 보유
일반적인 업계 경력	5년 ~ 10년 이상

터미널 레벨의 시니어

일부 회사에서는 시니어 엔지니어 레벨을 '터미널 레벨'로 간주한다. 이는 엔지니어에게 더 이상의 승진이 없다는 의미다. 이는 시니어 레벨에 도달하는 것보다 다음 레벨로 승진하기란 훨씬 더 드물고 어렵다는 의미다.

많은 회사가 시니어 레벨을 '터미널 레벨'로 지정하는 이유는 무엇일까? 시니어 엔지니어에게 자율성을 부여하고 스스로 복잡한 프로젝트와 문제를 해결할 능력을 기대하기 때문이다. 많은 팀과 프로젝트에서 더 이상의 전문성을 요구하지 않는다. 터미널 레벨 개념에 대한 자세한 내용은 4장 '승진'에서 다룬다.

11 업무를 완수하는 엔지니어
Getting Things Done

시니어 소프트웨어 엔지니어는 주니어 소프트웨어 엔지니어와 달리 업무에 있어 더 많은 외부로부터의 요청과 여러 작업 사이의 전환, 더 복잡한 작업 등을 처리해야 한다.

'업무를 완수하는' 엔지니어는 '업무를 완수하는' 개발자보다 많은 능력이 필요하다. 물론 7장에서 설명한 많은 접근 방식이 여기에도 적용된다.

- 가장 중요한 업무에 집중하기
- 막힌 부분을 스스로 헤쳐 나가기
- 작업 세분화하기
- 배울 수 있는 멘토 찾기

이 장에서는 시니어 수준에서 알아야 할 추가적인 인사이트와 유용한 접근 방식을 소개한다.

11.1 인식과 현실

여러분의 상사가 '업무를 완수하는 엔지니어'라고 표현할 만한 사람은 누구라고 생각하는가? 여러분 자신인가, 아니면 '쉬운 일'만 하는 것 같은 동료인가?

스스로는 일을 잘 처리하고 있다고 생각하겠지만, 매니저가 이를 얼마나 파악하고 있을까? 만약 여러분은 업무 내용을 제대로 전달하지 못하는데 동료는 잘 전달한다면, 매니저는 동료가 일을 더 잘 처리한다고 생각할 가능성이 높다.

인식과 현실은 다를 수 있다

이 책에서 말하는 '업무 완수' 자체는 어려운 문제를 해결해 일을 완수하는 과정과는 다르다. 매니저는 중요한 프로젝트의 기한을 맞추기 위해 여러분이 어떤 노력을 기울였는지 알지 못한다. 까다로운 버그를 추적해 수정해도, 창의적인 해결 방법이나 지름길을 찾아내도 모르는 경우가 있다. 심지어, 여러분의 노력을 관찰하고 도와줄 지식이 풍부한 동료조차 없어 혼자 일을 처리해야 할 때도 있다.

업무를 완수하는 시니어 엔지니어로 인정받으려면 두 가지 능력이 필요하다.

1. 복잡한 엔지니어링 문제를 실용적인 방식으로 해결하는 능력
2. 동료 및 매니저와 업무 진행 상황, 직면한 장애물, 장애물에 대한 해결책, 복잡성 등 업무에 대한 커뮤니케이션을 하는 능력

업무 내용에 관한 소통

직급이 올라갈수록 업무에 대한 의사소통은 더 중요하다. 동료나 매니저가 '쉬운 일'과 '어려운 일'을 모두 이해하리라 짐작하지 말자. 대신 상태 업데이트, 1:1 토론, 팀 회의에서 이에 대해 명확하게 설명하자. 예를 들어, 복잡한 문제를 해결했다면 주간 회의 중에 팀원들에게 알려주자.

"지난주에 계획된 백엔드 마이그레이션에서 까다로운 엣지케이스가 발견되어 다른 팀과 협력해 문제를 해결했습니다. 예상보다 시간이 조금 더 걸렸지만 이제 해결이 끝나 마이그레이션할 준비가 됐습니다."

괜찮아 보이지만 정보가 부족하다. 어떤 작업이었고 왜 어려웠는지 설명해야 하며, 이 작업은 얼마나 중요하고 복잡한지, 그 과정에서 내가 어떤 노력을 했는지 설명해야 한다. 이 모든 내용을 담아 수정하면 다음과 같다.

"지난주 마이그레이션 스크립트에 대한 유효성 검사를 더 진행하던 중 약 2%의 사용자의 결제 요청에 대한 섀도우 시스템 출력이 예상과 다르다는 것을 발견했

습니다. 그 차이는 브라질의 통화 변환 때문이었습니다. 즉, 변경 사항을 적용하면 브라질 고객에게 과다 청구가 발생하게 됩니다.

그 이유를 살펴보니 새로운 통화 변환 시스템에 브라질을 포함한 몇몇 국가가 누락됐기 때문이었습니다. 저는 이 시스템 구축을 담당한 팀과 협력해 해당 국가를 추가하고, 통화 변환 시스템에 등록되지 않은 통화가 요청될 경우 경고가 발생하도록 도움을 주었습니다. 이 작업을 통해 새로운 서비스의 안정성이 크게 향상될 것으로 기대합니다.

새로운 통화 서비스를 직접 개발하지는 않았지만, 저는 Go를 사용해 수정을 도왔고 이 팀의 코드를 리뷰했습니다. 코드 수정 후 이 기능을 실행하는 두 가지 통합 테스트도 구축했습니다.

추가적으로 이틀을 더 투자해 단위 테스트와 두 번의 통합 테스트를 통해 안전망을 구축했으며, 새로운 통화 서비스를 이전보다 안정적으로 만들 수 있었습니다.

섀도우와 프로덕션 시스템을 모니터링한 결과, 지난 4일 동안 100% 동일한 응답을 보였을 정도로 더 이상 출력에 차이가 없었습니다."

조금 약속하고 많이 일하고, 소통 많이 하기

일을 제대로 완수하는 사람으로 인식되는 가장 좋은 방법은, 약속한 만큼의 업무를(그리고 때로는 그 이상을!) 일관되게 제공하는 것입니다.

이를 위해서는 확실히 약속할 수 있는 양을 파악하고 너무 많은 것을 약속하지 않는 현명한 판단이 필요하다. 잘 아는 작업에 대해 특정 날짜나 마감일을 설정하거나, 역량과 능력이 있다면 어려운 프로젝트나 버그 해결, 조사를 수행하는 일을 맡을 수 있다.

기대 이상의 서비스를 제공했을 때는 동료와 매니저에게 알리는 것을 잊지 말자. 이는 자랑이 아니다. 미세한 차이가 있지만 기대 이상의 성과를 내 주위에 알리는 것이다. 예를 들어, 프로젝트를 완료하고 나중에 도움이 될 깔끔한 유틸리티를 만들었다면 다음과 같이 말할 수 있다.

"페이팔PayPal 연동을 완료했고, 나중에 유용하게 사용할 수 있는 유틸리티도 만들었습니다."

조금 더 좋게 말할 수도 있다.

"일주일 걸릴 거라는 예상에 맞춰 지난주에 페이팔 연동을 완료했습니다. 하지만 구축하는 과정에서 작동 여부를 확인하는 수동 테스트가 너무 많은 시간을 소비해, '이 중 일부를 자동화할 수 없을까'라는 생각이 들었습니다.

그래서 UI 자동화를 사용해 결제 수단이 작동하는지 확인하는 간단한 스크립트를 만들었습니다. 페이팔에서만 사용하려고 만든 스크립트지만 테스트가 더 쉬워 개발 속도가 빨라졌습니다. 이제 이 유틸리티를 변경해 은행 카드와 같은 다른 유형의 결제 수단을 테스트할 수 있습니다. 이 도구의 사용 방법과 수정 방법에 대한 위키 페이지를 참조하세요."

장애가 되는 요소를 조기에 알리고 절충안을 제시하자

소프트웨어 개발의 특성상 라이브러리가 예상대로 작동하지 않거나, 고치는 데 시간이 오래 걸리는 이상한 버그가 발생하거나, 갑자기 새로운 종속성이 나타나 작업을 방해하는 등 예상치 못한 문제가 항상 발생하기 마련이다.

새로운 장애물이 발생해도 이를 알리지 않는 엔지니어는 신뢰할 수 없는 엔지니어로 인식되는 경우가 많다. 혼자서 문제를 해결하려다가 어려움을 겪는 경우가 많으며, 다른 엔지니어의 도움을 받은 후에야 진전을 보이기도 한다.

반면, 생산적인 엔지니어는 7장 '업무를 완수하는 개발자'에서 설명했듯이 스스로 막힌 부분을 해결하는 데 능숙하며, 장애물로 인해 프로젝트가 지연되는 시점을 인식한다.

예상치 못한 작업이 갑자기 나타나면 팀, 매니저, 프로젝트 리드와 공유하자. 하지만 장애물만 공유하고 단순히 작업을 미루는 대신 다른 방법을 제안하자.

- 프로젝트의 범위를 줄여서 당장 해당 장애물을 극복할 필요가 없도록 하자.

- 단기간에 장애물을 해결할 해킹이나 지름길을 마련한 다음 나중에 적절히 수정한다. 지금 당장 더 빨리 움직이기 위해 기술 부채를 감수하는 것도 같은 이치다.
- 누군가가 장애물을 해결할 수 있는가? 예를 들어, 플랫폼 팀이나 타사 공급업체가 문제를 해결할 변경을 할 수 있는가?

창의적으로 절충안을 생각하자. 대안을 계속 고민하면 장애물을 해결할 더 스마트하고 빠른 방법에 가까워질 수 있다.

11.2 나만의 작업 시간 확보

인바운드 요청 효율적으로 처리하기

시니어 엔지니어는 다음과 같은 인바운드 요청을 더 많이 받는다.

- '다음 주에 있을 기획 검토 회의에 참여해주실 수 있나요?'
- '병가 낸 엔지니어를 대신해 내일 면접을 진행해주실 수 있나요?'
- '성과 평가를 맡아주실 수 있나요?'
- '다음 달에 모 대학에서 채용 설명회가 있는데 발표자로 참여해주실 수 있나요?'
- '2년 전에 만든 컴포넌트에서 이상한 버그가 발견되어 도움이 필요합니다. 몇 분만 시간을 내서 살펴봐주시겠어요?'

이러한 요청은 모두 경험에 도움이 되는 정당한 요청이지만 다른 한편으로는 더 중요한 업무에 집중하지 못하게 하는 방해 요소이기도 하다.

인바운드 요청과 다른 사람의 요청은 언제나 있기 마련이다. 시간이 지남에 따라 이러한 요청이 압도적으로 많아질 수 있다. 이러한 요청을 처리하는 가장 좋은 방법은 없지만, 숙련된 엔지니어들이 성공적으로 사용하는 몇 가지 접근 방식을 소개한다.

방해받지 않고 깊이 있는 작업을 할 시간을 확보하자. 다른 사람을 돕지 않을 시간을 할당해 이를 캘린더에 표시하고 회의나 기타 방해 요소를 거부해 업무에 집중하자. 그 시간을 우선순위 높은 회의처럼 취급하자. 물론, 너무 과도하게 차단하지는 말자.

집중할 때는 '지금은 안 돼요'라고 말하자. 집중 상태에 몰입해 작업할 때는 방해받지 않도록 하고 채팅 알림도 끄고 사람들이 직접 다가오면 나중에 다시 연락하겠다고 말하자.

어떤 일을 도와주는 시간에 타임박스를 설정하자. 누군가 도움을 요청하면 시간을 5~10분 정도로 제한하자. 이렇게 하면 동료가 요청하는 문제를 직접 해결하려고 뛰어들지 않고 요점만 집어 더 효율적으로 일할 수 있다.

동기적인 요청을 비동기적 요청으로 전환하자. 내가 낼 의견이 거의 없는 회의에 참석하는 대신 회의록을 보내 달라고 요청해 나중에 따로 시간을 내서 읽자. 이렇게 하면 동기적 활동인 회의가 비동기적인 회의록으로 전환되어 나중에 검토할 수 있다. 이런 방식으로 시간을 써야 할 많은 요청을 비동기식 방식으로 전환한 뒤 나중에 피드백을 전달하자.

들어오는 요청을 더 도움이 될 동료에게 전달하자. 어떤 요청은 경험이 적은 엔지니어에게 맡겨 성장을 돕는 동시에 내 업무 부담도 덜 수 있다. 항상 '최우선순위 업무'를 파악하자. 오늘 단 한 가지 일만 처리할 수 있다면 그것은 무엇일까? 이번 주에 한 가지만 완료할 수 있다면 가장 중요한 것은 무엇인가? 이때 떠오르는 것이 바로 최우선 업무다. 최우선 업무를 파악하고 이를 완수할 충분한 시간과 공간을 확보하자.

요청의 우선순위를 정하자. '급한 일/중요한 일' 분류표를 사용해 실제로 내가 얼마나 개입해야 하는지 평가하자.

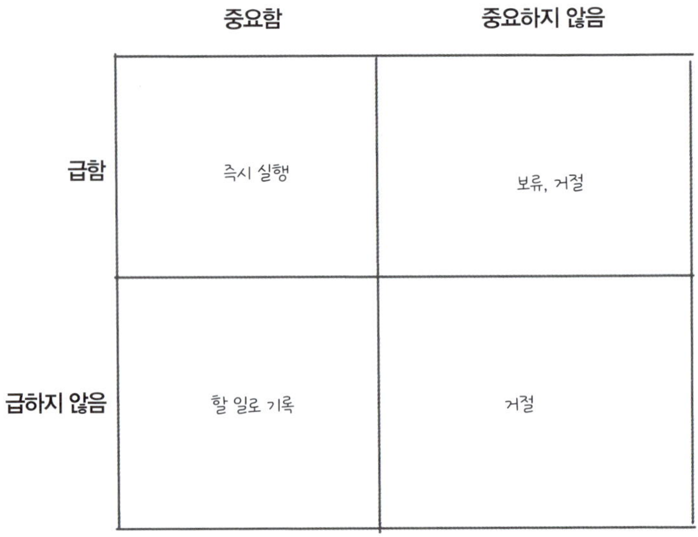

	중요함	중요하지 않음
급함	즉시 실행	보류, 거절
급하지 않음	할 일로 기록	거절

그림 11-1 인바운드 업무의 우선순위를 정하는 방법

긴급성과 중요도에 따라 작업을 다르게 처리하자.

- **긴급하고 중요한 작업**: 바로 처리하거나 몰입이 깨질 때까지 수행한다(예: 시스템 장애 상황을 지원, 진행이 막힌 동료 지원 등).
- **중요하지만 급하지 않은 작업**: 기록했다가 나중에 수행한다. 마감이 정해진 작업은 시간이 더 흐르면 '긴급하고 중요한' 작업이 된다(예: 디자인 문서에 대한 피드백, 꼭 필요한 리팩터링 등).
- **긴급하지만 중요하지 않은 작업**: 반드시 해야 할 필요는 없는 작업이다. 중요한 일이 아니면 '주요' 업무에서 벗어나 주의를 분산시킬 이유는 없다. 작업을 다른 사람에게 넘기거나 그냥 거절하는 선택지를 생각해보자(예: 다른 사람이 이미 승인한 코드 리뷰, 이미 충분한 인원이 참여하고 있는 서비스 장애의 완화, 새 이메일에 대한 응답 등).
- **급하지도 않고 중요하지도 않은 작업**: 그냥 거절하자. 이러한 업무에 참여하는 것도 가치가 있겠지만, 반드시 이득이 있을 때만 참여해야 한다(예: 거의 관여하지 않고 관심도 없는 회의, 아무런 관련 없는 프로젝트의 업데이트 메일을 읽기 등).

중요하지만 긴급하지 않은 작업은 자주 발생하므로 다음과 같은 방법으로 목록을 만들어 기록하자.

- 간단한 문서
- 할 일 목록
- 좋아하는 에디터나 노트 필기 도구
- 실제 공책
- 스마트폰의 노트 앱

변화를 두려워하지 말자. 어떤 접근 방식이 가장 적합한지 선택하자.

중요하지 않은 일이라면 거절하자. 거절은 정중하게 하자.

- '도와드리고 싶지만 안타깝게도 다른 우선순위 높은 업무가 있어 지금은 어렵습니다.'
- '안타깝게도 처리해야 할 일이 너무 쌓여서 이 일을 맡기 어렵겠습니다'라고 말하며, 현재 진행 중인 프로젝트 목록을 보여주는 것도 좋다!
- '저는 적임자가 아닌 것 같습니다. 다른 분의 이름을 리스트에 추가하는 게 좋겠습니다.'
- '제가 해결할 문제는 아닌 것 같습니다. 직접 해결하는 방법을 알려드리겠습니다'라고 말하며, 문제 해결을 위한 정보를 전달하자.

가끔은 할 일 목록을 정리하자. 많은 엔지니어가 할 일 목록에서 '시급하지는 않지만 중요한' 작업을 지우며 패배감을 느끼지만 그럼에도 불구하고 나는 정리하는 것을 추천한다.

중요한 것은 시간이 지남에 따라 변한다는 사실을 직시하자. 중요한 업무 목록을 작성해도 결국에는 오래된 목록이 될 수밖에 없다. 이럴 때는 두 가지 방법을 취할 수 있다.

1. 기존 목록을 살펴보고 중요하지 않게 된 작업을 제거한다.
2. '지금 당장 필요한, 정말 중요한' 작업 목록을 새로 작성한다.

두 번째 방법이 더 빠르며 가장 중요한 작업만 기록함으로써 작업의 우선순위를 다시 정할 수 있다. 또한 다른 업무에 대한 스트레스를 줄이고 정신적 부담도 줄일 수 있다. 동료의 요청 가운데 이 새롭고 간결한 목록에 포함되지 않은 것들은 거절하거나 위임하는 것도 잊지 말자.

압도감을 느끼는 것은 정상이다. 시니어급 이상의 엔지니어가 흔히 호소하는 불만은 어떤 접근 방식을 취하든 결국 과부하가 걸리고 '중요한' 업무를 수행할 시간이 부족하다는 것이다. 이는 흔한 일이며 이러한 상황이 발생했을 때 도움이 될 수 있는 몇 가지 방법을 소개한다.

- 해야 할 모든 일을 정리하고, 매니저 및 멘토가 있다면 그 목록을 함께 논의하자. 정말 해야 할 일은 무엇인가? 팀원에게 무엇을 줄 수 있는가? 매니저의 지원을 받아 거절할 수 있는 업무는 무엇인가? 매니저는 여러분이 해온 모든 일을 알지 못할 가능성이 높으며, 팀에 진정으로 중요한 일의 우선순위를 정하는 데 도움을 줄 것이다.
- 목록이 줄어들 때까지 새로운 요청은 거절한다. 또는 목록에서 다른 일을 처리할 수 있는 경우에만 새로운 요청을 수락하자. 현재 업무 과부하를 이유로 거절했을 때 어떤 일이 일어나는지 살펴보자.
- 하루나 이틀 정도 일을 쉬는 것도 방법이다. 복귀한 뒤 목록을 새롭게 시작하자. 이 작업을 너무 자주 하고 있다면 다른 방법을 고려하자.

11.3 '제대로' 완수하기

업무를 '제대로' 완수하는 소프트웨어 엔지니어에 대해 이야기해보자. 겉으로 보기에는 빠르게 작업을 완료하는 것처럼 같아도, 나중에 보면 버그나 미처 발견하지 못한 엣지케이스, 급하게 짜깁기한 UX 등의 문제 있는 코드를 만들어내는 엔지니어가 적지 않다.

생산성이 높은 엔지니어가 반드시 일을 제일 빨리 처리하는 것은 아니다. 하지만 그들은 작업 속도가 충분히 빠르며, 결정적으로 최종 결과물이 제대로 작동한다.

자신의 업무에 해당하는 항목이 있는지 스스로에게 물어보자.

- 기능 출시 후 버그가 발견되는 경우가 있다.
- 기능을 출시하기 전에 검증할 시나리오를 담은 테스트 계획을 거의 작성하지 않는다.
- 기능이 완성되면, 알려진 버그를 포함한 지원하지 않는 엣지케이스를 나열하지 않는다.
- 기능을 출시할 때 자동화된 테스트, 모니터링 및 경고를 설정하지 않는다.

이중 어느 하나도 해당하지 않는 엔지니어는 드물다. 빠른 개발을 마치고 프로덕션에 전달해 필요에 따라 추후 수정하는 것이 당연하기 때문이다. 많은 사람들이 이러한 방식으로 업무를 진행하기 때문에 엣지케이스를 미리 잘 파악해 코드가 프로덕션 코드에 문제가 생기지 않게 하는 엔지니어가 더 돋보인다.

그렇다면 일을 제대로 처리하고 동료와 이해관계자가 신뢰하는 믿음직한 엔지니어가 될 수 있을까? 여기 몇 가지 접근법이 있다.

사양서를 작성하자. 제품의 많은 버그는 이해관계자가 기대한 내용과 소프트웨어 엔지니어가 이해한 내용에 오해가 있기 때문이다. 기능의 작동 방식, 엣지케이스, 범위를 벗어난 부분을 설명하는 사양서 작성을 작성해 이런 오해를 예방하자. 구현 단계 전에 프로덕트 매니저 및 비즈니스 이해관계자와 협력해 이 모든 내용을 명확히 하자.

일이 어떻게 진행되어야 하는지 제품과 고객 관점에서 완전히 이해할 때까지 시작을 미루자. 오해를 피하기 위해 이를 기록하자.

제품 사양은 장황할 필요가 없으며, 프로덕트 매니저가 직접 작성할 필요도 없다. 사양서가 없는 경우에는 제품 담당자나 비즈니스 이해관계자와 해당 기능이 어떻게 작동할지 예상을 논의하고, 이를 글머리 기호로 한두 페이지에 요약한 다음 작동 방식을 확인한다. 한 시간 정도 걸리는 이 과정을 통해 며칠의 작업을 절약할 수도 있다.

또, 제품 담당자가 사양서를 확인하면, 놓쳤을 오류나 세부 사항, 엣지케이스를 지적할 가능성이 상당히 높다.

테스트 계획을 세우자. 사소한 기능을 구현하기 전에 어떤 구성 요소를 만들고 수정할지, 아키텍처를 어떻게 수정할지, 접근 방식이 가진 장단점은 무엇인지, 어떤 방식을 선택할지 등 몇 가지 계획을 세우고 접근 방식을 스케치하자.

구현한 기능이 예상대로 작동하는지 어떻게 테스트할 생각인가? 어떤 수동 테스트 케이스가 필요할까? 단위, 통합 또는 엔드투엔드 테스트를 통해 어떤 부분을 자동화할 것인가? 프로덕션 환경에서만 테스트할 부분은 무엇이며, 어떤 테스트를 거쳐 기능이 준비됐다고 결정할 건가?

많은 엔지니어가 테스트 계획을 건너뛴다. 구현에 바로 뛰어드는 편이 더 재미있고 의욕이 생기기 때문이다. 하지만 테스트 방법과 테스트 대상에 대해 생각하기에 가장 좋은 시기는 계획 단계다. 구현에 휩쓸리면 놓치기 쉽다.

테스트 계획이 수립되면 프로덕트 매니저나 비즈니스 이해관계자, 다른 엔지니어, QA 담당자와 공유해 피드백을 받자. 다른 사람은 새로운 시각에서 놓친 엣지 케이스를 지목하고 다른 테스트 접근 방식을 제안할 것이다!

테스트, 모니터링 및 알림 관련 작업을 작업 예상 시간에 포함하자. 대규모 코드베이스에서 작업하거나 실수가 비즈니스에 심각한 영향을 미치는 제품에서 기능을 구축할 때, 테스트와 모니터링도 '제대로 완수한' 업무의 조건이다.

하지만 많은 엔지니어가 기능에 자동화된 테스트와 모니터링/경고를 추가하지 않거나 작업 시간 예측에 포함시키지 않는다. 이 부분을 별도의 작업으로 취급하면 제품 담당자와 비즈니스 이해관계자는 시간을 절약하고 더 빠르게 움직이려고 이 부분을 건너뛰려는 경우가 생긴다는 문제가 있다.

프로덕션 환경에서 작업을 테스트하고 모니터링하는 것 또한 작업을 제대로 완수하는 과정의 일부다. 테스트와 모니터링을 건너뛰면 작업 결과의 안정성이 훨씬 떨어진다. 따라서 타협하지 말고 반드시 실행하자.

QA 팀에 떠넘기지 말자. 운이 좋게도 직장에 품질 보증quality assurance (QA) 전담 직원/팀이 있다 해도 QA 팀에 여러분의 업무를 떠넘기지 말자. 나는 일부 엔지니어링 팀이 QA 담당자와 함께 일하면 테스트나 품질 보증을 모두 QA 팀의 책임이라고 생각하는 안티 패턴을 발견했다. 그런 팀은 엣지케이스나 테스트 방법에 대해 깊이 생각하지 않거나 간단한 수동 테스트를 수행하지 않고 빌드만 끝나면 QA 팀에 떠넘기는 경향이 있었다.

이러면 당연히 시간이 오래 걸린다. QA는 엔지니어가 기본적인 테스트로도 확인이 가능한 '뻔한' 문제를 발견해 엔지니어에게 전달한다. 엔지니어는 이 문제를 수정한 후 다시 QA에 전달한다. 그러면 QA는 엔지니어의 주의를 끌지 못한 미묘한 버그를 발견해 다시 엔지니어에게 전달한다. 엔지니어는 해당 버그를 해결하고 QA가 또 한 번의 테스트(세 번째!)를 거쳐 예상대로 작동한다고 선언한다.

이런 방식은 스스로에게 해를 끼친다.

계획 수립 단계부터 QA 담당자를 참여시키고 함께 테스트 계획을 수립하자. QA 엔지니어는 특이한 엣지케이스와 발견하기 어려운 버그를 찾아내는 감각이 뛰어나다. 그러니 QA 엔지니어의 지식을 배우자. 시스템을 '스트레스 테스트'하는 방법을 이해해 보다 강력한 테스트 계획을 세우는 데 그들의 전문 지식을 활용하자.

그리고 '떠넘기지' 말자. QA 엔지니어와 같이 작업을 하자. 테스트를 기다린다고 아무것도 하지 않으며 시간을 낭비하지 말자.

또한 QA를 당연하다고 생각하지 말자. 많은 엔지니어링 팀에는 QA 전담 인력이 있다. QA와 함께 일하면서 협업하고, 배우면서 QA 선분성을 키울 수 있다. 다음 팀이나 직책에 QA 전담자가 없을 가능성이 높으므로 이러한 기술을 갖추면 더 높은 품질의 작업을 제공하는 데 도움이 될 것이다.

짧은 주기의 반복

아이디어를 떠올린 후 다른 사람에게 보여줄 프로토타입을 제작하고 실행하는 데까지 보통 얼마나 걸리는가? 버그를 발견한 후 프로덕션 환경에서 수정하기까지 보통 얼마나 걸리는가? 두 가지 모두에 대한 답이 몇 시간 또는 하루나 이틀이 아닌 몇 주라면 생산성이 높아 보이지 않을 가능성이 높다. 좋게 봐야 '느리지만 꾸준한' 엔지니어로 인식될 수도 있지만 최악의 경우 '꾸준한'은 빠진다.

매일 무언가를 만들어내자. 생산적인 소프트웨어 엔지니어는 거의 매일 코드를 출시할 수 있고, 실제로 그렇게 한다. 소규모 기업에서는 흔히 관찰되며, 수천 명의 소프트웨어 엔지니어가 근무하는 대규모 기업에서도 관찰된다. 약 2만 명의 소프트웨어 엔지니어가 근무하는 구글에서는 엔지니어 한 명당 하루 평균 2건의 변경 사항을 프로덕션에 전달한다. 여기에는 자동화된 코드 변경도 포함되지만 대다수는 직접 작성한 코드다.

이렇게 자주 출시하는 방법은 짧은 주기의 반복iteration 뿐이다.

- 작업을 독립된 작은 덩어리로 세분화한다. 그대로 출시할 작은 반복 작업이나 큰 작업을 작게 나눈 논리적 단계(예: 스캐폴딩 → 비즈니스 로직의 첫 번째 조각 → 기타 엣지케이스 → 정리)로 나눈다.
- 충분히 작은 코드 수정/풀 리퀘스트를 생성한다. 더 쉽게 생성하고, 더 쉽게 검토하고, 더 빠르게 검토해 더 빠르게 출시할 수 있다.
- 팀원들도 이렇게 하도록 장려하자. 변경 사항이 적으면 코드 리뷰에 드는 시간도 짧다.

긴 작업

긴 반복이 필요한 이유도 있다. 짧은 주기의 반복은 빠르고 안정적인 진행에 훌륭한 접근 방식이지만, 짧은 주기의 반복이 모든 문제에 대한 해답은 아니다.

- **조사**: 새로운 기술, 프레임워크 또는 사용할 라이브러리를 조사할 때는 학습한 내용을 공유하고 채택 여부를 추천하는 것이 목표다. 이 조사는 시간이 많이 소요되며 짧은 주기의 반복이 큰 의미가 없는 경우가 많다.
- **도구 또는 인프라 개선**: 팀에서 사용하는 도구를 개선하려면 조사를 거쳐 프로토타입을 만들거나 새로운 접근 방식을 구축해야 하는 경우가 많다. 예를 들어 개발을 컨테이너화하기로 결정했다고 하자. 장기간의 연구 단계, 프로토타이핑/개념 증명 단계, 출시 단계가 포함된 대규모 작업이다. 일반적으로 조사와 프로토타입 제작은 장기적인 작업으로 진행하고 실행 단계는 반복적으로 진행하는 것이 현명하다.
- **대규모 리팩터링**: 일부 리팩터링은 작은 단위로 수행할 수 없다. 숙련된 엔지니어는 과감한 수정 작업을 통해 복잡한 리팩터링을 할 수 있다. 대부분의 대규모 리팩터링은 원

한다면 더 작은 조각으로 분할해 진행 상황을 지켜보며 진행할 수도 있다.

- **코드 재작성**: 리팩터링과 비슷하지만, 코드 재작성에는 일반적으로 성능 문제 해결 같은 구체적인 목표가 있다. 코드 재작성도 여러 번에 걸쳐 수행할 수 있지만, 한 엔지니어가 한 번에 전체를 변경하는 것이 거의 항상 더 빠르다. 다만 코드 재작성은 비용이 많이 들며, 원하는 이점을 얻지 못할 수도 있다는 점을 유의하자.

긴 작업을 들여다보면 짧은 반복 작업으로 구성된 경우도 있는데, 이때 엔지니어는 개별적인 풀 리퀘스트를 만들지 않기도 한다. 짧은 반복 작업을 진행하는 사이 프로덕션의 일부가 손상된 채로 있거나, 엔지니어가 짧은 반복 작업이 작업 흐름을 깬다고 생각하기 때문일 수도 있다. 이유가 무엇이든 이러한 유형의 작업에는 항상 방법이 있다.

긴 작업에는 많은 피드백이 돌아오기 어렵다.

- 진행 과정에서 풀 리퀘스트를 개별로 올리지 않으면, 최종적인 코드에 대해 코드 리뷰 과정이 너무 복잡해진다. 동료는 포괄적인 피드백을 제공하기 어렵고 심지어 주요 문제를 놓칠 수도 있다.
- 각 단계의 개요를 공유하지 않으면 피드백을 주거나, 놓친 부분을 지적하거나, 잘못된 방향으로 가고 있다는 사실을 파악하기 어렵다. 이러한 피드백을 마지막에 전달하면 많은 작업을 다시 수행해야 한다.

피드백이 필요하지 않은 작업은 긴 호흡으로 하는 것이 좋다. 새로운 회사를 설립하거나 신제품을 개발하거나 핵심 기능을 검증하는 프로토타입을 제작하는 경우가 이에 해당한다. 하지만 팀워크가 필요하고 제품 담당자나 비즈니스 이해관계자, 고객처럼 다른 사람과 논의가 필요한 대부분의 상황에는 피드백이 필요하다.

11.4 팀

프로젝트 작업을 쪼개고 예상 시간 추정하기

시니어 엔지니어는 프로젝트의 수준에 집중하는 경우가 많다. 전체 프로젝트를 위해 어떤 작업을 수행하는지, 그 작업이 필요한 수준으로 세분화되어 있는지 먼저 파악해야 한다. 이 작업은 테크리드의 책임과 겹치므로 4부에서 자세히 설명한다.

다른 팀원을 위한 문서

팀원에게 무언가를 설명할 때는 주요 사항을 적어두고, 후에 다음 사람이 같은 질문하면 해당 메모를 전달하자. 팀에 이미 내부 위키나 지식 베이스가 있다면 문서를 추가하자. 아직 없다면, 문서를 만들고 솔선수범해 문서를 추가하자. 문서화에 대한 자세한 내용은 13장 '소프트웨어 엔지니어링'에서 다룬다.

팀이 막혀 있는 문제 풀기

시니어 엔지니어라면 막힌 부분을 알아차리고 도움을 요청해 스스로 문제를 해결하는 데 능숙할 것이다. 시니어 엔지니어는 동료가 비슷한 상황에 있을 때 이를 발견하고 극복하도록 도와야 한다.

함께하자. 업무나 문제 해결에 어려움을 겪고 있는 동료를 발견하면 함께하자고 제안하라. 매일 스탠드업 미팅 같은 정기적인 업데이트 회의를 진행하면, 이러한 상황을 쉽게 파악할 수 있다. 엔지니어가 며칠 동안 같은 문제에 매달려 있다면 아마도 뭔가에 막힌 상황일 가능성이 높다.

누군가의 헤매는 문제를 도울 때는 관련 내용을 이미 안다고 가정하고 바로 해결 방법을 알려주고 싶은 마음을 뿌리쳐야 한다. 예를 들어, 버그를 발견하고 그 원인이 되는 정확한 코드 위치가 보인다면 이를 바로 지적하지 말자. 대신 스스로 막힌 부분을 뚫는 방법을 익히게 돕자. 새로운 디버깅 방법을 보여준 후 문제가 되는 코드로 이끄는 질문을 던져 코칭하자.

외부 요인 때문에 일이 진행되지 않으면 나서서 해결하자. 다른 엔지니어링 팀에서 기획 문서를 검토하기를 기다리거나 플랫폼 팀이 API를 변경할 때까지 기다리는 등 팀 외부에서 진행되지 않아 일을 못할 때가 있을 수 있다. 팀원들이 스스로 해결할 수 없는 외부의 차단 요소가 있다면 직접 상황에 개입해 문제를 해결하고 과정을 설명하는 것이 좋다.

이를 위해서는 이해관계자나 외부 팀과 소통해야 한다. 회사 내에 네트워크가 있다면, 문제가 된 팀의 사람을 안다면 문제를 해결하기 더 쉬울 것이다. 그렇지 않다면 먼저 다가가서 그 일을 붙잡고 있는 사람을 찾아가는 것도 방법이다. 새로운 사람과 좋은 관계를 맺는 시작이 될 수 있다.

틀에서 벗어난 사고

생산적인 엔지니어는 '틀에서 벗어난 사고'로 틀에 박히지 않는 효과적인 해결책을 제시한다. 한 예를 들어보자. 우버의 모바일 플랫폼 팀은 안드로이드 앱에서 메모리 누수 횟수가 계속 증가해 사용자 경험이 저하되고 있음을 발견했다. 메모리 누수가 비즈니스 지표를 저하한다고 의심했지만 증거는 없었다. 대부분의 누수는 기능 구현 코드에서 발생했고 플랫폼 엔지니어는 비즈니스 로직을 이해하는 데 어려움을 겪어 누수를 하나씩 수정하기는 쉽지 않았다. 설령 누수를 찾아내어 수정하더라도 새로운 메모리 누수가 코드베이스에 다시 들어갈 상황이었다.

플랫폼 팀의 한 엔지니어는 이 문제를 해결하기 위해 참신한 방법을 제안했다. 메모리 누수 문제를 해결하는 대회로 만들어 엔지니어들이 메모리 누수를 발견하고, 수정하고, 방지하는 방법을 배우는 기회로 삼았다. 이 엔지니어는 다른 엔지니어를 모아 여러 플랫폼 팀의 핵심 멤버들의 의견을 들어 일을 진행하기로 결정했다. 이들은 '주요' 메모리 누수를 파악하고 외부 연사를 초청해 기술 강연을 개최하며 엔지니어들에게 안드로이드 메모리 누수를 해결할 인사이트를 공유하고 교육했다. 또한 모바일 플랫폼 팀은 다른 팀의 디버깅을 도울 오피스 아워(도움을 줄 시간)도 정했다. 제품에 미치는 영향을 측정하기 위해 모든 메모리 누수 관련 수정 사항을 기능 플래그 뒤에 배치하고 비즈니스 지표에 미치는 영향을 측정했다. 그 결과 이러한 수정이 비즈니스에 변화를 가져온 것으로 나타났다!

'틀에서 벗어난 사고'를 더 잘하려면 어떻게 해야 할까?

- **경험의 폭을 넓히자.** 자신의 영역이 아닌 다른 영역을 직접 체험하자. '틀에서 벗어난 사고'라고 하지만 대부분 한 도메인의 일반적인 접근 방식을 다른 도메인에 적용하는 경우가 많다. 예를 들어, 프런트엔드 애플리케이션을 구축하는 개발 방법론에 익숙하다면 그 방법을 백엔드 개발에도 적용할 수 있다!
- **깊게 파고들자.** 몇 가지 분야의 전문가가 되어 그 분야를 완전히 이해하도록 깊이 파고들자. 언어, 프레임워크 또는 코드베이스가 대상이다. 어떤 기술이 어떻게 작동하는지 완전히 이해하게 되면 '틀에서 벗어난 사고'도 전문가들이 주로 사용하는 솔루션을 제공한다는 점을 알게 된다.
- **문제에 대한 두 가지 이상의 잠재적 해결책을 생각하자.** 문제에 직면하면 한 가지 해결 방법만 떠올릴 가능성이 높다. 예를 들어, 백엔드의 중요한 버그를 수정해야 하는 경우, 단순히 코드를 변경하는 것이 확실한 해결책이 될 수 있다. 하지만 해결책이 아무리 뻔하더라도, 대안을 찾아보자. 코드를 배포하지 않고도 설정만 변경해 버그를 수정할 수 있지 않을까? 백엔드에 코드 수정 사항을 배포해 카나리아 릴리즈에서 먼저 수정 사항을 확인할 수 있나? 수정 사항을 A/B 테스트로 배포해 지표를 긍정적으로 개선하는지 관찰할 수 있는가?
- **창의적으로 문제를 해결하는 엔지니어를 만나고 관찰하자.** 그들이 어떻게 하는지, 아이디어는 어디서 나오는지, 효과 있는 아이디어를 판단하는 방법을 물어보자.

11.5 큰 그림의 이해

제품 지향적 사고

가장 생산성이 높은 엔지니어라도 항상 코딩을 빠르게 하거나 컴퓨터 시스템을 잘 이해하는 건 아니다. 오히려 엔지니어링에 능숙한 동시에 제품과 고객, 비즈니스에 대한 이해도가 뛰어난 경우가 더 많다. 생산성이 높은 엔지니어는 현명한 절충점을 찾고 덜 복잡한 엔지니어링 솔루션을 더 빠르게 구축할 뿐 아니라 고객의 실제 문제를 해결할 솔루션을 제공한다.

이 주제에 대해서는 5장 '어디서나 통하는 접근법'에서 자세히 설명한다. 정리하면 다음 접근 방식을 고려해 제품 지향적인 엔지니어가 되자.

- 우리 회사가 성공적인 이유와 그 방법의 이해
- 프로덕트 매니저와의 긴밀한 관계 구축
- 사용자 조사, 고객 지원 및 관련 활동 참여
- 근거가 탄탄한 제품 아이디어를 제시
- 작업 중인 프로젝트에 제품/엔지니어링 절충안 제공
- 프로덕트 매니저의 피드백 자주 받기

비즈니스 이해

소프트웨어 엔지니어는 코드 작성에 대한 보수를 받지 않는다. 우리는 코드 작성으로 비즈니스 문제를 해결해 보수를 받는다. 비즈니스가 무엇을 중요하게 생각하는지, 여러분이 구축하는 소프트웨어가 어떻게 회사의 비즈니스 목표 달성에 기여하는지 이해해야 한다. 이를 위한 접근 방식은 21장 '비즈니스의 이해'에서 설명한다.

12 협업 및 팀워크
Collaboration and Teamwork

혼자 소프트웨어를 개발할 때는 코딩이 가장 어렵다. 팀으로 일할 때는, 동료와의 협업이 같은 수준으로 어려울 수 있다. 협업에는 많은 사항이 중요하다. 사용할 코딩 스타일부터 테스트 수행법, 명명 규칙 등 함께 지킬 사항을 결정하고 지켜야 한다.

한 제품을 여러 팀이 개발하는 등, 더 큰 집단의 일원으로 일할 때는 모든 팀이 같은 방향으로 나아가는 것이 중요하다. API 엔드포인트를 새로 만들어 공개했다면, 다른 팀이 사용할 때 예상한 방식대로 작동하는지 확인해야 한다. 다른 팀이 서비스를 수정하지 않아 여러분의 업무가 막혀 있다면 해당 팀에 수정을 요청해야 한다.

대부분의 기업은 다재다능한 시니어 소프트웨어 엔지니어에게 커뮤니케이션, 협업, 팀워크 역량을 기본적으로 기대한다. 이 장에서는 일반적인 협업 상황을 다루며 각 상황에서 탁월한 능력을 발휘하는 방법을 살펴본다.

12.1 코드 리뷰

좋은 코드 리뷰는 변경 사항 자체와 변경 사항이 코드베이스에 잘 들어맞는지를 검토한다. 제목과 설명의 명확성, 변경의 '이유'를 리뷰한다. 코드의 정확성, 테스트 커버리지, 기능 변경 사항이 리뷰 대상이고 모든 것이 코딩 가이드라인과 모범 사례를 따르는지 확인한다.

좋은 코드 리뷰는 이해하기 어려운 코드, 모호한 이름, 주석 처리된 코드, 테스트 되지 않은 코드, 간과된 엣지케이스 등 개선해야 할 사항을 지적한다. 또한 한 번의 리뷰에 너무 많은 변경 사항이 포함됐다면, 코드 변경 사항의 목적을 하나로 유지하고 변경 사항을 보다 집중적인 내용으로 세분화할 것도 제안한다.

더 나은 코드 리뷰는 시스템 관점의 넓은 맥락에서 수정 사항을 살펴보고 유지 관리하기 쉬운지 확인한다. 코드 수정의 필요성과 그 수정이 시스템의 다른 부분에 미치는 영향에 대해 질문할 수도 있다. 코드에 적용된 추상화와 그 추상화가 기존 소프트웨어 아키텍처에 어떻게 부합하는지도 살펴본다. 단순화할 수 있는 복잡한 로직, 테스트 구조, 중복 및 기타 가능한 개선 사항 등 유지관리 측면에서 관찰한 사항을 기록한다.

리뷰의 분위기

말과 글의 분위기는 팀 내 사기에 영향을 미친다. 거친 리뷰는 적대적이라는 인상을 주며 소소한 공격으로 보일 수 있다. 감정적인 표현은 사람들을 방어적으로 만들고 열띤 토론을 불러일으킨다. 반대로 전문적이고 온건하며 긍정적인 어조는 사람들이 건설적인 피드백에 열린 자세로 임하고 코드 리뷰를 통해 건전하고 활발한 토론을 촉발하는 포용적인 환경을 조성하는 데 기여한다.

좋은 코드 리뷰는 강압적이거나 독단적인 지시형 문장보다는 더 나은 대안과 해결 방법을 제시하는 개방형 질문을 사용한다. 이러한 리뷰는 리뷰어가 놓친 부분이 있을 수 있다고 가정하므로 수정하기 전에 설명을 구하자.

더 나은 코드 리뷰는 공감을 표현한다. 코드를 작성한 사람이 변경을 위해 많은 시간과 노력을 들였다는 점을 인식해 좋은 솔루션에 박수를 보내며 일반적으로 긍정적인 분위기로 진행한다.

승인 전 변경 요청

좋은 코드 리뷰는 해결되지 않은 질문이 남아 있는 경우 변경 사항을 승인하지 않는다. 하지만 질문이나 의견이 진행에 문제가 없거나, 크게 중요하지 않은 내용, 소소한 지적 정도라면 그 점을 명확히 밝힌다. 변경을 승인할 때는 'LGTM[looks good to me](괜찮아 보입니다)'을 표시하는 등 명확하게 표현한다. 후속 조치를 요청할 때도 마찬가지로 명확하게 하며, 코드 리뷰 도구나 팀 규칙을 사용해 이를 전달한다.

더 나은 코드 리뷰는 다뤄야 할 중요한 질문이 있으면 변경 사항을 승인하지 않는다. 이러한 리뷰는 원칙적으로 확고하지만 실제로는 유연하게 이뤄진다. 때로는 작성자가 후속 코드 수정에서 그 의견을 처리하기도 한다. 긴급한 변경 사항이라면 검토자가 더 빠른 리뷰를 위해 노력한다.

서로 대화하기

좋은 코드 리뷰는 필요한 만큼의 질문을 하고, 해결되지 않은 수정 사항을 기록한다. 대화가 길어지면 리뷰어는 코드 리뷰 도구에서 너무 시간을 끌지 않기 위해 작성자에게 직접 연락한다.

댓글이 많다면 오해가 있다는 의미로, 대화를 통해 이를 파악하고 해결하는 것이 더 쉬운 방법이다. 유능한 엔지니어는 직접 대면하면 시간을 절약하고 어려운 감정을 피할 수 있다는 점을 알고 있다.

소소한 지적

소소한 지적은 풀 리퀘스트의 품질에 큰 영향을 미치지 않는 사소한 변경 사항(예: 변수 또는 함수의 대체 이름, 변수 선언을 알파벳 순서로 해야 한다는 주장, 들여쓰기를 개선할 수 있다는 주장 등)을 말한다.

좋은 코드 리뷰는 수정 요청에서 사소한 내용을 명확히 하고, 이런 수정 요청을 너무 많이 담지 않는다. 지나친 지적은 불쾌한 기분을 불러와 더 중요한 주제를 집중하지 못하게 만들 수 있다.

코드 리뷰를 할 때 소소한 지적이 너무 많다면 도구 설정이 잘못됐거나 코딩 표준을 이해하지 못했다는 신호다. 이러한 문제를 자주 접하고 있다면 코드 리뷰 프로세스 외부에서 문제를 해결하려고 노력하자. 예를 들어, 대부분의 소소한 지적 사항은 자동화된 린팅, 정적 코드 분석 도구로 해결할 수 있다. 그렇지 않은 경우는 대개 팀이 특정 표준에 동의하고 이를 따르며, 궁극적으로는 자동화를 통해 해결할 수 있다.

신규 팀원과 코드 리뷰

좋은 코드 리뷰는 직위, 직급 또는 재직 기간과 관계없이 모든 사람에게 동일한 품질 기준과 접근 방식을 적용한다. 온건하고 긍정적인 어조로 진행되며, 승인을 위해 어떤 변경을 요청하는지 명확히 한다.

신규 팀원의 초기 코드 리뷰는 긍정적인 경험이 되도록 구성하는 편이 좋다. 리뷰어는 새로운 동료가 모든 코딩 지침, 특히 문서화되지 않은 비공식적인 지침을 잘 알지 못할 수도 있다는 점을 공감해야 한다. 리뷰어는 또한 새로 합류한 사람이 아직 코드베이스를 익히는 중이며, 코딩 스타일에 관한 최신 정보를 모를 수 있다는 사실을 이해해야 한다.

또한 더 좋은 코드 리뷰는 선호하는 코딩 접근 방식을 설명하고 더 자세한 정보를 알려주는 데 많은 노력을 기울인다. 코드 리뷰는 코드베이스에 대한 새로운 참여자의 몇 가지 변경 사항을 축하하는 긍정적인 어조로 이루어진다.

분산된 오피스의 시차 문제

좋은 코드 리뷰는 가능한 경우 분산된 오피스의 업무 시간대 차이를 고려한다. 리뷰어는 양쪽이 모두 근무하는 겹치는 근무 시간에 리뷰하는 것을 목표로 한다. 지적할 내용이 많다면, 리뷰어가 직접 채팅을 하거나 화상 통화를 제안한다.

더 나은 코드 리뷰어는 시차 문제가 반복적으로 발생하는 경우 코드 리뷰 프레임워크를 넘어설 체계적인 해결책을 찾는다. 이런 문제에 대한 해결책은 대개 간단하지 않으며, 리팩터링과 새로운 서비스/인터페이스 생성 또는 도구의 개선이 필요하다. 이와 같은 종속성 문제를 해결하면 팀 모두가 더 쉽고 효율적으로 업무를 진행할 수 있다.

좋은 코드 리뷰를 하는 방법에 대한 자세한 내용은 다음을 참조하자.

- 구글의 코드 리뷰 가이드[2]
- 깃랩^{GitLab}의 코드 리뷰 가이드라인[3]

12.2 2인 협업

경험이 부족한 엔지니어에게 짝을 지어주면 어려운 작업을 수행하고, 더 많은 것을 배우고, 레벨을 올릴 환상적인 기회가 된다. 이 방법은 경험이 많은 엔지니어에게도 유용하다. 일을 하다 보면 필연적으로 막히는 상황에 직면하는데, 이때 누군가와 같이 문제를 보면 막힌 부분을 뚫는 데 도움이 된다. 특히 새로운 코드베이스나 기술로 작업할 때 막히는 경우가 많다. 같은 팀이나 옆 팀의 해당 코드베이스 또는 기술 전문가와 짝을 이루면 문제를 더 빨리 극복하는 데 도움이 된다. 또한 다른 사람에게서 배우고 더 강력한 직업적 관계를 구축할 수 있다.

짝을 만들면 짝 프로그래밍을 진행하거나 2인 협업으로 문제를 함께 해결할 수 있다.

짝 프로그래밍^{pair programming}은 직접 대면하는 경우 보통 서로 나란히 앉아 같은 화면에서 작업하거나 키보드를 번갈아 가며 사용하거나 두 개의 키보드와 두 개의 마우스를 사용하는 방식으로 진행된다. 원격이라면 통화하며 화면을 공유하거나, 동시 편집이 가능한 편집기를 사용해 각자 텍스트를 입력하며 동시에 작업한다.

2인 협업^{pairing up}은 서로 나란히 앉거나 직접 대면해 화이트보드에 내용을 나눈다. 원격이라면 화면 공유나 동시 편집 가능한 도구를 사용해 통화한다.

---

2 https://google.github.io/eng-practices/review
3 https://docs.gitlab.com/ee/development/code_review.html

앞으로는 이 두 가지 활동을 모두 '2인 협업pairing'이라는 용어로 사용하겠다. 이 방법은 두 사람이 문제를 해결하는 가장 간단하고 효율적인 협업 형태다.

2인 협업이 유용한 상황

소프트웨어 엔지니어의 경우 2인 협업으로 다음과 같이 흔하게 발생하는 문제를 해결할 수 있다.

- **새로운 팀이나 코드베이스, 시스템에 온보딩**: 팀이나 코드베이스에 새로 합류했을 때 반드시 알아야 할 주요 정보를 검토하고, 처음으로 무언가를 설정하고, 알려진 문제를 파악하는 등의 작업은 혼자보다 2명이 같이 하면 업무 시작이 쉬워진다. 이것이 2인 협업의 가장 일반적인 목적이다.
- **기능 구현**: 엔지니어가 무언가를 구현하는 방법을 잘 모르면 해당 분야에 경험이 많은 개발자와 함께 구현하는 과정에서 그 방법을 배우고 경험이 많은 동료의 사고방식에 대한 통찰력을 얻을 수 있다.
- **까다로운 버그의 디버깅**: 여러 가지 방법으로 문제를 디버깅해도 작동하지 않는 이유를 알 수 없는 경우가 있다. 이때는 다른 사람의 도움을 받는 편이 좋다. 도움을 주는 사람이 경험이 많을 필요는 없다. 의심되는 문제와 시도해본 모든 방법을 설명하는 정도로 해결책을 찾는 데 도움이 되는 경우가 많다.
- **계획 및 설계**: 며칠 동안 코딩이 필요한 복잡한 프로젝트를 시작하기 전에 다른 개발자와 접근 방식을 이야기하는 편이 좋다. 아이디어를 스케치하고, 고려 대상이었지만 결국 배제된 접근 방식도 이야기하고, 사용할 기술, 언어, 프레임워크 및 라이브러리, 재사용하거나 수정할 기존 구성 요소, 배치할 클래스 구조, 솔루션을 테스트하고 검증하는 방법 등 구축 방법을 개략적으로 설명하면 좋다.
- **작업을 올바르게 수행하고 있는지 확인**: 어떤 기능이나 특징을 구현할 때, 다른 사람과 접근 방식을 논의하고 내가 내린 결정을 보여주면 도움이 된다. 디버깅과 마찬가지로 상대가 반드시 경험이 많을 필요는 없다.
- **작동 방식 파악**: 이해하기 어려운 새로운 시스템, 서비스 또는 구성 요소를 이용한 작업을 할 때, 전문가 또는 해당 시스템을 구축한 사람과 함께하면 더 빠르게 작동 원리를 자세히 배울 수 있다.
- **다른 개발자의 작업 방식 관찰 및 학습**: 2인 협업의 가장 큰 장점은 사람들이 실제로 어

떻게 일하는지 옆에서 볼 수 있다는 것이다. 상대방과 대화를 나누며 어떻게 생각하는지, 어떤 IDE를 사용하는지, 어떤 단축키를 사용하는지, 코드를 작성하고 테스트하는 방법 등을 파악할 수 있다. 처음으로 누군가와 같이 앉아 작업을 하게 되면 새로운 것에 눈을 뜨게 되는 경우가 많고, 마음에 드는 도구와 접근 방식을 배워 나도 쓸 수 있게 된다.

2인 협업은 지식 전달 말고도 엔지니어끼리 개인적인 관계를 구축하는 데 도움이 된다. 누가 더 경험이 많든 함께 문제를 해결하면서 서로에게서 배울 수 있다.

경험이 많은 경우의 접근 방법

같이 작업한 경험이 많을수록 세션을 더 효율적으로 진행할 수 있다.

- **문제를 정의한다.** 같이 작업할 파트너에게 해결할 문제를 설명해달라고 요청한다. 엔지니어가 2인 협업을 원하지만 도움이 필요한 부분이 명확하지 않은 경우가 있다. 이 점을 명확히 하는 것부터 시작하면 좀 더 집중해서 세션이 진행된다. 기본 기능의 구현이 목표인가? 구성 요소의 작동 방식을 이해하는 데 도움이 필요한가? 세션을 시작하기 전에 문제를 구체적으로 정의하자.
- **긴급한 상황을 파악하자.** 분당 수천 명의 고객에게 영향을 미치는 장애를 해결하기 위해 2인 협업을 하려는 사람과 시간에 민감하지 않은 문제를 놓고 2인 협업을 하려는 사람 사이에는 큰 차이가 있다.
- **시간이 촉박할 때는 먼저 설명하며 해결한 다음 후속 조치를 취하자.** 시간이 촉박할 때는 주도권 잡기를 두려워하지 말아야 한다. 문제를 해결하기 위해 무엇을 하고 있는지, 그 이유와 변경 사항이 효과가 있는지 확인하는 방법을 설명하고, 문제가 해결되고 더 이상 시간 압박을 받지 않게 되면 다시 돌아가서 여러분이 어떻게 했는지 알려주자.
- **2인 협업의 목표는 파트너에게 답이 아닌 배울 기회를 주는 것이다.** 파트너의 문제를 가능한 한 효율적으로 빠르게 해결한 다음 자신의 작업을 이어가는 방식은 궁극적으로 효과가 낮다. 왜 그럴까? 다음에 비슷한 문제가 생기면 여전히 해결 방법을 몰라 다시 찾아올 것이기 때문이다. 하지만 시간을 할애해 동료에게 문제 해결 방법을 가르치면 다음에 비슷한 문제가 생겼을 때 스스로 해결할 수 있어 더 효과가 좋다.
- **해결책을 알더라도 바로 알려주지 말라.** 개발자가 버그를 고치지 못해 어려움을 겪을 때, 어떤 문제인지 정확히 알고 있다면 바로 해결책을 알려주고 싶은 마음이 들기도 한

다. 하지만 문제를 어떻게 파악하고, 어떤 접근 방식을 사용해 다른 원인을 배제했는지 기억하는가? 동료가 여러분과 같은 학습 과정을 거치도록 하자!

- **파트너에게 말하고 타이핑할 충분한 시간을 제공하라.** 여러분이 더 경험이 많으므로 문제를 더 빨리 해결할 가능성이 높다. 하지만 잘 운영되는 2인 협업은 상대방에게 무언가를 잘 가르쳐주는 것이라는 사실을 잊지 말자. 따라서 상대방이 자신의 생각을 표현할 기회를 주고, 여러분이 해결책을 코딩하기 시작했더라도 상대방이 마무리하게 넘겨주자.
- **파트너로부터 무언가를 배우려고 노력하자.** 경험이 쌓이면 2인 협업은 자신이 가르치고 이끌어가기 때문에 배울 것이 없다고 생각하기 쉽다. 하지만 그렇지 않을 수도 있다! 상대방을 코칭하고 개방형의 질문을 던지면 상대방은 여러분이 생각하지 못한 접근 방식이나 몰랐던 경험을 나누기도 한다.
- **칭찬은 제때 하자.** 파트너가 작업 일부를 잘 완료하면 긍정적인 피드백을 주자. 긍정적인 피드백은 좋은 효과를 내며 파트너는 더 적극적으로 행동하게 만든다.
- **때때로 궤도를 벗어나는 것도 자연스러운 일이다.** 2인 협업을 하며 옆길로 빠져서 주요 문제 해결에서 벗어나는 것은 흔한 일이다. 특히 시간 압박이 없을 때는 이런 일이 자주 발생한다. 이것은 괜찮고 자연스러운 현상이다. 2인 협업은 문제 해결의 일환이기도 하고, 서로에게서 배우는 과정이기도 하며, 누군가를 더 잘 알아가는 과정이기도 하다. 또한 재미도 있으니 흥미로운 분야를 탐구할 수 있다면 그렇게 하자.

경험이 부족할 때 접근 방법

다른 사람에게 2인 협업을 요청하는 걸 두려워하지 말자! 이러한 느낌은 경험이 적은 엔지니어에게 더 흔히 나타나지만, 심지어 시니어 엔지니어는 스태프나 수석 엔지니어에게 짝이 되어달라고 요청하면 자신이 그 일을 못한다고 인정하는 모양이 될까 걱정하는 경우도 있다. 그렇지 않다. 2인 협업을 요청해 일을 더 빨리 끝내면서 새로운 지식을 배울 수 있다.

상대방에게 2인 협업을 요청할 때는 상대방의 시간을 존중하고, 급하게 끝내야 할 일이 있는 경우 유연하게 대처하자. 상대방이 도움을 줬다면 시간을 내준 데 감사의 인사를 전하자. 다른 사람 앞에서 감사 인사를 해도 좋다. 다른 팀원에게 좋은 인상을 심어줄 수 있을 뿐 아니라, 여러분이 2인 협업을 요청해 도움을 받은 것을 보고 다른 팀원들도 스스로 그 방식을 활용하도록 유도할 수 있다.

2인 협업은 활용도가 낮고 그 가치가 저평가된 것으로 보인다. 특히 원격 근무 환경에서 더욱 그렇다. 무언가에 막혀 답답해하는 주변 개발자를 돕고, 거꾸로 내가 같은 상황에 있을 때 문제를 해결해 줄 동료와 협업하기를 추천한다.

12.3 멘토링

시니어 엔지니어가 되면 동료를 멘토링할 기회가 많아진다. 또한 더 많은 경험을 가진 멘토에게 배우는 것도 좋은 방법이다.

비공식 멘토링

공식적인 멘토링이 아니라고 해서 배움의 경험이 무효한 것은 아니다. 실제로 대부분의 멘토링이 비공식적이다. 멘토링은 개발자들이 함께 일하고 협업하며 자연스럽게 이루어진다.

코드 리뷰나 팀 단위 프로젝트 작업은 일반적인 비공식적 멘토링의 사례다. 정해진 구조 없이 엔지니어들이 함께 작업하고 피드백을 주고받으며 서로에게서 배우는 방식이다.

다른 엔지니어와 비공식적인 1:1 세션을 통해 서로의 업무에 대해 이야기하는 것 또한 일종의 비공식적인 멘토링이 될 수 있다(그렇게 느껴지지 않아도 말이다!). 여전히 유익하고 다양한 접근 방식에 대한 아이디어를 얻을 수 있다.

공식 멘토링

개발자 대상 멘토링에서 공식 멘토링은 흔치 않다. 경험이 많은 동료가 후배 엔지니어의 멘토가 되기로 하고, 멘토링을 시작하고, 정기적인 미팅을 통해 멘티의 성장을 돕는 방식이다. 하지만 비공식적인 멘토링이 항상 이루어진다면 굳이 공식적인 멘토링에 노력을 기울일 필요가 있을까? 몇 가지 이유가 있다.

- 경험이 풍부한 사람들과 함께 일해본 적이 없는 멘티가 더 많은 것을 가르쳐 줄 멘토를 원할 수 있다.
- 보다 공식적인 멘토링 관계를 맺으면 전문적인 성장에 전념할 수 있어 더 빠르고 집중적인 방식으로 역량을 높일 수 있다.

공식적이고 집중적인 멘토링을 쉽게 시작하도록 돕는 두 종류의 조직이 있는데, 체계적인 기술 회사와 온라인 커뮤니티다. 일부 기술 기업이 멘토링 프로그램을 운영하기도 하지만, 이러한 프로그램은 거의 홍보되지 않는다. 우버, 페이팔, 아마존은 모두 집중적인 멘토링을 쉽게 받도록 내부 프로그램을 운영하고 있다.

멘토로 구성된 온라인 커뮤니티도 멘티를 환영하며 쉽게 시작할 수 있다. '개발자 멘토링'을 검색하면 많은 다양한 방법을 찾을 수 있다.

내가 개발자 시절에 공식적인 멘토링을 받았다면 더 빨리 성장할 수 있었을 것이다. 그래서 나는 엔지니어링 매니저로 전환하면서 팀에서 경험이 적은 엔지니어와 경험이 많은 엔지니어 간에 멘토링 관계를 구축하는 데 중점을 두었다. 예상대로 주니어 엔지니어가 더 빨리 성장하는 결과를 확인했다. 다만 내가 예상하지 못했던 부분은 시니어 엔지니어 역시 스태프 또는 수석 엔지니어와의 공식적인 멘토링을 통해 많은 혜택을 받았다는 것이었다.

그렇다면 공식적인 멘토링은 어떻게 진행되는가? 다른 프로젝트와 마찬가지로, 시작 단계에서부터 모든 사람(이 경우에는 멘토와 멘티)이 같은 생각을 가져야 한다.

멘토링 시작: 소개 미팅

공식적인 멘토링을 시작하는 가장 좋은 방법은 킥오프다. 나는 잠재적 멘토에게 찾아가 '평소에 존경하고 있었습니다. 잠시 시간을 마련해 주실 수 있을까요? 제가 성장하고 싶은 분야와 멘토로서 도와주실 방법을 이야기하고 싶습니다'라고 제안한다. 시간을 할애해 배경지식을 공유하고 서로가 멘토링에 전념할 의향과 능력이 있는지 확인하는 것이 좋다.

킥오프에서 논의할 주제 목록을 미리 준비하는 것이 좋다.

- **소개**: 서로의 여러 배경을 공유해 '서먹함을 없애는' 것이 좋다.
- **'나에게는 어떤 이득이 있는가?'**: 이 관계를 통해 무엇을 얻고 싶고, 어떻게 성장하고 싶은가? 상대방에게도 똑같이 물어보자. 최고의 멘토링은 양방향의 관계이며, 이를 통해 두 사람 모두 무언가를 얻을 수 있다.
- **주제**: 무엇에 관심이 있나? 어느 부분에서 성장하고 싶은가? 더 긴급하게 논의해야 할 사항이 있는가?
- **빈도수**: 얼마나 자주, 언제 다음 세션을 할까? 대부분의 개발자는 2주에 한 번씩 30~60분 동안 양쪽 모두에게 적합한 시간에 연락을 취한다.
- **중간 소통**: 멘토에게 아무 때나 연락해도 될까? 멘토의 스케줄은 어떻게 되는가?
- **단기적 목표**: 다음 달 동안 성장하고 싶은 분야는 무엇인가? 거기에 집중하는 것부터 시작하자.
- **진행 상황 평가**: 멘토링이 얼마나 효과적인지 평가하는 기준은 무엇인가?
- **그냥 해보기**: 위 내용을 처음에 같이 정해도 좋다. 예를 들어, 멘토가 되고 싶은 사람에게 멘토링이 어떻게 이루어지는지 전혀 모른다고 말해도 괜찮다는 것이고, 멘토도 다음 달에 일이 너무 많아 정신없이 바쁘다고 말할 수도 있다.

멘토가 되어 달라는 요청을 받으면 언제든 거절해도 괜찮다는 것을 잊지 말자. 나는 멘토를 찾는 멘티로서 몇 명의 잠재적 멘토에게 정중한 거절 의사를 들었다. 어떤 멘토는 시간이 부족하다는 이유로, 어떤 멘토는 내가 원하는 전문성을 갖추지 못했다는 이유로 거절했다. 거절에 좌절하지 말고 다른 잠재적 멘토를 추천해줄 수 있는지 물어보자. 조만간 적합한 멘토를 찾을 수 있을 것이다.

멘토의 자세

좋은 멘토가 되는 접근 방식을 소개한다.

처음부터 기대치를 명확히 하자. 얼마나 많은 시간을 할애할 수 있는지, 멘티에게 무엇을 기대하는지 명확히 하는 것이다. 멘티에게 이야기할 내용을 목록으로 만들어주면 좋겠다고 말하자. 부담스럽지 않은 태도를 유지하면서 그때그때 가져오는 문제를 처리하는 법도 가능하다. 이 접근 방식에 대해 논의하자.

멘티의 이야기를 잘 듣자. 멘토의 가장 중요한 역할이다. 물론 멘티는 바로 실행할 조언을 원하지만, 현재 상황과 기분에 대해 이야기하는 것도 못지않게 중요하다.

'무슨 생각을 하고 있나요?', '어떤 문제로 어려움을 겪고 있나요?', '어떤 일을 하고 있나요?', '이번 주 목표는 무엇인가요?'와 같이 상대방이 답할 수 있는 질문으로 대화를 시작하고 도움을 줄 수 있는 부분이 있는지 경청하자.

문제의 정답을 제공하지 말자. 효과적인 멘토링은 다른 사람의 문제를 해결하지 않고, 멘티가 스스로 문제를 해결하도록 해 성장을 돕는 것이다. 멘토링을 할 때는 가능한 한 해결 방법을 늦게 공유하는 편이 좋다.

대신 질문을 하고, 대안을 제시하되, 무엇을 하라고 지시하지 말자. 인내심을 갖고 코칭을 우선시하는 접근 방식을 취하면 주니어 개발자의 역량을 강화하고 학습 속도를 높일 수 있다.

구체적인 상황에 대해 더 깊이 있게 논의한다. 어떤 상황이든 해당한다. 멘티가 제기한 문제일 수도 있고 멘토가 알아차린 문제일 수도 있다. 주제는 커뮤니케이션, 문화적 문제, 심도 있는 기술적 질문, 코드 리뷰 등이 될 수 있다.

특정 상황에 대한 맥락과 관점을 공유하자. 시니어라면 업계에 더 오래 종사했기 때문에 멘티가 어려움을 겪는 상황이 어떤 상황인지, 일하는 회사가 같다면 업무가 어떻게 돌아가는지 훨씬 더 잘 알 것이다. 과거에 어려운 상황에 처했을 때 어떻게 대처했는지 되돌아보면 멘티가 같은 상황에 처했을 때 불안감을 덜 느끼는 데 도움이 될 수 있다.

네트워크를 활용해 멘티를 도와주자. 멘토는 멘티보다 일반적으로 더 많은 사람과 연결되어 있으며, 같은 회사에서 근무하는 경우 멘티에게 도움을 줄 수 있는 동료를 찾아 연결할 수도 있다. 다른 사람에게 멘티를 소개하며 함께 시간을 보내도록 초대하는 것도 큰 도움이 된다. 멘토와 멘티의 회사가 달라도 다른 사람과 연결해주거나 소개를 도와줄 기회가 생길 것이다.

멘티에게 당신이 그들의 편이라는 사실을 알려주자. 멘토링을 요청하는 사람은 조언과 지원을 원한다. 경험이 적을수록 자신이 뭔가 잘못할지 모른다는 생각을 하고 있을 가능성이 높아 여러분의 지원이 더 큰 도움이 될 수 있다. 격려의 말은 생각보다 큰 힘이 된다.

내가 함께 일했던 모든 멘토는 '이걸 해냈네요!'나 '할 수 있어요!'라는 말로 대화를 끝냈다. 말 한마디였지만 내게는 정말 큰 힘이 됐다.

훌륭한 멘토가 되는 방법에 대한 다른 팁도 간단히 소개한다.

- **멘티에게서 새로운 것을 배우자.** 멘티가 해결하려는 문제에 호기심을 갖고 그들의 관점을 이해하자. 정답을 알더라도 새로운 사실을 배울 수 있고, 새로운 시각으로 문제를 바라볼 수 있다.
- **멘티가 문제에 대한 여러 가지 해결책을 떠올리도록 도와주자.** 또한 장단점을 명확하게 표현하도록 도와주자. 멘티에게 해결책보다는 개념을 설명하고, 해결책이 양자택일인 경우는 거의 없다는 사실을 이해하도록 도와주자. 특히 기술적인 주제에 해당하지만, 대부분의 비기술적인 문제에도 적용된다.
- **기술적인 주제와 비기술적인 주제에 맞게 접근 방식을 조정하자.** 기술적인 질문이 더 다루기 쉽다. 어떤 방법을 시도했는지 물어보고 질문을 통해 효과적인 방법을 안내해 멘토링에 임하자. 커뮤니케이션, 갈등과 같은 비기술적인 주제에서는 경청이 중요하다.

멘티의 자세

일정한 주기를 정하고 정기적으로 멘토링을 받는다면 멘토링의 효과를 계속 얻는 방법은 무엇일까? 나는 멘티로서 멘토링에서 효과를 얻으려면 시간과 노력을 투자해야 한다고 굳게 믿는다.

시작할 때 기대치를 명확하게 설정하자. 멘토를 만나면 시간을 잘 활용하자. 멘토의 의견을 듣고 싶은 도전 과제, 성공 사례, 주제를 가져오고 논의할 주제 목록을 작성한다. 조언과 아이디어를 얻으면 실천을 약속하고 끝까지 따라가자. 진행 상황을 멘토에게 알려주자.

멘토와 공유할 문서를 만드는 것도 도움이 되며, 다음에 다룰 주제에 대한 메모를 남겨도 좋다.

- **주요 이벤트**: 멘토에게 지난 기간 동안 일어난 중요한 일에 대해 간략하게 설명한다. 짧게 작성하자.
- **회고**: 지난 회의에 나왔던 실행 항목/지침/토론에서 논의한 내용을 바탕으로 무언가를 했다면 그 결과를 공유하자. 이는 서로에게 유용하다.
- **최근의 도전 과제**: 도전 과제를 설명하고, 깊게 이야기를 나눈 뒤, 이를 해결할 접근 방식을 브레인스토밍한다.
- **최근의 성취**: 잘 진행된 상황과 이유를 설명하면서 멘토에게 의견 공유를 요청하자. 열에 아홉은 멘토의 피드백을 통해 일을 처리하는 방법을 다시 생각하게 될 것이다.

멘토링의 장기적인 이점

멘토링은 모든 당사자에게 장기적으로 큰 이점을 제공한다. 소프트웨어 업계는 의외로 좁아서 오늘 멘토링하는 주니어를 시간이 지나면 나중에 다른 환경에서 상급자로 다시 만날 수도 있다. 여러분이 후배에게 도움을 주는 멘토였다면 후배는 이를 기억할 것이다. 좋은 관계가 미래의 어느 시점에 어떻게 도움이 될지 누가 알겠나?

멘토링에는 정해진 패턴이 없다. 대부분의 경우 비공식적인 지식 공유와 정기적인 만남이 혼합된 형태로 이루어진다. 멘티는 일회성 질문으로 멘토에게 연락하는 경우가 많다. 대면 멘토링을 선호하는 멘토도 있고, 코드 리뷰를 넘어서는 멘토링도 있다. 멘토링 관계는 모두 다르지만 멘토와 멘티 모두에게 도움이 된다.

12.4 피드백

시니어 엔지니어는 다른 개발자가 언제 훌륭한 성과를 내는지, 언제 더 잘할 수 있는지 알아챌 수 있다. 이때 나서서 말하는 사람이 있는가 하면, 그냥 가만히 있는 사람도 있다. 개인적으로는 기회가 있을 때마다 다른 이의 성장을 돕겠다는 의도로 정중하게 피드백을 제공하는 편이 좋다고 생각한다.

긍정적인 피드백

긍정적인 피드백은 쉽게 전달할 수 있다. 결국 누군가를 칭찬하는 일이니 말이다. 하지만 더 효과적으로 피드백을 전달하는 방법이 있다.

- **구체화하자.** 그냥 '잘했어요'라고 말하지 말자. '풀 리퀘스트에서 네 가지 엣지케이스를 모두 처리하고 모든 엣지케이스에 대한 테스트를 작성한 것이 마음에 들었어요. 이런 꼼꼼함이 더 필요하니 계속해주세요!'와 같이 구체적으로 이야기하자.
- **진심을 담자.** 진심이 아닌 좋은 말을 하는 함정에 빠지지 말자. 단기적으로는 효과가 있더라도 시간이 지나면 사람은 진정성 없는 피드백을 알아채기 마련이다.

누군가 일을 그럭저럭 해냈다고 생각되면, 그냥 훌륭하다고 말하지 말고, 어떤 부분이 훌륭한지 세부 사항을 찾아서 강조하자. 그리고 나머지 모든 부분에 대해 건설적인 피드백을 전달하자.

건설적이거나 부정적인 피드백

피드백을 제공하기 전에 먼저 질문을 하자. 상대방의 작업에 익숙하지 않거나 상대방이 명시적으로 피드백을 요청하지 않았다면 특히 질문이 필수다.

예를 들어, 새로 팀에 들어온 개발자의 풀 리퀘스트에 단위 테스트가 누락됐는데 가이드라인에서는 이를 의무화하는 상황이라고 가정하자. 바로 누락된 테스트에 대한 피드백을 제공할 수도 있지만 더 나은 방법은 '이 변경 사항을 테스트하는 방법을 생각해보셨나요?'라고 질문하는 것이다.

질문하면 더 많은 맥락을 공유하며 누락된 부분을 수정할 기회가 생긴다. 이 경우 상대방의 응답은 다음 중 하나일 것이다.

- "물론이죠. 보통 테스트를 해야 하는 건 알지만, 지금은 서비스 장애를 해결하기 위해 긴급하게 수정해야 합니다. 테스트는 다음 풀 리퀘스트에 포함될 예정입니다!"
- "와, 완전히 잊고 있었네요. 물어봐 주셔서 정말 고맙습니다. 지금 바로 하고, 다음에는 꼭 놓치지 않도록 하겠습니다."
- "테스트? 무슨 테스트요? 여기서 그런 걸 하는 줄 몰랐어요."

이러한 답변에는 부정적인 감정이 없다는 데에 주목하자. 피드백을 제공하기 전에 질문을 하면 이런 장점이 있다.

공감하는 방식으로 수정 피드백을 전달하자. 관찰한 내용을 공유한 다음 질문을 통해 올바른 결론을 내리도록 유도하자. 진짜 올바른 결론을 내리면 더 잘하도록 돕자.

피드백을 받는 사람과 신뢰가 쌓일수록 상대방의 기분을 상하게 하지 않고 더 '있는 그대로' 표현할 수 있다. 무엇이 적절한지 판단력을 발휘하자. 피드백의 목표는 상대방의 성장을 돕는 것임을 잊지 말자. 용기를 잃지 않도록 격려하는 피드백을 제공한다면 상대방의 성장을 도울 수 있다.

좋은 피드백을 주는 능력도 매우 좋은 스킬이다. 좋은 피드백을 주는 방법을 익히는 데 가장 도움이 된 자료는 바로 이 두 권의 책이었다.

- 킴 스콧Kim Scott의 『실리콘밸리의 팀장들』(청림출판, 2019)[4]
- 조셉 그레니Joseph Grenny, 론 맥밀런Ron McMilla, 알 스위즐러Al Switzler, 케리 패터슨Kerry Patterson의 『결정적 순간의 대화』(김영사, 2023)[5]

---

[4] 옮긴이_ 『Radical Candor』(St. Martin's Press, 2017)
[5] 옮긴이_ 『Crucial Conversations』(McGraw-Hill, 2002)

12.5 다른 엔지니어링 팀과의 협업

다른 엔지니어링 팀과 협업하는 이유는 여러 가지다.

- 다른 팀의 엔지니어가 작성하거나 마지막으로 수정한 코드를 이해하려고 하는 경우
- 다른 팀이 관리하는 코드의 일부를 수정하는 경우
- 다른 팀이 관리하는 서비스나 컴포넌트의 사용법에 대한 질문이 있는 경우
- 다른 팀이 관리하는 코드에 대한 수정을 준비하며 해당 팀의 코딩 규칙을 따르려는 경우
- 다른 팀이 관리하는 시스템을 이용하던 내 작업이 막혀 해당 팀이 해결해야 하는 경우

직장 내부에서 개발된 오픈소스를 사용할 때(대부분의 코드를 볼 수 있고, 수정도 할 수 있는 경우), 내가 풀 리퀘스트를 보내더라도 해당 팀의 엔지니어가 그 수정 내용을 승인하지 않는 경우도 있다. 특히 수정된 코드 영역을 관리하는 팀이 큰 경우에는 코드를 변경하기 전에 먼저 해당 팀과 상의하는 편이 좋다.

엔지니어의 수가 적은 소규모 회사에서는 개발자끼리 친해 서로 하는 일을 쉽게 알 수 있다. 예를 들어, 당신이 6명의 엔지니어가 근무하는 직장의 엔지니어라고 하자. 밥과 수지가 백엔드를, 샘과 케이트는 웹을, 톰은 모바일을 담당하므로 상황에 따라 문의할 상대가 누군지 알기 쉽다. 엔지니어링 팀이 5개라도 마찬가지다. 플랫폼 팀과 코어 팀에는 백엔드 엔지니어가 많고, 웹 코어 팀과 고객 지원 팀, 고객 경험 팀에는 웹 엔지니어와 모바일 엔지니어, 백엔드 엔지니어가 혼합되어 있다.

하지만 엔지니어링 팀이 12개가 넘는 회사는 코드를 어느 팀에서 담당하는지 파악하기 어렵다. 이럴 때는 마지막으로 관련 코드를 수정한 사람에게 연락해 파악하면 된다.

팀 관계도 그리기

내가 속한 팀과 연결된 다른 엔지니어링 팀의 관계를 다음 목록으로 정리하자.

- 우리 팀이 의존하는 엔지니어링 팀: 우리 팀이 사용하는 API 또는 서비스를 만드는 팀
- 우리 팀에 의존하는 엔지니어링 팀: 다른 팀의 수정 사항이 우리 팀에 영향을 미친 시스템 장애들을 살펴보자. 그 팀이 우리 팀에 의존할 가능성이 높다.
- 기능이 유사해서 중복될 가능성을 가진 고객 기능을 구축하는 팀
- 우리 팀이 사용자 인터페이스를 관리할 때, 같은 화면에 다른 기능을 구현하고 있는 팀
- 간접적으로라도 우리 팀이 사용하는 인프라를 구축하는 팀

관계가 완성되면 동료와 매니저에게 보강할 내용이 있는지 확인한다.

소개 미팅

관계를 확인한 엔지니어링 팀에 자신을 소개하자. 팀 관계도에서 자신의 팀과 연결된 팀의 최소한 한 명씩이라도 만나보자. 이미 함께 일하는 팀이 있을 수도 있다. 그렇지 않다면 팀에 대해 조금 더 이해하고 얼굴을 익히는 것이 목표라고 말하면서 경험이 많은 엔지니어나 팀 매니저와 짧은 소개 미팅을 잡자. 관련 문서가 있다면 미리 읽어보자.

미팅에서 자기소개를 하고, 팀의 업무를 간략히 공유한 후 상대방 팀에 대해 물어보자. 얼마나 오래 근무했는지, 팀에서 어떤 역할을 맡고 있는지, 팀에서 어떤 일을 하는지, 어떤 기술을 사용하는지, 어떤 어려움이 있는지 물어보자.

소개 미팅의 목표는 두 가지다.

- 상대방 팀에 대한 정보를 수집해 나의 업무 속도를 높인다. 예를 들어, 새로운 기능을 구축할 계획을 세우는데 다른 팀에서 시스템을 변경해야 할 때, 해당 팀과 미리 안면을 튼 사이라면 그 내용을 즉시 문의할 수 있다.
- 개인적 관계를 구축한다. 조직 규모가 클수록 다른 팀과의 개인적인 관계가 중요하다.

소개 미팅을 통해 다른 엔지니어링 팀을 알아보는 일은 언제나 흥미롭다! 새로운 것을 배우거나 다른 팀에서 사용하는 다른 엔지니어링 접근 방식을 시도할 영감을 얻을 좋은 기회다.

12.6 다른 사람에게 좋은 영향력 전파하기

시니어 엔지니어가 되면 팀과 회사 내에 의미 있는 '영향력'이 생긴다. 그룹 내에서 존경받는 사람, 잘 알려진 사람, 영향력 있는 사람일수록 목소리를 더 많이 낼 수 있고, 올바른 방향으로 일을 이끌어가기 더 쉽다.

그렇다면 엔지니어로서 영향력을 키우려면 어떻게 해야 할까?

훌륭한 결과물의 출시

'훌륭한' 작업의 의미는 환경에 따라 다르다. 작업의 품질과 속도의 적절한 균형을 이루자. 스타트업에서 '훌륭하다'는 것은 빠르게 제품을 출시하는 것을 의미할 수 있지만, 대기업에서 '훌륭하다'는 것은 대개 잘 테스트한 깔끔한 코드, 검토하기 쉬운 코드 변경 또는 유지 관리가 용이한 솔루션을 의미한다.

엔지니어링 조직에서 '훌륭하다'는 것이 어떤 의미인지 숙지하고, 동료와 매니저로부터 정기적으로 피드백을 받아 업무가 어느 정도 수준인지 파악하자. 훌륭한 일을 하는 사람이라는 평판은 다른 사람도 여러분을 신뢰하게 만든다.

다른 부서 동료와 친해지기

특히 엔지니어링 조직 외부의 사람들과 친해져야 한다. 제품 담당자, 디자인, 데이터 과학, 기타 비엔지니어링 부서 및 비즈니스 부서의 동료들과 대화를 나누며 엔지니어에 대한 편견을 깨는 시간을 갖자.

제품 방향과 비즈니스 전략을 더 많이 이해하는 목적으로 다른 분야의 사람들과 친해지자. 프로덕트 매니저와 한 달에 한 번 정도는 정기적으로 1:1 미팅을 정례화해 제품의 기능, 이유, 도움을 줄 수 있는 방법을 더 잘 이해하자.

함께 일하는 다른 팀 엔지니어와 직접 대화하자. 분산된 환경이나 원격 팀과 함께 일할 때는 대부분의 작업이 이메일, 채팅, 문서, 코딩을 통해 이루어진다.

완전히 비동기식으로만 진행하지 말고, 화상 통화를 통해 함께 일하는 동료와 '얼굴을 맞대고' 이야기를 나눠보자. 비동기식으로 함께 일하는 사람과 일부러 핑계를 만들어서라도 통화하며 그동안 상대방에 대해 더 잘 알아가려고 노력하자. '팀에 합류한 지 얼마나 됐나요?', '어떤 다른 일을 하나요?', '그쪽에서는 무슨 일이 일어나고 있나요?' 같은 질문을 하자.

업무에만 집중하는 대신 대화를 나누면 몇 가지 이점이 있다. 첫째, 이메일과 풀 리퀘스트의 배후에 누가 있는지 파악할 수 있다. 둘째, 이메일과 풀 리퀘스트가 어떻게 작동하는지 많은 맥락을 파악할 수 있다. 마지막으로, 비슷한 견해, 개인적인 관심사 등을 통해 예상치 못한 관계를 맺을 수도 있다.

다른 팀 프로젝트에 참여

RFC/디자인 문서/팀 간 계획에 참여하자. 직장에서 의견 요청 문서$^{\text{request for comments}}$(RFC), 디자인 문서 또는 아키텍처 결정 기록$^{\text{architecture decision record}}$(ADR)을 활용한다면 다른 팀의 계획을 읽어보자. 해당 프로젝트에 자신의 전문 지식이 도움이 될 수 있다면 참여하자.

우버에 입사했을 때, 투명한 RFC 문화가 내게 새로운 세상을 열어주었다. 다른 팀의 RFC를 읽는 것만으로도 다른 팀의 업무 방식에 대해 많은 것을 배웠다. 내가 기여할 능력이 있고 관심이 가는 RFC가 있다면 해당 팀과 연락을 취해 인맥을 쌓았다. 흥미로운 기획 문서에 기여하고, 새로운 것을 배우고, 그 과정에서 동료 엔지니어를 돕다 보면 재미있게 네트워크가 넓어진다.

팀 간 프로젝트에 참여하자. 함께 협업하는 사람이 같은 팀 팀원밖에 없다면 영향력이 팀에만 국한되고 만다. 다른 팀 사람들과 신뢰를 쌓으려면 이해의 폭을 넓히면서 함께 일하고 관계를 구축하자. 팀에 익숙해지면 다른 엔지니어링 팀 및 비엔지니어링 팀과 함께 프로젝트에 참여할 기회를 찾아보자.

내가 발견한 가장 효과적인 인맥을 쌓는 방법은 '인맥'을 쌓으려 하지 말고 공통의 문제를 해결하는 것이다. 예를 들어, 나는 우버에서 다른 엔지니어, 매니저, 프로덕트 매니저 또는 디자이너와 매일 대화를 나누며 중요한 프로젝트를 진행하며 가장 강력한 인맥을 쌓았다.

자랑하지 않으면서 업무 '홍보'하기

여러분이 훌륭한 일을 했을 때 동료와 매니저가 이를 알리자. 물론 인정할 때까지 알리라는 뜻은 아니다. 팀에서 서로의 성과를 공유하는 회의가 있다면, 업무의 진행 상황과 성과도 발표하는 건 어떨까? 팀이 더 큰 규모의 회의에서 발표한다면, 자신이 작업한 영역에 대해 이야기하는 자원하자.

2장 '커리어 관리'에서 다룬 작업 일지와 같은 형식을 통해 자신이 하는 일을 추적하고 가끔씩 매니저와 공유하자.

강력한 개인 브랜드를 구축하는 것을 목표로 하자. 레오나드 웰터Leonard Welter는 블룸버그Bloomberg의 프로덕트 매니저다. 그는 엔지니어들이 '개인 브랜드'를 가지고 있다는 사실을 발견했다. 그의 조언은 다음과 같다.

> '개인 브랜드 구축'이라는 개념은 특히 실속 없이 겉치레에 치중하는 식으로 변질되면 부정적인 정치 행위로 비칠 수 있습니다. 조직 내에서 자신이 어떤 사람으로 보이는지 되돌아봐야 합니다. 누군가 사회 초년생인 나에게 스스로의 '브랜드'를 되돌아보라고 알려줬다면 얼마나 좋았을까요? 당신의 '브랜드'는 일을 잘 처리하는 사람인가요? 아니면 의견은 강한데 좀처럼 나서지 않는 사람인가요? '브랜드'란 결과만이 중요한 것이 아닙니다.

13 소프트웨어 엔지니어링
Software Engineering

소프트웨어 엔지니어링에는 코딩부터 구축한 시스템의 장기적인 유지 보수 및 확장성을 보장하는 개발 방법론까지 포함된다. 이 장에서는 다재다능한 시니어 엔지니어가 역량을 발휘하는 분야를 살펴본다.

13.1 언어, 플랫폼 및 도메인

역량 높은 시니어 엔지니어라면 몇 가지 프로그래밍 언어와 몇 가지 플랫폼(프런트엔드, 백엔드, iOS, 안드로이드, 네이티브 데스크톱, 임베디드 등)을 잘 이해하고 적어도 한 가지 이상은 능숙하게 다룰 것이다. 언어를 마스터하는 방법은 9장 '소프트웨어 개발'에서 자세하게 다룬다.

하지만 유능한 엔지니어는 몇 가지 능숙한 기술에서 멈추지 않고 계속 새로운 프레임워크, 언어, 플랫폼에 대한 지식을 넓혀간다.

한 가지 프로그래밍 언어를 알면 다른 언어를 배우기가 훨씬 쉽다. 대부분의 언어가 적어도 표면적으로는 매우 유사하기 때문이다. 예를 들어 자바스크립트를 알면 타입스크립트를 꽤 쉽게 배울 수 있다. 마찬가지로 스위프트를 알면 자바나 코틀린 또는 C# 코드의 많은 부분을 이해할 수 있다.

물론 각 언어에는 고유한 구문과 특징, 강점, 약점이 있다. 이러한 모든 세부 사항은 해당 언어를 사용하며 다른 언어와 비교하면 충분히 보인다.

명령형, 선언형, 기능형 언어에 대해 자세히 알아보기

프로그래밍 언어에는 세 가지 유형이 있다.

1. **명령형**imperative **언어**: 가장 일반적인 프로그래밍 언어 유형으로, 컴퓨터가 수행해야 할 작업에 대한 단계별 지침을 명령어 집합으로 제공한다. 예를 들어 '만약 X가 참이면 이렇게 하고, 그렇지 않으면 저렇게 하라.' 같은 식이다. C, C++, Go, 자바, 자바스크립트, 스위프트, PHP, 파이썬, 루비, 러스트, 타입스크립트 및 대부분의 객체 지향 언어가 명령형 언어다.
2. **선언형**declarative **언어**: 선언적 프로그래밍은 프로그램의 예상 결과를 명시하지만 이를 달성하는 방법에 대한 지침은 제공하지 않는다. SQL, HTML, Prolog 언어가 그 예다.
3. **함수형**functional **언어**: 함수형 언어는 선언형 언어의 하위 집합으로, 고유한 범주로 분류할 수 있을 만큼 뚜렷하게 구분된다. 이러한 언어는 함수를 다른 함수에 인자 형태로 전달하거나 값으로 반환할 수 있다.[6] 하스켈, 리스프, 얼랭, 엘릭서, F# 등이 그 예다. 함수형 언어는 대개 함수 실행에 따른 부작용side effect이 없고 상태 불변성immutable states이 유지되는 순수한 함수를 제공한다.

아마 프로그래밍 언어를 두 개 정도 배웠다면 명령형 언어만 배웠을 가능성이 높다. 명령형 언어를 추가로 배우는 것도 유용하지만, 다른 유형의 언어를 배우면 전문가로서 더 성장하는 데 도움이 된다.

명령형, 선언형, 함수형 언어에는 각각 다른 사고방식이 필요하다. 명령형 언어에서 함수형 또는 선언형 언어로 전환하는 것은 어려울 수 있지만, 그렇게 함으로써 이해의 폭과 사용할 수 있는 도구의 범위를 넓힐 수 있다.

예를 들어 함수형 프로그래밍은 명령형 언어에서 널리 적용되는데, 함수형 모델을 따르면 상태 불변성을 보장하기 때문이다. 좋은 예로 함수형 프로그래밍의 아이디어를 가져와 자바, 스위프트, C#, 스칼라 등의 언어[7]에 Rx자바, Rx스위프트, Rx.NET, Rx스칼라 같은 라이브러리로 기능적인 패턴을 제공하는 리액티브 프

---

[6] 옮긴이_ 함수 자체가 변수나 다른 요소와 다르지 않게 취급된다는 의미에서 함수형 언어에서 함수는 1급 객체(first-class object, first-class citizen)라고 설명한다.
[7] https://reactivex.io/languages.html

로그래밍 패턴reactive programming pattern[8]이 있다.

각 유형별 언어를 마스터하면 다른 언어를 선택하는 데 큰 어려움이 없다. 왜냐하면 Go와 루비, 또는 엘릭서와 하스켈과 같이 두 개의 명령형 언어나 두 개의 함수형 언어의 차이보다는, Go와 엘릭서와 같은 명령형 언어와 함수형 언어 사이의 차이가 더 근본적으로 크기 때문이다.

소프트웨어 개발 플랫폼에 익숙해지기

소프트웨어 엔지니어는 일반적으로 다음과 같은 플랫폼을 전문으로 하는 경우가 많다.

- 백엔드backend
- 프런트엔드frontend
- 모바일mobile
- 임베디드embedded

팀이 새로운 기능을 구축하거나 문제를 해결할 때는 여러 플랫폼에서 작업이 진행될 가능성이 높다. 예를 들어, 새로운 결제 플로를 출시하면 백엔드, 프런트엔드, 심지어 모바일 쪽에서도 변경 사항이 발생한다. 모바일 앱에서의 문제를 디버깅하려면 문제가 모바일 비즈니스 로직, 백엔드 또는 백엔드 API와 API 응답을 파싱하는 모바일 비즈니스 로직의 교차점에서 발생하는지 조사해야 한다.

인접 스택에서 어떤 일이 일어나는지 모른다면 더 복잡한 풀스택 문제를 디버깅하고 풀스택 기능을 빌드하고 출시하는 프로젝트에 어려움이 생긴다.

풀스택으로 거듭나기

'풀스택 엔지니어링'은 기술 업계 전반에서 시니어 엔지니어의 기본적인 기대치가 되고 있다. 제품 담당자와 비즈니스 이해관계자는 임베디드, 백엔드, 프런트엔

---

[8] https://reactivex.io

드/웹의 구분에 크게 신경 쓰지 않기 때문이다. 이들은 이런 구분을 엔지니어 당사자들에게나 중요한 일로 본다.

역량 있는 시니어 엔지니어는 어떤 문제가 발생하더라도 다양한 플랫폼에서 문제를 해결할 방법을 찾아야 한다. 그러기 위해 해당 도메인에 대한 전문 지식과 함께 다른 도메인에 대한 충분한 역량도 필요하다.

그렇다면 이런 역량은 어떻게 확보할까? 다양한 접근 방식이 있다.

- **다른 플랫폼의 코드베이스에 접근하자.** 소속 팀에서 모바일, 웹, 백엔드 코드베이스를 관리하고 있다면, 본인이 담당하던 '주' 플랫폼이 아닌 다른 플랫폼의 코드베이스에도 관심을 가지자. 백엔드 엔지니어라면 웹 및 모바일 코드베이스를 확인해 컴파일, 테스트 실행 및 로컬 배포 설정을 해보자.
- **다른 플랫폼에서 팀원이 작성한 코드 리뷰를 읽자.** 다른 플랫폼의 코드 리뷰를 검토하거나 내가 리뷰를 마치지 않더라도 문제가 없는 기능에는 추가 리뷰어로 초청을 부탁해 코드 리뷰에 참여하자. 코드는 작성하는 것보다 읽는 것이 훨씬 쉽고, 대부분의 코드 수정은 비즈니스 로직과 관련이 있으므로 변경 의도를 이해하는 데 큰 어려움이 없다. 심지어 비즈니스 로직 문제나 누락된 비즈니스 로직 테스트 사례를 발견할 수도 있다!
- **다른 플랫폼의 작은 작업에 자원하자.** 다른 플랫폼에 익숙해지는 가장 좋은 방법은 그 플랫폼에서 개발을 해보는 것이다. 자신의 속도에 맞춰 완료할 수 있는 긴급하지 않고 중요하지 않은 작업을 선택하고 팀의 다른 엔지니어에게 조언을 구하자.
- **다른 스택을 작업 중인 엔지니어와 같이 작업하자.** 짝 프로그래밍은 새로운 스택을 익히는 효율적인 방법이다. 배우고 싶은 스택에 더 경험이 많은 사람과 2인 협업을 진행하면 학습 과정이 더 빨라진다. 그 파트너 뒤에서 보조하는 역할로 시작해 익숙해지면 세션을 주도하고 파트너에게 내 접근 방식에 대한 피드백을 요청할 수 있다.
- **다른 플랫폼으로의 '전환 근무'를 해보자.** 더 집중적으로 학습할 수 있는 더 좋은 방법은 일정 기간 동안 플랫폼을 바꾸는 것이다. 몇 주 또는 몇 달이 걸릴 수 있다. 단점은 다른 플랫폼의 기본을 배워야 하기 때문에 단기적으로는 속도가 떨어질 수 있다는 것이다. 하지만 중장기적으로는 스스로 막힌 부분을 해결할 전문 지식과 도구를 갖춰 속도가 빨라질 것이다.

AI 코딩 보조 도구를 이용한 더 빠른 전환

AI 코딩 보조 도구가 언어 간 전환을 도울 수 있다. 오픈AI^{OpenAI}의 챗GPT, 구글의 제미나이^{Gemini}, 깃허브^{GitHub}의 깃허브 코파일럿$^{GitHub\ Copilot}$ 같은 AI 도구를 사용하면 새로운 프로그래밍 언어를 훨씬 더 쉽게 익힐 수 있다. 이러한 AI 코딩 보조 도구는 다음과 같은 작업을 수행한다.

- 한 언어에서 다른 언어로 코드 번역
- 한 언어에서 선언된 함수와 변수의 요약
- 두 언어 간의 차이점 요약

많은 AI 코딩 보조 도구에 사실이 아닌 것을 지어내는 환각^{hallucination} 문제가 있다는 사실을 명심하자. 따라서 AI가 만든 결과물은 검증이 필요하다. 하지만 새로운 언어에 익숙해지기 위한 목적이라면 AI는 도움이 되며 학습 과정을 빠르게 진행할 수 있다.

13.2 디버깅

시니어 엔지니어와 시니어가 아닌 엔지니어의 차이는 디버깅과 어려운 버그를 추적할 때 바로 드러난다. 경험이 많은 엔지니어는 더 빠르게 디버깅하고 더 까다로운 문제의 근본 원인을 쉽게 찾아낸다. 또한 문제가 어디에서 발생했는지, 디버깅과 문제 해결을 어디서부터 시작할지도 더 잘 파악한다. 어떻게 그렇게 할 수 있는 걸까?

한 가지 이유는 경험과 전문 지식이다. 코드를 많이 작성해볼수록 예상치 못한 엣지케이스와 버그를 더 자주 접해 문제의 잠재적 근본 원인과 해결책을 도구나 매뉴얼처럼 나름 구축하기 시작한다.

시간이 지남에 따라 그 내용도 확장할 수 있다. 9장 '소프트웨어 개발'에서 디버깅을 더 잘하는 방법을 다뤘다.

- 디버깅 도구 알아보기
- 도구 없이 디버깅하는 방법 알아보기
- 고급 디버깅 도구에 익숙해지기

효율적인 디버깅 능력은 숙련된 엔지니어와 그렇지 않은 엔지니어를 구분하는 지표다. 다음은 디버깅을 개선하는 몇 가지 접근 방식이다.

살펴볼 대시보드 및 로깅 시스템 파악하기

특히 규모가 큰 기술 기업에서는 프로덕션 로그와 운영 지표의 위치와 이 지표를 쿼리하는 방법을 아는가에 따라 프로덕션 문제를 디버깅하는 능력이 크게 좌우된다. 그럼에도 불구하고 시니어 엔지니어가 이러한 시스템의 유용함을 깨닫기까지 보통 몇 달이 걸린다.

여러 서비스를 소유한 기업에서 서비스마다 다른 방식으로 로깅하고, 다양한 시스템에 정보를 기록하며, 서로 다른 로깅 형식을 사용하면 적합한 대시보드와 로깅 포털을 찾기가 특히 어렵다.

회사에 입사하면 프로덕션 로그가 저장되는 위치와 시스템 상태 대시보드의 위치를 먼저 확인하자. 데이터독Datadog, 센트리Sentry, 스플렁크Splunk, 뉴렐릭New Relic, 수모로직Sumo Logic 같은 시스템을 사용하거나 프로메테우스Prometheus, 클릭하우스Clickhouse, 그라파나Grafana 등 기타 맞춤형 솔루션 기반 사내 시스템에 있거나 여러 시스템에 흩어져 있을 것이다. 위치를 파악하고, 접근 권한을 얻어, 쿼리하는 방법을 배우자. 팀에서 관리하고 있는 시스템과 상호작용하는 관련 시스템에 대해 이 작업을 수행하자.

다른 사람이 더 쉽게 디버깅할 수 있도록 지원하기

시니어 엔지니어는 살펴볼 대시보드와 로깅 시스템이 무엇인지 알아야 한다. 하지만 그런 시스템이 갖춰지지 않았다면, 시니어 엔지니어의 역할은 시스템을 만들고 쉽게 사용하게 만드는 것이다.

자세한 내용은 24장 '신뢰성 높은 소프트웨어 시스템'에서 다룬다.

코드베이스 이해하기

소규모 코드베이스는 완전히 이해하자. 소규모 코드베이스는 20명 이하의 인원이 작성한 10만 줄 이하의 코드로 구성돼 각 요소가 어디에 있는지 정확히 이해할 수 있다. 코드베이스의 구조를 살펴보고, 코드를 읽고, 코드의 각 부분이 어떻게 연결됐는지 파악하자.

읽은 코드를 바탕으로 아키텍처 다이어그램을 작성한 뒤, 팀원에게 확인을 요청하자. 어떤 기능을 코드의 어느 부분에서 구현되고 있는지 알아야 한다.

대규모 코드베이스는 구조와 관련 부분을 찾는 방법을 이해하자. 대기업의 대규모 코드베이스는 수백 명의 엔지니어가 작성한 100만 줄 이상의 코드로 구성된 만큼, 깊이 이해하기란 현실적으로 어렵다. 이럴 땐 작업해야 하는 부분을 깊이 파고들 수 있도록 폭넓게 이해하는 것을 목표로 하는 것이 합리적이다.

여러 개의 프로젝트를 한 리포지터리repository에서 관리하는 모노리포monorepo를 사용하는 회사라면 구조와 모노리포의 각 부분이 담당하는 업무에 대해 알아보자. 시스템의 다양한 부분은 어떻게 구축되는가? 테스트는 어떻게 실행되는가?

독립형 리포지터리를 사용하는 회사라면 해당 리포지터리에 대한 액세스 권한을 요청하자. 우리 팀과 관련된 시스템의 작동 방식을 높은 수준에서 이해하자. 여기서 몇 가지를 확인하고, 빌드하고, 테스트를 실행하고, 로컬에서 서비스나 기능을 실행하는 것도 좋은 연습이다.

모든 종류의 코드베이스를 검색하는 방법과 유용한 단축키를 알아보자. 대부분의 회사의 코드베이스는 일종의 '글로벌 코드 검색'이 가능하다. 이는 맞춤형 사내 솔루션일 수도 있고, 깃허브GitHub의 코드 검색이나 소스그래프Sourcegraph 같은 공급업체의 솔루션일 수도 있다. 글로벌 코드 검색 도구를 사용하는 방법과 지원하는 기능을 알아보자. 예를 들어 코드의 특정 폴더를 검색하는 방법과 테스트 케이스를 검색하는 방법, 팀이 소유한 코드베이스만 검색하는 방법을 알아보자.

엔지니어가 대부분의 코드베이스에 접근할 수 있는 대기업에서도 일부 코드베이스가 제한될 수 있다. 이는 규정 준수나 규제, 기밀 유지 등의 이유 때문이다. 일상적인 업무에는 큰 지장이 없지만 그 코드 때문에 작업 속도가 느려진다면 해당 코드베이스에 대한 접근 권한을 요청할 수 있다.

인프라를 충분히 파악하기

일부 프로덕션 문제는 인프라 문제로 인해 발생한다. 프로덕션에 서비스를 배포하는 방법, 비밀 값을 저장하는 방법, 인증서를 설정하는 방법을 파악하자. 인프라를 어떻게 관리하는지, 인프라 구성이 어디에 저장되는지 살펴보자.

직장에 인프라 전담 팀이 있다면, 인프라 문제가 의심되는 경우 직접 알아보지 않고 바로 인프라 팀에 문의하고 싶은 마음이 들 것이다. 하지만 이러면 궁극적으로 속도가 늦어진다. 게다가 인프라의 작동 방식은 다재다능한 시니어 엔지니어에게 필수 지식이며, 작동 방식을 알아가는 과정 그 자체로 흥미롭다.

시스템 장애를 통해 알아보기

서비스 장애가 발생하는 즉시 디버깅하고 과거 장애 조사 결과를 다시 읽어보자. 디버깅 기술을 키우는 가장 좋은 방법은 시스템에 문제가 생겼을 때 바로 디버깅하는 것이다. 팀에 서비스 장애가 발생하면 조사와 원인 파악에 나서 장애를 완화하도록 돕겠다고 자원하자.

장애를 디버깅하려면 프로덕션 로그를 분석해 특정 비즈니스 로직을 담당하는 코드를 찾아 수정하고, 수정 사항을 검증해 재실행하는 방법을 알아야 한다. 모든 작업은 시기적절한 조치가 필요한 긴급한 상황에서 이루어진다.

디버깅 기술을 키우는 방법으로는 단순히 버그가 발생하기를 기다리는 것 말고도 여러 가지가 있다. 회사에서 이전에 발생했던 서비스 장애에 대한 사후 분석 문서가 있다면, 과거 문서를 확인하자.

분석 문서를 읽으며 문제를 정확히 파악하는 로그를 찾아 '디버그'를 시도하고 장애의 원인이 되는 코드를 찾자. 과거의 장애 기록은 잘 모르는 새로운 대시보드와 시스템에 대해 배우고 새로운 장애 대응 방법을 알아가는 좋은 방법이다.

13.3 기술 부채

'기술 부채'는 숙련된 소프트웨어 엔지니어에게 너무나 익숙한 용어다. 시간이 지남에 따라 시스템에서 소프트웨어 개발 비용이 증가하는 상황으로, 코드가 쌓여 복잡해진 상황에 발생한다.

기술 부채는 대출과 특성이 비슷하다. 부채를 현명하게 사용하면 발전을 가속화하지만 잘못 사용하면 유지 비용이 많이 든다. 기술 부채에도 파산이 존재한다. 코드베이스를 계속 유지 관리하고 수정하기보다 전체 코드베이스를 삭제하고 다시 작성하는 편이 낫겠다고 판단되는 시점이 바로 기술 부채의 파산 순간이다.

다음은 기술 부채와 소프트웨어 엔지니어/엔지니어링 조직 간의 관계의 일반적인 단계다.

- **비인식:** 소프트웨어 엔지니어가 소프트웨어 개발을 시작하면 보통 짧은 기간 동안 기술 부채가 존재한다는 사실을 인식하지 못한다.
- **외면:** 경력이 많지 않은 엔지니어는 자신이 기술 부채의 원인이 아니라고 생각하거나, 발견한 기술 부채는 큰 문제가 아니므로 외면해도 좋다고 생각하기 쉽다.
- **수용:** 대부분의 엔지니어는 코드 작성에는 기술 부채가 동반되며, 특히 일을 '제대로' 처리할 시간이 부족하면 더욱 많은 부채가 동반된다는 사실을 깨닫는다. 기업의 엔지니어링 문화가 우수할수록 엔지니어와 엔지니어링 리더는 기술 부채를 더 잘 인정한다.

기술 부채의 발생은 당연하지만, 유지 관리와 코드 수정의 용이성을 위해 건전한 엔지니어링 방법론을 따르면 부채가 쌓이는 속도는 훨씬 더 느려진다. 이러한 방법론에는 가독성 있는 코드 작성, 테스트, 코드 리뷰, CI/CD, 문서화, 합리적인 아키텍처 결정 등이 포함된다.

기술 부채의 상환

기술 부채가 적으면 운영하며 고치자. 캠핑장을 처음 쓸 때보다 더 깨끗하게 해놓고 떠나라는 스카우트 규칙을 코드베이스에 적용하는 것이다.

기술 부채의 규모가 크다면 부채 목록을 작성하고 각 부채가 미치는 영향과 없애는 데 필요한 노력을 정량화하자. 기술 부채가 많다면 모두 해결할 수 없다.

대규모 기술 부채에 대한 데이터가 없으면 처리하는 방법을 올바르게 결정내리기 어렵다. 해결에 몇 주 또는 몇 달이 걸리는 문제가 포함되어 있다면 우선순위를 정해야 한다.

기술 부채의 상환과 비즈니스에 영향을 미치는 일의 우선순위를 어떻게 정할까?

기술 부채를 해결하려면, 그 영향력을 명확히 파악해 프로젝트를 제안하자. 영향이 너무 분명해서 해결이 간절한 부채가 있는가? 대규모 기술 부채를 제거하거나 마이그레이션 프로젝트를 위한 제안서에는 흔히 신뢰성, 비용 절감, 개발 주기 단축, 버그 감소 같은 사유를 인용한다.

예를 들어, 코드의 일부를 반복해 붙여 넣은 로직의 중복을 기술 부채의 한 형태로 생각해보자. 중복된 코드를 공유 라이브러리로 옮기면 어떤 영향을 미치며 어떤 비용이 발생할까? 자주 사용되는 코드베이스에 미치는 영향은 훨씬 더 크다. 반면에 곧 사용되지 않는 코드베이스는 적은 보상을 위해 큰 노력을 기울여야 할 수도 있다.

빌드 시간이 느린 경우를 예로 들어보자. 많은 엔지니어가 빌드를 자주 하는 상황에서는 기술 부채의 영향이 크다. 빌드당 낭비되는 시간에 엔지니어가 하루에 이 빌드를 실행하는 횟수를 곱하고, 이 작업을 수행하는 엔지니어의 수를 곱하자.

영향력 있는 프로젝트에서 기술 부채를 없애자. 생산적인 엔지니어로 인정받으면서 기술 부채도 제거하는 엔지니어가 되는 비결은 기술 부채 해결하는 작업을 따로 떼어서 하지 않는 것이다. 생산적인 엔지니어는 기술 부채를 제거하기 위해 승인을 구하는 대신 영향력이 큰 프로젝트에서 기술 부채를 제거해 해당 프로젝트에 포함한다.

우선순위가 가장 높은 프로젝트는 대개 야심 차고 가시성이 높은 프로젝트다. 그리고 이를 출시하기 위해 기술 부채가 가장 많은 시스템을 자주 건드리게 된다. 기술 부채가 많은 시스템을 건드려야 한다면 작업 속도가 느려질 수 있다. 따라서 기술 부채가 많은 시스템을 변경하는 데 시간을 할애하고 있다면, 그 전에 기술 부채를 줄이는 것이 현명하다.

기술 부채 누적 방지

기술 부채를 갚는 데 시간과 에너지를 소비하기보다, 애초에 기술 부채가 쌓이는 것을 방지하거나 그 속도를 늦추는 편이 현명하다. 이를 위한 몇 가지 방법을 소개한다.

- **읽기 쉬운 코드를 작성하자.** 읽기 쉬운 코드는 이해하기 쉽다. 나중에 다른 엔지니어가 코드를 봤을 때 이해하지 못하는 부분이 있다면 문제를 해결하기 위해 더 어려운 '꼼수'를 추가할 수 있다.
- **코드를 정리할 시간을 가지자.** 중복된 코드를 정리하지 않아서 기술 부채가 코드에 남을 수 있다. 종료된 실험, 사용하지 않는 기능 플래그, 더 이상 실행되지 않는 코드 경로, 미완성 코드 등을 제거하자.
- **확장성을 염두에 두고 시스템을 구축하자.** 새로운 사용 사례를 추가하는 등 시스템을 확장해야 하지만 시간이 부족할 때 많은 기술 부채가 발생한다. 시스템을 구축할 때 미래의 사용 사례를 고려하고 솔루션을 확장할 수 있는 확실한 방법을 만들어야 한다. 이때는 전략 패턴$^{strategy\ pattern}$, 데코레이터 패턴$^{decorator\ pattern}$ 또는 팩토리 패턴$^{factory\ pattern}$과 같이 잘 알려진 디자인 패턴과 동작을 지정하는 구성 파일 등이 도움이 된다.
- **기술 부채에 주의하고 작은 부분을 제거하기 위해 허가를 구하지 말자.** 코드베이스에서 작업하다 보면 속도를 늦추는 요소를 발견할 수 있다. 시간이 날 때 해결하자.

'적당한' 기술 부채

기술 부채가 너무 적으면 안 될까? 기술 부채를 충분히 갚아 나간다면 언젠가는 기술 부채가 거의 없다는 사실을 깨닫게 된다. 이는 '조기 최적화'라는 이름으로 불리며, 중요한 시기에 팀과 회사의 속도를 늦출 수 있다.

스타트업을 예로 들자. 창업 초기에는 속도와 빠른 개발 사이클이 생존과 성공의 열쇠다. 이때 깔끔한 API와 멋진 데이터 모델을 걱정해야 할까? 데이터를 모든 개발자가 수정하기 편한 비정형 JSON으로 덤프해야 할까? 내가 일했던 스타트업 중 성공을 거둔 곳들은 모두 초기에 기술 부채가 많은 접근 방식을 취했다.

차량 공유 앱 우버도 그런 스타트업 중 하나였다. 내가 입사했을 당시에는 초창기 기술 부채가 많이 남아 있었고, 많은 단기적인 결정이 코드베이스 곳곳을 지배하고 있었다. 이런 기술 부채는 제품 출시의 속도가 가장 중요한 시기에 우버가 빠르게 움직이게 했다. 우버는 나중에 기술 부채를 정리하는 데 투자했다.

기술 부채는 초기 단계의 프로젝트, 버려지는 프로토타입, 최소기능제품(MVP), 스타트업의 비즈니스 모델을 검증할 때 필요하다. 우버가 그랬듯 기술 부채는 나중에 시간과 개발자를 투입해 해결할 수 있다. 빠르게 성장하는 대부분의 후기 단계 스타트업은 더 많은 인력과 시간을 확보해 초기 단계의 기술 부채를 갚아야 한다. 마찬가지로, 성숙한 제품을 관리하고 있는 팀이 기술 부채를 억제하는 데 투자하지 않는다면 무언가 잘못됐을 가능성이 높다.

실용적인 엔지니어는 기술 부채를 안 좋은 것이 아닌 속도와 품질의 절충안으로 여긴다. 그들에게 기술 부채란 시스템의 특성이다. 프로젝트 목표의 맥락에서 기술 부채를 필요 이상으로 갚으려고 하지 않는다. 부채를 추적하고 부채가 쌓이기 전에 개입해 부채를 줄이고 필요한 경우 창의력을 발휘하자.

13.4 문서

'문서'란 다양한 영역의 문서를 말한다. 엔지니어링 문서가 모두 프로젝트에 관련되는 것도 아니다. 이번에는 엔지니어가 작성하는 일반적인 문서의 종류와 유형별 관리 방법을 살펴보겠다.

디자인 문서/의견 요청 문서

시스템에 대한 높은 수준의 관점을 제공한다. 이 문서에는 다이어그램과 기술 선택 및 장단점에 대한 논리가 포함된다.

디자인 문서는 코딩을 시작하기 전에 작성하고, 배포해 피드백을 받자. 이 문서로 올바른 결과물을 만들고 오해의 소지를 조기에 발견할 수 있다.

테스트 계획, 롤아웃 계획, 마이그레이션 계획

프로젝트 계획이 완료되면 고품질의 시스템을 보장하는 문서가 나올 차례다.

- **테스트 계획**: 시스템을 어떻게 테스트할 것인가? 어떤 엣지케이스를 실행해야 하는가? 이러한 테스트는 일회성인가, 수동 테스트인가, 아니면 자동 테스트인가? 흔히 '새너티 테스트sanity test'라고 하는 수동 테스트 목록이 있는 경우 이 목록을 계속 업데이트해야 한다.
- **롤아웃 계획**: 시스템을 어떻게 출시할 것인가? 어떤 기능 플래그를 사용할 것인지, 실험은 어떻게 진행할 것인지, 어떤 지역 또는 사용자 집단에 배포할 것인지 결정했는가? 이 문서에는 일반적으로 제품 또는 데이터과학 담당자의 의견이 필요하다.
- **마이그레이션 계획**: 한 시스템에서 다른 시스템으로 마이그레이션할 때 어떤 방식으로 접근해야 하는가? 새 시스템으로 트래픽을 이전하기 전에 새 시스템이 올바르게 작동하는시 어떻게 검증하는가? 마이그레이션의 단계는 어떻게 되는가?

프로젝트를 시작할 때 이러한 문서를 작성하면 유용하다. 일반적으로 프로젝트가 출시되거나 마이그레이션이 완료된 후라면 이 문서의 유지 관리는 더 이상 중요하지 않다.

인터페이스 및 통합 문서

API 또는 인터페이스 문서를 말한다. 다른 소프트웨어 엔지니어가 사용할 API 또는 인터페이스를 개발할 때 이 문서에는 다음과 같은 내용을 포함한다.

- API 사용 방법
- 엔드포인트 목록, 각 엔드포인트가 기대하는 입력, 예상 출력
- 오류 코드 및 반환된 메시지
- API 사용에 대한 코드 샘플

API 문서는 코드의 일부를 변경할 때 늘 최신 상태로 유지해야 한다. 주석을 사용해 문서를 자동으로 생성하는 도구를 이용해 이 작업을 자동화할 방법을 찾아보자.

소프트웨어 개발 키트software development kit(SDK) 문서와 연동 서비스 또는 플러그인 문서는 다른 팀이 SDK, 연동 서비스 또는 플러그인을 사용하는 데 도움이 된다는 점에서 API 문서와 유사하다.

릴리즈 노트

릴리즈 노트 작성은 시대에 뒤떨어진 것처럼 보이지만 일부 엔지니어링 팀에서는 여전히 모든 주요 릴리즈에 대한 릴리즈 노트를 작성한다. 릴리즈 노트 작성은 일반적으로 간단하며 오래 걸리지 않는다. 어떤 고객이 작업의 영향을 받게 될지 요약하거나 출시된 모든 기능의 영향을 정리하기만 하면 된다. 이렇게 하면 API와 SDK, 연동 문서를 훨씬 쉽게 업데이트할 수 있다.

릴리즈 노트는 작업을 되돌아볼 수 있는 좋은 방법이다. 또한 다른 엔지니어링 팀이나 비기술 팀과 같은 이해관계자와 공유할 수 있는 훌륭한 참고 자료가 된다.

온보딩 문서

신입 엔지니어가 팀이 사용하거나 관리하고 있는 시스템의 작동 방식을 어떻게 배울까? 정답은 좋은 온보딩 문서다. 좋은 온보딩 문서의 구성 요소는 다음과 같다.

- **시스템에 대한 큰 그림**: 시스템의 역할, 다른 시스템과 상호작용 과정에 대한 개괄적인 개요

- **시스템 수정 방법**: 코드 확인, 변경 방법
- **테스트 방법**: 테스트를 실행하거나 특정 부분을 검사해 변경 사항을 테스트하고 검증하는 방법
- **배포 방법**: 프로덕션에 배포하는 방법, CI/CD를 통한 자동 배포 방법
- **모니터링 방법**: 프로덕션 시스템을 모니터링하는 방법
- **알림 방법**: 알림이 작동하는 방식 및 조정하는 방법
- **디버깅 방법**: 프로덕션에 문제가 생겼을 때 시스템을 디버깅하는 방법에 대한 팁

온보딩 문서는 신규 입사자는 물론 기존 팀원에게도 매우 유용하다! 하지만 안타깝게도, 특히 새로운 엔지니어가 팀에 합류하지 않는 경우에는 문서를 작성하거나 유지 관리할 동기가 거의 없다.

새로운 동료가 입사할 때를 대비해 이 문서를 정리하고, 새로 입사할 때마다 업데이트하는 데 투자하는 것이 좋다. 신입 사원에게 온보딩이 끝날 무렵에 문서를 편집하고, 잘못된 세부 사항을 수정하고, 누락된 부분을 추가하도록 요청하는 것은 어떨까?

팀 '핸드북'

팀은 어떻게 운영되는가? 팀의 미션이 비즈니스 목표와 어떻게 연결되는가? 팀 핸드북은 이러한 질문에 대한 답변과 함께 다음과 같은 영역도 다룬다.

- 업무의 우선순위를 정하는 방법
- 팀원들이 이슈를 제기하고, 다음 작업 과제를 선택하는 방법
- 팀에서 사용하는 프로세스
- 팀의 존재 가치

팀에 아직 핸드북이 없는 경우, 팀장이나 매니저와 상의해 핸드북을 만들 것을 제안하자. 팀원들과 충분한 신뢰가 형성되어 있다면 직접 핸드북을 만들고 다른 팀원들에게 의견을 구할 수도 있다.

온콜 런북

온콜oncall 중인 엔지니어가 시스템에서 알림을 받으면 어떤 조치를 취해야 하는가? 관련 대시보드와 로그는 어디에서 찾을 수 있나? 이 시스템이 다른 시스템에 어떤 종속성을 가지고 있나? 좋은 온콜 런북runbook은 이러한 질문에 대한 답을 제공한다.

사용 설명서 및 가이드

최종 사용자가 있는 소프트웨어를 개발하는 경우, 소프트웨어의 작동 방식을 설명하는 매뉴얼이 필요하다. 시스템을 설명하는 데 다양한 프로그래밍 언어가 필요하지만, 사용자 설명서에는 스크린숏과 시각적 단서가 매우 유용하다.

이러한 가이드가 이미 존재하더라도 사용자의 동작을 변경하는 시스템 부분을 변경할 때는 반드시 문서를 같이 수정하자. 가능하면 사용자 가이드를 직접 업데이트하자. 수정 사항을 가장 잘 이해하고 있는 사람은 결국 개발자다!

활용도가 높은 문서화

문서 작성은 처음에는 시간이 많이 소요되지만 활용도가 매우 높다. 또한 일단 문서가 작성되면 이를 최신 상태로 유지하기는 어렵지 않다. 예를 들어, 온보딩 문서를 잘 만들면 시스템 작동 방식을 잘 학습하도록 안내해 기술 부채를 크게 줄이는 데 도움이 된다.

13.5 소프트웨어 엔지니어링 방법론

시니어 엔지니어로서 양질의 작업을 제공하고 팀원들도 그렇게 하도록 돕자. 이를 위한 확실한 방법은 모범 사례best practice를 활용하는 것이다.

'모범 사례'란 무엇인가? 모범 사례는 작업 환경에서 매우 효과적인 검증된 엔지니어링 접근 방식을 말한다. 모범 사례를 따르는 개인과 팀은 일반적으로 더 적은 결함으로 더 빠르게 작업을 완료하고 유지 관리가 쉬운 코드를 생성한다.

하지만 팀과 회사마다 업무 방식과 역학 관계가 달라 오해의 소지가 있는 용어다. 어떤 팀에는 매우 효과적인 업무 방식이 다른 팀에는 효율이 떨어질 수 있다.

'모범 사례'의 대안으로 **'소프트웨어 엔지니어링 방법론'**을 제안한다. 검증된 소프트웨어 엔지니어링 방법론은 다음과 같이 소프트웨어 엔지니어링 프로세스의 여러 부분에 적용될 수 있다.

- **계획서 작성 프로세스**: 사소하지 않은 프로젝트의 코딩을 시작하기 전에 계획서를 작성하고 피드백을 받기 위해 배포한다. 이 계획은 의견 요청$^{\text{request for comment}}$(RFC), 엔지니어링 요구사항 문서$^{\text{engineering requirements document}}$(ERD), 설계 문서 또는 아키텍처 결정 기록$^{\text{architecture decision record}}$(ADR) 등의 문서에 담긴다.

- **자동화된 테스트**: 단위, 통합, 엔드투엔드, 성능, 부하 또는 기타 유형의 테스트를 작성한다. 이 접근 방식은 일반적으로 품질과 유지 보수 가능성을 높여주며, 회귀 오류를 빠르게 발견해 소프트웨어를 더 일찍 출시할 수 있다. 테스트에 대해서는 다음 장에서 자세히 다룬다.

- **테스트 주도 개발**: 코드가 작성되기 전에 테스트를 먼저 작성하는 자동화된 테스트의 한 방법론이다.

- **코드 리뷰**: 코드가 커밋되기 전에 다른 엔지니어가 코드를 리뷰하고 서명한다.

- **커밋 후 코드 리뷰**: 코드 리뷰는 커밋이 이루어진 후에 수행된다. 이 접근 방식은 일반적으로 반복 속도를 높이는 동시에 일부 코드 리뷰를 유지한다. 단점은 더 많은 회귀 오류가 프로덕션에 적용될 수 있다는 것이다. 이 방식은 매우 소규모이거나 경험이 많은 팀에서 가장 효과적이다.

- **테스트 환경**: 추가 테스트를 위해 코드를 프로덕션 환경으로 바로 보내지 않고 중간 단계 환경으로 전송한다. 이 방법의 장점은 코드가 올바르게 만들어질 가능성이 더 높다는 것이다. 단점은 프로덕션 환경으로 배포하는 데 시간이 오래 걸리고 테스트 환경을 유지 관리하는 데 더 많은 작업이 필요하다는 것이다.

- **단계적 출시**: 새로운 기능을 고객에게 한꺼번에 출시하는 대신 단계적으로 출시하고 피드백을 수집한다. 기능 플래그, 실험 및 A/B 테스트는 모두 단계적 배포를 위한 도구다.

이에 대한 자세한 내용은 17장 '프로덕션 출시'에서 다룬다.

- **프로덕션 환경에서 안전하게 테스트**: 테스트 환경을 사용하는 대신 테넌시, 기능 플래그나 단계적 롤아웃과 같은 안전한 테스트 방법을 사용해 프로덕션 환경으로 출시한다.

팀을 위해 어떤 개발 방법을 마련해야 할까? 사실, 이 질문에서 시작한다면 잘못된 일이다. 대신 팀에서 소프트웨어를 출시할 때 가장 어려운 점을 물어보자.

프로덕션 환경에 너무 많은 버그가 남은 것이 문제인가? 그렇다면 TDD, 테스트 환경 또는 프로덕션 환경에서의 테스트와 같은 방법이 도움이 될지 생각해보자. 코드 리뷰에 시간이 오래 걸리는가? 리뷰에 시간을 더 할애하거나, 리뷰 횟수를 줄이거나, 코드 변경 횟수를 줄이는 등 도움이 될 방법을 고민하자.

엔지니어링 방법론에 익숙할수록 시기에 따라 팀에 도움이 될 특정 방법론을 더 잘 알아차릴 수 있다. 익숙해지는 방법의 하나는 학습하는 것이다. 또 다른 방법은 직접 경험한 사람들로부터 의견을 얻는 것이다. 무엇보다도 가장 교육적인 방법은 직접 시도하며 경험을 쌓는 것이 좋다!

14 테스트

Testing

테스트는 바람직한 소프트웨어 엔지니어링 방법론으로 중요한 주제다.

소프트웨어가 예상대로 작동하는지 어떻게 확인할까? 테스트의 방법은 크게 세 가지로 나뉜다.

- 모든 시나리오와 엣지케이스를 수동으로 확인한다(예: 기능 구현 완료를 선언하기 위해서 사용 사례를 수동으로 테스트하는 경우).
- 모든 시나리오와 엣지케이스를 자동으로 검증한다(예: 지속적 통합/지속적 배포 파이프라인의 일부로 테스트를 수행).
- 프로덕션 환경에서 소프트웨어가 어떻게 작동하는지 모니터링하고 오작동을 감지한다. 문제가 발견되면 팀은 자동화된 테스트를 구축해 CI/CD 시스템에 추가한다.

테스트는 모든 기술 기업의 엔지니어링 문화의 핵심이다. 엔지니어링 팀이 테스트를 진행하는 것도 중요하지만 테스트를 어떻게 하고 어떤 방법을 사용하는지가 더 중요하다. 자동화된 테스트도 다양한 방법으로 만들 수 있다.

14.1 단위 테스트

자동화된 테스트 중에서 가장 간단한 테스트다. '유닛^{unit}'이라고도 부르는 격리된 컴포넌트를 테스트한다. 대부분의 모바일 단위 테스트는 클래스, 메서드 또는 클래스의 동작을 테스트한다.

코드베이스가 커지면 코드베이스에 종속성 주입^{dependency injection}을 도입하지 않는 한 종속성이 많은 클래스를 단위 테스트하기가 어렵고 과정이 느려진다. 이렇게 하면 처음에는 오버헤드가 발생할 수 있지만 코드베이스 단위 테스트가 가능해지므로 그만한 가치가 있다. 또한 클래스 종속성을 명시적으로 만들고 애플리케이션의 아키텍처를 보다 잘 모듈화할 수 있다.

규모가 큰 코드베이스의 단위 테스트에는 다음과 같은 특성이 중요하다.

- **속도**: 테스트가 빠르게 실행되고 설정이 가능한 한 적게 필요한가? 비용이 많이 드는 구현보다 가벼운 모형을 사용하는가?
- **신뢰성**: 테스트가 결정론적이고 흔들림이 없는가? 로컬 환경 설정이나 지역 설정에 의존하지 않고 동일한 방식으로 실행되는가?
- **테스트 크기**: 테스트는 가능한 한 적게 테스트하는 원자적 테스트인가? 포커스가 잘 된 테스트는 빠르고 디버깅하기 쉬우므로 신뢰성을 유지할 수 있다.

단위 테스트 코드는 시스템과 개발 팀이 커짐에 따라서 증가하는 여러 가지 장점을 가진다. 단위 테스트는 코드 변경 사항을 검증하고, 우려 사항을 분리하며, 코드의 동작을 문서화하는 데 도움이 된다. 또한 코드베이스에서 우발적인 회귀 오류를 줄이고 코드의 일부를 리팩터링할 때 안전망 역할을 하기도 한다.

단위 테스트를 하나도 작성하지 않은 시니어 엔지니어

내가 한때 일했던 팀에는 단위 테스트의 효과를 믿지 않는 시니어 개발자(샘이라고 하자)가 있었다. 팀에서 가장 경력이 길었던 샘은 비디오 게임 업계에서 10년 동안 일하며 인기 타이틀을 출시했고 게임 엔진의 가장 복잡한 부분을 코딩한 C++ 전문가였다. 샘은 자신의 코드에는 버그가 거의 없으며, 버그가 발생하더라도 단위 테스트로는 발견하지 못한다고 주장했다. 샘은 모든 단위 테스트는 시간 낭비이며, 더 생산적인 작업에 시간을 쓰겠다고 선언했다.

이로 인해 우리 팀은 단위 테스트를 작성하는 사람과 샘처럼 단위 테스트에 시간을 들이지 않는 사람으로 나뉘었다.

샘이 코드베이스의 대대적인 리팩터링을 수행하기 전까지는 모든 것이 잘 진행됐다. 그가 변경 사항을 체크인하자마자 모든 것이 엉망이 됐다. 앱이 여기저기 깨지기 시작했고 모든 문제를 해결하는 데 이틀이 걸렸다. 샘은 오류가 불가피한 상황이었다며 자신의 잘못은 없다고 주장했다. 실제로 샘이 변경한 코드는 직접적인 문제가 없었지만, 원래 존재하던 문제가 드러난 것이다. 그럼에도 불구하고 샘의 '나 때문에 생긴 버그는 없다'는 주장은 더욱 의심을 받았다.

그 후 몇 달 동안 샘의 코드에서는 점점 더 많은 버그가 발생했다. 그러던 중 다른 시니어 엔지니어(제스라고 하자)가 나섰다. 제스는 모든 코드를 테스트하는 사람이었다. 팀에는 아직 CI 시스템이 없었기 때문에 그 테스트는 로컬에서만 진행됐다. 제스는 자신이 쓴 코드의 많은 부분을 수정하는 작업에서 샘과 협업하게 됐다. 제스는 샘에게 수정 작업을 맡겼고, 샘은 작업 결과에 만족하며 이를 체크인하고 싶어 했다. 제스는 샘에게 체크인 전에 먼저 단위 테스트 스위트unit test suite를 실행해달라고 요청했다.

샘의 변경 사항은 몇 가지 회귀 오류를 일으켰고 단위 테스트는 실패했다. 제스와 샘이 테스트 실패의 원인을 살펴본 결과, 모든 원인은 샘이 수정한 코드에 있었다. 샘은 마지못해 회귀 오류를 하나씩 수정하고 테스트 스위트가 성공한 뒤 코드를 체크인했다. 제스는 샘에게 자신이 내린 어쩌면 뻔한 결론을 말했다. "당신 코드에도 실수가 있나 보네요. 단위 테스트는 코드를 작성할 때 바로 실수를 잡아낼 수 있어요."

이 사건 이후 제스는 단위 테스트 스위트를 실행하는 CI 시스템을 구축했고, 팀에서는 엔지니어가 코드에 단위 테스트를 작성하기로 결정했다. 팀 전체에 걸쳐 품질 개선을 추진한 덕분에 제스는 곧 팀 리더로 승진했고, 버그 수가 줄어들었으며 샘의 변경 사항이 더 이상 메인 브랜치를 자주 깨뜨리지 않게 됐다.

이번 에피소드에서 두 가지 교훈을 얻었다. 첫째, 단위 테스트 없이도 좋은 소프트웨어를 작성할 수 있다는 것이다. 샘은 10년 동안 테스트 없이도 성공적인 게임을 출시했다. 하지만 게임 개발 스튜디오에는 수동 테스트와 게임을 플레이하는 AI처럼 게임에 특화된 고급 테스트 방법이 있었다. 기본적으로 단위 테스트가 의미가 적고 회귀 오류가 다르게 포착되는 환경이 존재한다.

두 번째 교훈은 단위 테스트 없이는, 대규모 코드베이스를 리팩터링할 때 버그 발생을 막기 어렵다는 것이다. 샘이 처음부터 단위 테스트를 작성하고 리팩터링을 수행했다면, 코드가 예상대로 작동하는지 검증하는 안전망을 거쳐 많은 시간을 절약하고 좌절감을 피했을 것이다.

14.2 통합 테스트

통합 테스트는 여러 유닛을 한 번에 테스트하는 더 복잡한 단위 테스트라고 보면 좋다. 여러 클래스가 엮여 잘 동작하는지를 테스트한다.

통합 테스트는 두 개 이상의 '유닛'이 같이 동작하는 상황(예: 비즈니스 로직의 '유닛'과 데이터베이스의 '유닛')도 테스트한다. 즉, 해당 서비스 외부의 다른 종속성을 시험용 대체코드 같은 것으로 배제하고 두 서비스가 올바르게 상호작용하는지 테스트한다.

통합 테스트는 매우 간단한 단위 테스트와 훨씬 더 복잡한 엔드투엔드 테스트 사이에 배치한다. 따라서 일부 팀은 단위 테스트와 동일한 라이브러리를 사용해 통합 테스트를 하지만, 테스트의 모든 종속성을 배제하지는 않는다. 또 어떤 팀은 통합 테스트를 할 때도 엔드투엔드 테스트에도 사용되는 프레임워크를 사용하되 테스트에서는 일부 구성 요소를 배제한다.

14.3 UI 테스트

흔히 '엔드투엔드end-to-end' 테스트라고 부르는 UI 테스트는 애플리케이션을 실행한 다음 실제 사용자가 입력하듯 진행한다. 이 테스트는 시험용 대체 코드를 사용하지 않고 웹 또는 모바일 애플리케이션을 실행해 UI 자동화를 사용해 탭, 클릭,

텍스트 입력 및 기타 작업과 같은 사용자 입력을 시뮬레이션한다.

UI 테스트는 사용자와 동일한 흐름을 통해 애플리케이션의 실제 사용 환경에 가장 가까운 시뮬레이션을 시행한다. 하지만 이 과정에서 테스트는 더 취약해지고 속도도 느려진다는 단점도 있다.

- **더 취약한 테스트**: UI 테스트는 단위 테스트와 통합 테스트와 비교하면 취약한 경향이 있다. 버튼의 텍스트가 변경되어 테스트가 해당 버튼을 찾지 못하는 등 사소한 이유로 엔드투엔드 테스트가 중단될 수 있기 때문이다.
- **느린 테스트**: 테스트가 네트워크를 기다려야 하기 때문에 지연 시간이 길어진다. 또한 서버가 특정 오류 메시지를 반환하는 등 일부 시나리오는 시뮬레이션하기 어렵다.

일부 엔지니어는 완전한 엔드투엔드 테스트가 아닌 네트워크 계층을 시뮬레이션하는 엔드투엔드 테스트를 구축하기도 한다. 이렇게 테스트 속도를 높이고 특이한 네트워크 응답이 있는 엣지케이스를 더 쉽게 테스트한다. 팀에 따라 테스트를 부르는 명칭이 다른데, 개인적으로는 팀에서 통합 테스트와 UI 테스트의 의미를 명확히 알고 있다면 이름은 그다지 중요하지 않다고 생각한다.

14.4 자동화된 테스트를 위한 멘탈 모델

다음은 단위, 통합 및 엔드투엔드 테스트의 일반적인 특징이다.

표 14-1 세 가지 일반적인 자동화 테스트 유형의 공통 특징

	단위	통합	UI 또는 엔드투엔드
테스트 범위	매우 좁음	좁음	광범위
작성 용이성	쉬움	보통에서 어려움	보통에서 어려움
유지 관리 시간	적은 시간	약간의 시간	많은 시간

이는 일반화된 내용으로 플랫폼, 언어 및 환경에 따라 세부 사항은 다르다. 예를

들어, 특정 플랫폼은 엔드투엔드 테스트를 훨씬 쉽게 작성하고 유지 관리하는 엔드투엔드 프레임워크가 있어서 다른 환경에서 단위 테스트를 작성하거나 유지 관리하는 것과 비슷하기도 하다.

하지만 표가 정확하다고 가정했을 때 단위, 통합 및 엔드투엔드 테스트의 적절한 비율은 어느 정도일까? 이에 대해 널리 사용되는 두 가지 멘탈 모델이 있다.

테스트 피라미드

테스트 피라미드는 마이크 콘(Mike Cohn)이 쓴 2009년 저서 『경험과 사례로 풀어낸 성공하는 애자일』(인사이트, 2012)[9]에서 소개한 개념이다. 테스트 피라미드의 개념은 단위 테스트가 가능한 한 많은 테스트 대상을 커버하고, UI 테스트는 가능한 한 적은 영역을 커버하며, 통합 테스트는 그 사이 어딘가에서 수행한다는 것이다. 이 모델은 빠르게 자리를 잡았고 소프트웨어 엔지니어링 업계에서 가장 일반적인 테스트 모델이 됐다.

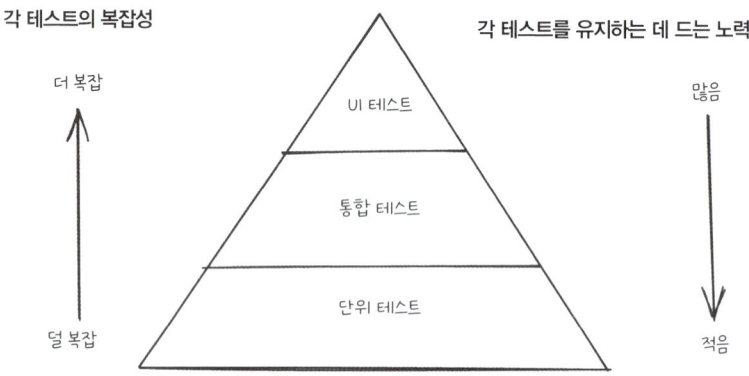

그림 14-1 테스트 피라미드는 단위 테스트와 같이 더 간단하고 유지 관리 비용이 적게 드는 테스트를 작성할 가치가 있음을 시사하는 멘탈 모델이다.

테스트 피라미드 접근 방식은 UI가 거의 또는 전혀 없는 백엔드 시스템에서 꽤 잘 작동하는 경향이 있다. 또한 엔드투엔드 테스트와 통합 테스트가 어려운 일부 네

---

9 옮긴이_ 『Succeeding with Agile』(Addison-Wesley, 2009)

이티브 모바일 애플리케이션에도 적합하다.

테스트 피라미드가 덜 유용한 영역은 프런트엔드 개발이다. 프런트엔드용 빌드에서는 단위 테스트보다는 통합 테스트가 훨씬 더 유용한 경향이 있다.

테스트 트로피

테스트 트로피는 소프트웨어 엔지니어인 켄트 도즈Kent C. Dodds가 2019년에 만든 문구다. 이 아이디어는 버셀Vercel의 창립자이자 CEO인 기예르모 라우치Guillermo Rauch가 전한 통찰[10]에서 영감을 얻었다. "테스트 코드를 작성하세요. 너무 많이는 쓰지 말고, 통합 테스트 위주로 작성하세요."

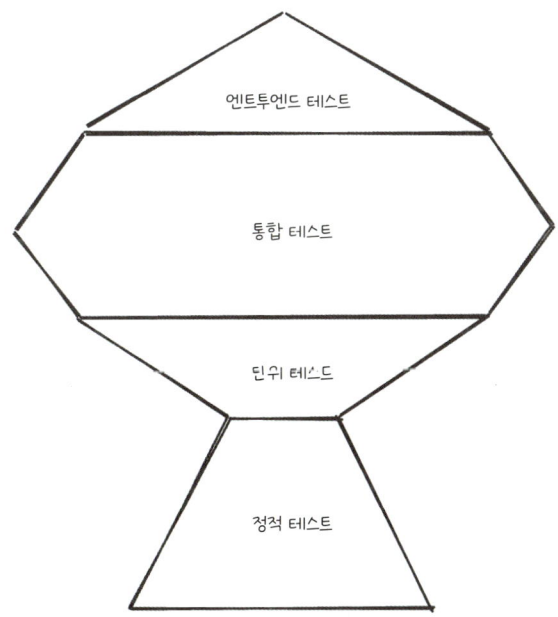

그림 14-2 테스트 트로피는 켄트 도즈의 블로그에서 처음 공유됐다.

테스트 트로피가 등장한 이유는 뭘까? 테스트 피라미드가 등장한 후 몇 년 동안

---

[10] https://kentcdodds.com/blog/write-tests

특히 프런트엔드 개발 분야에 많은 변화가 있었기 때문이다.

- 코드가 훨씬 더 모듈화되어 컴포넌트를 넘나들 때 많은 버그가 발생한다.
- 테스트 프레임워크가 더욱 강력해지고 테스트 작성도 쉬워졌다.
- 단위 테스트 프레임워크를 통합 테스트에서도 비교적 쉽게 사용할 수 있다.
- 정적 분석 도구가 발전해 런타임 에러를 찾아낼 수 있다.

프런트엔드 개발에서 통합 테스트는 작성하는 시간과 테스트 대상의 범위 측면에서 최고의 '가성비'를 제공한다. 풀스택 애플리케이션 개발 역시 그렇게 되고 있다. 테스트 트로피에 대한 자세한 내용은 켄트 도즈의 '테스트 트로피와 테스트 분류'[11]를 참조하자.

테스트를 효율적으로, 효과적으로 수행하는 단 하나의 최선의 방법은 없다. 테스트 피라미드와 테스트 트로피는 자동화된 테스트의 범주를 결정하는 멘탈 모델로 삼자. 테스트 접근 방식을 모델에 맞추지 말고 다른 방법도 써보자.

시스템에서 어떤 자동화된 테스트가 좋을지 생각한 뒤 접근 방식을 선택해 꾸준히 개선하자. 모델을 따라 하지 않아도 걱정하지 말자. 우리의 목표는 자동화된 테스트가 멘탈 모델을 따르는 것이 아니라 팀의 개발 속도를 높이면서 품질을 보장하는 것이다.

테스트에 접근하는 방법에 대한 지침이 필요하다면 지금 다니는 직장과 비슷한 티어에 있는 기업 또는 비슷한 업계에서 일하는 엔지니어에게 문의하는 것도 도움이 될 수 있다. 예를 들어, 메타는 수십억 명의 사용자가 제품을 사용하기 때문에 지금까지 자동화된 테스트보다는 모니터링 및 자동화된 배포 과정에 더 많은 투자를 했다. 은행같이 릴리스 빈도가 낮은 전통 기업은 수동 테스트에 더 많은 투자를 하며, 구글이나 우버와 같은 빅테크 기업은 단위 및 통합 테스트에 많은 투자를 한다.

---

[11] https://kentcdodds.com/blog/the-testing-trophy-and-testing-classifications

14.5 특정 용도의 테스트

단위, 통합 및 UI 테스트의 일반적인 범주 외에도 특수한 경우에 유용하게 사용하는 특정 용도의 자동화된 테스트가 있다.

성능 테스트

성능 테스트는 시스템의 지연 시간 또는 응답성을 측정하는 테스트로 다양한 경우에 사용한다.

- 수정 후에도 모바일앱 UI 성능이 떨어지지 않는지 확인
- 백엔드 엔드포인트에서의 지연 시간이 증가하지 않는지 확인

자동화된 성능 테스트에는 다양한 요소가 영향을 미쳐 수행이 까다롭다. 다른 프로세스나 비결정적 이벤트, 시스템 차이 등이 실행에 영향을 미쳐 결과를 비교하기 힘들다.

부하 테스트

부하 테스트는 특정 부하에 시스템이 적절하게 작동하는지 확인한다. 예를 들어, 한 전자상거래 회사가 블랙 프라이데이에 평소보나 약 2배의 트래픽이 발생하리라 예상하고 백엔드 시스템이 적절한 지연 시간 내에 응답하는지 확인하고 싶다. 이때 부하 테스트를 수행한다.

부하 테스트는 백엔드 시스템에만 시행하며 방법은 다양하다.

- **전용 테스트 인프라**: 시스템에 테스트 요청을 생성하는 테스트 인프라를 설정한다.
- **실제 프로덕션 요청의 일괄 처리**: 프로덕션 요청을 일부러 지연시킨 뒤 충분한 요청이 쌓이면, 그 프로덕션 요청을 증가된 속도로 프로덕션 시스템으로 전송한다. 대신 시간에 민감하지 않은 요청에 적용한다.
- **소규모 인프라를 이용한 프로덕션 테스트**: 현재 인프라가 열 배의 트래픽 양을 처리할 수 있는지 테스트하는 대신 인프라를 1/10로 줄여 현재 트래픽을 처리하는지 확인한다.

카오스 테스트

2008년경, 넷플릭스^{Netflix}는 단일화된 아키텍처에서 수백 개의 소규모 서비스로 분산된 아키텍처로 전환했다. 이렇게 많은 서비스를 운영해 단일 장애 지점을 줄이는 데 도움이 됐지만, 소규모 서비스 하나가 잘못 작동하거나 다운되면 시스템과 관련 없어 보이는 부분까지 다운되는 무작위적인 서비스 장애가 발생했다.

넷플릭스 엔지니어링 팀은 해당 서비스 장애를 시뮬레이션할 색다른 방법을 고안해냈다. 2010년 블로그 게시물에서 다음과 같이 설명하고 있다.

> 엔지니어들이 AWS 위에 최초로 구축한 시스템은 '카오스 몽키'입니다. 카오스 몽키는 아키텍처 내에서 인스턴스와 서비스를 무작위로 죽입니다. 이런 상황에도 불구하고 서비스가 중단되지 않을 능력을 지속적으로 테스트하지 않으면, 가장 중요한 순간에 예기치 않은 하나의 장애가 시스템 전체를 마비시킬 수 있습니다.

넷플릭스는 카오스 몽키[12]를 오픈소스로 공개했고, 다양한 서비스를 운영하는 기업들이 널리 도입했다. 인프라 팀은 서비스를 종료하거나 의도적으로 성능을 저하시키는 접근 방식을 구현해 시스템이 어떻게 반응하는지 관찰한다.

스냅숏 테스트

스냅숏 테스트는 테스트 결과 출력을 미리 기록된 출력과 비교한다. 웹 및 모바일 개발에서 가장 자주 사용되며, '스냅숏'은 화면의 이미지를 말한다. 이 테스트는 웹 페이지 또는 모바일 애플리케이션이 스냅숏과 똑같이 보이는지 비교한다.

UI 검증을 위한 스냅숏 테스트는 특히 모바일 앱에 많이 사용된다. 모바일 UI 테스트에 비해 테스트 코드 작성 비용이 저렴하고 실행 속도가 빠르기 때문이다. 또한 테스트가 실패하면 테스트에서 생성한 이미지와 참조 이미지를 비교해 차이점을 즉시 확인할 수 있다.

스냅숏 테스트 스위트를 사용할 때의 가장 큰 단점은 비교에 사용되는 참조 이미

---

[12] https://netflix.github.io/chaosmonkey

지가 테스트 코드와 동일한 리포지터리에 보관하기에는 너무 커질 수 있다는 것이다. 스냅숏 테스트의 수가 많은 회사에서는 참조 이미지를 코드 저장소 외부에 저장하는 것이 일반적이다.

크기 테스트(애플리케이션/번들)

모바일 애플리케이션과 웹 애플리케이션은 애플리케이션의 크기 또는 처음 로드되는 번들의 크기가 중요하다. 모바일 앱이나 웹 번들의 크기가 특정 크기 이상으로 증가하면 알림을 보내도록 모니터링하는 팀도 있다.

스모크 테스트

스모크 테스트란 용어는 전자제품 하드웨어 테스트에서 유래했다. 셈 케이너[Cem Kaner], 제임스 바크[James Bach], 브렛 페티코드[Brett Pettichord]가 쓴 『소프트웨어 테스팅 법칙 293가지』(정보문화사, 2004)[13]는 용어의 기원을 이렇게 정의한다.

> '스모크 테스트'는 하드웨어 테스트에서 나온 용어다. 새로운 보드를 꼽고 전원을 넣는다. 이때 보드에서 연기가 나면 전원을 끈다. 이 보드는 더 이상 테스트해볼 필요가 없다.

회로 기판에서 나는 연기는 기판이 녹아내린다는 신호다. 스모크 테스트는 제품에 명백한 문제가 있는지 확인하는 간단한 테스트(대부분 자동화된 테스트)를 실행한다.

스모크 테스트는 전체 테스트 스위트의 하위 집합으로, 프로덕션 릴리스 전에 자주 실행한다. 보다 일반적인 스모크 테스트의 몇 가지 예는 다음과 같다.

- 애플리케이션이 다운 없이 잘 실행되는가?
- 애플리케이션의 화면이 오류 없이 로드되는가?
- 기본 연결이 잘 되는가? 애플리케이션이 백엔드 또는 데이터베이스에 성공적으로 연결

---

13 옮긴이_ 『Lessons Learned in Software Testing: A Context-Driven Approach』(Wiley, 2001)

됐는가?
- 핵심 기능(로그인, 자주 사용하는 메뉴로 이동 등)이 작동하는가?

수동 테스트 및 새너티 테스트

새너티sanity 테스트는 주요 릴리스 전에 애플리케이션이 예상대로 작동하는지 확인하는 수동 테스트 모음이다. 이러한 테스트는 엔지니어링 팀 또는 전담 품질 보증 팀에서 실행한다.

새너티 테스트에는 실행할 항목과 출력으로 관찰할 항목에 대한 자세한 지침이 있다. 팀에 테스트 자동화에 투자할 여력이 있고, 자세한 지침이 있다면 해당 테스트는 UI 또는 엔드투엔드 테스트로 부분적으로 또는 전체적으로 자동화할 주요 후보가 된다.

그렇다면 왜 모든 새너티 테스트가 자동화되지 않았을까? 팀이 자동화를 시도하지 않았을 수 있다. 예를 들어, 특정 새너티 테스트가 거의 실행되지 않는 경우 팀에서 자동화된 테스트를 구축하고 유지 관리할 가치가 없다고 판단하고 비실용적인 자동화를 하지 않을 수 있다. 또한 레이아웃이 잘 보이는지 사용자 인터페이스를 확인하는 것처럼 자동화하기 어려운 테스트도 있다.

기타 테스트

자동화된 테스트는 끊임없이 진화하는 분야다. 자동화된 테스트는 시스템의 올바른 작동을 검증하는 데 도움이 된다. 시스템이 잘 도는지 시험하는 도구로 이름은 각자 다르게 부른다.

몇 가지 다른 유형의 자동화된 테스트는 다음과 같다.

- **접근성 테스트**[14]: 특히 모바일 애플리케이션, 웹 애플리케이션 및 데스크톱 애플리케이

---

14 옮긴이_ 신체적 특성, 지역, 나이, 지식 수준 등 다양한 사항을 고려할 때, 사용자가 불편 없이 제품이나 서비스를 이용할 수 있는지를 테스트하는 것

션에 중요하다. 이러한 유형의 테스트는 자동화하기 까다로운 편이다.
- **보안 테스트**: 일부는 자동화하고, 일부는 수동으로 수행해야 한다.
- **호환성 테스트**: 소프트웨어가 다양한 하드웨어 또는 운영 체제에서 예상대로 작동하는지 확인한다.

14.6 프로덕션 환경에서의 테스트

자동 및 수동 테스트 스위트는 어디에서 실행할까? 예전 정답은 스테이징 환경이나 사용자 승인 테스트$^{user\ acceptance\ test}$(UAT) 환경 같은 전용 테스트 환경이었다.

오늘날 소프트웨어를 테스트하는 장소로 점점 더 인기를 얻고 있는 곳은 최종 사용자도 사용하는 프로덕션 환경이다. 이 접근 방식은 더 위험하지만, 올바르게 수행하면 전용 환경에서 테스트하는 것보다 상당한 이점이 있다.

프로덕션 환경에서 안전하게 테스트하려면 어떻게 해야 할까?

- **기능 플래그**: 프로덕션 환경에서 새 기능을 테스트하려면 우선 해당 기능을 기능 플래그 뒤에 배치하고 프로덕션에 배포한 후에 기능 플래그를 켜서 자동화된 테스트와 수동 테스트를 수행한다. 팀에서 이 기능이 잘 동작한다는 확신이 들면 더 많은 사용자에게 기능을 배포하면 된다. 기능 플래그에 대한 자세한 내용은 17장 '프로덕션 출시'에서 다룬다.
- **카나리아 배포[15]**: 소수의 서버 또는 사용자('카나리아' 그룹)에게 프로덕션 변경 사항을 배포한다. 여기서 테스트를 실행하고 시스템의 내외부 상태를 모니터링한다. 경고 신호가 없으면 모든 사용자와 서버에 대한 배포를 계속 진행한다.
- **블루-그린 배포**: '파란색' 환경과 '녹색' 환경의 두 가지 다른 환경을 유지한다. 한 번에 하나의 환경만 라이브 상태로 유지한다. 유휴 환경에 변경 사항을 배포하고 모든 테스트를 실행한 후 변경 사항에 대한 확신이 들면 해당 배포로 트래픽을 전환한다.
- **자동 롤백**: 카나리아 배포 또는 블루-그린 배포와 자동화된 모니터링 설정을 결합한 기

---

[15] 옮긴이_ 카나리아 새가 예전에 탄광에서 유해 가스 유출 여부 확인에 사용됐던 것에 유래

능이다. 기능을 배포할 때 시스템에서 이상 징후를 감지하면 팀이 조사할 수 있도록 변경 사항이 자동으로 이전 상태로 롤백하도록 구성한다.

- **멀티 테넌시 환경**: 테넌시 콘텍스트는 요청과 함께 전달된다. 즉 요청에 발신 정보를 담아 수신하는 쪽에서 프로덕션 요청인지, 테스트 테넌시인지, 베타 테넌시인지 또는 다른 테넌시인지 전달한다. 서비스에는 테넌시를 지원하는 로직이 내장되어 있으며 요청을 다르게 처리하거나 라우팅한다. 멀티 테넌시 접근 방식에 관한 내용은 우버의 블로그[16]를 참조하자.

프로덕션 환경에서의 테스트가 가진 장점은 다음과 같다.

- **확신**: 테스트가 프로덕션 환경에서 실행되어 예상대로 작동하는지 정확히 확인할 수 있다.
- **더 직접적인 디버깅**: 프로덕션 환경은 디버깅이 필요한 문제를 찾는 도구이기도 하다. 문제를 파악했다면, 프로덕션 데이터를 사용해 테스트 케이스를 작성할 수 있다!
- **적은 개발 환경 수 → 인프라 복잡성 감소**: 프로덕션 환경에서 테스트하면 유지 관리해야 할 테스트 환경의 수가 줄어든다. 테스트 환경을 별도로 유지 관리하려면 하드웨어 비용과 환경이 프로덕션과 충분히 유사하게 구현해야 하기 때문에 시간과 비용 관점에서 투자가 필요하다.

프로덕션 환경에서의 테스트가 가진 단점은 다음과 같다.

- **인프라 투자**: 프로덕션 환경에서 안전한 테스트를 보장하려면 팀이 할 일이 많다. 예를 들어, 멀티 테넌시 환경으로 전환하는 것은 길고 고통스러운 과정이다. 마찬가지로 자동화된 롤백을 수행하는 기능을 갖춘 시스템을 구축하는 것도 복잡하고 시간이 많이 걸린다.
- **컴플라이언스 및 법적 문제**: 프로덕션 환경에서 테스트한다고 해서 엔지니어가 개인 식별 정보_personally identifiable information_ (PII) 같은 민감한 사용자 데이터에 액세스해선 안 된다. 프로덕션 환경에서 디버깅 및 테스트할 때 관련 개인정보 보호 규정을 준수하도록 도구를 구축해야 한다.

---

16 https://www.uber.com/blog/multitenancy-microservice-architecture

14.7 테스트 자동화의 장단점

테스트를 자동화하려면 꽤 많은 시간을 투자해야 한다. 그렇다면 테스트 자동화의 이점은 무엇일까?

- **정확성 검증**: 자동화된 테스트는 테스트가 지정한 대로 코드가 작동하는지 바로 검증한다. 테스트 주도 개발test driven development (TDD)은 코드 자체보다 먼저 테스트 코드를 만들어 기대 결과를 먼저 결정하고 테스트를 만족하도록 코드를 작성하는 방식이다.
- **회귀 오류의 포착**: 자동화된 테스트는 조기에 회귀 오류를 발견한다. 자동화된 테스트 스위트가 CI 시스템에 통합되면 코드가 병합되기 전에 회귀 오류를 발견한다. CD 시스템에 통합되면 코드를 프로덕션에 배포하기 전에 회귀 오류를 발견한다.
- **문서화**: 테스트는 코드가 수행하는 작업과 엣지케이스에 대해 어떻게 작동해야 하는지를 명확하게 한다. 하지만 문서는 시간이 지나면서 최신 상태를 유지하지 못할 수 있다. 테스트 스위트가 최신 상태로 유지되지 않으면, 문서에 기술된 대로 코드가 올바르게 동작하는지 확인하기 어려워 테스트가 실패할 수 있다.
- **규칙 검증**: 테스트는 인터페이스나 API의 작동 방식과 같은 공식적인 규칙을 검증해 사용자에게 설명한 대로 정확하게 작동하는지 확인한다.
- **대규모 변경 시의 안전망**: 철저하게 자동화된 테스트 스위트가 포함된 코드베이스는 엔지니어에게 추가적인 안전망을 제공한다. 테스트 스위트는 대대적 리팩터링 같은 대규모 코드 변경을 안심하고 수행하게 해준다.

테스트 자동화에는 단점도 있다.

- **작성 시간**: 가장 명백한 단점은 작성에 시간이 걸린다는 것이다. 이미 정확하다고 생각한 코드에는 테스트 작성이 무의미하다고 생각될 수 있다. 물론 개발된 코드를 검증하는 것은 테스트가 가진 장점 하나이고, 회귀 오류를 포착하는 등 다른 장점도 있다.
- **느린 테스트**: 시간이 지남에 따라 자동화된 테스트가 많거나 느린 테스트 때문에 테스트 스위트의 실행 속도는 느려진다. 테스트 스위트가 느리면 개발 속도도 느려진다.
- **불규칙한 테스트**: 일부 테스트 유형은 애플리케이션이 올바르게 작동할 때도 오류가 발생하거나 실패할 수 있다. 예를 들어, 애플리케이션은 정상적으로 작동하는데도 네트워크 지연 때문에 UI 테스트가 중단될 수 있다. 이런 불규칙한 테스트는 노이즈를 발생시

키고 테스트 스위트의 유용성을 저하한다.

- **유지 관리 비용**: 코드를 변경하면 관련 테스트도 업데이트해야 한다. 단위 테스트와 같은 간단한 테스트는 이 과정이 간단하다. 하지만 더 복잡한 테스트가 예상대로 작동하도록 변경하려면 코드를 작성하는 것보다 더 많은 노력이 필요하다!

테스트는 소프트웨어 엔지니어링의 핵심 부분이며, 소프트웨어 개발 초기부터 항상 존재했다. 코드 작성은 개발의 첫 번째 단계로, 코드가 어떻게 작동하는지 검증하고, 프로덕션 환경에 배포하고, 코드를 유지 관리하는 것은 모두 그다음 단계다. 자동화된 테스트는 코드 작성 이후의 모든 단계에서 도움이 된다.

자동화된 테스트는 유지 관리가 가능하고 장기간에 걸쳐 지원되는 소프트웨어에서 기본 요건으로, 코드베이스에서 반복 작업을 더 빠르게 수행하는 데 반드시 필요하다. 따라서 테스트를 수용하고 다양한 접근 방식을 시도해보자. 이렇게 하면 광범위한 테스트 도구 세트를 구축하고 현재 프로젝트에 가장 적합한 유형의 테스트를 적용할 수 있다.

15 소프트웨어 아키텍처
Software Architecture

소프트웨어 아키텍처에는 설계 원칙과 결정이 포함되며, 보통 프로젝트의 계획 단계에서 초기에 정해진다. 이러한 설계 결정은 시스템 구축 방법, 확장 및 유지 관리의 용이성, 새로운 엔지니어가 코드베이스에 얼마나 쉽게 온보딩할 수 있는지에 큰 영향을 미친다.

'소프트웨어 아키텍처'와 '소프트웨어 디자인'이라는 용어는 서로 바꿔 사용할 수 있다. 나는 물리적 건물을 만드는 작업이 연상되는 '아키텍처architecture'라는 표현을 좋아한다. 부동산 개발에는 계획을 수립하는 설계 단계architecting와 건물을 짓는 단계 두 가지로 뚜렷이 나뉜다. 이 두 단계는 서로 연결된다. 계획 수립 시 가정한 내용이 타당하지 않은 것으로 판명되면 공사가 진행됨에 따라 원래 계획을 수정할 수도 있다.

하지만 건물 설계와 소프트웨어 설계에는 큰 차이가 있다. 건물을 설계할 때는 물리 법칙의 제약을 많이 받지만, 소프트웨어를 설계할 때는 그렇지 않다. 소프트웨어에서는 할 수 있는 것과 할 수 없는 것에 대한 제약이 훨씬 더 모호하다. 소프트웨어 엔지니어링에는 물리 법칙의 영향이 훨씬 적으며, 팀의 스킬셋과 역학 관계, 기술의 제약이 더 중요한 고려 사항으로 작용하는 경향이 있다.

기본적으로 소프트웨어 설계를 잘하는 방법은 한 가지가 아니다. 하지만 많은 회사에서 공통적으로 사용하는 접근 방식이 있다.

15.1 디자인 문서, RFC 및 아키텍처 문서

많은 기술 기업과 스타트업이 기획 프로세스의 일부로 흔히 RFC[request for comments]라고 부르는 디자인 문서를 활용한다. 우버[Uber], 에어비앤비[Airbnb], 고젝[Gojek], 깃랩[GitLab], 링크드인[LinkedIn], 몽고DB[MongoDB], 쇼피파이[Shopify], 소스그라프[Sourcegraph], 잘란도[Zalando] 등[17] 많은 기업이 그렇다.

여기서 'RFC'는 디자인 문서를 지칭하는 용어로, 디자인을 개선할 피드백을 수집한다는 점을 강조하는 이름이다. RFC는 엔지니어가 중요한 프로젝트를 할 때, 의미 있는 작업 시작 전에 작성한다. 일반적으로 엄격한 작성 규칙은 없으며, 콘텍스트와 제안된 접근 방식, 절충안을 공유하고 피드백을 요청하는 문서다.

RFC의 목표

앞서 언급했듯이 RFC를 작성하고 배포하는 전반적인 목적은 중요한 피드백을 조기에 받아 프로젝트를 완료하는 데 걸리는 시간을 단축하는 것이다. RFC를 워크플로에 어떻게 적용할지는 프로젝트에 참여하는 엔지니어가 결정할 문제다. RFC를 배포하는 시점은 다양하다.

- **프로토타입, RFC 배포, 빌드**: 새로운 프레임워크를 기반으로 구축하는 경우처럼 아직 잘 모르는 부분이 많은 프로젝트에 주로 사용된다. 프로토타이핑을 통해 잘 모르는 부분을 파악할 수 있다. RFC는 아직 빈구석이 있겠지만 부분적으로 완성된 계획을 공유한다. 팀은 피드백을 받은 다음 개발을 시작한다.
- **RFC 배포 후 피드백을 수집해 개발**: 종속성이 많거나 의존하는 팀이 많은 프로젝트는 모든 이해관계자의 피드백을 먼저 수집해 궁극적으로 진행 속도를 높일 수 있다.
- **RFC 배포 후 피드백을 기다리면서 빌드**: 많은 질문을 받을 것 같은 다소 복잡한 프로젝트의 경우, RFC를 배포하고 개발을 시작하는 편이 실용적이다. 팀에서 피드백을 반영하기 쉬워 변경에 많은 시간이 들지 않는다.
- **개발 후 RFC 배포**: 필요한 사항을 먼저 개발한 다음 내린 결정을 RFC에 작성한다. 이

---

17 https://blog.pragmaticengineer.com/rfcs-and-design-docs

는 프로젝트가 계획보다 복잡해진 경우나, RFC에 대한 내부 규칙을 준수하려 나중에 쓰는 경우에 해당한다. 이러한 접근 방식은 RFC가 의무적인 작업처럼 되고 팀에서 실행 가능한 피드백을 환영하지 않는 것처럼 보여서 자연스럽지는 않을 수 있다. 하지만 이 문서는 보관용으로 유용하며, 또한 더 나중에 피드백을 받기보다 배포 시점에 피드백을 받는 것이 더 낫다. 경험상 이러한 접근 방식도 상당히 흔하다.

RFC 작성의 좋은 점

RFC를 작성하고 피드백을 받기 위해 배포하면 몇 가지 큰 이점이 있다.

1. **생각을 명확히 한다.** 문제 해결을 위한 코딩을 서두르다 중간에 잘못된 방향으로 가고 있다는 사실을 깨달은 적이 많은가? 무엇을 할지 명확히 했다면 이런 일은 피할 수 있다. 디자인 문서는 자신과 다른 사람이 이해할 수 있는 방식으로 자신의 생각을 설명하도록 유도한다.
2. **중요한 피드백을 더 빠르게 받는다.** 솔루션을 코딩해 팀에 제시하면 종종 추가 작업이 필요한 피드백을 받게 된다. 예를 들어, 팀원이 누락된 엣지케이스를 지적하거나 프로덕트 매니저가 잘못한 사용 사례를 해결했다고 말할 수 있다. 코딩을 시작하기 전에 사람들이 피드백을 제공할 문서가 있으면 오해와 추가 작업을 최소화하는 데 도움이 된다.
3. **아이디어를 확장한다.** 설계 문서가 없는 경우, 다른 엔지니어가 내 생각을 이해할 수 있는 유일한 방법은 직접 대화하는 것뿐이다. 5명의 엔지니어가 시스템 구축에 대한 접근 방식을 이해하려면 5명 모두 직접 만나야 한다. 대신 계획을 적어두면 다른 엔지니어가 읽고 질문할 수 있다.
4. **기록 문화를 장려한다.** 팀원들이 디자인 문서에서 가치를 발견하면 자신의 프로젝트에서도 같은 작업을 할 가능성이 높아진다. 문서를 공유하면 일반적으로 좋은 피드백을 빨리 받을 수 있기 때문에 모두에게 이익이 된다.

RFC 리뷰

RFC 리뷰는 피드백을 받기 위한 가장 중요한 절차다. 피드백을 받는 가장 일반적인 방법은 다음과 같다.

- **비동기식 피드백**: 문서의 댓글을 통해 피드백한다. 구글, 깃허브, 우버는 이러한 방식으로 피드백을 수집한다.

- **동기식 피드백**: 미팅을 해 RFC를 심도 있게 논의한다. 온라인 소매업의 거인 아마존은 이러한 프로세스를 선호한다.
- **하이브리드**: 비동기적으로 문서를 배포해 피드백을 수집한다. 프로젝트가 복잡해지거나 의견이 많으면 회의를 소집한다.

프로젝트에 따라 가장 적합한 리뷰 방식은 다르다. 20개 팀에 영향을 미치고 모두 피드백을 제공하는 프로젝트의 경우, 우리 팀과 하나의 파트너 팀만 사용할 서비스를 구축할 때와는 다른 접근 방식이 필요하다.

RFC 프로세스의 진정한 목표를 잊지 말자. 피드백을 조기에 받아 프로젝트를 출시하는 데 걸리는 시간을 단축하는 것이다. 어떤 접근 방식이 시간을 가장 많이 절약할 수 있는지 스스로에게 물어보자.

아키텍처 문서

아키텍처 문서는 RFC와 달리 피드백을 위한 의도가 거의 없이 의사결정을 기록하기 위해 작성된다는 점에서 RFC와 약간 다르다. 아키텍처 문서에는 몇 가지 인기 있는 형식이 있으며, 기업마다 선호하는 형식이 있다.

- ADR^{architecture decision record}(아키텍처 결정 기록)[18]은 마크다운 파일로 Git과 함께 사용하기 위해 만든 형식으로 구조가 간단해 가장 많이 사용된다.
- C4 모델[19]은 보다 복잡한 소프트웨어 아키텍처를 도식화해 콘텍스트^{context}, 컨테이너^{container}, 컴포넌트^{component}, 코드^{code}의 네 단계 다이어그램으로 시스템을 정의한다. 이 모델은 독립 컨설턴트이자 작가인 사이먼 브라운^{Simon Brown}이 만들었다.
- Arc42[20]는 '콘텍스트 및 범위^{context and scope}', '솔루션 전략^{solution strategy}', '빌딩 블록 뷰^{building block view}', '크로스커팅 개념^{crosscutting concept}' 등 12개의 섹션으로 구성된 의견 템플릿을 사용하는 접근 방식이다.

---

[18] https://adr.github.io
[19] https://c4model.com
[20] https://arc42.org

15.2 프로토타이핑 및 PoC

기대한 대로 동작하는 복잡한 시스템은 어떻게 구축할까? 철저한 계획을 세우는 게 당연히 좋은 방법이다. 과소평가되고 있는 또 다른 대안은 계획부터 세우지 않는 대신, 어떻게 작동할지 보여줄 간단한 프로토타입을 먼저 만드는 것이다.

복잡한 프로젝트에는 미지의 요소가 존재하며, 계획 단계에서 이러한 미지의 요소에 대한 토론이 필요하다. 프로토타입을 만들면 미지의 요소 일부를 파악하고, 효율적인 접근 방식을 확인할 수 있다.

기존 결제 시스템 두 개를 대체할 새롭고 복잡한 결제 시스템을 구축하는 프로젝트에 참여한 적이 있다. 이 프로젝트는 약 열 개의 엔지니어링 팀이 참여했다. 처음에는 모든 팀이 각자만의 접근 방식을 계획했다. 두 달 동안 수백 페이지에 달하는 RFC가 작성되어 배포됐지만 프로젝트 진행 방식을 합의하지 못했다.

이후 방식을 바꿔 각 팀에서 한 명씩 대표를 뽑아 새로운 팀을 구성해 2주 동안 아주 기본적인 프로토타입을 구현했다. 계획 문서도 없고 의견을 구하지도 않았으며, 그저 한 공간에서 사람들이 코드를 작성하고 프로토타입을 통해 아이디어를 시연만 했다.

이 그룹은 2주 만에 프로토타입을 만들고 갈등의 원인과 잘 몰랐던 부분을 많이 정리할 수 있었다. 이 프로토타입은 나중에 버려졌지만, 각 시스템을 어느 팀이 맡을 것인지, 어떻게 연동할지 기본 틀을 구성하는 데 사용했다.

탐색을 위한 프로토타이핑

내가 훌륭한 소프트웨어 '아키텍트'라고 생각하는 많은 소프트웨어 엔지니어는 핵심을 검증하고 자신의 아이디어를 잘 보여주는 일회용 프로토타입을 만들었다. 결국 추상적인 아이디어보다 구체적인 코드에 대해 타당성을 논하는 것이 훨씬 더 생산적이다.

미지의 요소가 많거나 변경될 부분이 많을 때는 프로토타이핑을 탐색 도구로 사용하자. 프로토타입은 확신을 가지고 계획을 세우는 데 정보가 충분하지 않은 상황에 매우 적합하다. 예를 들어, 타사 API와 통합해야 하지만 방법을 잘 모르겠다면 타사 API를 호출하고 작동 방식을 제안하는 일회용 프로토타입을 만들자.

아키텍처 아이디어를 프로토타입으로 만들지 못하는 이유는 개발 실무에 익숙하지 않거나 아이디어가 지나치게 복잡하기 때문이라 생각한다. 그런 게 아니라면 프로토타입으로 작동 방식을 보여줄 수 있다!

버리기 위한 빌드

버릴 목적의 PoC$^{\text{proof of concept}}$(개념 증명)를 만들고 출시용이 아님을 분명히 하자. 프로토타입 제작의 목적은 아이디어가 작동한다는 것을 증명하고 검증을 거쳐 제대로 구축하기 위함이다. 사람들에게 보여줄 PoC를 구축하며 많은 것을 배울 수 있고, 명료하게 세부적인 사항에 대한 생산적인 대화를 나눌 수 있다.

PoC용으로 빌드한 내용은 버려지므로 코드 리뷰, 자동화된 테스트 또는 나중에 유지 관리할 수준의 코드가 필요하지 않다는 점을 명확히 하면 더 빠르게 만들 수 있다.

가끔 프로덕트 매니저 같은 상급자가 PoC로 만든 프로토타입을 괜찮다고 여기고 출시하는 경우가 있다. 하지만 이 프로토타입은 급히 대충 만들었기에, 프로덕션 코드에 적용되는 개발 방법론이 전혀 적용되지 않았을 것이다. 이 상태로는 절대 출시하면 안 된다! 단호하게 입장을 고수하고 프로토타입 출시를 거부해야 한다. 대신 처음부터 다시 제대로 된 버전을 만들자. 작동하는 프로토타입이 있다면 그렇게 어렵지 않다.

프로토타입을 출시하기 부담스럽다면 일부러 프로덕션에서 쓰지 않는 플랫폼이나 기술을 사용해 프로토타입을 구축하자. 예를 들어, 팀이 백엔드에 Go를 사용한다면 프로토타입은 Node.js로 작성하는 식이다.

더 나은 아키텍처 접근 방식을 추구한다면 프로토타이핑이란 도구로 PoC를 구축하자. 이렇게 하면 할수록 생산성이 향상되고 구축하는 아키텍처가 더 좋아진다.

15.3 도메인 주도 설계

도메인 주도 설계domain driven design(DDD)는 비즈니스 도메인의 작동 방식을 이해하기 위해 비즈니스 도메인 모델부터 만드는 방식이다. 예를 들어 결제 시스템을 구축할 때는 결제 도메인, 비즈니스 규칙 및 결제 도메인의 콘텍스트를 이해하는 것부터 시작한다.

'도메인 주도 설계'라는 용어는 에릭 에반스Eric Evans가 그의 저서 『도메인 주도 설계』(위키북스, 2011)[21]에서 처음 사용했다. 그 구성 요소는 다음과 같다.

- **표준 어휘**standard vocabulary : 첫 번째 단계는 디자인에 참여하는 모든 사람이 동일한 언어를 사용하도록 하는 것이다. DDD는 이를 '유비쿼터스 언어'라고 부른다. 이렇게 공유할 어휘를 개발하려면 비즈니스 도메인 전문가와 함께 사용할 전문 용어를 정의해야 한다. 간단한 작업처럼 보이지만 소프트웨어 엔지니어와 결제 관련 법규를 다루는 전문가는 '결제하기' 같은 명확해 보이는 용어조차 매우 다르게 정의할 수 있다.
- **콘텍스트**context : 복잡한 영역을 더 작은 부분으로 나누는데, DDD에서는 이를 '바운디드 콘텍스트bounded context'라고 부른다. 각 콘텍스트에는 고유한 표준 어휘가 있다. 예를 들어 결제 시스템을 설계할 때 콘텍스트는 계정 생성, 입금, 출금, 정산 등이 된다. 각 콘텍스트는 독립적으로 모델링하고 더 세분화된다.
- **엔티티**entity : 엔티티는 주로 그 정체성으로 정의되며, 수명이 있다. 시스템의 일부, 사람, 장소와 같이 명명된 많은 것을 엔티티로 간주한다.
- **값 객체**value object (VO) : 값 객체는 한 개 이상의 속성들을 묶어서 특정 값을 나타내는 객체로, 불변성을 가져 변경되지 않는다. 예를 들어 회계 항목의 통화는 값 객체다.
- **애그리거트**aggregate : 애그리거트는 하나의 단위로 취급하는 객체의 군집이다.
- **도메인 이벤트**domain event : 도메인 이벤트는 도메인의 다른 위치에서 인지하고 반응할 일을 말한다. 도메인 이벤트는 트리거와 트리거에 대한 반응을 보다 명확하게 만든다. 예를 들어 결제 시스템에 입금이 되면 계정 잔액은 그 금액만큼 증가한다. 그러나 `PaymentMadeEvent` 같은 도메인 이벤트를 도입하면 이전에는 암시적이었던 로직이 명시적이 되어 `Account`는 도착하는 `Payment` 객체를 모니터링하는 대신

---

[21] 옮긴이_ 『Domain-Driven Design』(Addison-Wesley, 2003)

PaymentMadeEvent에 반응한다.

DDD 원칙을 소프트웨어 엔지니어링 프로젝트에 적용했을 때 가장 큰 장점은 소프트웨어 엔지니어가 비즈니스 콘텍스트를 이해하게 된다는 점이다. 비즈니스 담당자와 대화하고 그들의 세계가 어떻게 작동하는지 설명을 들으면, 공유된 표준 어휘 덕에 구현하는 소프트웨어가 '실세계'에 더 가까워질 것이다.

DDD 접근 방식은 다음과 같은 이점을 갖는다.

- **엔지니어링과 비즈니스 간의 오해 감소**: 소프트웨어 엔지니어가 비즈니스의 기대와 다른 것을 만들어서 개발 프로젝트가 지연되는 경우가 많다. DDD를 사용하면 처음부터 비즈니스 이해관계자와 충분히 소통할 수 있어 오해가 발생할 가능성이 크게 줄어든다.
- **비즈니스 복잡성을 더 잘 처리**: 비즈니스 규칙은 의외로 복잡한데, DDD는 이를 파악하고 바운디드 콘텍스트를 사용해 제어하는 데 도움이 된다.
- **코드 가독성 향상**: 잘 정의된 표준 어휘 덕분에 코드가 더 명확해진다. 클래스 및 변수 이름이 더 일관되고 이해하기 쉬워진다. 전체적으로 코드가 더 깔끔해진다.
- **유지 보수성 향상**: 이해하기 쉬운 코드와 잘 정의된 어휘 덕분이다.
- **기능 및 코드 크기 확장성 개선**: 새로운 비즈니스 사용 사례를 추가해야 하는 경우, 추가된 기능을 기존 도메인 모델에 먼저 삽입할 수 있다. 논리적 확장이 이루어지면 코드 수준에서 변경 사항을 구현하는 것이 더 쉬워진다. 새로운 비즈니스 사용 사례를 많이 추가해 코드베이스를 확장하는 것이 훨씬 쉽고 덜 복잡하다.

DDD에 대해 자세히 알아보려면 다음 책을 추천한다.

- 블라드 코노노프^{Vlad Khononov}의 『도메인 주도설계 첫걸음』(위키북스, 2022)[22]
- 에릭 에반스^{Eric Evans}의 『도메인 주도 디자인』(위키북스, 2011)

---

22 옮긴이_ 『Learning Domain-Driven Design』(O'Reilly Media, 2021)

15.4 출시를 위한 소프트웨어 아키텍처

많은 숙련된 소프트웨어 엔지니어와 이야기를 나눈 결과, 시스템 개선을 위해 아키텍처를 설계해 제안을 배포하는 과정에서 출시하기 어렵다는 반대에 부딪혀 좌절되는 경우가 많았다. 그렇다면 유용한 아이디어를 프로덕션에 적용하려면 어떻게 해야 할까?

비즈니스 목표를 말로 표현하기

한 걸음 물러서서 이 개선의 비즈니스 목표가 무엇인지 생각해보자. 제품이나 회사에 어떤 도움을 줄까? 매출, 비용, 사용자 이탈률, 개발자 생산성 등 비즈니스에서 중요하게 생각하는 지표에서 어떤 것을 개선할까? 비즈니스에 미치는 영향을 파악하면 변경의 우선순위를 정할 근거를 쉽게 만들 수 있을 것이다.

비즈니스에 미치는 영향이 진행 중인 프로젝트보다 훨씬 작다면 상대적으로 영향이 작은 프로젝트에 시간을 투자하는 게 실용적인지 생각해야 한다. 물론 비즈니스에 미치는 영향이 작은 프로젝트가 엔지니어링 팀에 도움이 된다면 그 프로젝트에 참여하는 것도 나름 합리적이다. 하지만 영향력이 큰 프로젝트가 있다면 부수적으로 영향력이 작은 작업을 미루거나 다른 프로젝트에 적당히 끼워 진행하는 것이 합리적이다.

이해관계자의 동의 얻기

아키텍처를 변경하려면 다른 팀, 시니어 이상 엔지니어, 때로는 비즈니스 동료의 동의를 얻어야 한다. 이를 위해서는 아이디어를 제시하고 주요 관계자의 지지를 얻어야 한다. 방법은 다음과 같다.

- 주요 인물들을 만나 접근 방식을 설명하자. 이 작업은 시간이 많이 걸리고 나중에 구체적인 내용을 참조하기 어렵다.
- 여러 사람에게 제안서를 보내고 의견을 모아 사람들의 동의를 받자. 이 방식은 확장성이 뛰어나고 의사결정을 명확하게 한다.

- 우선 아이디어를 작성하고 그 아이디어의 진행 여부를 고민하는 주요 인물과 이야기를 나누자. 대화를 나눈 후에는 수정 사항을 반영해 제안서를 업데이트한다. 이 방법은 하이브리드 접근 방식으로 나중에 대부분 효과적으로 지원을 받을 수 있다.

주요 관계자가 서면 제안서에 동의하도록 하는 가장 좋은 방법은, 제안서를 작성하기 전에 의견을 구하는 것이다. 따라서 선택한 소수의 이해관계자에게 시간을 내 아이디어를 발표하자. 아이디어를 화이트보드에 적고, 피드백을 요청하고, 이를 문서에 반영하자. 그런 다음 그들의 의견이 고려됐다는 사실을 알리면 거의 확실하게 여러분의 접근 방식을 지지할 것이다. 이들의 지지를 받으면 나머지 지지를 얻기가 더 쉬워진다.

업무의 목표가 비즈니스를 지원하는 것임을 잊지 말아야 한다. 하지만 아무 도움이 되지 않는다고 생각하는 피드백을 받을 수도 있다. 이러한 피드백을 무시하지 말자. 어떤 업무는 하지 않는 것이 비즈니스를 위한 올바른 선택일 때도 있다. 개인적 피드백으로 생각하지 말자.

의사결정 불가 상태 극복

진행 방향을 두고 그룹이 분열되어 아키텍처 결정이 교착 상태에 빠질 때가 있다. 교착 상태를 타개하는 몇 가지 방법을 소개한다.

- **결과물의 수준에 대한 요구사항을 지정한다.** 이런 요구사항은 구현이 아닌 결과를 결정한다. 예상 지연 시간이나 허용 가능한 일관성 요구사항과 같이 준수해야 하는 시스템 수준의 제약 조건이 될 수 있다. 또한 500msec 이하의 응답 시간과 같은 UX 측면의 제약 조건일 수도 있고, 이중 과금 불가와 같은 비즈니스 측면의 제약 조건일 수도 있다. 윤곽이 잡히면 기능 요구사항이라는 렌즈를 통해 제안된 솔루션을 검사할 수 있다. 해결책을 제시하기 전에 이러한 요구사항을 요약하고, 문제를 이해하기도 전에 '해결 모드'로 들어서는 문제 해결 편향을 제거하자.
- **토론 전에 의사결정권자를 지정한다.** 갈등이 발생했을 때 의사를 결정할 결정권자를 먼저 합의하자. 다만 갈등이 발생한 뒤에 결정권자를 정하면 중립성에 의문이 제기되어 마찰이 생길 수 있으므로, 토론 시작 전에 지정하는 게 가장 좋다. 예를 들어, 참가자가 자

신의 매니저를 의사결정권자로 끌어들인다면 매니저는 자신의 팀원을 지지할 가능성이 높다.
- **코딩을 할 당사자가 중요하다.** 가장 간단하고 공정한 방법은 코딩을 하는 사람에게 결정을 맡기는 것이다. 결국 솔루션의 유지 관리 부담도 코딩하는 사람이 져야 한다.
- **프로토타입을 만든다.** 일이 지지부진할 때는 아이디어의 프로토타입을 만들자. 이렇게 하면 의사결정에 문제가 됐던 부분보다 프로토타입에 대해 사람들이 이야기할 것이다.
- **제품 담당자에게 지원을 받는다.** 프로덕트 매니저는 단기적인 유지 보수 비용과 장기적인 유지 보수 비용 모두에서 비즈니스에 적합한 솔루션을 구축하려 한다. 제품 담당자의 지원은 결정 불가 상태를 피하는 데 매우 효과적이다. 하지만 대부분의 소프트웨어 엔지니어는 이를 충분히 활용하지 못한다!

변경 사항을 올바르게 출시

변경 사항을 구현한 후, 세심하게 신경 쓰지 않으면 출시 과정에서 문제가 발생할 가능성이 높다. 성공적인 출시를 위해 충분한 시간을 투자하자.

- **출시의 의미를 정량화한다.** 새 아키텍처가 예상대로 작동하는지 여부를 나타내는 지표를 찾는다. 여기에는 '이전' 시스템과 새 시스템의 사용량, 성능 지표, 비즈니스 지표 등을 추적하는 것이 포함된다.
- **출시 계획을 세운다.** 출시의 단계를 정의한다. 출시 단계가 '정상'이고 다음 단계를 시작할 수 있는지는 어떻게 검증할 것인가?
- **'뜸 들이는 기간'을 잘 정의한다.** 주요 변경 사항을 배포할 때는 시간을 들여 시스템의 모든 부분이 예상대로 작동하는지 검증하자. 프로젝트가 성공했다고 선언하기 전에 충분한 시간을 잡아 새 시스템이 프로덕션 환경에서 잘 도는지를 확인하자. 이 단계에서 주요 시스템 상태 지표들을 측정하자.
- **롤백 계획을 세운다.** 배포 중에 문제가 발생하면 어떻게 변경 사항을 되돌릴까? 롤아웃에 데이터 또는 데이터 스키마에 대한 변경 사항이 포함된 경우 더 어렵다.
- **'사전 모의 테스트'를 실시한다.** 배포에 실패하는 원인은 무엇일까? 가능한 시나리오를 계획한 다음, 이러한 실패를 감지하고 예방하는 방법을 알아내자.

소프트웨어 엔지니어링에 최종 결정이란 없다

자신이 절대 지지하지 않는 접근 방식을 채택하고, 될 것 같은 방식을 포기하는 상황에서 분명 분쟁이 발생할 것이다. 그런데 그 결과는 생각만큼 나쁘지 않을 수도 있다. 소프트웨어에 최종 결정이란 없다!

기술 변경, 아키텍처 접근 방식, 비즈니스 규칙 추가 등 거의 모든 결정은 나중에 되돌릴 수 있다. 결정을 되돌리기 위한 비용은 다양하며, 어떤 결정은 되돌리려면 매우 많은 비용이 든다. 결정을 되돌리기 매우 쉬운 상황이라면 어떤 선택이라도 하는 것이 결정 불가 상태에 빠지는 것보다 낫다!

롤백을 계획하고 아키텍처를 변경하면 예상대로 작동하지 않을 때 되돌리기 쉽다. 마이그레이션이 포함된 변경 사항의 경우 원래 상태로 다시 마이그레이션할 방법을 준비해야 한다.

결정을 되돌릴 때는 해당 접근 방식이 효과가 없었던 이유를 문서로 작성해 배포하자. 이메일로 보내거나 채팅을 통해 공유하거나 회의에서 발표할 수 있다.

한 팀이 특정 아키텍처 접근 방식을 결정하고 이를 구축해 배포하더라도 나중에 누군가가 새로운 장단점을 가진 다른 접근 방식을 도입하는 것을 막을 수는 없다. 결국, 소프트웨어 시스템은 끊임없이 변화하는 비즈니스 요구사항과 현실 세계에 발맞춰 진화한다.

아키텍처 결정에 대한 회고

프로젝트를 출시한 팀은 회고 미팅을 열어 잘된 점, 개선할 점, 다음에 고려할 사항을 논의한다.

아키텍처 결정에 대한 마지막으로 회고는 언제인가? 새로운 아키텍처를 '구현하고' 증명하는 데는 시간이 필요하다. 접근 방식이 얼마나 효과적이었나 파악하려면 아키텍처를 유지 관리하고 확장할 때 유지 상황을 관측할 충분한 실무 경험이 필요하다.

아키텍처가 새로 출시되면 충분한 시간을 두고 이전의 의사결정이 어떻게 작용했는지를 관찰해야 한다. 또한 사용자로부터 피드백을 수집해야 한다. 시스템과 아키텍처가 실제로 얼마나 잘 작동하는지에 피드백을 수집하는 목적은 다음과 같다.

- **학습한 내용의 공유**: 아키텍처에 대해 배운 내용을 공유하려 노력하자.
- **성과 평가/승진**: 특정 시스템에서의 내 작업이 얼마나 유용했는지 경영진에게 어떻게 알릴까? 피드백을 수집해 여러분의 노력이 더 많은 인정을 받을 수 있다.
- **학습한 내용으로 다른 사람 돕기**: 자신과 비슷한 시스템을 설계하려는 엔지니어에게 멘토링을 제공하자. 먼저 내 설계 결정이 실제 옳았는지, 어떤 부분을 더 잘하면 좋을지 피드백을 받자.

작업에 대한 피드백을 받을 때 긍정적인 부분에만 집중하고 싶은 유혹에 빠지기 쉽다. 자신의 작업에 대한 호평은 듣기 좋지만, 의미 있는 비평보다는 소프트웨어 엔지니어로서 성장하는 데 도움이 되지는 않는다. 피드백을 수집하면서 아키텍처 결정이 예상만큼 잘 이뤄지지 않은 부분을 찾아내고, 이러한 귀중한 교훈을 바탕으로 개선하자. 하지만 이를 적극적으로 수행하는 엔지니어는 거의 없다!

3부 | 핵심요약

롤모델이 되는 시니어 엔지니어가 되려면 소프트웨어 엔지니어링 기술 숙달로는 충분하지 않다. 사실 시니어급의 엔지니어에게 코딩은 그리 어렵지 않으며, 다른 사람과 효율적으로 협업하고 팀의 업무 수행을 돕기가 훨씬 더 어렵다.

시니어 직급에서는 업무에 투입하는 노력보다 업무의 영향력이 더 중요하다. 그렇기 때문에 현명한 업무 방식을 찾아야 큰 성과를 거둘 수 있다.

이와는 별개로, 멘토링은 다른 사람이 더 효율적인 엔지니어가 되도록 돕는 매우 좋은 방법이며, 나 스스로도 전문가로 성장하는 데 도움이 된다. 마찬가지로 경험이 많은 엔지니어에게 멘토링을 받으면 시야가 넓어지고 점점 더 복잡한 작업을 수행하는 데 도움이 된다.

'시니어 엔지니어'라는 용어는 업계 전반에서 다소 모호한 경우가 많다. 1장 '커리어패스'에서 다뤘듯 중간 수준의 엔지니어링 역할인 곳도 있지만, 일부 기업에서는 테크리드 급을 가리키기도 한다. 또 어떤 회사에서는 스태프 및 수석 엔지니어 수준의 역량 기대치를 가진다.

'시니어'의 정의가 넓든 좁든, 복잡한 프로젝트라도 시니어 엔지니어가 참여하면 잘 마무리될 것으로 기대한다. 프로젝트에 문제가 발생하면 해결책을 찾는 것도 시니어 엔지니어의 역할이다. 시니어 엔지니어가 스스로 해결할 수 없다면, 내부에 문제를 알려 도움을 청해 여러 대안을 준비할 것이다.

자세한 내용은 3부의 온라인 보너스 챕터를 참조하자.

시니어 엔지니어로서 업무 완수하기: 연습
https://pragmaticurl.com/bonus-3

실용주의 테크리드

4부

16장 프로젝트 관리
17장 프로덕션 출시
18장 이해관계자 관리
19장 팀 구조
20장 팀 내 역학

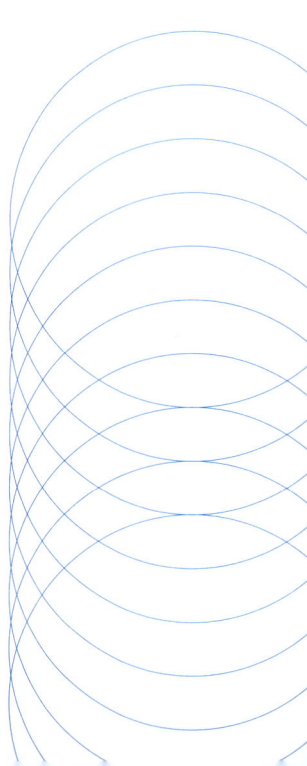

테크리드^{tech lead}라는 직책이 특히 흥미로운 이유는 공식적인 직책보다는 역할에 더 가깝기 때문이다.

테크리드는 보통 시니어 이상의 숙련된 엔지니어를 말한다. 프로젝트의 리더거나 엔지니어링 팀에서 모든 프로젝트를 총괄하는 사람을 테크리드라 부른다. 주요 사업별로 한 명씩 여러 명의 테크리드가 있는 팀도 있고, 팀에서 가장 경험이 많거나 가장 오래 근무한 엔지니어 한 명만 테크리드로 삼는 팀도 있다.

일반적인 테크리드 직책

구글, 메타, 아마존, 마이크로소프트, 우버 같은 기업에서는 '테크리드'라는 직책이 없다. 시니어 엔지니어 직급 다음에는 스태프 엔지니어 직급이 있다. 하지만 이러한 기업에도 팀이나 프로젝트 내에 테크리드 역할을 하는 사람이 있는 경우가 많다. 이와는 대조적으로 공식적인 테크리드 직책이 있는 기업도 있다.

테크리드를 공식 직책으로 운영하는 기업에서 일반적인 직책명은 다음과 같다.

- 테크리드[1]
- 리드 엔지니어^{lead engineer} / 리드 개발자^{lead developer}

일반적인 테크리드에 대한 기대치

테크리드에 대한 기대치는 시니어 엔지니어에 대한 기대치와 비슷하며, 프로젝트를 주도하는 역할이 추가된다. 일부 기업은 테크리드에 대한 기대치가 스태프 엔지니어에 대한 기대치에 더 가깝기도 하다. 해당 직급에 대한 일반적인 기대치는 3부(시니어)와 5부(스태프)를 참조하자.

또한 테크리드에 대한 기대치는 엔지니어링 매니저에 대한 기대치와 겹칠 수 있다. 테크리드는 사람을 관리할 책임은 없지만, 사람들이 더 잘 적응하도록 돕는

---

1 옮긴이_ 우리나라에서도 많은 회사가 테크리드라는 직책을 두고 있다. 개발 리드라 부르기도 하고, ML(machine learning)리드처럼 담당 분야를 붙이기도 한다.

관리 책임을 맡는 경우가 많다. 일반적으로는 엔지니어링 매니저가 담당하는 업무지만 테크리드에게 위임하기도 한다.

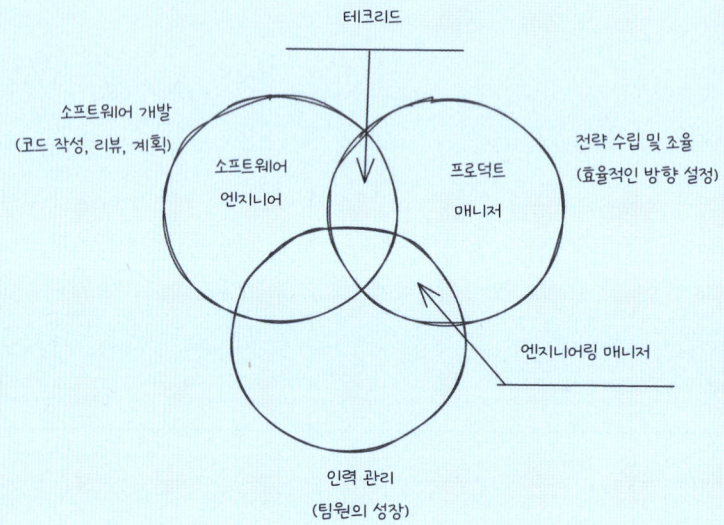

그림 Ⅳ-1 소프트웨어 엔지니어, 테크리드, 엔지니어링 매니저가 대부분의 시간을 보내는 방식. 테크리드 또한 주로 엔지니어링 매니저가 하던 전략 수립 및 조율 업무를 맡기 시작했다.

개별 기여자(IC)와 매니저 트랙의 갈림길

성과가 우수한 테크리드는 엔지니어링 매니저로의 주요 승진 대상이다. 동시에 테크리드에게는 개별 기여자[2] 커리어패스를 유지하며 스태프 이상의 직책으로 성장할 기회도 주어진다.

빠른 성장을 위해 여러 명의 엔지니어링 매니저가 필요한 기업은 테크리드에게

---

2 옮긴이_ 개별 기여자(individual contributor)는 매니저 역할을 하지 않으면서 주어진 역할을 하는 개발자를 의미한다. 연차가 많아지면 보통 관리 업무도 맡게 되는 우리나라에서는 많이 사용하지 않는 용어다. 최근에는 대기업이나 연구소 등에서 '전문위원' 같은 이름으로 경력이 많은 개발자를 위한 개별 기여 직급/직책을 운영하는 경우도 있다.

매니저 직책으로 이동할 옵션을 제안하기도 한다. 매니저는 소프트웨어 엔지니어와 역할이 다르며, 이러한 전환은 이 책의 범위를 벗어나므로 조언이 필요하다면 아래 링크에서 소개하는 책들을 읽길 권한다.

엔지니어링 매니저 관련 추천 도서
https://pragmaticurl.com/engineering-management

16 프로젝트 관리
Project Management

고성장 스타트업과 대기업에서는 모든 직급의 엔지니어가 엔지니어링 프로젝트를 주도하는 것이 일반적이다. 엔지니어로서 시니어 및 스태프 역할로 성장하기 위해서는 이를 위한 기술을 쌓는 것이 중요하다.

테크리드나 엔지니어로서 프로젝트를 이끄는 것은 일상적인 업무다. 그렇다면 어떻게 하면 이 일을 효율적이고 자신감 있게 수행할 수 있을까?

먼저 테크리드로서 이끌기 좋은 프로젝트에 대해 이야기하겠다.

16.1 엔지니어가 프로젝트를 주도하는 회사

소프트웨어 엔지니어가 시니어 또는 테크리드 직급 이하라도 프로젝트의 엔지니어링 책임자 역할을 하도록 지원하는 기업이 있을까? 사실 꽤 많은 기업이 일반 엔지니어에게 프로젝트의 주도권을 맡긴다.

엔지니어가 프로젝트를 주도하고 관리자와 베테랑 엔지니어가 이를 지원하는 방식을 운영하는 팀이 많은 기업을 알아보자.

- **쇼피파이**Shopify : 주도권을 가진 엔지니어를 개별 기여자IC 챔피언이라고 부른다.
- **아마존**Amazon : 복잡성 측면에서 적합한 프로젝트는 시니어가 아닌 엔지니어가 주도하는 경우가 많다.
- **아틀라시안**Atlassian : 주로 중간급 엔지니어가 주도하며 피쳐 리드feature lead라고 부른다.

- **마이크로소프트**Microsoft: 많은 제품 팀이 이런 방식으로 운영한다.
- **깃허브**GitHub: 주도권을 가진 엔지니어를 직접 책임자directly responsible individual(DRI)라고 부른다.
- **엑스**X (전 트위터Twitter): 많은 제품 팀이 이 역할을 하는 엔지니어를 프로젝트 테크리드project tech lead(PTL)라고 부른다.
- **다즌**DAZN(스포츠 스트리밍 스케일업): 주도권을 가진 엔지니어를 프로젝트 캡틴project captain이라고 부른다.
- **클라나**Klana: 이 접근 방식을 시범 도입하고 있다.
- **트리바고**Trivago: 주도권을 가진 엔지니어를 '테크 드라이버tech driver'라고 부른다.
- **스카이스캐너**Skyscanner: 많은 팀에서 경험이 적은 엔지니어가 프로젝트를 섀도잉한 후 프로젝트를 주도한다.
- **쏘트머신**Thought Machine(핀테크 스케일업): 엔지니어가 이끄는 프로젝트 팀과 엔지니어링 매니저가 이끄는 '컴포넌트 팀component team'이 있다.
- **빅테크**: 메타Meta, 구글Google, 애플Apple, 우버Uber에서 많은 팀이 이 접근 방식을 사용한다.

애플의 공동 창업자 스티브 잡스는 개별 기여자(IC)가 프로젝트를 가장 잘 관리한다고 믿었다. 그는 1985년 인터뷰에서 이렇게 말했다.[3]

> 최고의 매니저가 어떤 사람인지 아십니까? 매니저가 되고 싶지 않았지만 자신만큼 일을 잘하는 사람이 없어 매니저가 되어야겠다고 결심한 훌륭한 개별 기여자[4]입니다.

16.2 프로젝트 관리는 왜 하는가?

'프로젝트'란 단어는 많은 조직이 특정 비즈니스 목표를 달성하기 위해 노력을 모으는 데 사용한다. 프로젝트는 짧게는 몇 주에서 길게는 몇 달이 걸리기도 하고,

---

[3] https://pragmaticurl.com/steve-jobs-interview
[4] 옮긴이_ 스티브 잡스가 인터뷰에서 언급한 개별 기여자는 소프트웨어 엔지니어만을 지칭한 것이 아니었다.

장기 프로젝트는 몇 년에 걸쳐 진행되기도 한다. 하지만 엔지니어링 문화가 건강한 기술 기업은 하루에도 여러 번 비즈니스 가치를 전달하고, 몇 달에 한 번씩 '완료'된 프로젝트를 발표한다.

하지만 어떤 형태든 프로젝트 관리가 없다면 작업을 완료할 수 있을까? 다른 팀에 의존하지 않고 혼자서 작업한다면, 그리고 자신의 작업에 의존하는 팀도 없다면 그렇게 해도 좋다! 구현하려는 기능에 대한 계획을 스케치하고, 코딩하고, 출시하면 끝이다. 이 장에서 소개할 도구가 필요하지 않을 수도 있다.

하지만 더 많은 사람이 함께 일할 때는 필요하다.

- **목표**: 프로젝트로 해결하려는 문제를 명확히 한다.
- **계획**: 문제를 해결하는 개략적인 아이디어다. 경우에 따라서는 계획에 앞서 더 공식적인 사양이 먼저 나오기도 한다.
- **조율**: 누가 어떤 일을 하는지 명확히 한다.
- **모두가 같은 정보를 공유**: 업무 진행 상황에 따라 모든 팀원에게 진행 상황을 지속적으로 알린다.
- **위험, 변경 및 지연 관리**: 소프트웨어를 구현할 때, 가끔은 시도해보지 않은 새로운 방식으로 솔루션을 구축해 위험 요소가 가득하다.

프로젝트를 관리하면 지금 설명한 모든 사항에 대한 전략을 제공하며, 이를 통해 많은 엔지니어가 두려워하는 '얼마나 걸리는가?'라는 질문에 답할 수 있다.

엔지니어가 어떻게 생각하든 프로젝트의 작업 기간과 마감일은 중요하다. 특히 부서 간 조율과 커뮤니케이션 목적으로 작업 기간을 설정하는 기업이라면 더욱 중요하다. 빅테크와 대부분의 고성장 스타트업은 대부분 작업 기간 중심 기업이다. 이에 대해서는 '네, 소프트웨어 프로젝트 작업 기간을 추정하세요'[5]에서도 설명했다.

대부분의 사람과 기업은 날짜 중심이기 때문에 기간 추정이 중요합니다. 상장 기업

---

5 https://blog.pragmaticengineer.com/yes-you-should-estimate

은 분기를 기준으로 계획을 세우고 예산을 책정합니다. 또한 '출시까지 얼마나 걸릴까요?'라는 질문을 던진 후 프로젝트와 인력에 대한 투자 규모를 결정합니다. 벤처 투자를 받은 비상장 기업은 다음 펀드레이징 라운드에 도움이 될 수 있도록 새로운 기능을 제때 출시하려고 노력합니다.

날짜를 중요하게 생각하지 않는 비즈니스도 있지만 그런 경우는 드뭅니다. 수익성이 높은 개인 라이프스타일 비즈니스와 공공 기관은 아마도 날짜에 크게 신경 쓰지 않는 기업의 가장 좋은 예일 것입니다.

이 장에서 다루는 내용은 프레임워크에 상관없이 매우 복잡한 '작업 단위'에 적용되며, 단순하고 잘 정의된 작업에는 필요하지 않다. 이 장에서 다루는 접근 방식은 여러 사람 사이의 조율도 필요하고 종속 요소가 많은 상당한 규모의 프로젝트에 유용하다.

16.3 프로젝트 킥오프 및 마일스톤 설정

프로젝트가 실패하는 가장 큰 이유는 잘못된 기대치에서 시작하기 때문이다. 그 기대치의 차이가 프로젝트가 끝날 무렵, 즉 엔지니어링 팀이 프로젝트가 끝났다고 생각할 때가 되어서야 드러나는 경우가 많다.

킥오프를 하면 나중에 많은 양의 작업을 버리거나 완전히 다시 해야 할 수도 있는 오해가 발생하지 않도록 도와준다. 나는 킥오프를 관련 이해관계자들과 함께 중요한 질문을 명확히 하는 이벤트라고 생각한다.

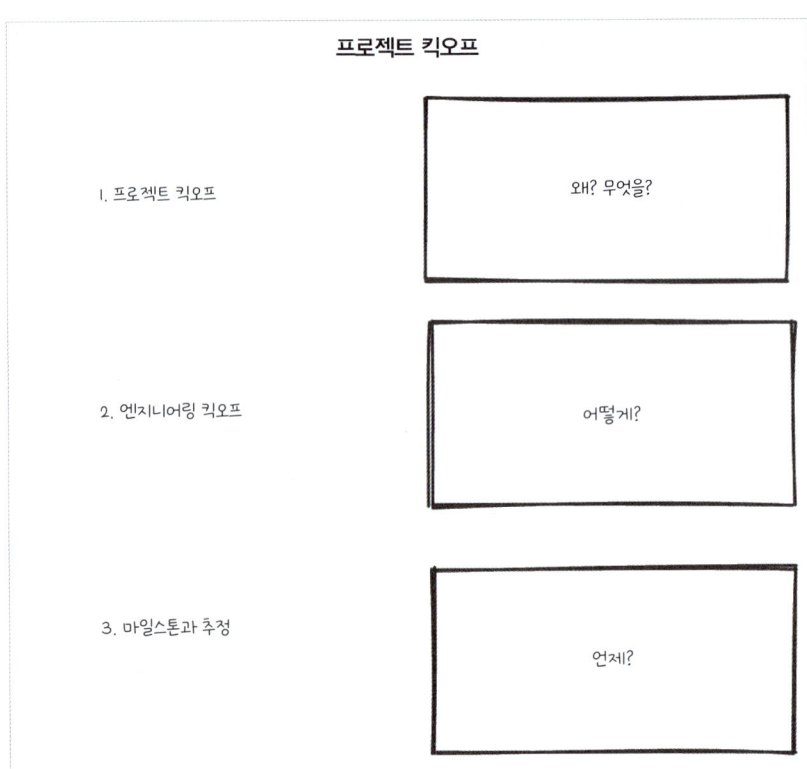

그림 16-1 프로젝트 킥오프에서 명확히 할 수 있는 주제

프로젝트의 위험을 제거하는 가장 좋은 방법은 킥오프를 통해 모든 프로젝트 이해관계자가 프로젝트의 목표와 접근 방식을 이해하고 높은 수준에서 계획을 승인하는 것이다.

킥오프는 프로젝트의 복잡성과 이해관계자의 수에 따라 준비 방법이 달라진다. 개인적으로 사람들이 의견을 추가할 문서를 미리 배포해야 한다고 생각한다. 특히 팀이 부분적으로라도 원격 근무를 하면 반드시 배포해야 한다.

제품 요구사항 문서product requirements document(PRD)는 프로젝트의 '왜'와 '무엇을'을 설명하는 문서다. 엔지니어링이 어느 정도 관여해야 하지만, 이 단계에서는 엔지니어링 세부 사항을 다루는 것이 아니다. 그보다는 제품, 엔지니어링, 디자인, 데이터 과학 및 비즈니스 관련 모든 이해관계자를 조율하는 것이 중요하다. 다양한 기술 기업의 PRD 사례를 참고하자.[6]

프로젝트 킥오프

프로젝트 킥오프는 모든 사람을 '왜'와 '무엇을'에 집중하도록 만든다. 킥오프는 계획을 검토하고 각자 가진 의문을 해결하는 시간이다. 성공적인 킥오프는 프로젝트 리드가 '프로젝트가 무엇인지, 왜 하는지, 어떻게 접근하는지 궁금한 내용이 있습니까?'라고 질문으로 시작해야 한다.

이상적으로는 모든 참가자가 제공된 정보를 바탕으로 모든 것을 명확하게 이해하면 좋다. 실제로 회의실이 질문으로 터지려는 광경을 보았는데, 킥오프의 가치를 증명하는 모습이었다. 프로젝트 완료 후 의문을 제기해 기존의 노력을 물거품으로 만들기보다 개발을 시작하기 전에 의문을 해결하는 편이 더 낫다.

킥오프는 회의 형식을 추천한다. 10분 동안 제안서를 읽거나 프로젝트 리드가 제안서를 설명하는 시간을 갖자. 온라인 회의를 진행한다면, 참가자들에게 비디오를 켜 달라고 요청해 회의 진행자가 눈으로 분위기를 파악해 어느 부분에서 사람들이 동의하지 않는지를 확인하고 약간의 넛지를 통해 발언을 이끌어내자.

직관에 반하는 것처럼 들리겠지만, 킥오프에는 관련 발언권이 있는 모든 이해관계자를 초대하기를 추천한다. 즉, 고객 지원 부서를 포함한 비즈니스 관련자 모두를 초대한다. 회의에 참석하는 사람이 많아지면 시간적으로 더 많은 비용이 들지만, 오해의 소지를 조기에 파악해 나중에 혼란을 피할 기회이므로 괜찮다.

엔지니어링 킥오프

엔지니어링 킥오프는 프로젝트 킥오프 이후에 진행된다. 이 단계는 엔지니어들이 '어떻게'에 해당하는 부분에 대한 의견 조율을 하고, 엔지니어링 팀과 데이터 과학, 머신러닝 또는 인프라 팀과 같은 관련 엔지니어링 이해관계자가 참여한다. 비

---

[6] https://www.vindhyac.com/posts/best-prd-templates-from-companies-we-adore

즈니스 목표와 높은 수준의 접근 방식이 명확해지면 엔지니어는 이 접근 방식이 정확히 어떻게 작동할지 계획한다.

이 킥오프는 팀마다 다르게 진행된다. 어떤 팀은 화이트보드를 사용하기도 하고 어떤 팀은 온라인으로 진행하기도 한다. 대부분의 빅테크와 많은 스타트업은 의견 요청 문서request for comment(RFC), 엔지니어링 요구사항 문서engineering requirement document(ERD), 아키텍처 결정 기록architecture decision record(ADR) 같은 엔지니어링 계획 문서를 배포하며 시작한다.

개인적으로는 합의된 엔지니어링 접근 방식을 기록하는 것을 매우 선호하는데 많은 이점이 있다. 엔지니어가 제안된 접근 방식을 명확하게 설명하도록 유도해 오해를 줄일 수 있다. 계획은 널리 회람해 의견을 수렴하는 게 좋다. 또한 계획 문서는 나중에 프로젝트에 참여하는 사람들의 온보딩 과정에서 이전 결정 사항을 이해하는 데 도움을 준다.

마일스톤 설정

이 과정은 엔지니어링 팀을 '언제'에 맞춰 조율한다. 여러 엔지니어링 팀의 계획과 프로젝트의 마일스톤 및 예측 작업 기간을 결합한다. 하지만 이 두 가지를 분리하길 권한다. 계획 단계에서 기간과 마일스톤을 같이 설정하면 팀이 지름길을 택해 기술 부채를 발생시킬 가능성이 높기 때문이다. 엔지니어링 계획을 별도로 수립해 프로젝트뿐 아니라 시스템과 서비스의 장기적인 건전성을 위한 최선의 결정을 내리자.

엔지니어링 계획이 수립되면 출시 가능한 마일스톤을 파악한다. 이러한 마일스톤은 세분화할수록 좋다. 모든 예상치는 어느 정도 오차가 있을 것이고, 오차가 어느 정도인지 실제로 알 수 있는 유일한 방법은 마일스톤을 달성하는 것이다. 또한 마일스톤을 달성할 때마다 프로젝트의 최종 목표에 한 걸음 더 가까워진다는 본질적인 가치도 있다.

마일스톤이 합의되면 팀은 대략적인 시간 추정치와 함께 각 팀에 필요한 작업을 세분화한다. 티셔츠 사이즈를 시간 단위로 사용하는 팀도 있고, 피보나치 수(1, 2, 3, 5, 8, 13, …)를 복잡도 추정치로 사용하는 플래닝 포커[7] 방식을 선호하는 팀도 있고, 개발에 필요한 실제 일수를 선호하는 팀도 있다. 결국, 일정 중심의 회사는 어떤 방법을 선택하든 마일스톤을 언제 달성해야 하는지에 대한 대략적인 날짜 추정치를 정해야 한다.

마일스톤은 몇 주 이내에 달성할 수 있을 정도로 짧게 설정하는 것을 추천한다. 나의 경우, 마일스톤에 긴 작업 시간이 필요하다면 더 작은 부분을 달성할 중간 마일스톤의 설정을 제안한다.

시간 추정치가 구속력을 갖지 않도록 하기

소프트웨어 프로젝트는 미지의 요소와 위험으로 가득하다. 팀이 예측하는 시간은 최상의 정보를 바탕으로 대략적인 소요 시간만 반영한다. 프로젝트가 진행됨에 따라 복잡성은 커지고 위험과 장애물이 나타나며 예상 기간은 바뀐다.

물론 기업은 최종 완료일을 요구한다. 프로젝트 리드가 이 예상 완료일을 공유하는 방법도 다양하다. 많은 리드는 임의로 시간을 추가해 예상 기간을 늘리거나 부풀려 전달한다.

나도 항상 약간의 여유를 두는 것을 선호하지만, 잊지 않고 비즈니스 부서에 '정해진 날짜'는 없다는 사실을 인지시킨다. 비즈니스 부서에는 정기적인 업데이트를 제공하겠다고 약속하고, 프로젝트가 마일스톤을 통과함에 따라 점점 더 자신감을 가지고 예측 날짜를 제시할 수 있다.

이런 의미에서 소프트웨어 엔지니어링과 건설 작업은 비슷하다. 집 짓기나 리모델링을 계약한 경험이 있는 사람이라면 알겠지만 날짜와 예산은 기껏해야 추정치일 뿐이다. 거의 언제나 예상보다 오래 걸리는 경우가 많다. 소프트웨어 프로젝트도 다르지 않다.

물론 마감일이 고정된 경우도 있다. 예를 들어, 일부 기업은 미리 릴리즈 일정을

---

[7] 옮긴이_ 애자일 방법론에서 사용하는 사용자 스토리 완료에 필요한 노력 또는 시간 추정 방법

고지하기도 한다. 금융 및 은행 업계에서는 변경 사항을 적용하고 새로운 규정을 준수할 마감일이 정해진다. 이러한 경우 마감일을 협상할 수 없기 때문에, 결과적으로 작업 범위가 축소되기도 한다. 이런 경우 비즈니스에 중요한 사항을 이해해야 한다. 이 주제에 대한 자세한 내용은 21장 '비즈니스의 이해'를 참조하자.

16.4 소프트웨어 물리학

우리가 구축하는 소프트웨어는 형체가 없지만, 내가 발견한 '소프트웨어 물리학'의 법칙은 놀라울 정도로 정확하다.

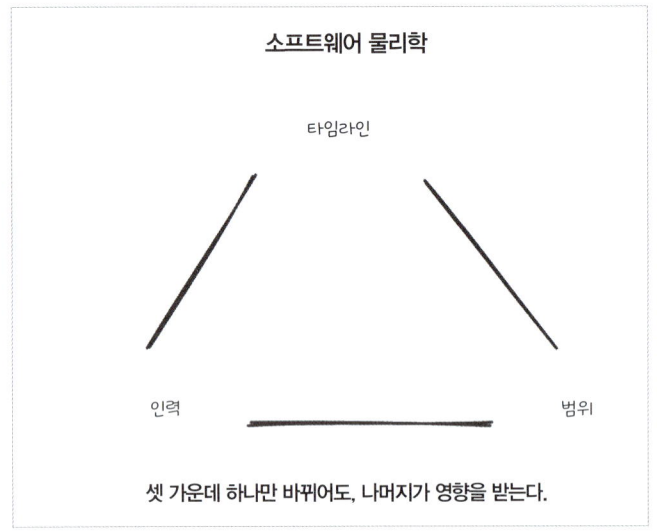

그림 16-2 소프트웨어 물리학의 삼각형. 프로젝트의 타임라인, 범위, 인력은 모두 연결되어 있다.

이 삼각형은 비용, 시간, 범위, 품질의 연관성을 설명하는 프로젝트 관리 삼각형[8]과 비슷하다. 나는 빅테크나 고성장 스타트업의 팀에서 품질은 협상 대상이 아니며, 타임라인과 범위가 훨씬 더 중요하다는 사실을 깨달았다.

프로젝트에 투입되는 인력과 타임라인, 범위는 모두 연결되어 있다. 하나가 바뀌면 적어도 다른 하나가 따라서 바뀌어야 한다.

범위가 넓어지는 경우

범위가 커지면 타임라인을 연장하거나 프로젝트에 더 많은 인력을 추가해야 한다. 범위와 함께 타임라인까지 연장하면 간편하겠지만 비즈니스적으로는 좋지 못한 선택이다.

추가 인원을 고용하는 것 외에도, 근무 시간 조정과 초과 근무도 인력 추가에 해당한다. 기존 팀원이 더 많은 시간을 근무하면 팀원 수를 늘릴 필요가 없다. 기존 직원은 프로젝트에 대한 완전한 콘텍스트를 가지고 있어 신규 인원처럼 온보딩을 거치지 않아도 된다. 하지만 여기서 중요한 사실은 프로젝트에 계획보다 더 많은 노동 시간을 투입했다는 점이다.

프로젝트의 속도를 유지하며 더 많은 사람을 프로젝트에 추가하기는 어려운 일이지만 어쩌다 한 번씩은 가능하기는 하다. 내가 이 이야기를 꺼내면 항상 사람들이 반론을 제기한다. 그 의문의 근거는 프레드 브룩스Fred Brooks가 쓴 『맨먼스 미신』(인사이트, 2015)[9]에 실린 브룩스의 법칙이다.

> 늦어진 소프트웨어 프로젝트에 인력을 추가로 투입하면 더 늦어지게 된다.

나는 이 법칙을 보편적인 진리로 생각하지 않는다. 온보딩에 시간이 거의 걸리지 않고, 업무를 세분화해 병렬 처리가 용이한 상황에서, 도메인에 대한 이해도가 있는 사람을 팀 규모에 비례해 조금만 추가한다면 프로젝트는 지연되지 않는다.

---

8 https://en.wikipedia.org/wiki/Project_management_triangle
9 옮긴이_ 『The Mythical Man-Month』(Addison-Wesley, 1975)

코드베이스에 익숙한 엔지니어를 영입해 독립형 작업을 맡기면 프로젝트 진행 속도가 빨라진다. 나는 프로젝트의 범위가 늘어났을 때 새로운 엔지니어를 추가해 원래 계획된 일정에 맞춰 성공적으로 완수한 적이 있다.

그러나 여기에는 항상 온보딩 시간과 커뮤니케이션 오버헤드에 대한 어려운 트레이드오프가 수반된다. 온보딩에는 시간이 걸리고 팀원들의 집중력이 떨어진다. 내부 오픈소스 모델을 사용하는 등의 이유로 온보딩이 쉬울수록, 그리고 신규 인원이 더 많은 도메인 지식을 가지고 있을수록 비용이 절감된다. 명확한 문서화, 깔끔한 코드베이스, 비동기식 프로세스를 통해 커뮤니케이션 오버헤드가 낮을수록 온보딩의 영향이 줄어든다.

현실적으로 범위가 늘어나는 대부분의 프로젝트는 다른 팀이나 프로젝트에서 엔지니어를 추가로 영입할 수 없고, 대기 중인 유휴 엔지니어가 있는 경우도 드물다. 그리고 많은 프로젝트가 업무가 충분히 병렬화되지 않은 채 진행되므로 새로 합류한 엔지니어에게 맡기기도 어렵다.

초과 근무와 인력 충원이 같은 효과를 낼지, 속도를 높일 수 있는 경우라면 도메인 지식을 갖춘 엔지니어를 채용할지 등 더 많은 인적 자원을 확보할 다양한 방법을 준비하자. 엔지니어 수를 두 배로 늘린다고 완료까지 걸리는 시간이 절반으로 줄어들지는 않지만, 도메인 지식이 있는 사람이 들어와 작업을 잘 분담할 수 있다면 기간을 단축할 수 있다.

프로젝트 타임라인이 변경되는 경우

프로젝트 마감일이 가까워지면 타협이 필요하다. 이때 주로 범위가 줄어든다. 하지만 필요 '인력'도 증가한다는 사실은 눈치채기 어렵다. 마감일이 촉박해지면 사람들이 더 긴 시간을 일하거나 더 많은 시간을 투입해야 하는 경우가 많기 때문에 이러한 상황에서는 프로젝트의 세 요소 중 거의 항상 '인력'이 증가한다. 따라서 프로젝트의 총 '맨아워$^{man-hour}$'는 인원을 추가하지 않아도 증가한다.

프로젝트 일정이 촉박한 때 엔지니어를 더 추가하면 안 될까? 가능하지만 마감일이 몇 달 남지 않았다면 새 멤버를 온보딩하는 데 시간이 걸리기 때문에 비현실적이다.

프로젝트에 참여할 인원이 적은 경우

팀원이 다른 업무에 투입되거나 병가를 내는 등 예상치 못한 문제로 프로젝트 인원이 줄어들 수 있다. 인원이 줄면 범위를 줄이거나 타임라인을 늘리거나 인원을 추가해야 한다.

이런 경우 범위 또는 타임라인을 변경하는 편이 가장 편하다. 남은 팀원의 근무 시간을 늘려 더 많은 시간 일하게 만들면, 초과 근무가 일상화되어 남은 인원이 지쳐 역효과가 발생한다. 팀에서 초과 근무를 강요하면 근무 시간이 길어지고 더 많은 버그가 발생한다. 하지만 팀원들은 이를 알아채지 못한다. 잊지 말자. 지친 사람 한 명이 남겨둔 회귀 오류가 프로젝트에 악영향을 미칠 수 있다. 이는 충분한 휴식만 취하면 예방할 수 있다.

범위/타임라인/인력의 관계를 인식하고, 한 구성 요소가 변경되면 다른 구성 요소도 하나 이상 변경되어야 한다는 사실을 알아두면 좋다. 프로젝트 책임자가 비즈니스 부서와 보다 현실적인 절충안을 협상하는 데 이러한 정신적 모델이 유용하다.

프로젝트에 참여하는 사람이 바뀌었을 때

프로젝트에 더 많은 사람이 참여하면, 개발 기간이 짧아지지 않을까? 안타깝지만 새로운 사람이 팀에 합류해도 기간이 짧아지지 않는 경우가 많다.

타임라인은 보통 변경되지 않고, 심지어 길어질 수도 있다! 새로운 팀원이 회사에 처음 입사해서 온보딩이 오래 걸리면 기존 팀원의 주의가 분산되어 프로젝트가 느려진다. 온보딩이 빠르게 이루어지고 새 팀원이 바로 업무에 투입되면 작업 속도가 빨라지는 경우도 있다. 새 팀원이 코드를 프로덕션에 적용하는 데 하루만 걸리는 경우가 있는가 하면, 1~2개월이 걸리는 경우도 있다. 새로운 인원의 온보딩이 빠를수록 프로젝트 속도가 빨라질 가능성이 높아진다.

마찬가지로 팀원이 교체되는 경우(프로젝트에서 기존 인원이 나가고 다른 사람이 들어오는 경우)에도 온보딩 기간에 따라 일정 변경 여부가 달라진다. 어떤 팀은 이 문제가 큰 영향을 미치지 않지만 다른 팀에서는 큰 영향을 미치기도 한다. 오프보딩과 온보딩 시간을 고려하고, 그 결과 프로젝트의 범위나 일정이 변경될 수 있음을 알리자.

16.5 일상적인 프로젝트 관리

많은 엔지니어링 팀이 널리 사용하는 몇 가지 프로젝트 관리 방식을 소개하겠다.

- **스크럼**^{scrum}: 보통 1주 이상 지속되는 스프린트^{sprint}에 사용된다. 팀은 계획 수립 및 기간 추정, 다음 스프린트를 위한 작업 우선순위를 정하는 그루밍 세션, 스프린트 회고를 진행한다. 스크럼은 구조화된 접근법이 가장 큰 장점이지만, 경험치가 높은 팀에는 너무 경직된 방식이다.
- **칸반**^{kanban}: 백로그^{backlog}10 맨 위에 있는 작업을 다음 작업으로 정하고 팀이 계획 및 우선순위 지정 세션을 마련하는 접근 방식이다. 칸반의 가장 큰 장점은 유연성으로, 상황에 맞추어 작업 우선순위를 바꿔 간다. 단점은 덜 구조화됐다는 점인데 이로 인해 경험이 부족한 팀에 맞지 않을 수 있다.
- **스크럼반**^{scrumban}: 스크럼과 칸반을 혼합해 각각의 접근 방식을 적절히 사용한다. 일반적으로 스프린트의 경직성을 줄이고 우선순위가 높은 작업을 유연하게 처리한다.

개인적으로 프로젝트 운영 방식에 대해 어떤 규범을 강요하는 것은 옳지 않다고 생각한다. 나는 다양한 방식을 시도하기를 추천한다. 20년 동안 소프트웨어 엔지니어링 분야에서 배운 점이 있다면, 한 팀에서 효과적인 접근 방식이 다른 팀에서는 잘 작동하지 않을 수 있다는 것이다.

효과가 있을 듯한 접근법을 시도하고, 확실하지 않은 접근법도 시도해보자. 의견이 갈리는 프로젝트 관리 방식과 다양한 스탠드업 형식을 시도하길 추천한다. 스탠드업을 아예 안 하는 것도 시험해보자. 작업량을 추정하거나 추적하는 새로운

---

10 옮긴이_ 예정 작업 목록

방식도 도입해보자. 체험만큼 좋은 학습 방법은 없다.

어떤 접근 방식을 취하든 주의해야 할 사항은 다음과 같다.

- **모두가 같은 생각을 하고 있는가?** 이를 확인할 방법이 있는지 꼭 확인하자. 대답이 '아니오'라면 프로젝트가 실패하고 있다는 신호다.
- **팀과 스스로 합의한 내용에 책임을 다하라.** 문서를 작성하고 서명을 받는 것만큼 책임감을 높이는 방법은 없다. 그렇기 때문에 팀 전체를 대표해 서명한 주간 현황 이메일이 책임감을 높이는 데 매우 효과적이다. 팀원들이 서명할 수 없다고 생각하면 언제든지 말하자.
- **프로젝트 리드로서 많은 권한을 위임하자.** 매니저에게는 상향식으로, 동료에게는 수평적으로 일을 위임하자. 팀원에게 업무를 배분하고, 각자 리드하고 싶은 업무가 있다면 기회를 제공하는 방향도 고려하자.
- **반복과 피드백: 빈도가 높을수록 좋다.** 소프트웨어 개발에서 폭포수^{waterfall} 모델은 계획이 시작된 후 몇 년이 지나야 피드백을 받아야 해서 성공하기 어렵다. 프로젝트의 실제 상태에 대한 피드백을 더 자주 받을수록 프로젝트가 순조롭게 진행될 가능성이 높다. 그렇기 때문에 짧은 반복, 작은 마일스톤, 빈번한 피드백이 성공에 필요한 탄탄한 프레임워크로 작용한다. 몇 주에 한 번씩 회고 회의를 진행하면 잘 작동하는 요소와 개선할 요소, 개선 방안을 파악하는 데 도움이 된다.
- **예상치 못한 상황을 대비하자.** 위험 요인이 발견되면 즉시 알려져야 한다. 자세한 내용은 뒤에서 다룬다. 필요하다면 원칙을 어겨도 좋다. 필요한 시점에 판단력을 발휘하자.
- **큰 그림과 프로젝트의 궁극적인 목표를 잊지 말자.** 목표는 코드를 완성하거나, 티켓을 완료하거나, 특정 속도로 작업을 완료하는 것이 아니다. 목표는 비즈니스에 중요하므로 자주 목표를 명시하고, 프로젝트 완료와 거리가 있는 바쁜 작업 대신 목표를 달성하는 데 집중하자.

테크리드의 의사결정

테크리드나 프로젝트 리드는 역할이 모호하다는 단점이 있다. 분명 팀 매니저는 팀 차원의 의사결정을 내리고 그럴 권한도 있다. 하지만 마찬가지로 엔지니어 역시 독자적인 의사결정을 내린다. 그럼 테크리드는 어떤가? 프로젝트 수준 또는 팀 수준의 의사결정을 내리는가? 그렇다면 언제 내리는가? 결정을 직접 내리는가, 매니저와 상의하고 결정을 미루는가?

예를 들어보자. 프로젝트의 출시일이 2주 앞으로 다가왔는데 엔지니어가 사용하려던 프레임워크에 주요 기능이 누락된 것을 발견했다. 이때 기능을 변경해 더 제한적으로 만들거나 그 기능을 위한 전용 코드를 많이 작성해야 하지만 그렇게 하면 프로젝트 일정이 지연된다. 엔지니어는 프로젝트에서 범위를 선택할지 타임라인을 선택할지 결정하려 테크리드인 여러분을 찾는다. 이 결정을 과연 혼자 내려야 할까, 이해관계자(매니저와 프로덕트 매니저, 비즈니스 등)와 상의해야 할까?

결정을 내리기 전에 반드시 다른 팀원들과 상의하라. 경험이 적은 테크리드는 모든 결정을 자신이 내려야 한다고 생각하는 경우가 많다. 하지만 테크리드가 그 결정을 내릴 위치에 있을까?

결정은 가장 많은 정보를 가진 사람이 내리는 것이 좋다. 앞서 든 예에서 엔지니어는 두 가지 해결 방법을 제안하면서 마음속에 가장 좋은 방법을 정하고 있을 가능성이 크다. 그에게 어떤 방법이 최선인지 구두로 설명을 듣고 지지하자. 동시에 이해관계자에게 알릴지 또는 의견을 구할지 결정하자.

프로젝트의 일정, 범위 또는 인원에 영향을 미치는 결정을 내릴 때는 항상 이해관계자에게 알리는 편이 좋다. 공유할 내용은 다음과 같다.

- 문제 상황
- 상충 관계에 있는 잠재적 솔루션
- 팀이 선택한 접근 방식과 지원 방법

직접 결정해야 할까, 아니면 먼저 상의해야 할까? 테크리드는 모든 결정을 이해관계자나 매니저에게 미루지 말고 일을 추진해야 한다. 그 자리에서 직접 결정을 내려도 문제가 없는지, 아니면 이해관계자나 매니저와 먼저 상의하는 것이 더 나은지 판단한다.

시간이 지나면 이해관계자들과 신뢰가 쌓이게 된다. 그에 따라 결정을 내리기 전에, 통보만 해도 될지 이해관계자와 논의해야 할지 예측할 수 있게 될 것이다.

16.6 위험 및 종속성

앞서 언급했듯 새로운 소프트웨어의 개발과 새 아파트 단지의 건설은 비슷하다. 둘 다 계획보다 오래 걸리고 예산을 초과하는 경우가 많다. 어떤 프로젝트도 동일할 수는 없다. 재료와 기술이 다르고 제약 조건과 도전 과제도 다르다.

건설과 소프트웨어 엔지니어링은 모두 작업이 시작된 후에야 위험 상황이 드러나기 때문에 진행하며 대응해야 한다는 공통점이 있다. 소프트웨어 프로젝트에서 가장 흔한 8가지 유형의 위험 상황과 이를 완화할 방법을 살펴보자.

기술적 위험

프레임워크, 라이브러리, 언어 또는 서비스를 사용해본 적이 없고 '알려지지 않은 미지의 위험'이 있는 경우, 즉 존재조차 인지하지 못했던 위험이 있을 수 있다. 기술적 위험에는 다음과 같은 대처법이 있다.

- **프로토타입을 만든다.** 하루나 이틀 동안 해야 할 일과 관련된 프로토타입을 만들자. 프로토타입을 만들면서 부족한 점, 위험 요소, 알려지지 않은 부분을 발견할 수 있다.
- **기술의 로드맵과 도구를 검토한다.** 해당 기술의 도구, 리소스, 피드백을 검토한다. 앞으로 이 기술에 획기적인 변화가 있을지, 얼마나 안정적인지, 유지 보수/투자는 얼마나 필요한지 검토한다.
- **'안정화가 덜 된' 프레임워크와 도구를 평가한다.** 스테이블 버전이 없는 라이브러리, 프레임워크 또는 API를 사용하고 싶은 유혹이 늘 있다. 그 불안정성이 얼마나 위험한지 평가하자. 이미 충분히 안정된 최신 버전을 사용하면 안정성이 더 높아져도 수정할 것이 거의 없으므로 위험을 감수할 수 있는 경우도 있다.
- **많은 변화가 예상되면, 대안을 고려한다.** 새롭고 흥미롭고 혁신적인 것과 안정적으로 작동하는 것 사이에 트레이드오프가 있다.

엔지니어링 종속성

어떤 서비스, 라이브러리 또는 프레임워크를 관리하는 엔지니어링 팀이 수정을 완료할 때까지 작업을 멈춰야 하는 경우다. 엔지니어링 종속성 문제에는 다음과 같은 대처법이 있다.

- 해당 팀의 팀원들과 대화해 필요한 작업을 파악한다.
- 회사 내부에서 오픈소스 방식으로 개발되고 있다면 직접 작업을 수행하겠다고 제안한다. 해당 서비스에 대한 콘텍스트가 필요하고 제약 조건을 고려해야 하므로 이 작업에 들어갈 시간을 과소평가하지 말자. 수정할 코드가 플랫폼 팀의 관리하에 있다면 많은 제약이 있으리라 예상해야 한다. 플랫폼 팀은 변경으로 인해 자신들의 고객에게 피해가 가지 않도록 해야 하기 때문이다.
- 다른 팀이 빌드하는 동안 진도를 나가기 위해, 해당 부분을 우회하는 목업을 만들자.
- 이 종속성을 크리티컬 패스에서 제거하기 위해, 직접 더 간단한 버전을 만든다. 이 방법을 선택하면 구현된 결과를 유지 관리해야 하니 신중하게 고려하자.
- 팀 전체가 나서서 문제 해결에 참여한다. 정말 어려운 문제에 놀라운 효과를 발휘하고 팀에 단결할 기회를 제공한다.
- 매니저에게 문제를 위임해 다른 팀의 로드맵에서 작업의 우선순위를 조정하도록 상부의 도움을 받는다. 요청 전에 항상 엔지니어와 엔지니어 간의 커뮤니케이션을 시도하는 것이 좋다.

비엔지니어링 종속성

엔지니어링 팀이 아닌 부서의 정보나 승인 없이 작업을 진행할 수 없는 경우다. 다음과 같은 대처법이 있다.

- 해당 팀과 대화해 필요한 조치와 이유, 조치하지 않으면 생기는 영향을 간략하게 설명해 달라 요청한다.
- 해당 팀의 작업 없이 진행하는 방법을 고민한다. 예를 들어, 디자인 종속성이 있다면 임시로 채워 넣어 진행하는 방법을 고려한다.
- 경우에 따라 프로덕트 매니저나 엔지니어링 매니저와 상부의 도움을 받는다. 하지만 맥락을 잘 공유하고, 그 팀이 겪고 있는 어려움이나 제약을 먼저 인식하자.

결정 누락 또는 콘텍스트 종속성

무엇을 어떻게 만들어야 할지 모르거나 작업의 '이유'가 불분명한 경우다. 이러한 위험을 완화하는 방법은 단 한 가지, 상황을 파악하거나 결정을 내리기 전까지는 작업을 시작하지 않는 것이다.

일을 진행하기 전에 이해관계자에게 정확히 무엇이 필요한지 알려주자. 근본적인 질문에 대한 답이 나오지 않은 상태에서 작업을 시작하는 것은 팀, 회사, 본인 모두에게 해가 된다. 해야 할 일과 그 이유를 명확하게 파악하고 그것이 명확할 때만 작업을 시작하자.

비현실적인 타임라인

이는 일반적으로 상부에서 팀의 의견 없이 마감 날짜를 정하거나, 지키기 어려운 짧은 일정을 통보받으면 발생한다. 대처하려면 작업을 대략적인 추정치로 세분화해 논의를 준비하자. 일정을 맞추는 데 도움이 될 절충안을 제시하자. 범위를 줄이거나, 프로젝트에 엔지니어를 더 추가하는 방법이 있다. 기존 생각의 틀을 벗어난 절충안을 제시하는 걸 두려워 말자.

상부에서 일방적으로 마감일을 정했다면 거부하자. 매니저라면 팀을 보호하고 팀원들이 시간 압박 없이 작업할 수 있는 예상 시간을 제시하자. 제약 조건과 함께 할 수 있는 일과 할 수 없는 일을 명확히 하자. 다음과 같이 말하면 좋다.

- '채팅 기능 대신 메시지를 캡처하고 자동으로 젠데스크 티켓을 만드는 버튼을 만들면 마감일을 맞출 수 있습니다.'
- '팀에서 진행 중인 다른 프로젝트를 모두 잠시 중단해야 합니다. 시니어 안드로이드 엔지니어 2명이 앞으로 2개월 동안 우리 팀 작업을 맡아야 합니다. 거기에, 제노 서비스 종료를 미루면 아테나로의 이전 작업이 필요 없어집니다. 이러면 겨우 기한을 맞출지도 모릅니다. 이대로 그냥 진행하려면 일정을 2달 뒤로 미루거나 채팅 기능은 포기해 범위를 줄이는 수밖에 없습니다.'

인원 또는 인력 부족

다른 모든 작업이 진행 중이므로 팀이 현실적으로 다른 프로젝트를 수행할 수 없지만, 상부는 선택의 여지가 없다고 말하는 경우다. 다음과 같은 대처법이 있다.

- 팀에서 한 번에 처리할 수 있는 작업/프로젝트의 수를 명확히 하자. 기본적으로, 팀의 전형적인 결과물이 무엇인지 명확히 하자.
- 현재 최우선순위인 다른 프로젝트를 중단할 것을 제안하되, 그 영향에 대해 명확히 설명한다. 다음과 같은 방식으로 설명하자. '제품 담당 이사님께 제노 프로젝트 작업을 중단할 수 있도록 설득해주시면 다른 프로젝트를 진행할 수 있습니다. 하지만 작업을 중단하면 팀 사기가 떨어지고 콘텍스트 전환으로 인해 제노 작업에 몇 주가 추가적으로 소요됩니다. 그러니 지금 하는 작업을 중단해 사기가 떨어지고 제노 프로젝트에 4주가 추가되더라도 문제없다면, 제품 담당 이사님께서 제게 직접 말씀해달라고 전해주세요.'

프로젝트 도중 발생하는 문제

소프트웨어 구축 과정은 예상치 못한 돌발 상황으로 가득하며, 예측할 수 없는 일들이 불쑥 튀어나온다. 다음과 같은 질문으로 대처할 수 있다.

- 어떤 유형의 문제인가? 앞서 소개한 완화 방법이 효과가 있는지 확인한다.
- 해결하거나 무시할 수 있는 문제인가? 오경보일 가능성도 조사하자.
- 타임라인을 연장해야 하는가? 가장 합리적인 접근 방식으로, 많은 사람의 예상보다 더 자주 '예'라는 대답이 나온다.
- 빠른 출시를 위해 기술, 아키텍처 또는 프로세스 부채를 떠안고 프로젝트가 끝난 뒤에 제대로 된 수정을 할 수 있는가? 이 경우 나중에 수정이 완료되지 않을 위험이 있으므로 해당 작업의 우선순위를 높일 책임이 있다.

소요 시간 예측 불가

이는 흔한 위험이지만 경영진에게는 잘 보이지 않는 위험이다. 예측은 예측일 뿐 언제 어떤 일이 발생할지 모른다. 다음과 같은 대처법이 있다.

- 실제로 어떤 유형의 위험인지 파악한다. 이전에 사용해본 적이 없는 기술적인 위험인 경우가 많다.
- 아는 내용과 모르는 내용을 분리해 더 작은 조각으로 나눌 수 있는가?
- 프로토타입을 만들거나 근본적인 문제에 대한 자세한 정보를 얻는다. 이를 '스파이크^{spike}'라고도 하는데 기간을 한정해서 수행할 수 있다.

새로운 위험의 발견과 새로운 방식으로의 소프트웨어 구축은 함께 진행해야 한다. 위험을 제거하려고 노력하기보다는 위험이 존재한다는 사실을 인정하자. 주요 위험과 사소한 위험을 구분하는 방법을 배우고, 새로운 위험을 발견했을 때 냉정함을 유지하자. '소프트웨어 프로젝트 물리학의 법칙'을 염두에 두고, 새로운 위험으로 인해 범위가 늘어나면 범위를 줄이거나 일정을 연장하거나 프로젝트에 더 많은 인력을 투입할 방법을 찾아야 한다는 것을 명심하자.

16.7 프로젝트 마무리

경험상, 훌륭한 프로젝트 킥오프는 많이 보았지만 훌륭한 마무리는 훨씬 적었다. 프로젝트를 제대로 마무리하지 못하면 다음과 같은 문제가 발생한다.

- 팀원들이 잘한 일을 인정받지 못하는 경우가 많다. 또한 축하 행사도 없다.
- 팀원들이 바로 다른 프로젝트에 참여하고, 마지막 단계(일반적으로 출시)는 세심한 절차 없이 진행된다.
- 마무리 작업 없이 프로젝트가 어떻게 진행됐는지에 대한 회고가 없고, 팀원들이 배움을 얻지 못한다.

프로젝트의 적절한 마무리는 훌륭한 킥오프만큼 중요하다. 이는 프로젝트 이해관계자, 즉 프로젝트를 소유한 팀을 비롯해 프로젝트에 참여한 모든 사람과 프로젝트 리드는 물론이고, 심지어는 프로젝트를 잘 모르는 사람에 이르기까지 모두에게 이익이 된다. 좋은 마무리란 어떤 모습일까?

- **'완료'의 의미를 명확히 설정하자.** 킥오프가 중요하다. 킥오프 때 '완료'의 의미를 처음부터 명확하게 설정해야 한다. 명확성이 확보되어야 언제 완료를 선언할지 결정하기 쉽다.
- **팀과 함께하는 회고를 고려하자.** 프로젝트가 끝나면 잘된 점을 되돌아보고, 더 잘할 수 있었던 점을 이야기하고, 교훈을 수집하는 것이 좋다. 공감할 수 있는 회고 형식을 선택하자. 프로젝트 리드인 경우, 직접 회고를 진행하거나 다른 사람이 토론을 진행하도록 지원해 팀원들의 성장을 돕자.
- **최종 프로젝트 업데이트를 작성한다.** 프로젝트 이해관계자뿐만 아니라 프로젝트에 관심이 있을 모든 팀을 포함해 더 넓은 그룹을 위한 최종 프로젝트 업데이트를 다음 내용을 담아 작성한다. 사람들이 관심을 가져야 하는 이유, 영향 또는 예상되는 영향에 대한 간결한 요약, 작업 요약, 주요 기여자 강조, 세부 사항 링크 등이 이에 포함된다.
- **최종 업데이트를 배포하기 전에 다른 사람에게서 피드백을 받는다.** 프로덕트 매니저에게 문서를 보여주고 불분명한 부분과 개선할 사항을 지적해달라고 요청하자. 다른 엔지니어링 매니저나 프로덕트 매니저, 또는 이전에 좋은 상태 업데이트 이메일을 내게 보내줘서 읽었던 회사 내 다른 사람에게도 비슷한 피드백을 요청하자. 프로젝트에 관심이 있는 사람들이 최종 업데이트 내용을 쉽게 읽을 수 있어야 하므로 '더 좋은 글쓰기[11]'의 조언에 따라 게시 전 피드백을 받도록 하자.
- **프로젝트 그룹이 해체된 후 바로 최종 업데이트를 배포할 시간을 정한다.** 구체적인 결과가 나오기까지 몇 주 또는 몇 달을 기다려야 하는 프로젝트가 있다. 프로젝트 팀이 다른 작업으로 넘어간 후 시간이 많이 흐르기 전에 최종 업데이트를 작성하는 것이 좋다. 판단에 따라 다르겠지만, 프로젝트가 출시된다는 사실을 알리고 사람들에게 그 결과를 추적할 수 있는 방법을 제공하는 것이 최종 업데이트까지 기다리게 하는 것보다 더 효율적이다.
- **모든 팀원과 의미 있는 도움을 준 모든 사람을 칭찬하자.** 최종 프로젝트 업데이트 이메일에서 이름을 거론하며 칭찬할 수 있고 채팅 채널에서도 가능하다. 또한, 사내 발표회나 행사에서 프로젝트를 발표할 기회가 있다면 참여하자. 주요 기여자가 누락되지 않도록 하려면 게시 전 피드백을 받는 편이 좋다.
- **프로젝트 팀과 축하 행사를 진행한다.** 스트레스를 풀고 그룹으로 유대감을 형성할 수 있는 좋은 기회. 팀원들과 함께 저녁을 먹으러 가거나 재미있는 이벤트에 참석하자. 원격 근무를 하는 팀이라면 자리를 마련하기가 더 까다롭겠지만, 사람들에게 선물을 배송

---

11 https://newsletter.pragmaticengineer.com/p/becoming-a-better-writer

하거나, 기프트 카드를 보내거나, 영상 회의로 모든 사람과 원격으로 건배를 할 수 있다.

성공보다 실패로 볼 수 있는 프로젝트는 어떤가?

언제가 될지 모르지만, 누가 봐도 명백히 실패한 프로젝트도 있다.

나는 베타 테스트까지 진행했지만 그대로는 프로젝트를 출시할 수 없고, 프로젝트 자체보다 문제를 해결이 더 큰 과제라는 사실을 인정해야 했던 때가 가장 힘들었다. 그럼에도 불구하고 우리는 노력을 인정받기 위해 마무리 작업을 진행했고 긍정적으로 마무리했다.

- **긍정적으로 마감한다.** 비즈니스 목표를 달성하지 못했다. 하지만 프로젝트의 버전을 구축하고 출시하는 데는 성공했다. 프로젝트가 완료됐고 약속한 작업을 수행했음을 인정하며 마무리를 시작했다.
- **학습한 내용을 공유한다.** 이 프로젝트는 비즈니스에 필요한 방식으로 작동되지는 않았지만, 그렇지 못한 몇 가지 이유를 알게 됐다. 오랜 기간의 회고와 성찰의 시간을 거쳐 무엇을 배웠는지 공유했다. 마무리 이메일에는 배운 내용을 요약해 담았다.
- **작은 성공을 공유한다.** 모든 작업에는 부분적으로 성공한 내용이 있다. 그 과정에서 작은 성취가 없을 수 없다. 프로젝트를 마무리할 때 이러한 부분을 강조하고 팀원들의 노고에 감사를 표했다.

프로젝트의 비즈니스 결과를 완전히 통제할 수는 없지만, 프로젝트 리드는 실패한 프로젝트를 마무리하는 데 큰 영향력을 행사할 수 있다. 교훈을 배우고, 여정에서 모두가 나눌 좋은 작업 결과물과 성과를 인정하자. 그리고 다음에는 그 교훈을 반드시 적용하자!

17 프로덕션 출시
Shipping to Production

테크리드는 팀의 작업을 신속하고 안정적으로 프로덕션에 출시해야 한다. 출시는 어떻게 하고, 어떤 원칙을 따라야 할까? 이는 환경, 작업 중인 제품의 성숙도, 가동 중단으로 인한 비용, 속도와 안정성의 균형 등 여러 요인에 따라 달라진다.

이 장에서는 다양한 환경에서 안정적으로 프로덕션 출시 방법을 다룬다. 업계 전반의 일반적인 접근 방식을 강조하고 프로세스에 대한 팀의 인식을 개선하는 데 도움이 될 것이다.

17.1 프로덕션 출시까지의 극단적인 상황

프로덕션 출시까지 일어나는 두 가지 '극단적인' 상황부터 살펴보자.

YOLO 출시

YOLO 접근 방식은 '인생은 한 번뿐you only live once'이란 표현에서 따온 용어로 프로토타입, 사이드 프로젝트, 알파/베타 버전 같은 불안정한 제품에 사용된다. 또한 프로덕션에 긴급한 변경 사항을 적용하는 방법이다.

아이디어는 간단하다. 프로덕션에서 바로 변경하고 작동하는지 확인한다. YOLO 출시의 예는 다음과 같다.

- 프로덕션 서버에 SSH로 접속 → 편집기(예: vim) 열기 → 파일 변경 → 파일 저장 (→

서버 재시작) → 변경 사항 적용 여부 확인
- 소스 코드 파일 수정 → 코드 리뷰 없이 수정 사항 그대로 적용 → 서비스 재배포
- 프로덕션 데이터베이스에 로그인 → 프로덕션 쿼리를 실행해 데이터 문제를 해결(예: 문제가 있는 레코드 수정) → 문제가 해결되기를 기대

YOLO 출시는 변경 사항을 프로덕션으로 출시할 때 매우 빠르다. 하지만 안전망이 없기 때문에 프로덕션 환경에 새로운 문제가 발생할 위험이 매우 높다. 프로덕션 사용자가 거의 없거나 전혀 없는 제품은 버그를 프로덕션에 도입해도 피해가 적으므로 이 접근 방식이 정당화될 수는 있다.

YOLO 출시는 다음과 같은 환경에서 사용한다.

- 사이드 프로젝트
- 고객이 없는 초기 단계의 스타트업
- 엔지니어링 방법론이 정립되지 않은 중견 기업
- 사고 처리 절차가 정해지지 않은 기업의 긴급한 사고 해결

소프트웨어 제품이 성장하고 더 많은 고객이 이를 사용하게 되면, 코드 변경 사항을 프로덕션으로 출시하기 전에 추가적인 검증을 거쳐야 한다. 다른 극단적인 예로, 프로덕션 환경에 버그 없이 출시하려고 가능한 모든 조치를 취하는 데 집착하는 팀을 살펴보자.

여러 단계에 걸친 철저한 검증

이 접근 방식은 소중한 고객이 많아 버그가 하나만 발생해도 큰 문제가 일어나는 성숙한 제품에 사용된다. 버그로 인해 고객이 손실을 입거나 경쟁사의 제품으로 전환할 가능성이 있는 제품도 이 엄격한 접근 방식을 사용한다.

실제 사용 환경을 더욱 정확하게 시뮬레이션하기 위해 다음과 같이 여러 단계에 걸친 검증 체계가 마련되어 있다.

- **로컬 검증**: 소프트웨어 엔지니어가 명백한 문제를 찾아낼 수 있는 과정
- **CI 유효성 검사**: 모든 풀 리퀘스트에 대한 자동화 테스트(단위 테스트 및 정적분석 등)
- **테스트 환경에 배포하기 전 자동화**: 다음 환경으로 배포하기 전에 통합 테스트 또는 엔드투엔드 테스트와 같이 비용이 많이 드는 테스트를 수행
- **테스트 환경 #1**: 보다 자동화된 테스트(예: 스모크 테스트)로, 주로 QA 엔지니어가 수동 테스트와 탐색적 테스트를 하면서 제품을 실행
- **테스트 환경 #2**: 회사 내부 사용자 또는 유료 베타 테스터 같은 실제 사용자의 부분 집단이 제품을 실행하는 환경. 이 환경은 모니터링과 결합하며 회귀 오류 징후가 나타나면 출시를 중단
- **사전 프로덕션 환경**: 최종 유효성 검사가 실행되는 환경. 추가적인 자동 및 수동 테스트 세트도 실행
- **단계적 출시**: 소수의 사용자에게만 변경 사항을 적용하고, 팀은 주요 지표가 정상적으로 유지되는지 모니터링하고 고객 피드백을 확인. 단계적 출시 전략은 변경 사항의 위험도에 따라 다름
- **전체 출시**: 단계적 출시가 계속되면 특정 시점에서 모든 고객에게 변경 사항을 푸시
- **출시 후**: 프로덕션에서 문제가 발생하면 모니터링 및 알림이 설정되고 고객과의 피드백 루프도 설정. 문제가 발생하면 표준 대기 프로세스에 따라 처리(24장 참조)

무거운 릴리즈는 다음과 같은 환경에서 사용한다.

- 의료, 항공, 자동차 등 규제가 엄격한 산업
- 주요 변경 사항을 고객에게 제공하기 전에 6개월 동안 철저한 테스트를 하는 통신 서비스 제공 업체
- 버그 발생 시 금전적 피해가 발생하는 은행
- 자동화된 테스트가 거의 없는 레거시 코드베이스를 사용하는 전통 기업. 이러한 기업은 높은 품질을 유지하기를 원하며 검증 단계를 추가해 출시 속도를 늦추려 한다.

17.2 전형적인 출시 프로세스

기업마다 프로덕션 출시 단계는 다르다. 다음은 전형적인 접근 방식들을 요약한 그림으로 다양한 프로세스가 있다.

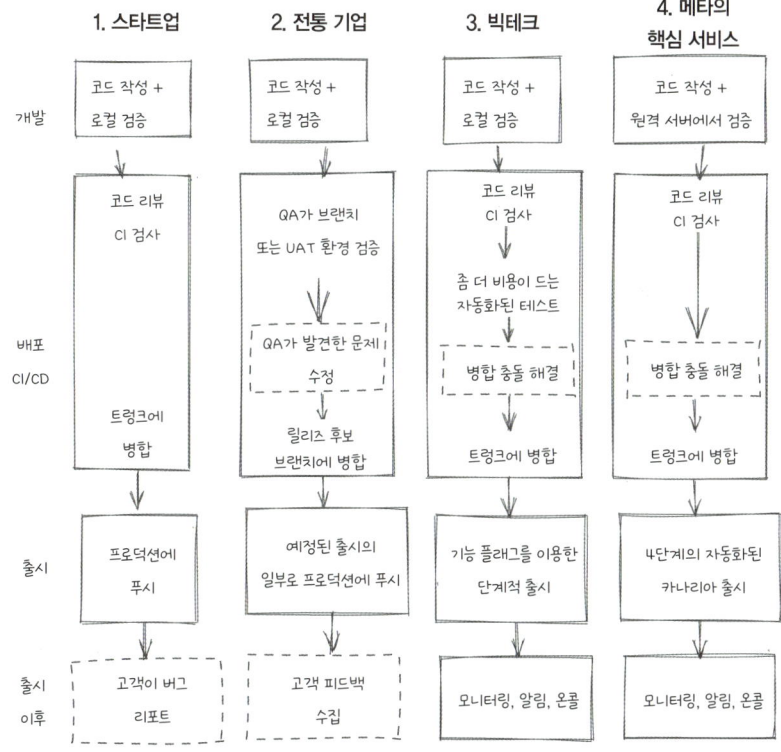

그림 17-1 기업은 프로덕션 출시를 어떤 방식으로 진행할까? 그림은 완벽하지 않지만, 일반적인 접근 방식과 그 차이점을 보여준다. 점선 부분은 '선택적인 과정'을 의미한다.

스타트업

스타트업은 일반적으로 품질 점검 횟수가 적다. 이러한 회사는 안전망 없이 빠르게 움직이고 빠르게 반복하는 경우가 많다. 아직 고객이 없다면 당연한 일이다. 고객이 확보되면 팀은 회귀 오류와 버그 발생을 피할 방법을 찾아야 한다.

스타트업은 보통 규모가 너무 작아 자동화에 투자하기 어려워 창업자가 '최고의' 테스터가 되어 수동으로 QA를 수행하지만, 전담 QA 인력을 고용하는 기업도 있다. 보통 자동화에 투자하는 시점은 제품이 시장에 적합하다고 판단한 때다. 우수한 엔지니어링 인재를 고용하는 기술 스타트업은 팀에서 처음부터 자동화된 테스트를 시행한다.

전통 기업

전통 기업은 주로 QA 팀에 의존하는 경향이 있다. 전통 기업도 자동화를 도입하는 경우가 있지만, 일반적으로 대규모 QA 팀에 의존해 구축된 내용을 검증한다. 브랜치 단위로 작업하는 경우가 보통이며, 단일 브랜치만을 사용하는 트렁크 기반trunk-based 개발을 하는 경우는 드물다.

코드는 대부분 일주일 단위로 프로덕션에 푸시되며, QA 팀에서 기능을 검증한 후 더 자주 푸시된다.

단계적인 배포 및 사용자 승인 테스트user acceptance test(UAT) 환경이 더 일반적이며, 환경 간에 대규모의 일괄 변경 사항을 배포하는 경우도 마찬가지다. 릴리즈를 다음 단계로 진행하려면 QA 팀, 프로덕트 매니저 또는 프로젝트 매니저의 승인이 필요하다.

빅테크 기업

빅테크는 자신감을 가지고 출시와 관련된 인프라와 자동화에 많은 투자를 한다. 실행부터 피드백이 빠른 자동화된 테스트, 카나리아 배포, 기능 플래그 및 단계적 출시 등에 투자한다.

높은 품질 기준을 지향하며, 트렁크 작업을 진행해 품질 검사가 완료되면 즉시 출시한다. 하루에 트렁크에서 100개 이상의 변경 작업을 수행하는 팀도 있어 코드 병합 시 충돌을 처리하는 도구도 중요하다. 빅테크의 QA에 대한 자세한 내용은

'빅테크는 어떻게 QA를 하는가'[12]에서 확인하길 권한다.

메타의 핵심 서비스

제품 및 엔지니어링 팀으로서 메타^{Meta}는 다른 회사에서 거의 사용하지 않는 정교하고 효과적인 접근 방식을 사용하므로 별도로 소개하겠다.

페이스북은 많은 사람의 예측과 달리 자동화된 테스트가 적다. 하지만 뛰어난 자동 카나리아 기능을 갖춘 4단계의 출시 프로세스를 사용한다. 출시 프로세스는 자동화를 적용한 테스트 환경(1단계)부터, 모든 직원이 사용하는 환경(2단계), 소규모 지역으로 한정한 테스트 환경(3단계), 모든 사용자를 대상으로 배포하는 환경(4단계)으로 구성된다. 각 단계에서 지표가 충족되지 않으면 출시는 자동으로 중단된다.

17.3 원칙과 도구

변경 사항을 책임감 있게 프로덕션으로 출시할 때 지켜야 하는 원칙과 접근 방식은 무엇이 있을까?

개발 환경

로컬 또는 격리된 개발 환경을 사용한다. 엔지니어는 로컬 컴퓨터나 자신만의 격리된 환경에서 변경 작업을 수행해야 한다. 개발자는 로컬 환경에서 작업하는 것이 더 일반적이다. 하지만 메타와 같은 기업은 원격 서버에서 개발하는 방식을 도입하고 있다. 자세한 내용은 메타의 엔지니어링 문화를 정리한 글[13]에서 확인하자.

> 대부분의 개발자는 로컬이 아닌 원격 서버에서 작업합니다. 2019년경부터 모든 웹

---

[12] https://newsletter.pragmaticengineer.com/p/how-big-tech-does-qa
[13] https://newsletter.pragmaticengineer.com/p/facebook-2

및 백엔드 개발은 로컬에 코드를 복사하지 않고 원격으로 이루어지고 있으며, 뉴클라이드Nuclide[14]가 이러한 작업 흐름을 지원합니다. 처음에 뉴클라이드는 가상 머신(VM)을 사용하다가 온디맨드 인스턴스로 전환했는데, 이는 요즘의 깃허브의 코드스페이스Codespace와 작동 방식이 비슷하지만 코드스페이스보다 몇 년 전에 도입한 방식입니다.

모바일 개발은 여전히 대부분 로컬 컴퓨터에서 이루어집니다. 이는 웹 및 백엔드 개발처럼 원격으로 개발하는 데 개발 도구 사용이 어렵기 때문입니다.

로컬에서 검증하자. 작성한 코드는 로컬 테스트를 수행해 예상대로 작동하는지 확인해야 한다.

테스트 및 검증

엣지케이스를 고려하고 테스트하자. 코드 변경 후 고려가 필요한 모호한 사례는 무엇인가? 아직 고려하지 않은 실제 사용 사례는 무엇인가?

변경 작업을 마무리하기 전에 엣지케이스 목록을 작성하자. 가능하면 자동화된 테스트를 작성하는 편이 좋다. 적어도 수동 테스트는 수행하자. 특이한 엣지케이스 목록을 작성하는 데는 QA 엔지니어나 테스터가 큰 도움을 줄 수 있다.

자동화된 테스트를 작성해 변경 사항을 검증하자. 변경 사항을 수동으로 검증한 후에는 자동화된 테스트를 실행하자. 테스트 주도 개발TDD과 같은 방법론을 따르는 경우에는 자동화된 테스트를 먼저 작성한 다음 코드 변경 사항이 테스트를 통과하는지 확인하는 방식으로 이 작업을 수행할 수 있다.

코드 리뷰를 받자. 코드 수정을 마쳤다면 풀 리퀘스트를 올리고 맥락을 이해하는 사람에게 검토를 받자. 변경 내용과 테스트 엣지케이스를 명확하고 간결하게 작성한 뒤 코드 리뷰를 받자.

---

14 옮긴이_ Nuclide는 페이스북에서 만든 Atom용 기능 모음, 다양한 프로그래밍 언어 및 기술에 대해 IDE와 유사한 기능을 제공한다(https://github.com/facebookarchive/nuclide).

자동화 테스트를 모두 통과하면 회귀 오류가 발생할 가능성이 최소화된다. 코드를 푸시하기 전에 기존의 코드베이스에 대한 모든 테스트를 실행하자. 이 작업은 일반적으로 CI/CD(지속적 통합/지속적 배포) 시스템을 통해 자동으로 수행된다.

모니터링, 온콜 및 사고 관리

변경 사항과 연관된 주요 제품 특성을 모니터링하자. 변경 사항이 자동화 테스트가 확인할 수 없는 문제를 일으키는 건 어떻게 알 수 있을까? 시스템에서 상태 지표를 모니터링할 방법이 없다면 알 수 없다. 변경 사항에 대해 작성된 상태 지표나 사용할 다른 지표가 있는지 확인하자.

우버는 대부분의 코드 변경 사항을 실험적으로 배포하며, 개선 사항이나 영향을 미치지 않을 것으로 예상한 지표를 정의했다. 항상 사용하는 지표 하나는 성공적으로 서비스를 이용한 고객의 비율이었다. 이 비율이 감소하면 알림이 발신되고, 코드 변경을 맡은 팀은 사용자 경험이 나빠졌는지 조사해야 했다.

문제가 발생했을 때 대처 방법을 아는 충분한 기술 이해도를 가진 온콜 인원을 배치하자. 일부 결함은 프로덕션에 변경 사항이 출시된 후에나 발견될 가능성이 있다. 따라서 상태 경고나 고객 요청에 대응하고, 고객 지원을 할 수 있는 엔지니어를 온콜 순환 근무에 배치하는 것이 좋다.

근무자가 서비스 장애를 대처하는 방법에 필요한 정보를 얻기 좋도록 온콜 체계가 구성되어 있는지 확인하자. 대부분의 경우 팀에는 서비스 장애를 확인하고 자세히 대처할 방법이 함께 담긴 온콜 런북이 있다. 또한 많은 팀이 온콜 교육을 실시하며, 팀원을 대상으로 온콜 상황 시뮬레이션을 실시하는 팀도 있다.

비난 없는 사고 처리 문화를 조성하자. 비난이 없어야 팀이 사고를 통해 배우고 개선할 수 있다. 여기에 제시된 아이디어를 모두 따라야 하는 것은 아니지만, 실행하지 않는다면 이유를 생각하는 것이 좋겠다. 이 주제에 대한 자세한 내용은 24장 '신뢰성 높은 소프트웨어 시스템'에서 다룬다.

17.4 추가 검증 단계

일부 기업은 프로덕션에 안정적인 코드를 제공하기 위해 추가 검증 단계를 갖추고 있다. 그 가운데 10가지를 살펴보겠다.

#1: 별도의 배포 환경

코드 변경 사항을 테스트하기 위해 별도의 환경을 설정한다. 이는 릴리즈 프로세스에서 흔히 사용하는 안전망이다. 코드를 프로덕션 환경에 배포하기 전에 테스트, 사용자 승인 테스트, 스테이징, 프리 프로덕션(사전 프로덕션) 환경 중 하나에 배포한다.

QA 팀이 있는 기업은 QA가 해당 환경에서 변경된 부분을 테스트하고 회귀 오류를 찾는다. 엔드투엔드 테스트, 스모크 테스트 또는 부하 테스트와 같은 자동화된 테스트를 실행할 테스트 환경도 사용한다.

이 방식을 사용하려면 별도의 배포 환경을 제공할 서버가 필요하므로 리소스와 데이터를 최신 상태로 유지하는 유지 관리 비용이 많이 든다. 이러한 환경에서 데이터는 프로덕션 환경에서 생성된 데이터나 가져온 데이터를 사용한다.

#2: 테스트/배포 환경의 동적 생성

배포 환경을 유지 관리하려면 대개 많은 오버헤드가 발생한다. 특히 모든 테스트 환경의 데이터를 업데이트해야 하는 데이터 마이그레이션[15]을 수행할 때 더욱 오버헤드가 많아진다.

더 나은 개발 환경을 위해서는 테스트 환경에 사용할 데이터를 준비하는 과정을 포함한 테스트 환경 구동을 자동화하는 데 투자해야 한다. 이렇게 하면 더 효율적인 자동화 테스트, 더 쉬운 변경 사항 검증, 사용 사례에 더 적합한 자동화가 가능해진다. 이러한 테스트 환경을 구축하는 데는 상당한 투자가 필요하다. 테크리드는 이러한 솔루션을 직접 개발하거나 공급업체 솔루션을 도입해 통합하는 비즈니

---

15 https://newsletter.pragmaticengineer.com/p/migrations

스 사례를 만들어야 한다. 일부 클라우드 개발 환경 공급업체는 이러한 환경을 동적으로 생성할 방법을 제공한다. 클라우드 개발 환경에 대해서는 23장 '소프트웨어 엔지니어링'에서 다룬다.

#3: 전담 품질 보증(QA) 팀

많은 기업이 결함을 줄이기 위해 일반적으로 선택하는 방법은 제품의 수동 및 탐색적 테스트를 담당할 QA 팀의 고용이다. 대부분의 QA 팀은 엔드투엔드 테스트 같은 자동화된 테스트도 작성한다.

개인적으로 QA 팀이 수동 테스트만 해도 가치가 충분하다고 생각한다. 생산적인 팀은 QA가 도메인 전문가가 되거나 자동화된 테스트를 코딩하는 경우가 많으며, 둘 다 하는 경우도 많다.

- **도메인 전문가인 QA**: QA 담당자는 엔지니어가 엣지케이스를 예측하고 새로운 엣지케이스와 예기치 않은 동작에 대한 탐색적 테스트를 수행하도록 지원한다.
- **직접 자동화를 작성하는 QA**: QA 담당자는 수동 테스터 역할을 맡을 뿐만 아니라 QA 엔지니어의 역할도 맡는다. 이들은 테스트 자동화에 참여하기 시작해 코드 변경 사항을 프로덕션에 더 빠르게 적용할 자동화 전략을 수립하는 데도 참여한다.

니는 2013년에 마이크로소프트에서 진담 QA 엔지니어들과 함께 일했다. 당시에는 이 역할을 테스트 소프트웨어 개발 엔지니어software development engineer in test(SDET)라고 불렀다. SDET는 자동화된 테스트를 작성하는 것은 기본이고 진정성 있는 테스트 마인드를 가졌다. 마이크로소프트에서 SDET 역할이 어떻게 진화했는지에 대한 자세한 내용은 'Microsoft가 QA를 수행하는 방법'[16]을 참조하자.

#4: 탐색적 테스트

대부분의 엔지니어는 변경 사항이 예상대로 작동하는지 테스트하고 엣지케이스

---

16 https://blog.pragmaticengineer.com/how-microsoft-does-qa

를 고려하는 데 능숙하다. 하지만 일반 사용자가 제품을 어떻게 사용하는지 테스트하면 어떨까? 이때 탐색적 테스트를 사용한다.

탐색적 테스트는 고객이 제품을 어떻게 사용할지 시뮬레이션해 엣지케이스를 파악한다. 좋은 탐색적 테스트를 위해서는 사용자와의 공감, 제품에 대한 이해, 사용 사례 시뮬레이션을 위한 도구가 필요하다.

전담 QA 팀이 있는 기업은 QA 팀이 탐색적 테스트를 수행한다. QA 팀이 없는 기업은 엔지니어가 담당하거나 탐색적 테스트를 전문으로 하는 벤더를 고용한다.

#5: 카나리아 테스트

카나리아 테스트라는 용어는 광부들이 유독 가스를 감지하기 위해 탄광에 카나리아 새를 두는 관행에서 유래한 '탄광의 카나리아'라는 표현에서 유래했다. 카나리아는 사람보다 유독 가스에 대한 내성이 약해, 카나리아의 울음소리가 멈추면 유독 가스가 있다는 경고 신호로 판단할 수 있었다.

카나리아 테스트는 소수의 사용자 기반에 코드 변경 사항을 배포한 다음 이 배포의 상태 신호를 모니터링해 문제가 있는지 확인한다. 일반적으로 로드 밸런서[17]를 사용해 트래픽의 일부를 새 버전의 코드 쪽으로 라우팅하거나 새 버전의 코드를 단일 노드에만 배포하는 방식으로 구현한다.

#6: 기능 플래그 및 실험

변경 사항의 배포를 제어하는 또 다른 방법은 코드의 기능 플래그에 숨긴 뒤, 일부 사용자 집합에 해당 기능 플래그를 활성화해 새 버전의 코드를 실행하도록 하는 것이다.

기능 플래그는 쉽게 구현할 수 있다. 가상의 기능 제노(Zeno)에 대한 플래그는 다음과 같이 구현한다.

---

[17] 옮긴이_ 로드 밸런서(load balancer)는 여러 서버의 앞 단에서 서버에 클라이언트들의 요청을 골고루 보내도록 하는 네트워크 장비다.

```
if (featureFlags.isEnabled(Zeno_Feature_Flag)) {
    // 실행할 새 코드
} else {
    // 수정 전 코드
}
```

기능 플래그는 새 코드 실험 대상 그룹과 실험 대상이 아닌 대조 그룹의 두 그룹으로 나누어 실험할 때 흔히 사용한다. 각 그룹은 서로 다른 경험을 하며, 엔지니어링 팀과 데이터 과학 팀이 결과를 평가하고 비교한다.

이 접근 방식의 가장 큰 단점은 시효가 지난 플래그다. 대규모 코드베이스에서 기능 출시 후 실험용 기능 플래그가 제거되지 않아 코드베이스를 '오염'시키는 경우가 많다. 대부분의 팀은 캘린더 이벤트를 추가하거나 티켓을 생성해 플래그를 코드베이스에서 제거하도록 알림을 보내 문제를 해결한다. 일부 기업은 오래된 플래그를 감지하고 제거하는 자동화 도구를 구축하기도 한다. 우버가 오픈소스로 제공하는 피라냐Piranha[18]가 그런 도구 가운데 하나다.

#7: 단계적 출시

단계적 출시는 변경 사항을 단계별로 배포하고 각 단계의 결과를 평가한다. 일반적으로 새로운 기능을 적용할 사용자의 비율이나 배포할 지역 또는 두 가지 모두를 설정한다.

단계별 출시 계획은 다음과 같이 수립한다.

- **1단계**: 뉴질랜드에서 10% 출시(변경 사항 검증을 위한 소규모 시장)
- **2단계**: 뉴질랜드에서 50% 출시
- **3단계**: 뉴질랜드에서 100% 출시
- **4단계**: 전 세계적으로 10% 출시
- **5단계**: 전 세계적으로 25% 출시

---

18 https://github.com/uber/piranha

- **6단계**: 전 세계적으로 50% 출시
- **7단계**: 전 세계적으로 99% 출시(추가 검증을 위해 극소수의 '대조군'만 남김)
- **8단계**: 전 세계 100% 출시

각 출시 단계 사이에는 지속 기간도 설정한다. 지속 기간은 일반적으로 예상치 못한 회귀 오류가 발생하지 않고 예상되는 비즈니스 지표상 변화가 발생하는(또는 발생하지 않는) 시점까지로 정의된다. 카나리아 배포는 기본적으로 단계적 배포보다 훨씬 빠르고 더 간단하다.

#8: 멀티테넌시

프로덕션 환경에서 테스트를 포함해 코드를 배포하는 유일한 환경으로 프로덕션을 그대로 사용하는 접근 방식이 점점 인기를 얻고 있다.

프로덕션 환경에서의 테스트는 무모해 보이지만, 멀티테넌트 multi-tenant 접근 방식으로 수행하면 그렇지 않다. 우버는 블로그[19]를 통해 준비 환경부터 섀도우 트래픽 shadow traffic[20]이 있는 테스트 샌드박스 sand box를 거쳐 테넌시 기반 트래픽 배분에 이르는 여정을 설명했다.

멀티테넌시의 기본 개념은 테넌시 콘텍스트가 요청과 함께 전파된다는 것이다. 요청을 수신하는 서비스는 해당 요청이 프로덕션 요청인지, 테스트 테넌시인지, 베타 테넌시인지 등을 구분한다. 서비스에는 테넌시를 지원하는 로직이 내장되어 요청을 다르게 처리하거나 라우팅한다. 예를 들어, 테스트 테넌시로 요청을 받은 결제 시스템은 실제 결제 요청을 하지 않고 결제가 된 것처럼 만들 수 있다.

#9: 롤백 자동화

안정성을 높이는 강력한 방법은 코드 변경이 시스템을 망가뜨리는 것 같으면 자동으로 롤백하는 것이다. 주요 지표를 저하하는 모든 실험을 중단하고 변경 사항

---

19 https://www.uber.com/blog/multitenancy-microservice-architecture
20 옮긴이_ 실제 사용자 트래픽을 복제한 테스트용 트래픽

을 되돌리는 방식이다.[21]

자동 롤백 기능을 갖춘 다단계 자동 배포에 투자하는 기업은 엔지니어가 서비스 중단에 대한 두려움을 거의 느끼지 않고 신속하게 움직일 수 있다.

#10: 자동화된 출시 및 롤백

메타는 핵심 프로덕션에 고유한 접근 방식을 구현했다. 자동화된 롤백을 단계적 출시 및 여러 테스트 환경과 결합해 한 단계 더 발전시키는 방식이다.

팀마다 지금까지 소개한 접근법 중 몇 가지를 사용하겠지만, 한 번에 모두 사용하는 경우는 드물다. 어떤 방식의 테스트는 다른 테스트 방식을 필요 없게 만든다. 멀티테넌시가 구축되어 있고 프로덕션 환경에서 이미 테스트를 진행한다면 추가적인 테스트 환경은 필요 없을 수도 있다.

17.5 실용적인 위험 감수하기

가끔은 평소보다 더 빠르게 움직이려 하거나 더 큰 위험을 감수하는 것도 괜찮다는 생각이 들 수 있다. 이런 결정을 내릴 때 도움이 되는 방법을 소개하겠다.

우회하면 안 되는 프로세스나 도구가 있는지 결정한다. 테스트를 실행하지 않고 강제로 배포해도 괜찮은가? 동료의 리뷰 없이 코드베이스를 변경할 수 있는가? 테스트 없이 프로덕션 데이터베이스를 변경할 수 있는가?

우회할 수 없는 프로세스를 정하는 일은 모든 팀 또는 회사의 몫이다. 많은 사용자를 확보한 성숙한 기업에서 규칙을 어겨 문제가 발생하면 득보다 실이 많을 가능성이 크므로 신중하게 생각해야 한다. 더 빨리 움직이기 위해 규칙을 우회하기로 결정했다면 먼저 팀원의 지원을 받자.

위험한 변경 사항을 릴리즈할 때는 관련 이해관계자에게 미리 알려주자. 때때로 충분

---

[21] https://twitter.com/mangiucugna/status/1528715664860622850

히 테스트가 되지 않은 변경 사항을 릴리즈할 때도 있다. 더 위험한 변경 사항인 셈이다. 이상한 일이 발생하면 경고하는 사람에게 미리 공유하는 편이 좋다. 추천하는 공유 대상은 다음과 같다.

- 팀원
- 우리 팀의 결과물에 의존하거나, 우리가 의존하는 팀의 온콜 담당자
- 고객 지원 부서
- 비즈니스 지표가 잘못된 방향으로 가면 우리에게 알려 줄 수 있는 비즈니스 이해관계자

실행하기 쉬운 롤백 계획을 세우자. 문제를 일으킨 변경 사항을 어떻게 되돌릴까? 빠르게 움직일 때에도 실행하기 쉬운 계획을 세워야 한다. 데이터 변경 및 구성 변경이 있는 경우 특히 중요하다.

초창기 페이스북은 diff[22]에 롤백 방안을 추가했다. '페이스북의 엔지니어링 문화'[23]에는 다음과 같이 기술되어 있다.

> 초기 엔지니어들은 변경 사항을 되돌릴 일이 자주 발생하는 경우, 변경 사항을 되돌릴 수 있는 방법을 diff에 추가하곤 했습니다. 이러한 접근 방식은 수년에 걸쳐 더 나은 테스트 도구를 사용하며 개선됐습니다.

위험한 변경 사항이 출시되면 고객 피드백을 확인하자. 위험한 변경 사항을 배포한 후 포럼, 리뷰, 고객 지원 티켓 등의 고객 피드백 채널을 확인하자. 변경 사항 배포로 인해 문제가 발생한 고객이 있는지 사전 점검하자.

사고를 추적하고 그 영향을 측정하자. 지난 1개월 동안 또는 지난 3개월 동안 발생한 서비스 장애 횟수를 아는가? 고객은 어떤 경험을 했고 비즈니스에 어떤 영향을 미쳤는가?

질문에 대한 답이 '모르겠다'라면 시스템이 얼마나 안정적인지 모르고 있다는 뜻

---

[22] 옮긴이_ 두 (텍스트) 파일의 내용을 비교해 그 차이를 보여주는 명령
[23] https://newsletter.pragmaticengineer.com/p/facebook-2

이다. 서비스 장애를 추적 및 측정하고, 그 영향을 누적해 살펴보는 방법을 변경할 것을 고려해야 한다. 보다 안정적인 출시를 위해 출시 프로세스를 조정해야 할 시기를 파악하려면 이 데이터가 필요하다. 오류 예산 산정에도 필요하다.

위험한 배포의 수행 여부를 오류 예산을 사용해 결정하자. 시스템에 정해진 서비스 수준 지표service level indicators (SLI) 및 서비스 수준 목표service level objectives (SLO)에 따른 가용성을 측정하거나, 시스템의 성능 저하 또는 다운 시간을 측정하는 것으로부터 시작하자.

그다음, 오류 예산을 정의한다.[24] 이는 사용자에게 허용되는 일시적인 서비스 성능 저하의 양이다. 오류 예산을 초과하지 않는 한, 서비스를 중단시킬 가능성이 높은 위험한 배포를 계속 진행해도 괜찮다. 그러나 오류 예산이 모두 소진되면 위험하다고 판단되는 배포를 모두 일시 중지해야 한다.

17.6 추가 고려 사항

프로덕션 출시 프로세스 가운데 성숙한 제품 및 기업이 반드시 해결해야 하는 몇 가지는 자세히 다루지 않았다. 그중 일부를 소개하겠다.

- **보안 관행**: 시스템 변경 권한을 가진 사람은 누가 있고, 변경 사항은 어떻게 기록되는가? 보안 취약점이 시스템에 미칠 위험을 줄이기 위해 코드 변경에 대한 보안 감사는 어떻게 수행하는가? 어떤 보안 코딩 관행을 따르고 있으며, 이러한 관행을 어떻게 장려하고 시행하는가?
- **구성 관리**: 시스템 변경 사항의 대부분은 구성 변경이다. 구성은 어떻게 저장되며, 구성에 대한 변경 사항은 어떻게 서명되고 추적되는가?
- **역할과 책임**: 배포 프로세스에는 어떤 역할이 있는가? 예를 들어 배포 시스템은 누가 관리하는가? 배치 형태의 배포를 하는 경우 누가 문제를 추적하고 배포를 승인하는가?

---

[24] https://sre.google/workbook/alerting-on-slos/#low-traffic-services-and-error-budget-alerting

- **규제**: 규제가 엄격한 분야에서 일하는 경우, 규제 기관과 협력하고 엄격한 규칙을 준수하기 위해 코드를 수정해 배포하는 경우가 있다. 이는 신중하게 출시를 결정해야 함을 의미한다. 규제 요건에는 EU의 개인정보규제^{General Data Protection Regulation}(GDPR), 결제 카드 보안에 관한 국제 표준^{Payment Card Industry Data Security Standard}(PCI DSS), 미국의 건강 보험 양도 및 책임에 관한 법^{Health Insurance Portability and Accountability Act}(HIPAA), 미국의 가족 교육 권리 및 개인정보 보호법^{Family Educational Rights and Privacy Act}(FERPA), 미국의 공정 신용 보고법^{Fair Credit Reporting Act, FCRA}, 미국 연방 기관과 협력하는 경우 섹션 508, 금융 분야에서 중요한 SOX^{Sarbanes-Oxley Act} 준수, 유럽 연합 내 정부를 위한 서비스를 개발하는 경우 유럽 접근성법^{European Accessibility Act}, 국가별 개인정보 보호법 등의 법률 등이 포함된다.

17.7 접근 방식의 선택

지금까지 안정적으로 프로덕션에 출시를 이어 나갈 다양한 방법과 그 이유를 살펴봤다. 그렇다면 어떤 방법을 선택해야 할까? 몇 가지 사항을 고려해야 한다.

더 자주 출시하기 위해 최신 도구에 얼마를 투자할 의향이 있는가? 다양한 접근 방식의 장단점을 살펴보기 전에 본인, 팀 또는 회사가 도구에 얼마나 투자할 의향이 있는지 스스로에게 솔직해져야 한다.

지금까지 살펴본 접근 방식 상당수는 새로운 도구의 도입이 수반된다. 대부분은 기존 도구에 통합된 형태로 구매할 수 있지만 일부는 별도로 구매해야 한다. 안정성에 중점을 두는 플랫폼 팀이나 사이트 신뢰성 엔지니어링^{site reliability engineering}(SRE) 팀이 있는 회사에는 많은 지원이 있을 수 있다. 반면 규모가 작은 기업은 도구에 투자하는 첫 번째 케이스를 만들어야 할 수도 있다.

비즈니스가 현실적으로 감당할 수 있는 오류 예산의 규모는 어느 정도인가? 버그가 일부 고객에게만 영향을 미친다면 어떤 영향이 있을까? 비즈니스에 수백만 달러의 손실이 발생하는가? 버그를 신속하게 수정하면 고객이 약간 짜증은 내도 이탈하지는 않는가?

민간 은행과 같은 비즈니스의 경우 금액 계산에 버그가 발생하면 막대한 손실을 초래한다. 페이스북과 같은 서비스에서 빠르게 수정되는 UI 버그는 큰 영향을 미치지 않는다. 그래서 페이스북은 다른 서비스보다 자동화된 테스트가 덜 적용되어 있으며, 메타의 소프트웨어 팀에는 별도로 QA 전담이 없다.

최소 출시 사이클 주기는 얼마인가? 엔지니어가 코드를 프로덕션에 더 빨리 배포할수록 피드백을 더 빨리 받는다. 많은 경우, 주기가 짧을수록 엔지니어는 더 작고 덜 위험한 변경 사항을 적용해 품질이 향상된다.

데브옵스 연구 및 평가 지표$^{DevOps\ research\ and\ assessment\ metrics}$(DORA)[25]에 따르면, 매우 잘하는 팀은 배포를 필요에 따라 하루에도 여러 번 수행하며, 코드가 커밋되고 최종적으로 프로덕션에 적용되기까지 걸리는 시간이 하루도 걸리지 않는다. 나는 DORA가 엔지니어링의 전체적인 우수성을 반영하지는 못하므로, 이러한 수치만을 과신해 오해가 발생하는 상황을 좋아하지 않는다. 그럼에도 불구하고 민첩한 팀이 프로덕션에 얼마나 빠르게 출시하는지에 대한 관찰 결과는 내 경험과 일치한다. 개발자 생산성에 대한 내 생각은 켄트 벡$^{Kent\ Beck}$과 공동 집필한 2부로 구성된 글[26]을 통해 자세히 설명한다.

빅테크 기업과 많은 고성장 스타트업은 코드가 커밋되어 프로덕션에 적용되기까지 하루도 걸리지 않으며, 팀에서는 하루에도 여러 번씩 출시를 진행한다.

QA 팀이 있는 경우 QA 기능의 주된 목적은 무엇인가? QA 팀은 일반적으로 프로덕션 환경에서 많은 버그를 감당할 수 없거나 테스트를 자동화할 수 있는 역량이 부족한 회사에서 구성한다.

하지만 QA 조직이 어떤 모습으로 진화할지, 엔지니어링 팀을 어떻게 지원할지에 대한 목표를 설정할 것을 추천한다. 모든 것이 순조롭게 진행된다면 몇 년 후 QA는 어떻게 변할까? 수동 테스트만 수행할까? 당연히 아니다. 자동화 전략을 주도해 엔지니어링 팀이 코드 변경 사항을 당일에 배포 환경으로 배포하도록 지원하

---

[25] https://dora.dev
[26] https://newsletter.pragmaticengineer.com/p/measuring-developer-productivity

는 것은 어떤가? 엔지니어가 일주일 이내에 프로덕션 환경에 변경 내용을 출시하도록 장려하는 것은 어떤가?

미리 생각해 출시 반복 주기를 짧게 하고, 피드백 루프를 단축하며, 문제를 더 빨리 발견하고 해결하는 목표를 세우자.

레거시 인프라와 코드가 얼마나 많은가? 자동화된 테스트, 단계적 출시 또는 자동 롤백 같은 최신 방법론을 레거시 시스템에 적용해 현대화하려면 비용과 시간이 많이 들고 어렵기도 하다. 우선 기존 기술 스택의 목록을 작성해 현대화할 가치가 있는지 평가하자. 현대화에 투자할 필요가 없는 경우도 있을 것이다.

좀 더 고급 기능에 대한 투자를 고려하자. 현재까지도 아래 가운데 일부 배포 기능은 구축이 쉽지 않아서 보편적으로 사용되지 않는다.

- 코드 변경에 따른 주요 시스템 지표에 대한 정교한 모니터링 및 알림 설정 기능(엔지니어가 변경 사항이 시스템 상태 지표를 나쁘게 하는지 쉽게 모니터링할 수 있음)
- 자동화된 단계적 출시와 자동화된 롤백
- 동적 테스트 환경을 생성하는 기능
- 강력한 통합, 엔드투엔드 및 부하 테스트 기능
- 멀티테넌시 접근 방식을 통한 프로덕션 환경에서의 테스트

더 빠른 출시와 더 높은 신뢰도를 얻을 수 있는, 이러한 복잡한 접근 방식에 투자할지 결정하자.

18 이해관계자 관리
Stakeholder Management

이해관계자는 말 그대로 프로젝트 결과에 이해관계가 있는 사람 및 그룹이다. 내부적으로는 제품 담당자, 법무 팀, 엔지니어링 팀 또는 기타 사업부일 수 있다. 이해관계자는 사용자, 고객, 공급업체, 규제 기관 등의 형태로 회사 외부에 존재할 수도 있다.

프로젝트의 주요 이해관계자 파악은 빠를수록 좋다. 프로젝트를 출시할 준비가 됐을 때 파악하면 늦는데, 갑자기 나타난 중요한 사람이 프로젝트를 처음으로 제대로 살펴보고 큰 변경이 필요하다고 주장할 수 있기 때문이다. 핵심 이해관계자와 더 일찍 상의했다면 피했을 문제다. 이 장에서는 이해관계자를 식별하고 협력하는 방법을 설명한다.

18.1 이해관계자 관리의 진정한 목표

테크리드가 이해관계자를 관리하는 이유는 무엇일까? 왜 굳이 이해관계자를 파악해서 주기적으로 진행 상황을 상세하게 제공하는 걸까? 좋은 관계를 만들려는 걸까? 관계도 좋지만 진짜 목표는 따로 있다.

이해관계자 관리의 핵심은 모든 사람이 같은 정보를 공유해 프로젝트를 성공으로 이끄는 것이다. 많은 프로젝트가 실패하는 이유는 관계자가 할 일과 방법에 대해 서로 다른 생각을 가지고 있기 때문이다. 즉, 엔지니어링 팀이 프로젝트를 완료했을 때 비즈니스 이해관계자가 결과물이 비즈니스에 니즈와 맞지 않는다고 말하는 것을 의미한다.

이해관계자 관리는 프로젝트에서 발언권을 가진 모든 사람이 프로젝트의 진행 상황을 파악하고, 프로젝트의 새로운 위험과 변경 사항을 알고, 프로젝트의 변화에 대한 주요 대응책을 인지하고 반대하지 않도록 하는 다양한 접근 방식을 포함한다. 이는 모두가 성공의 정의를 공유하고 프로젝트의 성공을 돕도록 하는 도구다.

내가 여러 팀이 참여하는 프로젝트에 참여했을 때, 그 프로젝트의 리드는 매주 모든 팀원에게 몇 페이지 분량의 상태 업데이트를 채팅으로 게시했다. 하지만 모두가 서로 다른 방향으로 나아가는 느낌을 받았고, 주어진 엔지니어링 과제만 완수할 뿐 진짜 목표는 무엇인지 알 수 없었다. 결국 성공하지 못한 프로젝트는 모두의 입가에 쓴맛만 남겼다.

비슷하게 복잡한 또 다른 프로젝트에서는 목표가 훨씬 더 명확했고, 상황 업데이트 횟수는 적었지만 프로젝트가 더욱 단합된 느낌을 주었다. 출시 시점에는 비즈니스 이해관계자들이 엔지니어링 팀에 샴페인 한 병을 선물로 주었다. 이 프로젝트가 앞선 프로젝트와 무엇이 달랐을까? 프로젝트 책임자가 제품 담당자 및 비즈니스 이해관계자와 더 많은 소통을 가졌다는 점이다.

훌륭한 이해관계자 관리는 활발한 협업을 의미한다. 후자의 성공적인 프로젝트에서, 테크리드는 이메일이나 서면 업데이트와 같은 '형식적인' 이해관계자 관리를 훨씬 덜 했다. 그들은 비즈니스 이해관계자들과 직접 만나거나 영상으로 대화를 나눴다. 테크리드는 비즈니스 영역에 충분히 익숙해져서 엔지니어링 위험으로 인해 작업 범위의 변경이 필요할 때 현명한 판단으로 비즈니스 관계자의 의견을 구할 수 있었다.

18.2 이해관계자 유형

대부분의 엔지니어링 프로젝트에서 이해관계자는 주로 다음과 같다.

- **고객**: 프로젝트 결과물의 사용자다. B2C$^{\text{business to consumer}}$(일반 사용자용) 제품을 구축하는 엔지니어링 팀의 최종 사용자는 바로 고객이다. B2B$^{\text{business to business}}$(기업용) 프로젝트

의 최종 사용자는 기업 내 사용자다. 그리고 플랫폼 팀[27]이 주로 구축하는 내부용 프로젝트의 최종 사용자는 내부 팀이다.

- **비즈니스 이해관계자**: 법무, 마케팅, 고객 지원, 재무, 운영 등 프로젝트에 관여하는 회사의 내부 비기술 그룹이다. 엔지니어링 팀이 모든 비즈니스 이해관계자가 누구인지 알아가는 좋은 킥오프가 필요하다(16장 참조). 비즈니스 이해관계자가 진행 과정을 이해하지 못하면 프로젝트가 지연될 수 있기 때문이다.
- **외부 이해관계자**: 공급업체 또는 파트너 조직의 다른 엔지니어링 팀 등 프로젝트에 관심을 가진 다른 회사의 팀이다.
- **제품 이해관계자**: 프로덕트 매니저, 디자인, 데이터 과학자$^{data\ scientist}$, 프로덕트 매니저와 긴밀히 협력하는 기타 기술 그룹이다. 이들 대부분은 비즈니스 이해관계자 및 엔지니어링 팀과 협업한다.
- **엔지니어링 이해관계자**: 프로젝트의 업스트림 또는 다운스트림 종속성이 있는 내부 엔지니어링 팀으로 다음에 살펴보겠다.

종속성에 따른 이해관계자 분류

이해관계자를 업스트림^{upstream} 또는 다운스트림^{downstream}으로 분류하면 유용한 멘탈 모델이 된다. 업무 진행을 흐르는 강과 댐으로 시각화하면 상류(업스트림)와 댐(우리 팀), 하류(다운스트림)로 정리할 수 있다.

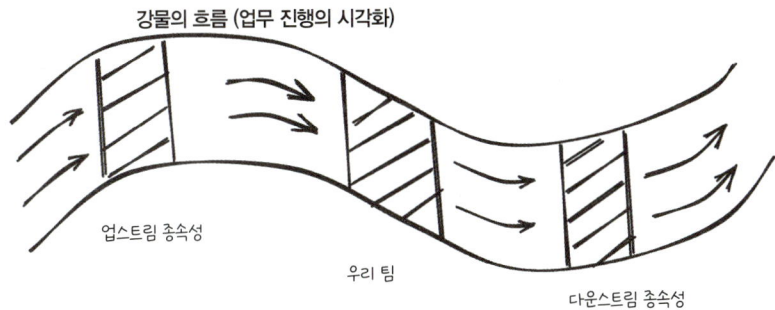

그림 18-1 시각화된 업스트림 및 다운스트림 종속성

---

27 https://blog.pragmaticengineer.com/platform-teams

- **업스트림 종속성**: 팀이 작업할 때 의존하는 팀이다. 프로젝트 완료를 위해서나, 팀에서 어떤 작업을 수행하기 위해서나, 앞서 다른 팀이 어떤 특정한 업무를 먼저 수행해야 하는 경우를 말한다.
- **다운스트림 종속성**: 팀의 작업에 의존하는 팀이다. 다운스트림 팀은 우리 팀이 현재 작업을 끝내야 작업을 시작할 수 있어 프로젝트를 완료하려면 먼저 작업을 완료해야 한다.
- **전략적 이해관계자**: 지속적으로 정보를 공유해 업스트림 종속성 때문에 막힌 문제를 해결하는 데 도움을 줄 사람 또는 팀이다.

이러한 분류를 통해 특정 상황에서 어떤 이해관계자와 소통해야 하는지 더 명확하게 알 수 있다.

- API 하나를 변경할 때는 이 API에 의존하는 다운스트림 이해관계자에게 변경 사항을 알려야 한다.
- 다른 팀이 소유하고 있는 API를 사용하는 경우, 이는 업스트림 종속성이 된다. 해당 팀에 연락해 API에 큰 변경 사항이 없는지, API를 사용해 새로운 기능을 구축한다는 사실을 아는지 확인한다.
- 국가별 마케팅 관리자는 해당 기능이 출시될 때 캠페인을 시작하고 싶기 때문에 프로젝트에 특별한 관심을 가질 수 있다. 이들은 전략적 이해관계자이므로 이 담당자를 이메일 업데이트 대상에 추가해 지연이 발생하는 경우 계속 업데이트하자.

18.3 이해관계자 파악하기

테크리드로서 주요 이해관계자를 파악하는 것은 매우 중요한데, 제대로 알지 못하면 안 해도 될 일을 하거나 시간적 지연으로 프로젝트에 해를 끼치기 때문이다. 나도 개인적으로 이런 경험을 한 적이 있다. 한 프로젝트에서 우리 팀은 서비스를 수정할 엔지니어링 팀과 RFC를 공유하는 것을 잊었다. 막상 수정 시점에 해당 엔지니어링 팀은 접근 방식이 자신들의 시스템에 맞지 않는다는 이유로 수정을 막았다. 결국 해결책을 찾았지만 해당 팀이 이해관계자라는 사실을 몰랐기에 프로젝트가 2주 정도 지연된 것이다.

한 번은 엔지니어링 팀이 한 달 동안 프로젝트를 진행하던 중 법무 팀이 개입해 프로젝트 진행을 막는 것을 목격한 적이 있다. 당연히 법무 팀과 논의했어야 할 사항을 논의하지 않았기 때문이다. 법무 팀은 제안된 변경 사항을 검토한 결과 프로젝트를 출시하기에는 너무 위험하다고 판단했고, 이 판단을 바꾸지 못해 프로젝트는 취소됐다. 엔지니어링 팀이 법무 팀과 더 일찍 논의했다면 한 달 동안의 결과물을 버리는 일은 없었을 것이다.

그렇다면 이해관계자가 누구인지 어떻게 파악할까? 이 질문은 수십, 수백 개의 엔지니어링 팀과 수많은 제품/디자인/데이터 및 비즈니스 담당자가 있는 대기업에서 특히 중요하다. 위에서 설명한 것처럼 어려운 방법과 쉬운 방법이 있다.

그냥 물어보자! 확실히 이해관계자인 사람들에게 누가 이해관계자가 될 수 있는지 물어보자.

- 제품 담당자에게 어떤 비즈니스 동료가 관심을 가질지 물어보자.
- 실험이 겹치지 않도록 다른 데이터 과학자와 협업하는 경우가 많은 데이터 과학 담당자와 대화하자.
- 경험 많은 테크리드에게 이전 프로젝트에서 어떤 팀을 이해관계자로 파악했는지 물어보자. 그들 중에도 우리의 이해관계자가 될 팀이 있을까?

아키텍처 변경 사항과 코드를 살펴보자. 프로젝트에서 어떤 코드 부분과 어떤 서비스가 수정되는지 파악하는 것만으로도 엔지니어링 이해관계자를 찾을 수 있다. 코드와 서비스의 해당 부분을 소유한 팀에 연락하자.

업스트림 및 다운스트림 이해관계자 개념을 알아두면 서비스를 수정할 때 유용하다. 엔지니어링 팀이 서비스를 수정하면 다운스트림 사용자에게 피해를 주는 경우가 흔히 발생하기 때문이다. 이러한 충돌은 다운스트림 사용자를 주요 이해관계자로 조기에 식별해 피할 수 있다. 그러면 엔지니어링 팀이 더 빨리 피드백을 받고 해당 팀을 방해하지 않도록 계획을 수정할 수 있다.

통상적으로 늘 이해관계자가 되는 사람들을 파악하자. 프로젝트에 항상 관심을 가질 거라 가정해도 무방한 팀이 있다. 중견 이상의 회사에서는 이런 팀이 존재한다.

- 엔지니어링
- 제품
- 디자인/사용자 경험
- 데이터 과학
- 보안 및 규제
- 인프라, 데브옵스^{DevOps}, 사이트 신뢰성^{SRE}
- 법률
- 마케팅/성장/사용자 확보
- 고객 지원/헬프데스크
- 운영
- 영업/사업 개발
- 재무

회사의 일반적인 이해관계자 목록을 작성한 다음, 이들이 프로젝트에 관심이 있는지 파악하자.

18.4 지속적인 관리

'이해관계자 관리'는 팀이 하는 일을 알아야 하는 모든 사람이 해당 업무들을 알게 하는 멋진 표현이다. 이해관계자 관리가 제대로 이뤄지지 않으면 핵심 인력과 팀이 소통 채널에서 제외된다. 이로 인해 해당 이해관계자가 화를 내거나 불만을 표해 프로젝트가 지연될 수 있다.

이해관계자를 파악한 후에는 팀이 내리는 결정에 이해관계자가 놀라지 않도록 해야 한다. 이해관계자가 여러 명인 경우 일대일 커뮤니케이션을 사용하기는 현실적으로 어려우니, 그룹으로 이해관계자에게 업데이트하는 편이 효율적이다.

이해관계자에게 최신 정보를 제공하는 세 가지 방법이 있다.

1. **회의**: 정기 또는 임시 회의. 회의에서 프로젝트 리드는 진행 상황, 결정 사항, 장애 요인을 공유하고 이해관계자의 의견을 구한다.
2. **비동기 업데이트**: 이메일이나 채팅 메시지. 내용은 회의와 동일하지만 시간이 덜 소요된다. 이해관계자는 메시지를 놓치기도 하며, 회의에 더 집중하는 경향이 있다.

3. **하이브리드**: 이해관계자의 의견이 중요하리라 예상되면 회의를 여는 편이 좋다. 마일스톤 데모와 주요 프로젝트 변경이 필요하면 회의가 필요하다. 그렇지 않은 경우에는 비동기식 커뮤니케이션을 고수하자.

테크리드와 제품 담당자가 이해관계자에게 어떤 방식으로 업데이트를 제공할지 알려면 먼저 조직 문화를 이해해야 한다. 이해관계자가 특정 업데이트 형식을 선호하는가? 그렇다면 처음 몇 개의 프로젝트에서는 익숙한 형식을 사용하는 것이 현명한 방법이다.

프로젝트 진행 상황에 대한 사전 서면 커뮤니케이션은 언제나 유용하다. 내가 경험한 한 가지 효과적인 방법은 진행 상황, 위험 및 위험 완화 방법, 타임라인 변경 사항, 마감일에 대한 확신을 담은 정기적인 업데이트 이메일을 보내는 것이었다. 다음은 업데이트 이메일의 예다.

프로젝트 제노 업데이트 – 1월 넷째 주(~1/22)

홈 | 추적 | 로드맵 | 상태 | 주간 보고서 구독하기

프로젝트 목표: 브라질의 2백만 고객에게 원터치 쇼핑 경험 제공

요약: 기존 타임라인에 비해 2주 지연 중

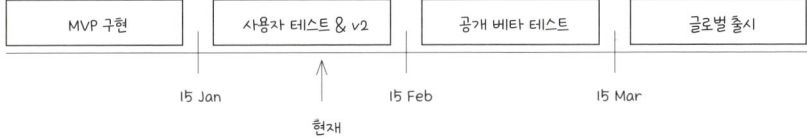

마일스톤	예상 마감일	상태	코멘트
MVP (v1)	1월 15일	완료	
사용자 테스트(v1)	2월 15일	진행 중	사용자 100명 온보딩 완료
V2 기능	2월 15일	60%	2월 1일에서 연기됨. 자세한 내용은 하단 참조
공개 베타 출시	3월 15일	시작 전	법적 승인에 따라 달라짐. 자세한 내용은 하단 참조
글로벌 출시	4월 15일	시작 전	

그림 18-2 프로젝트의 상태, 위험 및 완화 조치를 선제적으로 공유하는 상태 업데이트 이메일. 템플릿 출처: '프로젝트를 이끄는 소프트웨어 엔지니어(프래그매틱 엔지니어 뉴스레터)'[28]

---

28 https://newsletter.pragmaticengineer.com/p/engineers-leading-projects-part-2

이메일은 이해관계자와의 회의 및 기타 연락 시 '마스터' 상태 업데이트이자 유용한 참고 자료로 사용할 수 있다. 프로젝트에 대해 요구사항이 많거나 의견이 많은 이해관계자와는 회의가 필요하다. 하지만 모든 이해관계자가 정기적인 상태 업데이트 이메일을 '진실 공급원'으로 신뢰하면, 테크리드는 이해관계자에게 프로젝트의 진행 상황을 동일하게 이해시킬 수 있다.

18.5 비협조적인 이해관계자

프로젝트 리드는 언제나 비협조적인 이해관계자를 만나게 된다. 하지만 '비협조적'이라는 말은 무엇을 의미할까? 이는 다운스트림 이해관계자인지, 업스트림 이해관계자인지, 아니면 전략적 이해관계자인지에 따라 달라진다.

- 비협조적인 업스트림 이해관계자는 도움이 되지 않을 것 같거나, 협업하기 어렵거나, 신뢰하기 어려운 팀 또는 개인을 말한다.
- 비협조적인 다운스트림 이해관계자는 일정을 두고 계속 재촉하며, 당신과 팀을 압박하는 사람을 말한다.
- 비협조적인 전략적 이해관계자는 끊임없이 보고를 요구하고, 새로운 문제 상황을 두고 여러분을 질책한다.

모든 경우에서 커뮤니케이션과 신뢰가 가장 큰 문제가 된다. 모든 비협조적인 이해관계자에게 적용할 수 있는 개선 방법을 소개하겠다.

대면 회의

채팅이나 이메일을 통해 소통하는 대신 문제가 있는 당사자와 직접 만나서 이야기하자. 영상 통화를 하거나 회사에서 만나 현재 문제를 설명하고 상황을 개선하기 위해 할 수 있는 것이 무엇인지 논의하자. 예를 들어, 다운스트림 이해관계자가 팀이 마일스톤을 더 빨리 출시하라며 계속 재촉하는 경우를 생각하자. 상대방에게 진행 상황과 남은 작업을 설명하고, 재촉해도 어렵다는 피드백을 전달하며 더 나은 협업 방법에 대한 합의를 도출하자.

투명성 확보 및 교육

일반적으로 참을성이 없는 다운스트림 이해관계자와 전략적 이해관계자에게는 할 일과 그 이유, 현재 진행 상황을 설명하자. 이 작업은 대면 회의에서 하는 것이 가장 좋다.

업데이트 이메일은 투명하고 이해도를 높이는 또 다른 방법이다. 진행 상황에 대한 정기적이고 정직한 업데이트는 긴장을 진정시키는 데 도움이 된다. 내가 업데이트 이메일을 선호하는 이유다. 이러한 이메일을 작성하고 문제 있는 이해관계자를 메일링 리스트에 추가하는 것만으로도 문제가 해결될 가능성이 높다.

지원 요청하기

직접 대화하고 투명성을 높여도 소용이 없는 경우가 있다. 해결의 실마리가 보이지 않는다면 경영진이나 프로젝트 리드에게 도움을 요청하자. 여러분보다 더 많은 권한을 가진 사람에게 도움과 조언을 구하자.

18.6 이해관계자에게서 배우기

이해관계자 관리를 충분히 잘하면, 이해관계자가 정보를 공유하지 않아 발생하는 예기치 않은 지연의 위험을 줄일 수 있다. 하지만 이해관계자 관리에만 집중하면 프로젝트를 수행하는 직원들과 함께 일하면서 서로에게 배울 기회를 놓치기 쉽다.

테크리드는 여러 팀의 사람들과 다양한 분야의 이해관계자들과 교류한다. 이는 환상적인 기회다. 그들의 전문 영역, 분야, 비즈니스의 일부분을 살펴보자. 5부에서 다루겠지만, 비즈니스에 대한 이해는 스태프 직급에게 매우 중요하다. 테크리드는 매일 이해관계자들과 함께 일하며 실무에서 다양한 정보를 배울 수 있다.

이해관계자와의 협력을 최대한 활용하고 서로 배우는 방법을 소개하겠다.

- **비즈니스에서의 역할을 물어보자.** 담당 업무는 무엇인지, 해당 분야가 회사에 어떻게 기여하는지, 팀의 목표는 무엇인지, 최근의 성과는 무엇인지 물어보자.
- **어떤 어려움이 있는지 물어보자.** 공동 작업 중인 프로젝트와 관련이 없더라도 어려운 문제는 무엇인가? 그들이 가진 가장 큰 과제를 공유해줌으로써 많은 것을 배울 수 있다.
- **공동 작업 중인 프로젝트 외에 업무를 물어보자.** 다른 프로젝트는 어떤 것에 참여하고 있는가? 마지막으로 기여한 제품은 무엇인가?
- **스몰 토크를 하자.** 특히 오랜 기간 함께 일했다면 상대방에 대해 더 잘 알 기회다. 입사 전에는 어떤 일을 했는지, 취미는 무엇인지, 직장 내 또는 직장 밖에 공통 관심사가 있는지 물어보자.
- **커피나 점심을 같이 먹는 것을 고려하자.** 경우에 따라서는 점심을 먹으며 더 많이 알아볼 기회를 가져도 좋다.
- **팀 회의를 일회성으로 참관할 수 있는지 물어보자.** 테크리드로서 다른 팀의 회의에 참여하면 크게 두 가지 이점이 있다. 첫째, 회의 진행 방식에 대한 새로운 아이디어를 얻고 회의의 역학 관계를 관찰할 수 있다. 둘째, 완전히 이해하지 못했던 많은 이야기를 들을 가능성이 높다. 다른 팀의 작업 내용과 그 작업이 중요한 이유를 자세히 알아보고 지식과 이해의 폭을 넓힐 기회다.

이해관계자에게서 배울 때 장점은 직장에서 이해관계자를 더 잘 상대할 수 있게 된다는 것이다. 이해관계자가 하는 일, 영역, 과제를 이해하면 공감대를 형성할 수 있고, 이해관계자가 이해할 용어로 프로젝트에 대한 세부 사항을 표현하기가 쉬워진다.

이해관계자로부터 배우려면 원격 환경보다 직접 대면하는 것이 훨씬 쉽다. 원격으로 작업할 때는 자신의 의도를 훨씬 더 솔직하게 밝히고 보다 집중적인 세션 일정을 잡는 것이 도움이 된다. 다음은 소프트웨어 엔지니어이자 엔지니어링 매니저인 존 크리켓(John Crickett)[29]의 효과적인 접근 방식이다.

---

[29] https://www.linkedin.com/in/johncrickett

근무지가 다르다면 그 사람들에게 미팅 초대장을 보내세요. 나는 이렇게 보냅니다.

'안녕하세요 X님, 저는 최근에 [~~조직]에 입사한 존입니다. 맡고 계신 비즈니스 영역에 대해 더 자세히 알아보기 위해 만나 뵙고 싶습니다. 가능하다면 15분만 시간을 내주시면 정말 감사하겠습니다. 캘린더에서 한가한 시간을 골라 보았지만 불편하다면 다른 시간을 제안해 주세요. 감사합니다. – 존'

좀 더 세심하게 지역과 프로젝트 이름도 추가하는 것도 좋습니다. 이런 요청을 지금까지 아무도 거절하지 않았고 대부분은 이런 미팅을 더 많이 또 더 길게 하는 것도 선호했습니다.

저는 언제나 제시간에 통화를 시작하며, 대화를 원활하게 진행하도록 질문 목록을 작성합니다. 기본 질문으로는 '팀에서 어떤 작업을 하고 계시나요?', '현재 가장 큰 도전 과제는 무엇인가요?', '저와 제가 속한 팀이 어떻게 도와드릴 수 있을까요?' 등이 있습니다.

19 팀 구조
Team Structure

테크리드는 팀의 역동성과 프로세스를 형성하는 데 막대한 영향력을 행사할 수 있다. 그렇다면 이러한 영향력을 활용해 건강하고 잘 작동하는 구조를 어떻게 만들 수 있을까?

19.1 직함과 역할

팀은 어떻게 운영되며 누가 어떤 책임을 맡을까? 궁극적으로 팀의 매니저는 이러한 사항을 명확히 할 책임이 있다. 테크리드는 자신의 역할과 동료 팀원들의 역할이 어떻게 정의되고 팀 전체에서 어떻게 분담되는지 이해해야 한다.

직함과 역할의 차이점

직함은 그 소유자에게 합리적인 기대치를 부여한다. 예를 들어, '신입 소프트웨어 엔지니어'라는 직함을 가진 사람에게 프로젝트에 숨겨진 위험을 발견하길 기대하지 않지만 '시니어 엔지니어'라는 직함을 가진 사람에겐 기대한다. '스태프 엔지니어'라는 직함을 가진 사람은 당연히 찾아낼 거라 기대한다.

역할은 팀에서 맡은 특정 작업의 '프로젝트 리드', 특정 기능 담당자, 회의 진행자 등 임시직인 경우가 많다.

'테크리드'를 직함이며 역할로 사용하는 기업

일부 직장에서 테크리드는 시니어 엔지니어 다음 직급이자 직함이다. 팀 전체의 주요 이니셔티브를 이끌고 다른 엔지니어링 팀과의 연락 창구가 되는 것은 당연한 일이다. 다른 회사에서 '테크리드'는 '프로젝트 리드' 또는 '엔지니어링 리드'와 같은 의미이다. 이러한 기업에서 '테크리드'의 의미는 직함 이상의 역할을 수행하며 장기적인 프로젝트 또는 제품의 일부를 맡는다는 말이다. 예를 들어 체크아웃 담당 테크리드는 엔지니어링 리더일 가능성이 높다.

역할은 명시적일 수도 암묵적일 수도 있다

역할이 명시적으로 설정되면, 혼동을 피하기 위해 팀 구성원들에게 직접 전달된다. 프로젝트의 리더와 기능 관련 연락 담당자, 이번 온콜 담당이 누구인지 명확하게 알 수 있다.

명확한 역할이 있는 팀이라면 다음과 같이 정할 수 있다.

- 프로젝트 제노 리드: 샘
- 이번 주의 지원 엔지니어: 밥(매주 순환)
- 이번 주의 온콜 엔지니어: 에바
- 프로젝트 이해관계자를 위한 연락 담당자: 세라

실제로는 역할이 암묵적으로 정해지는 경우도 많다. 엔지니어들은 스스로 특정한 역할을 맡는 일이 많고, 이러한 역할이 널리 전달되지 않을 수도 있다. 이러한 접근 방식은 의사소통이 원활한 팀에서는 잘 작동하지만, 암묵적으로 부여한 역할은 경우에 따라 혼란을 야기하기도 한다.

- 두 팀원이 서로 자기가 프로젝트 리드라고 생각하는 경우
- 팀원들이 자신이 기능이나 프로젝트의 연락 담당자라고 생각해 다른 사람과 상의하지 않고 결정을 내리는 경우

- 팀원들이 릴리즈 전 부하 테스트와 같은 영역을 다른 사람이 담당하고 있다고 생각하고 아무도 이 중요한 작업을 하지 않는 경우

어떤 역할을 명시적으로 정할지 결정하기

테크리드는 자신의 역할부터 시작해 팀 내의 어떤 역할이 명시적이고 어떤 역할이 암시적인지 파악해야 한다. 최소한, 매니저가 테크리드에게 기대하는 바가 무엇인지 명확히 파악하자.

연습하자. 매니저 및 팀원들과 이야기를 나누면서 팀의 역할을 정리하고 나열해 보자. 누가 어떤 역할을 맡고 있는지, 역할이 겹치지는 않는지, 역할에 대한 혼란은 없는지, 겹치는 부분으로 인해 갈등이 발생하지는 않는지 살펴보자.

아무리 작은 프로젝트라도 프로젝트 리드의 역할을 팀원 전체에게 명확히 하면 언제나 좋은 효과를 불러온다. 이렇게 하면 프로젝트를 이끄는 사람에게 책임감을 부여하고 다른 팀원들에게도 명확성을 부여한다. 프로젝트가 많은 팀에는 모든 사람이 프로젝트를 이끌 기회가 있다.

19.2 팀의 프로세스

팀은 어떤 프로세스를 갖추어야 할까?

이 질문으로 일을 시작해서는 안 된다. 프로세스는 팀이 존재하는 이유가 아니라 일을 완수하기 위해 존재한다. 프로세스는 도움이 되기도 하지만 방해가 되기도 한다.

팀이 성장함에 따라 더 나은 운영, 더 빠른 출시, 더 높은 품질로 더 안정적으로 출시하는 방법, 더 빠르게 반복하는 방법에 대한 교훈을 얻는다. 이러한 교훈을 바탕으로 팀은 엔지니어가 속도, 품질, 안정성, 고객 서비스 및 비즈니스와 관련된 목표를 달성하는 데 도움이 되는 방법론과 프로세스를 마련하게 된다.

코드 리뷰 및 테스트와 같이 일반적으로 통용되는 엔지니어링 방법론이 있듯이, 엔지니어링 팀에 도움이 되는 프로세스가 있다. 하지만 모든 프로세스가 도움이 되는 것은 아니다.

온콜 로테이션 같은 프로세스가 실제로 고충을 해결하는지 아는 가장 좋은 방법은 직접 경험하는 것이다. 추천하는 일반적인 팀 프로세스를 선별해 다음과 같이 작성했다. 이런 프로세스를 팀에서 사용하도록 추가하면 필요에 따라 적용할 수 있다.

계획

- 브레인스토밍 세션
- 디자인, 비즈니스 등 다른 분야 이해관계자들의 기획 과정에 엔지니어링 팀 참여
- 프로젝트 킥오프
- 디자인 문서/의견 요청(RFC)
- 아키텍처 결정 기록(ADR)

구현

- 프로토타이핑
- 코드 리뷰
- 자동화된 테스트
- 지속적인 통합(CI)
- 의사결정 사항 문서화

릴리즈

- 지속적인 배포(CD)
- 릴리즈 계획
- 기능 플래그 및 실험

- 제품, 규정 준수, 보안 등 이해관계자와의 서명 작업
- 고객 피드백 수집
- 카나리아 출시 및 자동화된 롤백

유지 관리

- 온콜 프로세스
- 엔지니어링 지원
- 사고 리뷰
- 인프라 및 플랫폼 개선
- 기술 부채 해결, 인프라 개선과 같은 제품 개발 외의 기간

엔지니어링 생산성

- 팀 회고
- 기술 부채 처리
- CI/CD, 유용한 스크립트 등과 같은 효율적인 도구에의 투자
- 회의 횟수 줄이기
- 회의 없는 날

팀 건강

- 팀 이벤트 및 야외 행사
- 아이스크림 먹는 날 같은 자발적인 팀 이벤트. 원격 근무하는 팀의 경우, 모두가 함께 모이는 이벤트 또는 가상 공간에서의 재미있는 이벤트 개최
- 팀 및 개인 성과 축하하기

프로세스는 더하지 말고 줄이자

많은 팀은 시간이 지날수록 새로운 프로세스를 도입한다. 결국 팀은 실수를 하고,

실수를 통해 배우고, 앞으로 같은 실수를 하지 않기 위해 새로운 프로세스를 도입한다. 테크리드는 중복 프로세스를 제거하는 데 적합한 권한을 가진 사람이다. 효율적인 엔지니어링 팀일수록 민첩하고 기본적으로 프로세스가 적은 경향이 있다.

가치가 의심스러운 프로세스가 보이면 제거를 고려하자. 시간과 노력이 많이 드는 프로세스가 있다면 부분적으로 또는 전체적으로 자동화할 수 있는 방법을 찾자. 프로세스는 결코 목표가 돼선 안 된다. 팀에 어떤 프로세스를 마련해야 하는지 묻지 말고, 어떻게 해야 팀이 더 빠르고 효율적으로 업무를 처리할 수 있는지 물어보자!

프로세스를 변경할 경우 매니저의 동의를 얻어야 할 때도 있다. 모두가 효율적으로 일할 공간을 만드는 것이 테크리드의 역할 중 하나이므로 매니저는 이러한 주도적 활동을 지지할 가능성이 높다. 어수선한 프로세스를 정리하면 생산성과 사기가 올라갈 것이라고 설명하자.

19.3 팀의 집중력 향상

테크리드의 또 다른 주요 역할은 팀원이 할 일에 집중하도록 돕는 것이다. 사람들이 잉뚱한 일에 집중하거나 계속 산만해지면 기대되는 성과를 낼 수 없다.

팀이 집중하는 데 필요한 우선순위가 무엇인지, 프로젝트의 우선순위가 무엇인지, 가장 중요한 일이 무엇인지, 다음에 할 일이 무엇인지 등을 명확히 하자.

할 일에 집중하는 방법은 이를 기록해두고 매니저에게 자주 확인하는 것이다.

반복적인 확인이 도움이 될 때가 많으므로 팀원들에게 자주 할 일을 상기시키자. 예를 들어, 주간 스탠드업 회의에서 현재 단계의 핵심 사항을 요약하자. 더 자주 상기시키면 새로 합류한 사람, 경험이 적은 동료, 주의가 산만해지기 쉬운 사람들에게 도움이 되기도 한다.

갑작스러운 초점 변경 쳐내기

갑작스럽게 팀 최우선순위 업무가 변한다면 상부에서 내려온 지시라도 저항해야 한다. 초점을 자주 바꾸면 팀 전체의 분위기나 역량에 좋지 않은 영향을 끼친다. 훌륭한 테크리드는 팀을 건강하게 유지하도록 노력해야 한다. 매니저나 이해관계자가 팀의 최우선순위를 변경하려는 경우 몇 가지 방법으로 저항할 수 있다.

- **영향**: 새 작업이 끼치는 영향의 정도에 대해 물어본다. 영향력이 불분명하면 시작하지 말자. 결국, 가치가 모호하거나 영향력이 팀의 최우선순위로 업무보다 낮은 작업을 팀이 왜 하려고 하겠는가?

- **사양서**: '왜'와 '무엇을'에 대한 답변이 담긴 작업 사양서를 요청하자. 제품 요구사항 문서^{product requirements document} (PRD) 또는 요약본에 그 작업이 미칠 영향을 포함해야 한다. 팀의 업무를 변경하려는 사람이 문제를 일관성 있게 설명하지 못하면, 팀은 정당한 이유 없이 업무에 지장을 받아 어떻게 할지 파악하는 데 며칠을 허비할 가능성이 높다. 자세한 사양이 없다면 작업을 거부하자. 사양을 공동 작성할 수도 있지만, 이 단계를 건너뛰면 나중에 작업이 낭비될 위험이 있으므로 모든 이해관계자가 서명할 때까지는 작업을 시작하지 않겠다는 점을 분명히 하자.

- **엔지니어링 계획 및 실현 가능성**: 사양이 명확하고 새로운 작업이 왜 중요한지, 어떤 영향을 미칠지, 무엇을 해야 하는지 안다고 가정하더라도 팀이 기본적인 엔지니어링 계획과 예측을 할 때까지 작업을 시작하지 말자. 작업이 비실용적인 결과로 이어질 수 있다. 또한 며칠이면 끝날 거라 생각한 프로젝트가 몇 달이 걸릴 수도 있다.

- **콘텍스트 전환에 따른 비용의 명확한 파악**: 이해관계자, 다른 팀 또는 매니저가 팀에 지금 당장 새로운 작업을 요청할 때, 팀원들은 전체 콘텍스트 전환에 따른 실제 비용을 모르는 경우가 많다. 팀이 지금 하는 작업을 중단하고 새로운 작업을 시작하는 데는 시간이 걸린다. 보통 며칠이 걸리지만 현재 업무의 복잡성에 따라 더 오래 걸릴 수도 있다. 업무를 중단하라는 지시를 받으면 팀의 사기는 확실히 떨어진다.

- **팀 전체가 방해받지 않으면서 작업을 진행할 대안 제시**: 영향과 '왜'와 '무엇을'이 명확하고 엔지니어링 업무 투입량도 대략적으로 추정된다고 가정할 때, 팀 전체가 하던 일을 중단하지 않을 대안을 제시하자. 메인 프로젝트를 마무리하는 사람이 새 작업을 맡을 수 있을까? 현재 프로젝트가 끝날 무렵에 작업을 시작할 수 있을까? 새 작업에 더 많은 사용자 피드백이 필요하거나 이해관계자의 이견을 먼저 정리해야 하는가?

내 경험에 따르면, 매니저나 이해관계자가 요청하는 바로 처리해야 할 급한 업무는 지나치게 모호하거나 영향이 불분명하며 급한 근거도 확실하지 않을 가능성이 높다. 테크리드는 역할에 맞게 경계를 늦추지 말고, 팀이 현재 업무에 방해받지 않도록 신중해야 한다.

그런 일을 한 번쯤 수락해도 괜찮다고 합리화할 수 있다. 하지만 다음에 다른 방해가 있을 것이고, 그다음에는 또 다른 방해가 있을 것이다. 미끄러운 경사면이나 다름없다. 따라서 팀을 보호하는 울타리를 빨리 설치할수록 모두가 더 나은 결과를 얻을 수 있다.

20 팀 내 역학
Team Dynamics

테크리드는 건강한 팀을 만들고, 사기를 높이고, 갈등을 해결하는 등 팀의 역학관계를 형성할 폭넓은 영향력을 가지고 있다. 그렇다면 이러한 영향력을 활용해 건강하고 잘 작동하는 팀을 어떻게 만들까?

20.1 건강한 팀

건강한 팀을 만드는 요소는 뭘까? 좋은 성과를 내는 팀에서 일관되게 관찰한 특징은 다음과 같다.

명확성

건강한 팀에서는 팀의 존재 이유와 목표, 목표 달성을 위한 방법이 명확하다. 명확성은 테크리드, 엔지니어링 매니저, 프로덕트 매니저 같은 리더십에서 시작된다. 이들은 팀원들과 지속적으로 소통하며 명확성을 쌓아나간다.

명확성을 확인하는 쉬운 방법은 엔지니어에게 팀의 목표가 무엇인지, 왜 이러한 목표가 존재하는지 물어보는 것이다. 모든 사람이 거의 같은 대답을 한다면 명확하다고 볼 수 있다. 그렇지 않다면 다른 대답을 하는 이유를 물어보자.

실행력

팀은 '업무를 완수'한다. 즉, 프로젝트, 기능, 제품 및 서비스를 출시해 이해관계자에게 선보인다.

엔지니어로서 '업무를 완수한다'는 말의 의미는 1부에서 살펴봤다. 그리고 업무를 완수하려면 업무와 소통이 적절히 조합돼야 한다고도 설명했다. 건강한 팀 역시 마찬가지다. 테크리드의 역할은 팀이 좋은 성과를 내도록 돕고 조직의 이해관계자가 성과를 알도록 만드는 것이다.

높은 사기

건강한 팀은 사기가 높고 구성원은 긍정적인 마음으로 출근한다. 높은 사기를 나타내는 몇 가지 지표는 다음과 같다.

- **적극적인 팀원**: 각 구성원이 업무에 성실히 임하고, 아이디어를 내며, 서로를 돕는다.
- **상호 지원**: 구성원끼리 동료애가 넘치고 필요할 때 서로를 돕는다.
- **낮은 이탈률**: 기회가 있어도 팀을 떠나는 팀원이 거의 없다.
- **긍정적인 분위기**: 팀에 좋은 에너지가 흘러, 구성원들은 업무를 완수할 동기를 얻는다.

건강한 소통

예의를 지키는 건설적인 의사소통은 건강한 팀의 기본이다. 사람은 어려운 상황에서도 서로를 존중한다. 의사소통은 개방적이고 서로를 존중하며 엔지니어, 엔지니어링 매니저, 프로덕트 매니저 및 기타 핵심 구성원 간에 신뢰가 필요하다.

모든 팀에는 갈등이 존재하지만, 건강한 팀에서는 갈등이 건설적인 결과로 이어진다. 사실, 정말 '심각한 문제'는 없다. 모두 빠르게 해결할 수 있다.

팀원들은 더 나은 해결책을 위해 서로에게 열린 자세로, 정중하고 건설적인 태도로 의견을 제시한다. 예를 들어, 코드 및 디자인 리뷰에는 잘못을 따지지 않고 유용한 내용을 담은 피드백을 전달한다.

참여도가 높은 팀

모두가 팀에 기여하고 계획과 업무 자체에 참여한다. 소외되거나 다른 사람보다 현저히 적은 일을 하는 사람이 없다. 주니어 멤버와 신입 멤버도 참여할 수 있다. 팀원들은 자신의 모습을 있는 그대로 드러내도 안전하다고 느끼며, 다른 사람 앞에서 자신을 드러낼 만큼 편안하다.

20.2 건강하지 않은 팀

건강하지 않은 팀의 정의는 건강한 팀의 정의와 반대이다. 건강하지 않은 팀의 지표는 다음과 같다.

- 명확성 부족
- 실행력 부족
- 비건설적인 갈등 처리
- 소통과 신뢰의 부재
- 건설적이지 않은 피드백
- 심리적 안정감 부족
- 팀원 중 일부만 기여

팀이 건강하지 않게 되는 일반적인 이유를 살펴보겠다.

팀이 건강하지 못한 이유와 이를 해결하는 방법

부실한 매니지먼트. 이는 주관적인 경우가 많지만 매니저가 팀의 역학관계를 너무 오래 방치하거나, 특정 팀원을 편애하거나, 각 팀원에 대한 기대치가 일관되지 않거나, 편견에 지나치게 영향을 받게 두거나, 지나치게 세세하게 관리하는 등 여러 이유가 있을 수 있다.

관리가 제대로 이뤄지지 않는다는 사실은 쉽게 알아차릴 수 있다. 팀원들끼리 서로 불편했던 일을 자주 이야기해 귀에 들어오게 된다. 물론 이를 바꾸기란 어렵다. 매니저가 피드백에 개방적이라면 테크리드로서 매니저가 문제를 해결할 건설적인 방법을 공유할 수 있다. 하지만 건전한 매니지먼트 관행을 정착시키는 건 궁극적으로 팀 매니저의 책임이므로 신중하게 접근해야 한다.

팀 내의 '똑똑한 문제아'. 경험 많은 엔지니어가 '문제아' 역할을 하면 팀에 부담을 준다. 특히 매니저가 이 사람을 전문성 때문에 보호한다면 더욱 위험하다.

똑똑한 문제아는 팀의 사기와 역학 관계를 해친다. 만약 이러한 상황을 발견하면 방치하지 말고 처리해야 한다. 그 팀원에게 피드백을 주고, 효과가 없다면 당신보다 더 많은 수단을 가진 매니저와 함께 해결책을 모색해야 한다.

팀원들의 기술 부족. 팀원들의 기술 지식이나 경험이 부족하면 성과가 저조할 수 있다. 예를 들어, 대부분의 팀원이 Go 언어에 대한 경험이 부족한 상황에서 Go 언어 기반 코드베이스로 작업하는 경우도 있을 수 있다.

테크리드는 다른 사람을 지도하고 멘토링하거나 교육에 투자할 수 있다. 필요한 기술이 부족하다면 숙련된 엔지니어로서 이를 습득하지 않을 이유가 없다. 시간이 걸림돌이 되더라도 팀에 전문 지식이 필요하다면, 근무 중이라도 시간을 내 기술을 습득하자. 이 지식의 우선순위가 높으므로 먼저 허락을 받지 않더라도 능동적으로 학습을 진행하자.

피드백이 부족하거나 의미 없는 피드백. 팀원들이 피드백을 공유하지 않으면 자신의 행동이 다른 팀원에게 어떤 영향을 미치는지 알지 못한다. 피드백이 지나치게 일반적이어서 해결해야 할 문제를 지적하지 않는 경우도 마찬가지다.

모두가 피하는 '똑똑한 문제아'가 속한 팀에서 일한 적이 있다. 나중에 안 사실이지만 아무도 이 사람에게 피드백을 주지 않았다. 나중에 이 사람은 한 동료의 피드백을 받고 행동이 바뀌었다. 매니저가 직속 부하 직원에게 피드백을 제공하지 않을 이유는 없지만, 테크리드는 어떤 팀원의 행동이 팀에 부정적인 영향을 주면 이를 인식하도록 건설적인 피드백을 제공할 수 있다.

불분명한 방향성. 방향과 목표가 자주 바뀌거나 불명확한 팀은 혼란스럽고 건강하지 못한 팀일 가능성이 높다. 테크리드는 팀과 프로젝트의 방향을 명확히 하고 혼란을 최소화해야 한다.

모두 바쁜데 진도는 안 나가는 상황. 정말 열심히 일하는데도 성과가 거의 없는 팀이 있다. 이런 팀은 보통 문제를 해결하느라 바쁘고, 운영 상태 유지$^{\text{keep the lights on}}$(KTLO)를 위해 엄청난 양의 작업을 한다. 이해관계자들은 짜증을 내고 팀이 게으르다고 생각하겠지만, 실상은 그 반대이다!

팀이 수렁에 빠지고 있다면 테크리드로서 경영진에게 이 상황에 대한 문제를 제기하고 벗어날 계획을 세워야 한다. 제품 작업을 잠시 중단하고 KTLO에서 벗어날 방법을 찾거나, 더 이상 팀이 관리할 필요가 없는 시스템의 관리를 다른 팀에 넘겨주는 등 여러 방법이 있으므로 팀의 엔지니어링 및 제품 리더십과 함께 머리를 맞대고 이 악순환을 끊을 방법을 찾자.

팀이 수렁에 빠졌을 때 효율적인 해결책 하나는 진행 중인 작업량을 제한하는 것이다. 엔지니어링 임원인 윌 라슨$^{\text{Will Larson}}$은 『안녕하세요, 오늘부터 매니저입니다』(길벗, 2023)[30]에서 이렇게 제안한다.

> 모두 바쁜데 진도는 안 나가는 상황의 시스템적인 해법은 더 많은 작업을 완료하기 위해 팀의 노력을 통합하는 프로세스를 추가하는 것입니다. 즉 기술 부채를 줄이는 작업을 시작할 수 있을 때까지는 진행 중인 작업을 제한하는 등 동시에 진행되는 작업을 줄여야 합니다. 전술적으로는 사람들이 생산성을 개인적 관점에서 팀 관점으로 전환하도록 돕는 데 초점을 맞춰야 합니다.

과도한 콘텍스트 전환. 대부분의 팀원이 한 번에 여러 가지 일을 하는 팀은 제대로 해내는 일이 거의 없고 심지어는 제대로 해내지 못하는 경향이 있다. 이는 모두 바쁜데 진도는 안 나가는 상황의 일종이지만 쉽게 눈에 띈다.

테크리드로서 팀원들이 어떤 일을 하는지 파악하자. 대부분의 팀원이 한 번에 여

---

[30] 옮긴이_ 『An Elegant Puzzle』(Stripe Press, 2019)

러 가지 중요한 일의 균형을 맞추는 것을 관찰하면 우선순위를 정하는 데 도움을 주고, 팀원들이 우선순위가 가장 높은 작업에 집중하도록 지원하자. 새로운 일을 시작하기 전에 어떤 일을 마무리하는 것도 도움이 된다.

너무 많은 프로세스. 팀이 너무 관료주의적으로 운영되면 코드 변경이나 새로운 도구 사용과 같은 간단한 일에도 큰 노력을 기울여야 하는 것처럼 느껴질 수 있다. 이는 팀의 효율과 사기를 떨어뜨리고 더 많은 인력 이탈을 초래할 수 있다.

테크리드는 불필요한 프로세스를 없애고 관료적인 절차를 줄일 권한을 가진 강력한 위치에 있다. 또한 팀원들에게 어떤 프로세스를 따라야 하는지 교육할 수 있다. 테크리드가 프로세스를 단순화하거나 자동화하려는 데 막을 사람이 있을까?

지루하고 시간이 많이 걸리는 수동 프로세스를 개선하자. 세계에서 가장 큰 기술 기업은 부실한 프로세스로 엔지니어를 괴롭히지 않는다. 애플, 마이크로소프트, 아마존은 엔지니어링 프로세스를 자동화하는 데 많은 시간, 노력, 비용을 투자한다. 우리도 프로세스를 자동화하는 계획을 추진할 수 있다!

프로세스의 부족. 프로세스가 너무 많다고 좋은 것은 아니지만, 팀에 경험이 부족한 엔지니어가 있다면 프로세스가 전혀 없는 것도 일을 어렵게 만든다. 이러한 팀에 속해 있다면 기본적인 가드레일을 설치하고 팀이 성장함에 따라 제거하는 편이 좋다.

자동화된 가드레일은 수동 가드레일보다 따르기 쉽고 내구성이 뛰어나지만, 수동 가드레일이 더 설치하기 쉽다. 예를 들어, 팀원 대부분이 테스트 작성을 건너뛰어 버그가 계속 발생한다면 첫 번째 단계로 비즈니스 로직을 변경하는 모든 코드에 자동화된 테스트를 구현할 수 있다.

또는 풀 리퀘스트의 코드 커버리지를 확인하고, 풀 리퀘스트로 인해 테스트 커버리지가 감소할 때 자동 경고를 추가하는 자동화를 CI 시스템에 추가할 수도 있다. 리뷰어가 경고를 무시할 수도 있지만, 팀이 이 영역에 집중하기 원한다면 이러한 자동화를 통해 테스트를 소홀히 하기는 더 어려워질 것이다.

많은 기술 부채. 기술 부채를 너무 오랫동안 해결하지 않으면 기능을 수정하거나 시스템을 사소하게 변경하는 것과 같은 간단한 작업도 시간이 오래 걸리거나 시스템이 손상되어 문제를 해결하는 데 더 많은 시간이 드는 경우가 있다. 기술 부채가 너무 많은 팀은 점점 취약해지는 시스템을 처리하기 어려워진다.

팀이 어려움을 겪는 구조적인 이유

테크리드가 팀을 건강하지 못하게 만드는 상황을 바꾸기 위해 할 수 있는 일이 거의 없을 때가 있다.

너무 많은 인력이 이탈한 경우. 단기간에 너무 많은 사람이 퇴사하거나 핵심 지식과 기술을 가진 사람이 퇴사해 공백이 생기는 상황이다. 그저 운이 없을 수도 있고, 기업 차원에서 또는 엔지니어링 관리에서 심각한 문제가 발생하는 등 인력 이탈의 원인은 다양하다. 인력 이탈이 급증하면 팀이 이전과 동일한 업무량이나 품질을 제공할 수 없으므로 기대치를 재협상하는 것이 가장 현명하다.

신규 팀원이 너무 많은 경우. 역설적으로 팀에 새로운 팀원이 유입되면 온보딩으로 실행 속도가 느려진다. 새로 합류한 사람이 열정적으로 프로젝트에 참여하면 속도는 빨라지겠지만, 실수를 반복하고 이를 통해 시스템을 익히는 동안 일시적으로 생산성이 떨어질 수 있다.

주니어가 많은 팀. 실행 경험이 부족한 팀은 어려움을 겪는다. 테크리드는 팀의 기술과 경험을 향상하기 위해 많은 일을 할 수 있지만 하루아침에 끝나지는 않는다.

2인 협업을 하고, 결과를 리뷰해 피드백을 주거나(코드 리뷰가 더 중요해지는 경향이 있음), 경험이 많은 엔지니어를 단기간 투입해 팀의 수준을 높이도록 주는 도움을 주고, 직접 도와줄 시간이 부족하면 엔지니어가 다른 사람에게 멘토링을 받도록 소개할 수도 있다.

갑작스러운 방향 전환. 팀이 예기치 않게 방향을 바꾸면 대체로 실행 속도가 떨어진다. 방향을 전환하면 팀이 이전 작업을 마무리하고 새로운 접근 방식을 계획해야 한다. 테크리드는 이해관계자 및 경영진에게 팀이 재정비를 위해 숨을 고르는 시간이 있어야 실행 속도가 다시 정상 궤도에 오른다는 점을 설득해야 한다.

20.3 성장통을 겪는 팀

겉보기에는 건강해 보여도 숨겨진 문제가 커지는 팀도 있다. 이러한 문제를 해결하지 않으면 팀의 건강도가 하락할 수 있다. 성장통에는 다음이 포함된다.

조용한 갈등과 뒷담화

팀원들 사이에 갈등이 없고 의사소통이 원만하게 이루어지는 것처럼 보인다. 하지만 수면 아래에서는 소리 없는 갈등이 일어나고 파벌이 형성된다. 팀 매니저는 물론 일부 팀원조차도 이 사실을 잘 모를 수 있다. 갈등이 오래 지속될수록 생산성에 더 큰 타격을 준다.

테크리드가 이러한 문제를 발견하면 이를 처리하는 데 가장 적합한 권한을 가진 매니저에게 알리는 것이 좋다. 하지만 매니저에게만 의존하지 말고, 자신의 판단력과 상대방에 대한 신뢰를 활용해 당사자와 문제를 해결하려고 노력하자.

소리 없이 커지는 실행 문제

팀은 열심히 일하고 있지만 점점 더 힘들어진다. 기술 부채가 빠르게 증가하고, 제품 업무보다 운영 업무가 많아지고, 팀원들이 번아웃에 가까워지는 등 여러 이유가 있다.

테크리드는 이러한 문제가 확산되어 팀 성과를 저해하기 전에 가장 시급한 문제부터 해결해 문제를 완화해야 한다.

눈에 띄지 않지만 잘한 업무

일부 팀원은 종종 팀 외부에서 훌륭한 업무를 수행한다. 하지만 매니저는 이러한 팀원의 추가 업무를 인정하지 않을 뿐만 아니라 이러한 팀원이 다른 팀원보다 생산성이 떨어진다고 생각한다.

테크리드로서 팀원들이 하는 일을 잘 이해하는 것을 목표로 하자. 팀 외부에서도 좋은 성과를 인정받도록 하자. 테크리드는 팀원들의 눈에 띄지 않는 업무에 빛을 비추는 가장 좋은 위치에 있으므로 영향력을 발휘하자!

증가하는 퇴사 위험

팀원이 팀을 떠나려고 할 때 팀원들은 알아도 매니저는 전혀 모르는 경우가 종종 있다. 이 사실을 알게 되면 어떻게 해야 할까? 매니저에게 말해야 할까, 아니면 침묵해야 할까?

해당 팀원이 퇴사하지 않을 가능성이 있기 때문에 상당히 민감한 문제다. 다른 곳에서 기회를 찾는 근본적인 원인을 파악하고, 가능하다면 그 이유를 해결하기 위해 대화를 시도하길 추천한다. 이직의 동기가 금전적인 이유라면 테크리드로서 할 수 있는 일은 많지 않다. 하지만 계속되는 달리기에 탈진 직전의 상태라면 팀 전체에 도움을 줄 방법이 있을 것이다.

충분한 도전 거리가 없는 시니어 중심의 팀

드물게는 팀에 연차가 높은 사람이 많은데 도전이 부족한 경우도 있다. 이러한 팀에서는 '사공이 많아 배가 산으로 가는' 상황이 발생하거나, 영향력 있고 흥미로운 프로젝트에 참여할 기회를 놓고 갈등이 벌어지기도 한다. 특히 엔지니어들이 서로 같은 자리로 승진하겠다는 야망을 가지고 있다면, 프로젝트의 수행과 영향력을 인정받으려는 욕구가 맞물려 역학 관계가 더욱 복잡해진다.

성과 관리는 테크리드의 책임이 아닌 경우가 많지만, 담당 매니저에게 이러한 문제를 제기하는 것이 현명하다.

20.4 팀 역학 관계의 개선

테크리드는 팀 내 개별 기여자 중에서 역학 관계를 개선하기에 가장 좋은 위치에 있다. 가장 경험이 많은 사람일 가능성이 높고 이미 일부 프로젝트를 지휘해 비공식적인 권한이 있을 수 있다. 다음은 팀 역학 관계를 개선하기 위해 자신의 지위를 활용하는 방법이다.

먼저, 관찰하자

팀의 역학 관계부터 관찰하자. 특히 팀에 새로 합류했다면 바로 무언가 '고치려고' 뛰어들지 말고 우선 팀이 돌아가는 방식을 파악해야 한다. 건강하지 않은 것 같은 영역은 어디이고, 정말 건강하지 않은 부분은 무엇인가?

연습 삼아, 이 장의 앞부분에 나온 건강한 특성과 건강하지 않은 특성 목록을 만들어 팀에 적용하자. 어떤 점이 보이는가? 팀의 가장 좋은 점 세 가지와 개선이 필요한 영역 세 가지를 기록하자.

또는 모두가 잘 진행한다고 생각하는 부분과 개선할 부분을 회고하는 팀 활동을 진행하는 것도 좋다.

팀원들과 개인적으로 대화를 나누면 상황을 더 잘 파악할 수 있다. 엔지니어링 매니저는 정기적으로 일대일 미팅을 통해 직속 상사와 대화하고 실제 상황을 파악한다. 사람은 사적인 자리에서 더 솔직해지는 경향이 있다.

팀원들과 일대일 면담을 하는 것도 좋다. 매니저처럼 정기적으로 할 필요는 없지만 적어도 한 번쯤 하긴 추천한다. 사적인 자리에서 팀원이 무엇을 잘한다고 생각하는지, 무엇이 가장 어려운 문제인지 물어보자. 팀원들의 어려움과 여러 일을 바라보는 관점에 귀를 기울이자.

먼저 신뢰를 쌓으면 과정이 훨씬 더 쉽다. 지름길은 없지만 팀원들을 지지하고, 이타적인 방식으로 팀원들을 돕고, 신뢰를 저버리지 않는 것만으로도 큰 도움이 된다.

팀 역학 관계를 개선하자

가능하면 여럿이 모여 있는 그룹 환경에서 부정적인 상호작용을 줄이자. 회의 및 기타 모임 환경에서 역학 관계는 어떻게 형성되는가? 토론을 일부 사람들만 주도

하고 다른 사람은 구경만 하는가? 갈등은 공개적으로 발생하는가, 사적으로 발생하는가?

부정적인 역학 관계가 확인되면 그룹 환경에서 부정적인 상호작용을 제거할 조치를 고려하자. 예를 들어, 두 팀원 간의 논쟁이 뜨거워지면 고조된 감정을 낮추고 당면한 문제 해결에 집중해 논쟁을 진정시키는 것이 좋다. 즉 상급자로서 비전문적인 행동을 방관하면, 사실상 그런 행동을 지지하는 셈이다.

팀원들이 관련 토론에 참여하도록 격려하자. 두 가지 유형의 엔지니어링 팀을 생각하겠다.

1. A 팀: 숙련된 엔지니어가 다른 팀원의 참여 없이 결정을 내린다. 그런 다음 이러한 결정을 따라 계획을 만들어 제시한다.
2. B 팀: 숙련된 엔지니어가 제안서를 작성하고 다른 팀원을 직접 제안 과정에 참여시키거나, 자신의 논리를 제시해 팀원에게 제안이나 이의를 제기할 기회를 준다.

어느 팀이 더 효율적일까? 시간이 부족할 때는 경험이 적은 엔지니어의 의견이 덜 반영될 주제에 대한 논의 시간을 줄인 A 팀이 더 빨리 움직인다고 주장할 수 있다.

그렇다면 더 나은 역학 관계를 가진 팀은 어떤 팀일까? 나는 경험이 부족한 엔지니어를 포함한 모든 사람이 소속감을 느끼고 자신의 목소리를 낼 수 있는 팀이 더 건강한 역학 관계를 가진다고 말하고 싶다.

테크리드는 팀 문화를 A 팀이나 B 팀처럼 만들 수 있다. 경험이 적은 엔지니어를 참여시켜 의사결정 과정을 이해하고 의사결정에 기여하도록 해 효율에 대한 요구와 균형을 맞출 수 있다.

팀에서 가장 시급한 문제를 해결하거나 매니저에게 알려 답을 찾아야 한다. 팀의 상황을 파악하면 가장 시급한 문제를 파악하게 된다. 지나치게 독단적인 팀원, 방향성 부족 등 다양한 원인이 있을 것이다. 팀에 대한 신뢰와 권한을 활용해 해결책을 만들자. 어떤 경우에는 사람들과 대화를 나누거나 피드백을 제공해 문제를 해결할 수 있다. 솔선수범하는 것도 도움이 된다.

하지만 긴급한 문제를 바로 해결하지 못하는 경우도 있다. 팀 역학 관계에 대한 최종적인 책임은 매니저에게 있으니 문제를 해결할 방법이 없을 때는 매니저에게 알려 해결하자. 테크리드가 모든 문제를 해결할 수는 없다. 예를 들어, 성과에 문제가 있는 동료는 테크리드가 아니라 매니저의 문제다.

매니저에게 문제 목록을 제시하는 대신 해결책을 제안하는 편이 좋다. 또한, 갑작스럽게 문제를 제기해 매니저가 놀라게 하지 말자. 정기적으로 보고를 한다면, 발견한 문제를 일찍 알려 더 큰 문제로 발전하지 않도록 하자.

20.5 다른 팀과의 관계

건강한 팀은 내부적으로 건강할 뿐만 아니라 다른 팀과의 관계도 건강하다. 테크리드는 이러한 관계를 형성하는 데 영향력을 행사할 수 있다. 간단히 말해, 다른 팀의 엔지니어, 제품 담당자 및 이해관계자들과 생산적인 관계를 맺으면 팀의 업무 수행을 훨씬 더 잘 도울 수 있다.

다른 엔지니어링 팀과 더 잘 협력하는 전략은 12장 '협업 및 팀워크'와 22장 '협업'에서 다룬다. 여기에 기술된 조언과 더불어 다른 팀과 건강한 관계를 구축하는 접근 방식도 고려하자.

다른 팀의 엔지니어링 프로젝트 리드들과 교류하자. 동료 테크리드나 시니어 또는 스태프 엔지니어 같은 다른 프로젝트 리드와 점심 약속이나 업데이트 미팅을 잡자. 프로젝트가 어떻게 진행되는지, 무엇이 잘 진행되는지, 어떤 어려움이 있는지 논의하면서 팀에서 일어나고 있는 일을 공유하고, 가능하다면 상대방의 문제 해결을 돕겠다고 제안하자.

다른 팀의 엔지니어링 매니저나 프로덕트 매니저와 대화하자. 가끔은 자주 함께 일하는 팀의 매니저와 친해져도 좋다. 18.6절 '이해관계자에게서 배우기'의 조언을 따르자.

문제가 생기면 서면보다는 구두로 소통하자. 모든 팀은 다른 팀과 문제가 생긴다. 예를 들어, 약속한 API 변경이 실현되지 않았거나 그 팀이 관리하는 코드베이스의 일부를 수정한 풀 리퀘스트를 거부한 경우 등의 문제를 말한다.

이러한 충돌이 발생하면 해당 팀의 또 다른 엔지니어와 직접 또는 영상 통화를 통해 연락하자. 대화를 나누면 채팅이나 이메일과 같은 서면 커뮤니케이션 채널에서 발생할 오해를 피할 수 있다. 또한 모르는 사람과 대화를 나누면 당면한 문제를 해결하고 보다 개인적인 관계를 구축하는 데 도움이 된다. 대화는 다른 팀과의 관계를 강화하는 좋은 방법이다.

4부 | 핵심요약

테크리드는 한 번에 여러 가지 일의 균형을 맞춰야 한다.

- 프로젝트 또는 엔지니어링 팀 이끌기
- 팀원들의 역량 강화 및 막힌 문제 해결 지원
- 이해관계자, 제품, 심지어 매니저에게 최신 상황 정보 제공
- 코딩, 코드 리뷰, 온콜 등 개별 기여자(IC) 업무 수행에 대한 롤모델

이 모든 것의 균형을 맞추기는 쉽지 않으며 시간과 연습, 시행착오가 필요하다.

모범을 보이자. 팀원들은 표현하지 않더라도 테크리드가 모범을 보이기를 기대한다. 테크리드는 계획 수립, 코드 작성, 코드 검토에 참여하고, 온콜 순환 근무에 참여할 정도로 실무에 능숙해야 한다.

자동화된 테스트 없이 코드를 출시하는 등의 편법을 사용하거나, 빠르게 일하지만 자주 프로덕션 시스템에 장애가 나는 경우 팀의 분위기가 나빠진다는 점을 명심하자. 팀 전체에 높은 품질 기준을 유지하려면 가장 좋은 방법은 솔선수범해 고품질의 결과물을 만들어내는 것이다. 자신의 작업을 완수하고 스스로 막힌 부분을 뚫거나 고객과 대화하고 문제를 해결하는 문화를 조성하는 것도 마찬가지다.

또한 테크리드 직책에는 추가 책임이 있기 때문에 개별 기여자(IC) 업무에 할애할 시간이 줄어든다. 따라서 IC 작업을 할 시간이 있다면 최대한 활용해 좋은 결과물을 만들고, 품질이 팀이 수행하는 다른 업무의 기준이 되도록 하자.

최고의 테크리드는 자신이 다른 엔지니어보다 우월하다고 생각하지 않는다. 많은 회사가 '테크리드'라는 직함을 사용하지 않는 이유의 하나는 '리드'라는 단어가 추종자follower를 이끈다는 의미가 있기 때문이다. 하지만 내가 일해본 가장 생산적인 팀은 팀원 모두가 정당한 발언권을 가지고 있다고 생각하며, 직책이 일을 더 잘, 더 빠르게, 더 높은 품질로 하는 방법을 제안하는 데 방해가 되지 않는다는 공통점을 가지고 있었다.

테크리드는 스스로 필요할 때 주도권을 잡는 것과 모든 엔지니어가 주도권을 갖고 자신감을 가지고 결정을 내릴 환경을 조성하는 것 사이에서 균형을 잡아야 한다. 테크리드의 목표는 팀원들이 항상 리더에게 의지하고 리더의 결정을 따르도록 '리드'하는 것이 아닌, 팀과 프로젝트의 성공을 돕고 사람들이 최대한 효율적으로 일하도록 돕는 것이다.

팀원 각자가 더 독립적인 팀은 모두가 테크리드의 결정을 기다리는 팀보다 거의 항상 더 효율적이다.

자세한 내용은 4부의 온라인 보너스 챕터를 참조하자.

테크리드로서 프로덕트 매니저와 잘 협력하기
https://pragmaticurl.com/bonus-4

롤모델로서의 스태프 및 수석 엔지니어

5부

21장 비즈니스의 이해

22장 협업

23장 소프트웨어 엔지니어링

24장 신뢰성 높은 소프트웨어 시스템

25장 소프트웨어 아키텍처

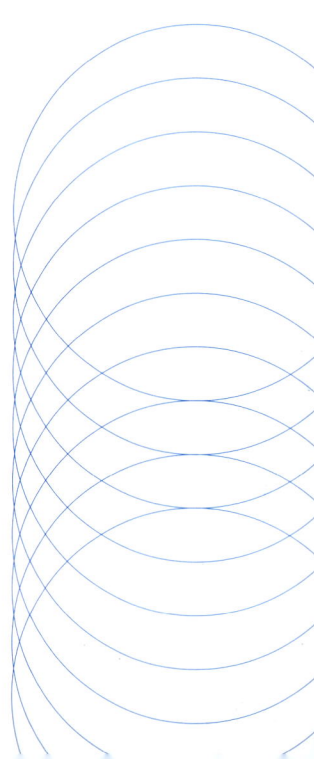

앞에서는 '테크리드'를 명시적인 직책이나 경력 수준이 아닌 더 일반적인 역할로 설명했다. 그렇다면 테크리드 직급이 없는 회사는 시니어 직급 이후에 어떤 일이 벌어질까? 시니어 엔지니어 바로 위의 직급은 흔히 '스태프 엔지니어' 또는 '수석 엔지니어'라고 부른다.

구글Google에서는 시니어senior 엔지니어(L5), 다음으로 스태프staff 엔지니어(L6), 시니어 스태프senior staff(L7), 수석principal 엔지니어(L8), 저명distinguished 엔지니어(L9), 펠로우fellow(L10) 순으로 직급이 매겨진다. 몇몇 빅테크 기업들은 시니어 → 스태프 → 수석 → 저명으로 이어지는 유사한 접근 방식을 따른다. 우버Uber와 데이터브릭스Databricks도 비슷한 커리어 경로를 가졌다. 넷플릭스Netflix와 드롭박스Dropbox도 비슷한 수준이지만, 이 두 회사는 집필 시점에 '저명 엔지니어' 직급을 사용하지 않는다는 점이 다르다.

하지만 기술 회사마다 시니어 엔지니어 이상의 직급을 생각하는 방식이 조금씩 다르다. 예를 들어, 마이크로소프트Microsoft, 아마존Amazon, 부킹닷컴Booking.com은 스태프 엔지니어라는 개념이 없어 시니어 엔지니어 다음 직급이 '수석'이다. 그리고 오라클Oracle은 '아키텍트architect', 이베이Ebay는 '수석 기술 직원principal member of technical staff', 쏘트웍스ThoughtWorks는 '리드 컨설턴트lead consultant' 등의 직함을 수석 엔지니어에 해당하는 직급으로 사용한다.

기업마다 직책이 다른 이유는 무엇일까? 기대치가 다양하기 때문이다. 기업이 사용하는 직책을 살펴보고 물어볼 가치가 있다.

- 특정 기업의 전체 커리어 사다리는 무엇인가? 이를 통해 특정 스태프 이상의 직급이 보유한 연공서열을 더 잘 파악할 수 있다. 회사의 시니어 엔지니어 레벨 이상의 직급을 파악할 좋은 리소스로 `Levels.fyi`[1]를 추천한다. 다만 디테일에 차이가 있으니 두 직책을 비교하는 건 웹사이트에 표시된 것보다 더 어렵다는 점에 유의하자.
- 특정 직책의 엔지니어가 엔지니어링 및 비즈니스에 미치는 영향은 무엇인가? 소수의 고객만 사용하는 연간 100만 달러의 매출 시스템을 소유한 스태프 엔지니어와 수백만 명

---

[1] https://www.levels.fyi

의 고객이 사용하는 연간 5억 달러의 매출 시스템을 소유한 다른 스태프 엔지니어는 차이가 있다.
- 주어진 위치에서의 영향력은 어느 정도인가? 직접 영향을 받는 엔지니어는 몇 명인가? 예를 들어, 소규모 회사에서 수석 엔지니어의 영향력 범위는 약 10명의 엔지니어일 수 있다. 우버나 구글과 같은 빅테크 기업은 그 수가 100명 이상이다. 이 두 직책의 이름은 같아도 기대하는 바는 매우 다르다!

스태프+ 엔지니어에 대한 전형적인 기대치

이 책에서 사용하는 시니어 엔지니어를 넘어선 직급을 지칭하는 용어로 '스태프+ 엔지니어'를 사용한다. 스태프, 수석, 그 이상의 직급을 가리킨다.

스태프+의 역할은 직책과 기대치에 따라 크게 달라진다. 다음은 빅테크 및 대형 스케일업 기업에서의 전형적인 기대치를 요약한 표다. 수석 직책이 스태프 다음인 회사에서의 수석, 그리고 저명, 펠로우 직책에 대한 기대치는 아래 나열된 것보다 높다는 점을 염두에 두자.

표 V-1 스태프+ 소프트웨어 엔지니어에 대한 일반적인 기대치. 스태프+ 직급에 대한 기대치는 근무하는 회사에 따라 다르며, 직급이 더 높을수록 더 기대치가 크다.

영역	기대치
범위	자신이 속한 그룹 및 회사 내 복잡한 프로젝트
지침	완전히 독립적으로 활동하며 주변 사람들을 가이드
업무 완수하기	자신과 자신이 속한 팀이 막힌 부분을 해결
주도권 잡기	주도적으로 문제를 해결하고 해결할 가치가 있는 문제를 찾음
소프트웨어 엔지니어링	그룹 전체에서 모범 사례를 수립하고 개선
소프트웨어 아키텍처	그룹 차원의 문제를 해결하기 위해 실용적인 기술 및 아키텍처를 선택. 요구사항이 모호하거나 종속성이 많은 경우에도 시스템을 설계
엔지니어링 모범 사례	업계 관행을 활용하고 그룹이 더 잘 실행하는 데 도움이 되는 관행을 도입
협업	제품 담당자, 기타 엔지니어링 매니저, 소프트웨어 엔지니어와 협업. 비즈니스 이해관계자와의 공동 작업도 일반적
멘토링	시니어 엔지니어와 경험이 적은 엔지니어를 멘토링
학습	자신의 도메인과 업계를 파악하고 계속 학습
일반적인 업계 경력	10년 이상

스태프+는 엔지니어링 매니저와 프로덕트 매니저의 파트너다

개인 기여자와 매니저를 구분하는 듀얼 트랙 커리어 사다리를 운영하는 대부분의 빅테크 및 스케일업 기업에서 스태프 엔지니어는 일반적으로 엔지니어링 매니저engineering manager(EM) 또는 시니어 프로덕트 매니저senior project manager(PM)와 동일한 커리어 레벨에 속한다. 이는 명목상의 분류가 아닌 스태프+ 엔지니어가 엔지니어링 매니저 및 프로덕트 매니저의 파트너가 될 수 있음을 의미한다. 시니어 스태프 이상의 경력 수준에서도 마찬가지다. 예를 들어, 우버에서 수석 엔지니어 레벨(L7)은 엔지니어링 디렉터(역시 L7)와 동일한 경력 레벨이다. 또한 우버는 수석 엔지니어가 엔지니어링 디렉터 및 프로덕트 디렉터의 파트너 역할을 맡기를 기대한다. 듀얼 트랙 커리어패스에 관해서는 1장 '커리어패스'에서 자세히 설명한다.

기업은 이런 기대를 직접 표현하지 않기에 매니저와의 파트너십을 강화하기 위해 노력하고 투자하는 것은 스태프+ 엔지니어의 몫이다. 모든 협업이 그러하듯 협업의 핵심은 신뢰이며, 엔지니어링 매니저와 프로덕트 매니저는 중요한 일을 완수하기 위해 노력하고 공개적으로 소통해야 한다.

21 비즈니스의 이해
Understanding the Business

스태프 이상의 엔지니어는 쉽게 처리할 수 있는 것보다 더 많은 일을 처리해야 할 때가 많다. 그렇다면 비즈니스의 이익을 위해 무엇에 집중해야 하는지 어떻게 파악할 수 있을까? 이 질문에 답하기 위해서는 비즈니스에 대한 이해가 필요하다.

비즈니스 측면에 너무 많은 관심을 기울이지 않고도 스태프 수준까지 커리어를 성장시킬 수 있지만, 이러한 지식이 없다면 스태프 이상의 직책에서 성공하고 더 성장하기는 매우 어렵다. 소프트웨어 엔지니어링, 장기 계획, 협업과 같은 역할의 다른 부분도 중요하며 커피어패스를 거치면서 강화됐어야 할 기술이다.

21.1 북극성, KPI, OKR

대부분의 소프트웨어 엔지니어는 북극성$^{north\ star}$, KPI, OKR이란 개념이 지루하고 관련성이 없다고 생각한다. 소프트웨어 엔지니어는 구체적인 내용을 선호하기 때문에 CEO가 OKR을 이야기하거나 프로덕트 매니저가 KPI를 이야기할 때 큰 흥미를 느끼지 않는다. OKR과 KPI보다는 어떤 프로젝트를 왜 해야 하는지에 더 흥미가 많다.

엔지니어링 팀이 하나라면 프로젝트의 세부 사항과 그 영향을 이야기하기가 쉽다. 하지만 팀 수가 많아지면 모든 팀의 계획을 나열하는 정도로는 부족하므로 한 걸음 물러나서 더 큰 그림을 바라볼 필요가 있다. 바로 이때 북극성, KPI, OKR, 로드맵이 필요하다. 스태프+ 엔지니어는 이러한 개념이 왜 중요하고 어떤 의미를 갖는지 이해하고, 팀의 엔지니어가 무엇을 왜 신경 써야 하는지 해석해 이해를 도와줘야 한다.

이러한 개념이 중요한 또 다른 이유는 대부분의 스태프+ 엔지니어가 팀 전략과 로드맵을 정의할 때 엔지니어링 매니저(EM) 및 프로덕트 매니저(PM)와 논의하기 때문이다. 그래서 엔지니어링 매니저 및 프로덕트 매니저와 같은 언어를 사용해야 한다. 그렇기에 북극성, KPI, OKR을 알아야 한다.

북극성

북극성은 팀이나 제품의 비전을 칭하는 용어로, 팀이나 제품이 도달해야 할 목표로 안내하는 역할을 한다. 예를 들어, 사내에 결제 솔루션 팀이 설정한 북극성은 '회사의 모든 팀이 제품에 결제 기능을 통합하는 데 걸리는 시간을 하루 이내로 만드는 것'일 수 있다.

북극성은 대개 야심 차며 사소하지 않다. 심지어 가능하지도 않은 일일 수도 있다! 이는 팀원들에게 동기를 부여하고 집중력을 유지하는 목적으로 설정한다. 우주선 엔지니어링 회사인 스페이스X^{SpaceX}의 북극성인 '인간을 화성에 보낸다'가 좋은 예다. 현재로서는 달성하기 어려운 이 원대한 목표에 집중함으로써 회사는 점진적으로 개선하며 단계적으로 그 목표에 더 가까이 다가간다. 모든 팀이나 회사가 북극성을 설정하는 이유다.

북극성 지표란 고객 수, 일일 사용자 수 같이 목표에 대한 진행 상황을 파악하는 측정값을 말한다.

KPI

KPI는 핵심 성과 지표$^{key\ performance\ indicator}$의 약자로, 해당 영역의 진행 상황을 정량화하는 척도다. 대부분의 북극성 지표는 KPI로 표현된다. 일반적인 지표 몇 가지를 소개하겠다.

- 총 상품 거래액$^{gross\ merchandise\ volume}$(GMV): GMV는 기업마다 다르게 측정한다. 우버는

고객 지출을 포함한 총수익을 측정한다. 마찬가지로 스트라이프^{Stripe} 또는 아디엔^{Adyen}과 같은 결제 처리업체의 경우 고객이 결제 처리업체를 통해 처리하는 총 금액을 측정한다.

- 수익: 제품 또는 팀이 벌어들이는 액수다. 우버의 경우, 수익은 GMV의 10~20% 정도이며 나머지 금액은 운전자, 식당, 택배사에 지급된다. 스트라이프 또는 아디엔의 경우 이보다 훨씬 낮아서 GMV의 1~3% 수준이다.
- 고객 수: 명확한 지표로 B2B(기업 간 거래) 서비스에서 일반적으로 사용된다.
- DAU$^{\text{daily active user}}$ 또는 MAU$^{\text{monthly active user}}$: 제품의 일일 활성 사용자(DAU)와 월간 활성 사용자 수(MAU)다.
- 증분 숫자: 지표별 증분량이다.
- 이탈률: 전체 고객 대비 특정 기간 동안 재방문하지 않는 고객의 비율이다. 여기서 말하는 특정 기간이란 최신 피드백이 반영되는 기간으로 일반적으로 한 달 또는 분기가 된다.
- 가동 시간: 전체 시간 중 서비스가 완벽히 작동하는 시간의 비율이다. '완전 가동'의 정의와 이를 측정하는 방법에 따라 달라진다.
- 고객 지원 티켓의 비율: 대기업에서는 보통 각 팀이 담당하는 영역에 대한 고객 지원 티켓의 비율을 관리한다. 이 지표가 급증하면 품질 문제를 의심해야 한다.
- 순 추천인 점수$^{\text{net promotor score}}$(NPS): 고객에게 다른 사람에게 제품을 얼마나 추천할지 질문이 포함된 설문조사를 보내 응답 평균 점수를 생성하고 이를 추적한다.

고객 생애 가치$^{\text{customer lifetime value}}$(CLV), 고객 유입 비용$^{\text{customer acquisition cost}}$(CAC), 보고된 버그의 수, 그밖에 우리가 떠올릴 수 있는 모든 요소가 KPI가 된다. 좋은 KPI는 측정 가능하고 모호하지 않으며 진행 상황을 표시하고 문제를 파악하는 데 도움이 된다. 또한 좋은 KPI는, 실제 개선이 일어나지 않은 상태에서 지표만 올바른 방향으로 나아가는 것처럼 보이게 하는 '조작'을 하기 매우 어렵다.

OKR

OKR은 목표와 핵심 결과$^{\text{objective and key results}}$를 의미하는 약자로, 기술 기업에서 목표를 설정하고 측정하는 데 매우 인기 있는 접근 방식이다. 구글은 1999년 직원이 40여 명이던 시절 OKR을 도입했다. 투자자 존 도어[John Doerr]가 제안한 접근법으로, 그는 나중에 OKR의 개념과 그 성공적 확산을 다룬 『OKR』(세종서적, 2019)[2]이란 책을 썼다.

OKR을 운영하는 기업은 회사 수준, 조직 수준, 팀 수준으로 세분화해 OKR을 설정한다. OKR에는 두 가지 구성 요소가 있다.

- **목표**: 정성적 목표로서 반드시 측정할 수 있는 것은 아닌 높은 수준의 목표
- **핵심 결과**: 목표 달성을 향한 진행 상황을 파악하는 데 도움이 되는 측정 가능한 결과

OKR에는 항상 하나의 목표가 있지만 여러 핵심 결과가 포함될 수 있다. 몇 가지 예를 들어보겠다.

예시 21-1 OKR에 따른 다양한 핵심 결과

#1. 목표: '서비스 안정성 향상'

핵심 결과

1. 시스템 가동 시간 99.8%에서 99.9%로 증가
2. API 응답에 대한 p95 지연 시간[3] 20% 단축
3. 처리되지 않은 예외 오류 30% 감소

#2. 목표: '웹 및 모바일 애플리케이션의 보안 개선'

핵심 결과

1. 타사 보안 감사를 완료하고 제기된 주요 문제를 해결
2. 전 고객 대상 2단계 인증(2FA[two factor authentication]) 구축 및 제공
3. 제기된 보안 문제의 90%를 영업일 기준 2일 이내에 응답

---

[2] 옮긴이_ 『Measure What Matters』(Portfolio Penguin, 2018), 원제를 번역하면 '중요한 걸 측정하라'라는 뜻이다.
[3] 옮긴이_ API 요청의 95%가 겪는 지연시간 시간 안에 처리된다는 의미

#3. 목표: '인프라 비용 최적화'

핵심 결과

1. 가상 머신의 CPU 사용률을 15%에서 25%로 향상
2. 지원이 종료됐고 리소스를 많이 쓰는 파이썬2를 사용하는 모든 서비스의 종료 혹은 마이그레이션

회사에서 OKR을 사용하면, 경영진이 어떤 목표와 핵심 결과를 중요하게 생각하는지 이해하고, 우리 팀이 어떤 목표에 어떻게 기여하는지 파악하자.

프로덕트 매니저 및 엔지니어링 매니저와 협력해 비즈니스에 적합하고 엔지니어도 이해할 수 있는, 우리 팀을 위한 OKR을 만들자. 기업 전문 용어와 핵심 결과 및 목표의 정의를 익숙한 표현으로 바꿔야 할 수도 있다.

OKR에 너무 집착하지는 말자. OKR은 개발에서 티켓팅ticketting 시스템 같은 도구가 효율을 높이듯 팀의 집중력을 높이는 도구다. 다른 도구와 마찬가지로 OKR을 과도하게 사용하면 고객을 위한 올바른 결과물보다 특정 결과의 달성에 집착하게 될 위험이 있다.

측정 대상이 올바른가?

뛰어난 엔지니어링 팀과 평균적인 엔지니어링 팀의 눈에 띄는 차이점은 뛰어난 팀에서는 엔지니어가 제품 담당자에게 KPI와 심지어 OKR에 대해서도 의문을 제기한다는 점이다. 롤모델이 되는 스태프급 이상의 엔지니어들은 이러한 관행을 당연하게 여긴다.

모든 측정값에 의문을 제기하고 여러 각도에서 조사하자.

- **측정 대상이 올바른가?** 지표를 개선하면 기대한 비즈니스 결과를 얻을 수 있을까? 예를 들어, 엔드포인트의 지연 시간에 대한 KPI가 있다면 고객과 비즈니스에 영향을 미치는 요소는 무엇일까? 지연 시간과 오류율 중 무엇을 줄여야 좋을까?
- **측정 방식이나 측정 대상을 조작할 수 있는가?** 측정값은 창의적인 방법으로 조작할 수

있다. 한 예로, 우버가 모든 엔드포인트의 신뢰도를 99.9%로 만드는 걸 목표로 설정한 적이 있다. 그러자 신뢰도가 목표에 못 미치는 몇몇 팀이 코드는 손대지 않고 신뢰도 측정 방식을 변경해 99.9%를 달성했다. 다른 예로, 서버 실패를 의미하는 응답코드 500의 발생 횟수를 줄이는 것을 목표로 지정했는데, 한 팀이 기존의 응답 코드 500을 모두 200으로 변경하고, 오류 메시지를 응답 메시지 본문으로 옮겼다.

- **'조작에 대한 대책'으로 어떤 지표를 측정할까?** 모든 측정 항목은 조작이 가능하다. 그러므로 균형 잡힌 상황 파악이 가능하도록 추가 지표를 사용하는 편이 좋다. 예를 들어, 자원 사용량을 측정하는 대리 지표인 CPU 평균 사용률을 15%에서 25%로 높이는 것이 목표라고 해보자. 하지만 코드의 효율을 떨어뜨리고 CPU를 더 많이 사용하는 코드 변경이 없는지 어떻게 측정할 수 있을까? 이 경우, 몇 가지 성능 벤치마크를 설정해 시간 경과에 따른 기준 코드의 성능을 측정하고, 엔드포인트의 지연 시간(p50 및 p95 값)을 측정해 CPU 사용률이 높아져도 사용자 경험이 눈에 띄게 저하되지 않는지 확인해야 한다.

큰 그림을 잊지 말자. 시스템의 특성은 고객 만족도와 고객 불만, 고객의 전환/이탈 사유보다 측정하기 쉽다. 매우 구체적인 지표에만 집중하면 중요한 세부 사항을 놓칠 위험이 있다.

21.2 팀과 제품

비즈니스가 운영되는 현황을 파악하기 가장 좋은 방법은 팀이 개발 중인 제품을 확인하는 것이다. 이 제품의 작동 방식과 고객의 사용 이유, 경쟁 제품, 수익 기여도를 파악하자.

프로덕트 매니저 역할 맡기

팀에 전담 프로덕트 매니저가 있는가? 그렇다면 환상적이다. 이 사람은 파트너로 삼아야 하는 사람이다! 프로덕트 매니저가 없다면, 직접 그 역할을 맡는 것도 고려하자.

특히 기술 제품을 만드는 플랫폼 팀과 같은 내부 고객 지향 엔지니어링 팀은 프로덕트 매니저가 없는 경우가 많다. 플랫폼 팀에 대한 자세한 내용은 5장 '어디서나 통하는 접근법'에서 다룬다.

하지만 이러한 팀에서도 팀의 효율을 위해 누군가는 반드시 해야 하는 제품 관련 활동이 있다.

- **고객 식별 및 이해**: '고객 페르소나'를 파악해 개발자가 고객과 공감하도록 만들자. 고객은 정확히 누구인가? 팀의 서비스나 제품이 고객을 위해 어떤 문제를 해결하는가?
- **고객 만족도 측정**: 고객이 받은 서비스에 얼마나 만족하는가? 프로덕트 매니저가 없는 플랫폼 팀이라면 특히 설문조사나 고객 팀과의 측정하지 않기 때문에 지식의 격차가 발생하는 경우가 많다.
- **팀의 로드맵에 대한 고객의 의견 청취**: 팀이 다른 내부 팀을 위한 서비스나 제품을 만들며, 로드맵에 대한 고객의 의견을 구하지 않는 것은 어리석은 일이다. 이를 제대로 수행하려면 이러한 팀과 개인적으로 소통할 사람이 필요하다.

전담 프로덕트 매니저가 없는 경우에는 프로덕트 매니저 역할을 하며 앞서 언급한 활동을 시작하자. 전담 프로덕트 매니저가 있다면 그들과 협력해 이러한 활동을 돕도록 하자.

고객의 입장에서 생각하기

많은 시간과 노력을 투자해 고객을 이해해야 하는 이유는 뭘까? 고객의 운영 방식을 이해해야 고객이 가진 문제를 찾을 수 있기 때문이다.

시니어 엔지니어는 문제를 해결하고 스태프+ 엔지니어는 문제를 발견한다. 시니어 엔지니어와 스태프+ 엔지니어 모두 어려운 문제를 해결해야 하지만, 스태프+ 엔지니어는 해결할 문제도 찾아야 한다. 그러기 위해 고객의 입장에서 생각하는 것이 가장 확실한 방법이다.

구현 중인 제품의 일반 사용자가 아니라면 사용자가 되어보자! 소비자 대상 제품, 특정한 문제를 해결하는 제품이라면 훨씬 쉽게 사용자가 될 수 있다. 예를 들어,

내가 스카이프Skype에 입사했을 때, 나는 이미 친구들과 영상 통화하는 데 스카이프를 사용하고 있었다. 하지만 특정 유형의 제품은 사용자가 되는 데 어려움이 있다.

- **B2C(기업과 소비자 간 거래) 제품**: 자신이 타깃 고객이 아닌 제품을 만들 때는 고객이 사용하듯 가입해 제품을 사용해보자. 타깃 사용자층을 파악해 고객이 제품을 어떻게 사용할지 항상 고려하자.
- **B2B(기업 간 거래) 제품**: 이런 경우 고객의 입장에서 생각하기란 쉽지 않다. 그래도 시도해보자. 예를 들어, 쇼피파이Shopify는 많은 개발자가 각자 스토어를 만들어 외부 사용자가 보지 못하도록 비공개 상품을 등록하며 사용자 입장에서 설정 프로세스를 경험한다. 또한 상품을 판매하는 입장도 이해하기 위해 구매 흐름도 테스트한다.
- **내부 고객 대상 제품**: 테스트 계정을 사용하거나 다른 방법으로 고객 경험을 관찰하자. 이는 공감을 형성하고 고객에게 더 가까이 다가가는 데 유용하다.

고객 지원에 참여하자. 이는 고객의 입장이 되어 볼 좋은 기회다. 고객 지원 티켓을 읽고 고객 지원 통화를 맡자. 더 좋은 방법은 고객 지원 담당자와 대화하며 사용자의 가장 흔한 문제를 정리하고 시간이 지남에 따라 고객 감정의 변화도 공유하는 것이다.

고객의 사용 이유 파악하기

'고객이 왜 우리 제품을 사용하는가?'라는 질문은 정말 기본적이면서 중요한 질문이다. 하지만 놀랍게도 이에 답을 하지 못하는 엔지니어가 많다. 스태프 이상의 엔지니어가 여기에 답하지 못한다는 것은 상상할 수도 없다. 그러니 알아보자! 방법은 다음과 같다.

- **고객과의 대화**: 특히 B2B 제품처럼 틈새시장을 노린 제품은 고객과 대화하거나 영업, 제품, 고객 지원, 기타 사용자 대면 부서가 고객과 대화하는 자리에 참여하는 것이 도움이 된다.
- **사용자 조사 세션 관찰**: 회사에서 고객과의 인터뷰 세션을 운영하고 고객 주도 계획을

실행하고 있다면 참여하자! 사용자의 평가 기준을 알아볼 환상적인 방법이다.
- **리뷰 파악**: 주관적인 개인 의견인 사용자 리뷰와 잘 알려진 제품에 대한 애널리스트의 리뷰, 경쟁사에 대한 정보가 포함된 미디어 기사까지 살펴보자.

경쟁업체는 어디이며 어떻게 일하는가? 그들은 당신과 무엇을 다르게 하는가? 더 잘하는가, 더 못하는가?

경쟁사 추적을 제품 담당자가 맡는 경우도 있지만, 나는 스태프+ 엔지니어가 직접 조사를 하면 결국 그 제품 자체에 큰 도움이 된다고 생각한다. 제품 담당자가 놓치는 부분이나 경쟁사에는 없는 부분, 지표에서 간과하는 부분을 발견할 수도 있다.

가능하면 경쟁사의 서비스에 가입해 사용자가 되어 평가해보자. 소비자 제품이라면 간단히 해볼 수 있지만 비즈니스 제품의 경우 훨씬 더 어렵다. 제품 담당자에게 경쟁사 제품을 평가하는 방법을 문의하고 기존 계정을 사용해 경쟁사 제품을 평가할 방법을 알아보자.

관찰한 내용을 공유하는 가장 좋은 방법은 내 제품과 경쟁사 제품의 '비교 문서'를 만드는 것이다. 이렇게 하면 다른 팀원들에게서 알아낸 정보를 전파하기 좋다. 추천하는 유용한 비교 방식은 다음과 같다.

- 유사한 사용자 흐름(예: 회원 가입)의 UX 비교(이미지 또는 동영상 사용)
- 기능과 기능을 나란히 나열한 비교
- 전략 비교를 통한 경쟁사와 자사의 전략 차이에 관한 인사이트 공유
- 제품과 경쟁사 제품에 대한 사용자 피드백 비교

제품의 비즈니스 가치 이해

우리 회사가 제품 개발에 많은 비용과 노력을 투자하는 이유는 무엇이며, 투자 대비 수익은 어느 정도일까? 프로덕트 매니저나 엔지니어링 매니저에게 물어보면 쉽게 답을 알 수 있다. 하지만 개략적인 대답만 받지 말고 회사가 제품과 팀에 투

자하는 이유를 깊이 있게 파악하자.

제품은 비즈니스에 대한 기여도에 따라 두 가지 범주로 나눈다.

- **수익 센터**: 소셜 미디어 회사의 광고 부서나 투자 은행의 프런트 오피스 팀처럼 직접적으로 수익을 창출하는 조직에서 회사에 매출을 만들어주는 제품이다.
- **비용 센터**: 규정 준수, 법률 기능 및 고객 지원과 같이 비즈니스에 필요하지만 수익을 창출하지 않는 제품이다.

수익 센터와 비용 센터에 대한 자세한 내용은 1장 '커리어패스'에서 다룬다.

우리의 제품이 어디에 속하는지, 비즈니스 가치와 어떤 관련이 있는지 파악하는 질문을 몇 가지 질문을 소개하겠다.

- 제품의 KPI와 OKR은 무엇이며 회사의 매출, 성장 및 비용 지표에 어떻게 매핑되는가?
- 제품이 현재와 미래에 직접적으로 얼마나 많은 매출 상승 또는 비용 절감을 할 것인가?
- 제품을 사용하는 다른 기능의 간접적인 매출 상승 또는 비용 절감이 얼마나 되는가?
- 제품이 고객 성장에 얼마나 기여하고 있는가?
- 제품이 고객 이탈을 줄이거나 고객 유지율을 높이는가? 그 효과는 어느 정도인가?

제품에 대한 SWOT 분석 생성

SWOT는 강점strength, 약점weakness, 기회opportunity, 위협threat의 약자다. 이는 제품과 그 제품 시장의 비즈니스 환경을 설명하는 계획 문서다.

이 네 가지 영역을 조사해 문서로 작성하고 제품 담당자 및 팀과 공유해 피드백을 받자. 이 과정을 통해 비즈니스 소유자처럼 생각하고 주요한 문제점을 이해할 수 있다. SWOT 분석을 마치면 제품을 보다 전략적으로 볼 수 있다.

21.3 직장

직장 안에서 비즈니스를 가장 잘 파악할 수 있다. 비즈니스가 어떻게 돌아가는지 파악하는 방법은 많다.

비즈니스 모델이 무엇인가?

당신의 직장은 어떻게 부를 창출하고, 어떻게 매출을 수익으로 전환하고, 어떻게 비용을 관리하고 있는가? 아직 수익을 창출하지 못했다면 이를 달성할 계획은 무엇인가?

스타트업은 오랜 기간 적자를 내며, 수익을 내기까지 수년이 걸린다. 그럼에도 불구하고 기업이 이익을 내려면 단위 경제unit economics를 이해하고 도달해야 할 목표치를 파악해야 한다. 단위 경제란 기업이 판매하는 제품이나 서비스의 단일 단위를 생산하는 데 드는 비용을 말한다. 예를 들어, 초창기 우버는 새로운 도시에서 운행을 개시하면 단위 비용이 수익의 두 배가 되기도 했다.

상장 기업의 경우, 분기별 영업 실적이 공개되어 최근 실적을 파악할 수 있다. 이러한 기업은 일반적으로 총회가 끝난 후 최신 실적 발표 자료나 녹취록을 공개한다. 이러한 자료를 분석해 기업의 비즈니스 모델과 현재 주력 분야를 자세히 파악하자.

기업이 어떻게 수익을 창출하는지 이해하려면 다음과 같은 영역을 숙지하자.

- **B2C 기업**: 마케팅, 영업 및 소비자 행동 특성
- **B2B 기업**: 기업 대상 영업 방식, B2C 영업방식과 B2B 영업 방식의

제품 관계자와의 1:1 미팅

프로덕트 매니저는 비즈니스와 제품 사이의 '접착제' 역할을 한다. 프로덕트 매니저는 비즈니스와 제품이 성과와 성장에 미치는 영향을 탁월하게 이해해야 한다. '비즈니스 감각'을 키우려면 이들과 대화를 나눠라! 실제 제품 담당자에게 비즈니

스가 어떻게 운영되는지, 그리고 제품이 비즈니스와 어떤 관련이 있는지 물어보자.

엔지니어링 및 제품 팀 외부 사람들과의 대화

일부 스태프+ 급 직원은 비즈니스를 더 넓은 시야로 보지 않고 엔지니어 및 제품 담당자와만 소통하는 실수를 저지른다. 다양한 사람들과 대화를 하며 시야를 넓히자.

- **다른 기술 영역**: 디자인, 데이터 과학, UX 연구, 기술 프로그램 관리technical program management(TPM) 등 다양한 영역의 사람을 만나라. 예를 들어, 인포섹/보안infosec/security 영역의 사람은 모든 제품을 만드는 과정에서 도움을 주고, 법률 영역의 사람은 오픈소스 라이선스opensource license 관련 문제를 해결할 것이다.
- **팀이 지원하는 비즈니스 영역**: 우리가 만드는 제품에 의존하는 비즈니스 팀도 만나자. 제품과 비즈니스의 연관성에 따라 고객 지원, 마케팅, 재무, 인사 영역의 사람을 만나면 된다.
- **기업 커뮤니케이션/홍보(PR) 영역**: 대기업이라면 블로그, 콘퍼런스에서의 강연, 팀 업무 공개 방식 등 홍보와 관련된 문제를 위해 알아두면 유용하다.
- **팀이나 제품과 관련이 없는 그룹**: 가끔은 회사 내에서 제품과 관련이 없는 사람들과 대화를 나누면서 그들이 하는 일, 비즈니스에서 하는 역할, 엔지니어링과의 연관성을 파악하면 도움이 된다. 이런 대화는 대부분 중단기적으로 별다른 이점이 없다. 하지만 시야를 넓히고 전혀 다른 부서에 있는 사람과 개인적인 관계를 맺는 데는 도움이 된다. 기본적으로 일종의 네트워킹이자 배움의 기회다.

비즈니스 이해관계자와의 1:1 미팅

프로덕트 매니저는 여러분이 개발하는 제품에 관심을 가진 비즈니스 이해관계자와 직접 소통한다. 제품 담당자는 요구사항과 기대치를 파악하고, 비즈니스 이해관계자와 소통해 현실적인 기대치를 설정한다.

스태프+ 엔지니어로서 비즈니스 이해관계자와 대화해야 할 필요가 있는가? 세부 사항을 파악하고 이들과 긴밀한 관계를 맺는 훌륭한 프로덕트 매니저가 있다면 대답은 '아니오'다. 프로덕트 매니저가 모든 것을 파악하고 있는 경우 다른 사람(아마도 엔지니어)이 비즈니스 이해관계자와 이야기하면 오버헤드만 발생한다.

하지만 비즈니스 이해관계자를 1:1로 만나 관심을 기울이면 매우 도움이 되므로 진행하는 편이 좋다.

- 이런 관계를 유지하지 못하면 모든 과정에서 프로덕트 매니저에 전적으로 의존하게 되며, 심각한 경우 프로덕트 매니저 없이는 제대로 진행할 수 없게 된다.
- 의사소통 과정에서 프로덕트 매니저를 거치면 비즈니스 콘텍스트나 세부적인 정보가 누락될 가능성이 있다.
- 직접 만난 후에는, 프로덕트 매니저가 엔지니어링 팀에 공유하지 않았을 듯한 엔지니어링 관련 문제나 이슈를 비즈니스 이해관계자가 발견했을 때 여러분에게 직접 연락할 가능성이 높아진다.

스태프+ 엔지니어는 비즈니스 측의 파트너가 되어야 한다. 하지만 비즈니스 측 동료와 대화조차 하지 않는다면 훌륭한 파트너가 될 수 있을까? 경험상 기술 기업의 비즈니스 담당자는 스태프+ 엔지니어와 1:1로 일할 기회를 놓치지 않는다. 이는 자신의 영역이 엔지니어링 작업에 크게 의존하고 있음에도 불구하고 엔지니어링의 직접적인 관심을 거의 또는 전혀 받지 못한다고 생각하기 때문이다. 보통 직접적인 관계는 이해관계자의 이익에 부합한다.

어떤 비즈니스 영역의 사람들과 연락하면 좋을까?

- 우리가 만드는 제품을 사용하거나, 사용할 비즈니스 팀
- 사용자로부터 피드백을 받는 고객 지원 및 운영 팀
- 고객을 확보하거나 비즈니스 마케팅을 위해 제품을 사용할 마케팅 및 영업 팀
- 제품의 지표를 기반으로 보고서를 생성하는 재무 팀

이러한 팀을 파악하고(프로덕트 매니저에게 도움을 받자), 해당 팀의 비즈니스 영역을 배우고, 엔지니어링 부서가 어떻게 도움을 줄 방법을 설명해 적절한 담당자와 1:1 미팅을 주선하자. 엔지니어링 담당자가 도움을 요청하고 이에 대한 정보를 구하는 데 거절하는 사업부는 아직까지 본 적이 없다.

경영진의 커뮤니케이션에 주목

경영진이 전체 회의나 타운홀 미팅을 열거나 대규모 그룹에 이메일을 보낼 때는 그 내용에 주의를 기울이자. 간접적으로 전달되는 경우, 진짜 메시지가 무엇인지 파악하자.

스태프 이상의 직급은 리더십이 민감한 메시지를 전달하기 위해 사용하는 간접적이고 난해한 화법에 익숙하다. 예를 들어, CEO가 앞으로 어떤 분야의 우선순위가 낮아진다고 말하는 경우는 거의 없다(실제로 낮아지더라도). 하지만 다음과 같은 단서를 통해 이 사실을 추론할 수 있다.

- 특정 분야가 CEO가 지정한 주요 투자 분야에 포함되지 않음.
- 특정 분야가 적은 인력으로 더 많은 일을 할 준비를 하라고 자연스럽게 언급함.
- 비용 절감 계획을 언급하며 '이제 시작입니다. 더 많은 조치를 진행하기 바랍니다'라고 덧붙임.

중요한 발표 후에는 프로덕트 매니저 및 엔지니어링 매니저와 대화해 '진짜' 메시지를 이해했는지 확인하자. 스태프+ 엔지니어는 경영진이 사용하는 기업어를 번역해야 하는데, 이는 실전을 통해 습득하는 기술이다.

고객의 의견에 귀 기울이기

고객이 소비자 또는 외부 비즈니스인 경우 이러한 사람들의 의견을 들을 방법을 찾아보자.

- **B2C 기업**: 고객 피드백을 확인한다. 피드백은 소셜 미디어, 소비자 모바일 앱의 앱스토어 리뷰, 고객 피드백 채널 등에서 찾는다.
- **B2B 기업**: 세일즈 미팅에 참여한다.
- **공통**: 고객 지원에 자원해 문제를 분류하고 일부 문제 해결 과정에 참여한다. 이 방법을 과소평가하는 경우가 많았는데, 고객을 실망시키는 요인이 무엇인지 이해하는 데 큰 도움이 된다. 또한 일반적으로 고객 지원에 열성적인 엔지니어는 거의 없기 때문에 여러분

의 제안을 환영할 가능성이 높다.

전략 회의에 참여

스태프+ 엔지니어라면 엔지니어링 전략 및 계획 회의에 참여할 것이다. 하지만 제품 전략 회의나 비즈니스 전략 회의에는 초대받지 못할 수 있다.

이러한 회의에 참석하면 비즈니스에 대한 이해의 폭을 넓힐 수 있다. 그러니 기회를 놓치지 말고 회의에 참석하자. 매니저 또는 제품 담당자에게 참석하겠다고 자원하자. 자원하겠다는 사람을 거절할 가능성은 거의 없다!

팀 간 협업 프로젝트

비즈니스에 대해 폭넓게 이해하는 가장 쉬운 방법은 다양한 엔지니어링 및 비즈니스 팀과의 협업이 필요한 프로젝트에 참여하는 것이다. 스태프+ 엔지니어는 이러한 종류의 프로젝트에 배정될 가능성이 더 높다.

그러나 이러한 프로젝트가 없다면 찾아보는 것도 좋다. 방법은 다음과 같다.

- **매니저와의 대화**: 우리의 목표는 회사와 팀이 더 나은 성과를 내도록 돕는 것으로, 팀 프로젝트를 최우선으로 생각하며, 다른 팀을 도울 계획이 있다면 기꺼이 참여할 의향이 있다고 말하자. 매니저와 얼마나 신뢰를 쌓았는지에 따라 팀 간 협업 프로젝트에 참여하면 작업 능력과 더불어 비즈니스 이해도가 높아지고, 네트워크가 확장되며, 궁극적으로는 팀의 실행력 향상에 도움이 된다.
- **다른 팀의 팀원과의 대화**: 다른 팀의 동료 엔지니어, 프로덕트 매니저, 엔지니어링 매니저와 대화를 나누며 이해의 폭을 넓히고 인맥을 쌓자. 그들의 프로젝트에 참여할 기회가 생길 수도 있다.
- **도울 수 있는 프로젝트 찾기**: 회사에 RFC나 디자인 문서 관련 문화가 있다면 이를 모니터링하고 자신이 전문성을 가진 분야에서 도움을 주겠다고 제안하자. 다른 매니저 및 엔지니어와 이야기를 나누고 자신의 전문 지식이 도움이 될 프로젝트가 있다면 파트타임으로 돕겠다고 제안하자.
- **다른 팀 사람 멘토링하기**: 다른 팀의 엔지니어를 멘토링하면 그들이 직면한 문제에 대

한 인사이트를 얻을 수 있다. 여러 부서가 협업하는 프로젝트에서 일하는 멘티는 어려움에 직면할 가능성이 높으므로 멘티의 관점에서 문제를 파악하는 인사이트를 얻을 수 있다. 물론 그런 사람과 짝을 이룬다는 보장은 없지만, 멘토링은 성장의 폭이 매우 넓기 때문에 스태프+ 엔지니어가 멘토링에 참여하면 좋다.

매니저 및 경영진과 1:1 미팅하기

매니저와 1:1 미팅을 하며 비즈니스에 대해 완전히 이해하지 못한 부분을 질문하자. 매니저는 명확히 설명하거나 참고할 내용을 안내해준다. 경험이 적은 엔지니어링 매니저가 아직 모르는 부분이 있더라도 비즈니스를 더 명확하게 이해하면 매니저와 여러분 모두에게 이익이 된다.

상위 직급 및 다른 엔지니어링 리더와 1:1 미팅을 하자. 내가 우버에서 근무할 때 우리와 협업은 하지만 같은 부서는 아닌 개발자 플랫폼 팀을 총괄하는 엔지니어링 부사장이 우리 사무실을 방문했다. 나는 다른 부서 소속이었지만 그 팀의 업무를 자세히 파악하기 위해 1:1 미팅을 마련했다. 부사장은 미팅에서 우리 팀이 개발자 도구를 사용하며 겪는 어려운 점을 더 자세히 듣고 싶어 했고, 나는 개발자 도구의 작동 방식과 각 팀이 서로를 도울 방법에 대해 많은 것을 배웠다. 후속 조치로 부사장에게 우리 팀의 스태프 엔지니어와도 1:1 미팅을 해달라 요청했고, 부사장도 흔쾌히 동의했다. 우리 팀의 스태프 엔지니어도 한 번의 대화로 많은 것을 얻었다.

나중에 경험 많은 엔지니어가 우리 조직에 합류했을 때, 그는 매니저를 기다리지 않고 직접 대화를 시도했다. 실제로 거의 모든 경영진 및 상위 직급 매니저들과 1:1 미팅을 가져 비즈니스와 엔지니어링 리더십에 중요한 사항을 이해하려 했다. 너무 당연하게도 스태프 엔지니어는 어떤 프로젝트가 '결실을 얻기 쉬운' 프로젝트인지 파악하고 어떤 프로젝트에 우선순위를 두어야 하는지도 알아냈다.

PRD를 읽을 전담 시간 확보하기

빅테크와 많은 스케일업 및 기술 기업에서 프로덕트 매니저는 기능이나 제품으로 전환할 비즈니스 아이디어를 포착하는 방법으로 제품 요구사항 문서product requirements documents(PRD)를 작성한다. 이러한 문서에는 일반적으로 비즈니스 목표와 제품의 예상 기능이 기록된다.

자신의 비즈니스 영역과 관련된 홍보물을 읽어보고 불분명한 부분이 있으면 질문하자. 이 작업을 정기적으로 수행하면 비즈니스 방향을 파악하는 데 도움이 된다. 또 그 방향을 알면 아키텍처 결정을 내리는 데 도움이 된다. 예를 들어, 이미 다양한 PRD에서 포착된 몇 가지 관련 제품 전략을 지원하기 위해 인프라를 어떻게 발전시킬 것인지 결정을 내리는 데 도움이 된다.

회사에 PRD 또는 프로덕트 매니저가 사양을 서면으로 기록하는 문화가 없다면 제품 담당자와의 대화 등 제품 방향성을 유지할 다른 방법을 찾아야 한다.

우연한 만남이 일어날 환경 만들기

특히 시간이 많이 걸리지 않는다면 모르는 동료를 만나 이야기를 나눠도 유익할 수 있다. 만남의 기회는 직접 만들 수 있다.

- 사무실에서 근무한다면, 점심시간에 모르는 사람 옆자리에 앉아 업무에 대한 대화를 나누자. 커피를 마실 때도 좋다.
- 교육에 참여할 때 다른 참석자와 친해지도록 노력한다.

이런 상황에서 나는 사람들이 어떤 분야에서 일하는지, 그 분야를 특별하게 만드는 요소는 무엇인지, 각자의 과제가 무엇인지 알아가는 과정이 흥미로웠다. 또한 기술 및 엔지니어링 분야에서 어떻게 일하고 있는지, 내가 도울 일이 있는지 항상 궁금했다.

나는 비즈니스의 다양한 부서에서 일하는 사람들을 만나며 특히 소프트웨어 엔지니어와는 얼마나 다른 방식으로 일하는지, '주요 과제'라는 것이 어떻게 완전히 다른 의미로 다가오는지 알게 됐다.

우연한 만남으로는 바로 실행할 수 있는 결과를 얻지 못하는 경우가 많다. 하지만 시간이 너무 많이 걸리지 않는다면 이런 만남이 향후 협업의 씨앗이 되거나, 비즈니스의 다른 부분과 연결될 수 있다.

엔지니어가 비즈니스 이해관계자를 잘 만나지 않는 이유는 무엇일까?

빅테크 기업에서 근무하며 다른 동료들과 이야기를 나눌 때, 엔지니어가 주도적으로 비즈니스 이해관계자에게 다가가는 경우는 매우 드물었다. 왜 그럴까? 일반적으로 관찰한 이유는 다음과 같다.

- **'매니저도 안 하는 일을 왜 내가 하나요?'**: 엔지니어링 매니저는 비즈니스 이해관계자와 직접 소통하는 건 제품 담당자가 할 일이라고 생각한다. 따라서 만나도 인센티브가 거의 없다. 엔지니어링 매니저와 엔지니어 간에 신뢰가 그리 높지 않은 '정치적인' 기업의 경우, 매니저가 비즈니스 이해관계자에게 연락하지 않는다는 이유로 엔지니어가 직접 연락하는 건 '배를 흔드는 일'로 간주되기도 한다.
- **그렇게 하는 동료 엔지니어의 부재**: 비즈니스 이해관계자와 적극적으로 대화하는 동료와 일한 경험이 없다면 '롤모델'이 없다. 이는 후에 경력이 쌓여도 마찬가지다.
- **프로덕트 리더십에서 직접 소통을 장려하지 않음**: 엔지니어링 매니저나 프로덕트 매니저, 회사의 경영진이 엔지니어가 비즈니스와 직접 협력하는 것을 장려하지 않거나 협업 사례를 권장하지 않는다면 엔지니어가 그럴 생각을 하지 않는 것은 당연하다.
- **긴밀히 협력하지 않는 엔지니어링과 비즈니스**: 일부 기업은 엔지니어가 제품 지향적이다 또는 고객 지향적이다 주장하지만, 이런 구분이 존재하는 이유는 비즈니스와 엔지니어링이 상호작용할 실질적인 방법이 없기 때문이다.
- **사일로^{silo}를 조장하는 회사 문화**: 많은 기업이 핵심 인력(주로 매니저)이 정보를 수집하고 배포하는 것을 선호하는 '전통적인' 관리 스타일을 고집한다. 이런 환경에서는 비공식적이거나 공식적인 구조가 존재해 개별 기여자의 정보 접근이 어렵고 정보를 퍼뜨릴 기회가 적다. 대부분의 빅테크 기업은 이런 방식으로 운영되지 않지만, 의외로 많은 스타트업이 성장하면서 이런 모습을 보인다. 이러한 현상의 원인은 보통 경영진이 투명성 문화를 구축하고 엔지니어에게 의사결정 권한을 부여하는 노력이 부족했기 때문이다.
- **자율성이 없는 엔지니어**: 엔지니어링 팀을 '기능 공장'으로 취급하고 엔지니어가 시키는 일만 해야 하는 기업은 자율성이 거의 또는 전혀 없다. 이러한 기업에서는 프로덕트 매니저와 프로젝트 매니저가 비즈니스 이해관계자와 대화하는 데 엔지니어가 끼어드는 건

시간 낭비라고 생각해 꺼린다.

21.4 상장 기업

상장 기업에서 근무하면 3개월마다 비즈니스 현황을 파악할 기회가 있다. 분기별 보고에서 최신 재무 결과가 발표된 후 이해관계자와의 실적 발표가 진행된다.

상장 기업은 분기별 보고서를 통해 주요 정보를 공개하며, 이 과정에서 경영진은 애널리스트와 기자들의 질문에 답변한다. 이러한 질의는 보통 투자자, 이해관계자, 언론을 대상으로 진행하지만, 직원 입장에서는 내부적으로 전달되지 않는 정보를 발견할 수 있는 경우가 많다.

분기별 보고서 및 투자자 콜에서는 다음과 같은 유용한 정보를 제공한다.

- **수치**: 매출 추세나 수익성 현황은 어떠한가.
- **투자 분야**: 경영진은 어떤 제품, 팀, 분야를 중점적으로 다루는가.
- **분석가들의 질문**: 경영진에게 민감한 질문을 던지는데, 어느 영역에 관한 질문이고, 경영진이 좋은 답을 했는가.
- **미래 지향적인 약속**: 매출 창출 및 지출 감소 같은 목표 예측이 제품 또는 영역에 어떤 영향을 미치는가.

차변과 대변, 순이익, 현금 흐름, EBITDA 같은 용어의 의미를 이해하면 회사의 재무 상황을 파악할 수 있다. 이는 향후 자신의 사업을 시작하거나 임원직을 맡게 될 때 도움이 되는 보편적인 지식이다.

이런 내용을 학습하기에 좋은 자료로 모던 트레저리Modern Treasury의 '개발자를 위한 회계'[4]를 참고하자. 비즈니스에 대해 생각하는 방법을 이해하는 데 도움이 되는

---

[4] https://www.moderntreasury.com/journal/accounting-for-developers-part-i

책으로는 조시 카우프만Josh Kaufman의 『퍼스널 MBA』(진성북스, 2024)[5]가 있다.

21.5 스타트업

상장 기업과 달리 스타트업은 분기별로 재무 상황을 보고하지 않으며, 애널리스트의 곤란한 질문을 받지도 않는다. 하지만 스타트업은 내부 투명성이 훨씬 더 높은 경우가 많다. 그러니 활용하자!

스타트업이 투명하면 비즈니스 지표에 액세스할 수 있어야 하고, 상황이 어떻게 진행되는지, 성장 영역과 과제가 무엇인지 파악할 수 있어야 한다. 그렇지 않다면 요구하자. 경험이 풍부한 엔지니어와 이러한 세부 정보를 공유하지 않을 이유가 거의 없다. 결국, 이러한 정보는 해야 할 작업에 대한 의사결정을 내리는 데 도움이 된다.

스타트업의 규모가 작아 창업자들과 접촉할 수 있다면 이 기회를 활용하자. 가끔씩 창업자들과 만나 비즈니스에 대해 어떻게 생각하는지, 우선순위와 비즈니스 목표가 무엇인지 파악하자. 투자자와의 관계, 투자자와 이사회의 우선순위를 물어보고 상황을 파악하자.

스타트업이 새로운 펀딩 라운드를 모집하면, 발표 장표pitch deck를 요청하자. 장표에는 스타트업이 현재 어느 단계에 있는지, 어디까지 도달하고자 하는지 설명이 담겨 있을 것이다. 이러한 목표를 알면 어떤 작업에 '예'라고 답할지, 어떤 작업의 우선순위를 낮출지 결정하기 더 쉽다.

---

[5] 옮긴이_ 『The Personal MBA』(Portfolio, 2010)

21.6 산업 분야

스태프+ 엔지니어는 제품이나 회사가 속한 산업이나 분야에 대한 이해가 매우 중요하다. 산업은 거대하고 복잡하며 항상 변화하기 때문에 산업에 대한 이해는 사실상 끝이 없는 거대한 작업이다. 다음은 그러한 작업에 도움이 되는 접근 방식이다.

- **주요 플레이어와 주요 제품을 파악한다.** 어떤 회사와 제품이 시장을 선도하고 있으며, 어떤 제품이 '떠오르는 유망주'인지 확인한다. 가트너^{Gartner} 또는 이와 유사한 출처의 업계 보고서에서 얻은 데이터가 도움이 된다.
- **업계별 전문 간행물을 찾아서 읽는다.** 각 업계에는 웹사이트나 잡지 같은 전문적인 간행물이 있다. 예를 들어, 여행 업계에는 많은 업계 관계자들이 구독하는 심층적인 온라인 잡지 스키프트^{Skift}가 있다. 크리에이터 분야의 경우, 크리에이터 이코노미^{Creator Economy}라는 정보지가 유명하다. 관련 간행물을 찾아 팔로우할 크리에이터를 결정하자. 양질의 간행물은 대부분 유료다. 업계 트렌드 파악은 팀과 회사에 도움이 되므로 매니저에게 구독 구매를 요청하자.
- **업계 뉴스를 팔로우한다.** 경쟁업체가 고객이 기대하는 새로운 기능을 출시하는가? 경쟁업체가 제품을 중단하면 분개한 사용자를 우리 제품으로 끌어올 수 있는가? 업계 뉴스, 특히 우리 제품 영역과 관련된 뉴스를 놓치지 말자. 제품은 하늘에서 떨어지지 않으므로 제품과 팀은 변화에 따라 적응해야 한다. 업계 뉴스를 파악하면 더 빠르게 대응하고 수익을 창출할 수 있다.

22 협업
Collaboration

스태프+ 엔지니어의 업무 대부분은 동료 엔지니어, 매니저, 제품 담당자, 비즈니스 이해관계자 등과 협업으로 이루어진다. 대부분의 협업은 다른 사람이 먼저 요청해 시작되는 경우가 많다.

가장 어려운 프로젝트도 코드 작성이 어려운 경우는 거의 없다. 가장 큰 어려움은 다른 사람과 함께 작업해야 한다는 사실인데, 이는 '고양이 떼를 집합시키는 일 herding cats' 만큼 불가능해 보인다.

동료와 협업을 하면 어느 정도는 사내 정치에 관여하거나 관여한 것처럼 인식될 수밖에 없다. 왜 그럴까? 고대 그리스의 한 철학자[6]에 따르면 사람은 본질적으로 '정치적 동물'이기 때문이다. 협업이란 나의 인적 네트워크에 속한 사람들을 끌어들이는 일이고, 그 영향력은 팀 내 엔지니어에게 기회를 만드는 커리어 성공의 차별화 요소다.

22.1 사내 정치

많은 소프트웨어 엔지니어가 사내 정치를 좋지 않은 의미로 생각한다. 개별 기여자 또는 매니저가 '정치적'이라는 표현을 했다면 거의 항상 부정적인 의미를 암시한다. 누군가가 기술적 기여를 거의 하지 않고 다른 사람을 이용해 원하는 것을 얻고, 때로는 개인적인 목적을 위해 조작한다는 의미다.

---

[6] 옮긴이_ 아리스토텔레스를 말한다.

'영향력 있는' 사람과 정치적인 사람은 어떤 차이가 있을까? 영향력 있는 동료란 일반적으로 기술적 능력이 뛰어나며, 주로 자신보다는 팀이나 조직에 도움이 되는 전략에 대한 지지를 모으는 데 능숙하다.

'정치적인' 동료와 영향력 있는 동료에 대한 이미지는 다르지만, 실제로 정치와 영향력은 밀접한 관련이 있다. 영향력은 사내 정치의 '좋은' 형태다. 그렇기 때문에 팀을 지원하고 소프트웨어 엔지니어로서 커리어를 발전시키고 싶다면 정치적이지 않으면서도 영향력 있는 사람으로 인식되는 편이 도움이 된다.

'잘못된' 정치 유형

'정치적'이라는 단어는 다른 사람을 희생시키면서 한 사람이나 집단의 이익을 위한 이기적인 활동을 묘사하는 경우가 많아 이미지가 좋지 않다. 자신이나 '내 그룹'의 이익을 위해 동료들의 삶을 더 어렵게 만드는 사람으로 비치는 일은 없도록 하자.

공식적이지 않은 소프트 스킬과 네트워킹 능력이 대부분 성공을 좌우한다는 생각은 잘못됐다. 내가 아는 대부분의 개발자는 소프트웨어 엔지니어링이 객관적이고 아이디어의 우수성에 기반한다고 생각하고 있으며, 이 때문에 많은 엔지니어가 사내 정치를 경멸한다.

중요한 건 인식을 시켜야 한다는 점이다. 아무리 이타적인 행동을 하더라도 동료들이 전체적인 맥락을 이해하지 못하면 행동의 동기를 이기적인 것으로 오해한 채 해석할 수 있다.

어떤 스태프 엔지니어가 승진 위원회에서 자기와 같은 팀의 시니어 엔지니어에 대한 보상 패키지를 결정하는 안건을 지지하지 않아 부결됐다고 가정하자.

스태프 엔지니어가 팀원을 위해 나서지 않고 이기적으로 행동한 것은 아닐까? 왜 지지하지 않았을까? 정치적인 이유였을까? 그렇다면 누구에게 이익이 될까? 시니어 엔지니어의 급여가 인상되지 않는다면 스태프 엔지니어가 어떤 방식으로든 이익을 얻는 게 아닐까? 결정이 내려지는 자리에 있지 않는 이상 대답하기 어려운 이런 질문은 사람들이 동료가 '잘못된' 정치를 하고 있다고 생각하게 만든다.

스태프 엔지니어 입장에서는 이해관계가 충돌하면 위원회의 해당 안건 결정에서 기권(또는 회피)을 택할 가능성이 높다. 이 상황에서 스태프 엔지니어가 자신의 팀원에 대한 의견을 제시하지 않을 가능성도 충분히 있다.

하지만 시니어 엔지니어 입장에서는 어떤 이유에서든 안건에 동의하지 않는 스태프 엔지니어가 결정에 개입했다고 생각하기가 쉽다. 스태프 엔지니어는 공정성이라는 더 큰 이익을 위해 직접적인 이해관계가 있는 사안을 결정하는 데 참여하지 않았지만 동기에 대한 오해가 생긴 것이다.

이 예는 전체적인 맥락 없이 정확한 판단을 내리기 어려운 이유를 보여준다. 실제로 사람은 지식의 공백을 가정으로 메운다. 그러므로 인식과 맥락이 중요하다!

문제가 되는 태도

이기적인 태도. 자신의 프로젝트와 업무에만 관심을 갖는다고 인식되는 사람은 개인적인 발전에 집착하는 것처럼 보여 친구를 거의 사귀지 못할 것이다. 아무것도 돌려주지 않고 자신의 개인적인 야망을 위해 다른 사람을 이용하는 사람과 함께 일하거나 도움을 주고 싶은 사람이 있을까?

동료를 밀어내는 행위. 노골적인 이기심보다 승진 사다리를 오르기 위해 다른 사람을 적극적으로 밀어내는 사람이 더 나쁘다. 예를 들어, 프로젝트를 독차지하고 다른 사람의 기여를 차단해 모든 공로를 독차지하는 엔지니어를 부정적으로 인식하는 건 당연하다.

융통성이 없음. 제안을 논의할 때 유연성을 보이지 않고 자신의 관점만 강요하는 엔지니어는 개인적인 의제를 추구하는 것처럼 보인다. 특히 '내가 스태프 엔지니어니까 이렇게 해야 합니다'라는 식으로, 합리적 논거를 제시하기보다 직급을 내세우는 경우라면 더욱 그렇다.

이중적인 태도. 한 가지 주제를 두고 상대에 따라 다르거나 모순되는 말을 하면 교활하고 개인적인 의도를 가진 사람이라는 인상을 준다. 이런 식으로 행동하는 인식을 심어주는 사람은 동료에게서 신뢰를 받지 못한다.

합의 없이 의견을 밀어붙임. 아마존Amazon은 '줏대를 가지고 주장하고, 결정을 따르라(have backbone; disagree and commit)'는 리더십 원칙을 자주 사용한다. 이 원칙은 결정을 내리는 동안에는 동의하지 않더라도, 결정이 내려진 후에는 이견을 묻어두고 헌신하도록 장려한다. 많은 회사에 이러한 '동의하지는 않지만 따르는' 사고방식이 존재한다. 하지만 합의가 이뤄지지 않은 상태에서 누군가가 밀어붙인다면 무기가 될 수 있다. 이니셔티브를 강행하는 것은 단기적으로나 '전시' 모드에서 효율적일 수 있다. 하지만 이러한 접근 방식으로 우호적인 관계가 유지되는 경우는 거의 없다.

다른 엔지니어를 불신함. 일부 숙련된 엔지니어는 경험이 적은 엔지니어에게 작업을 위임한다. 훌륭한 일이다! 하지만 경험이 적은 엔지니어가 일을 이전에 하던 대로 처리하지 않는 것을 발견하고, 그 일을 다시 빼앗아 간다면 동료에 대한 신뢰가 부족하다는 인식을 심어준다. 그리고 경험이 적은 엔지니어는 부정적인 인식이 생겨 경험이 많은 동료에게 조언과 지도를 구하는 것을 꺼릴 수 있다.

말만 하고 코드는 작성하지 않음. 코딩을 전혀 하지 않는 숙련된 엔지니어란 특별한 종류의 정치적 동물이다. 엔지니어가 스태프 이상의 직급으로 올라갈수록 코딩을 덜 하게 되기 때문에 애매하기는 하다. 우선순위가 높은 다른 작업 때문에 직접 코딩을 할 시간이 없기 때문이다. 하지만 코드베이스에 손을 대지 않고, 온콜 근무를 하지 않으며, 엔지니어가 동의하지 않는 변경 사항을 밀어붙이는 스태프+ 엔지니어는 의사결정에 냉담하고 손을 놓은 부정적인 이미지로 비칠 수 있다.

'나쁜' 정치에 피드백하기

피드백의 부재는 대개 상황을 악화시킨다. 직장에 출근하며 '난 이기적으로 행동하고, 소통 없이, 동료들을 이용해야지'라고 생각하는 소프트웨어 엔지니어는 거의 없다. 그런데도 어떤 사람은 정확히 이렇게 생각하고 행동하는 인상을 준다. 대체 무슨 일이 벌어지는 걸까?

피드백을 받지 못한 엔지니어는 다른 사람이 보기에 정치적인 행동을 한다. 이런 엔지니어는 자신이 이렇게 인식된다는 사실조차 모른다!

사실 그러한 피드백을 제공하기란 쉽지 않다. 하지만 같은 팀 팀원으로서 할 수 있는 일은 많고, 해야만 하는 일도 많다. 동료가 자신의 행동이 어떻게 비치는지 알도록 돕는 방법은 많다.

- **정치적인 행동을 하는 사람과 직급이 같은 경우**: 그 사람에게 직접 피드백을 주거나 매니저에게 피드백을 전달하자. 어떤 방법을 선택할지는 관계에 따라 달라진다. 직접 피드백을 주는 편이 좋지만, 신뢰가 부족하다면 어려울 수 있다.
- **정치적인 행동을 하는 사람보다 직급이 높은 경우**: 직접 피드백을 전달하자. 구체적인 행동이나 사건을 들어 설명하고 상대방의 입장을 들어본 뒤에 상대방의 의도가 인식된 것과 다르면 행동을 바꿀 방법도 제안하자.
- **정치적인 행동을 하는 사람보다 직급이 낮은 경우**: 직접 피드백을 주는 것이 적절하지 않을 수 있으므로 매니저에게 피드백을 전달하자. 하지만 피드백을 듣고 어떻게 진행할지 결정하는 건 매니저의 역할이다.

22.2 다른 사람에게 좋은 영향력 끼치기

지나치게 정치적으로 보인다는 인식을 피하는 것이 현명하다. 그럼에도 불구하고 엔지니어와 매니저에게 영향을 미칠 수 있는 능력은 꽤 중요하며, 그 자체로 '좋은' 사내 정치의 한 형태가 될 수 있다. 다음은 영향력을 행사하는 것이 도움이 될 수 있는 몇 가지 상황이다.

- **좋은 제안**: 다른 사람만 수락만 한다면 조직에 큰 도움이 될 것이라고 확신하는, 현재 시스템 구성에 비해 많은 장점을 가진 새로운 시스템을 제안한다.
- **조직에 피해를 주는 이니셔티브에 대한 반발**: 위에서 새로운 시스템으로 전환하라는 지시가 내려온다. 하지만 그 시스템에는 빈구석이 너무 많아 이를 메우기 위해 팀이 엄청난 양의 추가 작업을 수행하거나 기능을 포기해야 한다. 어느 선택도 받아들일 수 없는

상태이기에 의사결정권자에게 거부 의사를 밝힌다.
- **팀원의 제안에 대한 근거 제시**: 팀원이 정말 좋은 제안을 했는데 매니저조차 지지를 하지 않는다. 이 제안은 비즈니스에 긍정적인 영향을 미칠 수 있으므로 팀 차원에서 논의해야 할 가치가 있다고 생각한다면 동료의 아이디어를 위해 자신의 영향력을 활용할 수 있다.
- **더 중요한 프로젝트 참여**: 다른 팀이 시작한 새 프로젝트에 대해 알게 됐는데, 내가 가진 전문 지식이 프로젝트의 진행 속도를 높이는 데 도움이 될 수 있다. 이 새 프로젝트에 시간을 할애하는 것이 조직을 위해 옳은 일이다. 하지만 현재 진행 중인 업무를 처리하면서 새 프로젝트에 충분한 시간을 할애할 수는 없다. 따라서 집중 분야를 바꾸는 것이 조직을 위해 옳은 일이라는 점을 매니저에게 설득한다.

조직 내 사람들에게 영향을 미치는 능력과 그게 가능하게 만드는 강력한 조직 네트워크는 분리할 수 없는 관계다. 당신의 말에 귀를 기울이는 사람은 당신을 신뢰하는 사람이다. 즉 그만한 신뢰를 쌓기 위해 당신이 노력했다는 뜻이다. 그렇다면 사람들에게서 신뢰를 얻으려면 어떻게 해야 할까? 이제부터 스태프+ 엔지니어를 위한 접근 방식에 대해 소개하겠다. 시니어 엔지니어에게 도움이 되는 접근 방식은 12장 '협업 및 팀워크'에서 소개한다.

'신뢰 자본' 쌓기

많은 것이 '신뢰 자본'에 달려 있다. 조직에서 신뢰 자본은 어떻게 쌓을까?

- **직책/권한**: 사람은 시니어 엔지니어, 수석 엔지니어, 이사, 엔지니어링 부사장 같은 전문성이나 권위를 나타내는 직책을 가진 동료의 말에 집중한다.
- **근속 기간**: 조직에 오랫동안 몸담고 높은 이해도를 가졌다고 알려진 사람이라면 직책이나 권한이 없어도 그 사람의 의견을 진지하게 받아들인다.
- **전문성**: 숙련된 리액트 네이티브^{React Native} 엔지니어가 조직에 합류하면, 근속 기간이나 권한이 부족하더라도 리액트 네이티브 문제가 발생하면 그 엔지니어를 찾아갈 가능성이 높다. 모든 기술 영역에 해당하는 이야기다.
- **성과**: 근속 기간이 짧고 권한이 적은 사람이라도 성과가 좋다면 큰 영향력을 발휘할 수

있다.

- **업무의 가시성**: 일을 잘하는데 아무도 모른다면 정말 잘한 것일까? 소프트웨어 엔지니어는 가만히 있어도 다른 사람이 자신의 작업을 알아줄 거라 생각한다. 하지만 그렇지 않다. 매니저와 다른 팀원이 그 작업이 무엇이고, 어떻게 만들었는지, 어떤 영향을 미치는지 모르면 아무리 좋은 작업도 의미가 없다.

신뢰 자본을 구축하는 가장 확실한 방법은 오랜 기간에 걸쳐 업무를 수행하며 실적을 쌓고 장기근속을 하는 것이다. 이어서 신뢰 구축 프로세스의 속도를 높이는 몇 가지 방법을 소개하겠다.

이베이^{eBay}의 전 제품 담당 이사였던 앤 라이몬디^{Anne Raimondi}는 자신에 대한 신뢰를 계산하는 공식을 소개했다. 신뢰를 '전문성과 책임감, 진실성의 합을 남들이 보기에 내가 이익을 추구하는 수준으로 나눈 값'으로 정의했다. 그녀는 이 방정식을 사용해 '신뢰를 파악하고 진단하고 복구하는 공식'[7]이란 글을 통해 자신의 신뢰를 높이기 위한 많은 조언을 남겼다.

질문하고 적극적으로 경청하기

동료를 초대해 그들의 의견과 전문 지식을 공유해 배우자. 이는 새로운 회사에 입사할 때처럼 정보나 전문 지식이 부족한 경우에 특히 유용하다.

스카이스캐너에 일하던 때 엔지니어링 담당 수석 부사장이 이 방식을 도입했다. 브라이언 도브^{Bryan Dove}는 동료들에게 자신이 객관적으로 회의실에서 가장 지식이 부족한 사람이라고 말했다. 다른 회의 참가자들은 그가 질문을 많이 하리라 예상했고, 실제로 그는 많은 질문을 했다. 후속 질문을 하고 의견을 추가하는 등 적극적으로 답변을 경청했다. 브라이언은 이후 최고기술책임자(CTO)를 거쳐 스카이스캐너의 CEO가 됐다.

브라이언은 초기에 많은 질문을 던지는 방식을 통해 더 빨리 배울 수 있었고, 엔지니어들이 그를 모든 것을 아는 냉담하고 거만한 리더가 아니라 호기심 많고 현

---

[7] https://review.firstround.com/use-this-equation-to-determine-diagnose-and-repair-trust

실적인 리더로 인식해 신뢰를 쌓을 수 있었다.

자신의 관점을 설명하기

일이 어떻게 돌아가는지 어느 정도 익숙해지면 문제 영역에 대해 어떻게 생각하는지 동료들에게 표현하는 습관을 기르자. 풀 리퀘스트에서, 스탠드업 미팅에서, 아키텍처/디자인 토론에서, 또는 RFC와 같은 계획 문서 등을 통해 표현할 수 있다. RFC, 디자인 문서, ADR을 잘 읽어보자.[8]

풀 리퀘스트의 경우에는 해결한 문제, 주목할 만한 엣지케이스, 범위를 벗어난 사항 등을 요약하는 습관을 들이는 것이 좋다. 변경 사항이 시각적인 것이라면 이미지 사용을 고려하자.

초기 제안서는 개요를 작성하는 습관을 들이는 것이 좋다.

1. 보이는 문제
2. 선호하는 솔루션
3. '아직 모르는 사항'과 트레이드오프

문제에서 시작해 장단점으로 끝나는 구성이 좋다. 먼저 사람들이 문제에 대해 공감하도록 한 다음, 아직 모르는 사항과 장단점을 고려해 해결 방안에 대한 동의를 구하자.

이 접근 방식을 따르면 신뢰와 믿음을 쌓을 수 있다. 솔루션이 본인이 제안한 것이든 다른 사람이 제안한 것이든 그다지 중요하지 않다. 가장 효과적인 솔루션을 선택해야 한다. 실제로 자신의 제안 대신 더 적합한 다른 사람의 솔루션을 선택하거나 지지하면 더 많은 신뢰를 쌓을 수 있다.

---

8 https://newsletter.pragmaticengineer.com/p/rfcs-and-design-docs

디자인 미팅에 참여해 내 논리 설명하기

팀에서 디자인이나 아키텍처 선택에 대해 논의할 때 미팅에 참여하자. 무관심한 중재자처럼 침묵을 지키기보다는 자신의 선호도와 추론에 대해 목소리를 내보는 것은 어떨까? 그렇게 함으로써 적극적인 참여자가 될 수 있고, 자신의 생각을 설명하는 훌륭한 연습 기회를 만들 수 있다. 물론 이러한 토론이 이루어지는 자리에 참여해야 한다. 팀원, 매니저 또는 둘 다와 이야기해 초대를 받자.

소매를 걷어붙이고 업무 처리하기

동료들과 신뢰를 쌓으려면 경청과 설명도 중요하지만 업무 완수도 중요하다. 업무는 역할, 직급, 기대치에 따라 달라진다. 이러한 기대치를 명확히 하고 여러분의 성과가 기대치에 부합하는지 아니면 더 넘어서는지 확인하는 것을 목표로 하자.

업무를 눈에 띄게 만들기

매니저는 물론 팀원 및 이해관계자와도 자신이 하는 일을 공유하자. 작업 일지 문서[9]를 만들어 내가 수행하는 업무를 메모하고 1:1 미팅을 통해 매니저와 공유하는 편이 좋다. 업무가 비즈니스에 미치는 영향, 도전 과제, 배운 점을 공유하는 데 익숙해져야 한다.

리더라면 매주 매니저와 팀에 5-15 업데이트[10]를 공유하자. 5-15란 15분 동안 작성해 5분 안에 읽을 수 있는 문서를 말한다. 문서에는 앞서 언급한 내용을 요약해 담는다. 규모가 큰 조직에서 이러한 메모가 업무에 대한 가시성을 확보하고 피드백을 받는 데 얼마나 유용한지 알면 놀랄 것이다.

이니셔티브 주도 및 출시

조직에 익숙해지면 팀, 조직, 회사에 도움이 될 기회를 찾아 한 단계 더 발전해야

---

[9] https://blog.pragmaticengineer.com/work-log-template-for-software-engineers
[10] https://lethain.com/weekly-updates

한다. 기회가 중요한 이유를 평가하고, 계획을 세우고, 이를 지지하는 사람들을 참여시키자.

그렇게 프로젝트를 이끌게 될 가능성이 높다.[11] 프로젝트를 성공적으로 이끌고 출시할 때마다 더 많은 신뢰를 쌓고 신뢰 자본을 확보할 수 있다.

사심 없는 타인 지원

자신의 업무에만 집중하면 다른 사람과 신뢰를 쌓기 어렵다. 자신에게 아무런 이득이 없더라도 다른 사람을 지원하는 일 역시 마찬가지로 중요하다.

동료가 하거나 지지를 얻으려는 일을 긍정적으로 생각한다면 토론과 계획 과정에서 도움과 긍정적인 피드백을 제공하자. 이를 위해 시니어라는 직급을 내세울 필요 없이 솔직하게 말하자.

물론 어떤 접근 방식에 동의하지 않을 때 수정 피드백을 전달할 수도 있지만, 가급적이면 공개적인 자리에서 부정적인 피드백은 피하는 것이 좋다. 건설적인 피드백은 다른 사람과 팀을 돕고자 하는 선의가 드러나고, 올바른 방식으로 전달될 때 신뢰를 쌓을 수 있다.

좋은 글 쓰기

대규모 조직에서 글을 쓰면 많은 사람에게 전달된다. 직속 그룹을 넘어 엔지니어와 소통할 수 있을 뿐만 아니라 영향력을 행사할 수도 있는 방법인 만큼, 스태프 이상의 엔지니어에게 글쓰기는 매우 중요하다.

큰 규모의 직장에서 글쓰기는 생각을 명확히 하고 의사결정의 지속성을 확보하는 데 필수적이다. 사람들에게 여러분이 쓴 글을 읽고 받아들이게 하려면 글을 잘 써야 한다. 사람들의 시선을 사로잡고 자신의 생각을 명확하고 간결하게 설명해야 한다.

---

[11] https://newsletter.pragmaticengineer.com/p/engineers-leading-projects

글을 잘 쓰면 회사 내 여러 팀 및 조직과 효과적으로 소통하는 능력을 키울 수 있다. 직속 팀을 넘어 소통하고 영향력을 행사할 능력은 스태프 이상의 엔지니어에게 매우 중요한 요소다.

그렇다면 어떻게 해야 글쓰기를 더 잘할 수 있을까? 이 주제는 이 책의 범위를 벗어나지만, 보너스 챕터에 실용적인 예시를 소개했다.

소프트웨어 엔지니어의 글쓰는 법
https://pragmaticurl.com/bonus-5

22.3 매니저와의 협업

스태프+ 엔지니어는 대개 엔지니어링 매니저와 독특한 관계를 맺고 있다. 스태프+ 엔지니어와 엔지니어링 매니저의 영향력 범위는 비슷하지만 집중하는 분야가 약간 다르기 때문이다. 다음은 스태프+ 엔지니어와 엔지니어링 매니저가 일반적으로 시간을 할당하는 방식을 보여주는 그림이다.

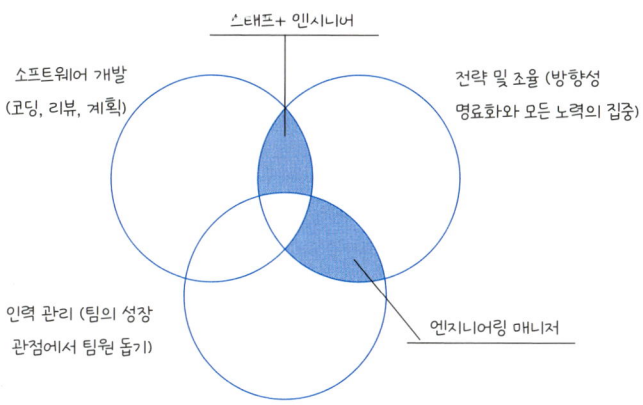

그림 22-1 스태프+ 엔지니어 및 엔지니어링 매니저가 일반적으로 시간을 보내는 위치

스태프 이상의 엔지니어와 엔지니어링 매니저는 전략과 조율에 많은 시간을 할애한다. 따라서 엔지니어링 매니저, 특히 우리가 지원하는 팀의 엔지니어링 매니저와 파트너 관계를 맺는 것은 당연한 일이다!

엔지니어링 매니저에게 내가 같은 팀에 있다는 사실을 분명히 알려야 한다. 같은 팀 매니저를 포함해 우리가 지원하는 팀의 매니저에게 내가 그 팀을 지원한다는 사실을 분명히 알려야 한다. 그러니 시간을 내어 그들과 대화하고, 업무 방식을 이해하고, 협업할 방법을 알아보자.

엔지니어링 매니저의 역할까지 대신하지 말자. 스태프+ 엔지니어와 엔지니어링 매니저 모두 팀을 조율하는 데 도움을 주지만, 자신의 결정이 다른 매니저의 결정보다 우선하거나 그 반대 상황이라고 느끼는 경우도 있다. 그렇다면 비공개로 토론을 진행해 두 사람이 어떻게 하면 '같은 방향으로 노를 저을 수 있는지'에 대해 이야기하자. 동료 스태프+ 엔지니어와 의견이 다를 때도 같은 방법을 활용하자. 경험이 적은 엔지니어 앞에서 이러한 차이가 드러나지 않도록 주의하는 것이 현명하다.

다른 매니저들과 신뢰를 쌓자. 다른 매니저가 여러분을 파트너로 대하고, 당신도 그들을 파트너로 대하길 바란다. 이를 달성하려면 사람들에게 여러분이 신뢰할 만하다는 것을 증명해야 한다.

먼저 팀의 매니저와 신뢰를 쌓자. 책임에 대해 솔직한 대화를 나누고, 엔지니어링 작업을 조정하거나, 프로젝트를 이끌거나, 복잡한 의존성이 있는 팀의 막혀 있는 문제를 해결하는 등 매니저의 업무량 중 일부를 줄일 부분을 파악하자. 매니저에게 엔지니어링 관련 문제에서 진정한 조력자가 되는 것이 목표라고 말하자.

22.4 스태프+ 동료와 협업하기

효율적인 스태프+ 엔지니어가 되려면 팀, 비즈니스 이해관계자 및 기타 매니저는 물론 동료 스태프+ 엔지니어와도 잘 협력해야 한다.

스태프+ 직원들을 직접 만나보자. 직접 만나 소개할 수 있다면 그렇게 하자! 서로 하는 일에 대해 알아보고, 자신에 대해 이야기하고, 서로 도울 방법을 논의하자. 이런 종류의 인간관계는 큰 도움이 된다. 멀리 떨어져 있다면 영상 통화를 이용해서라도 소통하자.

스태프+ 커뮤니티에 가입하거나 직접 만들자! 일부 회사에서는 동료들과 정기적으로 교류할 스태프+ 커뮤니티가 있다. 예를 들어, 아마존은 강력한 수석 엔지니어 커뮤니티가 유명한데, 초창기에는 모든 수석 엔지니어가 연례 오프사이트에서 만나 매주 점심 식사를 하고 회사 전체가 참여하는 기술 강연 시리즈를 진행했다.

회사에 아직 스태프+ 커뮤니티가 없다면, 최소한 가까운 동료들을 위한 커뮤니티를 조직하길 추천한다. 정기적인 토론 세션처럼 가볍게 만들어도 된다. 이러한 커뮤니티는 모든 스태프+ 엔지니어에게 도움이 된다. 왜냐하면 이 직급은 조직의 다른 사람으로부터도 많은 질문을 받는 자리이기 때문이다. 커뮤니티 활동은 아마존의 사례에서 아이디어[12]를 얻자.

'전형적인 스태프+'들과 협업하는 것은 다르다는 점에 유의하자. 『스태프 엔지니어』(길벗, 2022)[13]와 『안녕하세요, 오늘부터 매니저입니다』(길벗, 2023)라는 책을 쓴 엔지니어링 임원 겸 작가인 윌 라슨$^{Will\ Larson}$은 스태프 엔지니어의 전형적인 4가지 유형을 제시했다.[14]

- **테크리드**$^{tech\ lead}$: 특정 팀의 접근 방식과 실행을 리드한다.
- **아키텍트**^{architect} : 중요한 영역에서 방향성, 품질, 접근 방식을 책임진다.
- **해결사**^{solver} : 복잡한 문제에 깊이 파고들어 앞으로 나아갈 길을 찾아낸다.
- **오른팔**$^{right\ hand}$: 엔지니어링 임원의 범위와 권한을 빌려 복잡한 조직을 운영한다.

프로젝트를 리드하는 테크리드와의 협업은 아키텍트, 오른팔과 협업하는 것과는 다르다. 따라서 자신이 어떤 유형의 스태프+인지, 어떤 유형의 동료 스태프+ 엔

---

[12] https://pragmaticurl.com/amazon-principal-engineers
[13] 옮긴이_ 『Staff Engineer』(2021)
[14] https://staffeng.com/guides/staff-archetypes

지니어와 협력할 수 있을지 파악하자.

22.5 인적 네트워크의 확장

상호 신뢰를 공유하는 사람끼리의 네트워크는 동맹을 찾고 영향력을 행사하는 효율에 차이를 가져온다. 다음은 네트워크를 확장하는 몇 가지 방법이다.

조직 내 멘토 찾기

스태프 이상의 엔지니어라 하더라도 업무를 완수해야 할 때 조언자나 동료가 될 사람을 찾아야 한다. 꼭 엔지니어일 필요는 없으며 엔지니어링 리더, 제품 담당자, 심지어 CTO와 같은 임원일 수도 있다.

멘토링은 경험이 많은 동료와 함께 프로젝트를 진행하는 등 비공식적인 방식으로도 이루어질 수 있다. 일부 조직은 공식적으로 멘토링 프로그램을 운영한다.

팀 간 프로젝트 작업

인적 네트워크를 쌓는 가장 좋은 방법은 '네트워크를 만드는 것'이 아니라 다른 팀원들과 오랜 시간을 함께 보내는 것이다. 이는 공동 프로젝트에서 작업하며 자연스럽게 이루어진다. 스태프+ 엔지니어로서 이러한 프로젝트는 종종 업무의 일환이기도 하다. 그렇지 않다면 참여할 수 있는 방법을 찾아보자!

다른 사람과 함께 작업할 때는 그 어떤 프로젝트보다 오래 지속되는 관계를 구축할 수 있으므로 시간을 내어 그들과 더 잘 알아가도록 노력하자.

사내 교육 참석

대기업에서 사내 교육은 네트워크를 구축하는 데 좋은 효과가 있지만 과소평가되고 있다. 매니저의 매니징 교육과 대면 교육이 한 예다.

우버에 근무할 때 교육 세션에서 비기술 분야 매니저들을 많이 만났는데, 그들과 이야기를 나누면서 비즈니스의 다른 부분이 어떻게 운영되는지 알게 됐다. 또한 나중에 연락해 아이디어를 공유하는 인적 네트워크도 쌓았다. 일반적으로 사내 교육은 비슷한 관심사를 가진 사람들을 한데 모으고, 공유된 경험을 통해 더 많은 대화를 나눌 수 있는 발판이 된다.

팀 외부 사람들과 만나기

회사 행사나 외부 행사에서 동료들과 대화를 나누거나 사무실에서 근무하는 경우 점심 식사 중에도 대화를 나눌 수 있다. 직원 커뮤니티employee resource group을 활용하고 조직 간 이니셔티브에 참여하자. 팀을 넘어 더 많은 사람들을 만날수록 지속적인 인적 네트워크를 쌓을 가능성이 높아진다. 이러한 인적 네트워크는 경력 사다리를 올라갈수록 점점 더 중요해진다.

인적 네트워크는 곧 영향력이다

사람들에게 영향을 미치려면 먼저 그들이 나를 신뢰해야 한다. 이는 업무를 완수하고 동료를 돕는 과정에서 달성할 수 있다.

인적 네트워크는 현재 직장을 넘어 커리어에 큰 도움이 된다. 서로 신뢰하는 사람은 향후 다른 회사에 소개나 추천을 해주거나, 공개 채용 공고에 없는 직책의 면접을 보거나 1차 면접을 건너뛸 수 있도록 도와줄 수 있다.

강력한 인적 네트워크는 구축하는 데 수년의 시간이 걸린다는 어려움이 있다. 인적 네트워크는 오랜 시간 동안 축적된 선의와 신뢰, 그리고 전문적인 관계에 투자한 노력으로 만들어진다. 오늘날 강력한 인적 네트워크를 구축하는 가장 좋은 방법은 사람들을 돕고, 좋은 일을 하는 것이며, 또 업무를 완수하고, 주변 사람을 돕고, 영향력을 긍정적으로 사용하는 사람으로서의 평판을 쌓는 것이다.

22.6 다른 사람 돕기

스태프+ 엔지니어는 조직에서 많은 경험을 가진 엔지니어다. 여러분은 동료를 도울 지식과 영향력을 갖추고 있다.

멘토링

멘토링은 누군가를 안내하고, 지식을 공유하며, 성장을 돕는 것이다. 스태프+ 엔지니어라면 다른 사람의 빠른 성장을 도울 수 있는 풍부한 경험을 가지고 있다. 멘토링은 형식적일 필요는 없으며, 신규 입사자가 빠르게 적응할 수 있도록 도와주는 것만으로도 충분하다.

대가를 바라지 않고 다른 사람의 성장을 돕는 습관을 들이면 가르치고 설명하는 능력이 향상된다. 시간이 지남에 따라 다른 사람을 멘토링하고 돕는 일을 계속하다 보면 시니어급 이상의 엔지니어가 조언을 구할 사람으로 평판이 쌓일 가능성이 높다.

12장 '협업 및 팀워크'와 소프트웨어 엔지니어 멘토링과 관련한 글[15]에서도 멘토링에 대해 다뤘다.

후원

후원sponsorship이란 멘토링에서 한 걸음 더 나아가 누군가를 옹호하고 자신의 지위를 활용해 그 사람의 커리어에 도움을 준다는 의미다.

스태프+ 엔지니어의 영향력은 매니저와 비즈니스 이해관계자까지 미친다. 커리어에 도움을 줄 수 있는 엔지니어를 지원하는 데 그 영향력을 사용할 수 있고 또 해야 한다! 후원에는 다음이 포함될 수 있다.

- **뛰어난 업무에 가시성 부여**: 엔지니어가 맡은 업무를 뛰어넘어 뛰어난 성과를 내고 있지만 매니저는 이를 잘 모르는 것 같다고 가정하자. 이 경우, 그룹 회의에서 프로젝트를

---

15 https://blog.pragmaticengineer.com/developers-mentoring-other-developers

그 엔지니어가 직접 발표하도록 초대하는 후원을 통해 업무에 대한 가시성을 확보할 수 있다.

- **승진 지원**: 내가 후원하는 사람이 다음 단계로 나아가고 있다고 생각하지만 승진 대상에서 제외된 것 같다. 해당 매니저 및 동료 매니저와 이야기해 이 사람이 다음 단계로 나아갈 준비가 됐음을 강조해 지원할 수 있다.
- **협업 제안**: 계획 단계에 있는 복잡한 프로젝트에 참여하고 있다. 직접 처리할 수도 있지만, 후원하는 동료에게 좋은 기회라는 점을 인식시키고 그를 초대해 협업하자.
- **프로젝트 옹호**: 매니저가 어떤 엔지니어가 어떤 프로젝트를 이끌어야 할지 논의할 때, 내가 후원하는 사람이 주도적인 역할을 맡도록 추천할 수 있다. 매니저가 반대한다면 내가 부분적으로 참여하겠다고 제안하자.
- **발언권**: 스태프+ 엔지니어는 성과치 보정회의 같은 비공개 회의에 참석할 수 있다. 이러한 회의에서 자신이 후원하는 사람들의 업무와 성과가 간과되지 않도록 하자.

멘토링과 후원은 종종 겹치는 경우가 많다. 엔지니어의 멘토가 시간이 지남에 따라 후원자가 되는 것이 일반적이지만, 꼭 멘토가 아니더라도 개인을 후원할 수도 있다.

23 소프트웨어 엔지니어링
Software Engineering

스태프+ 엔지니어는 시니어 엔지니어의 역할을 비롯해 더 많은 역할을 맡아야 한다. 팀의 엔지니어링 작업 속도와 품질은 물론 자신의 작업과 다른 팀 또는 전체 그룹의 결과물도 책임져야 한다.

연차가 높기 때문에 함께 일하는 팀의 실행 속도와 엔지니어링 품질을 개선해야 할 가능성이 높다. 이 장에서는 여기에 도움이 되는 접근 방식을 설명한다.

소프트웨어 엔지니어링에는 모든 환경에서 보편적으로 통용되는 '은 탄환silver bullet' 같은 접근 방식은 없다고 이야기하고 싶다. 하지만 어떤 접근 방식은 전반적으로 잘 작동하는 경향이 있기도 하다. 스태프+ 엔지니어의 최선은 이러한 접근 방식을 사용하는 경험을 쌓고, 도구 세트를 넓히고, 어떤 접근 방식이 팀에 도움이 되는지, 어느 시점에 배포해야 하는지 배우는 것이다.

23.1 스태프+ 엔지니어의 코딩

스태프+ 엔지니어는 코딩에 얼마나 많은 시간을 할애해야 할까? 정답은 없지만 한 가지 확실한 것은 다른 할 일이 많다는 것이다. 그래서 코딩에 시간을 할애하되 그 양은 줄여야 한다.

집중 코딩

원하는 만큼 자주 코딩할 수 없다는 점을 인정하자. 하지만 몇 주 단위로 코딩을 직접 하는 시간을 그 안에 잡아두자. 프로젝트의 시작이나 다른 주요 단계와 맞물린다면 집중 코딩이 효과적일 것이다. 코딩을 하지 않을 때는 리뷰에 참여하고 피드백을 제공함으로써 이 우선순위에 집중하자.

집중 코딩은 코딩을 위한 시간을 확보하기 위해 코딩과 관련 없는 약속을 미루는 것이 왜 유용한지 다시 일깨워준다.

집중 코딩 동안의 2인 협업

다른 개발자에게 도움이 될 수 있다면 주저하지 말고 협업하길 권한다. 2인 협업 때는 주도하지 말고 협업하는 동료가 올바른 방향으로 나아가도록 힘을 실어주자. 이렇게 하면 주도권을 가지고 바로 일을 처리하는 것보다 시간은 오래 걸리겠지만, 함께하는 파트너의 수준을 끌어올려 팀 전체의 역량을 향상하는 데 도움이 된다. 이렇게 2인 협업의 효율을 높일 수 있다.

코딩을 멘토링, 코칭, 모범을 보일 기회로 활용하자. 코드를 작성하고 목표를 '제대로' 달성하면 컴퓨터와 둘만의 시간을 즐길 수 있고 정말 좋은 기분이 들 것이다. 하지만 코드를 작성하는 데 급급하면 테스트도 하지 않은 엉성한 반쪽짜리 풀 리퀘스트를 모든 팀원이 보게 될 것이다. 감이 살짝 떨어졌거나 급한 마음에 서두르면 이런 실수가 발생한다.

여러분이 작성한 대부분의 코드는 코드 리뷰를 거치고 일부 엔지니어는 이를 보고 학습한다는 사실을 잊지 말자. 따라서 보고 배울 수 있는 잘 문서화되고 명확한 풀 리퀘스트를 작성하자.

어떤 주니어 개발자는 코드 품질에 대한 기준을 정할 때 종종 스태프+ 엔지니어의 코드를 영감을 얻고 따라 할 본보기로 삼는다. 그렇기에 당신의 코드는 품질이 중요하다. 스태프+ 엔지니어인 당신의 코드가 품질이 낮다면 다른 코드에는 더 낮은 기준을 적용하는 것이 정당화된다. 스태프+ 엔지니어가 이런데 다른 사람도 그러지 않을 이유가 없지 않겠나?

그렇기에 제대로 코딩하는 것이 중요하다. 11장 '업무를 완수하는 엔지니어'에서 다룬 것처럼 어떤 작업이 완료됐다면, 진짜 완료된 것이다. 모범을 보이면 팀의 엔지니어링 문화를 개선하는 데 도움이 된다.

어려움을 겪는 프로젝트에 뛰어들기

여러 팀에서 일하느라 부담이 크다면 급한 불을 끄는 데 먼저 집중한다. 이는 도움이 가장 필요한 팀의 코딩, 2인 협업, 코드 리뷰에 참여하는 것을 의미한다.

도움이 필요한 팀은 보통 주요 프로젝트에서 실수하거나 뒤처질 위험에 처한 팀이다. 이런 방식은 사후 대응적이지만, 팀에서 여러분의 개입을 '갈매기식 관리'로 받아들이지만 않는다면 상당히 효과가 좋다. 갈매기식 관리란 위에 있던 사람이 나타나 작업물에 '똥을 싸는'(예: 지속 가능한 수정 사항 대신 해킹 코드를 커밋) 관리방식을 말한다.

팀 스타일에 적응하기

스태프+ 엔지니어는 보통 여러 엔지니어링 팀과 함께 일하거나 중요한 프로젝트의 출시를 돕기 위해 한 팀에 합류해달라는 요청을 받게 된다. 지금쯤이면 선호하는 코딩 스타일, 프로세스, 네이밍, 도구 등 자신만의 작업 방식이 생겼을 것이다. 팀에 깊숙이 녹아들지 못했다면 그 팀을 바꾸기보다는 적응하는 것을 목표로 하자.

여러분이 변화에 적응하고 관행을 개선하는 데 도움을 준다면 동료들은 여러분을 더 존중할 것이다. 이런 인식 변화는 팀원들 스스로 느끼는 편이 가장 이상적이다. 여러분의 지원이 합리적인 변화를 이끌어냈다고 느껴야 한다.

전략적으로 대응하기

코드를 작성할 때 사용할 전략을 현명하게 선택하자. 코딩에 대해 전략적으로 접근하는 여러 가지 방법을 아는 숙련된 엔지니어라면 다음과 같은 다양한 선택을 할 수 있다.

도전적인 문제를 해결하자. 코드의 효율, 품질, 유지 보수성의 균형을 잡자.

관련 시스템의 동작 방식과 같은 심층적인 도메인 전문 지식이 필요한 복잡한 작업이나, 성능 최적화와 같은 심층적인 기술 전문 지식이 필요한 문제를 해결하자.

더 큰 영향력을 발휘하는 코딩 작업을 수행하자. 어떤 코딩 작업은 다른 작업보다 더 전략적인 경우가 있다. 다음은 광범위한 영향을 미칠 수 있는 몇 가지 예다.

- **새 프레임워크를 추가하는 풀 리퀘스트와 그 사용법을 보여주는 예시 풀 리퀘스트**: 프레임워크가 어떻게 사용되는지 예시가 있다면 프레임워크가 예상대로 작동한다는 증거가 되며, 동료들이 따를 템플릿이 된다.
- **새로운 유형의 자동화된 테스트 추가:** 예를 들어, 첫 번째 몇 가지 통합 혹은 UI 관련 테스트가 될 수 있다. 새로운 테스트를 추가하려면 테스트의 작성부터 모든 풀 리퀘스트와 배포에서 실행되는 CI/CD 시스템을 구성해야 한다.
- **CI/CD 변경 또는 개선:** 예를 들어, 모든 풀 리퀘스트에서 실행되는 린터를 추가하거나 풀 리퀘스트의 테스트 코드 커버리지가 낮을 때 경고를 추가하도록 CI 서버를 변경할 수 있다.
- **엔지니어링 팀의 도구 활용법 개선:** 기능 플래그 롤아웃, 배포, 변경 사항 롤백 등 지루하지만 꼭 필요한 개발 작업을 자동화하는 도구가 이에 속한다.

프로젝트의 초기 코딩 단계에 참여한 뒤 다른 사람을 위한 공간을 마련하자. 프로젝트의 초기 단계는 아키텍처를 설정하고, 코드 구조를 정립하고, 테스트가 합의된 대로 작성되는지 확인하고, 모니터링 및 로깅이 합의된 매개변수에 따라 수행되는지 확인하는 등 올바른 결정이 내려져야 할 가장 중요한 시기다.

코드를 작성하고, 2인 협업하고, 코드 리뷰를 통해 피드백을 제공해 직접 체험하는 편이 좋다.

더 창의적인 코딩을 하도록 시간 제약을 걸자. 코딩을 '제대로' 하려면 중단 없이 코딩을 할 시간을 확보하는 편이 현명하다. 하지만 한정된 코딩 시간을 가장 생산적으로 사용할 방법을 찾아내는 것도 현명하다. 팀의 효율을 개선할 방법이 있는가? 해결해야 할 복잡한 장애물이 있는가? 2인 협업이 더 도움이 될까?

코딩할 시간이 원하는 만큼 많지 않으니 주어진 시간을 최대한 활용하자!

23.2 유용한 엔지니어링 프로세스

팀의 소프트웨어 엔지니어링 품질을 향상할 방법은 무엇일까? 언제나 그렇듯 기술, 경험 또는 제약 조건과 관계없이 모든 팀에 적용되는 '보편적인' 방법론은 없다. 하지만 도움이 되는 몇 가지 접근 방식과 프로세스를 살펴보겠다.

'완료'의 정의

'완료'란 무엇을 의미할까? 간단한 질문 같지만 모든 팀원이 같은 답을 가지고 있을까? 대부분의 경우 '완료'의 의미에 대한 정의는 사람마다 조금씩 다르다. '완료'에 자동화된 테스트가 포함되는가, 아니면 완료 이후에 다룰 보너스인가? 사용자 대면 기능의 접근성이나 문서 업데이트가 '완료'에 포함되는가?

작업 품질이 낮다는 평가를 받는 팀이 '완료'의 의미를 명확히 하고 이에 대한 합의를 도출하면 눈에 띄는 개선이 이루어질 수 있다. 이러한 팀에서 일하거나 팀의 실행력을 개선하는 데 도움을 주려면 다음과 같은 방식을 고려하자.

팀원들이 각자 '완료'의 의미를 설명하는 토론을 진행한 다음, 공통된 정의를 논의한다. 포스트잇, 화이트보드 또는 메모를 준비하자. 이 세션의 목표를 품질이 높은 작업을 위한 '완료'라는 개념의 합의 설정으로 잡자. 모든 사람에게 발언권을 주고 합의를 이끌어내 '완료'에 대한 정의를 문서로 작성하자. 축하한다. 이제 팀원들은 자신만의 기준을 세웠고 서로에게 책임을 물을 목표가 생긴 것이다.

이를 흔히 '완료의 정의$^{\text{definition of done}}$(DoD)'라고 하는데, 팀이 토론을 진행함에 따라 진화하며 프로젝트에 따라 변경될 수 있다. 개념 증명$^{\text{proof of concept}}$(PoC), 외부 마감일의 압박이 있는 경우 또는 장기적인 유지 보수를 위해 구축 중인 프로젝트의 경우 DoD는 달라진다.

코딩 스타일 가이드라인

경험이 부족한 팀에서는 명확한 코딩 스타일 가이드가 있으면 코드 형식과 따라야 할 규칙에 대한 논쟁을 피할 수 있다. 팀원들이 수정을 제안할 수 있는 방법과 함께 가이드라인을 설정해야 한다.

코딩 스타일 가이드라인을 '강제'하는 가장 확실한 방법은 린터를 구성해 검사한 다음, 린터를 지속적 통합(CI) 시스템에 연결하는 것이다. 린팅 규칙을 따르지 않는 경우 풀 리퀘스트가 병합되지 않도록 차단하는 것을 고려하자.

여러 회사에서 코딩 스타일 가이드라인을 오픈소스로 공개하고 있다. 다음은 많이 사용하는 예시다.

- 구글Google: 스타일 가이드[16]
- 에어비앤비Airbnb: 자바스크립트 스타일 가이드[17] 및 스위프트 스타일 가이드[18]
- 깃랩GitLab: 프런트엔드 스타일 가이드[19]

코드 리뷰

피드백이 적시에 제공되고 도움이 되는 좋은 코드 리뷰 프로세스는 품질을 향상시키며, 코드가 프로덕션에 적용되기 전에 검토를 통해 문제를 파악할 수 있기 때문에 다양한 연차의 팀원을 전반적으로 더 빠르게 움직이게 한다.

스태프+ 엔지니어는 경험이 많은 엔지니어로서 코드 리뷰의 역학 관계를 파악하기 좋은 위치에 있다. 12장 '협업 및 팀워크'에서는 좋은 코드 리뷰의 특징을 다루었다. 이러한 역학 관계에 주목해 엔지니어가 더 나은 코드 리뷰를 수행하도록 유도할 방법을 찾아보자. 확실한 방법은 솔선수범하는 것이다. 또 다른 방법은 다른 코드 리뷰에 대한 피드백을 제공하는 것이다. 좋은 부분을 칭찬하고 엔지니어가 개선할 방향을 지적하자.

---

[16] https://google.github.io/styleguide
[17] https://github.com/airbnb/javascript
[18] https://github.com/airbnb/swift
[19] https://docs.gitlab.com/ee/development/fe_guide/style

커밋 후 코드 리뷰

고도로 숙련된 팀의 경우 코드 리뷰에 진행이 막히면 생산성이 저하될 수 있다. 이러한 팀은 코드 리뷰에서 코드에 대한 언급이 적고 변경 사항에 대한 이해를 공유하는 데 더 집중하는 경향이 있다.

커밋 후 코드 리뷰는 말 그대로 커밋 후에 이루어진다. 소프트웨어 엔지니어인 신디 스리드하란Cindy Sridharan은 '커밋 후 리뷰[20]'라는 글에서 커밋 후 코드 리뷰에 대한 자신의 경험을 자세히 설명한다.

> 커밋 후 리뷰는 승인을 기다리지 않기 때문에 개발자의 속도가 저하되지 않으며, 개발자가 후속 커밋을 통해 합리적인 우려 사항을 신속하게 해결한다는 두 가지 장점을 제공합니다.

> 커밋 후 리뷰에는 여러 가지 주의 사항이 있지만 [...] 커밋 후 리뷰가 잘 되면, 개발자가 개발 중인 기능을 빠르게 반복하는 동시에 변경 사항을 작게 유지할 수 있습니다.

하지만 커밋 후 코드 리뷰가 반드시 배포 후에 수행된다는 의미는 아니다. 실제로 커밋 후 코드 리뷰는 배포가 반드시 지속적이지 않지만 정기적인 빌드가 이루어지는 팀, 그리고 팀원 사이의 신뢰도가 높은 환경에서 가장 잘 작동하는 경향이 있다(늘 그런 건 아니다!). 대개는 오랜 기간 근무하고 높은 수준의 연차가 있는 팀이다. 많이 발생하는 문제를 감지하는 자동화에 투자한 팀도 이 접근 방식으로 이득을 볼 수 있다.

이 섹션의 마지막은 커밋 후 코드 리뷰를 오래 수행한 스리드하란의 이야기로 마무리하겠다.

> 개발자의 생산성과 코드 품질 사이의 줄타기는 항상 어려운 일이며, 현명한 선택과 절충이 필요합니다. 개발자의 반복 작업 속도는 커밋 후 리뷰를 통해 개선할 수 있습니다.

---

[20] https://pragmaticurl.com/post-commit-reviews

모든 좋은 일이 그렇듯 제대로 하려면 시간과 투자가 필요하지만, 개발자 생산성을 향상시키려는 팀이나 조직에는 확실히 살펴볼 가치가 있는 방법입니다.

프로덕션 환경에서의 자동화된 테스트 및 검사

자동화된 테스트는 대부분의 기술 회사에서 필수적인 요소이다. 자동화된 테스트의 효과는 거의 항상 그 노력을 정당화한다. 함께 일하는 팀의 테스트 접근 방식을 살펴보고, 테스트에 노력을 투자하면 더 높은 품질로 더 빠르게 움직일 수 있는지 생각해보자. 그렇다면 테스트 접근 방식을 개선할 수 있는 올바른 위치에 있는 것이다.

프로덕션 환경에서의 테스트를 포함한 자동화된 테스트 접근 방식에 대한 자세한 내용은 14장 '테스트'에서 확인할 수 있다.

새로운 서비스 및 구성 요소의 발판 마련

엔지니어는 애플리케이션에 새로운 서비스나 구성 요소를 어떻게 설정할까? 한 가지 방법은 생산성을 크게 향상시킬 강력한 스캐폴딩scaffolding 시스템이다. 이러한 시스템이 없으면 엔지니어가 계속 같은 일을 반복하고 서비스마다 구성, 종속성, 코딩 스타일이 조금씩 다르기 때문에 생산성이 저하된다.

대부분의 개발자 포털에 소프트웨어 템플릿 또는 스켈레톤skeleton을 정의하는 기능이 있는 이유는 간편한 스캐폴딩이 개발자의 생산성을 크게 높이기 때문이다!

엔지니어가 프로젝트를 시작할 때마다 서비스나 컴포넌트를 처음부터 다시 설정한다면 스캐폴딩 방법을 정의하는 것을 고려하자. 위키 페이지에 링크된 프로젝트 템플릿일 수도 있고, 다양한 사용 사례에 따라 기본 틀 코드를 만드는 코드 생성기처럼 정교할 수도 있다.

출시 및 실험 후 소독

함께 일하는 팀은 출시를 어떻게 진행하고, 구성 변경은 얼마나 안전하게 진행하는가? 주요 출시에 대한 롤백 계획이 있고, 일부 롤백은 자동화되어 있는가?

출시 때 실수나 장애가 발생한다면 출시, 롤백 및 자동화된 롤백을 계획함으로써 더 안정적으로 출시할 수 있다. 예를 들어, 팀에서 기능 플래그, 오래된 기능 플래그, 오래된 실험을 사용해 자주 실험을 한다면 기술 부채의 원인이 될 수 있다. 기능 플래그가 많고 상당수가 중복된 코드베이스는 무의미한 기능 플래그가 제거된 코드베이스보다 탐색하기가 더 어렵고 변경의 위험성이 증가한다.

실험 후 소독experiment hygiene이란 목적을 달성한 기능 플래그의 제거를 의미한다. 그런데 보통 팀들은 이 작업을 어떻게 수행할까? 어떤 팀은 실험이 끝난 후 후속 작업을 만들어 기능 플래그를 제거한다. 하지만 이는 놓치기 쉽다. 또 다른 옵션은 비활성 기능 플래그를 캡처하는 자동화된 툴을 구축하는 것이다. 한 걸음 더 나아가, 엔지니어가 검토할 수 있도록 자동 풀 리퀘스트를 생성해 오래된 기능 플래그를 제거할 것을 제안하는 툴을 구축할 수도 있다. 플래그가 영구적으로 작동할 것으로 예상되는 방식에 따라 코드를 자동으로 리팩터링하는 우버의 피라냐 Piranha[21]가 그 예다.

시스템 상태 대시보드

팀이 소유하고 운영하는 시스템은 얼마나 건강한가? 이 질문에 답하는 가장 간단한 방법은 팀의 주요 비즈니스 및 시스템 지표들을 시각화하는 대시보드다. 엔지니어는 시스템이 건강한지, 그렇지 않은지 쉽게 파악할 수 있어야 한다.

함께 일하는 팀에 대시보드가 있는가? 없다면 왜 없는지 물어보자. 대시보드의 모양에 대한 규칙은 없으며, 팀원들이 이해할 수 있으면 된다. 물론 이해관계자들도 이해할 수 있으면 좋겠지만, 필수 사항은 아니다. 대시보드가 없다면 대시보드를 만드는 작업을 시작하자!

이 책의 24장 '신뢰성 높은 소프트웨어 시스템'에는 모니터링 대상을 정의할 제안을 정리했다.

---

[21] https://github.com/uber/piranha

23.3 빠른 반복을 위한 엔지니어링 사례

스태프+ 엔지니어의 목표는 함께 일하는 엔지니어링 팀과 그룹의 다른 엔지니어링 팀의 효율을 개선하는 것이어야 한다. 효율적인 엔지니어링 그룹이 사용할 수 있는 몇 가지 도구와 프로세스가 있다. 아래에 그 몇 가지를 설명한다.

지속적 통합

지속적 통합continuous integration(CI)은 풀 리퀘스트로 코드 수정을 메인 브랜치에 자주 통합하는 것을 말한다. 풀 리퀘스트가 발생할 때마다 일반적으로 다음과 같은 단계로 구성된 자동화된 빌드가 시작된다.

- 프로젝트 컴파일 및 빌드
- 정적 분석 테스트 및 린트 실행
- 단위 테스트, 통합 테스트 및 기타 자동화된 테스트 실행
- 보안 검사 또는 사용자 지정 규칙과 같은 추가 자동화 실행

CI는 빠른 피드백을 제공하고 기능이 없을 때보다 훨씬 빨리 회기 오류를 감지할 수 있다.

모든 CI 시스템이 가진 큰 과제는 자동화된 테스트의 실행 시간을 분 단위로 단축하는 것이다. 엔지니어가 새 풀 리퀘스트를 올렸지만 피드백을 받기까지 30분 이상 기다려야 한다면 이는 피드백 주기가 적시에 이뤄지지 않는다는 뜻이다.

대규모 코드베이스와 테스트 수가 많을 때 CI 자동화를 빠르게 실행하는 것은 특히 까다로운 과제다. 다음 몇 가지 방법으로 속도를 높일 수 있다.

- 코드를 모듈화하고 변경되지 않은 빌드 결과물은 캐시한다.
- 테스트 스위트를 분할해 여러 머신에서 병렬로 실행할 수 있다.
- CI에서는 테스트 스위트의 일부만 실행하고 나중에 전체 테스트 스위트를 실행한다.
- CI에서는 변경된 코드만 테스트를 실행하고 나중에 전체 테스트 스위트를 실행한다.

지속적 배포

지속적 배포continuous deployment(CD)는 CI에서 한 단계 더 나아가 승인된 코드 변경 사항을 프로덕션에 바로 배포한다. CI가 설정되어 있지 않은 경우 CD는 거의 의미가 없으므로 일반적으로 CI와 CD는 함께 사용된다.

잘 설정된 자동화된 배포 환경은 다음과 같은 대규모 시스템에서 유용하게 활용될 수 있다.

- **변경 사항의 단계적 자동 출시**: 모든 자동화된 테스트를 통과하더라도 대규모 시스템에 변경 사항을 바로 출시하는 것은 위험하다. 백엔드 시스템의 경우 카나리아 배포 방식을 사용해 일부 서버에만 새 코드를 출시할 수 있다. CD 시스템은 상태 지표를 모니터링해 상태가 양호한 경우에만 출시를 계속한다.
- **자동 롤백**: 출시 후 시스템에서 비정상적인 지표가 감지되면 자동으로 최신 배포를 롤백하고 팀이 조사할 수 있도록 경고를 보낸다.

CI/CD 시스템은 엔지니어에게 신속한 피드백을 제공하고 테스트 및 배포 단계를 자동화해 오류를 줄인다. CI/CD는 대부분의 기술 회사에서 매우 일반적으로 사용하는 방법이다.

하지만 CI/CD 시스템에는 단점도 있다.

- **설정 시간**: 초기 설정에는 시간과 노력이 필요하며, 간단하지 않을 수 있다.
- **느린 빌드 및 테스트**: 빌드 및 테스트가 느리면 엔지니어는 테스트가 실행되기를 기다리는 데 더 많은 시간을 소비하는데, 이는 좋은 개발자 경험이 아니다.
- **유지 관리 비용**: 건강한 CI/CD 시스템을 유지 관리해야 한다. 코드가 추가될수록 빌드 및 테스트 속도가 느려진다. 테스트 스위트 실행 시간이 길어지면 개발자의 작업 속도가 느려질 수 있다.

트렁크 기반 개발

트렁크trunk 기반 개발은 모든 엔지니어가 코드베이스의 단일 공유 브랜치(흔히

'메인' 브랜치라고 함)에서 작업하는 많은 기술 회사에서 흔히 볼 수 있는 전략이다. 이는 수명이 긴 브랜치에서 작업하고 릴리즈 브랜치로 자주 병합하지 않는 것과는 정반대 방식이다.

트렁크 기반 개발에는 몇 가지 장점이 있다.

- **유일한 진짜 소스**: '메인' 브랜치는 프로덕션 환경에서 실행되는 코드이며 모든 엔지니어가 이를 기반으로 개발한다.
- **커밋 빈도의 증가**: 메인 브랜치와 동기화 상태를 유지하기 위해 엔지니어는 자주 커밋한다.
- **지속적인 통합**: 트렁크 기반 개발을 위해 CI을 설정하므로 메인 브랜치가 건강한지 자주 확인된다.
- **기능 플래그**: 팀은 여전히 트렁크 기반 환경에서 기능의 단계적 출시를 원한다. 이 기능이 오래 지속될 수 있는 브랜치가 없는 경우 기능 플래그가 확실한 선택지가 된다.

트렁크 기반 환경은 빌드 자동화 과정 설정과 CI/CD에 더 많은 투자가 필요하다는 큰 단점이 있다. 트렁크로의 병합은 빌드와 마찬가지로 더 자주 발생하며, 이는 빌드 시스템에 부담을 주어 빌드 처리량을 개선하고 빌드 시간을 단축해야 할 필요성을 야기할 수 있다.

트렁크 기반 개발을 하는 회사라면 빌드 도구 및 자동화를 부분적으로라도 담당하는 플랫폼 팀이 있다. 코드베이스에 대한 엔지니어링 팀의 규모가 클수록 이 작업은 더 복잡해진다.

기능 플래그

출시를 제어하는 일반적인 방법은 코드의 기능 플래그 뒤에 숨기는 것이다. 이 기능 플래그는 새 버전의 코드 실행을 사용자 하위 집합에 대해서만 활성화할 수 있다.

기능 플래그는 쉽게 구현할 수 있으며, '제노'라는 가상의 기능에 대해 다음과 같이 표시할 수 있다.

```
if (featureFlags.isEnabled(Zeno_Feature_Flag)) {
    // 실행할 새 코드
} else {
    // 수정 전 코드
}
```

기능 플래그는 특히 다음과 같은 맥락에서 흔히 사용된다.

- **트렁크 기반 개발**: 기능 플래그는 아직 프로덕션 준비가 되지 않은 기능을 코드베이스에 커밋하는 가장 실용적인 방법이다.
- **기본 모바일 및 데스크톱 애플리케이션**: 최종 사용자에게 바이너리 코드를 제공한다. 기능 플래그는 코드에서 실행할 부분을 토글할 수 있다.
- **실험 문화가 있는 회사**: 실험을 보호하고 제어하기 위해 기능 플래그가 선호되는 접근 방식이다.

기능 플래그는 17장 '프로덕션 출시'에서 자세히 다룬다.

모노레포

모노레포$^{\text{mono repository}}$(monorepo)는 플랫폼 전반의 모든 소스 코드가 하나의 큰 리포지터리에 있는 경우를 말한다. 예를 들어, 모든 Go 코드를 위한 하나의 모노레포, 모든 iOS 코드를 위한 하나의 모노레포가 있을 수 있다. 이는 구글, 메타, 우버와 같은 빅테크 기업의 접근 방식이다.

모노레포는 리포지터리가 너무 커져서 단일 개발자 컴퓨터에서 코드베이스를 체크아웃하는 데 시간이 많이 걸릴 수 있으며 매우 큰 코드베이스의 경우 아예 불가능할 수도 있다는 단점이 있다. 대부분의 소스 관리 도구는 합리적인 크기의 리포지터리를 더 잘 지원한다.

그러나 전용 도구를 사용하면 모노레포에서 개발하는 것이 훨씬 더 효율적일 수 있다. 종속성이 더 명확하고, 리팩터링이 더 간단하며, 리포지터리의 여러 컴포넌트에 걸친 통합 테스트를 작성하기가 더 쉽기 때문이다. 또한 엔지니어가 코드베이스의 구조를 이해하면 모든 코드베이스를 탐색하기가 더 쉽다.

대부분의 기술 기업은 각 주요 프로젝트에 대해 분산된 리포지터리를 보유하는 것으로 시작한다. 회사가 성장함에 따라 개발자의 생산성과 경험을 개선하기 위해 모노레포로의 이전을 자연스럽게 고려하게 된다.

마이크로서비스와 모놀리스

마이크로서비스 아키텍처microservice architecture(MSA)는 애플리케이션을 느슨하게 결합되고 독립적으로 배포 가능한 서비스 모음으로 구성한다. 각 서비스는 보통 규모가 작으며 '마이크로서비스'라고 한다. 모놀리식monolithic 아키텍처는 이와 반대로 모든 기능이 단일 코드베이스 내에 있으며 그대로 실행된다.

모놀리식 애플리케이션 설계와 마이크로서비스 아키텍처 중 어느 것이 회사에 더 도움이 되는지에 대한 논쟁이 끊이지 않고 있다. 두 가지 접근 방식에는 각각 장단점이 있으며, 각 접근 방식을 성공적으로 채택한 기업의 사례도 있다. 예를 들어, 쇼피파이shopify는 200만 줄이 넘는 루비 코드[22]를 회사의 핵심으로 하는 모놀리식 애플리케이션 설계를 고수하는 것으로 유명한 반면, 우버는 마이크로서비스 방식을 채택해 2,000개가 넘는 서비스를 운영하고 있다.[23]

모듈형 모놀리스와 보다 모듈화된 구조의 마이크로서비스는 두 접근 방식 사이의 실용적인 중간 지점인 것처럼 보인다. 회사가 성장함에 따라 두 접근법의 약점은 더욱 두드러지게 나타난다.

- 모놀리스의 경우 코드베이스의 모든 부분이 긴밀하게 연결되어 있기 때문에 코드베이스가 커지고 코드를 변경하기가 더 어려워질 수 있다.
- 마이크로서비스의 경우, 그 수가 폭발적으로 증가해 수정 중인 서비스에 암시적 종속성이 있는 다른 서비스를 실수로 깨뜨리기 쉬워진다.

---

[22] https://shopify.engineering/shopify-monolith
[23] https://www.uber.com/blog/microservice-architecture

모놀리식 접근 방식을 따르는 기업은 결국 모놀리스를 모듈화해 엔지니어가 보다 독립적인 작은 부분으로 작업할 수 있도록 한다. 이것이 바로 쇼피파이가 취하는 접근 방식이다.[24]

마이크로서비스 접근 방식을 채택하는 기업은 결국 마이크로서비스를 보다 논리적인 아키텍처로 구조화하고 조직화하는 지침을 도입한다. 우버는 이러한 접근 방식을 통해 수천 개의 마이크로서비스를 '도메인'이라는 수십 개의 컬렉션으로 구조화했다.

23.4 엔지니어의 효율을 높이는 도구

특히 규모가 큰 기술 회사에서는 여러 가지 도구를 통해 엔지니어링 팀의 효율을 높일 수 있다. 이러한 도구는 개발자의 생산성 문제를 완화하는 데 도움이 된다.

서비스 카탈로그

서비스 또는 마이크로서비스를 구축하는 회사에서는 서비스가 정신없이 확장되면 문제가 발생한다. 팀과 서비스의 수가 늘어날수록 다음과 같은 질문에 답하기가 점점 더 어려워진다.

- X 작업을 수행하는 서비스가 있는가?
- 서비스 Y는 누가 만들어 관리하며 온콜 로테이션은 어디에서 이루어지는가?
- 이 서비스에 팀을 온보딩 하려면 어떻게 해야 하는가?

이러한 질문에 답하는 가장 확실한 방법은 서비스 카탈로그를 이용하는 것이다. 서비스 카탈로그는 팀 소유의 서비스를 등록하고 엔지니어가 검색하는 포털이다. 몇몇 빅테크 기업은 자체 서비스 카탈로그를 구축하기도 하지만, 점점 더 많은 회

---

[24] https://shopify.engineering/shopify-monolith

사가 이를 기능으로 제공하는 개발자 포털을 채택하고 있다.

코드 검색

전체 코드베이스를 얼마나 쉽게 검색할 수 있는가? 회사에서 다음과 같은 코드베이스 검색 방법이 제공되는가?

- 전체 코드베이스 검색
- 정규 표현식 지원
- 클래스를 클릭해 정의를 확인하는 상호 참조 지원
- 빠른 검색 속도 지원

구글은 20년 이상 고급 코드 검색 도구를 구축하고 유지 관리하는 전담 팀을 운영해왔다. 이 검색 대기업은 코드베이스를 효율적으로 검색하는 것이 엔지니어의 생산성을 크게 향상한다는 사실을 깨달았고, '코드 검색' 서비스[25]는 위의 모든 사용 사례와 그 이상을 지원한다.

깃허브 및 깃랩과 같은 버전 관리 서비스도 코드 검색을 어느 정도 지원한다. 소스그라프Sourcegraph는 더 잘 알려진 벤더로, 구글과 같은 기능을 갖춘 코드 검색 도구를 구축하는 것을 목표로 한다.

소스 코드를 효율적으로 검색할 수 있다는 것이 얼마나 가치 있는 일인지 생각해보면, 일부 회사에서는 이 문제를 이상할 정도로 전혀 고려하지 않는다. 스태프+ 엔지니어라면 회사가 이 문제를 어떻게 여기는지 파악하고, 코드 검색을 개선하면 엔지니어링 효율이 전반적으로 높아질지 생각해야 한다.

개발자 포털

가장 잘 알려진 오픈소스 개발자 포털은 스포티파이Spotify에서 개발한 '백스테이지

---

[25] 옮긴이_ https://developers.google.com/code-search

Backstage'[26]다. 이 포털은 회사가 수백 개의 팀과 수많은 서비스로 확장하고 프로젝트가 점점 더 세분화되는 과정에서 겪은 어려움을 해결하기 위해 만들어졌다.

백스테이지에는 여러 가지 구성 요소가 있다.

- **카탈로그**: 서비스, 웹사이트, 라이브러리, API 및 기타 리소스를 추적할 수 있는 소프트웨어 및 서비스 카탈로그다. 팀은 엔지니어가 찾을 수 있도록 카탈로그에 리소스를 등록할 수 있다.
- **템플릿**: 새로운 API, 웹사이트, 서비스 또는 기타 구성 요소의 발판이 되는 소프트웨어 템플릿이다. 엔지니어는 찾기 쉬운 템플릿을 만들 수 있으므로 복잡한 작업도 몇 번의 클릭만으로 실행할 수 있다.
- **기술 문서**: 엔지니어링 문서를 위한 위키다.
- **플러그인**: 포털은 모듈식이며 중앙 카탈로그에서 플러그인을 설치할 수 있다. 엔지니어가 새로운 플러그인을 구축할 수도 있다.

구글, 메타, 아마존, 우버와 같은 빅테크 기업들은 맞춤형 개발자 포털을 보유하고 있다. 다른 곳에서는 기존 개발자 포털을 채택하는 것이 일반화되고 있다.

클라우드 개발 환경

소프트웨어를 개발하는 기본 방법은 클라우드를 사용하지 않고 로컬에서 개발하는 것이다. 로컬 개발 환경을 사용하는 단계는 다음과 같다.

1. 사용 중인 통합 개발 환경(IDE)을 설치한다.
2. 코드를 체크아웃한다.
3. 종속된 라이브러리, 프레임워크 등을 설치한다.
4. 프로젝트에 추가 도구 또는 IDE 확장 프로그램 설치한다.
5. 사용자 설정 단계를 통해 코드를 컴파일, 테스트 및 로컬 배포한다.
6. 로컬에서 코드를 실행하고 디버그한다. 여기도 사용자 설정이 필요할 수 있다.

---

26 옮긴이_ https://backstage.spotify.com

코드베이스가 증가함에 따라 대규모 기술 조직에서는 로컬 개발 환경에서 다음과 같은 몇 가지 이유로 개발자 생산성이 떨어질 수 있다.

- 코드베이스의 크기로 인해 코드베이스를 체크아웃하는 데 10분 이상 걸림
- 빌드하는 데 너무 오래 걸림
- 테스트 실행에 10분 이상 소요
- 개발 환경 설정이 복잡하고 오류가 발생하기 쉬운 프로세스가 됨
- 소프트웨어 엔지니어 각자의 로컬 환경은 다른 개발자들 환경과 달라서 빌드/테스트/배포에 어려움을 겪을 수 있음
- git status와 같은 비교적 간단한 명령도 10초 이상 걸림

속도가 느려지면 클라우드 개발자 환경cloud development environment(CDE)이 흥미로운 옵션이 될 수 있다. CDE는 로컬 환경에는 없는 다음과 같은 이점을 제공한다.

- **짧은 피드백 사이클**: 빌드 속도가 빨라지고 테스트 실행 속도도 빨라진다. 우버의 경우, 클라우드 개발 환경을 구축한 뒤에 복잡한 빌드 속도가 2~2.5배 빨라졌다.
- **일관성 및 재현성**: 엔지니어가 동일한 환경을 사용하므로 버그 재현이 더 쉬워지고 여러 환경에서 문제를 추적하는 시간이 줄어든다.
- **환경 공유**: 개발자는 디버깅 등의 작업을 위해 클라우드 개발 환경을 공유할 수 있다. 비즈니스 이해관계자 또는 고객과 데모 목적으로 환경을 공유할 수도 있다.
- **간단한 보안 감사**: 각 개발자의 로컬 환경에서 보안 위협을 모니터링하는 대신 클라우드 환경에는 위협을 감지하고 완화할 수 있는 보안 도구가 장착되어 있다. 또 클라우드 환경은 공격할 대상도 더 적다.
- **빠른 온보딩**: 새로운 엔지니어가 와서 새로운 코드베이스를 빠르게 익힐 때, 클라우드 환경은 대개 로컬 개발 환경보다 훨씬 빠른 온보딩을 제공한다.

클라우드 기반 환경에도 단점은 있다.

- **중요한 병목 현상을 해결하지 못할 수 있음**: '고장 나지 않았다면 고치지 않는다'는 것은 대부분의 엔지니어링 팀이 따라야 할 매우 실용적인 접근 방식이다. 생산성 병목 현

상은 어디에 있을까? 느린 빌드/테스트 시간, 긴 온보딩 시간, 일관성 없는 개발자 환경이 가장 큰 병목 현상이 아니라면 CDE는 큰 도움이 되지 않는다. 그렇다면 왜 시간과 비용을 투자해야 할까?

- **초기 설정 및 유지 관리**: 클라우드 개발 환경을 설정하고 유지 관리하는 데는 시간과 노력이 필요하며, 이는 CI/CD 환경에 투자하는 것과 다르지 않다. 계획을 세울 때 이 비용에 대한 예산을 확보해야 한다.
- **비용**: CDE를 운영 비용은 엔지니어링 팀의 노트북 컴퓨터 비용보다 클 수 있다. 이는 공급업체와 사용량에 따라 다르지만, 클라우드에서 매우 강력한 시스템을 가동하는 데 드는 비용은 결코 저렴하지 않다. 우버, 슬랙^{Slack}, 파이프드라이브^{Pipedrive}와 같은 대형 기술 기업은 소프트웨어 엔지니어 1인당 필요한 '개발자 인프라 비용'이 시니어 엔지니어 보수의 일부에 불과하기 때문에 비용 증가를 정당화할 수 있다.
- **CDE 솔루션의 성숙도**: 기술과 솔루션은 진화 속도가 빨라 원하는 것을 정확히 찾지 못할 수도 있다. 기술 스택, 사용자 지정 옵션 등에서 누락된 부분이 있을 수 있다.
- **공급업체 종속**: 일부 CDE 공급업체는 서비스형 소프트웨어$^{software\ as\ a\ service}$(SaaS) 모델을 운영한다. 그 경우 사용을 중단하거나 공급 업체를 바꾸기 어렵다. CDE 공급업체를 선택할 때는 주의를 기울여야 한다.

클라우드 개발 환경은 대규모 조직에 적합하지만 소규모 그룹에는 적합하지 않다. 중간 규모의 팀과 기업은 엔지니어링 팀의 생산성 저하 요인을 파악하고 그에 따라 결정해야 한다.

실험은 언제나 선택 사항이다. 엔지니어링 조직 전체가 CDE를 시험하도록 설득하기는 어렵다. 하지만 꼭 그렇게 해야 할까? 한두 팀에서 CDE 솔루션을 시험해보고 피드백을 수집한 뒤 결정하는 것이 훨씬 더 효율적일 수 있다. CDE를 사용하면 빌드 및 테스트 속도가 빨라지는가? 엔지니어의 생산성이 향상되는가? 개발 환경을 유지 보수하는 노력이 덜 드는가? 이러한 데이터를 수집해 이 설정을 계속 유지할지 여부를 팀에 알려주면 그 결과는 더 넓은 조직에서 CDE를 도입할지 여부를 결정하는 데 도움이 될 수 있다.

CDE에 대한 자세한 내용은 내가 작성한 '클라우드 개발 환경의 인기가 급증하는 이유는 무엇일까?'라는 글[27]을 참고하자.

AI 코딩 보조 도구

AI 코딩 보조 도구assistant가 증가하고 있으며, 챗 GPT의 출시와 함께 2022년부터 그 도입이 가속화되고 있다. 가장 먼저 널리 채택된 AI 코딩 보조 도구는 탭나인Tabnine(2019년)이었고, 그 뒤를 이어 2023년에는 깃허브 코파일럿GitHub Copilot(2021년)을 비롯해 소스그래프 코디Sourcegraph Cody, 레플릿 고스트라이터Replit Ghostwriter, 아마존 코드 위스퍼러 등Amazon CodeWhisperer 많은 AI 코딩 보조 도구가 출시됐다.

AI 코딩 보조 도구는 개발자의 생산성을 높이지만, 아직은 이 기술을 최대한 활용하는 초기 단계에 있다. AI 보조 도구를 사용할 때 고려해야 할 몇 가지 사항이 있다.

- 기본 모델의 성능은 코딩 보조 도구가 얼마나 도움이 되는지를 나타내는 중요한 지표다. 어떤 머신러닝 모델은 다른 모델보다 코딩을 더 잘 수행한다.
- 규모가 크거나 고유한 코드베이스가 있는 경우 기존 코드베이스를 코딩 보조 도구에 학습시키면 더 유용하다. 이러한 학습 과정이 없다 해도 이점이 있다.
- 데이터 소유권과 보존은 대부분의 기술 기업에 중요하다. 모델에 대한 데이터도 공급업체와 공유되는가? 그렇다면 이 민감한 데이터(회사의 소스 코드!)가 의도치 않은 방식으로 유출되거나 어딘가에 저장되는가?

AI 코딩 도구를 직접 만들면, 코딩 보조 도구 이상의 역할을 할 수 있다. AI와 대규모 언어 모델(LLM)의 명백한 응용 분야는 다음과 같다.

- **코드 리뷰**: AI 도구는 제출된 코드 리뷰를 검토하고 명백한 문제를 지적한다.
- **자동화된 테스트 코드 작성**: 도구가 테스트를 작성해서는 안 된다고 생각하는 엔지니어가 많지만, 실제로 자동화된 테스트 코드를 작성하는 것은 지루할 수 있다. AI 도구는 테

---

27 https://pragmaticurl.com/CDE

스트 케이스를 생성할 수 있으며, 엔지니어는 이를 커밋하기 전에 수정할 수 있다.
- **리팩터링**: 이미 IDE 자체의 리팩터링 도구는 발전되어 메서드나 클래스 이름 변경과 같은 작업을 간단하게 수행할 수 있다. 하지만 AI 도구는 '모든 Company-NameXXX 참조의 이름을 NewCompanyNameXXX 참조로 변경'과 같은 프롬프트를 이용해 프로젝트 전체에서 리팩터링을 실행해 한 단계 더 발전시킬 수 있다.
- **오래된 기능 플래그 제거**: 리팩터링에 특화되어 매우 유용한 사용 사례다.
- **규정 준수 및 보안 검토**: AI 도구는 코드 변경이 어떻게 규제 또는 보안 이슈를 발생시킬 수 있는지 지적할 수 있다.

기술 기업들은 이미 이러한 유즈케이스를 위해 AI 코딩 도구를 구축하고 있으며, 공급업체가 더 발전된 AI 지원 툴을 제공하는 것은 시간문제라고 생각한다.

구축, 구매, 채택

위에 언급된 도구 중 하나를 구입하는 세 가지 선택지는 다음과 같다.

- **구축**: 빅테크 기업은 필요한 수준의 규모를 지원하는 공급업체가 없거나 단일 공급업체에 종속되는 것을 피하기 위해 직접 구축하는 경우가 많다.
- **구매**: 공급업체가 필요한 도구와 기능을 제공하는 경우 가장 빠르게 시작하는 방법이다. 구축 및 채택에는 전담 엔지니어가 필요하기 때문에 단기적으로는 일반적으로 가장 저렴하다.
- **채택**: 필요한 도구나 기능에 대한 오픈소스 프로젝트가 있다면 이 프로젝트를 채택해 직접 운영할 수 있다. 구축하는 것보다 훨씬 저렴하다. 하지만 인프라 리소스와 유지 보수 비용이 든다. 또한 회사의 유즈케이스에 맞게 도구를 커스터마이즈해야 할 수도 있다.

언제나 그렇듯이 구축, 구매, 채택 가운데 어느 것이 최선의 선택인지를 판가름하는 보편적인 규칙은 없다. 공급업체는 구매가 장기적으로 가장 저렴한 옵션이라고 말할 것이다. 엔지니어들은 구축을 선호하는 편이며, 구축 또는 오픈소스 채택은 성과 검토 및 승진 시 더 긍정적으로 인정받는 경향이 있는 활동이다. 또한 구축은 공급업체와 조건을 협상하는 것보다 훨씬 더 재미있고 교육적이다.

일반적인 통념에 따르면 회사의 핵심 역량에 대한 완전한 통제권을 유지하고 다른 것은 구매해야 한다고 한다. 이론적으로는 그럴듯하게 들리지만, 성공적인 일부 기술 기업은 기존의 통념을 무시하고 자신에게 맞는 길을 따라가고 있다.

구축/구매/채택 결정에 영향을 미치거나 영향을 미칠 수 있는 위치에 있다면, 다른 주요 엔지니어링 선택과 유사한 프로세스를 따르자. 정보를 수집하고 잘 모르는 부분을 채우자. 예를 들어, 여러 대안을 프로토타입으로 만들어보며 필요한 요소를 파악하자.

23.5 규정 준수 및 개인정보 보호

조직의 소프트웨어 엔지니어링 프로세스는 어떤 규정 및 개인정보 보호 가이드라인을 준수해야 할 가능성이 높다.

규모가 큰 기술 기업일수록 준수해야 할 규정, 프로세스, 가이드라인을 결정하는 규정 팀 또는 법무 팀이 있는 경우가 많다. 사내에 규정 준수, 개인정보 보호 및 보안 팀이 있는 회사도 있고, 외부 컨설턴트를 고용하는 회사도 있다. 규정 준수 위반은 기업의 평판과 금전적 측면에서 모두 비용이 많이 든다. 스태프+ 엔지니어의 업무 하나는 회사가 이 영역을 진지하게 받아들이도록 하는 것이다.

규정

개인 식별 정보^{personally identifiable information} (PII)는 접근 권한이 있어야 하는 사람 외에는 누구도 접근할 수 없어야 한다. 소프트웨어 엔지니어, 고객 지원 담당자 또는 기타 직원 모두가 해당한다.

일반 데이터 보호 규정^{general data protection regulation} (GDPR)은 합법적이고 정당한 목적으로만 저장 및 처리할 수 있는 PII의 범위를 확대한 유럽연합^{EU} 규정의 중요한 부분이다.

업계별 규정 준수 지침이 조직에 적용될 수 있다. 이 중에서 중요한 일부 지침은 다음과 같다.

- **결제 카드 산업 데이터 보안 표준**payment card industry data security standard(PCI DSS): 신용 카드 정보 관련 지침
- **건강보험 이동성 및 책임에 관한 법률**health insurance portability and accountability act(HIPAA): 의료 관련 데이터 관련 지침(경우에 따라 ISO/IEC 27001도 사용)
- **가족 교육 권리 및 개인 정보 보호법**family educational rights and privacy act (FERPA): 미국 내 학생 또는 교육 정보 관련 지침
- **공정 신용 보고법**fair credit reporting act(FCRA): 신용 회사, 의료 정보 회사, 세입자 심사 등 소비자 보고 기관과 관련된 앱 관련 지침
- **섹션**Section **508**: 미국 연방 기관과 협력 시 지침(장애인의 전자 정보 기술electronic information technology(EIT) 접근권 보장)
- **유럽 접근성법 가이드라인**European accessibility act: EU 국가 정부와 협력시 지침

개별 국가의 개인정보 보호법도 각각 적용될 수 있다.

로깅

데이터 로깅은 신중한 검토가 필요한 영역이다.

- 종단 간 암호화 없이 PII 데이터를 로깅하면 데이터 유출이 발생할 수 있다.
- PII 데이터를 기록하지 않는 것을 목표로 한다. 로그에서 이 정보를 익명화해 개인 식별이 불가능한 데이터로 전환한다.
- PII 데이터에 대한 섹션을 포함해 무엇을, 언제, 어떻게 기록할지 지침을 마련한다.
- 로그 감사를 통해 규정 준수 여부를 확인한다.
- 스크린숏을 포함한 사용자 버그 보고서! 단, PII를 포함하지 않아야 한다. 신용카드 번호와 같은 정보가 티켓팅 시스템에 유포되거나 고객 지원 상담원에게 표시되지 않도록 추가 조치를 취해야 할 수도 있다.

어떤 시스템에도 PII가 안전하지 않게 저장되지 않도록 무슨 데이터가 어떻게 기록되는지 정기적으로 검토하는 것이 좋다.

감사

시스템이 GDPR 또는 PII 규칙과 같은 규정을 준수하는지 감사를 받아야 할 수도 있다. 감사는 이를 전문으로 하는 공급업체에서 수행한다. 감사 기준은 대개 허용되는 것이 무엇인지를 명시하는 경우가 많은데, 실제로 이 요건 중 상당수는 전문가의 해석 없이는 명확하게 이해하기가 어렵다.

감사에 참여하거나 감사를 주도할 때는 이전에 감사를 경험한 사람을 찾아보자. 이것이 불가능하다면 감사 준비에 도움을 줄 수 있는 컨설턴트를 고용하는 것도 고려하자. 감사를 위해 최선을 다해 준비하고 감사인과 협력하는 접근 방식도 마찬가지로 유효하다.

감사 준비는 감사 유형과 감사인이 기대하는 도움의 정도에 따라 상당한 작업이 될 수 있다. 우버에서는 GDPR 시행을 앞두고 수개월에 걸쳐 프로세스를 매핑하고, 프로세스와 도구를 변경한 후 감사를 진행했다. 작업의 양과 변경 사항의 규모를 고려할 때 이 프로젝트는 회사에서 큰 프로젝트였다.

감사는 주로 처음에 가장 많은 시간과 에너지가 소모된다. 일단 감사를 통과하고 올바른 프로세스를 갖추면 규정 준수가 훨씬 쉬워진다.

23.6 안전한 개발

보안 소프트웨어 개발은 지속적으로 진화하고 있는 방대한 주제이지만 이 책에서는 자세히 다루지 않는다. 스태프+ 엔지니어는 해당 도메인의 보안 개발 관행은 물론 일반적인 보안 위협 유형과 이를 완화하는 방법에 대해서도 잘 알아야 한다.

안전한 코딩 관행은 프로그래밍 언어 독립적인 부분도 있고 특정 언어에 국한된 것일 수도 있다. 언어에 구애받지 않는 가장 인기 있는 보안 코딩 가이드라인은 OWASP[28] 보안 코딩 관행 참조 가이드[29]다.

OWASP 가이드라인 외에도 원하는 언어와 프레임워크에 맞는 안전한 코딩 방법을 찾을 수 있는데 다음이 그 몇 가지 예다.

- 자바 SE를 위한 오라클의 보안 코딩 가이드라인[30]
- Go를 위한 안전한 코딩 관행[31]
- 커뮤니티 프로젝트인 보안 러스트Rust 가이드라인[32]

보안 취약점 종속성은 항상 존재하는 보안 위협이다. 시스템 중 하나가 사용하는 라이브러리에 언젠가 취약점이 발견될 수 있다. 해당 라이브러리가 패치될 때까지 시스템은 안전하지 않을 수 있다. 가장 영향력 있는 종속성 취약점 중 하나는 2021년에 발견된 Log4j 로깅 라이브러리의 보안 취약점[33]으로, 서비스 거부(DoS) 공격으로 백엔드 시스템을 멈추게 하는 데 악용될 수 있었다.

모의 침투 테스트는 전문가가 시스템에 취약점이 있는지 테스트하는 방법이다. 팀이나 회사에서 이 방법을 활용하는 경우, 침투 테스트에 참여하면 전문가가 시스템을 점검하는 방법과 그 안에 숨어 있는지도 몰랐던 보안 위협을 파악할 수 있다는 점에서 눈을 뜨게 된다.

중견 기업에서도 보안 엔지니어를 채용하는 사례가 늘고 있다. 보안은 소프트웨어 개발 수명 주기의 모든 부분을 관통하는 중요한 부분이다. 중견 또는 대기업에서 근무하는 경우 소프트웨어 보안 전담 팀이 이미 구성되어 있을 가능성이 높다.

그들과 친해지고 파트너십을 구축하는 것을 목표로 하자. 보안 팀은 회사의 보안

---

28 옮긴이_ OWASP(Open Web Application Security Project)는 전 세계적으로 소프트웨어 보안을 개선하기 위해 웹 애플리케이션 보안 모범 사례 및 리소스를 문서화하는 국제 비영리 조직이다.
29 https://owasp.org/www-project-secure-coding-practices-quick-reference-guide
30 https://www.oracle.com/java/technologies/javase/seccodeguide.html
31 https://github.com/OWASP/Go-SCP
32 https://anssi-fr.github.io/rust-guide
33 https://builtin.com/cybersecurity/log4j-vulnerability-explained

엔지니어링 관행을 어떻게 개선하고 있으며, 여러분은 어떻게 도울 수 있는가? 프로젝트 계획 중 또는 특정 주요 코드 변경과 같이 보안 팀의 참여가 도움이 될 만한 상황을 파악하자.

24 신뢰성 높은 소프트웨어 시스템
Reliable Software Systems

조직에서는 암묵적으로 또는 명시적으로 스태프+ 엔지니어가 시스템 안정성을 높이기 위한 노력을 주도하리라 기대하는 경우가 많다.

이 장에서는 신뢰성 높은 시스템을 구축하고 유지 관리하는 데 일반적으로 이용하는 접근 방식을 다룬다.

24.1 신뢰성에 대한 책임 의식

스태프+ 엔지니어로서 신뢰성 측면에서 어떤 역할을 하고 있는가? 빅테크 기업은 스태프+ 엔지니어에게 근무하는 팀과 다른 팀을 포함한 영향력 범위 내에서 제품과 서비스의 신뢰성을 책임지기를 기대하는 경우가 많다. 즉, 신뢰성을 측정하고, 신뢰성을 개선할 계획을 수립하고, 신뢰성 향상을 위한 추가적인 엔지니어링 인력 확보를 주장하는 것이 스태프+ 엔지니어의 책임이다.

OKR은 종종 시스템의 안정성을 개선하는 데 유용한 방법이다. 예를 들어, 시스템의 안정성, 성능, 효율을 높이기 위한 목표를 설정할 수 있다. 그리고 다음과 같이 측정 가능한 핵심 성과 지표(KPI)를 정의할 수 있다.

- 시스템 X의 p95 지연 시간 10% 개선
- 하드웨어 리소스를 변경하지 않고 시스템 Y의 처리량 30% 증가
- 시스템 Z의 콜드 스타트 시간 15% 단축

신뢰성을 높이려면 엔지니어링 매니저와 협력해야 한다. 엔지니어링 매니저는 팀의 성과와 시스템의 안정성을 책임져야 한다. 하지만 스태프+ 엔지니어는 신뢰성에 문제가 있는 시점을 인식하고 이를 개선하기 위해 다양한 접근 방식을 사용할 수 있는 기술을 보유하고 있다. 여러분은 엔지니어링 매니저에게 데이터를 제공해 신뢰성에 투자하는 것이 왜 중요한지, 그리고 이러한 투자로 얻을 수 있는 수익이 무엇인지 강조할 수 있고 강조해야 한다. OKR과 KPI는 21장 '비즈니스의 이해'에서 자세히 다루었다.

24.2 로깅

로깅 접근 방식을 자세히 알아보기 전에 로깅이 중요한 이유를 알아보자. 로그는 나중에 문제 해결에 필요한 정보를 캡처해 엔지니어링 팀이 프로덕션 문제를 디버깅하는 데 도움을 준다.

팀의 프로덕션 문제 디버깅에 도움이 되는 로깅 전략은 무엇일까? 이는 애플리케이션, 플랫폼, 비즈니스 환경에 따라 다르다.

로깅 방법과 내용을 결정할 때 도움이 될 로깅 도구를 소개하겠다.

- **로그 수준**: 대부분의 로깅 도구는 '디버그', '정보', '경고', '오류'와 같은 다양한 로깅 수준을 기록하는 방법을 제공한다. 이러한 수준은 로그를 필터링할 때 사용할 수 있는 수준이다. 이러한 수준을 사용하는 방법은 사용 환경과 팀 관행에 따라 다르다.
- **로그 구조**: 로그가 어떤 세부 정보를 캡처하는지, 로컬 변수가 기록되는지, 두 개의 로깅 이벤트 중 어느 것이 먼저 발생했는지 쉽게 찾도록 로그에 밀리초^{msec} 또는 나노초^{nsec} 단위까지 발생시간^{timestamp}이 캡처되는가? 타임스탬프에 표준시간대^{timezone} 정보가 포함되는가?
- **자동화된 로깅**: 시스템에서 자동으로 로깅을 지원해 엔지니어가 별도로 챙기지 않아도 되는가?
- **로그 보존**: 로그는 클라이언트에 얼마나 보관되며, 백엔드에는 얼마나 보관되는가? 로

그를 오래 보관하면 유용하지만 저장 비용이 더 많이 드는 경우도 있다.
- **로그 수준 토글**: 애플리케이션의 경우 모든 로그 수준이 출력되는 '디버그 빌드'가 있지만 일반적으로 프로덕션 빌드에는 경고 또는 오류 로그 수준만 기록한다. 세부 사항은 플랫폼 수준의 구현과 팀 관행에 따라 다르다.

로깅 관행을 명시적으로 만들기

팀에 로깅 관행이 없다면 도입하자. 관행이 있다면 엔지니어가 로그에서 정보를 찾지 못할 때, 무엇을 어떻게 로깅하는지 참고해 정보를 찾을 수 있게 한다.

팀을 위한 간단한 로깅 가이드를 작성하려면 몇 명의 엔지니어와 이야기를 나눠 팀원이 제안을 남기도록 권한을 부여하거나 작성 권한을 준다. 팀에 이런 가이드가 존재하고 모두가 작성할 권한이 있다면, 로깅의 기본 관행을 어떤 방식으로든 잡아두는 편이 좋다.

좋은 로그의 예시

아래 가이드는 2008년에 로그로직LogLogic의 최고 로깅 에반젤리스트chief logging evangelist였던 앤톤 츄바킨Anton Chuvakin[34]이 작성했다. 해당 로깅 가이드는 여전히 유효한 내용을 담고 있어 앤톤의 동의를 받아 이 책에 싣는다.

최고의 로그

- 언제, 어디서, 어떻게 일어난 일인지 정확한 정보를 제공한다.
- 수동, 반자동, 자동 분석에 모두 적합하다.
- 데이터를 생성한 애플리케이션이 없어도 분석 가능하다.
- 시스템 속도 저하가 없다.
- 증거로 사용할 때 신뢰성 입증 가능하다.

---

34 https://www.chuvakin.org

기록할 이벤트

- 인증/승인 결정(로그오프 포함)
- 시스템 액세스, 데이터 액세스
- 시스템/애플리케이션 변경(특히 권한 변경)
- 데이터 변경: 추가/수정/삭제
- 잘못된 입력(악성코드/위협 가능성)
- 리소스(메모리, 디스크, CPU, 대역폭, 기타 물리적·논리적인 한계가 있는 것)
- 상태/가용성: 시작/종료, 장애/오류, 지연, 백업 성공/실패

기록할 내용 – 모든 이벤트에 해당

- 타임스탬프 및 타임존(언제)
- 시스템, 애플리케이션 또는 구성 요소(위치), 관련 당사자의 IP 및 동시 DNS 조회, 관련 시스템의 이름/역할(어떤 서버인지), 로컬 애플리케이션의 이름/역할(무슨 서버)
- 사용자(누구)
- 행동(무엇)
- 상태(결과)
- 우선순위(심각도, 중요도, 순위, 레벨 등)
- 이유

'올바른' 방식으로 쉽게 로깅하는 프레임워크를 갖추자

팀에서는 로깅을 어떻게 수행하는가? 모든 사람이 각자의 방식대로 로그를 호출하는가? 시니어 엔지니어가 있는 아주 작은 팀에는 이러한 접근 방식이 적합하지만, 규모가 큰 팀에는 개발자가 콘솔에 로깅하거나 타사 로깅 공급업체를 사용하거나 사내 로깅 솔루션을 호출하는 등 임시방편적인 로깅을 사용하는 경우도 많다.

일관성을 개선하는 비교적 간단한 방법은 로깅 방식(예: 어떤 전략을 사용할지)

을 합의한 다음, 합의가 반영된 가벼운 로깅 프레임워크를 도입해 '잘못된' 방식으로 로깅 자체를 매우 어렵게 만드는 것이다.

하지만 로깅을 위해 별도 프레임워크를 구축해야 할 이유는 무엇일까? 간단한 인터페이스를 만들면 사용 중인 기본 공급업체의 솔루션을 추상화하는 데 도움이 된다. 대기업은 공급업체가 변경되는 상황을 자주 겪는데, 이런 추상화는 공급업체가 변경됐을 때 마이그레이션을 훨씬 쉽게 하는 데 도움을 줘 유용하다. 또한 추상화를 적용하면 향후 로깅 사용량을 분석하는 데도 도움이 된다. 당연한 말이지만, 새로운 프레임워크의 구축 그 자체를 목표로 삼지 말고, 임시방편적이고 일관성 없는 로깅, 사용할 프레임워크에 대한 불명확한 지침 등의 문제 해결을 목표로 삼자.

24.3 모니터링

시스템이 정상인지 어떻게 알 수 있을까? 가장 신뢰할 수 있는 방법은 주요 특성을 모니터링해 비정상적인 수치가 보이면 경고를 날리는 것이다.

50번째, 90번째, 95번째 백분위수

백분위수^{percentile}는 모니터링 및 서비스 수준 협약$^{service\ level\ agreements}$(SLA)의 핵심 개념이다. 로드 시간이나 응답 시간 등을 모니터링할 때 평균 수치만 살펴보는 정도로는 충분하지 않다. 왜일까? 많은 고객에게 영향을 미칠 최악의 시나리오를 놓칠 가능성이 있기 때문이다. 각 백분위수가 유용한 상황은 다음과 같다.

- **p50(50번째 백분위수 또는 중앙값)**: '평균' 사용 사례를 잘 나타내는 값으로, 데이터 포인트의 50%는 이 값보다 작고, 나머지 50%는 이 값보다 크다.
- **p95(95번째 백분위수)**: 성능 모니터링 시나리오에서 특히 중요한 값으로, 이 시나리오에서는 응답 시간이 가장 나쁜 5%의 데이터 포인트를 나타낸다. 이 5%의 데이터 포인트는 파워 유저와 연관된 경우가 많다.

- **p99(99번째 백분위수)**: 튀는 값^outlier 으로 보고 허용하기도 한다. 긴 시간을 사용하는 고객이나 요청을 판단하는 기준으로 삼을 수 있다.

모니터링할 항목

무엇을 모니터링해야 할까? 시스템이나 앱에 대한 상태 정보를 제공하는 확실한 선택지는 다음과 같다.

- **가동 시간**^uptime: 시스템 또는 앱이 몇 퍼센트의 시간 동안 완전히 작동하는가?
- **CPU, 메모리, 디스크 공간**: 리소스 사용량을 모니터링하면 서비스나 앱이 비정상적인 상태가 될 위험에 처했을 때 유용한 지표를 제공할 수 있다.
- **응답 시간**: 시스템이나 앱이 응답하는 데 걸리는 시간은 얼마인가? 응답 시간 중앙값은 얼마인가? 가장 느린 5%의 요청과 그 사용자(p95), 가장 느린 1%의 사용자(p99)의 서비스 사용감은 어떠한가?
- **오류율**: 예외 발생, HTTP 서비스에서 4XX 응답 및 기타 오류 상태와 같은 오류의 발생 빈도는 어느 정도인가? 전체 요청 중 오류는 몇 퍼센트인가?

백엔드 서비스의 경우 다음 항목도 함께 모니터링하면 좋다.

- **HTTP 상태 코드 응답**: 5XX 또는 4XX와 같은 오류 코드가 급증하는 경우 문제가 있을 수 있다.
- **지연 시간 지표**: 서버 응답의 p50, p95, p99 지연 시간은 얼마인가?

웹 앱과 모바일 앱인 경우 다음 항목도 함께 모니터링하면 좋다.

- **페이지 로드 시간**: 웹페이지를 로드하는 데 시간이 얼마나 걸리는가? p50, p75, p95에서 어떻게 비교되는가?
- **핵심 웹 바이탈 지표**: 구글은 2020년에 우수한 사용자 경험을 제공하는 품질 신호인 '웹 바이탈'[35]을 출시했다. 이러한 지표로 웹 성능에 대한 보다 자세한 정보를 파악할 수 있다. 웹 바이탈의 핵심 지표는 최대 콘텐츠 페인트^largest contentful paint (LCP), 최초 입력 지

---

[35] 옮긴이_ https://web.dev/articles/vitals

연first input delay(FID) 및 누적 레이아웃 변경cumulative layout shift(CLS)이다.

모바일 앱의 경우 다음 항목도 함께 모니터링하면 좋다.

- **앱 기동 시간**: 앱을 시작하는 데 시간이 얼마나 걸리는가? 시간이 오래 걸릴수록 고객 이탈 가능성이 높아진다.
- **크래시 발생률**: 앱이 갑자기 종료되는 세션의 비율은 몇 퍼센트인가?
- **앱 번들 크기**: 시간이 지남에 따라 크기가 어떻게 변하는가? 크기가 클수록 더 적은 수의 사용자가 앱을 설치할 수 있다.

비즈니스 지표는 앱이나 서비스가 얼마나 건강한지 '실제' 이야기를 들려준다. 앞에 언급한 지표는 보다 일반적이며 인프라 관점에서 측정한 지표로, 근본적인 문제를 나타낸다. 그러나 위의 지표가 양호해 보여도 서비스나 앱은 건강하지 않을 수 있다.

비즈니스 지표 모니터링

시스템 상태를 전체적으로 파악하려면 제품에 매우 구체적인 비즈니스 지표를 모니터링해야 한다. 예를 들어, 우버에서 차량 서비스 제품의 핵심 비즈니스 지표는 라이프사이클 이벤트다.

- 차량 서비스를 요청하는 사람은 몇 명인가?
- 요청이 '대기 중' 상태로 유지되는 기간은 얼마나 되는가?
- 얼마나 많은 요청이 수락되거나 거부되는가?

배차 수락률 급감과 같은 지표의 변화는 서비스 장애를 의미할 가능성이 있다.

라이드 서비스의 결제 팀이 모니터링한 비즈니스 지표는 다음과 같다.

- 새 결제수단(예: 신용카드)을 성공적으로 추가한 횟수
- 결제 추가 흐름 중 발생한 오류 수

- 결제 추가 플로를 완료하는 데 걸린 시간의 p50 수치

신용카드, 페이팔^{PayPal}, 애플페이$^{\text{Apple Pay}}$ 등 결제 수단에 대한 비즈니스 지표를 측정했다. 비즈니스 지표는 사업부별로 다르지만 다음과 같이 널리 사용되는 지표도 있다.

- **고객 온보딩**: 가입 유도 페이지에 진입한 고객 수는 몇 명인가? 어느 정도 이탈 비율이면 성공적인가? 특정 단계에서 '진행을 멈추는' 고객 수는 몇 명이고, 가입에 걸리는 시간은 얼마인가?
- **비즈니스별 작업의 성공률 및 오류율**: 결제 수단을 추가하는 작업의 성공 및 실패 비율은 얼마인가?(우버 결제 팀의 예)
- **사용자 수**: 일별/주간/월별 활성 사용자 수$^{\text{daily/weekly/monthly active users}}$(DAU, WAU, MAU)는 몇 명인가?
- **수익**: 일별, 주별, 시간별로 발생한 수익은 얼마인가? 사용자당 평균 수익은 어떻게 되는가?
- **사용 횟수**: 사용자가 앱이나 서비스와 상호작용하는 시간은 얼마나 되며, 얼마나 많은 작업을 수행하는가? p50, p75, p90 같은 통계는 중간 사용자, 자주 사용하는 사용자, 파워 유저를 식별한다.
- **지원 티켓 수**: 들어오는 지원 티켓 수는 몇 개이며 카테고리별로 어떻게 나뉘는가? 카테고리별로 분류할 때 급격한 승가는 버그나 장애를 나타낼 수 있으므로 이러한 현상이 어떻게 발생하는지 추적하는 것이 좋다.
- **유지율 및 이탈률**: 주별, 월별, 분기별로 유지되는 사용자의 비율, 즉 재방문율은 몇 퍼센트인가? 계정을 삭제하거나 해지하는 사용자의 비율은 얼마인가?

모니터링만으로는 시스템의 안정성을 보장하기에 충분하지 않다. 문제가 있는 지표가 나타나면 대기 중인 엔지니어에게 알려, 엔지니어가 이를 조사하고 완화하도록 유도해야 한다.

24.4 알림

어떤 지표에 알림을 할당할지 결정하자. 모니터링할 항목은 많지만, 어떤 지표가 잘못된 추세를 보일 때 알림을 설정해야 할까?

비즈니스와 제품부터 살펴보자.

- **'건강하다'는 것은 어떤 의미일까?**: 어떤 지표를 사용해야 상황이 양호한지 알 수 있을까? 상황이 좋지 않음을 나타내는 지표에 알림을 추가하자.
- **이전에 어떤 장애가 발생했는가?**: 향후 문제가 발생할 가능성이 있는 지표는 무엇인가? 이전 장애를 알려주는 지표에 알림을 추가하자.
- **오류가 발생하면 고객은 어떤 것을 알아차리나?**: 모니터링 및 알림을 추가해 이를 포착하자. 지연 시간이 길어지는 상황 같은 이상 사례를 포착하려면 p95와 같은 백분위수도 살펴봐야 할 수도 있다.

'건강한' 상태와 '건강하지 않은' 상태를 말로만 표현해도 시스템에서 어떤 영역을 모니터링하고 경고해야 하는지를 파악할 수 있다.

알림의 긴급성

모든 알림이 동일하지는 않다. 모든 고객에게 시스템이 다운되는 건 매우 심각한 일인 반면, 티켓팅 시스템에서 '사용자 목록 가져오기' 기능과 같이 일부 사용자에게만 기능 장애가 발생하는 건 영향력이 훨씬 작다. 따라서 알림의 긴급성을 분류하자. 다음은 간단하지만 효율적인 방법이다.

- **긴급 알림**: 최대한 빨리 확인하고 조치를 취해야 하는 알림이다. 이 알림은 푸시 알림을 보내고, 전화 통화를 시도하며, 응답이 없는 경우 체계에 따라 상위 직급자에게 전달된다.
- **긴급하지 않은 알림**: 업무 시간 외에는 사람들에게 연락하지 않는 알림이다. 이 알림은 중요하긴 하지만 업무 시간까지 기다려도 괜찮다.

알림 강도

알림의 '강도noiseness'를 살펴보면서 조정하자. 큰 조치가 필요 없는 상황에 오는 알림은 '소음noise'이라고 부른다. 한밤중에 알림이 와서 잠에서 깨는 건 유쾌한 경험이 아니며 특별한 이유 없이 울렸다면 더더욱 그럴 것이다. 그렇다고 알림이 전송되지 않아 서비스 장애를 놓치는 것도 바람직하지 않다. 그렇다면 어떻게 적절한 균형을 맞출 수 있을까? 정밀도와 재현율이라는 두 가지 개념을 사용하자.

- **정밀도**precision : 실제 문제를 나타내는 알림의 비율을 측정한다. 정밀도가 30%인 시스템은 알림 10건 중 3건은 장애이고 나머지는 강도가 지나치다는 의미다. 정밀도가 높은 시스템은 소음이 적다. 정밀도 100%의 시스템은 장애를 나타내는 알림만 전송한다.
- **재현율**recall : 알림을 전송한 장애의 비율 측정치다. 재현율이 30%인 시스템은 장애 10건 중 3건에 대해 알림을 전송했다는 의미다. 재현율이 100%인 시스템은 모든 장애에 알림을 전송했다는 의미다.

이상적인 온콜 시스템은 소음이 없는 100%의 정밀도를 가지고 있으며, 장애를 100% 감지한다. 하지만 현실에서는 다음과 같은 장단점이 존재한다.

- 소음을 전부 제거하면 정밀도는 높아지지만 알림이 울리지 않아 위험이 누락될 경우가 생긴다. 이는 재현율을 감소시킨다.
- 운영 장애에 대한 알림을 개선하려면 일반적으로 알림을 더 추가해 재현율을 높인다. 하지만 이렇게 하면 정밀도가 떨어질 수 있다.

알림의 정밀도와 재현율을 모두 측정해 더 집중할 영역을 확인하자. 일반적으로 다음과 같이 측정한다.

- 온콜 중인 엔지니어에게 진짜 장애로 인한 알림인지 소음인지 기록하게 하자. **보통 온콜 지원 도구가 이를 추적하는 데 유용하다. 그렇지 않다면 이 기능을 구축하거나 구매하자.**
- 사후 사고 검토에서 최근 발생한 모든 장애를 살펴보고 **장애 발생을 알리는 알림이 울렸는지** 자문하자. 재현율을 파악할 수 있다.

정밀도와 재현율을 측정하려면 엔지니어가 위의 두 가지 수동 절차를 따라야 한다. 엔지니어는 알림에 태그를 지정해 장애에 대한 알림인지 확인해야 하며, 사고 검토자는 알림이 발생하기 전에 장애가 발생했는지 여부를 태그한다. 이 정보는 기존 온콜 지원 시스템에서 얻을 수도 있다. 그렇지 않은 경우에는 이 기능을 구축하거나 온콜 지원 시스템을 확장해야 할 수도 있다.

정적 임곗값 vs 이상 징후 탐지

어떤 지표에 대한 알림을 언제 전송할지는 어떻게 결정할까? 두 가지 일반적인 접근 방식이 있다.

정적 임곗값

알림을 전송할 시점에 수동으로 임곗값을 정의한다. 예를 들어, '이 지표가 60초 이상 0으로 떨어지면 알림을 전송' 또는 '이 지표가 분당 500회 이상(일반적인 수치는 100회)이면 알림을 전송' 등의 규칙을 설정할 수 있다.

정적 임곗값은 정의하기 쉽고 알림이 발생한 이유를 정확히 파악하기 쉽다. 또한 조정하기도 쉽다. 하지만 어떤 정적 임곗값을 설정할지 미리 예측하기 어렵다. 따라서 정적 임곗값 알림이 포착할 수 있는 장애가 발생한 후 정적 임곗값을 설정한다.

이상 징후 탐지

임곗값을 수동으로 정의하는 대신 지표와 관련된 트래픽 패턴의 이상 징후를 감지하는 머신러닝 시스템에 맡긴다. 이러한 알림의 민감도만 입력하면 된다.

이상 징후 탐지는 정적 임곗값보다 훨씬 더 많은 편차를 포착할 수 있다. 잘 훈련되고 잘 구성된 이상 징후 탐지 시스템은 예기치 않은 트래픽 급증 또는 트래픽 감소에 알림을 전송한다. 또한, 사용할 이상 징후 탐지 프레임워크가 있다는 가정 하에 다양한 지표에 걸쳐 시스템을 배포하는 데 드는 노력도 훨씬 줄어든다.

단점은 이상 징후 탐지가 제대로 훈련되거나 구성되지 않은 경우 노이즈가 지나치게 커서 정상적인 트래픽 패턴에 대해서도 너무 많은 경고를 발생시킬 수 있다는 점이다. 우버에서 결제 시스템에 이상 징후 탐지 기능을 처음 배포했을 때, 시스템을 학습시키고 구성하는 첫 몇 주 동안 실시간 알림을 꺼야 할 정도로 너무 많은 알림을 받았던 기억이 있다.

또한 이상 징후 탐지가 너무 둔감해 실제 이상 징후를 감지하지 못하는 역효과도 발생할 수 있다. 이상 징후 탐지를 구성하는 데는 생각보다 많은 작업이 필요하며, 이 시스템에서 다른 시간대의 일반적인 트래픽 패턴 등을 고려해야 할 수도 있다. 또한 이커머스 비즈니스의 경우 블랙 프라이데이 기간 동안 트래픽이 급증하거나 감소하는 등 예측 가능한 트래픽 감소 또는 증가에 대해 경보를 전송할 수도 있다.

현명한 판단을 통해 어떤 유형의 알림을 언제 사용할지 결정하자. 특정 사용 사례에 유용한 알림 유형을 결정하려면 두 가지 유형의 알림을 모두 사용해본 경험이 필요하다. 아직 사용하지 않았다면 서로 다른 프로젝트에서 두 가지 알림을 모두 사용해보자!

가장 실용적인 접근 방식은 대부분의 지표에 대한 이상 징후 탐지와 예상 트래픽 증가/감소에 대한 정적 임곗값을 결합하고 주요 지표가 0으로 떨어지는 상황을 포착하는 식으로 두 가지를 혼합해 사용하는 것이다.

24.5 온콜

2000년대까지만 해도 기업에서는 '운영operations'을 의미하는 '옵스ops'를 사용하는 운영 모델을 운영했다. 개발자가 코드를 작성하고 테스트해 소스 제어의 '다음 릴리즈' 브랜치에 커밋하면 몇 주 또는 몇 달에 걸쳐 릴리즈 후보가 최종 확정되고 테스트된다. 그런 다음 운영 팀이 코드를 서버에 배포하고 데이터베이스 스키마 업데이트를 적용해 릴리즈를 인계받아 출시한다. 다운로드 가능한 애플리케이션이라면 운영 팀이 바이너리와 업데이트 스크립트를 업데이트한다. 그다음 운영 팀이 애플리케이션을 모니터링한다.

반복 주기가 훨씬 짧아진 오늘날 엔지니어링 팀은 하루에 여러 번 배포하는 경우도 많다. 이제 코드를 모니터링하는 역할은 운영 팀이 아닌 엔지니어링 팀의 몫이며, 변경 사항을 적용하고 온콜 로테이션을 정의하는 역할도 엔지니어링 팀이 맡는다.

일반적인 온콜 교대 근무

기술 기업에서 일반적인 온콜 환경은 다음과 같다.

- **1차 온콜**: 프로덕션 팀 시스템에 대한 알림을 수신하는 당직 엔지니어다.
- **호출^{pager} 애플리케이션**: 알림을 1차 온콜 담당자에게 라우팅하는 앱이다. 가장 인기 있는 호출 애플리케이션 공급업체는 페이저듀티^{PagerDuty}이며 젠듀티^{ZenDuty}, 인시던트닷아이오$^{incident.io}$, 젤리^{Jeli}, 파이어하이드런트^{FireHydrant}, 스파이크^{Spike}와 같은 다른 솔루션도 사용한다. 일부 빅테크 기업에서는 자체적으로 호출 애플리케이션을 구축하기도 한다.
- **2차 및 3차 온콜 담당자**: 알림이 들어오면 온콜 엔지니어가 주어진 시간(예: 10분) 내에 알림을 확인한다. 확인을 받지 못하면 알림이 상향되어 온콜 체인에 있는 다음 사람, 즉 2차 온콜 담당자를 호출한다. 2차 온콜도 시간 내에 확인하지 않으면 3차 온콜 담당자에게 전파되는 식으로 계속 전파된다.

대부분의 기술 기업은 팀원들로 구성된 1차 및 2차 온콜 로테이션을 정의한다. 3차 온콜은 엔지니어링 매니저, 다음은 엔지니어링 조직의 이사 및 부사장과 같은 엔지니어링 관리 체인으로 구성된다.

온콜 전담 팀

대부분의 빅테크는 엔지니어링 팀에서 자체적으로 온콜 로테이션을 관리하고 이를 정의하고 인력을 배치한다. 소규모 기술 기업은 우선순위가 높은 모든 알림을 처리하는 전담 온콜 팀이 있는 경우도 꽤 있다. 이 온콜 팀은 가상 조직인 경우도 있으며, 소속 엔지니어는 보통 추가 시간과 노력에 대한 보상을 받는다.

전통 기업이나 디지털 전환을 시작하는 기업에서는 런북^{runbook}**36**이 알림과 연관되어 있기 때문에 데브옵스^{DevOps} 팀이 알림을 처리한다.

이상적인 온콜 팀의 규모는 어느 정도일까? 온콜 팀에 어떤 인원이 배치되든 한 명이 일주일 동안 온콜을 맡는 경우가 일반적이다. 즉, 한 달을 평균 4~5주라고 가정할 때 팀원이 최소 5명 이상 있어야 한 달에 두 번 온콜을 담당하는 일을 피할 수 있다. 휴가나 병가를 고려하면, 일반적으로 최소 6명의 인원으로 건강한 온콜 로테이션을 유지하는 편이 좋다.

엔지니어가 메인 온콜 근무자 외에 보조 온콜 근무자를 지정한다면, 10~12명으로 구성된 팀이 무리 없는 로테이션을 위해 필요하다.

온콜 팀이 별도로 있는 기업은 보통 적정 규모를 유지하는 편이 더 쉽지만 모든 팀이 온콜을 맡는 기업의 경우, 6명 미만의 팀에 속한 사람은 한 달에 한 번 이상 대기하게 된다. 이러한 경우, 관련 분야의 소규모 팀 두 개가 온콜을 함께 운영하는 것이 일반적이다.

온콜 런북

알림이 발생하면 일반적으로 대기 중인 1차 온콜 엔지니어가 알림을 받는다. 그런 다음 엔지니어는 알림이 서비스 장애를 나타내는지 확인하는 조치를 취한다.

알림 런북은 알림을 디버깅하고 장애를 완화하는 조치를 취하는 데 도움이 된다. '온콜 런북'은 알림 런북 또는 '마스터' 알림 런북을 통칭하는 용어다. 온콜 런북은 '사고 대응 런북'이라고도 한다.

각 알림에 알림 런북이 첨부되면 온콜이 훨씬 더 효율적으로 운영된다. 유용한 알림 런북에는 다음과 같은 정보가 포함된다.

- **진단 단계**: 온콜 중인 엔지니어는 알림이 장애를 나타내는지 어떻게 판단하는가? 이를 위해 어떤 대시보드, 지표 또는 기타 리소스에 접근하는가? 장애 여부를 확실하게 판단

---

36 옮긴이_ 런북(Runbook)은 IT 시스템을 다루는 기술적 절차를 기술하는 단계별 가이드를 의미한다.

하려면 어떤 단계를 수행하는가? 이상적으로는 런북에 문제 진단을 위한 리소스를 연결한 직접 링크가 있으면 좋다.

- **장애를 완화하는 지침**: 알림이 서비스 장애를 나타낸다고 가정할 때 이를 해결하는 단계는 무엇인가? 대부분의 알림은 특정 유형에 대한 장애와 연관이 있으므로, 런북에는 이에 대한 자세한 내용이 포함된다.
- **관련된 이전 사고 사례**: 어떤 서비스 장애와 연관된 알림인가? 서비스 장애 문서에 대한 포인터는 진단 단계와 완화 조치를 검토하는 데 도움이 되며, 경보가 발생했을 때 유용하다.

알림 런북은 항상 최신 상태로 유지해야 한다. 안타깝게도 업데이트가 전혀 필요 없는 '완벽한' 알림 런북을 작성하기란 불가능하다! 알림 런북은 장애를 진단하는 데 필요한 세부 정보를 포함하고, 새로운 사고가 발생하거나 시스템이 변경될 때마다 업데이트해야 한다.

바람직한 사고 검토 프로세스에는 모든 온콜 중 이벤트의 일부로 온콜 중 런북을 업데이트하거나 최소한 런북을 업데이트해야 하는지 여부를 검토하는 과정도 포함된다.

코드 문서화와 알림 런북 작성에는 비슷한 점이 있다. 둘 다 미리 끝내면 엔지니어가 상황을 이해하는 데 유용하지만, 현재로서는 우선순위를 낮추고 싶은 유혹에 빠지기 쉽다. 즉, 온콜 런북에 내용이 부족해 업무에 시달린 엔지니어가 솔선수범해 직접 작성하게 된다는 뜻이다.

스태프+ 엔지니어로서 '마스터' 온콜 런북을 정의하면 온콜을 보다 효율적으로 할 수 있다. 엔지니어링 팀과 협력해 일반적인 알림에 대한 런북을 만들고, 알림 런북을 검토하고 업데이트하는 것을 사고 대응 프로세스의 일부로 삼자.

온콜에 대한 보상

온콜의 급여 지급 여부는 몇 가지 사항에 따라 달라진다.

- **규제**: 스페인과 브라질 같은 국가는 온콜 수당이 명확하게 규정되어 있으며, 이 규정은

소프트웨어 엔지니어에게도 적용된다.
- **온콜이 유일한 업무인지 여부**: 일부 기업(대부분 전통 기업)에서는 온콜 교대 근무가 유일한 업무인 전담 개발자 또는 온콜 엔지니어를 고용한다. 그런 경우에는 온콜에 대한 추가 보상이 없다.
- **자발적인 온콜**: 자발적인 온콜 근무를 운영하는 기업은 대가를 지급해 자원한 직원에게 인센티브를 제공한다.

1장 '커리어패스'에서 보상의 분류를 볼 때 3티어 또는 2티어의 보상 패키지를 지급하는 빅테크 및 기타 기업에서는 추가 보상 없이 온콜을 맡는 관행이 널리 퍼져 있다. 아마존, 메타, 애플, 마이크로소프트 등이 모두 이 모델을 따른다. 온콜에 대한 보상이 의무화되어 있는 국가는 예외다.

구글은 빅테크 기업 중 유일하게 온콜 시간을 보상하고, 온콜 시간도 제한하는 기업이다.

엔지니어가 자발적으로 참여할 수 있는 '중앙 집중식' 온콜 로테이션이 있는 기업은 거의 항상 온콜에 대한 보상을 제공한다. 보상을 지급하는 기업의 목록과 그 금액은 '소프트웨어 엔지니어의 온콜 보상[37]'을 참조하라.

시장 평균에 가깝거나 그보다 낮은 보수를 지급하는 기업은 정상 근무 시간 외에 추가로 시간을 내야 하고 스트레스의 원인이 되기 때문에 온콜에 대한 비용을 지불하는 경우가 많다. 보수가 좋은 기업은 엔지니어가 적절한 보상 패키지의 일부로 추가 책임을 받아들이는 경우가 많다. 그러나 이에 대한 보상이 충분하지 않다고 느끼는 엔지니어는 더 많은 보수를 받거나 비슷한 보수를 받아도 온콜에 대한 부담이 없는 일자리를 찾게 된다.

엔지니어는 온콜 중에도 '통상' 업무를 수행해야 하는가?

일부 팀은 장애가 잦아 정리와 후속 조치에 많은 시간을 할애하는 등 온콜 근무를 정규 업무처럼 느끼기도 한다. 하지만 대부분의 팀은 업무 강도가 그렇게 높지 않

---

[37] https://blog.pragmaticengineer.com/oncall-compensation

으며, '좋은' 온콜 주에는 온콜에 따른 추가 업무가 거의 없다. 그렇다면 온콜 담당 엔지니어는 '통상' 업무를 수행해야 할까?

사실 이 건은 팀 매니저가 결정할 사항이다. 온콜 엔지니어의 주간 업무를 정의하는 방식을 몇 가지 살펴보자.

- **온콜과 지원 엔지니어링을 결합한다.** 고객과 대면하는 팀이라면 고객으로부터 많은 인바운드 지원 요청이 온다. 많은 팀에서 온콜 중인 엔지니어가 버그 보고서 조사, 스크립트 작성 및 실행이 필요한 데이터 정리 요청 등의 인바운드 요청을 처리하며 온콜 중 역할과 지원 엔지니어링을 병행한다. 온콜 주간 동안 엔지니어는 '통상'적인 업무를 중단하고 온콜을 최우선순위로 삼는다. 온콜 업무를 수행하지 않을 때는 지원 업무를 맡는다.
- **프로젝트 업무는 전혀 없이 온콜 업무만 있다고 가정한다.** 온콜이 주요 담당 업무인 팀의 경우 온콜 엔지니어는 온콜 관련 업무에만 집중할 수 있고, 장애를 처리하지 않을 때는 알림 소음 감소, 시스템 안정성 개선, 런북 작성 및 개선 등 온콜 시스템을 개선하는 작업을 수행한다.
- **엔지니어가 온콜 중 프로젝트 작업을 수행할 능력이 없다고 가정한다.** 보수적으로 팀의 온콜 엔지니어는 일주일 내내 온콜 중이라고 가정하고 그에 따라 계획을 세운다. 실제로는 프로젝트 작업에 기여할 추가 시간이 있지만, 이는 엄밀히 말해 '최선의 노력'을 기준으로 한다. 물론 엔지니어가 프로젝트 작업에 대부분의 시간을 할애할 것으로 예상되는 경우가 아니라면 유용한 접근 방식이다!
- **엔지니어가 수용 능력의 X%에 있다고 가정한다.** 일부 매니저는 온콜 중인 엔지니어의 프로젝트 작업 용량이 어느 정도라고 가정하는데, 이때 온콜 작업의 부하가 매니저의 예상대로라면 괜찮다. 하지만 온콜 자체가 예측이 불가능하다는 것이 문제이다!

스태프+ 엔지니어는 온콜 계획 수립 방법에 대한 결정에 영향을 미칠 수 있다. 최선의 접근 방식을 결정하기 위해서는 온콜의 업무량과 팀 역학 관계를 고려하는 편이 좋다.

온콜 번아웃

'회사 때문에 그만두는 게 아니라 매니저 때문에 그만둔다'는 말이 있다. 이 말에 내가 관찰한 내용을 덧붙이고 싶다. 직원이 그만두는 이유는 매니저만이 아니다. 끔찍한 온콜 근무 때문에도 그만둔다.

'온콜 번아웃'은 매우 현실적인 문제로 나도 여러 번 경험한 바 있다. 이는 두 가지 이상의 요인이 복합적으로 작용해 발생하곤 한다.

- 엔지니어가 한 달에 한 번 이상 온콜 근무를 한다.
- 온콜 중 너무 많은 알림이 와 대부분의 알림을 대응할 수 없다.
- 엔지니어들이 온콜 교대 근무를 위해 일주일에 한 번 이상 밤을 새운다.
- 많은 장애가 발생하고 처리할 사고도 많다.
- 온콜 중인 엔지니어도 '통상' 업무를 수행해야 한다.

사람은 온콜 번아웃에 다양한 방식으로 반응한다. 일부는 이러한 상황을 인지하고 팀을 옮기거나 퇴사하는 등 상황을 바꾸기 위한 조치를 취한다. 어떤 사람은 계속 밀고 나가 자신도 모르는 사이 성과에 부정적인 영향을 미치게 된다! 스트레스가 많은 온콜 근무는 사람을 지치게 만든다.

스태프+ 엔지니어로서 여러분은 경영진이 여러분의 목소리를 진지하게 받아들이는 몇 안 되는 개인 기여자 중 한 명일 가능성이 높다. 따라서 번아웃에 가까워진 팀이나 개인을 목격했다면 온콜 시간의 역학 관계를 개선하는 사례를 만들자. 팀의 건강은 매니저의 책임이지만, 매니저가 업무에서 손을 떼고 있다면 여러분이 온콜 상태에 대한 진단을 내리고 개선 방안을 제시해야 할 수 있다.

24.6 사고 관리

알림을 받고 온콜 중인 엔지니어가 장애가 발생했음을 확인하면 다음은 어떻게 될까? 이때부터 사고 관리 프로세스가 시작된다. 사고 관리의 목표는 가능한 한 빨리 시스템을 정상 동작 상태로 복구해 같은 일이 발생하지 않도록 하는 것이다.

사고 관리와 관련된 다양한 프레임워크가 있으며, 직장에서 이미 하나의 프레임워크를 사용하고 있을 수도 있다. 일반적인 사고의 처리 과정은 다음과 같다.

1. 사고 감지
2. 수정
3. 사고 후속 조치

#1: 사고 감지

모니터링 및 알림은 사고를 신속하게, 이상적으로는 몇 분 이내에 감지하는 핵심적인 방법이다. 알림이 발생하면 온콜 중인 엔지니어는 장애가 발생했는지 여부를 평가해야 한다.

사고 발생 선언은 사고 관리 프로세스의 첫 번째 단계다. 이 단계는 기업에서 사용하는 사고 관리 시스템에 새 사고를 등록한다.

사고를 분류하고 우선순위를 정하는 일은 대개 사고가 선언된 후에 이루어진다. 소규모 고객 집단에 영향을 미치는 서비스 장애와 모든 고객에게 영향을 미치는 시스템 다운에는 큰 차이가 있다.

사고 수준 및 분류는 대부분의 기술 기업이 초기부터 시행하고 있는 방식이다. 일부 기업은 다양한 수준으로 사고를 정의하기도 한다. 예를 들어 아마존은 심각도에 따라 수준을 정의한다. SEV-0$^{\text{severity-0}}$은 가장 영향력이 크고 가장 광범위하며, SEV-1, SEV-2, SEV-3로 갈수록 우선순위가 점점 낮아진다. 우버의 경우 L5$^{\text{level 5}}$가 가장 심각하며, 영향과 영향을 받는 사용자 비율에 따라 L4, L3, L2로 낮아진다. 일부 기업은 사고의 영향력(높음/중간/낮음)과 사고의 확산 정도(높음/중간/낮음)라는 두 가지 기준으로 사고를 정의한다.

서비스 수준 지표$^{\text{service level indicator}}$(SLI)와 같이 측정하기 쉬운 지표를 기반으로 사고를 분류하는 방법에 대한 명확한 기준이 있어야 한다. 기업에서 심각도를 분류하는 방법이 모호하다면 이 부분을 개선할 기회일 수 있다!

#2: 수정

사고 관리 역할은 사고 발생을 선언할 때부터 명확해야 한다. 누가 사고 대응을 조율하고 누가 이해관계자에게 업데이트하는가? 주로 '사고 관리자incident commander'가 대응 조정자 역할을 한다. 사고를 감지한 사람이 꼭 사고 관리자를 맡을 필요는 없다. 이 역할을 명확히 해야 좋다는 건 대부분의 엔지니어링 팀이 금방 깨닫는 사실이다.

대부분의 사고 관리 도구는 사고 발생을 선언할 때 사고 관리자를 지정해야 한다. 사고의 심각도와 마찬가지로 이 역할은 나중에 변경할 수 있다. 사고 관리자가 변경되는 것은 흔한 일로, 소규모로 시작된 장애가 더 심각한 문제로 발전하는 경우 더욱 변경해야 한다.

문제 해결은 사고 선언 후 가장 시급한 사안이다. 예를 들어 최근 코드 변경으로 장애가 발생했다면 해당 변경 사항을 롤백하는 것이 빠른 해결 방법이다.

효율적인 완화 방법은 다음의 단계를 따른다.

- 완화 방법을 알면 실행한다. 런북이 중요한 이유는 바로 이 때문이다. 런북을 사용하면 훨씬 쉽게 완화할 수 있다.
- 완화 단계를 알 수 없는 경우 전문 지식을 갖춘 사람을 호출하거나 전화로 참여시켜 완화 작업을 시작하자. 온콜 런북을 사용하면 누구에게 연락하면 좋을지 파악하기가 더 쉽다.
- 이해관계자와 소통하자. 장애의 이해관계자는 장애 상황에 관심이 있는 경영진, 비즈니스 이해관계자, 고객 등 관리 체인에 속한 사람이다.
- 완화 조치가 효과가 있는지 확인한다. 완화 조치를 시도한 후에는 그 효과를 확인한다. 서비스 장애는 까다로운 문제로 해결을 위해 여러 단계를 거쳐야 할 수도 있다. 때때로 완화 노력으로 인해 장애가 더 악화될 수 있다.

서비스 장애의 근본 원인을 파악하는 것은 최우선순위가 아니다. 경험이 적은 엔지니어는 흔히 먼저 서비스 장애가 발생한 원인을 파악한 후에 문제를 해결하려고 하는 실수를 한다. 문제 해결을 위해 원인을 먼저 파악하는 게 당연한 일이지만, 이러한 접근 방식은 장애를 최대한 빨리 완화하는 시도를 안 하게 만든다.

코드 변경 사항의 롤백 또는 롤백 계획 실행과 같이 시작할 수 있는 명백한 완화 단계가 있다면 이러한 단계를 먼저 수행하는 것이 맞다. 장애가 완화되면 원인을 파악할 충분한 시간이 주어진다.

#3: 사고 후속 조치

사고가 완화됐다면 이제 숨을 돌릴 시간이다. 업무 시간 외에 사고가 완화됐다면 충분한 휴식을 취하고 다음 근무일에 후속 조치를 취하자.

사고 분석/사후 조사는 일반적으로 사고 처리 주기의 다음 단계다. 이 과정에서 사고의 원인, 정확한 타임라인, 향후 반복을 방지하는 방법 등을 파악한다.

사고 검토는 큰 영향을 미친 장애에 대한 사고 분석 문서를 규모가 큰 집단이 검토하는 회의다. 이를 위한 사고 관리 전담 팀이 있는 기업도 있고, 일부 매니저가 참석한 가운데 매주 또는 격주로 회의를 개최하는 기업도 있으며, 수시로 진행하는 기업도 있다.

사고 후속 조치는 향후 유사한 사고의 재발 방지를 위해 팀에서 필요하다고 판단한 조치다. 그러나 이러한 후속 조치는 특히 많은 엔지니어링 작업이 필요한 경우, 완화 조치 이후 우선순위가 떨어지기 쉽다. 팀과 기업마다 이러한 항목을 추적하고 완료하는 방식이 다르다. 스태프+ 엔지니어는 팀에 시간을 할애할 권한과 의무가 있다! 때로는 다른 업무를 희생해서라도 팀이 이러한 후속 작업을 수행할 시간을 확보하도록 도와야 한다.

책임을 묻지 않는 리뷰는 기술 업계에서 흔히 사용하는 접근 방식이다. 사고 분석을 비난할 대상을 찾는 마녀사냥으로 만들지 말자.

대부분의 서비스 장애는 누군가의 설정 또는 코드 변경으로 인해 발생하며, 정확히 누구인지 알아내기는 매우 쉽다. 하지만 한 사람에게 직간접적으로 책임을 돌리기보다는 더 깊이 들어가서 시스템이 피드백 없이 이러한 변경을 허용한 이유를 살펴봐야 한다. 사고가 발생하도록 허용한 조건이 해결되지 않으면 앞으로 다른 사람도 쉽게 사고를 일으킬 수 있다.

어떤 사람은 책임을 묻지 않는 사후 검토에 반대한다. '책임을 묻지 않으면 책임감이 결여되지 않을까?'라고 의심한다. 하지만 책임감과 비난하지 않는 문화는 서로 밀접한 관련이 있어도 별개의 문제다. 책임감이 있는 사람은 자신의 업무에 책임을 지고, 일이 잘못됐을 때 그 문제를 해결한다. 비난하지 않는 접근 방식은, 예기치 않게 문제가 발생하면 그 원인을 해결하는 데 책임을 지는 사람을 비난하는 것이 비생산적이라는 점을 인식하는 것이다.

사고 리뷰 프로세스가 사고를 통한 학습에 우선순위를 두고 있는지 생각하자. 나는 엣시Etsy의 전 CTO이자 어댑티브 커패시티 랩Adaptive Capacity Labs의 설립자인 존 올스포우John Allspaw와 이야기를 나눈 후 '사고 리뷰 및 사후 관리 모범 사례'[38]라는 글을 적었다.

> 많은 사람이 사고를 기록하는 이유는 다시 읽거나 배우려는 것이 아니라 보고하기 위해서입니다. 계속해서 마주치는 문제의 원인은 여기 있습니다. 사고를 겪고 보고서를 제출한 팀원은 스스로를 다독이며 많은 것을 배웠다고 생각하죠. 하지만 실제로 배운 것은 극히 일부에 불과합니다.

> 현재의 사고 처리 방식은 극히 일부에 지나지 않습니다. 기술 분야는 신뢰할 수 있는 시스템을 구축하는 방식에서 다른 산업에 비해 뒤처져 있습니다.

대부분 기술 기업의 사고 처리하는 방식에 부합하는 사고 관리 프로세스를 구축하는 매뉴얼과 도구는 많이 나와 있다. 하지만 사고 관리를 팀과 시스템의 회복탄력성을 높이기 위한 학습 도구로 성공적으로 활용하는 기업은 드물다.

스태프+ 엔지니어는 직장의 사고 관리 프로세스가 발전하는 방식에 영향을 미친다. 그러면서도 사고를 통해 배우고 조직 전체에 교훈을 적용하는 것이 모든 사고 관리 시스템의 궁극적인 목표가 되어야 한다는 점을 기억하자. 앞서가는 기업들이 사용하는 접근 방식이다.

---

[38] https://blog.pragmaticengineer.com/postmortem-best-practices

24.7 복원력 있는 시스템 구축

안정적으로 동작하는 시스템을 구축하려면 어떻게 해야 할까? 복원력이 있는 시스템을 설계하고 코딩해야 한다. 하지만 복원력은 미래의 결함이나 사용 사례만 생각한다고 생기지 않는다. 다음은 복원력이 뛰어난 시스템을 설계, 구축, 테스트 및 운영하는 접근 방식이다.

계획 단계

탄력적인 시스템은 당연히 탄력적으로 작동하도록 설계되어 있다. 계획 단계에서 이러한 사항에 주의를 기울여야 한다.

- **SLI**: 시스템 가동 시간의 서비스 수준 지표service level indicators를 확인한다. 시스템이 '정상' 상태인지, '가동 시간'의 기준과 시간 목표는 무엇인지 파악한다. 이러한 정의는 아키텍처는 물론 테스트 및 운영 방식 결정에 영향을 미치므로 가능한 한 정확하게 정의하자.
- **장애 대비책**: 무엇이 잘못될 수 있으며 어떻게 대응할 것인가?
- **부하 계획**: 시스템이 어떤 부하를 처리할지, 최대 부하는 어떤 모습인지, 초기 부하를 처리하는 데 필요한 시스템 용량은 어느 정도인지 파악한다.
- **다중화 계획**: 다중화의 조건은 어떻게 되며, 데이터를 어떻게 복제하고 다중화를 보장할 것인가?
- **모니터링 및 경보 대상 계획**. 시스템 상태를 나타내는 지표는 무엇이며, 온콜 중인 엔지니어에게 어떤 이상 징후를 경고해야 하는가?

코딩 단계

시스템을 구축할 때 복원력을 염두에 두고 집중해야 할 몇 가지 영역이 있다.

- **방어적인 코딩**: 가능한 한 명시적으로 엣지케이스를 처리한다.
- **오류 상태 및 오류 매핑**: 시스템에서 오류를 나타내는 것은 무엇인가? 변수, API 응답 또는 상태일 수 있다. 이러한 오류를 기록 및 로깅하고, 적절한 경우 오류에 대한 알림을 제공하자. 시스템이 서로 간에 오류 상태를 매핑하는 방식에 주의를 기울이자.

- **상태 관리**: 애플리케이션 내에서 상태는 어떻게 처리되며, 애플리케이션의 어느 부분에서 상태를 수정하는가? 상태를 수정하는 곳이 적을수록 잘못될 일이 줄어든다. 그렇기에 불변immutable 상태를 제공하는 프레임워크와 변수를 통한 상태 처리를 지원하지 않는 선언형 언어가 제대로 작동하는지 검증하기가 더 쉽다.
- **알 수 없는 상태의 파악**: 좋지도 나쁘지도 않은 상태는 나중에 문제의 원인이 된다. 알 수 없는 상태와 응답을 부지런히 검색하고, 이를 기록하고, 알림을 고려하자.

장애 시뮬레이션 및 시스템 응답 테스트

장애를 시뮬레이션하고 시스템이 예상대로 장애를 처리할 수 있는지 확인하는 방법에는 여러 가지가 있다. 몇 가지 예를 들어 보겠다.

- **우아한 성능 저하**: 시스템에 종속된 요소 하나를 강제로 중단시켰을 때, 예상한 수준으로 일부 기능의 성능이 저하되는지 확인한다.
- **재시도**: 외부 API와 같은 종속된 서비스에 장애가 생기면 탄력적인 시스템은 전략에 따라 요청을 다시 하거나 철회한다.
- **회로 차단기**circuit breaker: 서비스의 성능이 저하됐을 때 처리 과정을 시뮬레이션하자. 회로 차단기 패턴을 사용하면 시스템이 주요 종속성 중 하나에서 오류를 감지했을 때 '닫힘' 상태로 전환되어야 한다. 성능 저하가 해결되면 시스템은 다시 열려야 한다.
- **데이터 센터 장애 조치**: 데이터 센터에서 문제가 발생하면 애플리케이션이 다른 위치에서 작동하도록 조치하는 상황을 시뮬레이션한다.
- **재해 복구**disaster recovery: 대규모 정전이나 재해 발생을 대비한 안전한 데이터 백업이 마련되어 있고, 이를 통해 전체 서비스를 복구할 수 있는지 확인한다.

시스템을 운영하며 성능을 계속 점검하고 이상 징후가 감지되면 알림을 보내자. 사고는 필연적으로 발생하므로 이러한 시스템을 지속적으로 조정하고 개선하는 명확한 사고 관리 프로세스를 마련하자.

25 소프트웨어 아키텍처
Software Architecture

뛰어난 스태프+ 엔지니어가 하는 일을 생각하면 항상 소프트웨어 아키텍처와 소프트웨어 설계가 가장 먼저 떠오른다. 소프트웨어 아키텍처는 복잡한 시스템을 계획하는 기준이며, 우수한 소프트웨어 아키텍처는 안정적이고 유지 관리가 용이한 시스템을 구축하는 토대가 된다.

소프트웨어 아키텍처는 스태프 이상의 수준에서 매우 중요하기 때문에 전통 기업에서는 여전히 가장 숙련된 소프트웨어 엔지니어를 '소프트웨어 아키텍트'라고 부른다. 최근의 기술 기업들은 엔지니어링 부분을 강조하기 위해 이 표현을 없애고 스태프/수석/저명staff/principal/distinguished 엔지니어라는 표현을 선호한다. 하지만 '아키텍트'라는 단어는 유행이 지났지만, 여전히 스태프+ 엔지니어가 탄탄한 소프트웨어 아키텍트가 될 것이라는 기대는 분명 존재한다.

내가 본 최고의 소프트웨어 아키텍트는 모두 도전적인 프로젝트 경험과 지속적인 학습을 통해 이 분야에서 두각을 나타냈다. 이 장에서는 뛰어난 소프트웨어 아키텍트가 되는 방법을 다루지는 않는다(나는 학습과 도전적인 실제 프로젝트 구축 경험이 전부라고 생각한다). 여기서는 복잡한 문제에 대한 솔루션을 계획할 때 주의해야 할 부분을 다룬다.

25.1 가능한 한 단순하게 하기

연간 600억 달러를 처리하는 우버의 결제 시스템을 재구축하거나 출시 첫 주에

100만 명의 사용자를 확보한 엑스박스 원Xbox One용 스카이프Skype를 구축하는 등 내가 참여한 대규모 프로젝트가 '표준' 소프트웨어 아키텍처 계획 도구를 사용하지 않았다고 말하면 들은 사람은 종종 놀라곤 한다. UML,[39] 4+1 모델,[40] 아키텍처 결정 기록architecture decision record (ADR),[41] C4 모델,[42] 의존성 다이어그램[43] 등과 같은 공식적인 접근 방식과 전용 아키텍처 프레임워크를 사용해 아키텍처를 스케치할 수도 있었을 것이다. 하지만 우리는 그렇게 하지 않았다.

화이트보드, 상자, 화살표 등을 이용해 아이디어를 도출하고, 그 아이디어를 간단한 언어로 정리한 문서를 작성해 피드백을 받았다. 또한 전문 용어를 사용하지 않았다. 스태프+ 엔지니어들이 구글, VM웨어VMWare, 페이팔PayPal 및 기타 대기업에서 수십 년 동안 일했고 이전에 대규모 시스템을 설계한 경험이 있음에도 불구하고 말이다.

아키텍처는 간단하게 시작하고 복잡한 전문 용어를 사용하지 말자. 공식적인 접근 방식을 사용하지 말라는 것이 아니라, 그 방식이 가치를 더한다는 확신이 팀원 사이에서 공감될 때만 그렇게 하라는 것이다.

단순하게 유지하는 아키텍처의 장점은 초급 소프트웨어 엔지니어를 포함한 모든 사람이 토론과 아이디어에 접근할 수 있다는 점이다. 아키텍처를 이해하는 사람이 많을수록 더 많은 피드백과 제안을 준다.

간단하고 효율적인 구조를 스케치하기보다 복잡한 아키텍처를 구상하는 편이 훨씬 쉬운 경우가 많다. 내가 만난 최고의 소프트웨어 아키텍트는 엔지니어링 디렉터로 세계 최대 규모의 결제 시스템을 구축한 경력을 가진 사람이었다. 그는 우버의 결제 시스템을 개편하며 새로운 아키텍처를 따라가기 쉬운 몇 가지 다이어그램과 간단한 용어로 설명했다. 내가 복잡한 시스템을 간단하게 표현한 방법을 묻자 그는 비슷한 결제 시스템을 구축한 경험을 반복하니 명확성이 생겼다고 말했다. 복잡한 아

---

[39] https://en.wikipedia.org/wiki/Unified_Modeling_Language
[40] https://en.wikipedia.org/wiki/4%2B1_architectural_view_model
[41] https://github.com/joelparkerhenderson/architecture-decision-record
[42] https://c4model.com
[43] https://herbertograca.com/2019/08/12/documenting-software-architecture

키텍처를 먼저 구상하고 효율적인 접근 방식으로 정제해 나간다고 했다.

25.2 전문 용어는 알되, 남용하지 않기

전문용어를 피할 수 있다면 사용하지 않는 것이 좋지만, 스태프+ 엔지니어는 업무와 관련된 기술 어휘, 즉 '전문 용어'를 알아야 한다. 흔히 알아야 하는 전문 용어는 다음과 같다.

- **소프트웨어 엔지니어링 관련 전문 용어**: 분산 시스템을 구축하는 경우 약한/강한 일관성consistency, 멱등성tempotency, 라이트쓰루캐쉬write-thru-cache, 역방향 프록시reverse proxy 및 기타 여러 용어를 이해해야 한다.
- **비즈니스 전문 용어**: 예를 들어 결제 도메인에서 일한다면 발급 은행issuing bank, 매입 은행acquiring bank, 결제 게이트웨이payment gateway, PCI DSS,[44] 인증/보류auth/hold 같은 용어를 이해하고 사용할 수 있어야 한다.
- **내부 전문 용어**: 모든 기업은 내부 전문 용어가 있다. 예를 들어, 우버는 모피어스Morpheus(실험 시스템), 뱅크이모지Bankemoji(결제 시스템), diff 랜딩landing a diff(풀 리퀘스트 병합), L5 장애 사령관commandeering a L5 outage(영향력이 큰 장애 발생 시 주도적으로 대응) 등의 용어를 사용했다.

일상 업무에 필요한 전문 용어를 정리하고 익힐 방법을 찾자. 새로운 팀이나 회사에 입사하면 새로운 전문 용어를 듣게 된다. 업계 또는 비즈니스 언어를 조사하고 동료들에게 내부적으로 사용되는 용어를 물어보면서 그 의미를 알아보자.

전문 용어와 새로운 언어는 모두 연습을 많이 할수록 자연스러워진다는 공통점이 있다. 개인적으로 효과를 본 방식은 새로운 용어의 목록을 작성하고 나중에 그 용어가 무엇을 의미하는지 파악하는 것이었다. 또, 문맥상 의미가 맞는지 확인하기 위해 다른 환경에서 용어를 사용했다.

---

44 옮긴이_ Payment Card Industry Data Security Standard (결제 카드 산업, 데이터 보안 표준)

전문 용어를 너무 많이 사용하면 이해하지 못하는 사람을 배제하게 된다. 경험이 적은 소프트웨어 엔지니어 앞에서 이해하지 못할 전문 용어를 계속해서 사용하면, 상대방은 열등감을 느끼고 대화에 참여하거나 아이디어를 공유하지 못하게 된다.

'전문 용어 남발자'가 되지 말자. 도메인의 용어를 이해하고 사용할 줄 알아야 하지만, 전문 용어를 모든 사람이 이해할 때만 커뮤니케이션 속도가 빨라진다.

하지만 다양한 경력자가 모인 자리에서는 더 간단한 용어를 사용하자. 처음 사용하는 용어에 사람들이 익숙한지 확인하자.

전문 용어를 설명하면 사람들이 전문 용어를 올바르게 사용하는 데 도움이 되며, 전문 용어와 더 간단한 용어를 잘 전환할 수 있게 된다. 이미 최고의 강사가 복잡한 내용을 어떻게 간단히 설명하는지 보지 않았는가. 전문 용어 대신 기본 용어를 사용함으로써 복잡한 내용을 쉽게 설명하는 방법을 연마하자. 전문 용어가 나오려 할 때는 잠시 멈추고 그 용어를 사용하지 않고 이야기를 해보자. 이 연습을 자주 하다 보면 전문 용어로 겁을 주는 엔지니어가 아니라 다가가기 편한 엔지니어가 될 것이다.

25.3 아키텍처 부채

아키텍처 부채는 기술 부채의 한 형태로, 오래된 소프트웨어 아키텍처 결정으로 인해 소프트웨어나 서비스의 확장, 유지 보수, 심지어 운영까지 늦어지는 것을 말한다.

기술 부채와 마찬가지로 아키텍처 부채를 일부러 만들려는 엔지니어나 팀은 없다. 하지만 한때는 합리적이었던 결정이 시간이 지나며 최적이 아닌 결정으로 바뀔 수 있다. 다음은 아키텍처 부채의 네 가지 예다.

#1: 더 빠르게 움직이기 위한 독립 실행형 서비스 만들기

팀이 새로운 기능을 구축하는 가장 확실한 방법은 백엔드 서비스를 확장하는 것이다. 하지만 해당 백엔드 서비스를 소유한 다른 팀이 제안 사항에 반발하고 있다. 엔지니어링 팀은 신속하게 움직이기 위해 해당 기능을 빠르게 출시할 새로운 서비스를 구축한다.

이런 엔지니어링 팀은 다른 새로운 서비스를 출시할 때도 동일한 작업을 수행한다. 모든 경우에 같은 방식의 결정을 통해 더 빠른 출시가 가능하며, 기존 서비스를 확장하거나 통합하는 방법에 대해 다른 엔지니어링 팀과 협상할 필요가 없다.

하지만 시간이 지날수록 소규모 독립형 서비스의 단점이 드러난다. 기능을 변경하려면 적합한 서비스를 찾고 해당 서비스가 어떤 규칙을 사용하는지 파악해야 한다. 서비스가 서로 다른 언어로 작성되어 콘텍스트 전환이 어려워질 수 있다. 마찬가지로 서비스마다 같은 라이브러리의 다른 버전을 사용하는 문제가 발생할 수 있다.

이렇게 팀은 시스템 유지 관리보다 속도에 우선순위를 두어 의도치 않게 아키텍처 부채를 발생시킨다.

#2: 모놀리스를 깨지 않기

정반대의 접근 방식도 아키텍처 부채를 초래한다. 모든 제품을 구동하기 위해 모놀리식 애플리케이션을 구축한 팀을 예로 들어보겠다. 처음에는 모놀리스를 고수하면 사람들이 더 빠르게 움직일 수 있고 서버에 단일 코드베이스만 배포할 수 있어 합리적이다.

하지만 팀이 성장함에 따라 동일한 모놀리스로 작업하기가 힘들어진다. 모놀리스의 구조가 충분히 세분화되지 않은 경우, 엔지니어는 매우 다른 기능을 구축하면서 동일한 파일을 더 오랜 시간 작업하고 병합 충돌을 해결해야 할 수 있다. 모놀리스를 하나의 단위로만 배포할 수 있는 경우 배포 시간이 길어지고, 변경 사항을 아직 배포하지 않으려는 팀과 이를 추진하려는 다른 팀이 충돌할 가능성이 높아진다.

#3: 기능 외 문제

시스템을 구축할 때 많은 아키텍처 결정이 잘 작동했다. 하지만 시스템에 대한 부하가 증가하고 더 많은 사용 사례가 추가되면 시스템의 비기능적 특성이 눈에 띄게 저하되기 시작한다.

- **성능**: 시스템 지연 시간이 용납할 수 없을 정도로 길어지고 CPU 또는 메모리 사용량과 같은 리소스 최적화가 제대로 이뤄지지 않거나 시스템 처리량에 문제가 생길 수 있다.
- **확장성**: 시스템의 부하가 증가하면 고객이 알아차릴 수 있을 정도로 성능이 크게 저하될 수 있다.
- **신뢰성**: 시스템에 문제가 있음을 나타내는 장애 또는 성능 저하가 더 자주 발생한다.

#4: 오래된 언어 또는 프레임워크

이는 기술 부채와 비슷하지만, 더 이상 지원되지 않는 오래된 언어나 프레임워크를 사용하는 것도 아키텍처 부채가 된다. 적극적으로 지원되거나 유지 관리되지 않는 언어나 프레임워크를 사용할 경우 보안 위험과 상호 운용성 문제가 발생한다. 경우에 따라 이러한 언어나 프레임워크의 성능이 최신 대안보다 현저히 떨어지는 경우도 있다.

언어나 프레임워크를 변경하는 것은 중요한 작업이므로 아키텍처를 다시 작성할 때 일부 아키텍처 결정을 다시 검토할지 여부를 고려하는 것이 합리적이다.

예를 들어, 온라인 학습 제공업체인 칸 아카데미^{Khan Academy}는 언어를 파이썬2에서 Go로 변경하면서 단일 서비스를 더 작은 서비스로 세분화하고 REST API 엔드포인트를 GraphQL로 전환했다.

오래된 언어나 프레임워크를 사용한다고 자동으로 부채가 발생하지는 않는다. 유행에 뒤처질 수는 있지만 안정적인 언어나 프레임워크를 고수하면 돌발 상황과 장애물이 적다는 장점이 있다. 반대로 현재 개발 중인 프레임워크나 언어를 사용하면 다른 팀에서는 거의 발견하지 못한 문제나 언어 또는 프레임워크 수준에서 수정 사항이 제공되지 않은 문제를 발견할 위험이 존재한다. 이러한 위험은 개발

버전이 아닌 안정적인 버전의 프레임워크와 언어를 사용하거나 '알파' 또는 '베타'
로 표시된 릴리스를 사용해 줄일 수 있다.

25.4 단방향 결정 vs 양방향 결정

소프트웨어 아키텍처에는 많은 결정이 수반되며, 상당수는 절충안 사이에서 선택
해야 한다.

하지만 모든 의사결정은 동일하지 않으며 '단방향$^{one\ way\ door}$' 결정인지 '양방향$^{two\ way\ door}$' 결정인지 생각해야 한다. 이 개념은 온라인 소매업의 거물인 아마존에서
'첫날$^{Day\ 1}$' 문화의 일환으로 도입한 것이다.

양방향 결정

영향이 제한적이어서 쉽게 되돌릴 수 있는 결정을 말한다. 양방향 결정의 몇 가지
예는 다음과 같다.

- **기능의 A/B 테스트**: A/B 테스트 수행, 실험 실행 또는 기능 플래그 사용과 같이 설계상 쉽게 되돌릴 수 있는 변경 사항이다.
- **명명**: 예를 들어, 내부에서 사용할 클래스 및 변수의 이름을 정한다. 대부분의 프로그래밍 환경은 강력한 리팩터링 기능을 갖추고 있기 때문에 이름을 쉽게 변경할 수 있다. 외부에서 이름에 의존하는 것이 없다면 충분히 간단하다.
- **하나의 클래스를 두 개의 클래스로 분할**: 하나의 클래스를 두 개로 리팩터링하거나 두 개의 클래스를 하나로 병합하는 것도 비교적 쉽게 되돌릴 수 있는 작업이다.
- **CSS 전처리기 선택**: SASS$^{syntactically\ awesome\ stylesheets}$ 같은 CSS$^{cascading\ style\ sheets}$ 전처리기나 LESS$^{leaner\ CSS}$는 전처리기가 유사해 결정을 번복하기는 복잡하지 않다. 코드베이스의 일부만 CSS 전처리기로 옮긴 경우라면 결정이 훨씬 쉽다.
- **테스트 프레임워크 선택**: 단위 테스트 또는 기타 자동화된 테스트 프레임워크를 선택할 때 기존 테스트를 다시 작성하지 않고 새로운 테스트 전용으로만 새 테스트 프레임워크

를 도입하면 나중에 결정을 되돌릴 수 있다.

- **새 린터 선택**: 일회성 변경이다. 작업은 조금 더 복잡할 수 있지만 도구와 코드의 일부 서식만 변경된다.

단방향 결정

위와 완전히 대조적으로, 단방향 결정은 되돌리기가 매우 어렵기 때문에 진지하게 고려한 후에 변경해야 한다. 이러한 결정은 가능하면 프로토타입을 만들거나 코드베이스의 작은 부분에서 시행해 되돌리기 쉽게 하는 편이 현명하다.

소프트웨어는 본질적으로 충분히 되돌릴 수 있어 실제로 단방향적인 결정은 거의 없다. 나중에 수정이 매우 어렵거나 불가능한 방식으로 소프트웨어를 출시하는 경우는 예외다. 이러한 소프트웨어(임베디드 소프트웨어 또는 ROM에 내장된 소프트웨어 등)는 거의 항상 하드웨어와 결합되어 있다. 대부분의 소프트웨어 결정은 완벽하게 되돌릴 수 있다. 예를 들어, 20개의 마이크로서비스를 모놀리스 하나로 통합하기로 결정한 경우, 상식적이지는 않겠지만, 나중에 결정을 취소할 수도 있다.

한 번 내린 결정은 되돌리기에는 너무 많은 비용이 들며, 이는 업무 환경에 따라 달라진다. 결정을 되돌리려면 적어도 결정을 실행하는 데 들어간 만큼의 작업이 필요하다. 다음 결정은 되돌리는 데 드는 시간과 노력 때문에 단방향 결정이 된다.

- **모놀리스에서 마이크로서비스로 전환하거나 그 반대로 전환하는 경우**: 모놀리스 또는 마이크로서비스 모델을 한 번 선택하면 다른 접근 방식으로 마이그레이션하는 데 너무 많은 비용이 든다.
- **프로그래밍 언어 선택**: 기존 코드를 변경하려면 모두 다시 작성해야 하므로 매우 어려울 수 있다. 또한 엔지니어를 교육하고 대상 언어의 전문가를 고용해야 할 수도 있다. 자바스크립트 웹 애플리케이션에 추가하는 타입스크립트 같이 다른 언어에 쉽게 도입할 수 있는 언어도 있다.
- **프레임워크 선택**: 일부 애플리케이션 개발 프레임워크는 특정 프레임워크를 선택하면 단방향 결정으로 간주될 만큼 되돌리기 어렵다. 예를 들어, 프런트엔드 프레임워크의 경

우 리액트^React, 뷰^Vue, 스벨트^Svelte를 선택하면 해당 에코시스템에 종속된다. 애플리케이션의 프레임워크를 변경하려면 완전히 재작성해야 하는 경우도 있다.
- **클라우드^cloud와 온프레미스^on-premise 인프라**: 온프레미스 인프라를 구축하거나 또는 클라우드 제공업체를 활용하는 것은 변경 비용이 매우 많이 드는 결정이다. 컨테이너 같은 추상화를 사용하면 더 쉽게 변경할 수 있다. 하지만 인프라 전환은 강도 높고 때로는 위험하기도 한 마이그레이션이다.
- **관계형 데이터 스토리지와 NoSQL 데이터 스토리지**: 관계형 데이터 모델과 NoSQL 데이터 모델 간 마이그레이션은 NoSQL과 SQL 모델 간의 마이그레이션보다 훨씬 쉽다. 어느 한쪽을 선택하는 결정은 단방향 결정으로 간주되기도 한다.
- **네이티브 모바일/데스크톱 앱의 강제 업그레이드 전략**: 네이티브 애플리케이션은 클라이언트 측 코드의 이전 버전을 실행할 수 있다는 점에서 흥미롭다. 특정 이전 버전의 실행을 허용하지 않는 '강제 업그레이드' 전략을 구현하는 결정은 비즈니스 로직이 클라이언트에서 실행되기 때문에 되돌리기 어렵다.
- **전체 되돌리기/다시 쓰기로 이어지는 변경 사항**: 모든 작업을 되돌리고 완전히 다시 작성해야 하는 경우 일반적으로 단방향 결정이 내려진다.

단방향이 되는 양방향

양방향으로 보이는 일부 의사결정은 고객의 기대 덕분에 시간이 지남에 따라 실제로는 단방향으로 바뀐다.

- **프로토콜 선택**: 서비스가 노출할 프로토콜을 결정한 뒤엔 되돌리기 매우 어렵다. 예를 들어 REST, GraphQL, Protobufs, Thrift 등 이와 유사한 프로토콜을 변경하려면 매우 비용이 많이 든다. 모든 고객이 새 프로토콜로 마이그레이션하거나, 이전 버전과의 호환성을 위해 '이전' 프로토콜을 계속 노출하는 어댑터를 작성해야 한다.
- **버전 관리 전략**: API 또는 제품의 버전 번호는 어떻게 결정되는가? 이러한 접근 방식이 결정되고 고객이 하나의 전략에 익숙해지면 고객의 신뢰를 깨지 않고는 변경하기가 매우 어렵고 종종 불가능하다.
- **안정적인 공개 API로 기능 노출**: 고객은 API에 노출된 후 그 위에 구축하게 된다. API가 안정 버전이 선언되면 고객은 어떠한 변경 사항도 없을 것으로 예상하며, 변경이 필요한 경우 버전 관리를 통해 새로운 API 엔드포인트 또는 새로운 메이저 버전이 포함된

엔드포인트로 시작해야 한다.

- **새로운 고객 대면 서비스 출시**: API와 마찬가지로 고객이 사용하는 서비스도 유지 관리되어야 하며, 이전 버전과의 호환성을 제공하는 경우가 많다. 예를 들어, 이것이 바로 AWS^{Amazon Web Services}가 새로운 서비스를 '일반 사용 가능^{general availability}'으로 선언하는 데 높은 기준을 적용하는 이유다. AWS는 일단 이렇게 하면 손해를 보더라도 서비스를 유지해야 한다. 서비스는 수년에 걸친 매우 긴 기간 동안 사용 후에나 종료할 수 있기 때문에 새로운 AWS 서비스를 출시하는 선택은 단방향 결정이 될 수 있다.

중간 결정

일부 결정은 되돌릴 수 있지만 그렇게 하려면 비용이 다소 많이 든다. 데이터 마이그레이션과 소규모 프레임워크 도입이 그 예다.

결정을 내리기 전에, 이 결정이 양방향인지 단방향인지 먼저 판단하길 개인적으로 추천한다. 양방향 결정은 결정을 내리기 전에 너무 많은 토론을 하거나 광범위한 프로토타입을 제작할 필요가 없다. 단방향 결정은 결정을 내리기 전에 숙제를 하자. 프로토타입을 만들거나 개념 증명을 구축해 결정이 효과가 있는지 확인하고, 첫 번째 작업 단계를 되돌릴 수 있을 정도로 쉽게 만들도록 노력하자.

결정이 단방향인지 양방향인지 구분하는 데는 시간이 걸린다. 확실하지 않을 때는 조사를 하고, 합리적이라고 생각되는 결성을 내린 다음, 결정이 완료되면 그 결정이 어떻게 이루어졌는지 되돌아보자.

25.5 의사결정의 '영향 반경'

지금 내리는 결정은 얼마나 많은 팀과 고객에게 영향을 미칠까? 팀에서만 사용하는 코드를 정리하기 위해 시스템을 리팩터링하는 결정처럼 그 영향이 제한적인 결정이 있다. 이 결정의 '영향 반경'은 작으며, 다른 팀이나 고객이 의존하지 않는 시스템에 대한 변경도 비슷하다.

어떤 결정은 더 큰 파급 효과를 가져온다. 예를 들어, 회사 내 20개 팀이 사용하는 API 엔드포인트를 폐기하면 해당 팀과 해당 팀에 의존하는 모든 고객이 영향을 받는다. 10만 명의 고객이 사용하는 공용 엔드포인트라면 영향 반경이 상당히 넓다. 영향 반경이 큰 결정을 실행하기 어렵게 만드는 원인은 다음과 같다.

- **변경으로 인한 작업 지연**: 예를 들어 20개 팀이 모두 코드를 변경하고 예상대로 작동하는지 테스트해야 하는 경우, 몇 개 팀이 일정을 맞추지 못하거나 연기를 요청할 수 있다.
- **고객에 미치는 영향**: API 폐기가 유료 고객의 기능 중단으로 이어진다면, 변경 사항의 공지 이후 고객 이탈이 발생할 수 있다.

단방향 아키텍처 결정을 번복하는 경우 그 파급력은 매우 큰 경우가 많다.

영향 반경을 줄일 방법을 찾아보자. 결정의 영향 반경을 줄이는 방법은 여러 가지가 있다. 예를 들어, 내부적으로 API 엔드포인트를 폐기하면서 외부적으로 API 엔드포인트를 계속 유지하고, 새로운 API 엔드포인트를 사용해 '변환'하는 어댑터를 두는 것이다. 또는 고객이 추가 기능을 갖춘 새 엔드포인트로 이동하도록 동기를 부여해 결과적으로 영향 반경을 줄일 수 있다.

상황이나 제약 조건에 따라 영향 반경을 줄이는 것이 올바른 선택이 아닐 수도 있다. 따라서 모든 선택지를 나열하고 장단점을 고려하자. 종종 영향 반경을 줄이는 결정은 평소의 사고방식에서 벗어난 결과인 경우가 많다.

올바른 아키텍처 결정을 내리면 향후 수정할 결정의 영향 반경이 제한된다. 큰 영향 반경 때문에 소프트웨어에 의존하는 팀과 고객에게 인기가 없는 결정을 피할 수 있는 비결이 있다면 좋겠지만 그런 비결은 없다. 그러니 계속해서 배워 나가 다음에는 더 지속 가능한 소프트웨어를 설계하도록 노력하자!

25.6 확장 가능한 아키텍처

스태프 이상의 엔지니어는 종종 확장 가능한scalable 아키텍처를 만들어야 한다. 빅테크 기업은 이러한 기대치를 서면으로 명시한다. 확장성이란 늘어나는 업무량을 처리하고 추가적인 성장을 수용할 수 있는 시스템을 구축하는 것을 의미한다. 확장성은 다소 모호한 용어이지만 크게 두 가지 범주로 나눈다.

- 새로운 비즈니스 사용 사례의 증가
- 데이터, 사용량, 트래픽 부하 증가

새로운 비즈니스 사용 사례를 위한 확장성

결제 팀에서 차량 공유 앱을 개발한다고 가정하자. 고객이 신용카드로 결제하는 기능을 구현하는 임무를 맡았다. 업체는 여러분이 구축한 결제 방법의 작동 방식에 만족하고 있다. 시간이 지나며 앱이 성장하고 비즈니스에서 더 많은 새로운 기능을 요청한다.

1. 페이팔PayPal로 결제하기
2. 현금으로 결제하기
3. 애플 페이Apple Pay로 결제하기
4. 페이티엠PayTM(인도의 디지털 지갑)을 사용한 결제

처음부터 각 결제 유형에 대한 지원을 모두 구현할 수도 있지만, 이는 확장 가능한 접근 방식이 아니다. 요청 유형을 예측하고 각 유형에 대한 지원을 쉽게 추가할 접근 방식을 구축하는 편이 훨씬 더 확장성이 높다.

확장 가능한 접근 방식은 비즈니스가 결제 수단을 계속 추가할 것이라는 점을 인식하는 데서 시작된다. 백엔드, 웹, 모바일에 코드를 구축해 새로운 결제 수단을 만드는 데 약 한 달이 걸린다고 하자. 그렇다면 몇 달이 걸리더라도 새로운 결제 수단을 추가하는 시간을 며칠로 단축하는 프레임워크를 설계하자. 이런 방식으로 확장 가능한 아키텍처를 구축한다.

다음 두 가지 사항을 이해하지 않으면 비즈니스 사용 사례를 위한 확장성을 갖춘 아키텍처를 설계할 수 없다.

1. **비즈니스 운영 방식**: 결제 수단이라면 결제의 작동 방식을 이해해야 한다. 예를 들어, 전 세계적으로 가장 많이 사용되는 20가지 결제 수단을 연구하고 결제 전문가와 함께 그 메커니즘을 살펴보길 권한다.
2. **회사의 로드맵**: 새로운 결제 수단을 추가하는 확장성을 높이기 위해 투자할 가치가 있는가? 향후 2년 동안 애플 페이만 추가할 계획이라면 대답은 '아니오'이다. 만일 12개월 이내에 10개의 결제 수단을 추가할 계획이라면 이보다 앞서 준비하는 편이 현명하다. 하지만 회사의 계획을 먼저 알지 못하면 시스템을 '비즈니스 사용 사례를 위한 확장성'을 높일지 여부를 알 수 없다.

데이터, 사용량, 트래픽 부하 증가에 따른 확장성

현재 운영 중인 비디오 스트리밍 시스템에 지금보다 몇 배나 더 많은 동영상을 저장하면 어떻게 될까? 동일한 시스템에서 일일 활성 사용자가 몇 배 더 많아지면 어떻게 견딜까? 전형적인 확장성 문제다. 확장 가능한 시스템을 구축하는 방법에 대한 많은 자료가 있으며, 백엔드 시스템, 웹 시스템, 모바일 또는 데스크톱 애플리케이션에 따라 다른 접근 방식이 필요하다. 확장성에 대한 대부분의 논의는 백엔드 시스템과 연관된다.

- 수평 및 수직 확장성
- 샤딩sharding
- 캐싱caching
- 메시징 전략
- 데이터베이스 복제
- 콘텐츠 전송 네트워크

확장 가능한 아키텍처 주제에 대해 자세히 다루지는 않지만, 읽으면 좋을 도서를 몇 권 소개한다.

- 『데이터 중심 애플리케이션 설계』(위키북스, 2018)[45]
- 『Foundations of Scalable Systems』(O'Reilly Media, 2022)

아키텍처 결정 vs 비즈니스 우선순위

소프트웨어 엔지니어는 경력이 쌓일수록 아키텍처 결정의 중요성을 더 잘 알게 된다. 아키텍처 결정을 내리는 데는 시간이 걸리며, 여기에는 자신의 결정도 포함된다. 많은 엔지니어가 잘못된 아키텍처 결정을 내리거나 그 영향을 받으면서 좋은 아키텍처에 대한 인식을 쌓는다.

새로운 비즈니스 사용 사례와 트래픽 패턴에 맞게 시스템을 확장할 수 있는 '완벽한' 아키텍처에 집착하는 함정에 빠지기 쉽다. 그러나 현재의 비즈니스 요구사항을 고려하지 않으면 시스템을 과도한 엔지니어링 over engineering의 산물로 만들 위험이 있다.

아키텍처 결정을 비즈니스의 목표와 성장에 맞춰 조정하기

아키텍처는 진공 상태에 따라 존재해서는 안 된다. 실제로 좋은 아키텍처는 항상 비즈니스와 이어진다. 비즈니스의 목표는 무엇인가? 기본 아키텍처는 이런 목표를 달성하도록 지원해야 하며, 현재 시스템이 이러한 목표에 방해가 된다면 이를 변경하는 편이 좋고, 반드시 변경해야 한다.

비즈니스를 어떻게 성장시킬 계획인가? 아키텍처 결정은 회사의 성장 목표에 맞춰 시스템을 발전시키고 확장하는 데 도움이 되어야 한다. 그러나 비즈니스에 필요하지도 않은 확장 가능한 시스템을 구축하는 데 시간과 노력을 들이는 건 리소스를 제대로 활용하지 못하는 것이다.

구체적인 예로 전자상거래 회사의 결제 시스템을 재설계해 확장성을 개선하는 경우를 살펴보자. 여기서 '확장'이란 무엇을 의미할까?

---

[45] 옮긴이_ 『Designing Data-Intensive Applications』(O'Reilly Media, 2017)

시스템의 문제로 새로운 결제 수단을 충분히 빠르게 추가할 수 없는 상황이라면 (예: 하나 추가에 2개월이 걸리지만 경쟁력을 유지하기 위해 내년에 20개의 새로운 결제 수단을 추가해야 하는 경우), 빠른 추가가 가능하도록 시스템을 재구축하는 것이 현명한 접근 방식이 될 수 있다.

결제 시스템 장애로 인해 고객 이탈이 발생한다면, 시스템이 보다 안정적으로 운영되도록 변경하는 것이 현명한 접근 방식이다. 이럴 때도 아키텍처 변경이 필요할 수 있고, 모니터링, 알림 및 온콜 방식의 개선 등의 조치가 포함된다.

하지만 비즈니스에 결제 관련 이슈가 없는데도 아키텍처를 크게 변경할 비즈니스 사례가 있을까? 변경에는 노력과 위험이 수반되므로 변경에 대한 긍정적인 측면과 비즈니스 관점의 이유가 있어야 한다는 점을 잊지 말자.

물론 엔지니어링 생산성 향상과 엔지니어링 업무량 감소도 유효한 비즈니스 이유다. 다만 비지니스 성장이 목록에서 순위가 높다는 점을 기억하자!

비즈니스 이니셔티브와 아키텍처 변경의 연계

시스템 아키텍처를 개선하면 기술 부채를 줄이고 엔지니어링 생산성을 높이는 데 도움이 된다. 하지만 이러한 개선 작업은 그 노력을 정당화할 만큼의 충분한 비즈니스 관점의 이유가 되지 않을 수 있다.

비즈니스에서 중요하게 여기는 기능이나 제품을 출시하는 프로젝트를 진행할 때는 아키텍처 개선 사항을 비지니스 우선순위에 연결해 생각하자. 예를 들어, 새로운 기능을 구축할 때 해당 기능과 관련된 아키텍처도 함께 개선해 기능을 더욱 견고하게 만들거나 향후 유사한 기능을 더 쉽고 빠르게 추가하자.

완벽보다는 충분이 더 나을 수 있다

필요하다면 코드와 엔지니어링 프로세스를 수정하거나 제거하고 새로운 코드와 프로세스를 도입할 수 있다. 아키텍처는 필요할 때 언제든 수정할 수 있지만 아키텍처 변경은 비용이 더 많이 드는 '단방향' 결정이므로 신중하게 결정해야 한다.

궁극적으로 '완벽한' 아키텍처와 충분히 좋은 구조의 균형을 맞추는 것이 현명하다. '충분히 좋은' 아키텍처는 비즈니스가 목표를 달성하고 성장을 지원한다. 또한 아키텍처는 경직되지 않고 비즈니스의 변화에 따라 조정하고 수정될 수 있다.

비즈니스의 성장과 변화가 아키텍처의 진화와 맞물려 있다고 생각할수록 소프트웨어 엔지니어링이 비즈니스 문제를 해결하고 이를 위해 소프트웨어와 소프트웨어 아키텍처를 사용하는 데 더 많은 도움을 줄 수 있다.

25.7 실무 작업과 충분히 가까운 거리 유지하기

스태프+ 엔지니어가 되면 회의, 채용, 기타 우선순위 등 많은 요소가 코딩에서 멀어지게 한다. 스태프+ 엔지니어는 비즈니스를 이해하고, 기술적인 이해관계자와 대화하고, 다양한 팀과 협업하는 등 '큰 그림'을 그리는 일에 훨씬 더 많은 시간을 할애해야 한다는 압박감을 느낄 것이다.

비즈니스를 이해하고 전략적 토론에 참여하는 일은 코드를 작성하는 것보다 훨씬 더 큰 영향력을 발휘하는 활동이다. 하지만 이러한 논의에서 엔지니어링 관점을 효과적으로 대변할 만큼 기술적이고 실무적인 역량을 갖춘 경우에만 높은 영향력을 발휘할 수 있다.

실무 작업과 스태프+ 엔지니어로서 업무의 균형을 유지하자. 코딩에 대부분의 시간을 할애하지는 않겠지만, 이론만 아는 소프트웨어 설계자가 되지 않도록 노력해야 한다. 실무와 코드에 가까이 있으면서 동시에 비즈니스를 더 깊이 이해할 방법을 찾아보자.

아키텍처 결정 과정에 계속 참여하며 다른 엔지니어가 더 나은 아키텍트가 되도록 지원하자. 좋은 아키텍처는 소프트웨어 엔지니어의 손길로 지속적으로 진화한다. 스태프+ 엔지니어로서 우선순위가 높은 다른 업무가 많더라도 시간을 내어 다른 엔지니어가 제안하는 아키텍처 접근 방식과 개선 사항을 검토하고 토론하자.

유능한 아키텍트라면 자신의 아키텍처 관련 결정이 팀에 걸림돌이 될 수 있으므로, 결정을 혼자 내리지 않아야 한다. 대신 다른 엔지니어에게 도전하고 코칭하며 질문을 던지고 고려할 절충안을 제안함으로써 다른 엔지니어가 미래에 대비한 결정을 내리도록 도와야 한다.

25.8 소프트웨어 아키텍트의 특성

'스태프+ 소프트웨어 엔지니어'와 '소프트웨어 아키텍트'라는 용어는 종종 같은 의미로 사용된다. 스태프+ 엔지니어는 팀, 그룹 또는 조직에서 가장 경력이 긴 엔지니어일 가능성이 높다. 이들이 아키텍처에 많이 관여하고 많은 노력을 들이는 건 당연한 일이다.

나는 다양한 유형의 아키텍트 또는 스태프+ 엔지니어를 관찰했다. 아키텍트의 특성을 알면 숙련된 엔지니어는 소프트웨어 엔지니어링 접근 방식을 잡는 데 도움이 될 수 있다. 이제부터 아키텍트가 가진 특성에 따른 여러 전형archetype을 살펴보겠다.

지금 소개하는 전형은 행동을 중점으로 설명하며 같은 사람의 행동은 언제든 바뀔 수 있다. 예를 들어, 한 아키텍트가 어떤 프로젝트에서는 실무적인 면이 강했는데 다른 프로젝트에서는 그렇지 않을 수 있다. 또한 사람은 시간이 지남에 따라 변하기 때문에 '상아탑 아키텍트'가 '친근한 아키텍트'가 될 수도 있다.

나는 코드에 가까이 다가가는 엔지니어가 엔지니어링의 핵심에서 멀어지는 엔지니어보다 일관되게 더 나은 결정을 내리는 모습을 반복해서 관찰했기 때문에 실용적인 아키텍트를 더 좋게 본다. 하지만 '좋은' 전형이나 '나쁜' 전형이 따로 있는 것은 아니다. 이론 중심적 특성을 가진 엔지니어가 실용적인 특성을 가진 엔지니어보다 나은 결정을 내리는 때도 있다. 이론적인 엔지니어는 종종 비즈니스와 업계를 이해하는 데 더 많은 시간을 할애해, 의사결정에 절실히 필요한 인사이트를 가져올 수 있다.

이론적인 아키텍트

#1: 상아탑 아키텍트

아키텍처 아이디어를 구현하는 소프트웨어 엔지니어와는 거의 또는 전혀 교류하지 않고 일상적인 업무에서 벗어나 있는 소프트웨어 엔지니어다. 이런 사람은 보통 다가가기 어렵고 친근하게 느껴지지 않는다. 특히 이런 엔지니어가 내린 결정은 '하향식'처럼 느껴진다.

여기서 다가가기 어렵다는 말은 자신의 논리를 들은 동료가 이해하지 못하거나 타당한 이의를 제기해도 인지하지 못한다는 의미다.

#2: 극단적 정확주의자

사람들이 말하는 내용의 세부 사항이 정확한지 지나치게 신경 쓰고 이를 바로잡는 엔지니어다. 이 유형의 아키텍트는 스스로를 완벽하게 표현하지 못하는 엔지니어를 진지하게 받아들이지 않는 경향이 있다.

극단적 정확주의자를 상대할 때, 많은 엔지니어는 큰 그림이 아닌 세세한 부분에 대한 논의에만 집중하게 된다. 경험이 적은 엔지니어는 부적절한 용어 사용으로 반복해서 지적을 받다가 그 동료의 의견을 피하게 된다.

#3: 이론 중독자

책, 논문, 사례 연구를 열렬히 읽으며 이를 근거로 새로운 패턴이나 접근 방식을 제안하는 엔지니어다.

이론 중독자는 책에서 배운 것에 지나치게 의존하는 반면, 자신이 일하는 영역에 대한 실무 경험이 부족할 수 있다. 보다 실용적인 아키텍트가 있는 환경에서는 이론 중독자가 대안적인 접근 방식을 제시해 팀에 도움이 될 수 있다. 그러나 반발이 없으면 실용적이지 않은 아키텍처 접근 방식을 강요해 향후 문제를 야기하고 엔지니어링을 잘못된 길로 이끌 가능성도 있다.

#4: 철학자

모든 아키텍처 결정 과정에 대안적인 접근 방식과 반론을 제기해 생산적인 논의를 이끄는 엔지니어다. 문제는 이 토론이 결코 끝나지 않거나 합의에 이르지 못하는 데 있다. 이 엔지니어는 종종 소모적인 논쟁을 선호하기 때문에 충분히 좋은 결정을 내리고 구축을 시작하려는 실용적인 엔지니어와 갈등을 일으키기도 한다.

#5: 뛰어난 언어학자

이 엔지니어는 기술 전문 용어를 잘 알고 대화에서 완벽한 언어를 사용할 기회를 놓치지 않는다. 주니어 엔지니어가 있는 그룹 환경에서 뛰어난 언어학자는 이렇게 말하곤 한다.

> 물론 시스템이 약한 컨시스턴시(consistency)조차 감당하기 어려울 수도 있다는 점을 고려하면 아이뎀포턴시(idempotency) 자체가 엄격한 리콰이어먼트(requirement)는 아닙니다. 저는 듀러블리티(durability)를 살펴보자고 말하고 싶지만, 현시점에서 우리 정족수가 그런 논의에 적절한지 확신할 수 없네요.

어떤 뛰어난 언어학자는 엔지니어링 역량과 전문 용어 지식이 끊을 수 없는 고리가 있다고 생각한다. 그래서 자신과 같은 전문 용어를 구사하지 못하는 동료의 의견을 무시하기도 한다.

뛰어난 언어학자와 극단적 정확주의자는 공통된 특성을 공유하지만, 지나치게 꼼꼼한 엔지니어는 일반적으로 뛰어난 언어학자에 비해 전문 용어에 신경을 덜 쓴다. 뛰어난 언어학자는 상아탑 아키텍트인 경우가 많은데, 이들은 전문 어휘에 능숙하지 않다고 생각되는 사람의 의견을 경멸하기 때문이다.

#6: 떠나는 조언자

프로젝트의 초기 단계에서는 조언을 제공하지만 구현 단계에서는 손을 떼는 숙련된 엔지니어를 말한다. 문제는 이런 식의 조언이 득보다 실이 되는 경우가 많은데, 이 사람의 의견에 근거한 가정이 작업을 시작할 때 잘못된 것으로 판명될 가능성이 있기 때문이다. 그렇다면 팀원들은 관련성이 낮아 보이는 이전의 조언을 고수할지, 아니면 이미 떠난 조언자에게 새로운 의견을 구할지, 아니면 조언자가 관여하지 않으니 스스로 일을 처리해야 할지 고민에 빠지게 된다.

업무량이 너무 많아 원하는 프로젝트에 참여할 시간이 부족하다고 말하는 조언자가 있을 수 있다. 스스로를 떠나는 조언자라고 생각한다면, 처음부터 끝까지 집중하기 위해 작업 중인 프로젝트의 수를 줄이는 것을 고려하자.

실용적인 아키텍트

#7: 코딩 머신

대부분의 시간을 코딩에 몰두하는 숙련된 소프트웨어 엔지니어를 말한다. 이 유형은 일을 빠르게 처리하는 경향이 있으며, 소프트웨어 엔지니어와 함께 일하기 때문에 자연스럽게 소프트웨어 엔지니어에게 매우 친근하게 다가갈 수 있다.

메타는 '코딩 머신'이라는 전담 시니어 스태프 엔지니어 전형이 있는데, 이 전형은 마이클 노바티 Michael Novati[46]를 위해 만들어졌다.

> 페이스북은 공정성을 최우선 고려 사항으로 삼습니다. 저는 기본적으로 회사에서 '가장 많은 커밋을 하는' 커미터였지만, 다른 영역의 E7과 비교했을 때(물론 통틀어 100명 정도 되는 매우 적은 인원이었지만) 제가 영향력이 크거나 동등하다고 느끼지 못했습니다.
>
> 저는 기여를 더 많이 인정받으려 열심히 노력했습니다. 당시 진행한 인터뷰도 300건 이상이고, 사이드로 중요한 일들을 처리하기도 했습니다. 제가 알기로는 당시 엔지니어링 디렉터가 '코딩 머신'이라는 명칭의 전형을 새로 만들어 모든 E7을 성과를 평가하는 조정위원회에 제출한 것으로 알고 있습니다. 조정위원회에서는 이를 받아들여 '코딩 머신'을 전형 목록에 추가했다고 합니다.

---

[46] https://www.linkedin.com/in/michaelnovati

대부분의 사람이 소프트웨어 아키텍트가 코딩을 잘한다는 특성을 쉽게 연상하지 못하지만, 아키텍트는 코딩을 잘할 수 없다는 통념을 깨는 것도 중요하다고 생각한다. 메타와 같은 빅테크 기업은 이러한 인력의 존재와 중요성을 인정하고 있다.

#8: 통합자

회사의 대부분 시스템과 작동 방식, 기능, 시스템을 쉽게 확장하고 수정하는 방법을 이해하는 숙련된 엔지니어를 말한다. 이러한 엔지니어는 실무에 능숙하며 대부분의 시스템을 신속하게 수정하고 새로운 기능을 통합하거나 한 시스템을 다른 시스템과 통합할 수 있다.

통합자는 복잡한 시스템이 많은 곳에서 매우 유용하다. 실무 지식이 풍부하기 때문에 대규모 재작업을 예방할 현명한 해결 방법과 우아한 해킹을 제공한다.

통합자가 시스템을 패치하는 데 너무 익숙해진다는 단점도 있다. 어쨌건 통합자는 이 작업을 너무 잘한다! 통합자와 이론적인 엔지니어가 짝을 지으면 대규모 재작성이나 재구성을 진행하는 데 좋다. 통합자가 불필요한 재작업을 미루도록 만들기 때문이다. 통합자와 코딩 머신은 모두 코드와 시스템에 대한 깊은 이해와 실무 지식을 갖추고 있기 때문에 까다로운 버그와 장애를 디버깅하고 해결하는 데 탁월한 능력을 발휘한다.

#9: 친근한 아키텍트

팀에서 일하고, 엔지니어들과 토론에 참여하고, 온콜 근무도 하고, 엔지니어들이 모이는 채팅에 참여하는 등 의외로 친근하게 다가갈 수 있는 숙련된 소프트웨어 엔지니어를 말한다.

이 엔지니어는 코드 리뷰와 페어링을 통해 비공식적으로 경험이 적은 동료를 멘토링하고, 때로는 멘티와 만나는 공식적인 자리를 주기적으로 마련해 업무와 과제를 논의하기도 한다.

#10: 상세 문서 작성자

동료 엔지니어가 아키텍처, 일반적인 개념 및 용어를 이해하는 데 도움이 되는 문서를 작성하는 엔지니어다. 이 엔지니어는 RFC, 설계 문서, 아키텍처 결정 기록(ADR), 런북 및 기타 지식을 수집하고 전파하는 문서를 지지하는 사람이다.

문서의 실용성에 따라 이 특성은 더 실용적일 수도 있고 더 이론적일 수도 있다. 많은 상아탑 건축가가 상세 문서 작성자이기도 하다.

#11: 힙스터 개발자

방금 배운 최신의 프레임워크나 접근 방식을 사용하기 좋아하는 엔지니어를 말한다. 이러한 접근 방식은 경험이 많지 않은 팀에서 최첨단을 추구하는 구성원이 있는 팀에 적합하다.

시간이 지남에 따라 최신 기술의 유행에 거의 맹목적으로 편승하는 접근 방식은 문제를 야기할 수 있다. 왜냐하면 예상치 못한 새로운 문제는 거의 검증되지 않은 접근 방식에서 발생하기 때문이다.

#12: 이전 방식 옹호자

힙스터 개발자와는 정반대의 개발자를 말한다. 팀원들이 구식이라고 생각하더라도 수십 년 동안 사용해온 동일한 도구 세트를 선호하는 숙련된 엔지니어다.

믿거나 말거나, 한때는 최신 기술을 좇는 힙스터였지만 너무 자주 상처를 입어 더 이상 시류에 편승할 가치가 없다고 판단한 이전 방식 옹호자도 있다.

이전 방식 옹호자가 반드시 인기가 없는 것은 아니다. 그들은 경험이 많은 팀에서 유용한 접근 방식을 효과적으로 옹호하며, 전투에서 검증된 접근 방식에 대한 이해를 공유해 사고가 거의 또는 전혀 발생하지 않는 소프트웨어 개발로 이어진다. 이들의 모토는 '지루한 기술을 사용하자'다.

그러나 이전 방식 옹호자는 현대적인 접근 방식을 선호하는 팀원들과 긴장감을 조성할 수 있으며, 이들의 존재로 인해 최첨단 접근 방식을 선호하는 엔지니어를 채용하기가 더 어려워질 수 있다.

아키텍트의 특성은 유용한가?

동료에게서 앞서 언급한 특징이 하나 이상 보일 것이다. 현재 업무를 맡은 나를 동료들은 어떤 유형으로 생각하는지 파악하는 것도 도움이 된다.

이렇게 전형은 성찰의 도구로 사용한다. 당신은 이론적인 아키텍트인가, 아니면 실용적인 아키텍트인가? 스스로 어떤 아키텍트가 되고 싶은지를 인식하고 있는지가 중요하다.

이러한 특성은 바꿀 수 있고 실제로 변화하는 모습을 반영함을 잊지 말자. 대부분의 엔지니어는 자신을 여러 특성이 혼합된 사람으로 인식하겠지만, 프로젝트와 팀의 역학 관계에 따라 혼합의 결과는 달라진다.

서로 다른 특성을 가진 엔지니어가 함께 일하면 훌륭한 결과를 만들어낸다. 특성에 좋고 나쁨이 없다는 사실을 증명하기 위해 내가 함께 일한 최고의 아키텍트의 이야기를 하겠다. 한 사람이 아니라 두 사람이었다. 한 명은 고도로 이론적이었고, 다른 한 명은 매우 실용적이었다.

이 두 사람은 끊임없이 부딪혔다. 두 사람의 독특한 조합은 장기적인 유지 보수성과 확장성을 갖춘 실용적인 아키텍처로 이어졌고, 이 모든 것이 우아하게 완성됐다. 그 과정에서 두 사람은 서로의 접근 방식을 존중하게 됐고, 이론적인 엔지니어는 더욱 실무적으로 성장했으며, 실무적인 엔지니어는 코드뿐 아니라 연구 논문, 책, 생각하는 시간의 가치를 깨닫기 시작했다.

충분히 오랜 경력을 쌓으면 몇 가지 유형으로 일하는 자신을 발견하게 된다. 각각의 특성을 파악하면 특정 특성을 가진 사람이 현재 프로젝트와 팀에 적합한지 생각해보는 데 도움이 된다.

5부 | 핵심요약

'스태프 엔지니어', '수석 엔지니어' 같은 스태프+엔지니어 직책은 기업에 따라 다르게 사용된다. 수석 엔지니어를 시니어 엔지니어로 간주하는 기업도 있고, 스태프 엔지니어가 보통보다 훨씬 많은 약 50~100명의 엔지니어를 책임지는 기업도 있다. 따라서 직책에만 초점을 맞추지 말고 현재 직장과 입사하려는 기업에서 기대하는 바가 무엇인지 파악하자.

스태프+ 엔지니어는 종종 엔지니어링 매니저 및 프로덕트 매니저와 협력하며 여러 팀에서 일하는 경향이 있다. 기존 문제를 해결할 뿐 아니라 새로운 문제를 발견하길 암묵적으로 기대하는 경우가 많다.

이런저런 업무를 전환하며 시간의 균형을 맞추기는 점점 더 어려워진다. 소프트웨어 엔지니어, 시니어 엔지니어, 스태프 엔지니어의 업무 시간이 어떻게 달라지는지 차트로 정리했다.

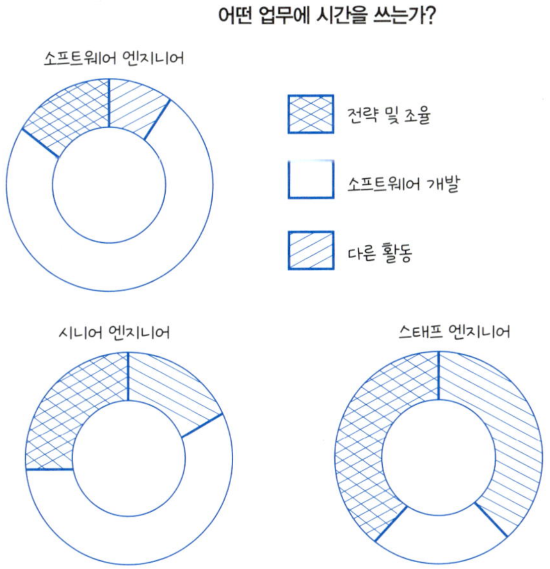

어떤 업무에 시간을 쓰는가?

소프트웨어 엔지니어

- 전략 및 조율
- 소프트웨어 개발
- 다른 활동

시니어 엔지니어

스태프 엔지니어

그림 V-1 엔지니어가 고위 직급으로 오를수록 업무에 사용하는 시간이 어떻게 달라질까? 스태프 엔지니어는 소프트웨어 개발과 직접적으로 관련된 활동에 할애하는 시간이 줄어드는 경향이 있다.

이 수준에서는 비즈니스를 이해하는 것은 물론이고, 엔지니어링 매니저, 프로덕트 매니저, 비즈니스 담당자, 기타 엔지니어 등 다양한 사람들과 잘 협력해야 한다.

이 직급에 이르면 안정적이고 탄력적인 소프트웨어 시스템을 구축하고, 업계 관행을 활용하며, 자신이 속한 그룹이 더 잘 실행하는 데 도움이 되는 시스템을 마련하는 데 모범을 보여야 한다.

'소프트웨어 아키텍트'라는 직함을 갖고 있지 않더라도 여러분은 분명 이 역할을 수행하게 된다. 그렇게 하는 것이 실용적인 장기적 결정을 내릴 기회가 될 뿐만 아니라 팀원들을 참여시키고, 그들이 장기적인 사고를 더 잘할 수 있도록 멘토링하고 가르칠 기회도 된다는 점을 잊지 말자.

스태프+ 엔지니어의 가장 큰 장점은 우리가 만드는 제품, 소속된 그룹, 함께 일하는 엔지니어에 대해 긍정적인 영향을 미칠 수 있다는 것이다. 계속 배우고, 계속 업무를 완수하고, 멘토링과 후원을 통해 다른 엔지니어를 의미 있게 돕는 것도 잊지 말자. 그리고 물론, 즐기자!

글쓰기는 스태프 이상의 엔지니어에게 점점 더 중요해지는 기술이다. 이 기술은 대규모 조직 내에서 일하거나 원격 근무를 하거나 분산된 팀과 함께 일할 때 특히 더 요구되는 기술이다. 이 책에서는 이 주제에 대해 자세히 다루지 않았지만, 5부의 온라인 보너스 챕터에서 자세한 내용을 확인할 수 있다.

소프트웨어 엔지니어의 글쓰는 법
https://pragmaticurl.com/bonus-5

결론

6 부

26장 배움을 멈추지 말자

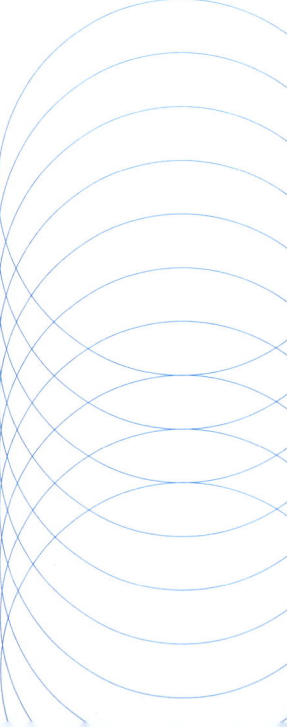

26 배움을 멈추지 말자
Lifelong Learning

최고의 소프트웨어 엔지니어와 그렇지 않은 엔지니어를 구분하는 기준은 무엇일까? 훌륭한 엔지니어는 배움을 멈추지 않는다. 이들은 새로운 언어와 기술을 습득할 뿐만 아니라 새롭고 흥미로운 접근 방식의 시도를 두려워하지 않는다.

장고Django 웹 프레임워크의 공동 창시자이자 이벤트브라이트Eventbrite의 전 아키텍처 디렉터이며 이 책이 출간된 시점에 독립 소프트웨어 엔지니어로 일하고 있는 사이먼 윌리슨Simon Willison을 예를 보자. 사이먼은 20년 이상 코딩을 했으며, 새로운 접근 방식의 학습을 멈추지 않는 매우 생산적인 엔지니어다. 챗GPT가 정식 출시되고 몇 달 후, 사이먼은 대규모 언어 모델에 대한 자신의 실험[1]과 이 모델을 활용해 더 나은 개발자가 되는 방법을 글로 공유했다. 이뿐만 아니라, 그는 불과 몇 달 만에 LLM 프롬프트[2] 전문가가 됐다.

나에게 사이먼은 배움을 멈추시 않는 소프트웨어 엔지니어의 좋은 본보기다. 그는 항상 새롭고 흥미로운 주제를 이해하고 응용할 수 있다는 사실을 보여줬다.

이제 막 경력을 쌓기 시작했든, 베테랑 소프트웨어 엔지니어이든, 학습은 모든 부분에서 도움이 된다. 이 장에서는 이를 위한 여러 가지 접근 방식을 소개한다.

---

[1] https://simonwillison.net/series/using-chatgpt
[2] https://simonwillison.net/series/prompt-injection

26.1 호기심 유지

기술 및 소프트웨어 엔지니어링에 대해 아무리 많이 알고 있더라도 언제나 새로운 것이 많다. 이를 경험하는 한 가지 확실한 방법은 질문이다.

질문하기

항상 어떤 일을 하는 이유와 작동 방식을 이해하도록 해보자. 답을 얻을 때까지 '왜?'와 '어떻게?'를 질문하고, 그 답을 찾기 위해 토끼 굴로 내려가는 것을 두려워하지 말자.

업무의 일환으로 할 수 있는, 해야만 하는 질문 몇 가지를 살펴보겠다!

이 프로젝트를 하는 이유는 무엇이며, 누구에게 이익이 되는가? 소프트웨어 엔지니어의 임무는 티켓Ticket[3]을 완료하고 코드를 작성하는 게 아니라 팀과 비즈니스를 위한 가치를 창출하는 것이다. 따라서 업무가 왜 중요한지, 누가 어떻게 혜택을 받는지 이해하는 것부터 시작하자.

예를 들어 '[보내기] 버튼의 패딩을 4픽셀 더 넓게 만들기'라는 티켓에 대한 작업을 시작할 때 그 이유를 물어보자. 앱에 접근성 문제가 있거나 나이가 많은 사용자가 앱을 탐색하는 데 문제가 있기 때문일 수 있다. 이 경우 패딩을 늘리는 것이 해결책이 될 수 있지만, 가장 실용적인 방법일까? [보내기] 버튼에만 문제가 있는 건가, 아니면 모든 버튼에 문제가 있는 건가? 더 스마트한 접근 방식으로 앱 전반의 접근성 문제를 해결할 수 있을까?

왜 지금은 문제가 없는가, 무엇이 바뀌었나? 버그를 해결하려고 할 때 가끔 이슈issue가 저절로 '해결'되는 경우가 있다. 좋은 소식일까? '해결됨', '재현 불가', '이미 해결된 것으로 보임'으로 이슈를 종결하고 다시 작업으로 돌아갈 수도 있다.

그런데 의심은 한 번 들면 쉽게 사라지지 않는다. 결국, 실제로 무슨 일이 일어났는지 이해하지 못한 것뿐이다. 문제는 여전히 존재하지만 특정 사용자, 특정 구성

---

3 옮긴이_ 칸반보드 등에서 사용하는 단위 작업이 적힌 스티커

또는 특정 지역에만 영향을 미치는 것일 수도 있다. 관련 없는 다른 코드 변경으로 이 문제가 해결된 것일 수도 있나? 아니면 불확정적인 문제일 수도 있나?

탐정 모자를 쓰고 실제로 무슨 일이 일어났는지 조사하자. 저절로 고쳐지는 버그는 존재하지 않으며, 버그가 발생할 때는 늘 이유가 있기 마련이다. 질문하고 조사하면 실제로 무슨 일이 일어났는지 알아낼 수 있고, 그 과정에서 더 나은 소프트웨어 엔지니어가 될 수 있다. 이러한 문제를 추적하는 과정에서 컴퓨터 시스템의 작동 방식, 미처 알지 못했던 엣지케이스 등 귀중한 내용을 만나기 때문이다.

어떤 대안을 사용할까? 경력 초기에 소프트웨어 컨설팅 회사에서 일하던 나는 고객의 비즈니스 기록을 관리할 수 있는 간단한 생성/읽기/업데이트/삭제(CRUD) 비즈니스 애플리케이션을 구축하는 프로젝트에 투입됐다. 이 프로젝트의 자문을 맡은 시니어 소프트웨어 엔지니어는 이 애플리케이션의 데이터를 저장하고 검색하는 데 자체개발한 객체-관계 매핑object relational mapping(ORM) 도구를 사용해야 한다고 말했다.

왜 이렇게 해야 하는지 잘 몰랐지만 시니어 엔지니어가 가장 잘 알고 있을 거라고 생각해 물어보지 않았다. 나는 이 래퍼wrapper를 사용해 애플리케이션을 구현했다. 하지만 프로젝트를 넘겨줄 때가 되자 걱정스러운 점이 발견됐다. 레코드가 50개가 넘자마자 애플리케이션 실행 속도가 매우 느려졌다. 레코드를 삽입하거나 업데이트하는 데 5초가 걸리다가 10초가 걸리고, 그보다 더 오래 걸리기도 했다. 문제는 자체 개발한 ORM 도구가 작은 데이터 집합도 제대로 처리하지 못한다는 점이었다.

나는 시니어 엔지니어에게 어떤 대안이 있는지, 각 대안의 역할은 무엇인지를 물어보았다. 여러 가지 대안을 논의한 결과, ORM 도구를 버리거나 알려진 성능 문제가 없는 성숙한 ORM 도구를 사용하는 것이 더 합리적이라는 것이 분명해졌다. 결국 데이터 계층에서 널리 사용되는 오픈소스 ORM 도구를 사용하도록 애플리케이션을 다시 작성했다.

작업 초기 단계에서 의문을 제기하고 대안을 평가했다면 많은 시간을 절약했을 것이다. 다음과 같은 질문도 도움이 된다.

- **이 솔루션은 정확하게 어떻게 동작하는가?** 정확한 세부 사항을 이해할 때까지 멈추지 말고 깊이 파고들어야 한다.
- **이 컴포넌트는 내부에서 어떤 일을 하는가?** 최신 소프트웨어 엔지니어링에서는 라이브러리나 프레임워크가 애플리케이션을 구축하는 데 필요한 많은 작업을 수행한다. 하지만 도구, 라이브러리 또는 프레임워크가 내부에서 어떻게 작동하는지 이해하지 못한다면 스스로에게 해를 끼치고 학습 기회를 놓치는 것이다.
- **처음부터 자체 솔루션을 구축하면 어떤 효과가 있을까?** 프로젝트를 구축하며 기존 컴포넌트나 공급업체를 사용할지 직접 구축할지 결정해야 한다. 나는 자체 솔루션을 만드는 의미를 물어보는 편이 현명하다고 생각하는데, 꼭 직접 만들고 싶어서가 아니라, 그렇게 함으로써 컴포넌트나 벤더의 역할을 이해할 수 있기 때문이다.

호기심과 겸손함을 유지하기

내가 관찰한 평생 학습자들은 나이가 많더라도 겸손하고 친근하게 다가가는 특징을 가지고 있다. 이들은 배움에 대한 욕구가 강하고 새로운 사실과 정보를 발견하면 유연하게 의견을 바꿀 수 있다.

'익스트림 프로그래밍extreme programming(XP)'의 창시자이자 테스트 주도 개발test driven development(TDD)의 옹호자인 켄트 벡Kent Beck은 50세의 나이로 2011년에 페이스북(현 메타)에 입사해 기술 분야에서 모든 것을 다 보았다고 생각했다. 다음은 그가 부트캠프를 마친 후 '소프트웨어 엔지니어링 데일리Software Engineering Daily'와의 인터뷰[4]에서 밝힌 회사에 대한 인상이다.

> 들어와서 보니까 말도 안 나오는 거예요. 제가 책에 소개한 방식으로 일을 하지 않더라고요. 딱 봐도 안 될 일을 벌이는데 결과는 좋았죠. (...)
>
> 머리 한구석에서 의문이 떠나질 않았어요. 이론대로라면 재앙이 벌어지는 게 맞거든요. 그런데 확장과 신기능 추가라는 두 마리 토끼를 잡는 거예요.

---

[4] https://softwareengineeringdaily.com/2019/08/28/facebook-engineering-process-with-kent-beck

입사 후 켄트는 한 해커톤 행사에서 테스트 주도 개발에 관한 강의를 진행했다. 페이스북은 TDD를 사용하지 않았기 때문에, 동료들이 TDD를 배우러 참석하리라 예상했다. 하지만 켄트의 TDD 강의에는 아무도 오지 않았다. 한편 아르헨티나 탱고 댄스 수업은 대기자 명단이 있을 정도로 신청이 폭주했다.

켄트는 업계에서 인정받는 유능한 엔지니어였고, TDD도 소프트웨어 업계에서 널리 통용되는 모범 사례였지만 페이스북은 이를 사용하지 않았다. 만약 켄트 벡이 다른 종류의 소프트웨어 엔지니어라면 회사에 TDD를 강요하거나 다른 곳으로 떠났을 것이다. 하지만 켄트는 겸손하고 호기심 어린 자세로 세계 규모의 서비스인 페이스북이 TDD 없이 서비스를 운영하는 법을 파악해 나갔다.

그는 페이스북이 잘 설계된 고급 실험 방법 및 롤백 시스템에 의존해 빠르게 움직이는 방법과 테스트 없이 빠르게 움직이는 방법을 알게 됐다. 켄트 벡은 페이스북에서 존경을 받고 수백 명의 엔지니어에게 멘토링을 제공하는 등 만족스러운 커리어를 쌓았다. 그가 거만하고 호기심이 없었다면 이 모든 일은 일어나지 않았을 것이다.

26.2 계속 학습하기

2인 협업 및 섀도잉

다른 엔지니어와 협력해 문제를 해결하기 위해 짝 프로그래밍pair programming을 하거나 짝을 이뤄 구현한 내용을 설명하면 문제를 해결하고 동료로부터 배울 훌륭한 기회가 된다.

대부분의 엔지니어는 짝 프로그래밍을 하지 않으며, 시도해본 적도 없는 엔지니어도 많다. 하지만 소수의 숙련된 소프트웨어 엔지니어는 짝 프로그래밍의 효과를 알고 항상 활용한다.

어떤 문제로 막혀 있을 때는 팀원에게 요청해 같이 앉아 함께 문제를 해결하자.

이것이 2인 협업이다!

2인 협업에 익숙해지면, 어려운 문제로 헤매는 엔지니어에게 적극적으로 페어링을 제안할 수도 있다.

섀도잉은 참여할 수 없었던 활동, 회의 또는 이벤트를 경험하는 것이다. 예를 들어, 초대를 받지 못한 회의에서 뭔가 배울 수 있다는 호기심이 생겼다면, 회의에 참여하는 사람에게 함께 참석해도 될지 물어보자. 섀도잉은 의견은 제시하지 않고 지켜만 봐야 한다는 점을 기억하자.

섀도잉에 적합한 상황은 다음과 같다.

- **채용 면접(경험이 없는 경우)**: 면접이 어떻게 진행되는지 관찰하자.
- **비엔지니어 회의**: 프로덕트 매니저를 위한 전략 회의나 팀 동료가 참석하는 임원 대상 사고 검토 회의 같이 소프트웨어 엔지니어가 직접 의견을 제시하지 않는 회의에 참석하자.
- **다른 팀의 정기 이벤트**: 예를 들어, 다른 팀의 주간 업데이트 회의에 테크리드로 참여해 회의가 어떻게 운영되는지, 어떤 역학 관계가 있는지 관찰하자.

초대를 받지는 못했지만 배울 기회라고 생각되는 흥미로운 회의나 이벤트가 있다면, 주최자에게 섀도잉이 가능할지 물어보자. 최악의 경우 거절당할 수도 있다!

멘토링

멘토링을 받고, 멘토링을 하면 계속 배우고 성장할 수 있다. 멘토는 자신의 경험을 멘티에게 전하는 과정에서 멘티에게서 새로운 것을 배운다. 이렇게 멘토링은 서로가 발전하는 양방향 관계다.

멘토링에 대한 자세한 내용은 12장 '협업 및 팀워크'에서 확인할 수 있다.

자율 학습

스스로 학습하는 능력은 기술 분야에서 필수적이다. 이 능력은 자율성을 높여 모르는 것이 생기면 직접 학습해 막힌 부분을 해결하게 해준다!

소프트웨어 엔지니어링 분야에서는 언어, 프레임워크, 접근 방식을 학습할 수 있는 온라인 리소스가 많다.

- **레퍼런스 문서**: 언어, 프레임워크, 라이브러리에 대한 공식 문서 자료는 대개 '건조'하지만 일반적으로 가장 최신의 정보를 담고 있다.
- **교육 자료**: 기사, 책, 동영상, 강좌 등 무료 및 유료로 제공되는 자료는 계속 증가한다. 틈새 분야일수록 유료 자료가 가장 유용할 가능성이 높다. 이러한 리소스는 배울 가치 그 자체로 비용이 아깝지 않은 경향이 있다. 또한 회사에 학습 및 자기 계발 예산이 있을 수 있으므로 개인 비용을 지출할 필요가 없는 경우도 있다.
- **포럼 및 Q&A 사이트**: 스택오버플로StackOverflow, 레딧Reddit, 디스코드Discord 등 프로그래밍 커뮤니티에 지원과 도움을 요청할 수 있다.
- **AI 코딩 보조 도구**: 챗GPT나 제미나이와 같은 대규모 언어 모델large language model(LLM)은 프로그래밍 문맥을 이해하고 설명하는 데 도움이 된다. 하지만 이런 도구는 때때로 잘못된 내용을 만들어내므로 맹목적으로 신뢰하지는 말자!
- **실습**: 가장 효율적인 방법은 배우고 싶은 기술이나 접근 방식을 사용해 무언가를 만드는 것이다! 예를 들어, Go와 같은 새로운 언어를 배우고 싶다면 이 언어로 서비스를 구축하거나 기존 서비스를 다시 작성하자. 직접 코드를 입력하고 문제를 디버깅하는 경험보다 더 좋은 것은 없다. 이 목록의 다른 리소스도 도움이 될 수 있다.

한 분야에 경험이 쌓이면 학습 과정도 달라진다.

- **초보자**: 프로그래밍 언어인 타입스크립트 같은 분야의 초보자에게는 가이드 문서가 매우 유용하다. 이러한 가이드 문서는 여러 의견이 풍부한 자료로부터 만들어지거나, 안내자 역할을 하는 숙련된 엔지니어가 만든다.
- **중급자**: 직접 탐색하며 전문가 리소스를 찾는 것이 더 도움이 된다. 예를 들어, 타입스크립트를 사용한 사람은 union 타입, keyof 키워드, Required 및 Partial 유틸리티 타입과 같은 고급 기능을 사용해볼 수 있다. 언어의 고급 기능이 어떻게 작동하고 내부적으로 구현되는지 자세히 설명하는 고급 리소스도 유용하다.
- **전문가**: 다른 사람을 가르치며 한계를 뛰어넘는 것도 성장의 한 방법이다. 다시 타입스크립트를 예로 들면 다른 엔지니어에게 타입스크립트의 작동 방식을 가르치고, 이들을 위한 문서나 동영상 학습 자료를 만들면 스스로의 이해를 깊게 할 수 있다. 타입스크립

트용 컴파일러 작성 같은 고급 프로젝트에 도전하는 것도 언어에 대한 이해와 컴파일러의 작동 방식에 대한 이해를 모두 높이는 도전이다. 해당 언어로 작성된 널리 사용되는 프로젝트에 참여하는 것도 또 다른 방법이다.

지식 공유

무언가를 깊이 있게 배우는 가장 좋은 방법은 가르치는 것이다.

- 작동 방식 이해
- 간단한 용어로 지식의 세분화
- 생각하지도 못했던 질문을 포함해 질문에 답하기

개인적으로 개념이나 프레임워크, 시스템에 대한 이해는 설명할 때 더 깊어졌다. 그 과정에서 지식의 빈틈을 스스로 발견해 자세한 이해의 필요성을 느낀 적이 많다. 물론 강의는 다른 사람의 수준을 높이는 가장 큰 장점이 있다. 덤으로, 가르치는 과정에서 스스로도 해당 분야의 전문가가 될 수 있다.

정말 무언가를 잘 배우고 싶다면 프레젠테이션을 하거나 세션을 열어보자. 나는 우버에서 이 방법을 통해 약 10개 팀이 소유한 수십 개의 시스템이 어떻게 함께 작동하는지 이해했다. 그래서 나는 신입사원을 위한 온보딩 프레젠테이션을 준비하면서 각 시스템이 무엇을 하고 어떻게 함께 작동하는지 설명하는 일에 자원했다. 프레젠테이션을 준비하며 시스템의 각 부분을 깊이 이해해 각 부분을 조합할 수 있었다.

지식의 축적

사이먼 월리슨은 지식 축적의 가치에 대해 흥미로운 관찰을 했다.

> 기술 분야에서의 성공에 가장 중요한 요소는 자신이 할 줄 아는 새로운 것을 끊임없이 쌓아가면서 이를 결합하고 적용할 기회를 찾는 것이라고 생각합니다.

그렇기 때문에 자신의 '주요' 전문 분야와 밀접한 관련이 없는 분야에 발을 담그는 것이 유용하다. 예를 들어 프런트엔드 엔지니어라면 백엔드나 임베디드와 같은 다른 플랫폼을 파헤쳐보자. 대규모 언어 모델이나 머신러닝과 같은 새로운 기술에 도전해보자. 다른 분야에 대해 배우고 이 지식을 '축적'하자. 지금 당장은 유용하지 않을지 모르지만 나중에 유용하게 쓰일 수 있다!

시간에 따라 학습 방식이 달라진다

업계에 처음 입문하는 사람인지, 아니면 특정 분야의 전문가인지에 따라 더 효과적인 학습 방식이 따로 있다. 모든 사람에게 적합한 접근 방식은 없지만, 내가 관찰한 몇 가지 관찰을 소개한다.

- 새로운 영역을 시작할 때는 다른 사람과 짝을 이루거나 튜토리얼을 따라 하는 가이드 학습이 더 효율적인 경우가 많다.
- 한 분야에 깊은 관심이 있는 경우, 자기 주도 학습이 효과적인 경우가 많다.
- 문제 해결의 필요성은 매우 강력한 동기가 되며, 주어진 기술이 어떻게 작동하는지(또는 작동하지 않는지) 파악하기 위해 가장 효율적인 방법을 사용하게 된다.

나는 새로운 것을 배울 때 다양한 매체를 이용했다. 새로운 언어/기술을 배울 때 책을 사용하다가 동영상 튜토리얼을 사용하고, 참고 문서를 보다가 다시 책으로 돌아갔다가 지금은 AI 도구도 사용한다. 앞으로도 선호도는 계속 바뀔 것이다.

선호도만 바뀌는 것이 아니다. 팀의 역학 관계는 동료의 지식을 배우는 데 큰 영향을 미친다. 동료가 여러분을 돕는 데 의욕적이고, 도움이 필요한 분야에 경험이 있다면 더 빨리 배울 수 있다.

시간이 지남에 따라 학습에 대한 선호도와 접근 방식이 달라진다는 사실을 받아들이고 새로운 접근 방식을 시도하는 것을 주저하지 말자!

26.3 계속 도전하기

기술이나 시스템처럼 새로운 것이 어떻게 동작하는지를 이해하거나, 새로운 팀이나 직장을 알아가고 적응할 때는 늘 학습 곡선이 있다. 처음에는 많은 새로운 정보를 받아들이고 정리하면서 가파른 곡선을 그리게 된다. 시간이 지나 전문가가 되면 이 곡선은 평탄해진다. 이 과정을 그림으로 그리면 다음과 같다.

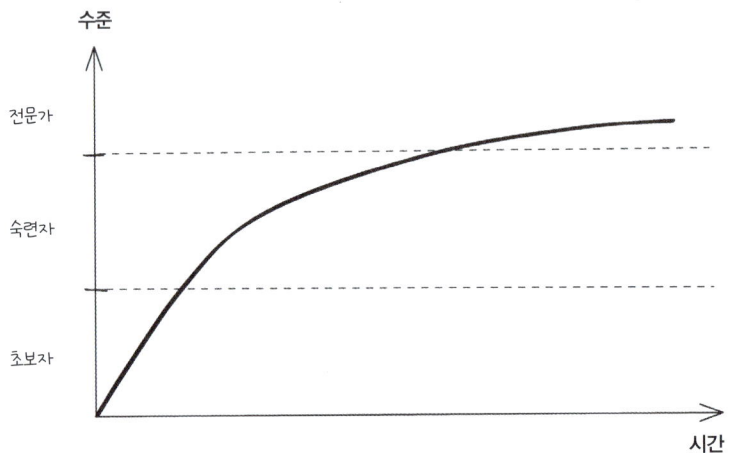

그림 26-1 전형적인 학습 곡선

학습 곡선은 크게 세 단계로 구분된다. 새로운 프레임워크 사용법을 배우는 경우를 예로 살펴보자.

1. **온보딩/초보자 단계**: 이제 막 프레임워크를 배우기 시작해 코드를 읽거나 조금씩 수정해보는 단계다. 처음에는 기본 사항에 어려움을 겪지만, 적어도 2단계와 3단계보다는 빠르게 넘어설 수 있다.

2. **숙련자 단계**: 기본 사항을 알고, 프레임워크를 사용하고 배우면서 고급 기능을 발견하고 사용하기 시작하는 단계다. 처음에는 이전과 똑같이 빠르게 진행되지만 시간이 지남에 따라 속도가 느려진다. 프레임워크의 내부를 들여다보기도 하고, 까다로운 버그를 디버깅하면서 시간이 지남에 따라 프레임워크의 거의 모든 부분에 매우 익숙한 단계에 도달하게 된다.

3. **전문가 단계**: 프레임워크로 오랫동안 작업하면 전문가가 된다. 더 이상 배울 것이 많지 않다. 프레임워크가 변하지 않는다면 그럴 수도 있겠지만, 프레임워크는 변한다! 프레임

워크의 새 버전이 나오면 레벨은 다시 '숙련자' 단계로 떨어진다.

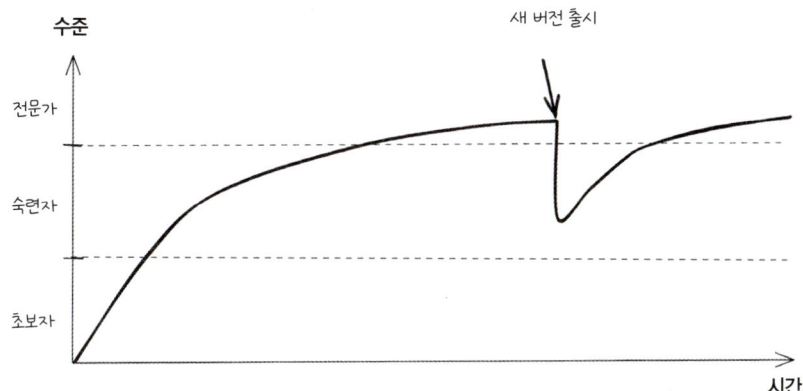

그림 26-2 프레임워크, 라이브러리, 심지어 언어에 대한 일반적인 학습 곡선. 새 버전이 출시되면 학습해야 할 것이 더 많아진다!

'전문가' 수준에 도달하면 학습 곡선의 기울기는 점점 낮아진다. 조금 빠르거나 늦을 수는 있지만 어떤 기술, 어떤 팀, 어떤 회사에서 일하든 이 단계에 도달하게 된다. 급변하는 산업의 최전선이나 급성장하는 스타트업처럼 빠르게 변화하는 환경에선 전문가처럼 느껴지지 않을 수 있다.

하지만 대부분의 엔지니어는 '전문가' 단계에 도달하고, 그 단계에 도달하면 스스로 이를 느낄 것이다. 그렇다면 다음 단계는 무엇일까?

- **아무것도 하지 않기**: 전문가로서의 역량을 유지하면서 해당 기술에 대한 질문을 해결하는 전문가의 역할을 즐긴다. 새 버전 릴리즈처럼 가끔씩 변경되는 사항을 파악하고 이에 대한 전문 지식을 쌓는다.
- **기술 전파**: 전문가로서의 역량을 유지하면서 다른 사람의 실력 향상을 돕는다. 가르치면서 스스로도 계속 배울 수 있다.
- **업계와 교류**: 회사 내에서 한 분야의 저명한 전문가라면 회사 밖에서 더 많은 것을 배우자. 업계를 선도하는 인물들과 교류하고 이벤트에 참여해 배운 것을 발표하는 것도 한 가지 방법이다. 물론 이러한 일을 추진하는 데 매니저와 회사의 지원이 필요하겠지만 자신과 회사 모두 특정 기술 분야에서 업계에서 인정받는 인물로 자리매김할 수 있다.

- **새로운 기술에 도전**: 예를 들어, Go로 백엔드 서비스를 구축하는 전문가라면 새로운 언어나 새로운 프레임워크를 사용하는 것을 고려하자.
- **새로운 영역이나 플랫폼에 도전**: 더 대담하게는 기술뿐만 아니라 자신의 영역이나 플랫폼을 바꾸자. 예를 들어, 자신이 백엔드 엔지니어링에 능숙하다면 프런트엔드에서 일해 보거나 머신러닝$^{machine\ learning}$과 AI처럼 새로운 영역을 더 깊게 공부해도 좋다.

이미 한 분야의 전문가라면 다음에 해야 할 일에 대해 옳고 그른 접근 방식은 없다. 전문가라면 시류에 따르기보다 자신이 무엇을 하고 싶은지에 따라 결정하는 편이 좋다. 전문가로 머무르는 것에 만족하고 있는가? 기술을 전파하고 싶은가? 아니면 새로운 것을 배우는 스릴을 느끼며 새로운 도전을 할 것인가?

26.4 업계 동향 파악

기술에서 변하지 않는 것이 있다면 바로 변화다. 기술은 변하고, 새로운 언어와 프레임워크가 등장하며 기존 프레임워크는 개선되며, 접근 방식과 플랫폼도 마찬가지다. 때로는 수년에 걸쳐 변화가 일어나기도 하고, 때로는 몇 달 만에 변화가 일어나기도 한다.

확산하는 데 수개월이 걸린 변화의 한 예로 대규모 언어 모델이 있다. 2022년 11월에 공개적으로 출시된 챗GPT는 3개월 만에 많은 소프트웨어 엔지니어가 효율적인 코드 작성에 사용하는 등 월간 활성 사용자 수가 1억 명에 달했다.

변화에 뒤떨어지지 않은 방법에는 여러 가지가 있다.

- **업무**: 최첨단 기술을 사용하는 '현대적인' 회사에서 일하면 출근하는 것만으로도 최신 정보를 얻을 수 있다! 팀에서 최신 언어와 안정적인 인기 프레임워크의 최신 버전을 사용한다면 업무에서 자연스레 최신 정보를 얻는다. 최신 기술 스택을 갖춘 회사가 개발자에게 매력적인 이유다.
- **기술 뉴스**: 뉴스레터와 웹사이트를 읽고, 팟캐스트를 듣고, 기술 및 해당 부문의 최신 뉴

스를 요약한 동영상을 시청하자. 예를 들어, 직장에서 Go와 Rust를 사용하는 백엔드 엔지니어라면 이러한 틈새 분야에 대한 리소스를 찾아보자. 엔지니어가 최신 정보를 얻을 출판물은 무궁무진하다. 피들리^{Feedly}[5]와 같은 서비스를 활용해 흥미로운 주제를 다루는 여러 웹사이트를 구독하고 관련 기사를 읽어도 좋다.

- **사이드 프로젝트**: 개인 시간에 하는 사이드 프로젝트^{side project}와 직장에서 하는 프로토타이핑은 신기술에 뒤처지지 않는 가장 확실한 방법이다. 직장에서 이런 기회가 없다면 업무 외 시간에 개념 증명 프로젝트(PoC)를 구현하며 새로운 프레임워크, 언어, 플랫폼, 접근 방식을 시도하자.

- **직장에서의 기술 활용**: 일상 업무와 꼭 관련이 없더라도 새로운 기술이나 흥미로운 접근 방식을 시도할 핑계를 찾아보자. 평소 시도하고 싶었던 프레임워크를 사용해 자신이나 팀이 사용할 간단한 도구를 프로토타입으로 만들 수 있다. 또 어떤 기술을 직접 사용한 다음 팀원들과 함께 점심 식사를 하며 배운 내용을 공유하는 것도 좋다.

26.5 휴식 시간

이 장에 포함된 조언을 보면 깨어 있는 모든 순간에 학습을 해야 한다는 압박이 느껴질 수 있다. 하지만 절대 그렇지 않다!

정기적으로 새로운 지식을 배우는 것도 좋지만, 업무 과정에서 그럴 기회가 없거나 의지력이나 기회가 부족할 때가 당연히 있다.

운동선수가 휴식을 갖고, 적은 강도의 훈련을 진행하듯 우리도 휴식이 필요하다. 물론 빠르게 변화하는 기술 업계의 특성상 따라잡지 못하면 나만 뒤처지는 고립 공포감^{fear of missing out}(FOMO)을 느낄 수 있다. 하지만 뒤처지지 않으려 계속 학습만 하면 번아웃이 찾아올 위험이 있다.

때로는 모든 것에서 벗어나 휴식을 취하자. 쉬는 데에 죄책감을 느끼지 말자!

---

[5] 옮긴이_ https://feedly.com

6부 | 추가 자료

드디어 책의 마지막까지 온 걸 축하한다! 함께 읽으면 좋을 자료를 추천하겠다.

보너스 챕터

이 책에서 다룬 주제에 대한 더 많은 내용을 온라인에 보너스 챕터 형태로 정리했다. 총 10개의 장으로 약 100페이지에 달한다.

온라인 보너스 챕터
https://pragmaticurl.com/bonus

업계 최신 정보

모든 책이 그렇듯 이 책에 실린 정보 또한 시간이 지나면 과거의 정보가 될 것이다. 업계의 최신 정보를 얻으려면 더 많은 실시간 자료를 찾아보자.

내가 발행하는 '프래그매틱 엔지니어 뉴스레터(The Pragmatic Engineer Newsletter)'는 많은 이들이 궁금해하는 기업에 재직하는 소프트웨어 엔지니어와 엔지니어링 리더의 통찰력을 빌어 업계의 동향과 변화를 심층 분석한다. 이 책을 재미있게 읽었다면 같은 저자의 뉴스레터도 마음에 들 것이다! 뉴스레터의 주제는 좀 더 '실시간'에 가깝고, 예시로 드는 사건은 현재 시점의 상황을 반영하기에 상당히 구체적이다. 주간 뉴스레터는 무료로 구독할 수 있으며, 유료 멤버십으로 업그레이드하면 더 많은 콘텐츠를 볼 수 있다.

프래그매틱 엔지니어 뉴스레터
https://pragmaticurl.com/newsletter

소프트웨어 엔지니어에게 소프트웨어 엔지니어링 주제 뉴스레터는 새로운 소식을 접할 확실한 방법이다. 개인적으로 구독하는 추천 뉴스레터를 정리했다.

추천 뉴스레터
https://pragmaticurl.com/newsletters

추천 도서

소프트웨어 엔지니어링에서 프레임워크는 빠르게 변화하고 언어는 비교적 빠르게 발전하지만, 훨씬 더 느리게 변화하는 것도 많다. 소프트웨어 시스템의 작동 방식과 사람들이 함께 일하는 방식(또는 함께 일하며 발생하는 문제)이 그러한 예다. 다음 링크에는 내가 더 나은 소프트웨어 엔지니어이자 엔지니어링 리더로 성장하는 데 도움이 된 책을 정리했다.

추천 도서 목록
https://pragmaticurl.com/recommended-books

부록

부록에는 우리나라의 뛰어난 개발자들이 성장하면서 얻은 중요한 경험과 지혜를 담았습니다. 다양한 배경과 전문성을 가진 개발자들의 이야기로 커리어에 도움이 될 인사이트를 받기 바랍니다.

김다현 님은 좋은 개발자가 어떤 사람인지 여러 가지로 설명합니다. 매니저, 동료, 개인의 관점에서 좋은 개발자의 특징을 나누고, 경력이 쌓일수록 필요한 능력을 이야기합니다.

김연태 님은 개발자의 역할 변화와 성장을 이야기합니다. 개발에 대한 철학과 실무에서 필요한 기술을 소개하며, 호기심을 유지하고, 개발 방법을 이해하고, 시간을 잘 관리하는 것이 중요하다고 말합니다.

유진호 님은 리더로 성장하는 방법을 설명합니다. 시간이 지나면 더 큰 책임을 맡게 되는 현실을 이야기하며, 어려운 상황을 기회로 바꾸는 능력이 필요하다고 말합니다.

정현준 님은 빠르게 변하는 환경에 적응하는 중요성을 이야기합니다. 변화하는 기술 트렌드에 맞춰 계속해서 배우고 성장할 것을 추천합니다.

홍승환 님은 AI 시대에 개발자의 역할 변화에 대해 논의합니다. AI 발전으로 개발자들이 더 복잡한 문제 해결에 집중할 것이라고 예측하며, AI 시대에 필요한 개발자의 자질을 제시합니다.

여러분의 커리어는 스스로 책임지고 발전시켜야 한다는 점을 잊지 않기를 바랍니다. 독자 여러분이 빠르게 변화하는 기술과 환경에 적응하며, 나아가 변화를 이끌 수 있기를 기대합니다.

이민석

좋은 개발자를 바라보는 다양한 시선

김다현(네이버 시니어 엔지니어)

개발 세계에 발을 들인 이후, 단순한 코더를 넘어 팀의 성공을 위해 헌신하는 '관찰자'이자 '서포터'로 성장했습니다. '일이 되게 만드는 개발자'라는 평가를 듣는 것을 가장 큰 보람으로 여기며, 프로토타입 수준의 프로젝트를 정기 프로젝트로 발전시키거나 난관에 봉착한 프로젝트를 성공으로 이끄는 것에 특별한 가치를 둡니다. 아이나비와 한글과컴퓨터를 거쳐 네이버에서 다양한 도전과 혁신을 추구하고 있습니다. 기술적 전문성과 팀워크, 프로젝트 완수 능력으로 개발 생태계에 실질적인 기여를 하고자 노력하고 있습니다.

좋은 개발자란

많은 개발자가 커리어를 시작하고 경험을 쌓아가면서 '좋은 개발자란 무엇인가?'라는 근본적인 고민을 하게 됩니다. 저도 마찬가지입니다. 기술이 빠르게 진화하는 IT 업계에서 이는 매우 자연스러운 현상입니다. 개발자는 협업도 많이 하지만 직업 특성상 새로운 지식과 경험이 지속적으로 필요하기에 생존을 위한 경쟁 역시 치열합니다. 이러한 환경 속에서 개발자는 회사 내 자신의 위치와 평가를 확인하고, 더 나은 개발자가 되기 위한 방법을 찾고자 노력합니다.

더 나은 개발자가 되려면 먼저 본인의 경력과 맡은 역할에 따라 회사와 동료들이 기대하는 모습과 역량이 달라진다는 점을 이해해야 합니다. 주니어 개발자는 빠르게 새 업무를 익힐 수 있는 기본적인 기술 역량과 팀 적응력이 필요합니다. 시니어 개발자는 개발뿐만 아니라 사업과 관련된 복잡한 문제를 해결할 수 있어야 합니다. 또한 팀을 이끌 기술적 리더십도 필요합니다. 팀 리더나 관리자는 기술에 대한 전문 지식이 필요합니다. 그리고 사람들을 잘 이끌고 관리하는 능력도 갖춰야 합니다. 이를 바탕으로 자신의 기준을 마련하고 단계적으로 노력해 앞으로 맡게 될 역할에 미리 대비하면 좋은 개발자로 성장할 수 있습니다. 또한 동료들과 회사에서 더 좋은 평가를 받을 것입니다.

이를 바탕으로 자신의 기준을 마련하고 단계적으로 노력해 앞으로 다가올 역할에 대해 미리 대비한다면, 좋은 개발자로서 성장은 물론 동료들과 회사에서 더 나은 평가를 받을 수 있을 것입니다.

이 글에서는 먼저 회사의 각 구성원이 생각하는 '좋은 개발자'의 모습과 기대하는 역할을 알아보고, 여러분이 좋은 개발자의 모습에 대한 기준을 잡는 데 도움을 드리고자 합니다. 구성원은 매니저, 동료로 분류하고 관점별로 '좋은 개발자'의 기준을 함께 살펴보겠습니다. 또, 이를 통해 다양한 시각을 이해하고 자신의 강점을 강화하며, 부족한 부분을 보완해 나가는 과정에서 진정한 '좋은 개발자'로 성장할 수 있기를 기대합니다.

매니저가 생각하는 좋은 개발자

매니저는 단순한 동료가 아닙니다. 팀원의 업무를 정의하고 업무 성과를 평가할 수 있는 사람입니다. 현재 매니저이거나 역할을 맡아본 분이라면 이미 알겠지만, 팀원이 생각하는 '잘함'의 기준과 매니저가 생각하는 '잘함'의 기준은 사뭇 다릅니다. 매니저가 생각하는 좋은 개발자의 기준을 이해하면, 앞으로 경력을 쌓고 더 큰 역할을 맡는 데 도움이 될 겁니다.

매니저의 관점에서 좋은 개발자란 코드를 잘 작성하는 능력 이상의 자질을 갖춘 사람입니다. 이들은 책임감과 문제 해결 능력을 겸비했습니다. 주어진 업무를 기한 내에 완수하고, 예상치 못한 문제가 발생했을 때도 적극적으로 대응합니다. 갑작스러운 시스템 장애가 발생한 상황을 예로 들겠습니다. 이때 매니저는 코드 수정에만 집중하는 개발자보다 비즈니스 영향을 최소화하기 위한 임시 대책을 수립하고, 관련 부서와의 원활한 소통을 통해 종합적인 해결책을 모색하는 개발자를 높이 평가합니다.

또한, 비즈니스에 대한 깊은 이해를 바탕으로 과제를 정의하거나 해석해서 설계와 개발을 진행하는 개발자를 선호합니다. 단순히 요구사항을 구현하는 수준을 넘어, 새로운 기능이 회사의 전략적 목표에 어떻게 기여할지 고민하고 제안하는 자세가 필요합니다. 때로는 코딩이 아닌 다른 방식으로 문제를 해결할 창의적인 접근법을 제시하는 것도 좋습니다.

매니저는 효과적인 의사소통 능력 또한 높이 평가합니다. 비기술 업무를 수행하는 동료에게 복잡한 기술적 내용을 이해할 수 있게 설명하고, 프로젝트의 진행 상황과 잠재적 리스크를 명확하게 전달하는 개발자가 좋습니다. 이는 단순한 보고를 넘어서, 팀의 성과를 눈에 띄게 만들고 회사의 의사결정에 기여하는 중요한 역할을 합니다.

끊임없이 변화하는 IT 환경에서 유연성과 적응력은 필수적입니다. 새로운 기술 트렌드를 파악하고 필요에 따라 빠르게 학습해 적용하는 능력, 그리고 변화하는 비즈니스 요구사항에 민첩하게 대응할 능력을 갖춘 개발자는 매니저들에게 큰 자산이 됩니다.

동료가 생각하는 좋은 개발자

협업을 수행할 때 중요한 다른 동료의 시선과 평가도 관심을 가져야 하는 부분입니다. 내가 다른 동료를 볼 때 '잘함'의 기준을 한 번 생각하고 이 글을 읽으시면 더욱 도움이 될 것 같습니다.

동료들의 시각에서 좋은 개발자는 기술적 능력과 더불어 뛰어난 대인 관계 기술을 갖춘 사람입니다. 팀 프로젝트에서 원활하게 협력하고, 다른 팀원들의 의견을 존중하며 적극적으로 소통하는 개발자가 동료 사이에서 인기가 높습니다. 대인 관계 기술은 자신의 작업만 잘 수행하는 것을 넘어, 팀 전체의 성과를 높이는 데 기여합니다.

지식과 경험을 공유하는 문화를 만드는 개발자도 동료에게 큰 호응을 얻습니다. 새로운 기술을 학습했을 때 이를 팀원들과 나누고, 문제 해결 과정에서 얻은 인사이트를 공유하며, 때로는 코딩 이외의 영역에서도 업무 효율을 높일 수 있는 팁을 나누는 등 다양한 방식으로 팀의 성장에 기여합니다.

코드 품질에 대한 높은 기준을 가지고, 이를 팀 구성원들과 함께 달성해 나가는 개발자도 존경을 받습니다. 이런 개발자는 깔끔하고 유지 보수가 쉬운 코드를 작성하고, 코드 리뷰 과정에서 건설적인 피드백을 주고받으며 팀 전체의 코드 품질을 높이는 데 기여합니다.

어려운 상황에서도 긍정적인 태도를 유지하고, 팀의 사기를 북돋는 개발자도 동료에게 큰 힘이 됩니다. 기술적 난관에 부딪혔을 때 포기하지 않고 다양한 해결 방안을 모색하며, 때로는 코딩 외의 방식으로도 문제를 해결할 수 있는 창의적인 아이디어를 제시합니다.

마지막으로, 신뢰성 있는 태도로 일관된 성과를 내는 개발자는 팀 내에서 믿음직한 구성원으로 자리 잡게 됩니다. 마감만 지키는 게 아니라 품질과 효율을 모두 고려한 균형 잡힌 결과물을 제공하고, 필요시 추가적인 노력을 기꺼이 투자하는 자세를 의미합니다.

좋은 개발자 되기

지금까지 다양한 역할에서 생각하는 '좋은 개발자'의 기준을 살펴봤습니다. 개발자 스스로 '좋은 개발자'로 생각하는 기준은 경력 단계와 역할에 따라 다양합니다.

주니어 개발자

주니어 개발자 단계에서는 기본기를 탄탄히 다지는 것이 중요합니다. 프로그래밍 언어와 알고리즘, 자료구조 등 기초적인 지식을 충실히 습득하고, 이를 실제 프로젝트에 적용하고 활용하는 능력을 키웁시다. 동시에 팀의 개발 문화와 프로세스를 이해하고 적응하는 과정에서, 코드 작성 능력 말고도 협업 기술과 커뮤니케이션 능력도 함께 발전시키는 편이 좋습니다.

시니어 개발자

시니어 개발자로 성장하면 기술적 전문성과 함께 비즈니스에 대한 이해도를 높이는 것이 중요합니다. 복잡한 문제를 해결하고 시스템 아키텍처를 설계하는 능력을 갖추는 한편, 기술적 결정이 비즈니스에 미치는 영향을 고려해야 합니다. 이 과정에서 코딩만이 아닌 다양한 방식으로 문제를 해결하는 능력도 좋아집니다. 또한 주니어 개발자들을 지도하고 멘토링해 리더십 능력도 높아집니다.

팀 리더 및 매니저

팀 리더나 개발 매니저 단계에 이르면, 기술적 역량을 바탕으로 한 관리 및 리더십 능력이 더욱 중요합니다. 팀의 기술적 방향성을 제시하고 로드맵을 수립하는 능력, 팀원들의 강점을 파악하고 적절히 업무를 분배하는 능력, 그리고 팀의 성과를 효과적으로 관리하는 능력이 필요합니다. 이 과정에서 개발자는 코딩 이외의 다양한 방식으로 팀과 조직의 문제를 해결하는 역할을 수행해야 합니다.

결론

결국, 좋은 개발자가 되기 위해서는 기술적 역량 외에도 협업 능력과 문제 해결 능력, 지속적인 학습, 지속적인 성장도 필요합니다. 회사의 시스템이 변하지 않더라도, 개인의 상황과 역할에 따라 좋은 개발자의 정의를 다르게 내릴 수 있습니다. 이 글이 다양한 시각을 이해하고 각자의 위치에서 진정한 '좋은 개발자'로 성장해 나가는 데 조금이나마 도움이 되었으면 합니다.

개발자의 역할: 기술과 사람의 만남

김연태(헤렌 CTO)

대기업과 다양한 규모의 스타트업에서 백엔드/클라우드 개발자 및 매니저로 활동했습니다. 비즈니스 문제 해결을 위한 적정 기술을 사용하는 것과 팀 빌딩에 관심이 많습니다. AI를 실무에 사용하며 '이것이 공각기동대에서 나온 전뇌화인가'라는 상상을 하곤 합니다.

길을 알려주는 멘토가 있으면 좋겠다고 생각한 때가 있었습니다. 이직을 고민할 때나 새로운 기술을 선택할 때, '이게 더 나은 선택이야'라고 말해주며 고민하는 시간을 줄여준다면 좋겠다고 말이죠. 국민학교 시절 컴퓨터 학원에서 처음 접한 GW-BASIC과 게임 덕분에 컴퓨터에 흥미를 가졌고, 그 흥미가 직업으로 이어졌지만 K-직장인 개발자로 살아가는 건 결코 만만치 않습니다. 여러 시행착오를 겪으며 어느덧 16년 차 개발자가 되었고, 그 과정에서 많은 도전과 어려움을 마주했습니다. 그동안 쌓아온 경험과 지식 사이에서 개인적으로 도움이 된 부분들을 나누고자 합니다.

나의 앞을 밝혀준 격언

먼저, 개발자로 생활하면서 자주 떠올리는 세 가지 격언을 소개하려고 합니다.

No Silver Bullet

'No Silver Bullet'[1]은 프레드 브룩스가 1986년에 발표한 논문의 제목으로, 그는 저서 『맨먼스 미신』(인사이트, 2015)에서도 이 격언을 소개합니다. 브룩스는 이

---

1 https://en.wikipedia.org/wiki/No_Silver_Bullet

논문에서 소프트웨어 개발의 복잡성을 해결할 수 있는 '마법 같은' 방법은 없다고 주장합니다.

많은 사람들과 다양한 도메인에서 서비스를 개발하다 보면 기술적인 문제와 그에 대한 해결책이 매우 다양하다는 사실을 깨닫게 됩니다. 이러한 다양성은 개발자에게 흥미로운 도전이 될 수 있지만, 해결책이 여러 가지일 때는 어떤 선택을 하느냐에 따라 소프트웨어 구조에 큰 영향을 미치기도 하죠.

또한, 개발자의 경험에 따라 설계의 중요도는 다를 수 있으며, 회사의 전략적 우선순위 역시 개발자들이 생각하는 중요도와 다를 수 있습니다. 같은 프로그래밍 언어를 사용하더라도 그 언어에 대한 이해도나 활용 방식의 차이로 인해 결과물이 달라지는 경우도 있습니다.

결과적으로 실험실처럼 모든 것이 통제된 조건에서 이루어지지 않기 때문에, 소프트웨어 개발에는 다양한 변수가 끊임없이 개입하게 됩니다. 따라서 언제나 통용 가능한 유일한 해결책이 존재하리라 기대하는 것은 현실적이지 않습니다.

이러한 복잡성과 다양성을 인정하기 시작하니 자연스러운 변화가 생겼습니다. 한 조직 내에서도 프로젝트 팀 구성원에 따라 각기 다른 방법론을 사용하는 것이 점점 더 당연하게 받아들여졌습니다. 어떤 사람은 꼼꼼하게 계획을 세우는 것을 중요하게 여기고, 또 다른 사람은 빠르게 결과를 만들어가며 개선하는 방식을 선호하기도 합니다. 기술 선택에 있어서도, 익숙하고 검증된 기술을 선택하는 팀이 있는 반면, 성공 가능성이 있다면 새로운 기술을 과감하게 도입하는 팀도 있습니다.

따라서, 하나의 방법만을 고집하기보다는 상황에 맞춰 유연하게 대응하는 것이 커리어 관리 측면에서 더 많은 경험을 쌓을 수 있고 이런 경험이 프로젝트의 결과를 성공적으로 이끌어내는 데 유리하다는 결론에 도달하게 되었습니다.

Divide-and-conquer

Divide-and-conquer[2]는 단어가 포함하는 의미 그대로 문제를 나누고 정복하라는 의미를 담고 있습니다. 알고리즘 설계 방법에서는 자주 사용되는 방법이며, 대표적으로 퀵 정렬, 병합 정렬과 같은 알고리즘이 이 방식을 따릅니다.

그러나 이러한 접근 방식은 알고리즘에만 국한되지 않습니다. 저는 너무 크거나 복잡한 문제를 마주할 때, 이 방법을 적용해 문제를 더 작은 부분으로 나눠봅니다. 이런 접근이 큰 문제를 예측하기 쉬운 작은 문제로 만들 수 있다는 장점이 있습니다.

예를 들어 커머스 시스템을 설계한다고 가정해봅시다. 아주 단순한 구조로 만들 수도 있지만, 만드는 방식에 따라 복잡도가 매우 크게 증가할 수 있습니다. 이럴 때는 요구사항을 중요도에 따라 나누거나 적절한 도메인 영역으로 분리함으로써, 모든 부분을 한꺼번에 정의하기보다는 각 영역을 차례로 정리해 나가는 방식으로 문제를 해결할 수 있습니다.

하위 레벨로 분리된 문제들은 상대적으로 단순해지기 때문에, 이를 구현할 때 오류를 줄일 수 있다는 장점이 있습니다.

콘웨이의 법칙

콘웨이의 법칙[3]은 소프트웨어 엔지니어 멜빈 콘웨이가 1967년에 제시한 개념입니다. 이 법칙의 핵심은 '시스템을 만드는 조직은 그 조직의 의사소통 구조를 따라가게 된다'는 주장입니다. 즉, 조직 내 협력 구조를 벗어난 시스템 설계는 어렵다는 의미입니다.

저는 금융권에서 차세대 프로젝트에 참여한 경험이 있습니다. 이 프로젝트는 수백억 원의 예산과 수백 명의 엔지니어가 몇 년에 걸쳐 진행되는 대규모 프로젝트

---

2 https://en.wikipedia.org/wiki/Divide-and-conquer_algorithm
3 https://en.wikipedia.org/wiki/Conway's_law

였습니다. 많은 예산이 투입되는 만큼 매우 체계적일 것이라고 기대했지만, 현실은 그렇지 않았습니다.

업무가 분업화된 상황에서도 '파워 게임'에 휘말려 다른 도메인의 일을 떠맡거나, 특정 이해관계자의 영향으로 시스템 설계가 비효율적으로 이루어지는 경우가 생겼습니다. 이럴 때 최적의 설계를 반영하기란 어렵습니다. 차세대 프로젝트는 정해진 일정을 맞추기 위한 작업이 우선되지만, 늘어난 업무량에 대한 일정 조정은 고려되지 않기 때문에 비효율적인 시스템이 구축될 가능성이 높아집니다.

특히, 회사의 주요 수입원이 IT 기반 서비스라면 시스템에 영향을 미치는 비효율적인 의사결정은 치명적인 결과를 초래할 수 있습니다. 예를 들어, 회사 전체에서 통합해 관리해야 할 데이터가 부서 간의 갈등으로 인해 분리되어 관리된다면, 시스템 유지 보수 비용은 물론 IT 자원 배포와 라이선스 유지에 드는 불필요한 지출이 발생하게 됩니다. 더 나아가 이러한 비용을 다른 생산적인 업무에 투자했을 때 얻을 기회를 고려하면, 매몰 비용이 상당할 수 있습니다.

이러한 문제를 해결하기 위한 접근 중 하나가 '역 콘웨이 법칙'입니다. 간단히 말해, 시스템 구조에 맞춰 조직을 재구성하는 전략입니다. 시스템을 최적화하고 그에 따라 조직을 개편할 수 있다면 매우 효과적인 전략이 될 수 있습니다. 그러나 많은 이해관계자의 의견 충돌이 발생할 수 있어 정착시키기 어렵습니다.

그럼에도, 서비스가 커지고 협업하는 인원이 '피자 두 판'[4]을 넘어서게 된다면 조직 변경을 진지하게 고려할 만합니다. 새로운 기능이 추가될 때마다 시스템이 점점 복잡해지는 상황에서는 이를 개선할 효과적인 전략이 될 것입니다.

---

[4] 피자 두 판의 법칙: 제프 베조스가 제시한 팀 운용 법칙으로 '팀 구성원이나 회의 참가자 수는 피자 두 판으로 전체 인원의 식사를 해결할 만큼의 소규모여야 한다'는 의미다.

커리어 성장을 위한 조언

커리어를 성장시키는 방법에는 여러 가지가 있습니다. 여기서는 제가 직접 경험하고 효과가 있었던 방법들을 소개하겠습니다.

호기심 유지하기

여러분은 어떤 프로그래밍 언어를 가장 좋아하시나요? 저에게는 파이썬이 가장 재미있는 언어였습니다. 처음 이 언어를 접하게 해준 팀의 영향도 컸지만, 스크립트 언어가 제공하는 빠른 피드백과 방대한 생태계는 마치 새로운 세상을 발견한 듯한 느낌을 주었습니다.

언어에 대한 호기심이 생기다 보니 자연스럽게 파이썬의 생태계를 탐험하게 되었고, 관련 서적, 기술 블로그, 커뮤니티에도 관심을 갖게 되었습니다. 이런 호기심 덕분에 짧은 시간이었지만 파이콘 커뮤니티에서 운영진으로 활동할 기회도 얻었고, 『전문가를 위한 파이썬』(한빛미디어, 2016)[5] 같은 책의 베타리딩에도 참여하며 지적 호기심을 채우는 소중한 시간도 보냈습니다.

저는 기술과 관련된 호기심이 실무에 밀접하게 유지할 수 있다면, 그 자체로 행복한 개발자라고 생각합니다. 만약 여러분도 그런 환경에 있다면, 기술을 깊이 탐구하고, 배운 내용을 팀원이나 외부에 공유하세요. 이러한 활동은 여러분이 참여하고 있는 서비스를 더 완성도 있게 만드는 데 기여하게 되고 개인과 팀의 역량에도 좋은 영향을 미칩니다.

실무에서 훨씬 중요한 개발 방법론

컴퓨터 공학을 공부하면서 가장 흥미를 끈 분야는 소프트웨어 공학, 특히 개발 방법론과 관련된 주제였습니다. 당시에는 이런 학문이 어떻게 활용되는지 잘 모른 채로 학습했는데, 실무에서 여러 규모의 프로젝트에 참여하면서 각 방법론의 장

---

[5] 『Fluent Python』(O'Reilly Media, 2015)

단점을 직접 체험했습니다.

한 프로젝트를 예시로 들어보죠. 금융권의 차세대 프로젝트는 주로 폭포수 모델을 사용해 개발 공정을 관리합니다. 제가 담당했던 도메인은 반복되는 아키텍처 패턴을 보였고, 저는 여기에 학부 시절 학습한 '나선형 모델'을 도입하면 더 효율적이겠다는 생각을 했습니다.

함께 도메인을 담당하던 개발자와 여러 의견을 나누었고 방법론 변경이 프로젝트에 더 긍정적일 것이라는 결론을 내리고 업무의 순서를 나선형 모델에 맞게 재배치했습니다. 결과적으로는 다른 도메인보다 생산성이 높아졌을 뿐만 아니라 반복적인 검증 덕분에 품질도 향상되었습니다. 또한 테스트 과정에서 타 도메인의 모듈을 사용하는 경우도 있었는데, 테스트 시기가 빨라진 덕에 타 도메인의 모듈을 디버깅하며 전체 시스템의 안정성을 높이는 부수적인 효과도 얻었습니다.

이 경험을 통해, 구현하려는 아키텍처에 적절한 방법론을 도입하는 것이 효과적이라는 사실을 깨달았습니다.

스타트업에서는 애자일 방법론을 더 선호하는 경향이 있습니다. 저 역시 이 방법론을 좋아하고 스타트업에서 만드는 비즈니스 특성상 애자일 방법론이 변화에 유연하고 지속적인 개선에 유리하다는 장점이 있지만, 구성원의 역량이나 환경에 따라 결과물의 차이가 크다는 단점도 있습니다.

따라서, 개발자로서 여러 형태의 방법론을 알고 있고 환경에 맞게 적절히 사용할 수 있다면 프로젝트의 성공 가능성을 더 높일 수 있습니다.

"이거 언제 마무리되나요?"

프로젝트를 완수하는 데 필요한 기간을 추정하는 일은 경력이 어느 정도 쌓인 지금도 여전히 어려운 과제입니다. 여러 전문적인 방법들이 존재하지만, 개인적으로 도움이 되었던 몇 가지 방법을 소개하고자 합니다.

먼저, 일정 추정이 필요한 프로젝트와 비슷한 유형의 프로젝트(사용 기술, 참여

인원 등)가 있다면 과거의 사례를 참고하는 것이 좋습니다. 해당 프로젝트에서 발생했던 문제를 파악하면, 같은 실수를 반복하지 않도록 예방할 수 있습니다.

스프린트 단위로 진행되는 프로젝트의 경우, 플래닝 포커 기법을 활용해 작업을 세분화하고 이해관계자들과 목표를 공유하는 것이 일정 추정에 도움을 줍니다. 이 시간을 잘 활용하면 팀원들이 프로젝트를 서로 다르게 이해함으로써 발생할 수 있는 불필요한 시간 낭비를 줄일 수 있습니다.

또한, 작업의 우선순위를 파악하고 필수적인 작업과 미뤄도 되는 작업을 명확히 구분하는 것도 일정 추정에 큰 도움이 됩니다. 프로젝트 성공에 필요한 핵심 작업을 정리하고, 이와 관련된 업무의 선후관계를 조정하는 것은 이해관계자들을 설득하는 데에도 유리합니다.

마지막으로, 일정 추정에 영향을 주는 주요 요소들을 파악하는 것이 중요합니다. 특히, 프로젝트 구성원들의 기술적 성숙도를 고려해야 하며, 시스템에 미치는 영향에 따라 때로는 일정을 보수적으로 측정해야 하는 경우도 발생합니다. 또한, 세부적인 개발 요건이 미비한 경우 이를 논의할 시간을 일정에 포함해야 더 정확한 일정 추정이 가능합니다.

1:1 미팅, 피드백 미팅 활용하기

팀의 규모에 상관없이 1:1 미팅과 피드백 미팅은 매우 중요합니다. 처음 관리자 역할을 맡았을 때 이런 미팅이 평가를 위한 자리인가 의문이 들었고, 최적의 방식이나 베스트 프랙티스를 어디서 찾아야 할지 혼란스러웠습니다. 바쁜 일정에 치여 미팅을 하지 못한 시기도 있었습니다. 하지만 개인적으로 만족스러웠던 1:1 미팅의 경험을 떠올리고 매니지먼트에 관한 유명 도서를 읽으면서 점차 방향성을 잡을 수 있었습니다.

이 과정은 새로운 도전과 선택의 연속이었기 때문에 쉽지 않았지만, 그만큼 성장할 기회도 많았다는 것을 알게 되었습니다.

먼저, 사람 자체에 관심을 가지는 것이 중요합니다. 회사마다 원하는 인재상이나 시기에 따라 기대하는 모습이 있겠지만, 동료가 어떤 사람인지, 무엇에 관심이 있는지 알아보고, 이를 팀의 목표와 어떻게 연결할 수 있을지 고민하는 것이 좋습니다. 예를 들어, 기술 부채 해결에 관심이 많은 동료라면, 관련 업무를 적절히 할당해 성과를 높이고 동료의 동기부여를 유도할 수 있습니다.

평가와 관련된 피드백 미팅은 가장 어려우면서도 중요한 미팅입니다. 제 경우엔, 혹시라도 기대보다 낮은 평가를 받은 동료가 있다면 평가는 제한된 기간에 대한 것이며, 사람 자체에 대한 평가가 아님을 강조하려고 합니다. 많은 사람들이 일과 자아를 동일시하는 경향이 있어서, 업무 평가가 부정적일 경우 자존감에 타격을 입거나 상처받는 경우를 종종 보았습니다. 저 역시 비슷한 경험을 했기 때문에 평가와 상관없이 동료의 잠재력과 능력을 신뢰한다는 메시지를 전하려고 노력합니다.

만약, 여러분이 피평가자의 위치라면 회사가 풀어내려는 문제에 어떻게 기여하고 있는지 구체적으로 정리 후 상급자와 미팅할 것을 추천합니다. 구체적인 성과에 대한 개선이나 인정과 관련된 피드백을 구해보세요. 이 과정에서 달성해야 하는 목표가 조금 더 명확해질 수 있고 성장의 기회로 만들 수 있습니다.

서로의 성장에 도움이 되는 동료 찾기

성장에 대한 정의는 사람마다 다르겠지만, 개인의 가치관과 결이 맞는 동료와 함께 시너지를 내며 일할 수 있다면 함께 성장하는 보람찬 시간을 보낼 수 있습니다. 대부분은 나와 비슷한 지식을 가진 동료에게서 배움을 얻지만, 전혀 다른 직군의 동료를 만나 지식의 세계가 넓어지는 특별한 경험을 하기도 합니다.

그러므로 성장을 위해서 꼭 같은 직군의 동료만 찾을 필요는 없습니다.

또한, 나이나 경력에 상관없이 깊이 있는 통찰을 주는 동료를 만나는 경우도 있습니다. 열린 마음으로 주변을 살펴보며 동료들의 좋은 점을 발견하다 보면, 예상치 못한 보석 같은 면모에 놀라게 될지도 모릅니다.

회사에서 이런 동료를 찾기 어렵다면 눈을 밖으로 돌려보세요. 코로나 시기를 지나면서 온라인 밋업도 많이 활성화되어 이동에 대한 불편함 없이도 많은 사람을 만날 수 있습니다.

실패에서 배우기

개발자로 일하다 보면 다양한 실패를 겪게 됩니다. 내가 만든 기능에서 발생한 버그나 설계상의 문제가 만들어낸 작은 실패도 있고, 팀 차원의 비효율적인 협업이나 채용 실패로 인한 팀 빌딩 문제와 같은 큰 실패도 있습니다.

실패에서 중요한 것은 횟수가 아니라 그 실패를 어떻게 극복했는지라고 생각합니다. '나는 왜 이럴까' 하는 생각으로 주눅 들기보다는, 과거의 실수를 교훈 삼아 다음번에는 더 나은 결과를 만들어낸다면 그것으로 충분히 잘한 것입니다. 때로는 극복하는 데 시간이 필요하겠지만, 실패가 현재를 억누르지 않도록 하는 것이 도움이 됩니다.

또한, 트러블 슈팅이 끝난 후에는 반드시 복기하는 시간을 갖는 것을 추천합니다. 이를 통해 문제의 근본 원인을 찾아내고 재발을 방지할 수 있도록 시스템을 보완할 수 있습니다. 이 과정에서 동료들과 관련된 지식을 공유하는 것도 큰 도움이 됩니다. 함께 문제를 분석하고 해결책을 논의하면 팀 전체의 역량도 자연스럽게 향상될 수 있습니다.

독성 말투 쓰지 않기

구글의 아리스토텔레스 프로젝트 연구에 따르면 고성과 팀은 다섯 가지 특징을 가지고 있다고 합니다. 그중 가장 중요한 요소는 '심리적 안전감'으로, 팀원들이 두려움 없이 자기 생각을 표현하고, 위험을 감수할 수 있는 환경을 의미합니다.

'심리적 안전감'을 위협하는 요소 중 하나는 바로 '독성 말투'입니다. 제럴드 와인

버그의 저서 『프로그래밍 심리학』(인사이트, 2014)[6] 에서도 이와 관련된 언급이 있습니다.

> 프로그래밍에서는 엄청나게 똑똑할지 몰라도 자신의 지적 능력을 사용해서 자신의 사회적 행동이나 대화 방식을 고칠 수 있을 정도로 똑똑하지 않을 수 있습니다.

매우 경직된 회사에 재직하는 동안 독성 말투로 자존감이 크게 떨어졌던 기억이 있습니다. 당시의 경험은 한동안 잊고 싶은 것이었고 업무 성과에도 부정적인 영향을 남겼습니다.

만약 직장에서 지나치게 직설적이거나 거친 말투, 비난이나 공격적인 말투, 냉소적이거나 비꼬는 말투를 사용하는 사람들이 있다면, 가급적 그런 환경을 피하는 것을 추천합니다. 이런 환경에 장시간 노출되면 심리적 타격이 오래 지속되며 후유증도 깊기 때문입니다.

전화위복의 기회 만들기

때로는 내가 처한 환경이 개발자의 커리어 관리 측면에서 너무 절망적일 수 있습니다. 모든 것이 개선 불가능하거나, 뜻이 맞는 동료조차 없는 상황이라면 이직이 최선일 수 있습니다. 하지만 그렇지 않다면, 현재 환경에서 스스로 긍정적인 변화를 시도하는 것을 추천합니다.

여러 회사에서 다양한 규모와 문화를 경험하며 내린 결론은, 어느 회사도 100% 만족스러운 곳은 없고 나 역시 완벽한 사람이 아니라는 사실입니다. 그렇다면 작년보다 나은 올해, 어제보다 나은 오늘을 만들어가는 것이 더 현실적이고 합리적인 선택일 것입니다.

이러한 접근은 개인의 업무 방식을 개선하는 것부터 소규모 팀 단위로 변화를 시도하는 단계로 이어질 수 있습니다. 예를 들어, 테스트 코드를 작성하지 않는 조

---

[6] 『The Psychology of Computer Programming』(Van Nostrand Reinhold, 1971)

직에서 일할 때, 배포 후 문제가 발생하는 경우가 자주 있었습니다. 배포 전 QA를 충실히 하는 방식으로 업무 프로세스를 개선하는 방법도 있었지만, 많은 구성원을 설득해야 했기에 저는 작은 범위에서 효율을 높일 방법을 찾았고, 하나씩 테스트 코드를 쌓아가는 것이 최선이라 판단했습니다.

설득이 쉽지 않은 환경이었다면, 먼저 몇 가지 테스트 케이스를 직접 만들어 설득을 시도했을 것입니다. 다행히도 공감하는 동료들이 있어 팀 단위의 도입이 수월했지만, 설득하기 어려운 상황이라면 우선 개인적으로 작은 개선부터 시도하는 것이 좋습니다. 사람을 변화시키는 일은 생각보다 많은 에너지가 들기 때문입니다. 어떤 변화든 회사와 서비스에 이익을 주고 커리어에도 긍정적이라면, 개인의 업무 영역에서 변화를 시도한 후 확산시키는 것도 늦지 않습니다.

또한, 동료를 설득할 때는 각자의 설득 지점이 다르다는 것을 이해하는 것이 중요합니다. 어떤 사람은 변화를 즐기지만, 다른 구성원은 변화를 두려워할 수도 있습니다. 두려움을 느끼는 동료에게는 맞춤형으로 설득해보고 함께 핸즈온 하는 시간을 가져보는 것도 좋습니다.

낯선 환경에 들어가기

주변 환경을 바꾸는 것은 커리어 개발에 큰 도움이 될 수 있습니다. 회사 생활에서 만날 수 있는 몇 가지 경우를 소개하겠습니다.

첫 번째는 새로 시작되는 프로젝트나 서비스에 참여하는 것입니다. 안정화된 서비스의 유지 보수 업무는 종종 반복적이거나 비슷한 패턴의 일을 수반합니다. 만약 새로운 자극이 필요하거나 다른 경험을 쌓고 싶다면, 회사 내에서 새로운 프로젝트나 서비스 개발에 도전해보세요. 익숙한 환경 안에서 변화를 경험하는 방식이므로 위험은 적지만, 긍정적인 자극을 받을 수 있습니다. 불확실성이 높은 새로운 프로젝트에서는 의사결정이 빈번하게 발생하기 때문에 문제를 해결하면서 성취감을 느낄 수도 있습니다.

두 번째는 승진이나 보직 변경입니다. 개발자로서 기술적 기여만 해왔다면, 승진 기회에 팀원을 관리하거나 테크리드로서 더 넓은 영역에 기여할 기회를 얻을 수 있습니다. 이 과정은 도전적이겠지만, 동료와의 관계가 새롭게 정립되어 불편한 상황을 마주할 수도 있습니다. 하지만, 일정 연차가 넘어가면 IC$^{\text{individual contributor}}$ 만으로의 역할을 기대하지 않으므로 승진의 기회를 통해 새로운 도전을 해보길 권해봅니다.

이때, 새로운 역할에 대한 테스트 기간을 상급자와 논의하는 것도 좋습니다. 제한적으로 의사결정에 참여하거나 1:1 미팅을 진행하면서 해당 역할이 나에게 맞는지 경험할 수 있습니다. 상급자에게도 부담이 적고, 후임자와 승진대상자가 낯선 환경에서 경험을 쌓는 데 좋은 방법입니다.

마지막으로, 이직 역시 낯선 환경에 도전하는 방법입니다. 익숙한 환경을 벗어나면서 큰 변화를 맞이하게 되지만, 성공적인 이직은 커리어에 큰 성장을 가져올 수 있습니다. 다만, 이직의 동기와 성취하고 싶은 목표를 명확히 하는 것이 중요합니다.

많은 경우 처우나 회사의 규모, 인지도를 고려해 이직을 결정하지만, 커리어를 긴 안목으로 바라본다면, 자신의 역량을 키울 수 있는 환경이 어떤 것인지 생각하는 것이 더 중요합니다. 예를 들어, 새로운 시도를 즐기고, 의사결정에 깊이 참여하며 성과를 내는 것에 만족하는 사람이라면, 안정화된 회사보다는 성장하는 회사에 합류하는 것이 더 적합할 수 있습니다. 반대로, 주어진 일에서 성과를 내는 것에 집중하고 싶은 사람이라면 작은 규모의 회사나 스타트업은 맞지 않을 것입니다.

결국, 개인의 가치관과 다음에 이루고 싶은 경험이 무엇인지 깊이 고민한 후 이직을 결정하는 것이 현명한 선택입니다.

커리어는 삶의 한 부분일 뿐

커리어는 롤플레잉 게임 속 스킬 트리와 다릅니다. 게임은 다시 시작할 수 있지만, 커리어는 그렇지 않으니까요. 그래서 실수하면 어쩌나 싶은 순간도 많고 실패로 좌절하는 순간도 있을 것입니다.

하지만 애초에 인생은 게임이 아닙니다. 커리어 관리 또한 항상 가장 좋은 길만 선택할 수 없습니다. 오히려 높고 낮은 산길을 걷는 여정에 더 가깝습니다.

돌아가고 있다는 생각이 든다면 잠시 멈춰 자신의 삶을 돌아보세요. 커리어도 중요하지만, 인생에는 그보다 더 중요한 것들도 많습니다. 어느 시기를 지나고 있는지에 따라 시간과 에너지를 집중할 지점이 달라지기도 합니다.

예를 들어, 육아를 하는 개발자는 아이가 자라는 기쁨을 누리면서 커리어 속도를 잠시 늦출 수도 있습니다. 가족이 아프다면 회복을 돕는 것이 우선일 것입니다.

결국 커리어 관리는 인생에서 마주하는 여러 과제 중 하나에 불과합니다. 몇 년 전, 유튜브에서 인상 깊은 CF를 봤습니다. 처음엔 인생을 마라톤에 비유하지만, 영상 중반부터 인생은 마라톤이 아니라고 말하며 각기 다른 길로 흩어지는 사람들을 보여줍니다. 누구는 시골길을 달리고, 누구는 하늘을 날며, 또 누구는 가족과 친구를 향해 달려갑니다. 누군가와 비교하지 않아도 되고 길이 하나가 아니라고 말하는 이 영상이 전하는 메시지가 깊이 공감되어 지금도 마음속에 남아 있습니다.

누군가의 조언이나 경험이 도움이 될 수는 있지만, 그것은 그 사람의 경험에 한정된 것입니다. 인생에는 정해진 하나의 길이 없습니다. 스스로를 믿고 때로는 속도를 조절하며 삶이라는 긴 여정을 즐겁게 걸어가길 바랍니다.

세상은 우리에게 언젠가 리더가 되라 한다

유진호(크라우드웍스 서비스 개발실 실장)

컴퓨터 비전과 그래픽스를 전공하고 GE Healthcare에서 의료장비 개발 분야에서 개발 일을 시작했습니다. 그 후 임베디드 시스템, 게임 엔진, 웹 서비스, 클라우드 및 블록체인 등 다양한 분야에서 개발 경험을 쌓았습니다. 개발자이면서 애자일 코치로서 훈련받았으며, 생산적이고 영혼을 지키며 일하는 개발 조직을 만들고 운영하는 데 관심이 있습니다. 현재는 (주)크라우드웍스에서 LLM 제품군을 기획하고 개발하고 있습니다. 저서로는 『최고의 프로덕트는 무엇이 다른가』(비제이퍼블릭, 2024)가 있습니다.

눈앞에 놓인 사다리

정신을 차려보니 저도 40대 중반을 넘어가는 나이가 되었습니다. 처음 직장생활을 시작한 20대 중반만 해도 '난 20년 후에는 무엇이 될까'라는 생각을 했는데 어느 순간, 제품 하나를 책임지거나 회사의 핵심 서비스에 대한 의사결정을 해야 하는 상황이 벌어졌습니다. 벌써 이 나이가 되었나 싶지만 문득 이런 생각이 듭니다. '아니, 왜 세상이 자꾸 나한테 책임을 지우지?'

어떤 직업을 갖든 평생 내가 하고 싶은 일만 하는 경우는 거의 없습니다. 주방일을 예로 들어보겠습니다. 처음 주방에 들어온 막내 보조는 설거지를 하고, 고기나 야채를 잘라 그날 장사할 재료를 준비합니다. 그러다 시간이 지나 자신의 식당을 차리거나 수석 셰프가 될 기회가 찾아옵니다. 그런데 이 사람이 '저는 계속 설거지만 하겠습니다. 이것만 해도 행복합니다'라며 거절한다면 어떤 평가를 받을까요? '철없는 사람'이란 소리를 들을 겁니다.

'경력이 쌓일수록, 더 많은 책임을 가져야 한다'라는 법칙을 생각하면, 지금 여러분의 미래가 어떻게 될지 예상할 수 있습니다. 그 책임은 기술 자체가 되거나, 제품화하는 과정이 되거나, 심지어 기술의 영업이 될 수도 있습니다. 심지어 창업을 선택하면 '회사 전체'를 감당해야 하는 상황도 벌어집니다.

오히려 저는 여러분이 시간이 가면서 최근에 무엇을 책임지고 있는지, 그리고 그 책임의 범위와 무게가 가중되고 있는지 아니면 줄어들고 있는지 한번 확인해보라는 이야기를 드리고 싶습니다. 만약 책임이 늘어나지 않고 있다면 의심해 봐야 할 수 있습니다. '내가 성장을 하고 있는 걸까?' 스태프 엔지니어가 되든, 기술 관리자가 되든, 영업이 되든 말이지요.

특히 한국 사회는 조금 특이한 게, 나이가 들면 '리더를 맡으라'는 말을 많이 듣습니다. 나이가 되었으니, 관리자를 하라는 식인 겁니다. 문제는 관리자가 가져야 할 사회적 성취나 역량을 검증받지 않은 사람에게도 기회를 열어준다는 겁니다. 한국 대부분의 회사에서 제대로 된 인사 조직론적 관리 문화가 없다 보니 나이 들면 관리 정도는 할 거라고 생각하는 사람이 많기 때문입니다. 그런데 리더 될 준비를 해왔던 사람은 이런 기회가 '느닷없이' 주어졌을 때 어떻게 할까요?

나 자신을 알라

이 글을 읽는 분이라면 꼭 먼저 파악하셔야 할 게 있습니다. 바로 '나'입니다. 나는 어떤 욕망을 두고 사는지, 어떤 것을 제일 좋아하는지, 어떤 역량을 가졌는지를 파악해야 합니다. 여기서 '역량'을 쿠버네티스^{Kubernetes}나 리액트^{React}를 할 줄 안다 같은 것으로 이해하는 분들이 있는데 이는 잘못된 겁니다.

본래 역량^{competency}의 정의는 '높은 사회적 성취를 가능케 하는 타고난 내적 성향'을 말합니다. 이는 노력이 아니고 타고나는 성향입니다. 참고로 재능^{talent}은 '짧은 기간의 훈련에도 스스로 빠르게 숙달되는 능력'을 말합니다. 남달리 빨리 배우는 사람들이 있지요? 그 사람들은 그 특정 분야에 재능을 타고난 겁니다.

작아도 좋습니다. 여러분이 무언가 성취를 했을 때, 사람들에게 어떤 영향을 주었던 것이 있습니까? 그 성취를 이룬 데에 어떤 역량이 기여했는지 스스로에게 물어야 합니다. 『성취예측모형: 인사실패의 원인은 무엇인가?』(클라우드나인, 2021)에 의하면 총 16개가 있는데 그중 주요한 요소인 분석적 사고(AT), 개념적 사고(CT), 영재성(GIF), 창의성(CRE), 학습 능력(LC), 미래지향(FL), 성취지향(ACH), 대인 영향(IMP) 요소 중에서 어떤 것이 높아서 그러한 성취를 할 수 있었는지 스스로 생각해보는 시간이 필요합니다. 참고로 정직성실성(ING)이란 요소가 있는데, 이게 낮으면 사회적 성취가 통으로 떨어진다고 합니다.

Big 5나 WPI 같은 성향 검사도 추천합니다. 스스로 생각하는 자신의 모습과 실제 남들이 보는 자신은 어떠한지 지속적으로 자문할 필요가 있습니다. 가만히 어디 앉아서 책을 보고 차를 마시면 에너지를 얻는지, 사람들과 떠들고 부딪혀야 에너지를 얻는지, 대폿집에서 마시는 막걸리가 좋은지, 바에서 마시는 위스키가 좋은지처럼 내가 무엇을 좋아하고 무엇을 원하는지 알아야 합니다.

그냥 닥치는 대로 일만 한다고, 이런 모습을 알 수 없습니다. 계속 '의도적으로' 스스로에게 묻고, 방법을 찾고 분석해야 합니다. 나를 모르면, 내가 어떤 책임을 지더라도 '즐기며' 갈 수 있을지를 모르기 때문입니다. '타고난 나'는 바꾸기 힘듭니다. 그렇지만 정작 '나의 모습'은 참 어떻게 알아내기가 힘듭니다. 저라고 저를 잘 알고 있지 않기 때문입니다. 이럴 때일수록 필요한 것은 '나는 어떠한 사회적 성취'가 있는가를 지속적으로 관찰하는 겁니다.

개발자는 어떤 사회적 성취를 이룰까요? 회사에 다닌다면 회사에서 내가 이룬 성취의 평가를 확인하는 것도 도움이 될 겁니다. 오픈소스를 통해서 자신의 기술을 공개해 많은 사람의 시간과 노력을 아끼게 만들었다면 그것도 큰 성취입니다(깃허브Github의 스타 수나 포크fork 수, 댓글 수 등도 좋습니다). 기술 콘퍼런스에 나가서 자신의 경험을 나누는 것 역시 사회적 성취입니다. 온라인 코스를 밟아서 기술적인 지평을 넓혀서 이를 통해 또 다른 기회를 잡는 것도 큰 사회적 성취입니다. 꼭 좋은 회사에 가는 것만이 사회적 성취는 아닙니다. 이른바 큰 회사에 가서 연봉을 높이는 것도 좋지만, 그곳에서 자신의 사회적 성취를 더 이룰 수도 있고 없을 수도 있기 때문입니다.

시장의 피드백 받기

자, 지금까지 '내가 바라보는 나'를 파악하는 방법을 살펴봤으니, 이제 '남이 바라보는 나'를 알아보려면 어떻게 해야 할지 고민해야 할 때입니다. 저는 보통 1년 주기로 이력서를 작성합니다. 어떻게 살았고, 무엇을 성취했는지를 적어봅니다. 사실 분기마다 이력서를 재작성하는 편이 더 좋습니다. 피드백 기간은 짧아야 하고, 사람의 기억력은 좋지 못해서 1년 동안의 일을 다 기억 못 하는 일이 많기 때문입니다. 종이 이력서도 좋지만, 링크드인LinkedIn같은 온라인 서비스를 더 추천합니다. 기왕이면 영어 이력서를 작성하는 것도 꽤 많은 도움이 됩니다.

3년쯤 지나면, 조용히 헤드헌팅 회사에 여러분의 이력서를 보내보세요. 당장은 이직에 뜻이 없어도 좋습니다. 그러면 자연스럽게 여러 회사를 통해 여러분의 이력서가 어느 선까지 통과하는지 알게 될 겁니다. 혹은 어느 헤드헌터가 여러분의 이력서를 '귀하게' 여기는지 알게 될 겁니다.

평소에 가보고 싶은 회사가 있었다면 한번 시도해보길 추천합니다. '죄송하지만 더 이상 진행하지 않겠습니다', '오퍼를 드리겠다' 중에 어떤 답변이 올지는 모르지만 이 과정을 통해 '나의 이력이 시장에서 어떻게 보이는가?'를 확실히 알 수 있습니다. 면접의 기회를 잡으면 그 자리에서 여러 피드백을 받을 수 있습니다.

이때 얻은 피드백으로 나의 현재 이력이 시장에서 어떤 평가를 받는지 알 수 있습니다. 제가 소프트웨어계의 '인류학자'로 생각하는 제럴드 와인버그Gerald M. Weinberg는 피드백에 대해서 이렇게 썼습니다.[7]

---

[7] https://bit.ly/3XQBJRj

피드백은 받는 사람의 요청에 의해 주어지더라도, 받는 사람보다 주는 사람에 대해 더 많은 것을 설명합니다.

왜 그럴까요? 와인버그는 사티어의 상호작용 모델을 바탕으로 이렇게 설명합니다.

첫째, 주는 사람은 받는 사람의 행동의 특정 측면만 인식합니다. 누구도 자신의 인식을 벗어난 행동에 대해서는 피드백을 줄 수 없습니다.

둘째, 주는 사람은 이러한 인식을 자신에게 의미 있는 방식으로 정리합니다. 아무도 자신이 의미가 없다고 생각하는 것에 대해 의견을 제시하지 않습니다.

세 번째, 주는 사람은 자신에게 유발된 감정적 반응에 따라 반응할 수 있는 수천 가지 중에서 특정 측면을 선택합니다.

마지막으로 피드백을 주는 사람의 내면의 감정과 규칙에 따라 전체 피드백을 구성하는 스타일, 단어 선택, 감정 어조 및 비언어적 단서가 결정됩니다.

이렇게 하면, 시장은 '애써 시간을 내' 현재 시장이 어떤 상황인지 알려줍니다. 긍정적인 피드백이나 부정적인 피드백이나 모두 기업이 여러분을 어떻게 생각하는지 자세하게 알려준다고 생각하면, 평안한 마음으로 차분하게 정보를 취합할 수 있습니다. 우리는 그 정보를 기반으로 '어떻게 반응할 것인가'를 선택하면 됩니다.

제 주위에 A라는 사람의 이야기를 들려드리겠습니다. A는 구글이 한국 비즈니스를 시작하지도 않던 시절 그냥 미국 본사에 지원했습니다. 처음에는 기대하지 않았다고 합니다. 그런데 몇 번 부딪히다 보니 요령이 생기기고 도전하는 재미도 쏠쏠했다고 합니다. 결국 최종 오퍼를 받고 사인만 하면 갈 수 있는 상황이 되자 A는 구글에 가지 않았습니다.

왜 가지 않았느냐고 물어보니 답이 걸작이었습니다. "이 사람들이 사람을 뽑는 절차가 알아보고 싶었다. 나중에 내가 같은 절차를 적용해보고 싶었을 뿐이다." 이 사람은 결국 지금 어느 큰 회사의 대표가 되어 있습니다. A는 자신이 어떤 사람인지 알기 위해 구글을 이용했을 뿐 아니라, 면접기회를 이용해서 구글을 '거꾸로 분석'한 것입니다.

남들에게 발견될 기회를 늘려라

사실 '조용히 컴퓨터하고 대화만 하고 싶어서' 컴퓨터를 다루는 개발자를 직업으로 택하신 분도 계실 겁니다. 하지만 결국 우리는 사회 속에서 살 수밖에 없습니다. 하다 못해 SNS로라도 연결되어 살아가야 하는 상황입니다. 심지어 원격근무로 '노마드'의 삶을 산다고 해도 결국 누군가와는 대화를 해야 하고, 자신의 성과를 주위에 알려야만 합니다.

'뛰어난 천재라면 혼자 골방에 처박혀서 대단한 걸 만들 수 있어'라고 생각하는 사람들이 있습니다. 물론 그럴 수 있습니다. 하지만 결국 그 대단한 결과물이 누군가에게 쓰여야 가치가 생기지 않겠습니까? 결국 우리는 누군가에게 '발견'될 기회를 늘려야 합니다. 그래야 무슨 기회든 열릴 수 있습니다.

이 이야기를 하면, 몇몇은 '피곤하다'고 생각할지 모르겠습니다. 사람 만나는 게 힘들다는 분들이 있고 심지어 전화 통화가 공포스럽다는 사람들이 많은 세대가 되었으니까요. 그러나 우리는 대면이 되었든 아니면 온라인상이든 결국 사람을 만날 수밖에 없습니다.

어떻게 남들에게 내가 발견될 기회를 늘릴 수 있을까요? 제가 생각하는 최고의 방법은 바로 '글쓰기'입니다. 자기 생각을 글로 정리하는 기술이 필요합니다. 새로운 기술적 혁명에 대한 내용도 결국 누군가 알아먹을 수 있게 적어야 합니다. 새로운 제품의 아이디어 역시 '개념화 기술'을 거쳐서 글로 정리되어야 합니다. 개인 블로그를 하나 쓰려고 해도 글로 자기 생각을 정리해야 하는 것이지요. 커밋 메시지는 물론이고, 사내 메신저로 말하는 메시지까지 결국 입으로 하는 언어활동보다 글로 쓰는 언어 활동이 더 많아지는 시대입니다. 그러다 보니 '글쓰기'를 통해 사람들에게 자기 생각을 전달하고 의사소통하는 능력을 반드시 키워야 합니다.

누군가는 유튜브를 이야기하면서 영상이 중요하다 하는 사람도 있습니다. 그러나 영상을 찍고 기획하는 것보다 무언가 글을 쓰는 게 에너지와 시간이 덜 듭니다. 그리고 영상을 찍으려 해도 대본을 써야 합니다. 결국에는 글쓰기로 귀결됩니다.

누군가 제 인생 최고의 기술이 무엇이냐고 하면 저는 주저 없이 '글쓰기'라고 말합니다. 정확하게 말하면 '개념화 기술'입니다. 어떤 상황을 추상화해서 본질이 무엇인지 파악하는 기술입니다. 그것을 글이란 방식으로 정리하는 것이지요. 그렇게 정리한 개념을 글로 정리하는 과정에서 더욱 명확해지고, 더 나은 사고를 할 수 있습니다.

글을 써서 온라인으로 올려놓으면 구글과 같은 검색엔진에 걸리게 됩니다. 마침, 그 시대에 필요한 좋은 글을 썼다면 자연스럽게 많은 사람들이 찾아 볼 겁니다. 그렇게 가다 보면 어디서 발표할 자리가 생길 수도 있고, 운이 좋으면 책으로 낼 기회도 생깁니다. 그리고 그 책으로 더 많은 기회를 열릴 수도 있습니다. 바로 제 이야기입니다.

저 역시 책을 출간한 뒤 '이걸로 뭐가 될까?' 라며 의심한 적이 있습니다. 그러자 업계 선배께서 '이 책은 이제 너의 명함이 될 거다'라고 해주셨습니다. 아니나 다를까, 이 책으로 생각하지 못했던 기회를 많이 얻게 되었습니다.

저의 이력이 워낙에 다양하다 보니 어떤 경우 면접을 보면 '당신이 클라우드를 아느냐' 같은 질문을 굉장히 많이 받았습니다. 그런데 최근에 저는 한빛미디어의 IT 전문 콘텐츠 플랫폼인 한빛앤에서 클라우드 강의 두 개를 진행했습니다. 이 강의 이후 저는 더 이상 이런 질문을 받지 않습니다. 구글이 제가 이 분야를 잘 알고 있다는 것을 증명하기 때문입니다.

급하지 않지만 중요한 일을 먼저 하라

그럼 닥치고 앉아서 글만 많이 써서 올리면 개발자 경력 문제는 다 해결될까요? 아니라는 것을 본능적으로 아실 겁니다. 글쓰기만으로는 모든 문제를 해결할 수 없습니다. 개발자로서 20여 년 살아보고 또 업계 선배들과 이야기를 해보면 꼭 해야 할 일이 있습니다. 보통 이런 일은 대부분 '급한' 일은 아니지만 '중요'한 일입니다. 자세한 건 아이젠하워 매트릭스를 검색하세요.

첫째, 육체 건강을 챙겨야 합니다. 개발은 엉덩이로 한다고도 하지만 앉아 있는 것이 건강에 얼마나 나쁜지는 말하지 않아도 아실 겁니다. 저 역시 오래 개발일을 하면서 근골격계 질환에 많이 걸렸습니다. 거북목은 기본이고 운동 부족으로 복부비만과 과체중에 시달리는 개발자들이 많습니다. 그렇게 혈관계 문제가 생기고, 인슐린 저항성으로 조금만 먹어도 지방축적이 쉽게 되는 몸으로 망가져 버립니다. 게다가 낮에는 집중이 안 된다고 밤에 늦게까지 잠을 안 자고 코딩 삼매경에 빠져 있는 경우도 있습니다. 이러면 일은 잘 될지 모르겠으나 몸의 사이클이 깨져 암 발생확률이 높아집니다. 계속 키보드를 치면 이른바 터널 증후군에 시달려서 결국 손가락을 움직일 수 없는 상황이 벌어집니다.

지금 젊다고 함부로 살면 안 됩니다. 건강을 잃어버리면 모든 것을 잃어버립니다. 꾸준하게 건강검진을 받고, 스트레칭을 하세요. 정기적으로 운동하고 숲속에서 산책하는 시간을 보내야 합니다(저는 지금 낙산 서울성곽에 올라, 그 자락 끝에 위치한 카페에서 이 글을 쓰고 있습니다). 몸무게 관리를 하고, 아픈 데가 없도록 신경 써야 합니다. 가능하면 스탠딩 데스크를 사용하고, 인체공학 키보드나 마우스를 쓰시기를 권장합니다.

둘째, 신체만이 아니라 건강한 정신을 가지기 위해서 노력해야 합니다. 몸이 건강하면 정신이 건강할 기본 조건을 갖춘 겁니다. 그 이상을 하기 위해서는 역사를 배워야 합니다. 지금 우리가 사는 세상에서 일어나는 대부분의 상황은 과거에 일어난 일과 유사한 경우가 많습니다. 특히 IT산업의 역사는 앞으로 여러분이 살아갈 시대가 어떻게 바뀔지 많은 통찰을 줄 겁니다. 정지훈 님의『거의 모든 IT의 역사』(메디치미디어, 2020)는 꼭 읽어보기 권합니다. 지정학에 관한 공부는 앞으로 세계가 어떻게 서로 싸우고 협력했는지를 보여주기에 국제질서의 변화 속에서 한국이 어떻게 변할지를 보여줄 겁니다. 세상이 어떻게 바뀌어 왔고, 앞으로 어떻게 바뀔지는 결국 역사가 말해주는 것이기 때문입니다.

시련보다 대처가 중요하다

앞서 언급한 제럴드 와인버그의 유명한 책 『테크니컬 리더: 혁신, 동기부여, 조직화를 통한 문제 해결 리더십』(인사이트, 2013)[8]에는 '이력선'이야기가 나옵니다.

> 큰 종이 한 장과 펜을 준비한다. 종이 한가운데에 수평선을 그린다. 이 선은 이력이 시작한 때부터 지금까지의 시간을 나타낸다. 그다음에 수평선 왼쪽에 수직선을 하나 그린다. 이 선은 감정의 높낮이를 나타내는 것이다. 이제 이력에 따라 위아래로 왔다 갔다 하면서 자신의 이력선을 그래프로 그려보자. 가능하다면 다른 사람 앞에서 자신의 이력을 이야기하면서 그리도록 한다. 그래프를 다 그린 뒤, 전체적으로 살펴본 후 적당한 제목을 붙인다. 그런 다음에는 선을 미래로 확장해보자.

저 역시도 이 이력선을 그려보았습니다. 그런데 이 이력선을 왜 그리는 것일까요? 이것은 개인의 이력을 쉽게 '시각화'를 해보려는 것입니다. 이러한 이력선 연구에 대해서 와인버그는 이렇게 말합니다.

> 이력을 연구하여 얻을 수 있는 첫 번째 교훈은 다음과 같다. 중요한 것은 사건이 아니라, 사건에 대한 반응이다. …(중략)… 두 번째 교훈은 다음과 같다. 성공이 오직 실패로만 이어진다면 누구나 실패할 것이다.

그리고 성공한 리더들은 자신의 패배를 새로운 성공의 발판으로 삼아 뛰어오르는 능력이 있다고 합니다. 단지 역경을 극복해 낸 사람이 아니라, 역경을 유리하게 변화시키는 사람이라는 겁니다. 그럼 어떻게 그렇게 할 수 있을까요? 그 비밀의 열쇠는 바로 '비전'이었습니다. 그 비전을 개인화해 훌륭한 아이디어를 이용해 리더의 '집념'으로 연결하기 때문입니다.

---

[8] 『Becoming a Technical Leader』(Dorset House Publishing, 1986)

개발자들에게 와닿을 만한 비전의 예를 들겠습니다. '세상의 장애인을 돕고 싶어. 소프트웨어 기술로 실현해보겠어'라든가, '사람들이 정치인을 제대로 평가할 시스템을 만들어서, 나쁜 정치인을 몰아내고 좋은 정치인이 기회를 얻게 하겠어.'(실제 이런 비전으로 일을 준비하시는 분이 있습니다), 혹은 '비숙련 의료인도 큰 대학병원 전문의처럼 조언을 하도록 보조하는 인공지능 의료 코파일럿을 만들어서 낮은 가격에 고급 의료서비스를 세상에 공급하겠어' 같은 것들도 될 수 있겠습니다. 사람마다 비전은 다릅니다. 하지만 그 사람에게 움직일 목적과 방향을 제시하는 동력입니다. 이러한 비전이 순진해 보일 수 있지만, 비전이 가진 힘은 위대합니다. 와인버그는 이렇게 말합니다.

> 비전을 가진 사람이 무언가 잘못된 것을 보면 그 사람은 동료들에게 이렇게 말할 것이다. "우리가 자부심을 느낄 수 있는 시스템을 만들지 못하고 있어서 그다지 기분이 좋지 않아. 이런 기분을 해소하려면 우리가 무엇을 하는 것이 좋을까?"

즉 비전이 있는 사람에겐 문제의식이 있습니다. 이 문제를 해결하고자 영향력을 미치면서 리더십을 발휘하게 됩니다. 그 문제가 지나치게 어려워서 실패할 수도 있지만 비전이 있는 사람은 시련을 결국 기회로 만들 실마리를 찾아내는 경우가 많습니다.

물론 냉소적으로 '그런 게 어디 있어'라고 하는 사람들도 있을 수 있습니다. 와인버그는 이러한 냉소적인 젊은 엔지니어에게 이렇게 말합니다. "비전이 없는 사람은 다른 사람들에게 큰 영향을 미칠 수 없다."

앞서 이야기했듯, 여러분은 '사회적 성취'로 리더가 될 수 있을지 아닐지를 평가받게 될 겁니다. 그런데 이 사회적 성취는 결국 누군가에게 영향을 미쳐야 합니다. 이를 위해 결국 당장의 상황을 뛰어넘을 위대한 '자신만의 비전'이 필요합니다. 여러분을 그렇게 만들 매력적인 '비전'은 무엇입니까?

특히 비전은 남과의 '비교'를 막는 중요한 역할을 합니다. 앞으로 여러분의 인생에서 나보다 못하다고 생각하는 사람이 잘나가는 모습을 계속 보게 될 겁니다. '아니 나보다 코드 못 짜고 일 못하던 저 인간이 나보다 좋은 회사에 갔다고?', '그 찌질이가 이런 큰 콘퍼런스에서 발표한다고?' 생각에 술만 마셔봤자 소용없습니다.

인생의 목표가 단순히 '이번 달 카드값 갚기'가 되어선 안 됩니다. 장기적으로 여러분의 인생을 가치 있게 하는 것이 무엇인지 생각하며 '자신만의 비전'을 찾아야 합니다. 비전을 통해서 리더십을 발휘하고 이 리더십이 결국 여러분 인생의 성공을 가져올 것입니다.

물론 행운의 여신은 우리에게 미소만 지어주지 않으며 문제거리도 던집니다. 여러분이 개발자로 경력을 시작한 이래 점점 어렵고 힘든 일들이 생겨날 것입니다. 그리고 그 일들에 도전했을 때 성공 여부는 장담할 수 없습니다. '그 누구도 미래를 모른다'고 말하는 편이 가장 확실합니다.

그러나 꼭 유명한 스타트업에 초기 멤버로 조인해 큰 투자를 받고, 사업적으로 성공을 거두거나, 실리콘밸리에 가야만 성공하는 걸까요? 한수봉 님의 『코딩도 하고, 사장도 합니다』(제이펍, 2024)라는 책에서 나오듯 이른바 오너 프로그래머로서 자신의 분야를 하나 개척해서 개발자 출신 최고 영업대표가 되는 것도 성공일 수 있습니다. 성공 자체는 우리가 알 수 없지만 우리가 비전을 가지고 리더십을 발휘해서 어제의 나보다 나은 성취를 조금씩 만들어 나가다 보면 더 나은 '나'를 만나실 수 있을 것입니다.

마지막으로, 도산 안창호 선생의 말로 마무리하고자 합니다. "우리 중에 인물이 없는 것은 인물이 되려고 마음먹고 힘쓰는 사람이 없는 까닭이다. 인물이 없다고 한탄하는 그 사람 자신이 왜 인물 될 공부를 아니하는가?" 지금 이 글을 읽으시는 여러분이 시련이 있어도 이를 세상에 좋은 영향력을 미치겠다는 비전을 세움으로서 역경을 이겨내며 결국 세상을 더 낫게 만들 수 있는 인물이 되시기를, 그리고 그 인물이 될 공부를 쉬지 않고 하시는 그런 인생을 살아 가시길 진심으로 기원합니다.

변화에 적응하고 실행하는 개발자의 마인드셋

정현준(만타 프로덕트 리더)

조직의 생산성을 높이기 위해 고민합니다. 글로벌 웹툰 서비스, 만타Manta의 프로덕트 그룹을 담당하고 있습니다.

해커톤의 멘토로 참여했다가, 고등학생 참여자를 보고 놀랐던 기억이 납니다. 물론 제가 고등학생 때는 해커톤 같은 행사가 없었지만, 뛰어난 개발자들은 이미 예전에도 여러 경로를 개척해 PC통신에서 인지도가 높았습니다. 저는 평범하게 일반적인 경로를 따라왔습니다. 컴퓨터 공학을 전공해 회사에 취업했고, 여러 번의 이직을 거쳤습니다. 한국과 해외를 여러 번 이동하며 IC로 일하다가 매니저가 되며 느낀 점은 개발자가 경력을 쌓을 때 조금 더 열린 생각을 가지면 좋겠다는 것입니다. 개발자로서 커리어를 관리하는 데 필요한 마인드셋을 공유하겠습니다.

변화하는 환경에 적응하기

요즘엔 AI 엔지니어, 데브옵스 엔지니어, SRE, 데이터 엔지니어, 데이터 사이언티스트 같은 역할을 맡은 분들을 보기 쉽습니다. 하지만 2010년 이전에는 이런 역할을 맡은 사람은 물론이고, 이런 말들 자체를 듣기도 어려웠습니다. 2010년대 초반은 빅데이터라는 유행어가 업계를 휩쓸었습니다. 하둡hadoop이나 스파크spark를 다루는 사람이 각광을 받았고, 이때 잘 대처한 분들은 커리어를 몇 단계 발전시키기도 했습니다. 하지만 지금은 예전과 다릅니다. 더 나아가면 과거에는 인프라 엔지니어infra engineer 혹은 인프라 스페셜리스트infra specialist라는 역할을 맡은 분이 많았고 어느 정도 규모가 되는 회사에서는 필수 인력으로 취급받았습니다. 지금도 이런 직함을 맡은 분들이 계시지만, 현재는 업무를 처리하는 방식이 달라졌습니다. 예전에는 문제가 생기면 바로 IDC에 찾아가 서버를 정비하는 경우가 많았지만, 지금은 각 클라우드 업체가 제공하는 콘솔 화면에서 모든 일을 처리합니다. 즉 이 업계에 계신 모든 분이 이미 알겠지만, 우리는 항상 변화하는 환경에 적응해야 합니다.

최근 몇 년 사이 AI가 중심이 되면서 항상 나오는 이야기가 있습니다. 바로 AI 시대에 적응하지 못하는 개발자는 계속 일하기 쉽지 않을 거란 일종의 공포 마케팅 같은 이야기죠. 사실 이런 이야기는 항상 있었습니다. 불과 몇 년 전만 해도 암호화폐 기술이 세상을 뒤덮을 거 같았지만 지금은 AI에 완전히 밀렸습니다. 전에는 모바일 시대에 적응이 필요했고, 그전에는 인터넷 시대가 열린다며 새로운 기술을 배워야 한다는 이야기를 항상 들었습니다. 예전의 선배들이라고 다르진 않았을 거란 생각이 듭니다. 헤라클레이토스가 "우주에 변하지 않는 유일한 것은 '변한다'는 사실뿐"이라고 말했듯 이 업계는 항상 모든 것이 빠르게 변하고 거기에 빠르게 적응해야 했습니다. 현재는 그 변화의 중심이 AI일 뿐입니다. 굉장히 유망하고 쉽게 사라질 기술은 절대 아니지만, 또 한편으로는 분명 과대평가된 면이 있습니다.[9] 결국 우리는 특정 기술을 한 번 배운다고 자격증 획득하듯 끝나는 게 아니라 항상 필요한 건 배우고 적응하겠다는 마음가짐을 갖춰야 합니다.

변화에 잘 적응하기 위해서는 뻔하지만 스스로 발전하는 게 최선입니다. 여러 가지 방법으로 도움과 조언을 받을 수 있을 텐데, 그중 한 가지가 책입니다. 과거에 비해 여러 세분화된 주제를 갖는 책들이 나옵니다. 기술적으로 보자면 각자의 전문 분야에 따라 워낙 다양할 테니, 기술 외적인 면에서 보자면 개발자의 커리어를 다루는 책도 요즘 많아졌습니다. 지금 여러분이 읽고 있는 『소프트웨어 엔지니어 가이드북』이 바로 적절한 예가 되겠네요. 이 책을 읽은 후에는 『개발자를 위한 커리어 관리 핸드북』(한빛미디어, 2024)[10] 같은 소프트 스킬에 대한 책을 추천합니다. 이 책은 문화, 관리자, 리더십, 신뢰 등 제너럴리스트generalist인 매니저가 되기 위해 필요한 주제를 다룹니다. IC 트랙을 계속 추구하더라도 시니어 엔지니어가 되면 어느 정도의 소프트 스킬은 분명히 필요하기 때문에, 그런 상황 변화에 적응하는 데 도움이 될 거라고 생각합니다. 뿐만 아니라 개발자의 자기 관리, 금전 관리, 체력 관리까지 예전보다 훨씬 다양한 주제를 다루는 책이나 정보가 늘어나고 있습니다. 어떻게 활용하느냐는 분명 자신의 몫이지만, 적응에 도움이 될 자료들은 확실히 존재합니다.

실행하는 자세 갖추기

요즘에는 해외에서 일하고 싶어 하거나 해외 취업을 생각하는 사람들이 많아졌습니다. 외국에서 공부하는 것이 예전보다 흔해져서 졸업하고 그 나라에서 일하는 경우도 많아졌습니다. 또 한국에서 일하다가 면접을 보고 해외로 가서 일하는 사람들도 늘어났습니다. 옛날에는 해외 취업이라고 하면 대부분 미국이나 일본으로 갔습니다. 하지만 요즘에는 유럽이나 다른 지역으로 가는 사람들도 꽤 많아졌습니다. 제가 아는 사람들이 일하고 있거나 일했던 도시를 보면, 미국과 일본 말고

---

[9] 자바의 창시자 제임스 고슬링(James Gosling)도 이에 대한 글을 썼습니다. https://bit.ly/3TBlvJ7
[10] 『The Software Developer's Career Handbook』(O'Reilly Media, 2023)

도 런던, 베를린, 암스테르담, 싱가포르, 방콕, 홍콩, 시드니 등 여러 곳이 있습니다.

제가 맡은 부서에서는 직원들과 1대1로 이야기하는 시간을 가집니다. 보통 1주나 2주에 한 번씩 만나는데, 이때 항상 이야기하는 주제 중 하나가 직원들의 앞으로의 일과 관련된 계획입니다. 경력이 짧은 사람일수록 해외 취업에 대해 생각하는 경우가 많아서, 이에 대해 자주 이야기를 나눕니다. 해외에서 일하려면 당연히 실력이 어느 정도 있어야 합니다. 코딩 시험이나 시스템을 설계하는 면접 등을 통과해야 하기 때문입니다. 또한 영어로 일에 대해 어느 정도 대화할 수 있어야 합니다.

이 두 가지만 있으면 일단 면접을 볼 준비는 어느 정도 됩니다. 다음으로 무엇이 필요할까요? 바로 해외에 있는 회사에 지원하는 '실행'이 필요합니다. 한국에 있어도 해외의 개발자나 회사들이 먼저 알아볼 만큼 실력이 있고 유명한 개발자가 아니라면, 당연히 이력서를 내고 면접을 보는 과정을 거쳐야 합니다. 이런 당연한 이야기를 하는 이유는 많은 사람이 자신의 실력이나 영어 실력이 아직 부족하다고 생각해서, 충분히 준비한 후에 지원하겠다고 말하는 경우를 종종 보기 때문입니다.

잠시 생각해보면 개발의 첫걸음은 '실행'입니다. 대부분의 개발 도서가 그렇듯 처음에는 환경 설정을 '실행'하고 'Hello World!'를 출력하는 코드를 작성해 '실행'을 하면서 배우기 시작합니다. 다른 프레임워크나 라이브러리를 학습할 때도 예제 코드를 '실행'하는 게 매우 익숙한 시작점입니다. 하지만 해외 취업의 경우에는 프로그래밍 같은 하드 스킬을 배우는 것과 다르다는 생각을 하기 때문인지, 아니면 한국에 주로 산 경우 어쩐지 어렵다는 막연한 생각 때문인지 실행하기를 주저하고 준비를 해 스스로 생각하기에 어느 정도 충분한 수준에 이른 후에야 지원하겠다는 생각을 하는 분들을 많이 만났습니다. 저의 경험이나, 제 주변 분들을 봐도 어느 정도 기초적인 부분만 갖추고 지원을 하고 인터뷰를 보고 탈락한 후 보완을 하며 자주 실행한 분들이, 스스로 만족할 만큼 준비가 된 후 지원한 분보다 오퍼를 받는 경우를 자주 봤습니다.

프랑스의 철학자 볼테르는 "완벽은 좋은 것의 적이다"라고 말했습니다. 저는 같은 말을 제가 담당하는 조직에 자주 합니다. 품질이 좋지 않은 서비스를 사용자에게 제공하면 우리 앱의 평점도 떨어지고 사용자도 줄어들까 우려한다고 이야기하는 분들이 계십니다. 맞는 말입니다. 하지만 우리가 생각해야 할 점은 우리가 하는 일, 특히 소프트웨어 개발은 '완벽'한 걸 만드는 게 사실상 불가능합니다. 혹시 굉장히 뛰어난 개발 조직이 있어서 '완벽'한 걸 만들 수 있다고 하더라도 비즈니스에서 필요로 하는 시간에 맞춰서 만들지는 못할 겁니다. 그래서 우리는 어느 정도 문제가 발생할 수 있다는 걸 감안하고 트레이드오프를 고려해서 서비스를 만들고 사용자에게 공개합니다.

해외 취업을 예로 들었지만, 우리가 하는 대부분의 일이 그렇습니다. 모든 사양을 미리 정하고 한 번에 모든 걸 공개하던 폭포수 방식에서 조금씩 개선하고 반복해서 공개하는 애자일 방식으로 소프트웨어 개발 방법론이 변화한 이유는 부족하더라도 실행하고 보완하는 애자일 방식이 그래도 좀 더 성공 확률이 높기 때문이었습니다.

『빠르게 실패하기』(스노우폭스북스, 2022)[11]란 책이 있습니다. 독자에게 '실행'을 강조하고 그걸 실천하도록 여러 심리학적 걸림돌을 제거해주는 책입니다. 분야가 다르지만 책을 읽으면서 작게, 자주 실패해서 결국 성공의 길로 연결하려는 애자일 원칙과 심리학의 측면이 이렇게 긴밀하게 연결된다는 점이 놀라우면서도 또 한편 당연하다는 생각을 했습니다.

열린 생각하기

개발자가 커리어에 대해 하는 가장 흔한 고민 하나는 스페셜리스트가 될 것인가 제너럴리스트가 될 것인가 하는 지점입니다. 핸즈온을 할 거냐 말 거냐, 매니저가 될 거냐 계속 IC가 될 것인가로 이야기할 수도 있겠습니다(물론 둘 다 잘하는 뛰

---

11 『Fail Fast, Fail Often』(TarcherPerigee, 2013)

어난 분들도 계십니다). 저는 어느 정도 경력이 쌓일 때까지도 '절대' 매니저를 하지 않을 거라고 말하곤 했습니다. 많은 개발자가 그러듯 매일 회의만 하는 삶은 별로 재미도 없을 거고, 그냥 터미널 화면을 쳐다보는 게 훨씬 마음이 편할 거라고 생각했습니다. 하지만 지금 제 캘린더는 대부분은 미팅 약속으로 가득하고, 저는 여러 회사에서 다양한 크기의 조직을 담당하는 매니저의 커리어를 밟고 있습니다.

초기에 제가 '절대' 매니저가 되지 않겠다고 생각했던 이유는 여러 가지가 있었지만, 결국 가장 큰 원인은 경직된 저의 사고방식이었습니다. 개발자가 되겠다고 회사를 입사했고, 많은 개발자가 그렇듯 코드를 작성하고 결과를 보는 게 재미있어, 사람과의 상호작용을 해야 하는 매니저의 길은 저에게 맞지도 않고 제 미래에 있지도 않을 거라 생각했습니다. 그 생각이 바뀔 일은 없을 거라고 무모하게 장담하기도 했습니다. 그러다가 우연히 링크드인을 통해 연락을 한 아고다 덕에 제 커리어에서 가장 큰 변곡점을 만나게 됩니다.

처음에는 경험 삼아 한번 보자는 생각으로 인터뷰에 응했습니다. 1차를 통과하고 방콕행 티켓을 받자 그냥 여행 한 번 다녀오자는 생각으로 방콕으로 향했습니다 (코로나 전까지만 해도 많은 외국 기업이 1차 과정을 통과한 지원자에게 비행기표와 호텔을 제공해 온사이트 인터뷰를 진행하는 게 일반적이었습니다). 방콕에 도착해 찾아간 아고다는 생각보다 훨씬 큰 회사였습니다. 아고다는 개발과 매니지먼트를 병행하는 역할을 제안했습니다. 당시 여러 기업에서 매니징 경력을 묻는 연락을 받아 고민을 하던 제게 아고다의 제안은 결정적인 역할을 했습니다. 이후 태국계 독일인과 폴란드인 매니저와 일을 하며 회사의 시스템을 경험한 저는 아예 매니지먼트로 제 커리어를 변경했으니 아고다는 제 커리어에서 가장 큰 변곡점이 되었습니다. 이때 제가 여전히 IC를 하겠다는 생각만 갖고, 절반이나마 매니지먼트를 하는 역할을 받아들이지 않았으면 제 커리어는 어떻게 흘러갔을까 가끔 자문해봅니다. 마찬가지로 첫 회사에 입사했을 때, 부서를 배치하는 과정에서 해외 영업팀에서 오지 않겠냐는 이야기를 들었습니다. 매니지먼트도 생각하지 않던 어린 시절이라 영업은 정말 제 마음속에 단 1%도 없었기 때문에 바로 안 가겠다고 말씀드렸지만, 최근처럼 제가 예전보다 열린 사고를 했다면, 다른 선택을 해 전혀 다른 커리어를 가졌을 겁니다.

열린 생각을 가지려면 첫 번째로 유연한 사고를 가져야 하지만 정보도 필요합니다. 과거에는 인맥을 통해서나 정보를 얻을 수 있었지만, 앞서 말했듯 멘토링이나 강연도 다양해졌고, 여러 주제를 다루는 책을 통해 전에는 생각지 못했던 세상을 알 수도 있게 되었습니다. 그중 하나가 『프리세일즈, 고객과 기업을 잇는 기술 대표』(책만, 2024) 같은 책입니다. 이 책에서는 솔루션 아키텍트라고 부르는 역할에 대해 설명합니다(직함은 기업마다 다릅니다). IC가 아닌 다른 형태로 자신의 커리어를 만들어 가려는 분들에게 추천합니다. 자신의 개인 브랜드 가치를 높이기 위해서 혹은 다른 이유로도 멘토링을 해주시는 분들도 많고, 링크드인 등으로 DM을 보내도 친절히 알려주시는 분들도 많습니다. 커리어를 어떻게 할지 고민이 있다면 여러 이야기가 도움이 될 겁니다.

유연한 마인드셋으로 새로운 기회 찾기

『구글 임원에서 실리콘밸리 알바생이 되었습니다』(위즈덤하우스, 2024)의 저자인 로이스 킴[12] 님은 누구나 부러워할 성공적인 커리어를 만들어가다 구글에서 갑작스레 레이오프가 되면서 스타벅스, 리프트, 트레이더스 조 등에서 파트타임으로 일한 경험을 기록했습니다. 브랜드 전문가로 평생의 커리어를 만들어왔고, 구글이라는 세계적인 기업에서 임원을 했다는 점에 얽매여 있었다면 저런 선택을 하지 못했을 겁니다. 그래서 대단한 사람이고 열린 사고를 가졌다는 생각을 합니다. 자신의 커리어는 스스로 만들어가야 하기에 모든 선택은 스스로에게 달려있습니다만, 열린 마음으로 실행하고 적응하려는 자세가 필요하다고 생각합니다.

---

[12] 얼마 전 한미그룹 CBO를 맡으며 다시 전문 영역으로 복귀하셨습니다. https://bit.ly/4etWEPr

AI 시대, 개발자의 성장과 미래

홍승환(스캐터랩 ML 리드)

세상에 새로운 가치를 전달하는 방법을 끊임없이 고민하는 개발자입니다. 사람들을 만나고 이야기하는 것을 좋아해서 해커톤에 자주 참가하며, 기술 발표나 멘토링과 같은 다양한 외부 활동을 하고 있습니다. 현재는 스캐터랩에서 ML 엔지니어링 리드로 일하고 있으며 AI가 가져올 변화를 탐구하고 그 속에서 새로운 가능성을 발견하는 데 집중하고 있습니다.

AI가 개발자를 대체한다?

혹시 평소에 코딩을 도와주는 AI 도구를 사용하시나요? 저는 깃허브 코파일럿 GitHub Copilot을 사용하는데, 회사에서든 개인 프로젝트에서든 정말 즐겨 사용하고 있습니다. '이제 이거 없으면 코딩 어떻게 하나' 싶을 정도입니다. 테스트 코드 생성이나 간단한 기능 단위 함수 같은 걸 만드는 일은 어렵지 않게 뚝딱 해내고, 코드를 열심히 작성하다 보면 어느새 조용히 개입해서 제가 작성하려던 코드를 깔끔하게 딱 만들어놓는 순간에는 경외감까지 듭니다.

그렇게 코파일럿과 열심히 코드를 작성하다가, 문득 정신을 차려보니 제가 지루해하고 있다는 사실을 깨달았습니다. 그렇게 좋아하던 코딩이 왜 갑자기 지루해졌을까 곰곰이 생각해보니, 제가 코드 작성 과정에서 얻던 재미와 성취감이 어느새 사라져가고 있는 것 같았습니다.

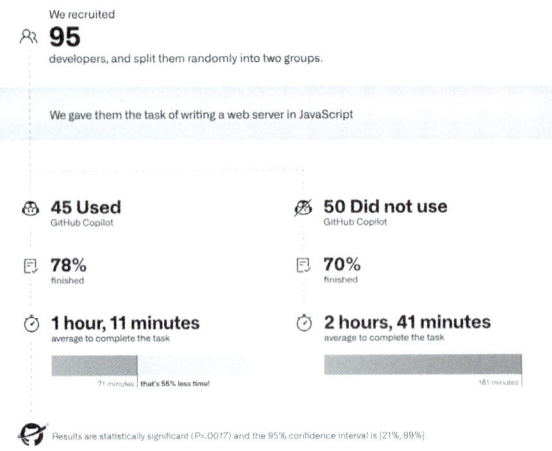

그림 1 깃허브 코파일럿의 실험 결과 55%의 작업 시간 단축 효과가 있었음[13]

제가 개발을 처음 시작할 때 매력을 느꼈던 이유는 복잡한 생각과 설계를 코드로 옮겨서 튼튼한 구조의 프로젝트를 만들고, 오랜 노력을 들여 완성한 결과물을 실행했을 때 모든 톱니바퀴가 서로 예쁘게 얽혀서 완벽하게 돌아가는 것을 보았을 때의 기쁨이 말로 표현할 수 없이 좋았기 때문입니다. 결과보다는 과정이 더욱더 즐거웠고, 코드를 한 줄씩 작성할 때마다 도파민이 터져 나오는 감각이 정말 좋았습니다. 그런데 그 과정을 통째로 AI에 빼앗기는 느낌이 들어버린 겁니다. 제가 가장 좋아하는 재미있는 코딩이 영원히 지루해질 위험에 처했습니다.

그러나 이 문제는 그렇게 단순하게 끝날 일이 아닙니다. AI의 발전이 가속화되면서 많은 직업군이 변화의 물결 속에 놓였습니다. 'AI가 내 자리를 대체할까?'라는 의문은 많은 사람이 고민하는 주제가 되었고, 특히 우리 같은 지식 노동자에게는 더욱 큰 문제가 되었습니다. 스태빌리티 AI^Stability AI의 CEO인 에마드 모스타크 ^Emad Mostaque는 한 인터뷰에서 "5년 뒤에는 아무도 코딩을 하지 않을 것"이라고 말

---

[13] https://bit.ly/3XLldBY

했습니다.[14] 비즈니스 인사이더Business Insider는 AI에 의해 대체될 위험이 가장 큰 10개의 직업을 논했는데, 그중 1등이 소프트웨어 엔지니어였습니다.[15]

실제로 아예 AI로 소프트웨어 엔지니어 그 자체를 만들려고 한 시도도 존재합니다. 2024년 3월, 코그니션 랩스Cognition Labs는 AI 소프트웨어 엔지니어 데빈Devin[16]을 공개했습니다. 코드 작성을 도와주는 수준인 깃허브 코파일럿과 달리, 데빈은 작업을 계획하고 인터넷 검색까지 사용하며 코드를 작성해 주어진 작업을 완료합니다. 게다가 스스로 작성한 코드를 실행해, 버그를 찾아서 수정하기까지 합니다.

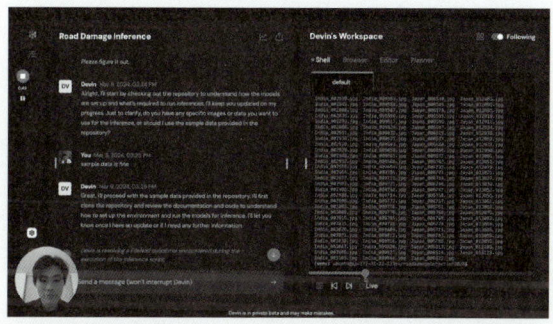

그림 2 AI 소프트웨어 엔지니어 데빈이 사용자와 대화하며 개발 프로젝트를 진행하는 모습[17]

갑작스럽게 우리를 덮쳐온 이 시대적인 질문에 자신 있게 대답할 사람은 많지 않습니다. 저명한 언론과 유명한 석학마저 개발자의 미래를 비관하는 얘기를 하고, 마음에 한 번 심어진 불안은 불편한 마음을 양분 삼아 점점 자라납니다. 과연 우리는 대체될까요? 그냥 이대로 거대한 시대의 흐름이 만들어내는 파도에 잠기고 마는 걸까요?

---

14 https://youtu.be/ciX_iFGyS0M
15 https://bit.ly/47vyC4a
16 https://www.cognition.ai/blog/introducing-devin
17 https://youtu.be/UTS2Hz96HYQ

개발자는 무엇을 하는 사람인가?

이 불안감은 어디서 올까요? AI는 앞으로 더 발전할 일밖에 남지 않았습니다. 그 말은 곧 많은 작업이 자동화된다는 것이고, 소프트웨어 개발 과정의 자동화 역시 시간문제란 말입니다. 이로 인해 개발자가 하는 일 자체가 대체되어 일자리가 위협받는다고 생각하는 것 같습니다. 정말 AI가 소프트웨어 개발 과정 전반을 대체할 수 있다면 맞는 말도 같습니다. 하지만 우리는 이 흐름에서 AI가 자동화할 수 있다는 '개발자가 하는 일'이란 정확히 무엇인지 한 번쯤 생각해야 합니다.

개발자는 코드만 작성하는 사람이 아닙니다. 물론 코드 작성은 개발자의 중요한 업무 중 하나지만, 개발자를 단순히 코드를 작성하고 소프트웨어를 구현한다고 이해하는 것은 너무 편협한 생각입니다. 개발자는 코드를 넘어서 문제를 정의하고, 그 문제를 해결하는 사람입니다.

'문제를 정의하는 사람'이라는 게 정확히 어떤 뜻일까요? 이 정의를 이해하려면 개발자가 처음 회사에 들어와 경력을 쌓아가면서 어떤 일을 겪으며 성장하는지 살펴보면 됩니다. 네 단계로 정의해보았습니다.

- **1단계: 문제의 해결 방법이 정해져 있고, 수행하는 단계**

    주니어 개발자 시절에는 현업에서 사용하는 기술에 익숙해지는 과정과 더불어, 사수 혹은 팀에 주어진 문제를 해결하는 데 집중하게 됩니다. 이 단계에서는 정의가 명확하게 주어진 문제를 해결하는 것이 주요 업무인 경우가 많습니다. 답이 어느 정도 정해져 있는 문제를 회사에 맞게 해결하는 과정이 가장 많죠. 이때는 어려운 문제에 직면하더라도 도움을 받을 수 있는 환경이 마련되어 있을 확률이 높습니다. 당장 사수나 다른 팀원, 하다못해 구글에 물으면 괜찮은 답을 얻을 수 있습니다.

- **2단계: 정의된 문제의 알려지지 않은 해결 방법을 탐색하는 단계**

    경력이 쌓이면 해결할 문제는 점점 더 복잡해집니다. 상황이 한 단계 더 업그레이드되어 문제는 정의되어 있지만 해답은 명확하지 않은 상황을 마주하게 됩니다. 이때 개발자는 대부분의 시간을 문제를 적절하게 해결할 방법을 찾는 과정에 사용합니다. 큰 성과를 낼 수 있는 기회가 찾아오지만, 그만큼 큰 실패 또한 경험하는 시기입니다.

- **3단계: 기술 문제가 비즈니스 문제로 확장되는 단계**

    열심히 주어지는 문제를 풀다 보면 승진도 하게 되고, 조금 더 많은 책임이 어깨에 얹어지기 시작합니다. 제가 다루는 문제가 점점 단순한 기술적인 문제를 벗어나는 것을 보게 되고, 회사가 가지고 있는 비즈니스 목표에 도달하기 위한 방법 자체에 대한 고민까지 확장해서 생각해야 합니다. 의사결정의 과정이 복잡해지고, 고려해야 하는 트레이드오프 trade-off도 많아집니다. 특히 빠른 비즈니스 목표 달성과 높은 엔지니어링 수준 사이에서 중심을 찾아야 할 때를 마주하는 경우가 종종 있습니다.

- **4단계: 비즈니스 문제를 정의하고 해결하는 단계**

    경력이 더 쌓이면, 개발자는 비즈니스 문제를 스스로 정의하고 해결 방법을 설계하는 수준에 다다릅니다. CTO나 테크리드가 이 단계에 속한 직급이기에, 이 단계에서의 개발자는 팀을 이끌고 있을 가능성이 큽니다. 이 단계에 속한 개발자는 복잡한 비즈니스 문제와 고객의 니즈들을 정의하고 이를 해결하기 위한 방법을 고안하며, 그 방법의 구현과 배포, 후속 분석까지 모두 책임지고 주도하게 됩니다.

우리가 경험을 쌓을수록 풀어내야 하는 문제는 더욱 복잡하고 어려워집니다. 그리고 3단계 이상부터는 더 이상 기술에 대한 문제가 아닌 비즈니스와 사람에 대한 문제를 해결하게 됩니다. AI가 한 걸음 발전하면 1단계나 2단계에 해당하는 작업은 굉장히 잘 수행할 겁니다. 하지만 3단계와 4단계는 조금 다른 이야기가 될 수 있습니다. 여전히 비즈니스는 사람들이 가지고 있는 니즈를 풀어내고 끊임없이 고객들과 이야기하며 발전하는 것일 텐데, AI가 가까운 시일 내에 이런 작업들까지 완전히 대체하기는 다소 어려워 보입니다.

저는 개발자가 본질적으로 하는 일은 비즈니스와 사람에 대한 문제를 정의하고 적절한 방법으로 이를 풀어내는 것이라고 생각합니다. 그냥 기술을 다룰 줄 아는 사람을 넘어서, 그 기술을 어디에 어떻게 활용해야 하는지도 아는 개발자가 훌륭한 개발자인 것 같습니다. 흔히 'AI가 발전한 세상에서의 개발자는 더욱 고차원적인 일에 시간을 투자하게 될 것이다'라고 이야기하는데, 저는 여기에서 '더욱 고차원적인 일'이 사람과 가치에 대한 복잡한 문제를 고민하는 일이라고 생각합니다.

'개발자'의 광의적 정의: 경계가 허물어진다

그렇다면, 더 이상 '개발자'라는 직업의 정의를 단순히 코드를 작성하고 소프트웨어를 만드는 사람으로만 한정할 수 없어 보입니다. AI와 업무 자동화 도구의 발전으로 개발자와 비개발자 사이의 경계는 점점 모호해지고 있습니다. 이제 개발자라는 직업은 단순한 기술 전문가를 넘어, 더 넓은 의미를 가지는 방향으로 발전하고 있습니다.

이 말은, 문제를 명확히 정의하고 해결할 줄 아는 사람은 누구나 개발자가 될 수 있다는 뜻입니다. 서비스 기획자나 디자이너는 물론이거니와, 번뜩이는 아이디어가 있는 사람이라면 누구나 개발자가 될 수 있게 될 겁니다. 시민 개발자$^{citizen\ developer}$라는 어휘가 몇 년 전에 등장했는데, 개발자가 아닌 사람이 자신의 전문 영역을 살리는 서비스를 개발해서 가치를 만들어낼 수 있게 된다는 뜻입니다. 요즘의 세상을 보면 정말 그렇게 될 것 같은 느낌입니다.

최근 노코드$^{no\text{-}code}$, 로우코드$^{low\text{-}code}$ 도구의 발전이 눈부시게 일어나고 있습니다. 그 한 예로, 프런트엔드 개발에 대한 경험이 일천한 사람들도 몇 시간 만에 홈페이지를 만들 수 있게 해주는 서비스들이 우후죽순 생겨나고 있습니다. 심지어 그중 한 서비스는 이제 AI 에이전트가 붙어 말 한마디로 홈페이지를 생성합니다.[18] 어떤 홈페이지를 원하는지 충분히 설명하면 알아서 사진과 내용을 생성해 내고, 수정하고 싶은 부분을 이야기하면 눈 깜짝할 새에 고쳐주죠. 엔지니어링에 대한 지식이 거의 없는 사람도 아이디어와 깊은 생각만 있다면 홈페이지 정도는 금방 만들 수 있고, 얼마 지나지 않아 백엔드 서비스와 인프라까지도 만들 수 있을 겁니다.

하지만 뒤집어 생각하면, 개발자 역시 기획자나 디자이너가 될 수 있습니다. 자신이 풀고자 하는 문제에 대한 통찰과 문제 해결 능력을 갖추고 있다면, 이미지 생성 AI와 함께 필요한 리소스들을 뚝딱 만들고 코딩하는 AI와 함께 구현 작업에

---

18 https://wix.com/ai-website-builder

돌입해 순식간에 MVP$^{minimum\ viable\ product}$를 만들어볼 수 있을 겁니다. 현재까지의 AI의 발전을 보면, 아무리 AI를 통해 빠르게 결과물을 만들어내더라도 프로덕션 환경에까지 배포할 수 있을 정도의 품질을 갖는 결과물을 만들지 못합니다. 하지만 개발자가 AI를 활용한다면, 최종 완성까지의 길을 설계하고 AI가 그 길을 따라 가게 만드는 것만으로 차원이 다른 품질의 결과물이 만들어질 겁니다.

서로 이렇게 역할을 교환하며 업무의 범위를 넓혀가면, 결국 '개발자'라는 이름은 굉장히 광의적인 의미를 갖게 될 것 같습니다. 문제에 대해 깊이 고민하고 그걸 풀어나가는 사람들이라면 누구나 개발자가 될 수 있는 세상이 차츰 다가오고 있는 것 같습니다. 개발자가 아니라 문제 해결사$^{problem\ solver}$라고 불러야 할지도 모르겠습니다.

모두가 작금의 변화를 18세기 산업 혁명 이래 존재한 적 없었던 수준의 시대적인 변화임을 느끼고 있습니다. 가히 'AI 시대'라고 부를 만합니다. 이런 거대한 흐름에서 지금의 개발자들은 어떤 방향으로 성장해야 할까요? 어떤 개발자가 훌륭한 개발자가 될 수 있을까요?

AI 시대의 훌륭한 개발자

먼저 기술 자체보다 문제 해결에 집중하는 개발자입니다. 물론 최신 기술을 익히는 것도 중요하지만, 그 기술이 어떤 문제를 해결하는 데 얼마나 효과적인지를 이해하는 것이 더 중요합니다. 기술은 도구일 뿐이고, 그 도구를 사용하는 목적은 문제 해결에 있습니다. AI가 급격히 발전하는 상황에서 이러한 도구가 실제로 어떤 문제를 해결하는 데 도움이 되는지, 그리고 그 문제 해결에 있어 가장 적합한 접근 방식은 무엇인지 고민하는 것이 무엇보다도 중요합니다. 기술 자체에 매몰되기보다 궁극적으로 우리가 풀고자 하는 문제에 집중하면 더 나은 해결책을 제시할 수 있습니다. AI는 그 과정에서 개발자의 가장 훌륭한 도구가 될 것이며, 높은 생산성을 달성할 겁니다.

다음은 기술적인 전문성과 폭넓은 시야 사이의 균형을 갖춘 개발자입니다. 기술적인 전문성은 분명한 가치가 있고, 이를 갖춘 사람은 매우 중요한 일을 담당하게 될 가능성이 높습니다. 그러나 AI가 대부분의 구현 작업을 담당한다면, 비즈니스 문제를 올바르고 날카롭게 정의하는 것이 개발자의 핵심 역량으로서 중요해질 수 있습니다. 그렇다면 개발자들은 다양한 분야에 대한 지식과 이해를 갖고 이들을 융합해 인사이트를 얻을 수 있는 폭넓은 시야를 갖추어야 할 겁니다. 현재 몸담고 있는 분야에서 우리 회사가 가진 역할을 구분해 낼 줄 알고 어떻게 하면 서비스를 더욱 성장시키고 고객들의 니즈를 해결할 수 있는지를 끊임없이 분석하는 개발자라면, AI를 손에 쥐는 순간 엄청난 퍼포먼스를 보일 겁니다.

그리고 변화에 적응하며 빠르게 배우는 개발자입니다. 특정 기술이나 분야에 과도하게 깊이 의존하지 않고, 새로운 기술이 등장하더라도 그 기술을 빠르게 습득하고 다른 영역과 연결할 수 있는 능력이 정말 중요해질 겁니다. 미래의 불확실성에 대비하는 데 큰 강점이 되기도 하고, AI를 통해 지식을 빠르게 습득하고 활용할 수 있는 환경에서 아주 소중한 능력이 될 겁니다.

마지막으로, 추상적인 개념을 이해하고 복잡한 문제를 정의하는 통찰을 지닌 개발자입니다. AI 시대에 들어선 우리는 원하는 지식을 정말 빠르게 지식을 습득할 수 있습니다. 하지만 다양한 지식을 쌓는 것만으로는 부족합니다. 그 지식을 어떻게 활용하고 통찰하는지가 매우 중요합니다. 데이터를 분석하는 능력을 넘어서, 그 데이터가 말하는 바를 이해하고, 이를 바탕으로 미래를 예측하거나 새로운 기회를 발견할 수 있는 인문학적 소양이 중요해질 것 같습니다.

마치며

AI는 정말 빠르게 발전하고 있어서 지금 적은 말이 불과 몇 년 후에는 아무 의미 없게 될 수도 있습니다. 발전이 너무도 빠른 탓에 사람들은 불과 1~2년 뒤조차 예측하기 어려워하고, 그렇기에 미래에 대한 생각 역시 서로 확연히 다릅니다. 하지만 개발자는 여전히 어떤 형태로든 가치를 만드는 사람으로 남을 것이고, AI를 도구 삼아서 더욱 위대한 일들을 훨씬 이른 시간 안에 해낼 것임은 자명합니다. 끊임없이 변화를 받아들이며 성장하는 자세를 유지한다면 우리들의 커리어에는 지금 상상도 할 수 없는 엄청난 일들이 기다릴 거라고 믿습니다.

'재미'라는 낱말에는 여러 가지 정의가 있습니다. '아기자기하게 즐거운 기분이나 느낌'이라는 뜻도 있지만, '좋은 성과나 보람'[19]이라는 뜻도 함께 갖고 있습니다. 저 역시 코딩하는 맛에서 오는 첫 번째 의미의 재미는 많이 잃겠지만, 기술의 발전에 발맞추어 나가면서 한 명의 개발자로서 어떤 가치를 만들어서 사람들에게 줄 수 있을지를 생각하며 두 번째 의미의 재미를 열심히 찾아가야 할 것 같습니다. 시대의 흐름이 만들 웅장하고 높은 파도에서 즐겁게 서핑을 즐길 우리를 꿈꾸며, 여러분들의 여정을 온 마음을 담아 응원합니다.

---

19 https://bit.ly/4eMhtWH

찾아보기

ㄱ

가독성　165
가비지 컬렉션　173
값 객체　289
개념 증명(PoC)　151, 288, 424
개발 에이전시　34
개발자 포털　436
개별 기여자(IC)　35
결정 누락　319
계약직　43
공식 멘토링　236
과제형 코딩 면접　120
관성 업무　63
관용 편향　76
기능 구현　233
기능 플래그　279, 334, 431
기술 면접　116, 119
기술 부채　257
기술 스태프 멤버(MTS)　135
기술 스택　128
기술적 위험　317

ㄷ

단계적 출시　335
단방향 결정　477
단순한 코드　167
단위 경제　392
단위 테스트　198, 267
단위 테스트 스위트　269
단일 책임　167
대시보드　197, 254
대조 편향　77
대화형 면접　120
데브렐　39
도메인 분야 심층 면접　123
도메인 이벤트　289

도메인 주도 설계(DDD)　289
동료 성과 평가　56
동료 피드백　67
듀얼트랙 커리어패스　36
디버깅　179
디자인 문서　56, 261

ㄹ

러버덕　140
로깅　447
로깅 관행　448
로깅 시스템　254
롤백　146
롤백 자동화　336
롤아웃 계획　261
리팩터링　150, 167, 181
린팅　191
릴리즈　146
릴리즈 노트　262

ㅁ

마이그레이션 계획　261
마이크로서비스 아키텍처(MSA)　433
마일스톤 설정　308
멀티 테넌시 환경　280
멀티테넌시　336
멘토링　153, 236, 418, 502
명령형 언어　250
모노레포　432
문서화　224

ㅂ

바 레이저 면접　122
배포　146
버그 배쉬　97
보안 테스트　279
부하 테스트　275

북극성 383
분야별 심층 면접 121
블럽 178
블럽 스터디 178
블루-그린 배포 279
비공식 멘토링 236
비구조적 평가 66
비기술 전통 기업 31
비엔지니어링 종속성 318
비용 센터 45
비즈니스 이해 227
비즈니스 지표 모니터링 452
빅테크 28
뿔 편향 76

ㅅ

사고 관리 331
사내 정치 403
사양서 219
사용자 승인 테스트(UAT) 328
사이드 프로젝트 163
사이트 신뢰성 엔지니어링(SRE) 340
상시 평가 66
새너티 테스트 278
생산성 치트 시트 195
서비스 카탈로그 434
선언형 언어 250
선의 통장 154
성과 개선 계획(PIP) 83
성과 기록 68
성과 평가 65, 75
성능 테스트 275
세분화 152
소개 미팅 245
소프트웨어 개발 205
소프트웨어 디자인 283

소프트웨어 물리학 310
소프트웨어 아키텍처 283
소프트웨어 엔지니어링 205
소프트웨어 엔지니어링 방법론 265
수동 테스트 278
수익 센터 45
스냅숏 테스트 276
스모크 테스트 277
스캐폴딩 148
스케일업 29
스케치 140
스크럼 314
스크럼반 314
스타트업 30
스태프+ 엔지니어 380
스토리 147
스트레칭 업무 62
승진 79
승진 절차 80
승진 지향 개발 86
시간 추정치 309
시스템 설계 면접 121
시스템 응답 테스트 469
신뢰 자본 408
신뢰성 446
실행 업무 63
싱글트랙 커리어패스 35

ㅇ

아웃소싱 33
아웃소싱 기업 34
아키텍처 결정 기록(ADR) 247
아키텍처 부채 473
알림 454
알림 강도 455
애그리거트 289

찾아보기

약식 승진 절차　81
양방향 결정　476
엄격성 편향　76
엄격한 승진 절차　81
엄격한 자료형　171
에이전시　33
에픽　147
엔드투엔드 테스트　198, 270
엔지니어링 매니저　37
엔지니어링 종속성　317
엔지니어링 킥오프　307
엔티티　289
엣지케이스　96
역할　354
예외　171
오류 처리 전략　170
온보딩　127, 233
온보딩 문서　262
온보딩 버디　128
온콜　457
온콜 런북　264, 459
온콜 번아웃　462
완료의 정의(DoD)　424
우선순위　216
워룸　102
유니콘　29
유사성 편향　77
의견 요청 문서(RFC)　247, 261, 284
이력서 서류 평가　118
이상 징후 탐지　456
이직　111
인바운드 업무　216
인터넷 멘토　154
일시적 멘토　154
임원급 면접　123

ㅈ

자기평가서　74
자동 롤백　280
작업　147
작업 예상 시간　220
작업 일지　53, 69
작업 흐름　190
잔류 약속 보상금　85
장애　256
장애 시뮬레이션　469
전담 멘토　153
전시 모드　101
전통 기업　31
전환 근무　252
접근성 테스트　279
정규 표현식　193
정규식　193
정보 숨기기　169
정적 임곗값　456
제품 근육　97
제품 시장 적합성(PMF)　30
제품 요구사항 문서(PRD)　398
제품 팀　95
제품 지향적 사고　226
제품 지향적 엔지니어　95
종이 디버깅　181
좋은 피드백　71
주석　167
기술 기업　29
중앙 성향 편향　77
지속적 배포(CD)　196, 430
지속적 통합(CI)　196, 429
직함　354
집중 코딩　420
짝 프로그래밍　232

ㅊ

채용 매니저 인터뷰　122
청크　147
초기 심사　117
최신성 편향　76
추상화　168
출시　52, 146
치트 시트　128

ㅋ

카나리아 배포　279
카나리아 테스트　334
카오스 테스트　276
칸반　314
커리어 레벨　83
커리어패스　28
커맨드라인　192
코드 구조　167
코드 리뷰　56, 160, 425
코드 서식　191
코드 카타　163
코딩　159
코딩 면접　121
코딩 챌린지　163
콘텍스트　289
콘텍스트 종속성　319
크기 테스트　277
크로스 사이트 스크립팅(XSS)　171
클라우드 개발 환경　436

ㅌ

타임박스　150, 215
터미널　192
터미널 레벨　83
테스트　186
테스트 계획　220, 261
테스트 소프트웨어 개발 엔지니어(SDET)　333

테스트 작성　181
테스트 주도 개발(TDD)　181
테스트 트로피　273
테스트 피라미드　272
통합 테스트　270
튜토리얼　163
트렁크 기반 개발　431

ㅍ

평시 모드　105
표준 어휘　289
품질 보증(QA)　220
프로그램 관리(TPM)　39
프로덕션 로그　197
프로덕트 매니저 면접　123
프로덕트 매니저(PM)　95
프로젝트 관리　303
프로젝트 킥오프　305, 307
프로토타이핑　152, 287
프리랜서　43
플랫폼 업무　85
플랫폼 팀　98
피드백　56, 71, 74, 242

ㅎ

하위 작업　147
하이브리드 방식 승진 절차　82
함수형 언어　250
핫 리로드　189
핵심 성과 지표(KPI)　85, 383
핸드북　263
호환성 테스트　279
회고 문서　129
후광 편향　76
후원　418

찾아보기

A
ADR 247
AI 도구 140
AI 코딩 보조 도구 194, 439
Arc42 286

C
C4 모델 286
CD 196, 430
CI 196, 429

D, F
DDD 289
DevRel 39
DoD 424
DRY 원칙 167
FERPA 340

G
GDPR 46, 340
Git 192

H, I
HIPAA 340
IC 35

K
KISS 167
KPI 85, 383

M, O
MSA 433
MTS 135
OKR 384

P
PCI DSS 340
PIP 83

PM 95
PMF 30
PoC 151, 424
PRD 398

Q, R
QA 220
RFC 247, 261, 284

S
SDET 333
SQL 193
SRE 340
SWOT 391

T, U
TDD 181
TPM 39
UAT 328
UI 테스트 270
unknown 상태 171

V, X
VO 289
XSS 171

Y
YOLO 출시 324

숫자
2인 협업 232, 421, 501
2차 시스템 설계 면접 123